中 國 經 濟 史

上冊

侯家駒／著

序一

　　此處所說的「序一」，是為這次出版所寫的，但在時間上，卻比「序二」晚了八年。在「序二」中，說明本書的寫作動機與內容的梗概。本書完成於民國八十五年，次年即送至聯經出版公司付梓。

　　直至今日才出版，或許有人會質問，為什麼聯經公司把本書一放八年才出版？這是由於這本書寫了七、八十萬字，是大部頭著作，在審查與校對上曠日廢時，自己就親校了三次，每次都要花上好幾個月的時間。同時因為我是公司的小股東，負責編委會，深知公司政策。當年初創時，創辦人王惕吾先生要回饋社會，指示說本公司要出版有價值的學術性書籍，即使一本都賣不掉也要出版。這雖然是個理想，但公司經營者為了永續經營，不能這樣做。所以本公司出版的學術性書籍是由編委會負責，一般性書籍由編輯部主管。學術性書籍許多叫好不叫座，一般性書籍則有不少暢銷書。是以公司要以一般性書籍的盈餘，來挹注學術性書籍的虧損。本書是大部頭的書籍，成本甚高，加上要禮讓外來的學術性書籍，同時本書又沒有時間性，所以遲遲未出版。這一次在出版的時機上，剛好碰上本公司三十週年紀念，作為慶賀的著作之一。

　　說到本書有七、八十萬字，可能有人問到，寫本國經濟史何必花
這麼大篇幅？其答案乃是本書係採「大歷史」的寫法，即除經濟事務
外，尚論述政治、社會的背景。所以本書不僅是經濟學人的讀物，亦
可作爲通史與斷代史學者的參考。

侯家駒

民國94年春節後寫於稼居

序二

　　這本《中國經濟史》，是我平生寫作時間最長，而且最費心思的
一本書。就前者言，此書的撰寫，是始於民國76年4月，完成於86年11
月，先後共費11個年頭。初稿是完成於84年9月中旬，即持此作為東吳
大學經濟研究所博士班教材，在教學的兩年多時間裡，將此稿作兩次
大的修改，至於11年間的較小補充與修正，更是不計其數。此一情形，
是以往著作所沒有，所以說是「最費心思」，或者可說是「煞費周章」。

　　馬克思的唯物史觀，實際上是唯經濟史觀，認為經濟制度是下層
構築，此一構築的變化，必將導致作為上層構築的政治制度之改變。
其所秉持的史觀，實在是始於封建社會，然後是資本主義，以下的社
會主義與共產主義，則是出於其展望，至於在封建社會以前的原始公
社與奴隸社會，則是其信徒後來將其所著「亞細亞生產方式」與「古
代社會」，改頭換面，移花接木而成。馬克思以封建社會為其唯經濟
史觀之開端，是極有見地的，因為近代國家雛形是形成於封建社會，
但他認為封建社會解構後即進入資本主義，則嫌過於籠統；蓋因現代
一般學者都認定資本主義是隨18世紀工業革命而崛起，而封建社會則
是崩頹於西元1300至1500年間。

從西歐史實看，其發展情況大致如下：

900至1300年為封建社會

1300至1500年為灰暗時代

1500至1750年為重商主義

1750至1780年為重農時期

1780年起為資本主義

回顧中國早期經濟發展史實，是和西歐若合符節，即：

西周為封建社會

春秋為灰暗時代

戰國是重商主義

秦始皇與漢高祖重農抑商

漢代文景之治下出現資本主義萌芽。

到了漢武帝，為籌措軍費，將鹽鐵酒收歸國營，並採平準政策，才剛萌芽的資本主義即被扼殺。但在漢武以前的中國和中世紀以來的西歐，其經濟發展歷程可以歸納出人類經濟發展的規律：

歷程：封建社會→重商主義→短暫的重農→資本主義

動機：人類求生存、求發展

推動：經濟制度與政治制度的互動與均衡

所謂「制度」，基本上為靜態，但在比較上，經濟制度是比政治制度變動較多，這是由於常受人類求生存、求發展動機衝擊之故，此所以馬克思認為經濟制度是下層構築。其實，馬克思所據的史實，主要為西歐諸國，這些國家面積不大，人口不多，可以稱為小國。在這些小國之中，工商人士較易發揮其影響力，所以，經濟制度的變動勢必導致政治制度的變化。大國則不然，其政治力量因幅員廣袤與人口

眾多，使執政者有君臨天下之勢，工商人士莫能與之抗衡，以致政治
制度成為下層構築，經濟制度反而成為上層構築。無論是大國還是小
國，政治制度與經濟制度應該互為表裡。譬如封建社會中，政治上的
封建制度配上經濟上的莊園制度，以達成均衡，此一均衡是否穩定，
則是取決於該國是大國還是小國：若是小國，則不穩定，以致失衡後
難以回復原先狀態，而將形成新的均衡；若是大國，則此均衡是穩定
的，失衡後幾將回到原點，此所以中國自漢武以後，出現一治一亂的(近
似)循環。

中國的治與亂，正是「天下分久必合，合久必分」的寫照。「合」
是大一統，本書稱之為一元體制；「分」是指分裂，稱之為多元體制。
二者實以人地比例為必需條件，這是由於在農業社會裡，人地比例是
重要因子，此比例大，意味著農民勞動生產力低落，民不聊生，必將
揭竿而起，從而國家由「合」而「分」；戰亂之中，人口大減，人地
比例大為降低，天下漸有由「分」而「合」之趨勢。

本書是將中國自秦漢起區分為三個一元體制與兩個多元體制時
期。且自西周起，對於這些階段或期間，均討論其財經得失。除據具
體史實從一般經濟理論觀點予以評論外，還提出地盤成本(保障成本)
或制度成本意念，以作衡量得失之標準，大致上，是將政府課徵的賦
稅、力役，視為明顯的制度成本，而將其政策的效果視為不明顯成本，
其對經濟有良好效果者，則此成本為負值，若有不良影響者，則該成
本為正值。

11年來，念茲在茲，一直以中國經濟史為念，其中雖亦撰寫若干
篇學術論文，亦多環繞著中國經濟史上的一些問題。至於寫作時間，
則均在下午，利用午睡時間，每次寫作，最多為千餘字，大多時間是
在千字以內，有時枯坐半天，未寫隻字，那是在閱讀、構思。即在每
寫一章以前，將有關論著瀏覽一番，通常需時十天到半個月，將其要

點擇出，然後作運筆之構思，最後才是動筆。在撰寫之中，若是獲得
新材料或是形成新意念，又須隨時補充與修正。此一工程現在終於結
束，但卻既無如釋重負之感，也沒有空虛的茫然。這是因爲一向是將
治學視爲娛樂，很多時間的愉快，是來自這一類的寫作，易言之，從
未以撰寫中國經濟史爲苦差或負擔，以致完成後，亦無「重」可「釋」；
爲著追求治學之愉悅，下一個治學計畫早已擬訂，那有「空虛」時間。
日前寫了一首「治學」的七絕，可作心境之寫照，亦權作此自序之結
語：

　　　著作雖勤志不貪，敢干絕學只消閒；
　　　文章千古心如鏡，位在岑樓寸木間。

侯家駒 謹識

於民國86年11月5日凌晨

　　　本年五月間，在杭州寓所小住，讀書與冥思，思及留澳期間所創
的一般化勞動平均生產力（GAP$_L$）應是人類發展經濟的追求目標，尤其
是經由Douglas函數所求得之GAP$_L$，是括及勞動技巧及其數量，資本
數量及體現性技術進步，土地數量及其利用技術，以及非體現性的科
技。這些可爲本書主要內容提供理論架構，而且由此發現，當初，馬
克思所說的「生產力（量）」，似有GAP$_L$的涵義，乃將第二章予以改寫，
其後各章再重新修訂之處，達50餘頁次，幅度不可說不大。

　　　又及

民國87年11月10日

目　次

第一編

緒　論

　　中國是最注重歷史的國度，所以成爲世界上歷史最完備之國家，錢穆於《國史大綱·引論》中，首先列舉其三特點：一曰悠久，自黃帝傳說以來約得四千六百餘年，從《竹書紀年》記載夏代以來約得三千七百餘年；二曰持續（錢氏曰無間斷），自西周共和行政以來，明白有年可稽，自魯隱公元年以下，明白有月日可詳；三曰詳密，此指史書體裁而言，計有編年（始於《春秋》）、紀傳（本於《史記》）與紀事本末（源於《尚書》）三者，其他更不勝枚舉。

　　儘管如此，中國都缺乏有系統的經濟史，這是由於中國正史是以政治史甚至於是帝王史爲主體，即使有〈食貨志〉等類史書，亦多是聊備一格而已，何況亦僅爲史料，缺乏系統性著述，而且多只限於總體經濟面賦稅資料，且爲斷代性。是以，在當前情況下，亟須一本通史性中國經濟史。

　　爲著避免中國經濟史成爲史料之堆砌，必須要用經濟理論以認識史料，但中國史學之優良傳統——即治史原則與方法，亦應有所秉持。且因中國經濟史既爲通史，若按朝代敘述，將難掌握其趨勢，致須劃分若干階段。

第一章
經濟史的功能與範圍

　　經濟史是一種混合學科，既屬於歷史，又屬於經濟學，所以，在說明經濟史的功能與範圍以前，要分別說明經濟史與史學以及其與經濟學的關係。

　　經濟學是相當後起的學科，若從1776年，亞當‧斯密出版《國富論》算起，到現在只不過兩百多年，而真正的經濟史著作，則出現得更晚，就西方言，主要是出版於19世紀──中國正史中雖有〈食貨志〉等類記述，實則只是歷史的附庸，而且多為財稅材料之堆積，談不上有系統的著作（《史記》中〈平準書〉與〈貨殖列傳〉除外）。西方的經濟史既然後於經濟學之發展，照說，其內容應受經濟理論之指引，但揆其實際，並非完全如此，這將探討於第二節。在另一方面，歷史學在發展上雖然早於經濟史甚至經濟學很多，但在發展上──尤其是近代的發展上，卻深受經濟史及經濟學的影響，這將在第一節析述。

　　關於經濟史的功能，是雙重的：一方面，是接受經濟理論的指引，反映出以往經濟發展過程實況，幫助讀者明瞭目前經濟環境；另一方面，則是歸納經濟發展史實，以豐富甚或批判經濟理論的內容。至於經濟史的範圍、定義，以及撰寫經濟史的指導原則，主要是從歷史學，尤

其是從新史學領域中所擷取。

第一節　經濟史與史學

經濟史的直覺性瞭解，厥爲經濟方面史實的陳述，是以，從史實的陳述觀點看，經濟史應該是屬於一般性歷史中的一支，因爲「簡單的說，歷史(亦)只是過去所發生的事件的紀錄而已 [1]。可是，無論中外，史學家所寫的歷史，實質上都是政治史，中國廿五史的本紀，固皆爲政治，列傳中除〈儒林〉、〈文苑〉等類外，亦均屬政治範圍，西方亦是如此，所以，英國史學家Freeman乾脆地說：「歷史是過去的政治。」[2] 這些都可統稱爲舊史學，魯賓孫(I. H. Robinson)曾將這些史學家的通病，歸納爲三點 [3]：

1. 隨便包括人名地名，並沒有甚麼意思，不能激起讀者的思想同興味，適足以壓下他的精神；
2. 不講別的重要事情，專偏重事實的記載；
3. 喜述最不普通的故事，不是因爲它們可以說明人類狀況的進化。

或者某時代的一般情形，只是因爲它們在編年史上很特別。

所以，魯氏提倡「新史學」，要擺脫這些通病，並要利用人類學家、經濟學家、心理學家、社會學家，關於人類的種種發明。魯氏《新史學》一書是出版於1912年，十幾年後，鮑爾思(H. E. Barnes)出版《新史學與

---

1 P. Smith著，黃超民譯，《歷史家與歷史》(商務印書館，民國66年)，第一章。
2 引自J. H. Robinson著，何炳松譯，《新史學》(台灣重印本)，第一章。
3 同上。

社會科學》，認爲「據新史家之意見，史學之目的，在以過去時代之盧山真面目介紹於現代，使之理解現代文化成立之經過與原因。夫如是，然後始能知悉吾人文化中之重要實質與進步，以及原始時代遺下阻礙進步之殘餘」；並認定「新興史學中之新原素，爲對於人類發展中經濟、社會、科學諸因素之更加重視」，蓋因「承認文化之基本爲經濟」；進而指出，「現代史家，堅守成規，執迷不悟，對於經濟史部分完全置之不理，然而經濟史最重要之著作，已於上世紀最後25年內完成。傳統史家只知注意貴族論題，如路易十四之服飾，考尼次之狡詐，路易十五之不德，……而對於Colbert之經濟政策，Turgot之財政改革，或大陸體系之經濟形態，反而藐視之，不屑加以考究。其結果，大學中之經濟系，遂不能不歡迎歷史中被排斥之最重要部分而加以培養」[4]。後者顯然是指1890年代，英、美大學於經濟系，開始講授「經濟史」，但法、德等歐陸大學迄今仍不太願開授此一學科。

　　鮑氏所說的「歷史中被排斥之最重要部分」，當然是指經濟史，而對其持「排斥」態度者，當然是指舊史學，至於新史學則視之爲「最重要部分」。其實，新史學之發生，實在是溯自經濟學家對歷史的詮釋，魯賓孫就曾說，「無論如何，19世紀以前歷史家所不注意的那些永久的而且普通的原動力，現在能夠特別注重起來。開這條研究新路的人，不能不首推經濟學者」[5]，其所說的「經濟學者」，即指馬克思。易言之，由於馬克思唯物史觀的問世，引發史學界的「革命」，出現注意與運用社會科學於歷史寫作的新史學。

　　但因經濟史亦在陳述史實經濟面，所以，在撰寫上，當然亦要受到一般史學的規範。在這方面，中國史學頗有值得借鏡之處，蓋因中華民

4　H. E. Barnes, *The New History And The Social Studies*, Ch. 1.——參見董文榮，《新史學與社會科學》（台灣重印本）。

5　J. H. Robinson著，何炳松譯，《新史學》，第二章。

族最重視歷史，自西周共和元(西元前841)年起，就有正確而不斷的史事記載。

所謂史學，乃是有關撰寫歷史之理論，其所涉及的，至少爲「人」與「事」。所謂「人」，是指歷史學家應該具備的條件；所謂「事」，是指史事如何選擇。關於歷史學家應具之條件，劉知幾認爲是史才、史學與史識，此即劉氏所云，「史有三長，才、學、識」(《新唐書》本傳)[6]，其後，章學誠增加「史德」一項[7]。梁啓超曾將這四個條件，按其重要性依次排列爲史德、史學、史識與史才，並予解釋：史德是指力求忠於史實、不誇張、不歪曲、不附會、不武斷；史學講求蒐集資料，判斷真僞，抉擇取捨的方法；史識是指敏銳的觀察力，但須避免爲因襲傳統思想或自我成見所蔽；史才是指撰寫歷史的技巧，涉及材料的組織與文字的風采[8]。但從世界觀出發，可能還要加上魯濱孫所說的「史心」[9]。魯氏對此並無明確說明，此處所謂的「史心」指史學家要把握歷史精神，是動態的、進化的，而且是綜合的，須利用各種社會科學成果以說明歷史的進程。關於史事的選擇，張蔭麟於其《中國上古史綱·自序》中所提及的五個標準，可說是言簡意賅：第一是「新異性標準」，即指時空位置的特殊性——但與魯氏所指斥的「最不普通的故事」不同；第二是「實效標準」，凡史事所直接牽涉或間接影響人群的苦樂愈大者，則愈爲重要；第三是「文化價值標準」，所謂文化價值即是真與美的價值，依此標準，文化價值愈高的事物愈爲重要；第四是「訓誨功

---

6 劉知幾於《史通》之中，實僅言及史識與史才，分見卷七中之「鑒識」與卷九中之「覈才」。金靜庵予以解釋道，「惟祇論史才史識，而不及史學，何也？夫豈不以史通全書，皆關論學，不待明言，而讀者自能了了耶！」——見氏著，《中國史學史》(鼎文書局重印本)，頁273。

7 章學誠，《文史通義》，內篇五，〈史德〉。

8 梁啓超，《中國歷史研究法(續編)》(中華書局，民國25年)，第二章。

9 J. H. Robinson著，何炳松譯，《新史學》，第二章。

用標準」，所謂訓誨功用有兩種意義，一是完善的模範，一是成敗得失的鑑戒，是以，訓誨功用愈大的史事愈為重要；第五是「現狀淵源標準」，凡史事與現代狀況關係愈深，或愈有助於現狀的解釋者，則愈為重要。史事經常是賡續的、繁雜的，上述五個標準，只能協助個別史實的選擇，而難以系統化，所以，張氏於〈自序〉中，又指出用來統貫「動態歷史的繁雜」，主要有兩大法則，一為因果範疇，一為發展範疇——從這一點看，張氏所云，又有些像是「史心」。關於史學中「人」與「事」各種條件，在經濟史上的運用，將於第三節中釋論。

第二節　經濟史與經濟學

中國雖是重視歷史的國家，但並沒有出現真正的經濟史，《史記》中雖有〈平準書〉、〈貨殖列傳〉及〈河渠書〉，且自《漢書》起，史書多列有〈食貨志〉與〈溝洫志〉等有關專志，惟多為史料之堆砌，缺乏統貫性，而且很多正史並無這些專志，例如《後漢書》、《三國志》、《宋書》、《南齊書》、《梁書》、《陳書》、《北齊書》、《周書》、《南史》、《北史》、《五代史》、《新五代史》等十二史缺〈食貨志〉；缺〈溝洫志〉或〈河渠志〉者更多，除此十二史外，《晉書》、《魏書》、《隋書》、《唐書》、《新唐書》、《遼史》、《金史》等七史亦未包括。至於通史性的經濟史更付闕如——《古今圖書集成》中的〈食貨門〉，更只是史料而已。在西方，早期情況更劣，古代的西方歷史家，根本不重視經濟史，因為他們都是僧侶，只注意僧侶們的事情，他們對於生活的認識，實與經濟史背道而馳，直到城市經濟開始發達的時代，人們才開始寫下關於經濟事物的思想，John Wheeler於1601年出版的《商業故事》（*A Treatise of Commerce*），可能是這方面的第一本專書，該書雖然也包含了很多歷史的記述，但仍然是一本實用的書，而不是歷史書。談到

西方經濟史，不由人不提起蘇格蘭的兩位亞當（Adam），第一位是亞當・安德遜（Adam Anderson），他於生前寫了兩本厚書，死後，被擴充爲四本書，初印於1764年，題名《商業起源的歷史與年代之推論》（*An Historical and Chronological Deduciton of Origin of Commerce*），由洪水時期寫到他的時代，即由諾亞方舟寫到東印度公司商船隊帶回香料及棉布。其書名雖稱爲商業史，但其內容正與經濟史相同，因爲安德遜於此書中注意貿易、製造、殖民地、人口、貿易差額、貨幣及生活程度之提高。不久，亞當・斯密（Adam Smith）於1776年出版其不朽名著：《國富論》，這雖然是本經濟學，但其中攸關於歷史的章節，在英文中，到現在爲止，仍然是研究經濟發展的最光耀論文。至於西方經濟史的著作，一直到1880年代才進入成熟時期[10]，例如W. Cunningham於1882年出版的《英國工商成長史》（*The Growth of English Industry and Commerce*）成爲第一本有系統的英國經濟史（見《大英百科全書》）。

章學誠曾說，「六經皆史也」[11]，西方若干經濟史學家亦持類似看法，而認爲若干經濟學著作是經濟史，例如第二次世界大戰前，劍橋大學經濟史講座教授克拉判（J. H. Clapham），不僅認爲亞當・斯密的《國富論》，把歷史和經濟分析混合到恰到好處，他也認爲馬爾薩斯的《人口論》，從第五版起就變成一部人口史與積極節制人口的工作史；馬克思主義比任何其他學說都鼓勵人們從事經濟史的思維和研究的工作，他甚至說「我覺得馬先爾（A. Marshall）是個偉大的經濟史學家」[12]。

在另一方面，若干經濟學家亦非常重視歷史之研究。其中最著名的乃是德國歷史學派。德國歷史學派的健將們，是把注意力集中於累積性發展與成長，其論點是比照著達爾文的生物進化論，認爲社會是一有機

---

10 參閱N. S. B. Gras著，鞠清遠譯，〈經濟史之興起〉，《食貨半月刊》2卷3期。

11 章學誠，《文史通義》，內篇一，〈易敎上〉。

12 克拉判著，連士升譯，〈論經濟史的研究〉，《食貨半月刊》2卷8期。

體，會誕生、發展與成長，最後則將凋萎與死亡，所以，社會永遠是在變化的，職此之故，對於某一特定時間的某一國家適合之經濟學說，也許對於另一國家或另一時代不見得適合。在經濟理論研究上，他們非常重視對經濟作歷史性探究，其理由是因為經濟現象與其他社會現象是相互依賴的，所以，無法不連同社會科學中其他學科，而單獨研究政治經濟學，因此，歷史學派批評古典學派與邊際分析方法上是抽象的、演繹的、靜態的、不切實際的，缺乏史實的品質，而歷史方法則可探究經濟現象的「一切」力量，經濟行為的「一切」面，並非僅是經濟邏輯[13]。

　　德國歷史學派的首腦人物為李士特(F. List)，其名著《國民經濟學體系》[14]，計分四編，而以〈歷史篇〉為第一編，分述義大利人、漢撒人、荷蘭人、英格蘭人、西班牙人與葡萄牙人、法蘭西人、日耳曼人、俄羅斯人、北亞美利加人之經濟史，此外，並在第二編〈理論篇〉與第四編〈政治篇〉中夾敘歷史。其後，有若干歷史學派的健將，甚至企圖以歷史敘述代替經濟理論，如其最後大師西摩勒(Gustav Schmoller)，於1900年至1902年出版兩冊《原理》，就想實現這一企圖，強調「歷史的敘述可變成經濟理論」，但在事實上並未成功[15]。而他於1886年出版的《重商制度與其歷史意義》(*The Mercantilism System and its Historical Significance*)，雖是一小冊，卻成為名著。

　　後來，美國制度學派強調制度在經濟生活中的使命，認為經濟制度的進化與功能，應是經濟學的中心主題，遇到經濟課題，制度學派人士不是問，「是甚麼」？而是問，「我們如何到達此處？我們要到那裡

13　參閱J. Oser & W. C. Blanchfield, *The Evolution of Economic Thought*(3rd edition, New York: Harcart Brace Jovanovich, 1975), Ch. 9.

14　參閱Friedrich List著，程光薾譯，《國民經濟學體系》(台灣銀行經濟研究室，民國59年)。

15　克拉判著，連士升譯，〈論經濟史的研究〉。

去？」——顯然可見，這是屬於經濟史範圍。所以，制度學派研究方法所要求的知識，不僅是經濟學，也且是歷史、文化名著、政治學、社會學、哲學、心理學與社會心理學[16]，這一觀點是和上述新史學方法論契合。

以上是說，有些經濟史學家認為若干經濟理論的著作是經濟史，另有一些經濟學家認為經濟史可以變成經濟理論，正顯示經濟史學家與經濟學家彼此惺惺相惜。這種惺惺相惜，並非所有有關人士均能接受，因為就有若干經濟學家與經濟史學家格格不入，例如在古典學派中，除史密斯等經濟學家外，多數學者不太注意經濟史，他們想將經濟學放在演繹方法上，認為歷史只能有很少的貢獻，邏輯學才是他們主要的或唯一的武器[17]，越到現代，數理模式成為經濟分析的主要工具，經濟史在經濟理論中的地位更形低落。尤有進者，若干經濟史學家並不重視經濟理論對經濟史的協助，甚至有些經濟史學家認為經濟理論不但不重要，而且會妨害經濟史的撰述，他們證明，駕馭問題用不著經濟理論[18]。

其實，「格格不入」這一派，是一種昧於事實的極端，因為古典學派走向演繹法，是始於李嘉圖(D. Ricardo)，當時就有人攻擊其理論缺乏歷史內涵與理論。但當代經濟學家艾輅卻認為其學說已經明言，分配理論是有其歷史限制性[19]；另一經濟學家蘇羅亦說，他在講授工資爭議理論之前，一定要求其學生研讀考特的《1870-1914年英國經濟史：詮釋與文獻》(*Court's British Economic History, 1870-1914：Commentary and Documents*)中，〈工資爭議〉與〈最小觀念〉二章[20]。以致鮑爾恩將歷史現象之解

---

16 J. Oser & W. C. Blanchfield, *The Evolution of Economic Thought*, relavent, chapters.

17 N. S. B. Gras著，鞠清遠譯，〈經濟史之興起〉。

18 桑巴特著，連士升譯，〈經濟理論與經濟史〉，《食貨半月刊》1卷8期。

19 K. J. Arrow, "History: The View from Economics," in W. E. Parker(ed), *Economic History and The Modern Economist*(New York: Basil Blackwell, 1986).

20 R. Solow, "Economics:Is Something Missing?" in W. E. Parker(ed), *Economic History and The Modern Economist*.

釋分爲八派時，認爲其中之一是經濟學派，並將李嘉圖列入其中[21]。

20世紀中葉後，主要爲1960-70年間，在美國發生所謂「經濟史學革命」高潮，認爲經濟理論簡直就是經濟史的一切[22]，進而成爲另一極端。這是由於諾斯(D. L. North)與福格爾(R. W. Fogel)二人，分別使用新古典經濟理論與計量經濟學方法，研究19世紀美國經濟史，從而蔚爲風氣。但是，計量方法必須使用完整的數據，以致只能局限於近、現代經濟史之研究；而且，新古典經濟學只適用於市場經濟之運作，而郁克斯(J. R. Hicks)於 *A Theory of Economic History* (1969)一書中，曾經指出，人類經濟發展的進程，是由習俗經濟而指令經濟，再過渡到市場經濟，而真正的市場經濟，亦不過始於18世紀。不過，這並不意味經濟學與經濟史彼此不相干。

關於經濟史與經濟學之間到底有甚麼關係？耶魯大學經濟史教授柏克(W. N. Parker)與曾任美國經濟學會會長的金德柏格(C. P. Kindleberger)策劃，邀請著名經濟學家與經濟史學家共同討論之。在此討論中，經濟學家艾羅認爲經濟理論中的理念與方法，業已證明在經濟史中非常有用，因爲經濟理論可爲經濟史提出新疑問；但在另一方面，經濟史可對經濟理論提供資料[23]。另一經濟學家蘇羅一面說，「如果一個模式的合適選擇，是取決於制度性內涵——而且應該如此，則經濟史可以表現美好的功能，即擴大理論家觀察的範圍」；另一方面則說，「經濟理論家是形成模式與檢驗之，看看經濟世界現在是否如此，或者是否和我們所想的一樣。經濟史學家則可詢問，此模式應用於較早時代或其他地方，

---

21 H. E. Barnes, *The New History and The Social Studies*, Ch. 1.——參見董文榮，《新史學與社會科學》（台灣重印本）。

22 陳振漢，〈西方經濟文學與中國經濟史研究〉；趙德馨，〈經濟史學科的發展與理論〉，《中國經濟史的研究》1966年第1期。

23 K. J. Arrow, "History: The View from Economics," in W. E. Parker(ed.), *Economic History and The Modern Economist*(New York: Basil Blackwell, 1986).

是否亦是確然？若爲否定，則要詢問爲何如此」[24]。

在這次討論中，經濟史學家們強調，經濟分析的「動態過程本身，即說明其在根本上具有歷史特性」[25]；所以，「應用經濟學(實在)是晚近代經濟史」，以致「經濟學家不是定律的獵者，而是故事的獵者」，因此，「如果經濟學家們需要一位大哥，則他可能來自這些歷史科學或歷史本身」[26]，這是因爲「有用的經濟理論，具有其歷史條件」[27]。著名的經濟史學家羅斯陶，呼籲經濟史學家「扮演積極的角色」，以協助理論家們熟慮其模式，使其動態化，俾可使這些模式「對於經濟史中的重大問題更爲適切」[28]。在這種情況下，資深經濟學家金德柏格不得不承認，「經濟史的正確說法，應是歷史經濟學(historical economics)」[29]。

在這本討論的文集裡，柏克於「後記」中作出結論，認爲經濟史與經濟學相互需要：

(經濟)史需要(經濟)理論與計量經濟學，俾可運用所有資料，而可協助其想法正確。而歷史經驗則可爲理論家們的思維，提供新的活動線索。沒有理論，歷史將會沒有基準，沒有組織，其史料只憑怪想而組成，或者純粹是言辭的修飾。沒有歷史，理論將在人類活動的實際歷程中，喪失所有基礎。

---

24 R. Solow, "Economics: Is Something Missing?" in W. E. Parker(ed.), *Economic History and The Modern Economist*.

25 P. A. David, "Understanding the Economics of Querty:The Necessity of History," in W. E. Parker(ed.), *Economic History and The Modern Economist*.

26 D. N. Mcloskey, "Economics as an Historical Seience," in W. E. Parker(ed.), *Economic History and The Modern Economist*.

27 G. Wright, "Hisbtory and the Future of Economics," in W. E. Parker(ed.), *Economic History and The Modern Economist*.

28 W. W. Rostow, "Professor Arrow on Economic Analysis and Economic History," in W. E. Parker(ed.), *Economic History and The Modern Economist*.

29 C. P. Kindleberger, "A Further Comment," in W. E. Parker(ed.), *Economic History and The Modern Economist*.

從相互需要看，經濟學像是經濟史學家的雙眼，憑此，可以發掘與組織史料，甚或還可以用來匡正史料的謬誤；否則，只是盲目的橫衝直撞，寫成的經濟史，亦將是雜亂無章。至於經濟史，則似經濟學家的雙腳，據此立論，其內容才有其現實基礎；否則，就成為空中樓閣，紙上談兵，使理論有「空盒」之譏。尤有進者，對於經濟史的研究，甚至可以「在經濟理論上有所建樹」（見諾斯1993年接受諾貝爾獎時的講詞）。

就經濟領域言，雖然不能像哲學界那樣強調「哲學史即哲學」，而可以說「經濟理論史即經濟理論」，但是，經濟思想史確是歷史上重要思想甚或經濟理論的縮影，但在講解經濟思想史之時，必將涉及每一重要思想或理論的歷史背景，易言之，每一理論均有其史的基礎。所以，經濟史亦可協助學生們對於歷史上重要理論，更能透徹瞭解。循此，或許更可印證「經濟史即歷史經濟學」。在當前經濟學界，數理方法被氾濫使用之際，經濟史或可對青年學子指出，數理以外，還有一片天地，那就是非數理經濟學，其主要部分即是經濟史——事實上，目前盛行的使用計量方法所作的實證研究，無論其資料是時間數列抑為橫斷面，若干年後視之，均為經濟史素材，是以，引導學生研究經濟史，就是要求青年學子注意經濟現實，教誨他們，經濟學是社會科學，並非象牙塔中的冥想。

第三節　經濟史的功能與範圍

以上雖然論及經濟史與史學及經濟學，但尚未說到甚麼是經濟史，所以，本節首須對經濟史作如下定義[30]：

30　參見H. Heaton於其 *Economic History of Europe*（Reprinted in Taiwan）, Ch. 1中所作的定義。

　　經濟史是敘述人類為滿足其欲望所作奮鬥的故事。這是說明人類於自然環境與制度架構中，使用可以逐漸增加其生產或運輸力量的技術，作某種程度的適應，以符合其所需——此處的制度，有若干是經濟或社會成長的自然成果，有若干是政治單位審慎立法的結果。

　　根據此一定義，可以探索經濟史的功能，這可分從史學與經濟學兩方面予以探討。其在史學面的功能，可以根據呂思勉所說史學功用[31]略予修訂，即搜求既往經濟事實，予以新解釋，用以說明現社會經濟事務的來龍去脈，並可據此推估未來——尤其是可根據先進國家經濟史，預測後進國家經濟發展進程。其在經濟學面的功能，是如上節所說，為以往經濟思想，提供歷史背景；為現行理論，提供現實基礎；如此，既可使學子更能透徹瞭解重要經濟思想，並為現行理論作檢驗，以指出其限制性。此外，經濟史還可在這兩方面，作進一步的貢獻：首先是教導經濟學家或經濟事務有關人士，如何整理現行經濟資料，以便作為撰寫經濟史的素材——事實上，只有接受過經濟學科訓練的人，才克擔當撰寫經濟史的任務；其次是在數理方法氾濫之經濟教學風氣下，經濟史像是一帖清涼劑，教導青年學子，於數理以外還須注意經濟史實，好讓他們拓展思索的空間，以免脫離經濟史實或現實的經濟理論，淪為邏輯或數學的遊戲。再廣而言之，經濟史不僅可供經濟學家及財經官員的參考，更可作為經濟學家和政治、法律、社會及歷史等領域的學者們，相互對話的論壇[32]。

　　這所謂「相互對話的論壇」，是因經濟史內容涉及政治、法律及社會等歷史事件。對於這些事件的處理，有很多地方要向歷史學家學習。因而，就「人」的方面說，經濟史學家亦應具備史學家的五條件，即史

---

31 呂思勉，《中國通史》，第二十章。
32 J. Hicks, *A Theory of Economic History* (Oxford University Press, 1969), Ch. 1.

心、史德、史學、史識、史才五長。史心是要體會甚至掌握經濟史發展的精神與趨勢，希望能歸納出若干發展的法則；縱若未能如此，亦須充分相信，經濟史是動態的，而其在基本上是向前發展的。史德的重要性不下於史心，在某些方面，尤有過之。那就是尊重經濟史實，而不可削足適履地附會某些框框。史學在這方面，則指經濟史作者，應有豐富的歷史知識，具有閱讀古籍及判斷真偽之能力。史識是指經濟史學家，須具備經濟理論基礎，尤其是總體經濟學與經濟發展理論的訓練──這一點，柏克於其「後記」中亦有同感，如此，才可培養經濟史學家洞察的觀察力，並據此以組織有關史料。至於史才，則是指寫作技巧，能生動地表達經濟發展過程。

在經濟史實的選擇上，上述張氏標準，須作若干修正，大致上成為七個標準：第一個仍然是新異性標準，但不僅要求史實本身具有時空位置的特殊性，也且要賦予新意義或新解釋；第二個是理論性標準，這是取代張氏的文化價值標準，凡能符合經濟理論之史實，均應予以注意；第三個是福利性標準，這是類似張氏的實效標準，凡以往經濟活動──尤其是財經政策，直接或間接影響當時人民經濟福利愈大者，則愈為重要；第四個是深遠性標準，這是有些像張氏的訓誨功用標準，凡一經濟活動或制度，對後世有深遠影響者，當然是重要的經濟史實；第五個是階段性標準，從某些角度看，這一標準頗與新異性標準中時空位置的特殊性近似，其實不然，蓋因時空特殊性是從整個歷史觀點看，而階段性則是從歷史上一些期間著眼，例如，前漢的「客」與「僮僕」，在性質上是與魏晉南北朝時候的「部曲」相通，若依新異性標準，據張氏說，「有些史事在當時富於新異性的，但後來則相類似的事接疊發生，那麼在後來，這類事便減去新異性」，則「部曲」的新異性遠不如「客」及「僮僕」，但從階段性標準看，部曲對於塢堡經濟則極具重要性；第六個是現代性標準，這完全是與張氏的現代淵源標準相同，即從現代觀點

看，越與現代經濟制度有關之史事，越爲重要；第七個是數量性標準，
爲著便於經濟分析，凡具有明顯數字之史料，當然優於只憑文字描繪之
史事。

在面對浩瀚的史料之時，經濟史學家將和史學家一樣，明瞭一個較
大的事件，是包含著很多較小的事件，這些小事件的細節，大致上可以
符合大事件的狀況[33]。但把這些小事歸納爲大事件，必先經過一番篩
選——此與上述「選擇」有所不同，因選擇是指大事件的挑選，而這種
篩選任務，卻是主要難題之一，這在經濟史上尤其困難[34]。這些選擇與
篩選是根據有系統的思想，吾人縱然不能像黑格爾一樣，認爲「所有歷
史是思想的歷史」[35]，但是，史學家必須直覺地觸及特定事件背後的思
想，在深入這些事件內部後，他將使它們於其思維中重現[36]。就經濟史
而言，這種思想當然是指經濟思想，而有系統的經濟思想，即是經濟理
論，所以，無論從上述史心、史識抑或理論性標準言，經濟史作者須有
經濟理論的訓練，此即桑巴特（W. Sombart）所說，「只有理論的訓練，纔
能夠造成真正的史學家。沒有理論就沒有歷史，任何科學史的著述都以
理論爲先決的條件」。打個比方說，「假如史學家不能精通法學，他一
定不敢著述一國的法律史」[37]。這是由於經濟史在撰寫之時，若果未根
據經濟理論去選擇與組織史料，則可能顯得雜亂無章，而有損其價值。
經濟史學界一向推崇的英國J. E. Thorold Rogers所著《農業與物價史》（*A
History of Agriculture and Prices*，計八冊，於1866年出版，1902年才出完），但卻
爲桑巴特批評得一文不值，認爲「他對於統計連續的說明，只是專門的

---

33 A. Cook, *History/Writing*（Cambridge University Press, 1988），Ch. 1.

34 G. T. Warner, *Landmarks in English Industrial History*（London: Blackie and Son
    Limited, 1912, 11th edition），"Introduction".

35 引自R. G. Collingwood, *The Idea of History*（Oxford: Clarendon Press, 1956），p. 115.

36 G. T. Warner, *Landmarks In English Industrial History*, pp. 214-215.

37 桑巴特著，連士升譯，〈經濟理論與經濟史〉。

詮釋混雜地堆積著罷了，裡面沒有線索，裡面沒有聯絡史實的統一思想」「這位著名的研究者的失敗，應歸咎於理論訓練的缺乏」[38]。職此之故，就經濟史的撰述而言，其作者必須具有理論的修養，這不僅是桑巴特的主張，也且是克拉判的看法──他認為「經濟史是史學和經濟學交界的科學，它(們)的領域(是)不分的」[39]。

　　在作為經濟史的導引上，經濟理論的選擇亦是問題，例如桑巴特，就追隨其德國歷史學派的看法，認為古典學派(或正統學派)與邊際學派的理論，「二者都不能給經濟史學家做南針」，而只認為經濟制度才是撰寫經濟史時所應注意的，他說，「經濟生活所表現出的特點，正屬於一定的經濟制度，在各種經濟制度的連續裡，可以看出某種有規則的次第」[40]。不過當代經濟史學家都有不同的意見，以1993年諾貝爾獎金得主諾斯為例，在其傑作《經濟史的結構與變化》[41]中，即以「國家的新古典經濟理論」，作為其第三章標題，認為新古典學派經濟理論是有力的分析工具；並於第一章為其模式作五個假設中，說到孩童的私人成本與社會成本相等，當然有「邊際」的意味。但是，諾斯所說的「結構」，是和桑巴特所說的「制度」近似，是以，對經濟制度或經濟結構的研究，將是經濟發展史的主要論題。至於各學派經濟理論，幾乎均可為經濟史所用，只看經濟史作家本身能駕馭多少，但用途最為顯著者，厥為經濟發展理論，蓋因經濟史本身就是動態的經濟發展過程，所以，把當代經濟發展理論應用到經濟史料的選擇與統貫上，將會較為適合。易言之，從統貫動態繁雜的觀點看，經濟史的作者可以依據一般經濟理論，應貫

38　同上。

39　克拉判著，連士升譯，〈論經濟史的紀律〉，《食貨半月刊》2卷1期。

40　桑巴特著，連士升譯，〈經濟理論與經濟史〉，《食貨半月刊》1卷8期。

41　D. C. North, *Structure And Change In Economic History*(New York: W. W. Norton & Co., 1981).

徹「因果法則」，並且根據經濟發展理論，掌握經濟發過歷程的線索與脈搏，以貫徹「發展法則」，如此雙管齊下，再配合適宜而正確的豐富史料，則這一部經濟史，應該是一部夠水準的著作。而且這部經濟史將是黑格爾所謂的反省型歷史(reflective history)，因為這是將歷史資料轉變為一契合性的敘述與分析，並闡明它們的重要性[42]。

關於計量方法在經濟史方面之應用，是為很多史學家所接受，例如沙夫等人[43]，但只指使用統計方法歸納有關數據，而非將計量模型視為經濟史的主流，這一方面是由於距離現代越久，經濟數據愈少，而且縱然有，不是不完全，就是數據本身可靠性低；另一方面，經濟史的發展趨勢，非由少數因素所決定，而且歷史本身須有過程，不是簡單的因果關係。

---

42 P. Smith著，黃超民譯，《歷史家與歷史》(商務印書館，民國66年)，第一章。

43 R. J. Shafer, *A Guide To Historical Method*, 3rd edition, Sec. 3, Ch. 3.

第二章
經濟史演進的軌跡

德國歷史學派旨在探索一種「發展定律」（the Law of Development），而以明確的經濟發展階段闡釋歷史的必然性。馬克思雖非歷史學派，卻亦建立唯物史觀，其影響所及，何止經濟史方面，而是以經濟因子說明整個歷史的變化趨勢。

本書作者則缺乏馬克思那樣的雄心，只想從經濟因子以及非經濟因子，來探索經濟史演變的軌跡，亦即思能探索人類經濟史發展的趨勢，而不敢稱之爲「定律」。

這些經濟因子實即經濟制度，而那些非經濟因子或可稱之爲政治制度，此二制度之均衡與不均衡，以及再度均衡，形成「正、反、合」的辨證過程，從而形成經濟史上的各個階段或時期，再以西歐與中國早期歷史以印證之。這些將分述於第二、三節。但在此以前，即在第一節必須先討論經濟史的主體——人類，其求生存、求發展（即提升生活水準）的衝動與動機，構成經濟史的推動力量，無論是求生存還是求生活水準的提升，都有待勞動者生產力的提高——以致馬克思所提的物質生產力（量）可能即有此意味，因此在此節中將就這一點而有所辨正。至於馬氏所說的經濟制度爲下層構築之說法，可能只出現於小國，至於大國的下

層構築則可能是政治制度，這些將在第四節中予以討論。

第一節　經濟史的主體及其追求目標

何謂經濟史？其簡單定義已見上章[1]。

> 環境與制度架構中，使用可以逐漸增加其生產或運輸力量的技術，作某種程度的適應，以符合其所需——此處的制度，有若干是經濟或社會成長的自然成果，有若干是政治單位審慎立法的結果。

此一定義至少包括兩個要點：一為人是經濟史的主體，而自然環境或物質因子則是經濟史的客體；一為制度因子，在經濟發展過程中扮演要角，而此制度可區分為主要是來自自然形成的經濟制度和人為的政治制度。

就人為經濟史的主體而言，人類是為生活而奮鬥，即先求生存，再求發展，亦就是提高生活水準。無論是為求生存還是提升生活水準，其具體目標則是提高人類生產力（productivity），亦就是追求勞動平均生產力的提高，因為在物物交易中，勞動生產力的提高，當然可以直接滿足其欲望；在貨幣經濟中，生產即所得，故生活可以經由生產力的提高，而有所改進，所以，追求勞動生產力的提高，成為經濟史演進的目的，問題是在於此一生產力如何提高之。且以生產函數予以說明：

$$Q = f(L, K) \tag{2.1}$$

1　參見 H. Heaten 於其 *Economic History of Europe* 一書中第一章所作的定義。

　　此處，Q、L、K分別代表產出、勞動與資本，於此，勞動平均生
產力(AP_L)為Q/L，顯然可見，此乃偏平均生產力，只能表示產出—勞
動比而已。並無經濟涵義，即使此函數是Douglas型態，而為

$$Q=AL^{\alpha}K^{1-\alpha} \tag{2.2}$$

　　此處A為技術參數，α 與$1-\alpha$ 則為勞動與資本的偏生產彈性(其和為
生產彈性)。於此

$$AP_L=Q/L=AL^{\alpha}K^{1-\alpha}/L=A(K/L)^{1-\alpha} \tag{2.3}$$

　　(2.3)式中的AP_L雖具有意義，但至少有兩個困難：一為此式只能存
在於直線齊次生產函數；一為此式顯示，勞動量增加，必將導致AP_L下
降，這將不是經濟史主體——人類追求的目標。在這方面，本文作者多
年前提出的一般化勞動生產力意念[2]，卻可適合此一目的。就一般化勞
動生產力而言，其基本式是

$$GAP_L=\frac{Q}{L+K\cdot\dfrac{dL}{dK}} \tag{2.4}$$

　　此處dL/dK($=f_K/f_L$)是資本對勞動的邊際技術代替率(f_K 與 f_L 是資本與
勞動邊際生產力)，持此代替率可將(1)式中的K，折算成勞動等數，俾使
勞動生產力計算趨於精確，進一步推演，則(2.4)式可成

――――――――――

　　2 詳見侯家駒，《邊際分析與平均分析》(中華書局，民國59年)，第八章。

$$GAP_L = f_L/E \qquad\qquad (2.5)$$

此處的E為生產彈性，若以一般性Douglas生產函數表示，則為

$$GAP_L = f_L/(\alpha + \beta) = \alpha A_L{}^{\alpha-1}K^{\beta}/E \qquad\qquad (2.6)$$

(2.6)式可以代表經濟史主體追求的目標，因為α可代表勞動者的技巧，β為資本財的體現型(embodied)技術，此二者之和不一定等於一。若將生產要素增為三個，則(2.6)式成為

$$GAP_L = f_L/E = \alpha A_L{}^{\alpha-1}K^{\beta}N^{\gamma}/(\alpha + \beta + \gamma) \qquad\qquad (2.7)$$

此式尤可代表經濟史上人類追求的目標，因於原始社會中，資本財(K)幾近於零，而土地(N)為最大的勞動對象或自然資源。是以，在長期中，足資利用的勞動(L)、資本(K)、自然資源(N)有所增加；勞動技巧(α)、科技(企業管理)或非體現型(disembodied)技術(A)，以及體現型技術(β)與自然資源利用技術(γ)等之提升，正可提高勞動生產力，亦正是說明馬克思式生產力之增加——二者是否有所區別，將於以下予以辨正。生產彈性(E)在GAP_L之浮沉上扮演要角，因若E<1，顯示是在生產第一階段；此時，GAP_L遞增；但若E>1，則表示進入生產第二階段，GAP_L遞減，以致只有在E=1時，GAP_L最大。或許有人以為E<1時，GAP_L可變大，實則不然，因為E是由$\alpha + \beta + \gamma$組成，以致E<1時，(2.7)式中的分子亦將變小，且因α之故，其降低之速度尤高於E，若是E低到某一程度，則f_L趨近於零。於是，E在(2.7)式中有二作用：一可說明農業社會的治亂循環，人地比例是重要關鍵；一可印證工業化社會中商業循環，創新居其樞紐。

爲說明GAP$_L$與AP$_L$間關係，(2.7)式可以改寫爲

$$GAP_L = \alpha / EAP_L \qquad\qquad (2.8)$$

　　馬克思利用生產力與生產關係的矛盾與統一，構成其正、反、合辨證過程，形成其唯物史觀。其所謂「生產力」，實乃是「生產的物質力量」(material forces of production)，或簡稱爲「生產力量」，因爲馬氏所說的生產力量之中，所包含的不止是物質，因除生產工具與自然資源外，還包括勞動及其技巧與科技。惜爲中國的馬氏信徒將其簡譯爲生產力，以致今日大陸不得不將productivity譯爲「生產率」，以示區別。其實，往深處考察，此二者並沒有那麼涇渭分明，而有很多相通之處。

　　在《1844年經濟學哲學手稿》中，馬克思提出勞動的概念，並認爲勞動在本質上，是一種自由自覺的活動[3]。個人的勞動能力是生產力形成的基礎，所以，馬克思認爲，生產力(量)發展的歷史，亦即「個人本身力量發展的歷史」，以致「真正的財富就是所有個人的發達的生產力(量)」[4]。由此看來，馬氏心目中的生產力(量)也許正是勞動生產力，或者應該說就是(2.7)式中的GAP$_L$。

　　現可進一步使用當代馬克思信徒所作的生產力(量)之四特性[5]，以檢驗(2.7)式中的GAP$_L$。首先是說，生產力(量)具有屬人性，因而GAP$_L$即是勞動生產力，該式分子則爲勞動邊際生產力，所以，其屬人性特別強烈。

3　參見魏小萍，《唯物史觀的發展和歷史主客體理論——歷史的回顧與反思》(西北大學出版社，1996)，頁51。

4　分見《馬克思恩格斯選集》，第1卷，頁79；《馬克思恩格斯全集》，第46卷(下)，頁222。

5　楊耕，《危機中的重建——歷史唯物史觀的現代闡釋》(中國人民大學出版社，1995)，頁190-192。

其次，是生產力（量）具有社會性，這是說，生產力（量）決定交換形式與所有制形式，這是分指生產方式與分工形式，GAP_L分子中各要素之多寡，即顯示分工及生產方式，尤其是(2.1)式中，$dL/dK(=P_K/P_L)$正表示此二要素間交換形式。

第三是生產力（量）具有客觀性，則更不在話下，因為只要形成生產函數，GAP_L定可明確算出，事實上，即使不形成生產函數，GAP_L亦可經由(2.7)式而概略估算，

$$GAP_L = W(TR/TC) \hspace{3cm} (2.9)$$

此處TR與TC則分別為總收益及總成本，W代表平均工資。

最後是生產力（量）具有歷史性，而GAP_L所形成之生產函數，無論是使用時間數列或橫斷面數據，其本身即為史實。

由此看來，馬氏的生產力（量）實與(2.7)式中GAP_L觀念一致，是以或可說，馬氏的生產力（量）即勞動生產力，惜馬氏當時，尚無生產函數觀念，並缺乏GAP_L意念，以致今日大陸有生產力（量）與生產率二詞出現，是以，只要能將馬式生產力（量），定名為勞動生產力，則生產力（量）與生產率二詞將可統一為生產力。

第二節　經濟史中的制度因子及制度成本

經濟史既然是「說明人類於自然環境與制度架構中」，「人類為滿足其欲望所作奮鬥的故事」，則制度因子在經濟發展過程中勢必扮演無與倫比的重要角色，蓋因自然環境基本上是靜態的，殊少變易，以致能與經濟活動產生互動者，厥為制度架構或制度因子。所以，經濟史研究必須注意到制度因子，此所以美國新制度學派健將諾斯認為「將制度的

研究與經濟史結合，乃是提升知識的一個重要步驟。」[6]

　　經濟史涉及的制度因子，並不限於經濟制度（馬克思所說的生產關係亦應包括在內），在政治、社會等方面也牽涉很深。一般說來，政治制度由於著重統治，而將力求穩定；經濟制度則以個人為出發點，其目的在於發展（由生存到生活）。比較而言，政治制度是靜態的，經濟制度在比較上則是動態的，二者一致，才可以形成均衡，只有在這種均衡下，政治與經濟才會是互補與互利的，可惜的是，在歷史潮流中，這種均衡通常是短暫的，除非政治制度亦變成動態的。

　　說經濟制度是較為動態的，毋寧說是個人為求其本身發展而形成動因，亦可以說，「人類為滿足其欲望所作奮鬥的故事」本身才是真正動態的，致與制度產生互動，這種互動過程，形成歷史的軌跡。經濟史的探索，旨在掌握此一軌跡中的演變趨勢。且為便於掌握與易於說明，此趨勢被區分為若干時段或階段，這是由於區分時段可使各別時段具有顯著的特色，而且時段之間有明確的遞嬗關係[7]。

　　此處所謂的「制度」，是英文中的 "institution"，而非 "system"，蓋因後者是一種體系或體制。對於制度，諾斯曾作簡單定義如下[8]：

　　　制度是一個社會中遊戲規則。更嚴謹地說，制度是為制定的限
　　　制，用以約束人類的互動行為。因此，制度構成了人類交換的
　　　動機。

6　D. C. North, *Institutions, Institutional Change, and Economic Performance*（Cambridge University Press, 1990）, "Preface".

7　參閱S. Kuznets "Notes on Stages of Economic Growth as a System Determinate," in A. Eckstein（ed）, *Comparison of Economic System*（Berkley, 1971）, p. 243.

8　D. C. North, *Institutions, Institutional Change, and Economic Performance*, ch. 1.

　　制度限制包括了兩種：一種是甚麼行爲個人不准去做，另一種是何種條件下個人可以從事某些行爲。在此定義之下，制度乃是人類發生互動行爲的範圍。

　　由於「制度構成人類交換的動機」，所以，制度在人類經濟活動中扮演了重要角色。制度在經濟面的主要作用，「是建立人們互動的穩定結構（未必是有效率的），以降低不穩定性」[9]。其實，在追求穩定上，政治制度尤甚於經濟制度，蓋因在政治上，統治階層（無論其政體是民主還是專制）爲追求其長期利益（無論是私利或公益）最大，必然期冀政權穩定與政局安定。所以，縱然在本質上，任何制度都是靜態的，但政治制度和經濟制度比起來，其靜態成分尤多。易言之，在程度比較上，或許可以說，政治制度是靜態的，而經濟制度則是動態的。二者一致，才形成短暫的均衡，其所以「短暫」，就是由於一爲靜態，一爲動態之故，以致只有在政治制度能爲經濟制度服務，使其本身亦成爲動態之時（近代民主政治有此傾向），政治與經濟二制度才可以維持較爲長期的均衡。

　　按前引諾斯之言，「制度」固然「構成了人類交換的動機」，但在另一方面，未嘗不可以說，人類求生存、求發展的動機構成了經濟制度。這是說，人類爲維持生存及提升生活水準，必將從事經濟活動，且因人類是群體動物，必須有一種遊戲規則予以規範，這就形成了經濟制度。亦就是由於個人求發展（由維持生存到改善生活）的衝動，導致經濟制度在變易上比政治制度頻繁，成爲社會演變的主要力量，從而衝擊到力求穩定的政治力量。由於政治制度是靜態的，面對這些衝擊只能採取守勢，但當經濟制度演變到某一臨界點之時，政治制度的藩籬必將被突破，而將建立符合當時經濟制度的新政治制度。此時，政治制度與經濟制度再趨一致，形成新的總體均衡。用辨證法的語言來說，原來均衡的政經制

---

9 D. C. North, *Institutions, Institutional Change, and Economic Performance*, ch. 1.

度爲「正」，動態的經濟制度爲「反」，導致新均衡的政經制度出現，是爲「合」。

馬克思亦就是看到這一點，才認爲經濟制度是下層構築，而政治與法律等制度是上層構築，上層構築是隨下層構築變動而改變。不過，此一規律並非顛撲不破，因若政治力量龐大得和經濟力量不成比例，則經濟制度亦可能取決於政治制度。是以可說，政治制度與經濟制度間的關係，基本上雖是上下層構築間關係，經濟制度變動於先，政治制度改變於後，但有些時候，此二者是互動關係，經濟制度固然可以改變政治制度，而政治制度亦可影響到經濟制度，尤以政治力量遠邁經濟力量之時，或基於特定意識型態建立之政治制度爲然。

人類經濟問題的適切解決，當然是要增加生產，亦就是提高勞動生產力（GAP_L），以解決遞增人口的生存與生活問題，循此，有效率的經濟制度，應可促進生產誘因與降低生產成本。促進生產誘因的方法雖多，但最有效的方式厥爲私有財產權，此即孟子所說，「有恆產者有恆心」（〈滕文公上〉）。關於財貨生產成本，一般只計算投入與運銷費用，但自1960年後，考斯提出交易成本（transaction cost）一說[10]後，原來所稱的生產成本，實在只能稱爲轉換成本（transformation cost），其中的投入費用，是將投入「轉換」爲產出，亦即性質與型態的轉換，運銷費用則是「轉換」該財貨的時空位置與所有權。

對於交易成本，諾斯曾予清晰定義：「交易的成本包括衡量交換事物之價值成分及保護權利、監督與執行合約的成本」，其中，「訊息的成本，是交易成本的關鍵」，同時，認爲「這些衡量與執行成本，是社會、政治與經濟制度的來源」[11]。瓦利斯與諾斯統計，美國國民所得中，

10 R. H. Coase, "The Problem of Social Cost," *Journal of Law and Economics*, vol. 3 (1960), pp. 1-44.

11 D. C. North, *Institutions, Institutional Change, and Economic Performance*, ch. 4.

有45%是透過市場產生的交易成本(如銀行、保險、金融、批發及零售；或依職業別而分為會計師、律師等)，但此一份額在一百年前只有25%[12]。循此，交易成本主要是透過市場的支出[13]。

職此之故，諾斯是將生產成本視為轉換成本與交易成本之和，並認為制度主要影響到交易成本[14]。針對制度而言，作者個人認為應該增列一種保障成本(或地盤成本)，亦就是在制度(正式的與非正式的)的保障下，轉換與交易二活動才得以順利進行。由於這種保障，很像一些地頭蛇在其地盤上收取保護費，保障成本的適當英譯，應是territory cost。為此，生產單位必須付出一些明顯費用，諸如稅捐、規費，以及同業公會與類似組織的入會費與常年費等強制性支出。這些明顯費用之支付並不經由市場，均在保障交換制度或經濟制度之運行，所以，亦可將保障成本中此一明顯部分稱之為明顯的制度成本(explicit institution cost)。至於保障成本中的不明顯部分，則可稱之為不明顯的(implicit)制度成本，這不一定須有金錢、物品與人力支付，主要是指政府有關經濟行動的副作用，是以，此一成本不似明顯的制度成本那樣純為正值，而是有正有負，其影響面均落在轉換成本與交易成本上，其為負值，則是降低交易成本與／或轉換成本，反之，則是提高之。由明顯的與不明顯制度成本之和，形成保障成本。

由於前引諾斯對交易成本的有關描繪中，已知交易成本中含有「保

12 J. L. Wallis & D. C. North, "Measuring the Translation Sector in the American Economy, 1870-1970," in S. L. Engerman & R. E. Gallman(ed), *Long-Term Factors in American Economic Growth*(University of Chicago Press), 1986.

13 須予注意者，瓦、諾二氏所說，交易成本占國民所得的比重，由1870年的25%，提高至1970年的45%，只是意味著國民所得結構變化，並非意味單位生產成本的大幅上升，蓋因這一百年中，美國國民所得已增加好幾倍。

14 D. C. North, *Institutions, Institutional Change, and Economic Performance*, ch. 1，而且此意念貫串全書。

護權利」的成本，致與上述保障成本類似，易言之，交易成本之中業已
包括有保險或制度成本。此一說法，大體上是不錯的，但若循此推敲，
則傳統的產銷費用已含有交易成本，蓋因爲著產銷活動的正常進行，生
產者與「批發及零售」者必須要和「銀行、保險、金融」業打交道，而
且還要聘請「律師、會計師等」，以「保護權利、監督與執行合約」。
現爲界定、保護和執行物品的財產權(使用的權利、獲取收入的權利、排他
的權利，以及交換的權利)[15]，而將其有關費用從產銷費用中抽出，另稱爲
交易成本，以凸顯之。本書則因著重政治制度對經濟制度影響的分析，
所以，只將轉換成本與交易成本，視爲經由市場產生的有關費用，而將
不經市場且有幾分強制性的支付，看作保障成本或地盤成本或制度成
本──嚴格說來，應該說是明顯的制度成本，至於不明顯的制度成本，
則非轉換成本或交易成本所能表達，而其重要性有時還會超過明顯的制
度成本，蓋因這是表現政府行動的外部性：負的不明顯制度成本，是外
部經濟；正的不明顯制度成本則是外部不經濟。從另一觀點看，不明顯
制度成本實爲政府政策的副產效果，譬如，秦統一天下後，「田租鹽鐵
之利二十倍於古」(《漢書‧食貨志》)，顯示生產成本中明顯制度成本大
爲提高；「法度衡石丈尺，車同軌，書同文字」，是表示不明顯制度成
本的負值部分，因爲這些將可降低交易成本(如統一度量衡與書同文字)及
轉換成本(如「車同軌」，可降低運輸費用，而統一規格，亦可減少投入費用)；
但其「徙天下豪富於咸陽十二萬戶」，及「發……賈人……」等攻取嶺
南(均見《史記‧秦始皇本紀》)等抑商措施，則是代表正值的不明顯制度
成本，因爲這是妨礙資本形成與經營效率，從而提高轉換成本──漢武
帝的國營政策，其效率低落，亦等於提高轉換成本。

　　實在說來，保障成本中的明顯制度成本，是以生產者對政府的支出

15　D. C. North, *Institutions, Institutional Change, and Economic Performance*, Ch. 4.

（即稅捐或賦稅）爲主要部分，此所以先秦儒家都主張薄微輕斂或薄賦輕徭，其目的就是在於降低保障成本以及其他生產成本。從現代眼光看，凡是政府支出占國內生產毛額愈多，或其支配社會可用資源亦愈多，則其明顯制度成本亦將愈大；在另一方面，若是政府對經濟活動限制愈多，則其不明顯制度成本亦將愈大，因爲這將提高轉換成本與交易成本。於此，將可知道，亞當・斯密（Adam Smith）爲什麼倡導自由放任，並將政府職權縮小到國防、司法與社會秩序維護上，蓋因如此，政府支出將大爲縮減，但仍盡其保障生產與交換之責，而人民得以在競爭中充分發揮其效率，從而可使保障、轉換與交易成本降爲最小，以致可使經濟獲得最大成就。

　　歸納說來，生產總成本是轉換成本（transformation cost）、交易成本（transaction cost）與保障成本（territory cost）之和，易言之，生產總成本是由三T成本組成，包括土地、勞動與資本等資源投入，這些投入含有轉移物品的物理性質之費用，以及攸關物品財產的界定、促進、保護和執行的強制性及經由市場之支付。由於保障成本就是制度成本，所以，經由此一成本，使政治制度與經濟制度發生關係，凡能降低明顯制度成本，且使不明顯制度成本中負值大於正值之政治制度，則可與經濟制度達成均衡，而使政治制度與經濟制度一致，此時，社會安定、繁榮；反之，則是政治制度與經濟度乖離，社會將有亂象；若是明顯制度成本奇高，不明顯制度成本幾全爲正值，則政治制度與經濟制度相背，民不聊生，必有變局。是以可說，政治制度與經濟制度一致則安，相離則亂，相背則危。但卻因此二制度的一致與離背，進而形成正、反、合的辨證過程。

第三節　經濟發展趨勢與階段論

　　若干有關經濟史的作者們，爲著掌握經濟史發展的大趨勢，而將

整個經濟發展過程分爲若干階段[16]。尤以德國學者爲然[17]，其中最著者當爲馬克思的唯物史觀，這是按產權制度與經濟意識的演變以區分之[18]。

關於此一唯物史觀，馬克思原來只在其《政治經濟學批判》序文中，把經濟發展過程劃分爲亞細亞的、古代的、封建的、以及近代資產階級的四種生產方式。後來，其歐洲信徒根據歐洲歷史，利用黑格爾的正、反、合辦證法，劃分爲封建主義、資本主義與社會主義[19]；列寧於《論國家》一文中，進而區分爲原始公社社會、奴隸社會、封建社會、資本主義社會與共產主義社會──中國的馬列信徒遂認爲（例如郭沫若於其《中國古代社會研究》一書中所云）亞細亞的生產方式，係指原始共產主義（成原始公社），古代的生產方式則指古代希臘、羅馬奴隸制度，封建的生產方法是指歐洲中世紀的行會制度與諸侯制度，資產階級的生產方式，則是指近代資本主義制度[20]。

唯物史觀是一種非常具有雄心的階段論，不僅要解釋經濟發展過程，還要說明整個人類歷史的演變，但據上節分析，可知其生產的物質力量之變化，主要是被動的，真正作爲經濟發展的力量，應是個人追求

---

16 侯家駒，〈從階段論看中國經濟史階段之劃分〉（《東吳經濟商業學報》，第9/10期）一文中，曾列舉十種階段論，可供參考。

17 G. M. Meier & R. E. Baldwin, *Economic Development: Theory, History, Policy* (New York: John Wiley & Sons, Inc., 1957), p. 144.

18 V. W. Ruttan, "Growth Stage Theories and Agricultual Development Policy," *The Austrialian Journal of Agricultral Economics*, June 1965.

19 G. M. Meier, *Leading Issues in Economic Development*(3rd edition, Reprinted in Taiwan, 1976), p. 79.

20 傅筑夫，〈社會經濟史的分段及其缺點〉，《文史雜誌》，民國34年6月。其實，亞細亞生產方式，並不一定意味原始分社、蘇聯學者在這方面爭議甚多，甚至於有人認為「外國資本主義侵入以前中國社會是在亞細亞生產方式的支配下，以同一技術水準，而反覆生產者。」參見桂遵義，《馬克思主義史學在中國》（山東人民出版社，1992），〈亞細亞生產方式理論和中國問題論述〉。

發展,由生存到生活　的衝動與對外在環境調整的努力。易言之,經濟
史演變的目的,乃是在追求勞動生產力(GAP$_L$)的提高,從第二節分析,
或許可以說,在原始的馬克思研究中,其所謂的生產力(量)也許就是
GAP$_L$,但是長期來,研究唯物史觀的學者們,有重物輕人的傾向[21]。是
以為了著眼於心智活動與物質力量的交互影響,經濟發展過程的階段區
分,最好能混合經濟史與經濟思想史中的劃分方法。

　　歐洲經濟史通常是始於中世紀[22],這固然是限於史料之故,但依作
者個人看法,這還涉及政治制度與組織。人類活動雖已有數十萬年,但
其政治組織的歷史卻只有數千年而已,至於具有近代國家雛形的政治組
織與制度則更晚,那就是封建制度,因為近代國家除擁有領土、人口、
武力與主權外,還須有穩定的中央政權與安和的地方政局[23],這在古
代,只有在封建體制下才可達成,此所以英國政治學家Edward Jenks於
A Short History of Politics(1900)一書中,將人類政治的發展分為草莽(圖
騰)社會、宗族(酋長)社會與現代(政治)社會三階段,並在後者之中,首
言「國家與封建制度」。

　　以歐洲言,其封建體制或莊園制度的全盛時期,是在西元900-1300
年,其中央主政者的策立(包括王位繼承)有一定方式,而國王以土地交
換騎士的忠誠,以及交換其提供的軍事服務,這些土地由於成為武士或
貴族的莊園,亦形成地方的安定力量,這是由於莊園主與隸農利益一
致,故使地方政局安和。封建制度因能穩定中央政權與地方政局,致使
近代國家雛形得以出現——這當然是從政治制度著眼。就經濟制度而

21　魏小萍,《唯物史觀的發展和歷史主客體理論——歷史的回顧與反思》,頁1。
22　例如C. M. Cipolla(ed.), *The Fontana Economic History of Europe*(Willam Collinessons & Co., 1972).
23　13世紀的Marsillicus深信國家是和平的維護者,見鄒文海,《西洋政治思想史稿》(民國61年),第11章。

言，當時已進入高度發展的農業社會，而農業社會中最重要的資源或資產厥為土地，當時人民最普遍與最主要的職業，則為農耕，而封建制度的經濟意義，是人與地的合理結合[24]。是以，在封建體制下，經濟制度和政治制度是一致的，此所以若干西洋經濟史是自莊園體制開始，更多的西洋經濟思想史亦是始於中世紀。

綜合西方經濟史與經濟思想史學家的劃分，自中世紀至近代，大致可以區分為封建時期（西元900-1300年）、灰暗時代（1300-1500年）、重商主義階段（1500-1750年）、重農學派期間（1750-1780年）、資本主義紀元（1780年起）。

在封建時期，土地由於是來自授予，固然不是商品，而勞動亦因不是交易鵠的而非商品，連帶地使資本財也非市場交易對象。當時的經濟思想，是以經院哲學（Scholasticism）中阿奎那（Thomas Aquinas）的有關理念為顯學。阿氏主要經濟思想厥為「公平價格」（just price），意味一物價格等於生產該物的單位成本，不賺錢也無損失。對於此一意念的現代闡釋，認為其基本動機，是在於維持封建體制的運作，因若市場上所有財貨均以公平價格交換，則無人能以經濟活動改變其社會地位及所得[25]，而這些地位主要是來自政治與宗教力量。

灰暗時代之所以被稱為「灰暗」，是因為多次出現黑死病與戰爭（包括英法之間的「百年戰爭」），而文藝復興也發生於此一時代，由於天災人禍，歐洲人口大為減少，致使以勞力為基礎的莊園難以維持，且因人文思想的激發，生產工具發達興起，導致莊園更趨沒落。另一方面也可

24　E. M Burns於其 *Western Civilizations*（New York: W. W. Norton & Co., 8th ed.）一書第11章中，以「作為一種政制、社會與經濟的封建主義」為第2節標題，並於第1節說，「人們……還讚美它是一種理想的制度，這恰像今天我們讚揚民主政治與政府組織一樣。」

25　H. Landreth & D. C. Colander, *History of Economic Theory*（2rd edition, Houghton Mifflin Co., 1989）, ch. 2.

能由於其中某些時期人口增加，導致人地比例變大，GAP$_L$低落，隸農難以生存而逃離莊園。

重商主義(Mercantilism)一詞，主要是對商人們於1500年至1750年間發表的小冊子的總稱，這些小冊子主要用來影響政府的經濟政策，其主要論點有三：1. 重視金銀，以爲此乃國富；2. 創造貿易順差；3. 主張政府干預經濟事務。此時，土地、勞力與資本均爲商品[26]。

於封建體制下，政治制度與經濟制度一致，所以，就辨證過程而言，可說是「正」；由於作爲經濟制度的莊園之崩頹，帶動了政治制度亦隨著改變，城邦及其同盟從而出現，進入灰暗時代，對封建體制言，這當然是「反」。這些城邦及其同盟後來逐漸形成民族國家，龐大的民族國家之建立，其意義便是國王們的實力業已凌駕於許多封建的領主們之上了。在此一時期的人民，都熱切期望社會秩序與安全之建立，雖然國王對他們加以重大的負擔，他們也甘願順從，故於初期，所有民族國家幾乎都是君主專制政府[27]。這些政府對內干預經濟事務，對外採取擴張政策與創造貿易順差，從而進入重商階段，歐洲列強的殖民地大多發生於此一時期。這是政治制度與經濟制度再次趨於一致，所以可稱爲「合」。

重商階段的「合」，對下一階段言，則是另一個「正」的開始，蓋因重商主義的拜金思想與政府干預，在思想界引起反彈，從而在法國形成重農學派，其名稱爲Physiocracy，爲崇尙自然之義，其所以被譯爲「重農」，是因爲該學派認爲農業才有淨生產，隨而認定商業以及工業是「不生產的」。是以，對於重商主義形成「反」。但於此期間，工業革命業已肇始，使重農思想只是曇花一現。

---

26 H. Londreth & D. C. Colander, *History of Economic Theory*, ch. 2.

27 C. J. H. Hayes, P. T. Moon & J. W. Wayland, *World History*, 3rd edition, sec. 5, ch. 19.

　　亞當・斯密的《國富論》雖出版於1776年（瓦特的蒸汽機亦於該年問世），但其影響力主要發生於1780年以後。斯密承繼重農學派的崇尚自然思想，但卻揚棄其「重農」觀點，其基本立場，亦是重商主義的反動，其最大差異，乃是斯密認爲社會是和諧的，意味個人利益與社會利益一致，故倡自由放任，重商主義者則以爲個人利益與公共利益背離，故須政府干預。易言之，重商主義者以醫生自居。而斯密則懷疑政客的智慧，從而建立自由經濟[28]，有助於當時工業革命的推進，進而形成資本主義體制。

　　就在這一紀元中，出現了美國的獨立（西元1776年），法國大革命（1789年），從而逐漸形成民主政治，而與自由經濟互爲表裡，是政治制度與經濟制度又趨一致而再次均衡，因此，對於重商主義階段的「正」，資本主義紀元是「合」。

　　以上所述，主要是歐洲與北美經濟發展的趨勢，至於資本主義紀元後還有甚麼階段出現，目前尚難推測，但據史實，工業革命恆以農業革命爲前提，亦即羅斯托所說的「起飛前」的過渡時期[29]，而前述重農學派期間，就英國言，正是其「起飛前」階段，是以，從資本主義紀元前夕開始，人民已由求生存進而追求生活水準的提升，但因所得的限制，難以將人民生活中所有重要項目同時予以提高，而只能按其優先次序，次第予以滿足，且因需求之誘發，個別有關產業就成爲各階段的領導性部門，循此，由資本主義紀元前夕，到遙遠的未來，可以劃分爲食、衣、住、行、育、樂六大階段，而農業、紡織業、居室產業、汽車暨重工業、文教事業與廣義的娛樂事業，依次成爲領導性部門[30]；這些階段之中，

28　H. Londreth & D. C. Colander, *History of Economic Theory*, ch. 3.

29　W. W. Rostow, *The Stages of Economic Growth*（Cambridge University Press, 1960），ch. 2.

30　詳見侯家駒，《民生經濟思想》（國立編譯館，民國73年），第26章。

愈後的階段,其完成所需的時間亦愈長,以今日歐美先進國家言,業已進入「行」的階段,亦即羅斯托所稱的「高度大眾消費」時期,且須再花很長一段時間才會進入「育」的階段;至於「樂」的階段以後,人類還會進入甚麼階段,目前難以預料,只是屆時,地球已成樂土,可說是人間天上,夫復何求!

這些食、衣、住、行、育、樂階段,都是民生內容中有項目的消費水準之大為提高,是以,此一理念或可稱之為「民生史觀經濟發展階段論」。其實,從封建體制起,經濟制度的演變,都是人民為追求生存及改進生活之衝動為其推動力,是以,人類整個經濟發展的闡釋,亦可用「民生史觀」以括之,亦即中山先生所說的,「歷史的重心是民生」(《民生主義》第一講)。

是以,民生史觀不僅是用以說明經濟制度的演變,且也意味著經濟制度的變易可以改變政治制度,上述歐洲制度的變易或經濟發展歷程之演變,正可作此詮釋。但須注意者,往日的歐洲國家,版圖多不大,政治力量難以抑制經濟力量,反之,則情況可能有別,亦就是政治制度變動,將會帶動經濟制度的改變,二十世紀蘇聯的崛起,正可說明之。

再從成本觀念看,上述各階段之演進,均與降低成本——尤其是制度成本的降低有關,例如,灰暗時代興起的都市,雖向領主繳納巨額權利金與定期納款,以交換其特許證,這雖增加其明顯制度成本(因可擴大生產規模,以致在實際上,平均生產成本將可降低),但因自由而擴大商機與增加創新,致使不明顯制度成本降低。在重商主義階段裡,由城邦變為民族國家,通行稅的消除,規模經濟擴大,在同一制度下進行交易,導使交易成本與制度成本俱降;到了資本主義紀元,由於倡導自由放任與小政府,所以,生產、交易與制度三種成本都大為降低,而得以使人民在重要生活項目上普遍得到改善。

第四節 中國古代經濟發展及大小國之分[31]

上節所述經濟發展階段，主要是依據歐洲經濟演變趨勢而予以劃分，但熟悉中國上古經濟史及經濟思想史之人士，對於這些階段，或有似曾相識之感，因就中國言，西周至春秋初，是明顯的封建時期；春秋時期則有些像是灰暗時代；戰國則顯似重商主義階段；秦始皇滅六國後，以及漢高祖主政期間，有短暫的重農；文景之治的自由放任，使資本主義首次在中國萌芽。

西周封建制度，在政治上，是「王臣公，公臣大夫，大夫臣士」（《左》昭七年），像是金字塔一樣，國王位居塔尖；在經濟上，是「公食貢，大夫食邑，士食田，庶人食力，工商食官」（《國語·晉語》），顯示土地與勞力均非市場交易對象，而且當時「爲市者，以其所有易其所無」，並非「左右望而罔市利」（《孟子·公孫丑下》），致有幾分「公平價格」意味。

春秋時期，戰事頻繁，但有「述而不作」的孔子出現，形成中國早期的文藝復興。此時，「土可買焉」（《左》襄四年），有「庸（傭）民」（《商君書·墾令》），表示土地與勞力均可經由市場交易；「工商」不再完全「食官」，而「市賤鬻貴，……相語以利」（《國語·齊語》），從而使都市興起，即使是子男之國，其「三里之城」，亦附以「七里之郭」，後者發展爲所謂的「大城」。且因士與「家」的壯大，使封建制度漸趨解構。

戰國時期表面上是相互爭戰，實則是以「兵趨利」（蘇秦語，《國語·

---

31 關於中國早期經濟發展趨勢之較詳描繪，參閱侯家駒，〈從西周到漢初經濟制度暨思想之演變〉，《漢學研究》12卷2期。

齊語〉），亦即「爲君辟土地、充府庫」（《孟子·告子下》），易言之，當時主政者所說的「利」，就是使用戰爭手段，以增加國富與累積金錢。《管子》一書主要出自戰國人士之手[32]，其若干內容當是反映當時情況，譬如其〈國蓄篇〉云，「以珠玉爲上幣，以黃金爲中幣，以刀幣爲下幣」，「高下其中幣，制上下之用」，意味以黃金爲本位，上幣與下幣的價值隨金價之變動而調整。當時，黃金且是國際最後支付手段，例如，管子於〈地數篇〉云：

> 夫齊衢處之本，通達所出也，游子勝商之所道。人求本者，食吾本粟，因吾本粟，騏驥黃金。……然後天下之寶壹爲我用。」
>（俞樾曰，「本」謂國也，「求」乃「來」字之誤）

意謂，齊國地處交通要衢，外商旅客多經此地，但入境須使用齊國貨幣，故須運來黃金以兌換之；且從「然後天下之寶壹爲我用」一語看，足見是以黃金爲國富，且要追求國際收支順差以增加之。

當時顯學爲法家，以爲私利與公益不一致，例如韓非子說，「古者，蒼頡之作書也，自環者謂之私，背私謂之公，公私之相背也，乃蒼頡固已知之矣，今以爲同利者，不察之患也」；由於「公私之相背」，所以，他肯定地說，「私行立而公利滅」，進而強調「抑私就公」（均見〈五蠹〉）。其所謂「今以爲同利者」，是儒家之說，譬如有子曰，「百姓足，君孰與不足」（《論語·顏淵》）。

秦始皇在滅六國前，亦對商人獎掖有加，巨賈呂不韋位至相國，並對致富的烏氏倮與寡婦清予以表揚（《史記·貨殖列傳》），但於統一後，

---

32 朱熹曰，《管子》一書，「只是戰國時人收拾管子當時行事語言之類著，併附以他書。」見《偽書通考》。

卻轉而抑商重農，即「徙天下富豪於咸陽」，並於瑯玡刻石云，「上（尚）
農除末」，且發賈人等「略取陸梁地」（《史記》本紀）。其後，漢「高
祖仍令賈人不得衣絲乘車，重租稅而困辱之」（《史記‧平準書》）。這
段期間可以視之爲中國的重農時期，但與歐洲重農學派的自由放任主張
大異其趣，而應稱之爲農本主義─惟「秦始皇本紀」中「三十一年」下，
《集解》引「徐廣曰，使黔首自實田也」，意即正式容許土地私有，未
嘗沒有一些自由放任意涵。

　　漢惠帝與呂后主政，「復弛商賈之律」，繼以予民休息的文景之治，
當此之時，「網疏而民富」（〈平準書〉），有資本主義萌芽現象。社會
上出現自由經濟理論極爲推崇的一般均衡狀況，即各行各業的經濟利潤
等於零。所謂經濟利潤，是等於會計利潤減機會成本，〈貨殖列傳〉列
舉的幾十種行業利潤率，均爲20％，利率也是如此，且意猶未盡地說，
「佗雜業，不中什二，則非吾財也」，意味各行業的會計利潤均爲20
％，以致經濟利潤率趨於零。司馬遷親身觀察到此一現象，進而倡導自
由放任，而於該列傳指出政府的角色：「故善者因之，其次利道之，其
次教誨之，其次整齊之，最下與之爭（利）」─其自由經濟思想，是源自
孔孟有關學說[33]，並可能啓發斯密的自由放任意念[34]。

　　但是，資本主義在中國初次萌芽，卻因漢武帝的抑商措施與鹽鐵酒
收歸國營而告夭折，使中國經濟停滯約兩千年或成長受到限制，其中雖
於南宋及明代中葉再次萌芽，但均不旋踵而滅，其所以如此，是因政治
制度決定經濟制度，而非經濟制度影響政治制度。

　　上節所述經濟發展階段，主要是發生於歐洲，即使是在今日，其各
國面積與人口，除俄國外，都不龐大，其在中世紀甚至於重商階段，各

33　關於孔孟自由經濟的探析，參閱侯家駒，《先秦儒家自由經濟思想》（聯經出
　　版公司，民國74年）及附錄有關各篇。

34　侯家駒，〈經濟思想的中學西傳與西學東漸〉，《東吳經濟商學學報》第13期。

國規模更小，以致傑出的工商人士可與統治階級分庭抗禮，而像是《管子・輕重甲篇》中所說，「萬乘之國必有萬金之賈，千乘之國必有千金之賈，百乘之國必有百金之賈，……中一國而二君二主也。」當時所謂「萬乘之國」，實在只指地方千里的王畿，而戰國七雄之中，除韓國「地方不滿九百里」外，均逾千里，燕、齊且「地方二千里」，趙「地方三千里」，楚國則「地方五千里」[35]。縱然如此，由於各國相互競爭，以致對內較為放任，工商人士尚能對政治發揮影響力，此所以呂不韋能操縱秦國君主之嗣立。但當秦統一天下後，除擁有七國之地外，還將觸角伸向今日之福建、兩廣及越南北部[36]，其面積幾與今日中國相若[37]，大於俄國以外的整個歐洲面積[38]。統治者挾此數百萬平方公里土地及廣大人口為其政治資本，工商人士力量如何能望其項背，再加以民智未開，大國易於流向專制政治，以致大國的政治制度對於經濟制度，儼若泰山壓頂，經濟制度若希藉本身變動以改變政治制度，則將宛若蜉蝣之撼石柱，而政治制度則穩若泰山，難以朝向有助於經濟成長的制度去發展，尤其是就中國言，秦始皇所建立的一人專制之中央集權，至漢武帝，而將一人專制強化到高峰[39]，使經濟制度更難左右政治制度，而只有在民不聊生之時，人民不得不為求生存起而推翻政權，但因大一統與專制政治之誘惑，新的王朝又恢復集權政治。漢初之所以出現資本主義萌芽，

35 除韓國面積出自張儀之口外，其餘均為蘇秦說有關國君之語，均見《戰國策》有關各策。

36 參閱童書業，《中國疆域沿革略》（開明書店），以及中華大典出版之《中國歷史地理》（民國57年三版）中牟潤孫〈秦漢篇〉。

37 此乃牟潤孫於〈秦漢篇〉中意見，因與今日比，秦代除無今日新疆與台灣外，但卻擁有朝鮮與越南北部。

38 據中央通訊社出版的《一九九五年世界年鑑》，今日歐洲計有42國，除俄國外，其餘41國總面積為5,919,175.44平方公里。

39 參閱徐復觀，《兩漢思想史》（學生書局，民國71年第五版），卷一，〈封建政治社會的崩潰及典型專制政治的成立〉、〈漢代一人專制政治下的官制演變〉。

是因為當時王國林立，這些王國「大者或五六郡」，而天子直轄地區只有「十五郡，而公主列侯頗食其中」（《史記‧漢興以來諸侯王年表》），使王畿在面積上不到大國的三倍，遠低於西周的百倍（王畿方千里，大國方百里），使朝廷亦加入王國競爭行動。此時的漢代實為小國，故經濟制度得以左右政治制度。

　　歸納說來，領土較小國家，對外常為競爭型態，而與鄰近國家相互競爭，對內則常有經濟力量與政治力量分庭抗禮，以致其政治制度較易受到經濟制度變化的影響；反之，領土龐大的國家，在關閉世界裡，對外有君臨天下之勢，而有獨占型態之傾向，對內則政治力量凌駕於經濟力量之上，以致政治制度不易受到經濟制度影響，反而有相當力量主宰或決定經濟制度。此二情況可以分別使用圖2-1與圖2-2表示。

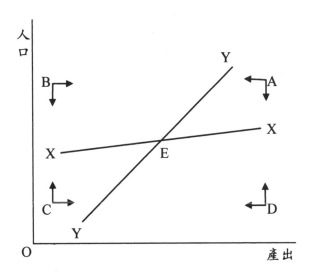

圖2-1 穩定均衡狀況

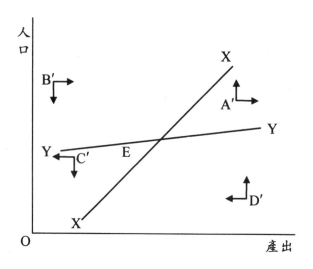

圖2-2 不穩定均衡狀況

　　此二圖中，XX與YY二線都是分別表示政治制度與經濟制度。經濟制度主要注意生產的擴大，故以橫軸表示產出，政治制度較為著重人民的增加，故以人口置於縱軸。XX與YY二線俱為正斜率，均為人口與產出變動的軌跡。YY線上每一點顯示物品與勞動的供需相等，其具正斜率，意味產出的增加，將會產生物品與勞務的超額供給，而人口的上升，將會產生物品與勞務的超額需求。XX線顯示人民生活有基本水準[40]，其具正斜率是意味人口增加，必須要伴隨產出增加，如此，才可使人民生活基本水準（或人民基本生活）不變。

　　將此二圖中可以畫出四個象限：凡在XX線以右，顯示人民生活超過基本水準，導致人口增加，在該線以左，表示人民生活低於基本生活，

――――――――――――――

40　此所謂「人民生活有其基本水準」，亦可稱為「人民基本生活」，此即孟子所　　說，「樂歲終身飽，凶年免於死亡」（〈梁惠王上〉），以西方古典學派語言來　　說，則可說是倖存水準（subsistence level）。

導致人口減少；凡在YY線以右，顯示物品與勞務有超額供給，導致產出縮減，在該線以左，則顯示勞務有超額需求，導致產出擴張；從而，形成A、B、C、D與A′、B′、C′、D′各別四個象限。

在此二圖中，政治制度與經濟制度是在E點與E′點均衡，但在變動上，二圖所表示的狀況，則截然有別：圖2-1顯示穩定狀況，意味政經二制度出現不均衡時，還可以回復到原來的均衡狀態；圖2-2則顯示不穩定狀況，意味政經二制度一旦出現不均衡時，則不會回到原來的均衡位置，從而邁向新的均衡點。是以，穩定雖爲經濟均衡的理想境界，但於此處，則成爲僵固或僵化，不利於政治與經濟制度的互動。因此，此二圖或可表達（中央集權）大國及小國政治制度與經濟制度之間的關係。圖2-2表示小國情形，即當政經制度脫離均衡時，由於政治控制力量較弱，經濟制度乃帶動產出增加，導致人口也增，形成新的經濟制度，從而，導致政治制度改變，因而，使政、經二制度邁向新的均衡境界。圖2-1則顯示集權大國情形，當政經制度脫離均衡，政治制度使統治者趨於侈靡，經濟制度難以著力，人口與產出均爲減少；若是下降得落在E點以左，顯示人口與產出都低於正常水準，執政者不得不激勵之，使二者均爲增加，而回復均衡，以中國歷史檢驗之，則是一亂一治之循環：A象限表示亂象；C象限表示求治的跡象，E點則是「治」之巔峰，逾此，則萌生亂象。

此二圖之所以不同，這是由於小國注意產出，所以以XX線爲主軸。就幾何觀點言，是XX與YY二線斜率的不同：圖2-1中，XX線斜率小於YY線斜率；圖2-2情況則反之[41]。是以，純就經濟情況（以產出表示）言，其對圖2-1中政治制度的影響力甚小，但在圖2-2中，經濟情況對政治制

41　以XX線而言，圖2-1中其斜率較小，顯示一定人口所擁有的產出較多，從中國經驗看，是由於人地比例縮小，形成大一統的必需條件；而其斜率於圖2-2中較大，是因為分裂成為小國後，各國爭取人口增加。

度影響力相對地顯著。對此二制度的討論，常始於均衡點，所以，在E(E)點以右，圖2-1，XX線在YY線以下；圖2-2中，YY線是落在XX線以下；或可說，在下者之線是下層構築，在上者稱爲上層構築。循此，或可說，在大國是政治制度變化，導致經濟制度變動。須予注意者，此所謂大國者，除面積大、人口多外，還是集權專制與閉關自守，否則，縱是地廣人多，但若是民主政治與開放社會，則其境遇亦與小國相類似。

第五節　小結

　　經濟史既以人類爲主體，其基本推動力，是來自人民求生存、求發展的衝動之動機，由於一個人的「消費能力取決於其生產才能」(the ability to consume depends on the capacity to produce)，所以，追求勞動生產力的提高，乃是經濟史主體──人類之基本目標。只是此一勞動生產力，並非慣常的勞動平均生產力(AP_L)，而是一般化勞動平均生產力(GAP_L)。從(2.7)式中，可見若想GAP_L增加，勞動數量不可增加太快，但勞動技巧(包含教育訓練)必須提升；資本財及體現型技術之擴大；自然資源及其利用效率之增加，以及非體現型技術(即通常所稱之科技)之發展；同時，爲追求GAP_L最大，則生產彈性(E)最好能爲一(或接近於一)──(2.7)式中，對於GAP_L，至少有兩種作用：在農業社會中，若E趨近於零，則 α 將如是，從而使GAP_L也將如是，這是表示人地比例過大，民不聊生，迫使揭竿而起，形成很大動亂，導致人口劇減，人地比例大爲降低，而這種治亂循環，是顯示馬爾薩斯人口理論的意義；一是在工業社會，是當E與GAP_L低到某種程度時，必將使經濟由衰退轉爲蕭條，此時，可由某些要素(含科技)或產業的創新，而可否極泰來，這是印證熊彼得的創新說以及羅斯陶的領導部門說。

　　是以，人類追求勞動生產力(GAP$_L$)的提高，不僅使人類「爲生活而奮鬥」(struggle for life)這句話更爲落實，也且使(2.7)式包含整個經濟史的絕大部分內容，因爲經濟史所探討的不外時代的人民生活水準、投資情況、教育(含訓練)、自然資源的利用、資金市場之運作、各個產業之發展情況，以及賦稅負擔——這又可從第三節提出的制度成本角度予以探討，尤其是這些因子的發展與停滯，都受到制度面的影響。

　　經濟史的演進，當然主要是由於經濟制度變遷，但亦受到政治制度的演變影響。從某一角度看，是此二制度交互影響，推動經濟史的發展。所謂制度，其本身是靜態的，但在比較上，經濟制度較具動態，此即經濟史定義所云，是「經濟或社會成長的自然成果」，而政治制度則全屬人爲的，力求其穩定。故在一般情況下，是經濟制度先由量變而質變，衝擊到政治制度而不得不作調整以適應之，從而馬克思以經濟制度爲下層構築，政治制度爲上層構築，將隨經濟制度變化而改變。是以，在此二制度互爲表裡時，即是均衡狀態，此時爲辨證過程中的「正」，若經濟制度有所變化，使原先的政治制度不再適宜，此即爲「反」，最後導使政治制度改變以適應新的經濟制度，此時爲「合」。西歐中世紀以來，以及中國古代，其所經歷的經濟發展過程，大致可分爲：

時　　期	西　　歐	中　　國
封建時期	900-1300AD	西周
灰暗時代	1300-1500	春秋
重商主義	1500-1750	戰國
重農主張	1750-1780	秦漢之際
資本主義	1780-	文景之治

由此看來，中國經濟是早熟形態，於紀元前，即已完成西歐中世紀

以還的經濟演變歷程，但卻因漢武帝採取國營政策，使資本主義在中國剛剛萌芽即告夭折，從此步入「合久必分，分久必合」的治亂循環，其在形式上雖然重農，但在實質上是重商主義的構想，即政府干預經濟活動。中國兩千年來都處於這種治亂循環，其關鍵因子主要是人地比例，這雖可使用GAPₗ加以說明之，但卻使經濟史演進逸出上述軌跡，其主要原因乃是漢武帝時中國為大國，其面積超過西歐各國之和很多，易言之，西歐是小國林立，而中國是一大國——漢初，大國占地五或六郡，而天子只擁有十五郡，所以在本質上漢初之中央政府仍是小國狀態，但經過景帝平七國之亂後，諸王勢力大減，再於武帝即位之初，「天子觀於上古，然後加惠，使諸侯得推恩分子弟國邑，故齊分為七，趙分為六，梁分為五，淮南分為三，……大國不過十餘城，小侯不過數十里」（《史記·漢興以來諸侯王表》），所以武帝時中央已成大國。因此可說，由封建、經重商到資本主義此一演變規律只適用於小國，此即圖2-2所呈現的不穩定均衡情況，意即均衡被打破後，不能恢復原來情況，從而進入新的均衡，亦即形成另一階段或時期，是以可說，經濟制度是下層構築。但圖2-1中所表現的大國則不然，這是穩定均衡狀況，即在均衡打破後，可以回復到原來的均衡點，而不致出現新的均衡局面，顯然表示，下層構築不是經濟制度而是政治制度。

馬克思在寫給俄國編輯部的信中，雖稱其唯物史觀並非放諸四海而皆準，但至少其前半對的看法，已能說明古代中國經濟史的演變，只不過是馬氏將重商時期視為資本主義。事實上，在經濟國際化中，天涯若比鄰，故從世界經濟觀點看，任何一個大國經濟都是競爭性經濟體中一員而已，所以，上述經濟史演進規律，可以適用任何國家，中國大陸當亦不例外，只是將此規律的很多期間大為縮短，亦即所謂迎頭趕上。

第三章
中國經濟史階段劃分暨寫作大綱

　　從上章，可知中國經濟是早熟的，西歐自中世紀到現代所經歷的經濟制度之演變，中國於公元前即已經歷過，即自西周至漢武帝初年，中國就次第出現過封建社會、重商主義、重農或農本期間，以及資本主義的萌芽。

　　但自漢武帝採取國營政策，對經濟活動嚴予干預，扼殺了萌芽不久的資本主義；且將龐大帝國下一人專制政治發揮得淋漓盡致，形成上章圖2-1中閉塞集權大國型態，於此型態下，政治制度不易受經濟制度變化之影響，致與馬克思所說的經濟制度是下層構築的小國型態，大相逕庭。這一型態經濟制度支配中國經濟逾二千多年，而與西方尤其是西歐經濟發展大有不同，單憑這一點，中國經濟史就有其獨特的重要性，而值得深入研究。再因中國幅員廣闊，易於達成一般均衡，例如管子於西元前即說，「故先王使農士工商四民交能易作，終歲之利，無道相過也，是以，民作一而得均」（〈治國〉），清人洪亮吉亦云，「工商賈所入之至少者，日亦可得百錢」（〈生計〉），都是指出所得均等化；司馬遷於《史記·貨殖列傳》中強調「佗雜業不中什二，則非吾財也」，是意謂經濟利潤趨於零。是以，若能善予分析中國經濟史實，將可豐裕一般均衡經濟理論內容。

可惜的是，中國經濟史還缺乏有系統的分析性專著，但若作系統性
析述，應將中國經濟史上進展的情況劃分若干階段，這將是本章主要內
容，針對這些階段，再擬訂若干寫作大綱。

第一節　中國經濟史上階段的劃分

在第二次世界大戰以前，經濟史研究者很少不受到馬克思唯物史觀
的影響，因為此一史觀「比其他任何學說在鼓勵人從事經濟史的思維和
研究的工作，更有功勞——尤其是在德、意、俄三國」[1]。這一情況在
我國亦是如此，例如王瑛在其〈研究中國經濟史的大綱與方法〉一文
中，就認為「研究前的理論準備」，以「深切了解馬克思主義」為首
要條件[2]。

但從上章分析，已知馬克思所研究的對象，主要是西歐等面積較小
國家，而中國歷代(在民國建立以前)，在大多時間裡，則是閉塞而中央
集權的大國，所以，即使唯物史觀下馬克思的階段論完全正確，亦難以
應用到中國。可是，中國的馬克思主義者為了要使中國歷史符合其四階
段的公式，每每去曲解歷史，甚至改造歷史，例如封建制度，在我國歷
史上是段落最分明，特質最顯著的一個時期，但是公式主義者為了要在
它以前安排上「亞細亞的」與「古代的」兩個階段，於是，封建制度產
生的時代就成了一個聚訟不決的問題；有的把它排在西周，有的把它排
在東周，有的把它排在秦朝，有的把它排在漢末，有的把它排在五胡十
六國；其崩潰時期有的認為在春秋戰國，有的認為在唐末五代，有的認
為在鴉片戰爭[3]。這種爭議，直至中共統治大陸後，仍未得到定論。再

1　克拉判著，連士升譯，〈論經濟史的研究〉，《食貨半月刊》2卷8期。
2　《食貨半月刊》2卷4期。
3　傅筑夫，〈社會經濟史的分段及其缺點〉，《文史雜誌》，民國34年6月。

就作者個人研究言，盧梭的社約論可在中國歷史上找到若干佐證，譬如《周禮》秋官司約，「掌邦國及萬民之約劑。治神之約爲上，治民之約次之」，其所謂「治民之約」，依鄭注，就近似社會契約；再於《左》昭十六年，鄭子產對晉國韓宣子所云，「昔我先君桓公，與商人皆出自周，……世有盟誓，以相信也。……」亦顯然有社約意味。戰國前人民與政府之間既然出自契約關係，豈能視爲奴隸社會[4]。

　　馬克思階段論之不適於中國，主要是由於中國是一大國，且於漢武帝以後，經濟史的進展，是或多或少地具有循環性[5]，或曲線式，並非直線單向，以田制爲例，莫非斯於其〈中國循環過程之研究〉一文中，就認爲「是表現循環過程了」，這種循環過程大致上分爲四段[6]：

大屠殺，人口少，土地問題無事。
休養生息，土地兼併開始。
土地問題緊張，限田運動紛起。
限田運動失敗，農民暴動勃起。

　　其實，這是經濟上人地比例變化所引發的政治上一治一亂之循環，在集權大國，經濟制度變化雖然不易引發政治制度變動，但當民不聊生之時，卻足以推翻政權而改朝換代，但因保守閉塞的大國，這些改變只是政權的更迭，而非政治制度的根本變異。

　　桑巴特（W. Sombart）雖然被認爲是馬克思階段論的遵奉者，而在其

4　侯家拘，〈社約論的中國史證〉，《文藝復興月刊》156期。
5　參閱嵇文甫，〈對於長期封建論的幾種詰難和解答〉，《食貨半月刊》5卷5期；錢公博，《中國經濟發展史》（文景出版社，民國63年），頁2。
6　引自丁道謙，〈由歷史變動律說到中國田制的「循環」〉，《食貨半月刊》5卷3期。

《近代資本主義》一書中，以直線單向方式劃分經濟發展階段[7]。但是，對於冗長的歷史過程，他卻採取部分性曲線單向階段論，以經濟的民主政治與經濟的專制政治之交替，來解釋歐洲經濟史，他說，「下列的史實，可以顯示(至少在歐洲的經濟生活上)這兩種制度有規則的更替的步伐」[8]：1. 經濟的民主政治：如歐洲所通行的原始經濟秩序；2. 經濟的專制政治：如遊牧時代所通行的經濟秩序；3.經濟的民主政治：如農村社會；4.經濟的專制政治：如莊園制度；5.經濟的民主政治：如手工業制度；6.經濟的專制政治：如資本主義。

仔細觀察桑巴特此一階段論，由於是民主與專制的交替，以致在形式上像似循環論，但因後一專制下的經濟特質並不與前一專制雷同(民主亦是如此)，所以，在實質上，這不是循環，而是曲線單向。再者，他是借用政治上的名詞：「民主」與「專制」，來解釋經濟階段，亦頗有啓發性，因爲經濟學原來就被稱爲政治經濟學，而且，在集權大國的經濟生活中，政治更具影響力。

中國經濟史上階段的劃分，當然不能以朝代爲依據，可是卻不能否定政治對經濟的影響，這是由於自秦代起，中國就是中央集權的大國，政治制度成爲下層構築。中國歷史大勢，是像《三國演義》第一回劈頭所說的：「話說天下大勢，分久必合，合久必分」。由於經濟生活深深受到政治情況的影響，所以，分裂與統一之交替，亦可以像民主與專制之交替一樣，用來劃分中國經濟史之階段。不過，「分裂」與「統一」，政治意味過於濃厚，不適於作爲經濟階段劃分之標準，是以，擬以「一元體制」表示「統一」，再以「多元體制」代表「分裂」。此所謂「一元」，是因爲在大一統的政府下，除政令統一外，有關經濟法令及制度，

7　克拉判著，連士升譯，〈論經濟史的研究〉，《食貨半月刊》2卷8期。

8　桑巴特著，連士升譯，〈經濟理論與經濟史〉，《食貨半月刊》1卷8期。

亦是全國一致的；至於「多元」，則是由於分裂下，政治中心不止一個，以致經濟制度亦呈多元性。

先秦時期，是一種鬆弛的共主制度，談不上分裂與統一，是以，中國經濟史階段之劃分，是以秦統一天下爲始，由此，可以劃分爲五個階段：

一、第一次一元體制：郡縣制度──秦漢時期。

二、第一次多元體制：塢堡經濟──始於後漢末年，迄於隋之統一。

三、第二次一元體制：府兵制度──隋唐時期。

四、第二次多元體制：區域經濟──始於唐玄宗天寶之亂，迄於元之統一。

五、第三次一元體制：中央集權──元、明、清代。

這五個階段是以政治上的「分」與「合」來劃分的，所以，三次的一元體制下之特質（例如「郡縣制度」等），亦偏向於政治性，這是由於我國處於大一統時期，經常有經濟的專制政治意味，顯示經濟活動更易於受到政治力量的支配。

這種經濟階段的劃分，雖是基於政治上的「分」與「合」，但政治上的「分」與「合」，在基本上是決定於經濟因子。關於這一方面，莫非斯的的循環四段論，可以作爲一部分解釋。其實，莫氏的論點，可用人地比例說明之──這在於精神上，是與圖2-1及圖2-2一致的。所謂人地比例，實即人口數量(P)與農地面積(N)之比例，其數學式爲P／N：此一比例變大，就會使「土地問題緊張」，終因民不聊生而發生戰亂，使國家趨於分裂；其後，由於人口銳減，此一比例變小，每人所得提高，渴思社會安定，終而導致統一。易言之，人口壓力是農業靜態

社會擾亂均衡的主要因子，Hicks亦持此一看法[9]。由於土地意味自然資源，諾斯亦曾將人口與資源間基本緊張關係，視為經濟史中心[10]，所以，將人地比例作為政治上「分」與「合」的對應，在經濟史的撰寫上，應是正確的。

我國歷史上統一時期，國土面積變動不大，以致人地比例之變化，主要來自人口方面。就第一次一元體制中，後漢光武帝中元二年（西元57年），人口為2100萬7820人，人地比例當然很小，到了桓帝永壽三年（157年），人口增為5648萬6856人（《通典》）[11]，人地比例增加一倍半以上，以致釀成黃巾之亂，使國家由統一而分裂。第二次一元體制初期，是採取授田制度，據燉煌戶籍[12]，武后長安元年（701年），所見（敦煌縣效穀鄉）三戶已受田佔應受田之比率分別為59.23%、13.74%與32.47%，簡單平均為35.15%；到了玄宗天寶六年（747年），燉煌縣龍勒鄉十四戶中，此一比率，最高為58.49%，最低為0，簡單平均為27.97%[13]。另據《文獻通考》，中宗神龍元年（705年），有戶635萬6141家（人口不詳）[14]，而天寶十四年（755年），則有891萬4709戶，5291萬9309人，若就戶數言，五十年間，增加40%以上。是以，無論從戶口還是已受田佔應受田比率看，都顯示在天寶年間人地比例在急劇上升，以致縱然沒有安史之亂，

9　J. Hicks, *A Theory of Economic History*（Oxford University Press, 1969), ch. 2.

10　D. C. North, *Structure and Change in Economic History*（New York: W. W. Norton, 1981), pp. 13-14.

11　據《漢書·地理志》，前漢於平帝元始二（西元前2）年，人口為5959萬4978人，是為極盛，致有赤眉之亂。

12　〈唐戶籍簿叢輯〉，《食貨半月刊》4卷5期。

13　若按實際數字，大足元年，此三戶應受田為443畝，已受田為141畝，後者占前者之比率為31.42%；天寶六年，應受田為8721畝（其中兩戶為上柱國之家，應受田各在3000畝以上），已受田為842畝，後者占前者之比率僅為9.65%。可見此二年度，此一比率之懸殊。

14　據《通典》，太宗貞觀初，戶不滿300萬。

亦可能有戰亂發生，甚至導致分裂。

　　至於由分裂走向統一，固然是由於人地比例縮小，每人所得提高，渴思社會安定之故，但這只是必需條件，而非充分條件。此處充分條件，乃是表現於蔣百里所說的生活（經濟）條件與戰鬥（國防）條件是否一致上。蔣氏在這方面曾創一個法則：「生活條件與戰鬥條件一致則強，相離則弱，相反則亡。」[15] 是以，在群雄並立或二雄對峙的分裂局面之中，若有一雄之生活與戰鬥條件一致，而其他對手的條件為「相離」或「相反」，則可趨於統一。自秦代起，三次統一皆可循此而加以說明。

　　秦國能統一天下，是得力於孝公時商鞅所實施之農戰政策，亦就是「入令民以屬農，出令民以計戰」（《商君書・算地》），使經濟與國防合一，此所以荀子於〈議兵篇〉中，雖然說到「齊人隆技擊」與「魏氏之武卒」能「操十二石之弩」，但卻認為都趕不上秦國農戰政策下的「銳士」。南北朝時，北魏孝文帝開始均田，西魏承之，北周太祖為相時擴大授田，有室者受田百四十畝，丁者田百畝（《隋書・食貨志》），並仿《周禮》置六軍，建立府兵制度（《文獻通考》），是以，隋文帝受禪後，就憑藉這種生活條件與戰鬥條件一致的基礎，統一南北。「蒙古人的馬」，是蔣百里認為生活條件與戰鬥條件在天然上一致[16]的例證之一（另

15　蔣百里，《國防論》，第一篇第一章。

16　莫非斯於〈中國社會史分期之商榷〉（《食貨半月刊》2卷11期）一文中說，「循環期並沒有二十四期之多，而只是十個，那便是：1.春秋至陳勝吳廣兵起──戰國期；2.陳勝吳廣兵起至新市兵起──西漢期；3.新市兵起至黃巾兵起──東漢朝；4.黃巾兵起至隋之統一──兩晉朝；5.劉淵兵起至沿江兵起──隋朝；6.沿江兵起至王仙芝兵起──唐朝；7.王仙芝兵起至元之統一──宋朝；8.金兵南下至方國珍兵起──元朝；9.方國珍兵起至李自成兵起──明朝；10.李自成兵起至太平天國──清朝」。莫氏之說，實有若干謬誤：其所謂「二十四期」，可能誤以二十四史是代表二十四個朝代，其實自春秋起，朝代並沒有二十四個；劉淵起兵與元之統一，都不能視為農民暴動；「黃巾兵起至隋之統一」，應為魏晉南北朝，而非「兩晉」所能概括；「金兵南下」應為「元之統一」。

一為「維京人的船」），加上金與南宋之積弱，所以，又能使天下統一。

　　生活條件與戰鬥條件一致，雖有經濟成分在內，但仍只是統一的充分條件，其必須條件則更主要落在經濟面，即縮小的人地比例，而人地比例之擴大，亦為分裂之必須條件，其充分條件則與部族對峙或分立之所需有關。是以，可藉機何圖形說明人地比例與政治上分合之關係——此一說明是顯示於圖3-1。

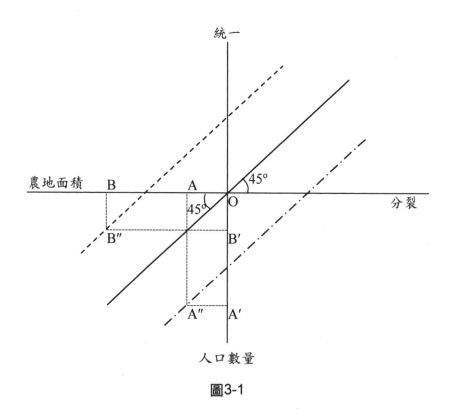

圖3-1

　　該圖的第一象限，以「統一」與「分裂」分列縱橫兩軸；第三象限的縱橫兩軸，則分別為「人口數量」與「農地面積」。此二象限中的45°

基線，將各別象限分成兩個區域；第一象限中45°基線與橫軸構成「趨向分裂」狀況，其另一區域則爲「趨向統一」；第三象限中，縱軸與45°基線圍成之區域，顯示人地比例偏高，另一區域則代表較小之人地比例。是以，若一定之人地比例落在第三象限中任何區域裡，就會成爲一點——例如在A″點，人口爲OA′，農地只有OA，表示較高的人地比例，經由此點對45°基線作平行線，必然落在「趨向分裂」之區域內；循此，經由B″點所作之平行線，必然貫穿到「趨向統一」區域。若是此一平行線與45°基線合爲一，則此時的人地比例是最適的。

這種用經濟條件解釋政治上的「分」與「合」，再以政治上的分與合，來劃分我國經濟史之階段，雖然有些近似莫非斯觀點，但有很大的不同：1. 莫氏以爲我國經濟史是循環性，作者則認爲是曲線單向；2. 莫氏以農民暴動結束上一循環，同時開始下一循環，作者則只認定「分」與「合」爲劃分階段之標準，而且不以農民暴動爲唯一因子；3. 自春秋起，莫氏分爲十個階段，作者卻自秦代起，只分五個階段[17]，而且並非每一階段剛好包括莫氏的兩個階段。至於爲何要用人地比例來說明經濟榮枯，可用農業勞動平均生產力(E)說明之。

假定於閉塞經濟中，人民可選擇的就業機會，是農業與非農業，是以，人口(P)可分爲二部分：一爲農業勞動(L_A)；一爲非農業勞動(L_N)。即

$$P = L_A + L_N \tag{3.1}$$

農業與非農業勞動占人口的比例，分別爲

17　自(3.1)至(3.9)式，是來自學生盧文吉構想。

$$\theta = L_A/P \qquad 1-\theta = L_N/P \tag{3.2}$$

或

$$\frac{L_A}{L_N} = \frac{\theta}{1-\theta} \tag{3.3}$$

再令農業產出為Q，則農業勞動平均生產力為

$$E = Q/L_A \tag{3.4}$$

是以，農產品供給為$Q = E \cdot L_A$。

在另一方面，假定農產品需求為$P \cdot C$，此處，C為人民對農產品的平均消費傾向（APC）。

於農業市場均衡時，則其供需相等，即

$$E \cdot L_A = P \cdot C \tag{3.5}$$

是以，

$$C = \frac{L_A \cdot E}{P} = \theta \cdot E \tag{3.6}$$

或

$$\theta = C/E \tag{3.7}$$

　　(3.7)式是甚爲重要的方程式，蓋因將農業人口比重和人口對農產品的APC及農業勞動生產力三大因子連結在一起。對該式先取對數再微分，得

$$\eta_\theta = \eta_C - \eta_E \qquad\qquad\qquad (3.8)$$

　　意謂農業人口比重增加率，是農產品消費增加率與農業勞動生產力增加率之差。且從(3.2)式，知 $\theta = L_A/P$，故知

$$\eta_\theta = \eta_{LA} - \eta_P \qquad\qquad\qquad (3.9)$$

意謂農業比重增加率，是農業勞動增加率與人口增加率[63]的差額。

　　近代經濟發展的經驗，是要求農業勞動向非農業部門移轉，是以，(3.9)式顯示經濟發展的三種可能性：

　　　　若 $\eta_\theta > 0$，則 $\eta_{LA} > \eta_P$，發展註定失敗；
　　　　若 $\eta_\theta = 0$，則 $\eta_{LA} = \eta_P$，發展將會停滯；
　　　　若 $\eta_\theta < 0$，則 $\eta_{LA} < \eta_P$，發展將會成功。

　　至於爲何如此，則可從(3.8)式看出，意即 $\eta_\theta < 0$ 時，則 $\eta_E > \eta_C$，意即農業人口比重是和農業勞動生產力成反向變動，此一情況可從(3.7)式明晰看出　　。

　　若是農業生產函數爲 $Q = AL^\alpha K^{1-\alpha}$，此處A爲技術參數，K是土地，$\alpha$ 是分配參數，則

$$E = Q/L_A = A\left(\frac{K}{L_A}\right)^{1-\alpha} \qquad\qquad (3.10)$$

其中K/L_A正是定義的人地比例的倒數，在古老的閉塞經濟中，技術進步緩慢，以致農業勞動生產力主要取決於每人可耕土地面積，而土地面積是有限的，以致農業人口的增減，實乃左右農業勞動生產力的最主要因子。且從(3.8)式看，只有在農業生產力增加得比農產消費快之時，農業人口比重增加率才為負，亦才可促進經濟發展，蓋因只有在如此情況下，社會才可出現農產剩餘，用以作為促進經濟發展的投資。在中國歷史上，分裂時期，人口減少，而且政府統制力量趨弱，人民可以任意向非農業部門發展，例如第一次多元期間，除縣外，鄉鎮亦可立市，所以，θ為之降低；但在統一時，人口增加，政府統制力量強，干預經濟活動與重農輕商，所以，在隋唐時代，就將南北朝時期發展出來的鄉之市取消，規定一縣只能有一市，以致多增的人口只好務農，導致農業人口增加，終而導致經濟發展失敗，使政治亦走向多元。易言之，中國在分裂時期經濟發展情況較佳，譬如第一次多元體制時期，導致南方的快速開發，以及海上絲路的拓展；第二次多元體制後期，南宋在南方創造了經濟奇蹟；相反地，中國三次資本主義萌芽機會中，有兩次是在一元體制下為政治力量扼殺(另一次為南宋時期)。一次是漢代文景之治下的資本主義，但遭漢武帝一人專制政權所扼殺；另一次是明代中葉資本主義萌芽於長江流域一帶，但為神宗派出之礦監與稅監等苛征橫斂及其後的三餉所鎮壓。甚至於另一次的資本主義萌芽，亦為一元體制所粉碎，那就是蒙古鐵騎蹂躪的南宋經濟。其所以如此，是因為一元體制下均為中央集權甚或一人專制，以致有些像經濟上所說的獨占態勢，而多元體制下的各政權，彼此競爭，故能創造有利於經濟發展的環境。

歸納說來，中國經濟發展自漢武帝以降至清末的兩千多年，業已脫

離了經濟史演進規律，成爲典型的閉塞大國，其間雖有一元與多元體制之分，但在本質上，卻是一個半封建與半重商的社會。其所以稱爲「半封建」，是從經濟角度觀察，主要是指自給自足的經濟，例如皇家用品多爲自給或自製，而非經由市場；一般農家更是如此，無疑是明代以前的大農莊或其後來租佃制度下的小農戶，都是如此。其所以稱爲「半重商」，不僅是由於政府在干預經濟活動，更因整個社會風氣，是如晁錯所云，「今法律賤商人，商人已富貴矣；尊農夫，農夫已貧賤矣；故俗之所貴，主之所賤也，吏之所卑，法之所尊也。上下相反，好惡乖迕（違）。」《漢書‧食貨志》──晁錯此說是對漢文帝而言，當時漢廷勢力只可及十五郡，以致這種「上下相反」的情況，是由下層決定，從而出現中國第一次資本主義萌芽。但自一人專制出現後，在政治力量高壓下，難以出現市場經濟，以致兩千多年來，中國社會一直是處於這種「上下相反，好惡乖迕」的矛盾局面，所以，一俟政治力量衰退或放鬆控制，則後重商主義時代的特徵──資本主義即將萌芽。因此可說，「半封建」是意謂靜態的農業社會；「半重商」是意謂政府干預人民經濟活動，以及人民重商輕農之態度，此一態度又因外國勢力之侵入而更變本加厲，致有殖民地化之傾向，從而有人將晚清以來的中國社會稱之爲「半殖民地」，成爲「半重商」的現代詮釋。但爲簡便計，或可稱之爲「次重商主義」，以概括漢武帝至清末的兩個期間之中國經濟社會。

第二節　本書撰寫方式

本章開端即說，中國在西元之前，即已經歷過西方（實即西歐）自中世紀到現代的經濟體制演變之歷程，主要是西周到戰國的由封建制度移向重商主義，再有漢初的資本主義萌芽。自漢武帝干預經濟活動後，在經濟變動趨勢上，另成一種格局，或可稱之爲政經制度交互影響過程中

的(閉塞集權)大國事例，以別於馬克思唯物史觀中的小國事例。

　　圖2-1中的大國政治制度，對於人口的敏感程度遠大於對產出的關心程度，所以，圖3-1中，將人地比例視爲決定政治上「分」與「合」的主要因子，這當然是因爲兩千多年來，中國一直是處於農業社會，技術進步緩慢，以致人地比例的變化就影響到農業勞動生產力，從而影響到人民基本生活(圖2-1中政治制度線的涵義)，隨而決定政治上的「分」與「合」。於上節，自秦代起，將中國經濟發展歷程，劃分爲五大階段，即三個一元體制時期與兩個多元體制時期。這在體例上，雖可樹立一個鮮明的系統，但於撰寫過程中，卻至少要面臨三個問題：一爲中國歷史並非始自秦代；一爲階段的劃分，難以作爲組織史料的完全依據；一爲在史的演進上，如何作「一以貫之」的闡釋。

　　針對第一個問題，本書將在第一次一元體制：秦漢時期以前，再加上一個時期，那就是「古代社會」。在這古代社會中，不僅包括春秋、戰國時期，還要包含西周及以前時代。就作者個人原始觀點，古代社會應自唐虞起，其理由可見崔東璧之言[18]：

　　　　《考信錄》何以始於唐虞也？遵《尚書》之義也。《尚書》何以始於唐虞也？天下始平於唐虞故也。蓋上古之世，雖有包羲、神農、黃帝諸聖人相繼而作，然草昧之初，洪荒之日，創始者難爲力，故天下猶未平。至堯、在位百年，又得舜以繼之，禹、皋陶、稷、契諸大臣共襄盛治，然後大害盡除，大利盡興，制度禮樂可以垂諸萬世。由是炙其德，沐其仁者，作爲典謨等篇以紀其實，而史於是乎始。其後禹、湯、文、武迭起，撥亂安民，制作益詳，典籍益廣，然亦莫不由是而推衍之。是以，

18　崔東璧，《考信錄》，〈唐虞考信錄・自序〉。

孔子祖述虞舜，子產述道統亦始於虞舜。

按崔氏具有近代罕見之銳利批評眼光，其研究古代素有抹殺癖[19]，他既認定唐虞起為信史，當然可靠。其實，崔氏所據，乃是孔子與孟子的看法，而孔孟述史之始於唐虞，一方面乃是由於流傳之確切史料，另一方面，則肯定堯舜為我國道統之祖。

但是，很多史書(包括早期的《史記》，以及當代的中國文化史與經濟史)均始於遠古，是以，本書在古代社會中，不得不表述「傳說時期」以聊備一格，但附以近年考古資料，尚可予以補充。循此，古代社會一編中，將包括三章：一為原始社會，含傳說時期、唐虞、夏商三節；另一章均為周代，由封建制度到重商主義，歷述西周、春秋、戰國之經濟演變過程。以下則為五編，分述 1. 第一次一元體制：郡縣制度——秦漢；2. 第一次多元體制：塢堡經濟——漢末至隋之統一；3. 第二次一元體制：府兵制度——隋唐；4. 第二次多元體制：區域經濟——天寶之亂至元之統一；5. 第三次一元體制：中央集權——元、明、清。其所謂一元體制即是政治上的「合」，亦即大一統時期；其所謂多元體制，則是政治上的「分」，是分裂時期，政治中心不止一個。縱然是「分」，亦是一個大國之中的分治，而且各個政治中心均具「定有天下，以為一家」(漢高祖「求賢詔」)之雄心，以致仍可視為「大國」，但彼此競爭。這種由「合」而「分」，是因人地比例過大，民不聊生，不得不揭竿而起；戰爭使人口銳減，人地比例縮小，再經由其他(充分)條件，使天下再由「分」而「合」。但這只是經濟條件(並不一定是經濟制度)變化，導致政權的更迭，而非政治制度的變動。

19　田崎仁義著，王學文譯，《中國古代經濟思想及制度》(商務印書館，民國61年)，第三編第三章。

　　這五大階段各附標題,旨在標示各該階段的政經社會特色,「郡縣制度」是表示秦漢中央政府直接對地方行使統治權,但是自元代建立行中書省後,其「中央集權」程度,又遠邁秦漢;至於隋唐,雖然仍是集權,但其專制程度略減,故以「府兵制度」表示其兵農合一。魏晉南北朝的「塢堡經濟」,在經濟層面頗與莊園制度類似,而中唐至兩宋,由於時代的進化,致使經濟活動空間擴大,形成「區域經濟」。

　　在撰寫上,是將五大階段各成一編,每編包含三章:首章析述此一階段的特色;次章述及社會環境與政府角色;最後一章則是描繪其產業與經濟發展成——只不過在第三次一元體制(元、明、清)這編中,另增附錄,以說明鴉片戰爭至清代覆滅期間之演變,這段期間雖短(只有70年左右,不足成為一編),但卻是石破天驚的大時代,故須特別處理之。大致說來,後兩章是分從宏觀與微觀角度觀察各該階段經濟變遷情況,其中業已涉及很多非經濟因子,而首章更將涵蓋政治與社會等方面情況,這主要是採取新制度學派的研究方法,以致很像時下所稱的「大歷史」(macro-history)寫作方式。事實上,將「大歷史」冠於一般歷史著作的寫作上,是不太適切的,蓋因歷史本來就包羅萬象,只有在諸如經濟史等專門性歷史,才用得上「大歷史」的寫作方式。以經濟史來說,由於要掌握經濟演變的全貌,勢必要運用有關的政治、社會等情況同時觀察之,這就是孔德(A. Comte)所說的,「由於每個科學是包含在錯綜的事實之中,故若將各別觀察予以完全孤立,則將沒有科學」[20]。

　　至於如何組織史料,除第一章第一節的史學方法,可供參考外,還可從西方經濟史著作的觀摩中看出一些端倪,例如,A. P. Usher以為經濟史的移動,乃是物質資源,為利用這些資源而發展出來的技術,以及

20　引自 F. Copleston S. J., *A History of Philosophy*(Reprinted in Taiwan), vol. LX, p. 85.

社會制度等交互運動[21]；H. Heaton於其經濟史定義(見第1章第3節)中，非常強調「制度」的影響力，分從自然環境、技術條件、社會與經濟制度三個角度，撰寫其《歐洲經濟史》；諾斯則認為經濟史應該包括政治經濟制度、技術、人口，以及社會的意識[22]。

縱觀這些學者撰寫經濟史的方式，有些近似當代經濟發展理論的主要內容。一般的經濟發展學書籍，除介紹經濟發展定義暨測度以及重要發展模式外，主要包括社會環境、要素、產業、政府角色四大部分。社會環境包括文化背景，社會秩序，甚至包括泛結構性投資(包括教育、交通及水利等)；生產要素是指自然資源、人力資源、物質資本、科技與工商組織；產業不外初級產業(農林漁牧礦)、次級產業(主要為製造業)與三級產業(國內商業、對外貿易，以及各種服務業)；政府角色是強調政府在經濟設計與制訂政策上的功能，當然亦涉及其財稅暨金融兩大政策工具。是以，本書對於上述五大階段的撰寫，在史料的選擇與組織上，主要是從社會環境、政府角色、生產要素、各級產業四個角度掌握之。

因為提高人民生活水準，是人類從事經濟活動的基本動機，因而農業勞動生產力，是經濟史演進的目標，所以，本書每一篇均列有專節以描繪此一期間一般人民生活情況；且因從第2章(2.7)式看來，得知勞動生產力之提高，科技與技巧占有重要位置，所以，每篇第二章盡可能涉及科技之發展、教育訓練制度及行會組織。

本書雖曾於第2章揭示一些理論架構，例如制度因子、演變趨勢等，但在寫作上，要忠於客觀史實，而不可削足適履，以致在表面上似有出現斷層之虞，故特於各篇有關部分另闢一節，以印證這些理論架構，希能一以貫之，並擴充為對各該時代或階段的財經得失。該節於很多地

21　A. P. Usher, *History of Mechanical Invention*(1929), ch. 1.

22　D. C. North, *Structure and Change in Economic History*(New York: W. W. Norton & Co., 1981), p. 1.

方，是使用制度成本觀念加以分析。

　　翦伯贊於《中國史綱》第二卷〈秦漢之部〉的序言中說：「中國歷史之科學研究，其自上而下者，大抵皆停止在殷周階段；其由下而上者，則又皆停止於鴉片戰爭。自殷周而後，迄於鴉片戰爭，這兩千餘年的歷史，則尚有待於詳細的研究。」本書主要部分——即對五大階段的描述，就是在於彌補這方面的缺陷，亦即向翦氏所說的「中國歷史學上的荒原」進軍。

第二編

古代社會

　　這一編是概述先秦時期的中國經濟史,主要重點是放在建立完整封建制度的周代,以及其後的重要演變,至於其餘時代全部納入另一章:原始社會。

　　我國一向將人格品德最高尚者尊稱為「聖人」,或以「於事無不通謂之聖」——蔡沈釋《尚書·洪範》中「聰作謀,睿作聖」之語,但從本編史實看來,無謂是儒家還是法家,「聖人」一詞,乃是對造福民生或在經濟生活上有卓越貢獻的人物之尊稱,例如《周易·繫辭》云:

> 上古穴居而野處,後世聖人易之以宮室,上棟下宇,以待風雨。……古之葬者,厚衣之以薪,葬之中野,不封不樹,……後世聖人易之以棺槨。……上古結繩而治,後世聖人易之以書契。

韓非亦云:

> 上古之世,人民少而禽獸眾,人民不勝禽獸蟲蛇。有聖人作,構木為巢,以避群害,而民悅之,使王天下,號曰有巢氏。民食果蓏蚌蛤,腥臊惡臭,而傷害腹胃,民多疾病。有聖人作,鑽燧取火,以化腥臊,而民說之,使王天下,號之曰燧人氏。(〈五蠹〉)

　　在原始社會中,農業業已萌芽——這可由神「農」氏之名號得和,但直至周代,才正式進入農業文化時代,而且建立了人類第一個近似現代國家型態的封建制度——這是西周莊園經濟特色;接下來的東周,則由封建制度的崩頹(春秋時期),演變到重商主義(戰國時代)。

第四章
原始社會

　　本章籠罩時期最長，凡周代以前的時期均屬之。在撰寫上，計分三節，分述傳說時期、唐虞、夏商，其中第一節所包括的時間亦最爲長遠，溯自遠古，因無確切史料可稽，故稱傳說時期，於此時期，雖有一些文字記載，但均爲後代追述，可信度不高，其中有傳說部分，甚至有寓言成分在內，地下材料雖多，但與傳說吻合之佐證尙甚缺乏，是以，本節盡可能採取較爲可信或合理之記載及有關資料。

　　唐虞時期雖乏信史，但《尙書》及先秦諸子所云，還可信賴；夏商兩代，除這些資料外，還有地下發掘的材料可資利用，而且由於這些材料足證古史之不誣，益可增加吾人對古人之信任。

第一節　傳說時期

　　上引《韓非子·五蠹》所云，中國上古先有「有巢氏」，後有「燧人氏」，司馬貞在爲《史記》補寫的〈三皇本紀〉中首云：「太皥庖犧氏，風姓，代燧人氏，繼天而王，……結網罟以教佃漁，故曰宓（音伏）犧氏；養犧牲以充庖廚，故曰庖犧氏。」馬司貞雖曾記載傳說天、地、人三皇，但該篇〈本紀〉，實則沿襲鄭玄之說，以伏羲、女媧與神農爲

三皇：「女媧亦木德王，蓋宓犧之後」，其主要事功，是「鍊五色石以補天」；「女媧氏沒，神農氏作，……斲木爲耜，揉木爲耒，耒耨之用，以教萬人，始教耕，故號神農氏。……，始嘗百草，始有醫藥，……教人日中爲市，交易而退，各得其所。……凡八代，五百三十年，而軒轅氏興焉。」燧人氏既以「鑽燧取火」而得名，則伏羲氏應是開始畜牧，循此，其後的神農氏與軒轅氏則將分別從事農耕與從事車戰者[1]——或者可說軒轅氏是始作房屋者。柳詒徵根據段玉裁的《說文解字注》：「氏，象榜於山脅也」，認爲「古所謂某氏、某氏者，即所謂某山之部落」[2]。因此可說，此所謂某氏，並非專指某人（至少是在軒轅氏以前），而係標示人類發展若干階段的重要特徵，譬如燧人氏是標示人類以工具取火（而非利用天然的野火）的階段；伏羲是指人類馴服畜禽之時期；女媧也許是表明人類由舊石器轉向新石器時代[3]，甚或是母系社會的象徵；神農則指人類進入農業社會。

傳說時期值得注意的，厥爲伏羲、神農與軒轅三個時代[4]。董作賓的《中國年曆總譜》，是自黃帝元年開始，並推定該年爲西元前2674年。若據〈三皇本紀〉，則神農氏爲西元前3204年，但另有一說，神農氏爲西元前3494年[5]，伏羲氏爲西元前4754年。循此可說，中國是於距今6750年左右進入畜牧階段，而農業則發生於距今不到5500年，至於人類對火的掌握，亦不過距今七八千年而已。

---

1 田崎仁義著，王學文譯，《中國古代經濟思想及制度》（商務，民國61年），頁116。
2 柳詒徵，《中國文化史》（正中書局），上冊，第一章。
3 張其昀，《中華五千年史》（中國文化研究所，民國51年），第一冊第一章。
4 張其昀於其《中華五千年史》，以前面三章分述此三氏，其標題依次爲〈中國歷史第一章——伏羲〉、〈以農立國的開端——神農〉、〈最偉大的發明家——黃帝〉。
5 柳詒徵，《中國文化史》，上冊，第三章。

從地下資料看，在距今約170萬年，雲南元謀人已有用火痕跡[6]，這當然是利用自然的野火；到了距今60-30萬年前的北京人時期，則已知道控制與保存火[7]。這些人類是處於舊石器時代，而舊石器時代約占300萬年[8]，於此時代，人們多以燧石、石英、火石等石料製作工具；在打製石器之時，採取摔擊、碰砧、錘打等方法之過程中，看到石頭互擊時出現火花，乃於舊石器中、晚期，掌握了利用黃(赤)鐵礦石同燧石撞擊的取火方法[9]。一般說來，新石器時代大約開始於距今8000-7000年前[10]，所以，若是中國人發現取火方法，是在舊石器時代晚期之末，則燧人氏的傳說時代，庶幾乎近之。

關於畜牧階段開始於何時，現在尚難斷定，但農業階段出現於新石器時代早期，因於河南裴李崗及河北磁山遺址，發現石製農具與堆積糧食(粟)[11]，而且於裴李崗出土陶塑豬頭和羊頭，磁山出土豬、狗、牛、羊遺骸，尤以豬骨最多，足見遠在七八千年前，黃河流域的農業部落已經普遍飼養家畜[12]，且據民國83年5月22日《聯合報》轉載《人民日報》報導，在蘇州草鞋山遺址，發現六千年前的古稻田，證實該地早在新石器時代便已栽種水稻。是以，伏羲氏年代至少要向前推三四千年，意即在距今一萬年前左右或舊石器時代末期，中國應已進入畜牧時代。從裴李崗及磁山遺址看，中國至少在七至八千年前，已經進入農業階段，以致神農氏年代亦須提前，但若神農時代是指農業普及或糧食作物多樣化，則原來的神農氏年代或有其代表性，這可以最近發現予以佐證：甘

---

6 王兵翔，《舊石器時代考古學》(河南大學出版社，1992)，第四章第一節。

7 宋兆麟、黎家芳、杜耀西著，《中國原始社會史》(文物出版社，1983)，第一章第五節。

8 王兵翔，《舊石器時代考古學》，頁143。

9 宋兆麟、黎家芳、杜耀西著，《中國原始社會史》，頁82。

10 王兵翔，《舊石器時代考古學》，頁142。

11 孫淼，《夏商史稿》(文物出版社，1987)，第一章第二節。

12 宋兆麟、黎家芳、杜耀西著，《中國原始社會史》，頁142。

肅省於民樂縣六壩鄉東灰山的新石器遺址，發現小麥、大麥、高粱、粟、
稷五種糧食的炭化種子，證明五千多年前，中國西北已廣泛種植農作
物[13]——陝西歷史博物館於1991年展出的老官台文化中（距今約八千至
七千年），當時已種植粟類作物，並飼養豬、狗等家畜。在長江流域，1997
年4月間，在湖南洞庭湖畔澧縣夢溪鎮，結束歷時五年的考古工作。在此
距今約八千年的新石器時代遺址中，發現水稻一萬二千粒，是目前所知
世界上最早的栽培水稻，當時已有城牆（1997年3月23日中央社）。

〈三皇本紀〉言及伏羲氏「始畫八卦……造書契以代結繩之政……作
三十五弦之瑟」，神農「又作五弦之瑟」，《世本》稱「女媧作笙」，顯
示在舊石器時期之末，或新石器時期之初，已有原始性文字與樂器出現，
最近的地下資料亦可作證明；河南省於舞陽縣賈湖新石器遺址，發現刻在
墓葬中的龜甲、骨器和石器上的符號，若干近似殷墟甲骨文，出土的骨笛，
經測試有音階結構，說明在西元前六千多年，中國已有文字與樂器[14]。

至於黃帝，是真有其人，戰國之初，齊威王因資（原為陳侯）於其所
鑄銅器——敦（現稱陳侯因資敦）之銘文中，有「高祖黃帝」四字，其被
稱為「黃」帝，可能是與黃土高原有關[15]。因為確有其人，其年代恐難
向前推，但據地下資料，在此以前，中國已有銅器，甚至有青銅器，因
於陝西臨潼姜寨遺址，出現一殘片黃銅，距今六千多年；復於甘肅東鄉
林家遺址，發現青銅刀，距今約4700年左右[16]。

以上是從地下資料討論傳說時期中的三個重要時代，並討論其可能
時間，現在則須從有關文字記載中，以想像或描繪之。

「伏羲」二字，有馴服牲畜之意，但遊牧前，必有狩獵或漁獵時代，

13 1987年11月27日，《人民日報》海外版。
14 1987年12月11日，《人民日報》海外版。
15 柳詒徵，《中國文化史》，上冊，第三章。
16 宋兆麟、黎家芳、杜耀西著，《中國原始社會史》，頁34-36。

此乃伏羲時代前期[17]，後期可能作八卦以代結繩記事，並「制以儷皮嫁娶之禮」[18]。所以，夏曾佑認爲包犧之義，正爲步出漁獵社會，而進入遊牧社會的時期，於此期間，始制嫁娶，是離開只知有母不知有父之「雜交」時期，而變爲家族[19]。柳詒徵並據此推定，家族及私產制度是起於伏羲時期，這是因爲「家」字爲「屋下覆豕」，實爲私產之起源[20]。

神農時期，是正式進入農業社會，有多種糧食作物——即所謂「五穀」，並以樹木創作農具，稱爲「耒耜」，且因農作物之選擇與栽培，發現多種藥草，而爲中國醫藥之濫觴；此時，社會漸有分工，乃有「日中爲市」的交易制度之出現[21]。由於上古部落是處於山林，最早的農作物可能爲旱作物，據錢穆考證，大致上，中國古代農業，其最先主要者，是山耕與旱作物，最早最普遍種植者當爲稷，黍次之，粱又次之，麥稻更次之[22]。

黃帝時期，可能逐漸脫離部落形態，漸成天下共主，蓋據《漢書‧地理志》，「昔在黃帝，作舟車以濟不通，旁行天下，方制萬里，畫野分州，得百里之國萬區」。其所謂「得百里之國萬區」，可能基於《史記‧五帝本紀》中黃帝「監於萬國」之記載，但「畫野分州」與「百里之國」則可能是畫蛇添足。不過，黃帝既然漸成天下共主，故須「作舟車」以助彼此

17　《尸子》，「宓羲氏之世，天下多獸，故教民以獵」；《易‧繫辭》，「古者包犧氏之王天下也，……於是始作八卦……作結繩爲罔罟，以佃以漁。」

18　《禮記‧月令篇》，孔穎達疏「儷皮」，引《世本》。

19　夏曾佑，《中國古代史》（商務），第一篇第一章。

20　柳詒徵，《中國文化史》，上冊，第三章。

21　《周易‧繫辭》，「包犧氏沒，神農氏作，斲木爲耜，揉木爲耒，耒耨之利，以教天下」；「日中爲市，致天下之民，聚天下之貨，交易而退，各得其所」；《淮南子‧脩務訓》，「古者民茹草飲水，采樹木之實，食蠃蠬之肉，時多疾病毒傷之害。於是，神農乃始教民播種五穀，相土地，宜燥濕肥墝高下，嘗百草之滋味，水泉之甘苦，令民知所辟就。」

22　錢穆，〈中國古代北方農作物考〉，《新亞學報》1卷2期。

的交通[23]。至於《古今注》所云，黃帝與蚩尤作戰，發明指南車，於大霧中「以示四方」，則純爲傳說[24]。此外，於此時期，衣與住的水準，有相當程度的提高[25]，於一萬八千多年前的山頂洞遺址，出土骨針，說明中國人衣著歷史甚早[26]；在西元前4515-2460年間，是中國的仰韶文化[27]，此期某些遺址（如半坡），出土過帶有布紋的陶片或陶缽，且有紡輪，並於其他遺址，如山西芮城西王村出土陶蠶蛹，西蔭村還曾出現蠶蛹[28]，足證《路史·后紀》云，黃帝妻「螺祖始教民養蠶」治絲以供衣服之說。而且，在此以前，漆器似已出現，因於浙江餘姚河姆渡發現的紅漆碗，距今已七千年左右[29]。

第二節　唐虞時期

唐虞是兩個朝代，「唐」爲陶唐氏，其君名堯；「虞」爲有虞氏，其君名舜。從陶唐氏與有虞氏名稱看來，唐堯之時，陶器製作已臻精美。虞舜時候，業已注意山澤之利用[30]——甚至有人認爲仰韶的彩陶文化，是屬於唐堯時期[31]。

23　崔述據《周易·繫辭》所云，「黃帝堯舜垂衣裳而天下治，⋯⋯刳木爲舟，剡木爲楫，舟楫之利，以濟不通，致遠以利天下，⋯⋯服牛乘馬引重，致遠以利天下」，以爲「黃帝堯舜」並稱，則這些制作，不一定是出現於黃帝時期，而認爲「黃帝時尚未必有車也」。崔氏之說實嫌過愼，因黃帝當因作車而被稱爲軒轅氏。

24　參見大陸雜誌社出版，《指南針的起源》一書。

25　《大戴禮·五帝德》云：「黃帝黼黻衣、大帶、黼裳。」《白虎通》云，「黃帝作宮室，以避寒暑。」

26　宋兆麟、黎家芳、杜耀西著，《中國原始社會史》，頁369。

27　孫淼，《夏商史稿》，頁10。

28　宋兆麟、黎家芳、杜耀西著，《中國原始社會史》，頁164-167。

29　孫淼，《夏商史稿》，頁463。

30　田崎仁義著，王學文譯，《中國古代經濟思想及制度》。

31　張其昀，《中華五千年史》，第一冊第一章。但據陝西歷史博物館展出之實物介紹：「仰韶文化是黃河地區重要的新石器文化，距今7000-5000年」（該館《陝西古代史簡介》，頁3-4）。

　　堯舜之時，洪水爲災，據《竹書紀年》所載：堯十九年初(西元前2315年)命共工治河；六十年命崇伯鯀治河；七十二年命司空禹(鯀之子)治河；八十年(西元前2254年)禹治水成功[32]。鯀與共工的治水方法爲堙塞，即築堤防，此法用於治水雖未成功，但卻爲後世築城的濫觴[33]；禹治水的方法是疏導，發明了溝洫(小者為溝，大者為洫)，不僅利於排水，更可引渠灌田，爲我國灌溉工程的起源，於是，除旱田外，又有水田，此所以孔子曰，「禹，吾無間然矣！卑宮室而盡力乎溝洫」(《論語‧泰伯》)。

　　治水成功後，在財經制度上亦有重大的突破，那就是作了土壤與物產調查，根據這些調查及其他因子，決定賦稅等級與貢品種類，其詳情見於《尚書‧禹貢》篇。該篇是將天下分爲冀、兗、青、徐、揚、荊、豫、梁、雍九州[34]，分述其地理大勢，將土壤分成九個等則，並定賦貢辦法——蔡傳曰，「上之所取謂之賦，下之所供謂之貢」，實嫌拘泥，

32　田崎仁義著，王學文譯，《中國古代經濟思想及制度》。

33　任映滄，《中國遠古史述要》(帕米爾書店，民國43年)，第三章。現已出土的古城，如河南淮陽平糧台、登封王城崗等處，均出現於四千多年前(孫淼，《夏商史稿》，第一章第四節)。但近年在湖南澧縣城頭山發現經過四次大規模興建的古城牆，第一次築城是在距今八千年前，第四次築城工程最為浩大，距今約4800年，城牆頂部寬13公尺，牆基寬37公尺多，城外還有一條寬35公尺的護城河(新華社，1997年8月8日電訊)。即使是第四次所築之城，已早於共工與鯀治河時期約五百多年，足見堤防為築城濫觴之不確。

34　〈禹貢〉篇是記載禹佐舜時所做的工作，但舜佐堯時，是將天下劃分為十二州，而非九州，以致發生疑問。〈舜典〉云舜「肇十有二州」，是在「殛鯀于羽山」之前，蔡傳曰，「中古之地但為九州，曰冀兗青徐荊揚豫梁雍，禹治水作貢，亦因其舊」，可能有其根據，但接著說，「及舜即位，以冀青地廣，始分冀東恆山之地為并州，其東北醫無閭之地為幽州，又分青之東北遼東等處為營州」，則非事實，因為舜「肇有十二州」，明明是在堯之時，而非「舜即位」之後；而且若嫌冀、青等州「地廣」，致須多增三州，為何於治水成功後，又合而為九州？在這方面，《漢書‧地理志》有很好的說明，該志云，「堯遭洪水，懷山襄陵，天下分絕為十二州」。因此可作結論：洪水前，天下原分為九州，堯時，洪水將很多地方隔絕，舜乃因地制宜，暫時劃分為十二州，每州有牧，所以，舜正式即位時，「咨十有二牧」，命「伯禹作司空」，由於洪水早平，乃復為九州。

其實「賦」是人民耕種土地的負擔,「貢」乃諸侯對其主進獻之地方特產。〈禹貢〉中是將賦稅分為九等,由「上上」「上中」一直到「下下」,但須注意者,賦稅等級與土地等則並不一致,例如冀州田地等則為第五等(中中),賦稅卻為第一等(上上);雍州田地等則為第一等(上上),賦稅只是第六等(中下)。可見賦稅等級除田地等則外,還考慮距離首都之遠近,開發之程度。賦稅是人民負擔,諸侯對王室另貢地方特產,其情況如下表所示:

表4-1

州名	田 地		田賦	貢　　　　　　品	備　　註
	土壤	等則	等級		
冀州	白　壤	5	1	無	若干部分按第2等課稅
兗州	黑　墳	6	9	漆、絲、織品	免稅13年
青州	白　墳	3	4	鹽、細葛布、海產、絲、麻、鉛松、怪石	
徐州	赤埴墳	2	5	五色土、雉、狐桐、浮磬、蠙珠、魚、黑與白絲織品	
揚州	塗　泥	9	7	金三品、玉石、竹材、齒、革、羽、毛、章服、織錦、橘、柚	部分按第6等課稅
荊州	塗　泥	8	3	羽、毛、齒、革、金三品、木材、礪砥、砮、丹、竹材、菁茅、黑色織品、大龜	
豫州	雜　壤墳　壚	4	2	漆、織品、細綿、磬錯	部分按第1等課稅
梁州	青　黎	7	8	玉磬、柔鐵、銀、剛鐵、砮、磬、熊羆、狐狸、織皮	部分按第7及9等課稅
雍州	黃　壤	1	6	美玉、石珠	

19世紀,德國經濟學家屠能(J. H. V. Thünen)出版《孤立國》(1826年發表第一編,1850年發表第二編),奠立了現代所謂的區位理論,該書

大意是說，一座城市位於平原中央，城市供應平原工業產品，平原則供應農產品給城市。是以，平原所經營之農產品會因距離城市不同而異，大致說來，易腐或不易運輸之農產品，如牛奶、疏果等，是在距離最近之處生產，其他產品則按其價格與運輸成本決定生產之區位，例如疏果帶外是種五穀。

〈禹貢〉在賦稅繳納方式上，亦有類似的區位理論，這可從王室畿內之賦看出：

> 五百里甸服：百里賦納總，二百里納銍，三百里納秸服，四百里粟，五百里米。

當時賦稅全為實物，以稻米為例，在距離首都一百里以內，需連稻帶全桿以為賦而代之，一百里以上，二百里以內，連稻帶半桿為賦，二百里以上，三百里以內，連稻帶半桿為賦，但需去桿之外皮，這些實物，均需人民自己運送以繳納（即所謂「服」）；三百里以上，四百里以內，納稻為賦，四百里以上，五百里以內，納米為賦，這些稻米則當地繳納，由政府運送或就地儲存待用。

此時，由於有水田出現，乃栽培水稻，《史記·夏本紀》曾記載，禹對舜報告治水經過時說，「與益（人名）予眾庶稻鮮食」。但表4-1所載，梁州貢「柔鐵」與「剛鐵」，只分別代表「鐵」與「鏤」（據蔡傳），可能與今日所說的「鐵」，有不同的意義。

從經濟史觀點看，堯舜時代還至少有兩大貢獻：一為堯之「授時」；一為舜之「建官」。前者是指堯「乃命羲和，欽若昊天，曆象日月星辰，敬授人時」，其方法是派人到四方觀察，然後，「帝曰咨，汝羲暨和，朞三百有六旬有六日，以閏月定四時成歲，允釐百工，庶績咸熙」（《尚書·堯典》）。我國曆法可能始於伏羲，但精進於顓頊，後因三苗之亂而

有失，堯乃復修之[35]，但崔述卻認爲「余按經文（指〈堯典〉），四時之
紀，閏之疏密，朞之日數多寡，皆至堯而後定；非舊已有成法而中廢，
至堯又修復之也」[36]。歷法之精確，在經濟上有特別意義，首先是指農
業生產，須按氣候時節，其次是有關工業生產，甚至一切行政亦須根據
時令進行，所以，「敬授人時」，在農業社會，有重要意義。後來，
到了戰國末期，呂不韋出版的《呂氏春秋》，就按孟春、仲春、季春，
到孟冬、仲冬、季冬次序，依次說明政府在一年內的施政計畫──其
中很大部分，是屬於財經方面[37]。由於〈堯典〉中言及「允（信）釐（治）
百工」，顯示當時不僅有農業，也且有工業，但玩其語氣，百工似屬
於官府。

　　舜正式即位，首先強調「足食之道，惟在於不違農時」（蔡傳）[38]，
其次是建立官制，主要有九官，禹爲司空，平水土；棄爲后稷，播百穀；
契爲司徒，敷五教；皋陶作士，明五刑；益爲虞，掌山林草木鳥獸；垂
作共工，掌百工；伯夷作秩宗，典三禮；夔典樂，教胄子；龍作納言，

---

35 《漢書・律曆志》云：「曆數之起尚矣，傳述顓頊命南正重司天，火正黎司地。
　　其後三苗亂德，二官咸廢，而閏餘乖次，孟陬殄滅，攝提失方，堯復纂其業，
　　故書曰，『乃命羲和……』。」但該志又云：「迺以前曆上元泰初四千六百一
　　十七歲，至於元封七年，復得閼逢攝提格之歲。」則曆數之起源更早於黃帝，
　　因黃帝距漢武帝之時已近兩千六百年──據董作賓《中國年曆總譜》，黃帝元
　　年為西元前2674年，而漢武帝元封七年（實為太初元年），則是西元前104年，
　　故二者相距2570。以此數字從4617年扣除，則此古曆是開始於黃帝前2033
　　年。另據張其昀於《中華五千年史》第一冊第三章中說，伏羲氏歷時1260年，
　　神農氏歷時820年，此二氏所歷時間共為2088年。依司馬貞〈三皇本紀〉及《史
　　記・五帝本紀》排列之先後次序，是伏羲氏　神農氏　黃帝，因此，我國古曆
　　應創於伏羲氏，是以，《周髀算經》所云，「古者包犧立周天曆變」，也許有
　　幾分可靠性。但即使如此，伏羲氏時候首創之古曆，可能極為粗糙，故至顓頊
　　時，予以改進，後來因戰亂而失曆法，到了唐堯時代，除重修外，復訂閏月之
　　制，並定366天為一年。

36 崔述，《考信錄》，〈唐虞考信錄〉，卷一。

37 儒家《禮記・月令篇》，實仿《呂氏春秋》。

38 《尚書・舜典》：舜「咨十有二牧，曰、食哉，惟時。」

出納王命。九官之中，有四官與經濟生活有關，其中「司空」為九官之長，亦與「水土有關」，可見舜之建官，實以經濟為主體，而類似今日所云：「財經內閣」。

虞舜之時，除農業與工業外，商業亦很發達，這可能是由於洪水已平，交通較以前方便之故。為協助商業之順利進行，建立度量衡制度而統一之[39]。且因商業關係，奠立交換價值之觀念，所以，在刑法中，可以金屬物贖罪，類似今日之易科罰金[40]。

第三節　夏商二代

壹、夏代（西元前2100-1600年）

夏代是中國歷史上關鍵性的朝代，故夏曾祐曰，「蓋禹之於黃帝堯舜，一如秦之於三代，亦古今之一大界也。」對於關鍵性，夏氏列出四點，即「三苗至禹而結局」「洪水至禹而平」「五行至禹而傳」與「傳子至禹而定」[41]。

這四點雖然重要，但與經濟史不太有關係，但時人田昌五於〈夏文化探索〉一文，所舉夏代社會主要特徵中，至少有四點，是與經濟史有密切關係：一、具有耒耜耕作的原始灌溉農業；二、具有城市和都邑，以及相應的宮室建築；三、存在著成批的奴隸，有日趨嚴重的階級分化；四、從卜骨、陶器上的刻劃符號等方面看，這時有成型的文字和專業文化[42]。

39　《尚書・舜典》：「同律度量衡。」

40　〈舜典〉：「金作贖刑。」

41　夏曾祐，《中國古代史》，第一篇第一章。

42　河南省考古學會與河南省博物館合編，《夏文化論文選集》（中州古籍出版社，1985）。

近年，在河南省偃師縣二里頭發拙夏代遺址[43]，有下列發現：

一、農業方面：有木耒，證明《韓非子·五蠹》篇所云，禹「身執
耒臿以爲民先」中之「耒」，仍爲木造；並有很多具鋒刃的穿孔石刀，
狀似後世之鐵爪鐮。可見當時製作農具的材料，主要爲木石。據孫淼於
其《夏商史稿》（文物出版社，1987）第五章第一節中所云，則除木石外，
尙有蚌器、骨器，即除木耒與石刀外，還有石斧、石鐮、石鏟、蚌鐮、
蚌刀、蚌鏟及骨鏟等，此外，亦發現漁獵用具，諸如骨漁叉、銅鏃、骨
鏃、陶網墜、銅魚鉤等。

二、工業方面：在二里頭遺址三期中，發現銅渣與鑄銅器用的陶範，
並有很多銅製用具（如盉、爵等）及武器（如戈、戚、箭頭等），經化學分析，
證明這些武器確爲青銅器，顯示至少在西元前2183-1752（整個夏代）間，
我國已經正式進入青銅時期，同時證明《越絕書·記寶劍》篇中所云，
夏禹「以銅爲兵」。另據孫淼云（前揭書五章二節），夏代製玉已到較高
水準，已出土的計有玉戈、玉刀、玉圭、玉瑞、玉板、玉鉞、玉柄形器、
玉鏟形器等，且從出土的玉器與銅器看，其表面常附有紡織品痕跡，得
知當時已有麻紡織品。

三、貿易方面：二里頭遺址上的墓葬和灰坑中出土的貝、玉與松綠
石裝飾品，都不是當地出產，必定是經由貿易、交換等手段從外地運來
的。其中若干顯然不像是用於裝飾，例如海貝以及仿照海貝所製造的石
貝與骨貝，而似作爲交易媒介的貨幣，《鹽鐵論·錯幣篇》所云，「夏
后以玄貝」爲貨幣，大致上是可信的。

四、宮室方面：一號台的宮殿遺址，台基長寬各一百米，《世本》
載，「禹作宮室」，是可靠的。而且宮殿遺址中還出現陶水管（《夏商
史稿》圖57）。

---

43 李民，《夏商史探索》（河南人民出版社，1985），〈簡論夏代國家的形成——
　　從二里頭遺址看夏代國家的出現〉。

　　由宮室之建設，可以推想到都市，《禮記‧禮運》所云，「以立田里……禹湯文武成王周公，由此其選也」，可見於夏禹之時，已「立田里」，據《爾雅‧釋言》，「里、邑也」，由此推論，夏代諒已有城市出現──事實上，中國歷史上城堡出現甚早，距今四千多年甚至八千年前，已發現的石城堡，計有河南省的淮陽平糧台古城址，登封王城崗古城址，以及山東省城子崖古城址，最大的約為1萬7000平方米，最小的只有1萬米（《夏商史稿》第一章第四節）。

　　夏代當然為農業社會，《大戴禮‧夏小正》在這方面，按每月次序有生動的描繪。此外，《詩經》的〈豳風〉及〈大雅‧公劉〉，亦可作夏代農業狀況的佐證，蓋因棄於虞舜時為后稷（當時禹為司空），夏代，棄子不窋失其官守，自竄於戎狄之間，不窋生鞠陶，鞠陶生公劉，立國於豳之谷馬──十世而太王，徙居岐山之陽，十二世而文王始受天命（〈豳風〉篇朱註）。

　　〈夏小正〉載，於正月，「初歲祭（察）耒（耜）」，意謂於歲初省察農具，「初服於公田」，顯示有公田私田之別，「雞桴粥」，是謂雞孚卵也；「二月，往耰黍禪（單）」「初俊羔助厥母粥」「丁亥萬用入學」，表示為黍覆種，照料羔羊，少年入學習於戚舞（即「萬」）；三月，「攝桑」「䍪羊」「妾子始蠶」「祈麥實」，意謂治蠶桑、剪羊毛、收穫麥；四月，「王萯（疑為稻）秀，取荼（苦菜）」「執陟攻駒」（執駒無令近母馬）；五月「乃瓜（始食瓜也）」「頒馬（分夫婦之駒也）」；六月「煮桃」；七月「莠藋葦」；八月「剝瓜」「剝棗」「鹿人從」；九月「鞠榮樹麥」「王始裘」；（十月，無顯著農業活動）；十一月，「王狩（獵）、陳筋革」；十二月「納卵蒜（於王）」「隕麋角」。

　　由〈夏小正〉全章，知當時所用的植物，計有韭、芸、梅、杏、桃、黍、堇、藋、麥、王萯、荼、瓜、棗、鞠、卵蒜、菽、蘭、葦、桑、楊、藍蓼、（莎）緹、桐芭。豢養的家畜，則為羊、馬、鹿、麋、狸子（似為

貓)。《詩經‧豳風》云,「十月獲稻,爲此春酒」。孟子曰,「禹惡
旨酒」(〈離婁〉下),可見夏初已有釀酒之舉[44]。〈豳風〉云,「十月
獲稻」,在時令上,似與現行農曆不合,這是由於周人以十一月爲正月,
商代以二月爲正月,而夏之正月即是正月(每年之首月)[45],易言之,周
代十月就是夏代的八月。就農業言,夏曆最爲有用,此所以孔子曰,「行
夏之時」(《論語‧衛靈公》),又曰,「吾得夏時焉」(《禮記‧禮運》)。
我國從漢武帝太初元年(西元前104年)起,恢復夏正,一直到今天,所用
的農曆,在基本上實即夏曆。

除夏曆外,夏代另一貢獻,乃是貢賦制度,〈禹貢〉中所述的制度
當沿用於夏代,孟子曰,「夏后氏五十而貢,……其實皆什一也」(〈滕
文公〉上),趙岐註曰:「民耕五十畝,貢上五畝」,表示當時對每一
成年農民授田五十畝,至於是否有公田(雖然〈夏小正〉如此說),尙存
疑,因孟子所云之「貢」,只是什一之稅,而與殷商之「助」(有公田),
有顯然分別;假若公田存在,亦非趙岐所云之「五畝」,而是在另外地
方,由人民以徭役方式去耕作,蓋因五十畝爲一片,其中焉能劃出五畝
作爲公田,而由人民先行服務(〈夏小正〉傳)。後者是指修建道路,架
設橋樑,而且成爲例行工作,此即《國語‧周語》提到的〈夏令〉所云
「九月除路,十月成橋樑」。

貳、商代(西元前1600-1028年)

由於殷墟之發現,對商代有進一步瞭解,其有關經濟情況如下述[46]:

---

44 《世本》載「儀狄作酒醪」,《戰國策》云:「儀狄作酒,禹飲而甘之,遂疏
儀狄而絕旨酒。」

45 《史記‧曆書》:「夏正以正月,殷正以十二月,周正以十一月。」

46 本目除另外註明出處外,主要根據何健民,《中國文化論叢》(三民書局總經
銷,民國48年),〈殷商經濟史〉——該文是綜合百餘種有關甲骨文論著及其
他資料寫成。

　　一、畜牧：《史記・殷本紀》說商的先人「自契至湯八遷」，自湯至盤庚又五遷。由是觀之，商人於盤庚以前，猶一遷移無定的遊牧或遊農民族，自盤庚起，始有定居的現象。羅振玉於其《殷虛書契考釋》中，曾將甲骨文中商人卜辭作統計分類，以祭祀最多，計306次，其次爲田漁，計130次（其中田狩爲123次，漁撈僅爲7次）。田獵所獲動物有牛、雉、羊、雀、鳥、豕、象、鹿、兔、狼、虎等；所用工具計有矢、弓、戈、車、犬、網、罙。其中的網，原來用以捕魚，後因要養畜，乃改用網捕鳥獸。我國自伏羲氏時代，似已進入畜牧時期，至商初，馴養之牲畜種類，不僅遠邁伏羲，也多於夏代，甲骨文中，已有今日六畜：馬、牛、羊、雞、犬、豕，這可能表示商代是農業與畜牧並重的社會──商人數遷其都，也許仍有遊牧習俗。而且，至遲於商末，商人且利用所馴之象去作戰[47]。卜辭中有「丝御」字樣，足證田獵時已用車馬。

　　二、農桑：商代農業已相當發達（應指盤庚以後的事），甲骨文中與農業有關的字，日人小島祐馬找出禾、黍、麥、米、糠、桑、圃、畯；徐中舒檢出耤、瓜、麗、男、畖、疆、峀、甾、李、秦、稷、龢；何健民再找出杏、畞、果、囿、畺、嗇、疇、絲、蕁。其中有作物，如禾、黍、麥、米、桑、稷、杏、果、絲；亦有耕作方式（如耤、蕁）及農地（如圃、囿）。此外，各家均謂殷人無犁，不用牛馬，惟胡厚宣以卜辭中有「犁牛」之稱，認爲「勹」字原像犁形而爲犁字，自本義、借義之次序觀之，必先有犁田之牛，而後始有黎（離）色之牛，則犁與牛耕，在殷代均有可能[48]──惟其他專家多釋「勹」爲「刀」[49]，許進雄卻於其《中國古代社會》（民國79年商務）第五章中，認爲甲骨文中有「犁」字，像

47　張蔭麟，《中國上古史綱》，第一章。

48　胡厚宣，《甲骨學商史論叢續集》（台灣大通書局重印，民國62年），〈卜辭中所見之殷代農業〉。

49　例如李孝定，《甲骨文字集釋》（中央研究院史語所專刊之五十）。

翻土之犂形，或加以牛，表示用以拉犂的牛；並舉甲骨文中「襄」字，像雙手挾住插入土中之犂，並有動物拉曳，激起土塵之狀；說明商代已有牛耕。此一時期，已將青銅用爲農具，目前已出土之商代青銅農具是至少有38件（《夏商史稿》表六）。

三、工藝：殷墟出土之器具，有骨器、石器、蚌器[50]、陶器，更有銅器，就後者言，連同傳世部分，大致分爲五類：1.食器——有烹飪器與盛器，前者有鼎、鬲、甗等；後者有簋、敦、簠、盨、豆等；此外還有用以切肉的俎與取食的匕；2.酒器——有容器、溫器（煮酒用）與飲器，飲器有爵、角、斝、觚、觶等（其中爵、角、斝同時亦爲溫器），容器有尊、彝、盉（亦爲溫器）、卣、觥、壺（方體爲鈁）、罍（其別名爲瓾、缶、罏）等，此外，勺爲取酒器，禁爲放置酒具者；3.雜器——即食器與酒器以外的常用器具，重要的有盥洗用的盤與匜，盛冰或照容用的鑑，盛物用的䡺，置化妝物的奩，照明用的燈，以及佩飾與車馬具配件；4.樂器——主要有鍾、鉦、鐃、鈴、鐸等，還有錞干及銅鼓；5.兵器——主要有用爲鑿兵的斧，刺兵的矛，勾兵的戈與戟，短兵的刀、劍與匕首，射遠兵的弓矢等[51]。在出土器具的數量上，以石器最多，青銅器最少，但已包括銅钁、鏟、臿與斧[52]。從這些器具（包括象牙、骨、蚌、石、木、陶器）看，當時的雕刻與鑲嵌藝術已很進步。至於衣服中，如衣、裘、巾、幕等，用物中如席、箕等，甲骨文中均有紀錄，而以絲、帛等物較爲普遍。此一期間工藝上最大特色有三：一爲鑄造青銅容器的能力大爲提高，殷墟出土的司母戊鼎，高1.33米，重875公斤，爲我國目前發現最大的鼎；一爲出現鐵刃銅鉞，爲中國歷史上鐵器之首見；一爲出現原

---

50 孫森，《夏商史稿》，頁392，列有蚌刀、蚌鐮與蚌鏟。
51 據譚旦同纂輯，《中華藝術圖錄》（明華書局，民國48年），頁43，44。
52 《史記·曆書》。

始青瓷片，是目前發現最早的原始瓷器[53]。——最近出土的虢國鐵劍，是中國最早的鐵劍[54]。

四、建築：孟子曰，「傅說舉於版築之間」（〈告子〉下）——商代這種版築方法，尚沿用於現代，作者童年時尚見之。關於建築，甲骨文中有宮、室、宅、家、寢、𡩋、門、𠣬、雝、牢、囷等字。從河南安陽的殷墟遺址看，可見殷人確有穴居與宮室兩種；當時的小屯村是王宮所在地，其遺址中，宗廟宮室都是左右對立，平衡對稱，中間有合於磁針方向的一條南北直線，猶如後世京城中之「御街」，顯示當時都市的規畫[55]。殷墟面積廣達24平方公里（鄭州商城城牆全長約14華里），足見其都市規模的宏大，殿堂基礎有長約46.7米，寬約10.7米者，於此夯工台基上置礎立柱，建造起四坡出檐式房屋，此即《考工記》所說的「四阿重屋」[56]。卜辭中多次出現「作邑」字樣，當時有大邑與小邑之分，大邑是指城市，小邑則為農村，卜辭中記載邑數，有多至四十者[57]。

五、交通：《周易・繫辭》雖於「黃帝堯舜垂衣裳而天下治」後不久之處，提到「服牛乘馬引重致遠以利天下」，但並不能據以解釋，「服牛乘馬」為黃帝或堯舜時期之事，蓋因《山海經》、《天問》、《呂覽》與《世本》皆以王亥（殷之先公）為始作服牛之人，蓋古代之車，或者尚須人力挽之，至「相土（契之孫，王亥之高祖）作服馬，王亥作服牛」（《世本・作篇》），以畜力駕車，車之用益廣[58]，此所以孔子要「乘殷之輅」

---

53 孫淼，《夏商史稿》，第八章第二節。

54 民國83年12月17日，《聯合報》第35版載：河南省三門峽市於周文王親弟虢仲、虢叔二公及其世子、王妃、貴族等墓群中，掘出一把銅柄鐵劍，經四月間於該市召開的世界冶金學會會議鑑定，是二千八百年前的古物。因周文王處於殷商末期，故可推定殷代應已用鐵。

55 張其昀，《中華五千年史》，第十四章。

56 張鴻雁，《春秋戰國城市經濟發展史論》（遼陽大學出版社，1988年），頁44-45。

57 姚政，〈論三代的農村公社〉，《南充師院學報》，1986年2期。

58 王國維，《觀堂集林》，卷九，〈殷卜辭中所見先公先王考〉。

（《論語・衛靈公》），管子亦曰，「殷人之王，立皁牢，服牛馬，以爲
民利，而天下化之」（〈輕重戊〉）。

　　六、貿易：《尙書・酒誥》中所云之「妹土」，是商之都邑，故武
王云「肇牽車牛，遠服賈」，當指商亡後殷人貿易行爲，以致後代稱做
生意的人爲「商人」[59]。由於有買賣，必須有交易媒介，這就是「貝」
與「玉」，王國維曰，「殷時，玉與貝皆貨幣也，……貝乃貝玉」（《觀
堂集林・説珏朋》），而且殷墟還曾發現骨製之貝。

　　七、田制：孟子曰，「殷人七十而助」「方里而井，井九百畝，其
中爲公田，八家皆私百畝，同養公田」（〈滕文公〉上），可見商代已有
井田制度，甲骨文中田字有作囲形者，足爲證明，其與周制不同之處，
乃是以六百三十畝之地畫爲九區，每區七十畝，中爲公田，其外八家各
授一區，但借其力以助耕公田，而不復稅其私田。所以，這是田制，亦
是當時賦稅制度。在基本上，所有土地均爲商王所有，但又分由諸侯、
功臣、貴族直接管轄，商王直轄的土地，是在王畿及其附近，王常親自
種黍或收穫，故甲骨文中常有「王黍」或「王其黍」或「王立黍受年」
[60]。商王武丁卻命其次妃婦妍氏管理稼穡，顯示稼穡技術由婦女發明之
遺風[61]。

　　八、文化：從上述，已知商代文化程度甚高，近年在黃河流域發現
一個距今約三千年的窖穴中，近兩萬塊刻著象形文字的牛肩胛骨，龜甲
片有序地放在一起，且有編號，1996年8月間在北京參加國際國聯大會
的有關專家們，認爲這些圖書在收藏管理上有專藏與綜藏的意義，而將
這個窖穴認定爲現代意義的圖書館——世界上最早的圖書館（《人民日
報》海外版，1996年8月28日）。

59　孫淼，《夏商史稿》，頁473。
60　孫淼，《夏商史稿》，第九章第一節。
61　丁山，《商周史料考證》（中華書局，1988年），〈武丁的內治〉。

　　近年從出土文物觀察，大致可以掌握夏商二代之確切存在，且自甲骨文之研究，更可整理出商代部分信史。此時的文化，較以前大有進展，以致人口增加甚速，尤以商代爲然。據估計，夏初人口總數約爲240-270萬人，商初約爲400-450萬人，至晚商，大約增至780萬人，在這900年的夏商時期，人口簡單年增率爲1.0-1.2%[62]。

第五章

西周（西元前1027-771年）── 封建制度之建立與衰落

　　柳宗元於〈封建論〉中說，「彼封建者，更古聖王堯舜禹湯文武而莫能去之」，意味我國封建制度至少是始於堯舜之時。這一說法，是值得懷疑的，譬如王國維就曾於〈殷周制度論〉（《觀堂集林》，卷十）表達這種懷疑。他認為在殷代及以前，天子諸侯君臣之分未定，諸侯之於天子，猶後世諸侯之於盟主，未有君臣之分。所以，薩孟武認為商代及其以前為原始國家，實乃部落之鬆弛聯合，當時的天子不過是最強的酋長。但是，這並不意味著，我國的封建制度只是後人的附會，因為周代就是封建制度的建立者[1]，連柳宗元亦於〈封建論〉中承認，「夫堯舜禹湯之事遠矣，及有周而甚詳」。是以，本章以周代為封建制度之肇始，分析其形成因子及內容，雖然封建制度於春秋時期明顯崩頹，但於西周末期已見衰象，故於本章分述其財經得失。

　　西歐的封建，通常是指中世紀的莊園制度，莊園主通常為貴族或武士，其地位及土地是來自教會或國王的錫封，基本上是農業社會，農民

　　1　薩孟武，《中國政治社會史》（民國50年），第一章第二節。

與農奴耕種，莊園主則居於城堡之中，除擁有兵力外，還轄有工匠及對外採購之商賈。在這方面，西周的封建制度亦有幾分類似之處，諸侯類似大莊園主，其土地來自周天子的封賜，大半則似小莊園主，其土地來自諸侯的分封向下授田，以井田爲基礎，從而形成農業社會，至於工商亦屬於官府，這些莊園主居住之城，罕逾三百丈，可見類似歐洲城堡，而與戰國時代大城市有別。

第一節　出現近代國家雛形

雖然，馬克思及其信徒們，認爲「國家的形成是進入奴隸社會的標誌」（孫淼，《夏商史稿》，第二章第一節第三目標題），從而認爲夏代建立了國家政權，但是否如此，必須審視有關「國家」的定義。

關於「國家」一詞，在英文中，有 "Nation"與 "State"二同義字[2]。但若進一步分析，前者似著重於組成國家的人，意味國家是指「團結在一起的人」，其主觀特性是良知、忠誠與意志等，其客觀特性則爲史地與經濟結構等[3]。至於後者則將國家視爲一種組織，須有領土與主權，當然還有人民[4]，從主權引伸而得法律與武力——依E. Service的說法，國家「是以一種與合法的武力有關的特殊機械作用所團結起來的」[5]。綜合說來，國家似可定義爲擁有領土、主權、人口與武力的組織。以此定義來衡量，則Service所說原始社會中的「酋邦」[6]，似亦可稱爲國家。

2　D. A. Rustow, "Nation", in *International Encyclopedia of the Social Science* 1968).

3　Ibid.

4　M. H. Fried, "State: The Institution", in *International Encyclopeda of the Social Sciences*(1968).

5　張光直，《中國青銅時代》（聯經出版公司，民國76年），頁58。

6　同上。

但依拙見，近代國家除具有上述四要素外，還須擁有穩定的中央政權與安和的地方政局[7]。

據此定義，中國上古有近代國家雛形者厥自西周開始，因為夏代仍以游牧為主，「盤游無度」，當然不像個國家。商代雖漸由游牧而定居，但其卅一位君主中，真正被尊為天下共主者，連成湯在內只有六人，其所恃以發號施令的，無非本部族人口較多，兵力較強而已[8]，何況其中央政權移轉制度並不固定，兄終弟及者有之，子承父位者亦有之，以致中央政權不夠穩定，且因其號令罕能貫徹到其他部族，而且其本身有五治五亂(依《史記·殷本紀》)，何能維持地方政局的安和？

其實，墨子所說的中國政治制度之起源，亦是以封建制度為國家之始，這可見於〈尚同上〉篇：

> 夫明乎天下之所以亂者，生於無政(正)長，是故選天下之賢可者，立以為天子。天子立，以其力為未足，又選擇天下之賢可者，置立之以為三公。天子三公既已立，以天下為博大，遠國異土之民，是非利害之辨，不可一二而明知，故畫分萬國，立諸侯國君。諸侯國君既已立，以其力為未足，又選擇其國之賢可者，置立以為正長。

其所謂由「天子」「三公」「諸侯國君」到「正長」，是一種金字塔形的封建政體。雖然柳宗元於〈封建論〉中說，「彼封建者，更古聖王堯舜禹湯文武而莫能去之」，但這一說法令人質疑，王國維就認為自殷以前，天子諸侯君臣之分未定也，故當夏后之世，而殷之王亥、

7　十三世紀的Marsilius深信，國家是和平的維護者，見鄒文海，《西洋政治思想史稿》(民國61年)，第十一章。

8　黎東方，《中國上古史八論》(華岡出版公司，民國66年)，〈從民族到帝國〉。

王恆，一直稱王，湯未放桀之時亦已稱王，當商之末，西周之文武亦稱王，蓋諸侯之於天子，猶後世諸侯之於盟主，未有君臣之分[9]；所以，薩孟武認爲商代及其以前爲原始國家，實乃部落之鬆弛聯合，這種聯合主要是爲治水之故，當時的天子不過是最強的酋長，但周代才「由原始國家進化爲封建國家」[10]——王國維肯定周制，以爲其與商制最大不同之處，厥爲「立子立嫡之制，由是而生宗法及喪服之制，並由是而有封建子弟之制，君天子臣諸侯之制」。英人E. Jenks於其*A Short History of Politics*，亦以封建制度爲「現代（政治）社會」之始，在此以前，則爲草莽（圖騰）社會」與宗族（酋長）社會」——於此二社會中，並無國家組織，而國家則始於封建，故以「國家封建制度」一章說明之。

雖然西周之封建，真正建立於周公東征以後[11]，甚至於成康之世[12]但在本章之中，是將整個西周視爲封建社會。關於其財經措施，盡可能採取具有公信力之文獻，包括金文、五經、四書以及有關文物，但在整體上，仍將涉及《周禮》中有關部分，具如此做之理由有二：一爲據本文作者研究[13]，《周禮》雖爲劉歆僞纂，但其所據可能是秘府所藏的《周官》殘本，以及〈周政六篇〉〈周法九篇〉與〈河間周制十八篇〉（見《漢書‧藝文志》中儒家典籍），這些典籍容或爲戰國人士撰述，但其取材定將多有所本，譬如《管子》一書中，即保存有若干管仲相齊之政績

9　王國維，《觀堂集林》，〈殷周制度論〉。

10　薩孟武，《中國政治社會史》（民國50年），第一章第一、二節。

11　王國維，《觀堂集林》，〈殷周制度論〉；徐中舒，《先秦史論稿》（巴蜀書社，1992），〈周王朝的興起〉、白川靜（蔡哲茂譯），《金文的世界——殷周社會史》（聯經出版公司，民國78年），頁56。

12　諸家之說，參見許倬雲，《西周史》（聯經出版公司，民國73年），第五章第一節。

13　侯家駒，《周禮研究》（聯經出版公司，民國76年），第二、八、九、十章。

（例如〈小匡〉等篇）；一為《周禮》一書，向為歷代儒家視為「周公致太平之迹」，其內容當為儒家看作封建社會的理想制度；是以，以其攸關財經部分、視作西周財經制度，實可彌補史料不足之憾。

由於西周的封建，是人類歷史上第一個封建制度，亦是把人類帶向第一個雛形的近代國家，所以，特闢一節，以說明其劃時代的意義，然後，再以兩節，分述其財經得失。

第二節　封建制度的劃時代意義

關於西周封建制度，左傳有不少記載，例如《左》僖廿四年，《左》昭七、九、廿六、廿八年，《左》定四年。茲擇三則錄之於下。

《左》僖廿四年載，周襄「王怒，將以狄伐鄭。富氏諫曰，不可，臣聞之，大上以德撫民，其次親親以相及也。昔周公弔二叔之不咸，故封建親戚以蕃屏周：管、蔡、郕、霍、魯、衛、毛、聃、郜、雍、曹、滕、畢、原、酆、郇，文之昭也；邘、晉、應、韓，武之穆也；凡、蔣、茅、胙、祭，周公之胤也。」

《左》昭廿八年，晉大夫成鱄曰，「昔武王克商，光有天下，其兄弟之國者十有五人，姬姓之國者四十人，皆舉親也。夫舉無他，唯善所在，親疏一也。」

《左》定四年，衛大夫子魚曰，「昔武王克商，成王定之，選建明德，以蕃屏周。故周公相王室以尹天下，於周為睦。分魯公以大路、大旗、夏后氏之璜，封父之繁弱，殷民六族，條氏、徐氏、蕭氏、索氏、長勺氏、尾勺氏。使帥其宗氏，輯其分族，將其類醜，以法則周公，用即命於周，是使之職事於魯，以昭周公之明德。分之土田陪敦，祝宗卜史，備物典策，官司彝器。因商奄之民，命以伯禽，而封於少皥之虛。分康叔以大路、少帛、綪茷、旃旌、大呂，殷民七族，陶氏、施氏、

繁氏、錡氏、樊氏、飢氏、終葵氏。封畛土略，自武父以南及圃田之北竟，取以有閻之土，以共王職，取於相土之東都，以會王之東蒐。聃季授土，陶叔授民，命以〈康誥〉，而封於殷虛。皆啓以商政，疆以周索。分唐叔以大路、密須之鼓、闕鞏、沽洗，懷姓九族，職官五正，命以唐誥，而封於夏虛，啓以夏政，疆以戎索。」

以上所舉三則，主要是說明，西周封建主要是構築在宗法制度上，其用意則是「封建親戚以蕃屏周」，當時所建的新國，不止成鱄所云，因據荀子曰，周公「兼制天下，立七十一國，姬姓獨居五十三人」(〈儒效〉〈君道〉)。而且其後還曾續封，例如：《詩‧大雅》中〈崧高〉與〈韓奕〉，分別讚揚周宣王立申伯(於謝)與韓侯。分封這些「親戚以蕃屏周」的具體做法，是居於要衝，以控制天下，左定四年所載，封伯禽與康叔於魯、衛，分領殷民六族與七族，即是對殷遺民的監視；封唐叔「於夏虛」，夏雖覆滅於殷，但經六百多年(劉歆，《三統曆》)殷之統治，夏之遺民「懷姓九族」也許對殷之王朝頗有好感——商湯滅夏時仍「立夏社」(《史記‧殷本紀》)，足見其對夏人之懷柔，故封唐叔於晉以撫之。至於宣王之舅申伯，則是「往近王舅，南土是保」；賦予韓侯的任務，則是「其時百蠻，……奄受北國，因以其伯」。

西周雖然鎮撫遺民與蠻夷，但在基本上是「選建明德，以蕃屏周」，譬如魯、衛是居故殷之地，雖然在法制上是使用周法(「疆以周索」)，但卻因襲殷之風俗(「啓以商政」)；至於晉境以內，有夏之遺民，亦有戎狄，所以，要「啓以夏政，疆以戎索」，並不實施周制，可見其統治方式是因地制宜，有很大的伸縮性。

在這些封國儀式(以《左》定四年為例)中，對於受封者賜以車(大路)、旗、鐘(大呂、沽洗)、鼓、璜、帛、弓(繁弱)、甲(闕鞏)等物，以示恩寵，更重要的是司空「聃季授土」與司徒(杜預注)「陶叔授民」，還派遣官吏前往(祝宗卜史」、「職官五正」)，以協助之。這些記載，亦得到地下

資料的證實，茲以1954年6月自江蘇丹徒出土的宜侯夨段爲例，其銘文曰：

> 隹四月，辰在丁未。王(省)武王、成王伐商圖，徣省東國圖。
> 王立於宜(宗社)(南)嚮。王命虎侯夨曰：繇！侯於宜！賜秬鬯
> 一卣、商瓚一、□、彤弓一、彤矢百、旅弓十、旅矢千。
> 賜土，厥川三百□、厥□百又□、厥□邑卅又五、厥□百又四
> 十。賜在宜王人□又七生。賜鄭七伯、厥卣(千)又五十夫。賜
> 宜庶人六百□□六夫。
> 宜侯夨，揚王休，作虎公父隌彝。

依白川靜的解釋，銘文中的王蓋指康王，王巡省武王、成王所戡定
的殷畿內墾區(商圖)，然後又巡察了東國的墾區；途中至宜地，乃蒞臨
其宗社南嚮頒賜對夨的策命，因其地，改封虎侯夨爲宜侯。在策命儀式
中，王賜宜侯祼鬯所用之祭器、漆成朱紅(彤)和黑色的弓矢──後來具
有委命諸侯以專征之權的意味。由於此次是對諸侯的移封，所以要規定
其領地範圍？這種領地屬於農耕地，是連同許多河川與耕者入居地在內
的廣大土地。另外又賜予原在宜地直屬王室下的許多氏族(文中「又七生」
之「生」，是「姓」)，還有鄭之七伯以及七伯隸下的耕作者一千零五十
人，再加宜地之庶人六百餘人。於是，虎侯夨改號宜侯，爲答王之恩寵，
作其父虎公父丁之祭器[14]。

周王之所以能授土與授民，以分封列國，是因爲「溥天之下，莫非
王土，率土之濱，莫非王臣」(《詩·小雅·北山》)。而且，這種封建，
不止是天子冊封諸侯，諸侯亦以其土地封其大夫，即《禮記·禮運》所

14　白川靜(蔡哲茂譯)，《金文的世界》，頁58、59。

云，「故天子有田以處其子孫，諸侯有國以處其子孫，大夫有采以處其子孫」。此所謂「田」，是指土地，即天子以其土地分封其子孫，大者為王畿以外之國（如上述「武之穆也」），小者為王畿以內之國或采邑如「周、台、畢、原之等」[15]。此所謂「采」，即采邑或采地，「受封，謂之采地。……其後，子孫雖有罪而絀，使子孫賢者守其地，世世以祠其始受封之君」（《韓詩外傳》，卷八）。

實際說來，西周的封建制度是像金字塔，塔尖當然是周王或天子，其下是經由「王臣公（諸侯），公臣大夫，大夫臣士」（《左》昭七年）而擴大，其封土的方式，是「公食貢，大夫食邑，士食田」（《國語·晉語》），其詳細情況，正是孟子所說的，「周室班爵祿」之制：

> 天子一位，公一位，侯一位，伯一位，子男同一位，凡五等也。凡君一位，卿一位，大夫一位，上士一位，中士一位，下士一位，凡六等。天子之制，地方千里，公侯皆方百里，伯七十里，子男五十里，凡四等。不能五十里，不達於天子，附於諸侯，曰附庸。天子之卿受地視侯，大夫受地視伯，元士受地視子男。大國地方百里，君十卿祿，卿祿三大夫，大夫倍上士，上士倍中士，中士倍下士，下士與庶人在官者同祿，祿足以代其耕也。小國地方五十里，君十卿祿，卿祿四大夫，大夫倍上士，上士倍中士，中士倍下士，下士與庶人在官者同祿，祿足以代其耕也。耕者之所獲，一夫百畝，百畝之糞，上農夫食九人，上次食八人，中食七人，中次食六人，下食五人。庶人在官者，其祿以足為差。」（〈萬章下〉）。

---

15 《禮記注疏》（宋本），〈王制〉疏。

再據《禮記·王制》，「諸侯之下士食九人」，可見下士之祿同上農夫，但因公田產出常因助耕者虛應故事，而可能為「下、食五人」，以致一井之公田難以為下士之祿，所以，為湊整起見，下士「食田」也許是二井的公田（二頃）。循此，中士食四井，上士為八井。這種食田方式，亦與周代兵制符合：按《周禮·大司馬》，「百人為卒，卒長皆上士，廿有五人為兩，兩司馬皆中士，五人為伍，伍皆有長」──另據〈大司徒〉，「五家下士一人」，足見伍長應為下士；按《漢書·刑法志》所描繪的「乘馬之法」云，「四丘為甸，甸、六十四井也，有戎馬四匹，兵車一乘，牛十二頭，甲士三人，卒七十二人，干戈備具」。這一基本戰鬥單位（卒），此七十五人（含甲士三人）實為兵卒，再加職官廿五人（上士一，中士四，下士二十），共計百人。此廿五位職官的食田：下士各食二井，計四十井；中士各食四井，計十六井；上上食八井，一共恰好為六十四井。按清人閻鎮珩《六典通考·兵制考》，大國提封十萬井，出賦六萬四千井，戎馬四千匹，兵車千乘，是為千乘之國，但在實際上，「賦雖千乘，而兵不過三軍，五百乘而已」。如此，則千乘之國將以其半數作為下、中、上士之封地外，尚有三萬六千井作為卿大夫之采邑，以及國君之公邑。由此亦可知千乘之國的中士並非三千人，而是一千五百人。

〈刑法志〉所云「干戈備具」，意謂這些軍事費用由六十四井人民自行負擔，這正能顯示，封建制度的基本動機，是天子對諸侯、諸侯對大夫士授土，係希諸侯對天子、大夫士對諸侯提供軍事支援，以達「蕃屏周」之目的。

井田制度下，是八家各耕百畝私田，共耕其中公田百畝。當時的領主，等於是地主，而農民則似佃農。由於領主收入的高低，取決於「佃農」的勤惰，所以，主佃關係甚為融洽，《詩·小雅·大田》云，「曾孫來止，以其婦子，饁彼南畝，田畯至喜」，另於〈豳風·七月〉作類

似陳述,「同我婦子,饁彼南畝,田畯至喜」。此處的「曾孫」是指周
成王,「畯」是指「農夫」(據《爾雅》),意謂周成王偕同王妃等家人,
送食物到田畝之間,使農民感到欣喜。成王以天子之尊尚能如此,其下
的諸侯、大夫、士,當然更能與其所屬佃農打成一片。

　　從以上所述,可見封建制度是人類歷史上劃時代的設計,把人類帶
入近代國家雛形,蓋因其立嫡立長的宗法制度,確立了(中央)政權移轉
的合法程序,藉此穩定中央(及諸侯)政權;其主佃共存共榮的莊園制度,
使地方政局得以安定,政情得以和諧;再經由層層相因的一條鞭封建系
統,將中央與地方連結在一起──縱然略嫌鬆散,但卻有均權的意味。

　　封建制度既是統治者以土地交換臣屬的軍事服務,而且其兵制與田
制密切有關,所以,在近代兵學家心目中,井田制度實在亦是一種國防
制度。蔣百里曾創一法則曰,「生活條件與戰鬥條件一致則強,相離則
弱,相反則亡」,並認爲「中國三千年前已經實施的井田封建,他的真
精神就是生活條件與戰鬥條件之一致」,接著予以闡釋道:

> 封建不是部落割據(近人指割據部落思想為封建思想者,係用名詞
> 的誤繆),是打破部落割據的一種工具。封就是殖民,建就是
> 生活(經濟)戰鬥(國防)一致的建設。井田不是講均產(在當時也
> 不是一件奇事),是一種又可種田吃飯又可出兵打仗(在當時就是
> 全國總動員)的國防制度[16]。

　　蔣氏由於是兵學家,所以,是將封建制度或井田制度,視爲生活條
件與戰鬥條件一致的人爲設計。但是,從更爲廣泛的觀點看,此一制度
之所以爲劃時代的設計,是由於政治制度與經濟制度一致──這是現代

16　蔣百里,《國防論》,第三篇,第一章。

國家形成的基本條件。就政治制度言，克殷的周人，是一個經濟和文化
都比殷人落後的部族，爲著有效統治被征服者[17]，故須分封親戚「以蕃
屏周」。就經濟制度言，當時進入高度發展的農業社會，而農業社會中
最重要的資產或資本厥爲土地，所以，統治者以土地作爲酬庸其臣屬的
重要手段；當時人民最普遍與最主要的職業，則爲農耕，而封建制度的
經濟意義，是人與地的合法結合（其中也許會有原先的奴隸被釋放為佃
農）。由此看來，封建制度是政治制度亦是經濟制度。或者可說是此二
制度是一體二面，而這正是現代國家的特質，譬如民主國家是伴隨著自
由經濟，而極權國家推行的則是統制經濟（政府嚴重干預經濟活動）。

　　在第三章第三節曾經探討政治與經濟二制度間關係，並得出初步結
論：在小國事例中，是經濟制度影響政治制度。中世紀的西歐各國雖趨
向近代國家雛形，但因係封建體制，所以，國中有國，故均可視爲小國，
此所以其經濟制度變化，將改變其政治上的封建制度。

第三節　封建制度下財經之優點

　　關於西周封建制度下的財經狀況之較爲確實的情況，至少可從《國
語》《孟子》與《禮記》中的有關描繪，獲得一些資訊。

　　《國語》方面的有關資料，主要是分見於〈周語〉與〈魯語〉，前
者是周襄王對晉文公所說的一番話：

> 昔我先王之有天下也，規方千里以為甸服，以供上帝山川百神
> 之禮，以備百姓兆民之用，以待不庭不虞之患。其餘以均分公

17　傅筑夫編，《中國經濟史資料‧先秦篇》（中國社會科學出版社，1990年），
　　第一章，〈緒論〉。

侯伯子男，使各有寧宇，以順及天地，無逢其災害，先王豈有
賴焉。內官不過九御，外官不過九品，足以供給神祇而已，豈
敢猒縱其耳目心腹以亂百度？亦唯是死生之服物采章，以臨長
百姓而輕重布之，王何異之有？

〈魯語下〉是記載孔子對其弟子冉有的一番話：

季康子欲以田賦，使冉有訪諸仲尼。仲尼不對，私於冉有曰，
求來！女不聞乎？先王制土，藉田以力，而砥其遠邇；賦里以
入，而量其有無；任力以夫，而議其老幼。於是乎有鰥、寡、
孤、疾。有軍旅之出則徵之，無則已。其歲，收田一井，出稷
禾、秉芻、缶米，不是過也。先王以為足。若子季孫欲其法也，
則有田公之藉矣，若欲犯法，則苟而賦，又何訪焉！

由於春秋之初，距西周不遠，所以，齊桓晉文所聞所行之有關法度，
極可能仍是西周制度。前者見於〈齊語〉，是管仲對齊桓公陳述治理
郊外之道：

相地而衰征，則民不移；政不旅舊，則民不偷；山澤各致其時，
則民不苟；陸、阜、陵、墐、井、田、疇均，則民不憾；無奪
民時，則百姓富，犧牲不略，則牛羊遂。

後者見於〈晉語〉，記載晉文公勵精圖治之績效：

公食貢，大夫食邑，士食田，庶人食力，工商食官，皂隸食職，
官宰食加。政平民阜，財用不匱。

　　以上所引《國語》文字，主要是在財政方面，而《禮記‧王制》亦有類似記載：

　　　冢宰制國用，必於歲之杪，五穀皆入，然後制國用。用地小大，視年之豐耗，以三十年之通，制國用，量入以為出。祭用數之仂，喪，三年不祭，唯祭天地社稷，為越紼而行事，喪用三年之仂。喪祭用不足曰暴，有餘曰浩。祭、豐年不奢，凶年不儉。國無九年之蓄曰不足，無六年之蓄曰急，無三年之蓄曰國非其國也。三年耕必有一年之食，九年耕必有三年之食，以三十年之通，雖有凶旱水溢，民無菜色，然後天子食，日舉以樂。

〈王制〉中對於封建制度下的經濟制度，亦有所描繪：

　　　古者公田藉而不稅，市廛而不征，林麓川澤以時入而不禁，夫圭田無征，用民之力，歲不過三日。田里不粥，墓地不請。司空執度，度地居民，山川沮澤，時四時，量地遠近，與事任力。凡使民、任老者之事，食壯者之食。……凡居民，量地以制邑，度地以居民，地邑民居，必參相得也。無曠土，無游民，食節事時，民咸安其居，樂事勸功，尊君親上，然後興學。……。凡執技論力，適四方，贏股肱，決射御。凡執技以事上者，祝、史、射、御、醫、卜及百工。凡執技以事上者，不貳事。不移官，出鄉不與士齒與仕於家者，出鄉不與士齒。

　　孟子對於西周的井田制度，有下列扼要的敘述：

　　　（滕文公）使畢戰問井地。孟子曰，子之君將行仁政，選擇而使

子，子必勉之。夫仁政必自經界始，經界不正，井地不均，穀
祿不平。是故暴君汙吏，必慢其經界。經界既定，分田制祿，
可坐而定也。

夫滕、壤地褊小，將為君子焉？將為野人焉？無君子莫治野
人，無野人莫養君子。請野九一而助，國中什一使自賦。卿以
下，必有圭田，圭田五十畝，餘夫二十五畝。死徙無出鄉，鄉
田同井，出入相友，守望相助，疾病相扶持，則百姓親睦。方
里而井，井九百畝，其中為公田，八家皆私百畝，同養公田，
公事畢，然後敢治私事，所以別野人也。（〈滕文公上〉）

　　其實，孟子理想的井田制度，乃是他自己所說的，「明君制民之產，
必使仰足以事父母，俯足以畜妻子，樂歲終身飽，凶年免於死亡」（〈梁
惠王上〉）之小康局面。原則上，是每家自耕百畝，以其產出供一家的
溫飽，再由八家共耕百畝公田，以其產出作為田稅，此一方式稱為「助」
或「藉」。由於當時農業以外缺乏就業機會，故農業勞力的機會成本幾
近於零，且因公田與私田同井，交易成本也等於零，以致助法，等於是
農民以幾近於零的勞動成本，去支付必須的義務，田稅或明顯的制度成
本幾近於零，對農民當然有利，此所以孟子引龍子曰，「治地莫善於助」。
但因自利為人類本性，農民耕作私田時很努力，卻可能於共耕時偷懶，
以致公田產量偏低，所以西周政府改用徹法，即以一井九百畝的平均產
量作為公田產量，若公田實際產量低於此數，則八家農民分攤其差額，
其用意是刺激農民的努力，以提高公田產量，其稅率「皆什一也」，在
根本上仍是助法，故孟子曰，「雖周亦助也」（均見〈滕文公上〉）[18]。井

18　關於井田之有無及其有關問題之考證，請參閱侯家駒，〈井田叢考〉，《大
　　陸雜誌》17卷3期。

田什一之稅,是生產中的明顯制度成本,由於其勞動的機會成本幾近於零,故農民幾無負擔,且因井田制度之設計,使他們「出入相友,守望相助,疾病相扶持」,而產生外部經濟,以致井田的不明顯制度成本為負值。

至於「圭田」,則是井田以外的畸零土地,其所謂「五十畝」,是「奉祭祀」(朱注)之用,而在卿大夫「世祿」以外的額外恩賜,其耕種者也許是各農家的「餘夫」,其所納田稅的稅率。可能仍是產出的「什一」──關於「世祿」,那就是「公(諸侯)食貢,大夫食邑,士食田,庶人食力,工商食官,皂隸食職,官宰(大夫之家臣)食(大夫之)加(田)」。

田稅是租稅的一種,但亦有例外,即「王制」所云,住宅(市廛)、圭田免稅,而且關稅也不征收。《周禮·地官·載師》亦說「國宅無征」,並云,「園廛二十而一,近郊十一,遠郊二十而三,甸、稍、縣都皆無過十二,唯其漆林之征,二十而五」。大致上,是距離政治中心愈近者,稅率愈輕,這也許是由於距離愈近,人民所負擔的徭役愈多,故在稅率上略予補償,至於漆林之稅率最高,也許由於是經濟作物,獲利較豐之故。

至於徭役,孔子曰,「任力以夫,而議其老幼,於是手,有鰥、寡、孤、疾」,意味這些人都免役,即使有役,每「歲不過三日」,而且,「任老者之事,食壯者之食」(〈王制〉)。其出發點,是「無奪民時則百姓富」。但於荒年則停稅役,即《周禮·均人》云,「凶札,則無力役,無財賦」。

當然,在稅、役以外,人民還有軍賦的負擔,即上節所云,六十四井,出一卒(百人)之兵,而且在有戰爭的年度,則一井八家共出640斛重量(稯)的禾草,16斛(秉)的雜糧,燃、飼料,1.6斛(粲)的米,作為額外負擔。由於「國之大事,在祀與戎」(《左》成十三年),而祭祀支出則列為經常費用,即周襄王所云,「以供上帝山川百神之祀」。每年祭

祀支出應爲歲入或歲出的十分之一（仍），但若國有大喪，因其支出大，約爲歲出的十分之三，所以，有喪事，則一般祭祀停止三年，只祭祀天地（天子）與社稷（諸侯）。此所謂歲出，實在是以三十年作爲長期預算的規劃，以平均「年之豐耗」，至於歲出入預算的編製，原則上是「量入以爲出」（均見〈王制〉）。

「量入爲出」原則，在《周禮·天官》中有具體的敘述：大致上，其歲出有九種，稱爲「九式」，如祭祀之式，賓客之式等，而歲入主要爲「九賦」「九貢」（諸侯及臣民之貢）「九功」（九種職業的所得稅）。「量入以爲出」的具體措施，是見「天官大府」職掌：

> 凡頒財以式法授之：關市之賦以待王之膳服；邦中之賦以待賓客；四郊之賦以待稍秣，家削之賦以待匪頒；邦甸之賦以待工事；邦縣之賦以待幣帛；邦都之賦以待祭祀；山澤之賦以待喪紀；幣餘之賦以待賜予。凡邦國之貢以待引用；凡萬民之貢以充府庫；凡式貢之餘財，以共玩好之用。凡邦之賦用取具焉。歲終，則以貨賂之入出會之。

這是說九式費用，是由九賦支付，並以九貢及諸侯朝覲時所貢，以哀邦國之憂（即《周禮·大宗伯》所云，喪、荒、弔、襘、恤五種凶禮）。但以九功收入作爲庫藏；收支相抵後，若有剩餘，則供王之「玩好」。由此可見，《周禮》在「量入爲出」原則下，還有二特色，即專款專用與內部牽制（即「入出會之」）。後者是指天官大宰（冢宰）下，在預算方面有兩個系統：一爲出納系統，以大府爲首；一爲會計系統，以司會爲主[19]。

---

19 參見侯家駒，《中國財金制度史論》（聯經出版公司，民國77年），第一章第二節。

綜合以上分析，連同上節所述及有關資料，可見西周封建下的財經制度，至少有下列優點：

一、此一經濟制度能與當時政治制度一致，不僅能適應時代需要，也且能維持當時社會的安寧與和諧。

二、由於領主與所屬農民（實為佃農）的利益一致，以致在生產的促進上頗能著力，例如三圃制與施肥，很可能始於此一時代[20]。

三、各級統治者均有其土地或莊園，為其家族消費來源，自然地形成「量入以為出」，連天子亦如此，以致統治者生活趨於簡樸。

四、一般人民生活有基本保障，除工商卑隸為有給職外，成年農民受田百畝，餘夫受田廿五畝，能使全家溫飽。

五、田制與軍制合一，雖非農民必為戰士，但戰士必為農民，減少職業軍人，亦即節省大量軍費。

六、在井田制度下，人民「出入相友，守望相助，疾病相扶持」，創造外部經濟，降低社會成本，或者可說是井田的不明顯制度成本為負值。

七、田稅或明顯的制度成本甚低，且以機會成本甚低之勞力來支付，而且富有伸縮性，假若《周禮·地官·司稼》所云，「巡野親稼，

20　西周時代的農田，有所謂「菑田」「新田」與「畬田」，如《詩·周頌·臣工》云，「亦又何求，如何新畬」，〈小雅·采芑〉云，「薄言采芑，于彼新田，于此菑田」。據《爾雅·釋地》，「田一歲曰菑，二歲曰新田，三歲曰畬」。劉師培首先據此，認為「菑」即《周禮·大司徒》中的「再易之地」，亦即三年一耕；「新」即〈大司徒〉的「一易之地」，二年一耕；「畬」即「不易之地」，每年可耕（《劉申叔遺著·古政原始論、田制原始論》）。徐中舒亦認為此乃三圃制，但持不同解釋，即菑為休耕長草之田，「新」為休耕後新種的田，「畬」為新耕後續種的田；第二年仍耕這三部分，但菑轉為新，新轉為畬，畬轉為菑；第三年則轉為畬（由新轉變）、菑、新；第四年又回到菑、新、畬開始時的區劃（《先秦史論稿》，巴蜀書社，1992年，頁95）。而施肥則在此休耕基礎上逐步發展的（《先秦史論稿》，頁96）。

以年之上下出歛法」不虛,則很多時候,其稅率可能不到什一,遇荒年且會免徵,即「均人」所云,「凶扎,……無財賦」;遇有戰爭時,每家才多出二斗米、二觔雜糧及若干禾草;足見農民負擔甚輕。

八、徭役少,人民一年才作三天義務勞動,工作負擔不重,成年男性的工作量,只規劃為老年人所能負擔者,但政府所提供的飲食則以壯年為規劃,足見統治者對人民的體恤。

九、要求人民義務勞動,是要避開耕作與收穫期間,並嚴禁官吏侵佔人民牲畜(即所謂「犧牲不略」),以維持不擾民原則。

十、城內住宅免稅,關稅免徵,其他諸稅亦按其距離政治中心之遠近,配合徭役之多寡,而決定稅率高低,以符合稅役公平原則。

十一、由統治者以身作則,生活儉樸,故能「三年耕必有一年之食(蓄)」。

十二、建立內部制衡制度,以避免浪費與貪瀆。

十三、對市場作適宜管理,《周禮》中有「司市」一職,〈王制〉中規定不達規格的農工產品,不得出售。

十四、注意生態環境保護,此即〈王制〉曰,「林麓川澤以時入而不禁」,孟子曰,「數罟不入洿池……斧斤以時入山林」(〈梁惠王上〉)。

十五、在社會福利上,是「鄉立巫醫,具百藥以備疾災」「立勤人以職孤,立正長以順幼」(《逸周書·下聚解》);「彼有遺秉,此有滯穗,伊寡婦之利」(《詩·小雅·大田》);至於孤、矜、鰥、寡,「皆有常餼」(〈王制〉)。

十六、西周注意交通,所以,「國道如砥,其直如矢」(《詩·小雅·大束》),「凡國野之道,十里有廬,廬有飲食;三十里有宿,宿有路室,路室有委;五十里有市,市有候館,候館有積」(《周禮·地官·遺人》),其所謂「委積」,是對來往賓客及官員提供飲食。另據《逸周書·大聚解》,「闢開脩道,五里有郊,十里有井,二十里有舍,遠旅

來至，關人易資舍其委」，可見這些驛館亦供商旅之用，而有經濟績效。

第四節　封建制度下財經之缺失

　　西周的封建莊園，在基本上是自給自足的社會，亦是階級森嚴的社會。就後者言，由王、公、大夫、士組成統治階層，工商皁隸供其驅使，庶人則爲基本支持層，彼此因地位不同而難作平等的往來，即「賤不能臨貴」(《韓非子·難一》)，以致「凡執技以事上者」，如「祝史射御醫卜及百工」，「出鄉不與士齒」(〈王制〉)。

　　就前者言，連井田農家本身都是自給自足，因爲其百畝之田的產出，當然是提供全家的主食，而「五畝之宅，樹牆下以桑，匹婦蠶之，則老者足以衣帛矣；五母雞、二母彘，無失其時，老者足以無失肉矣」，(《孟子·盡心上》)，可見連衣服與肉食，亦是每家自給，此所以「衣服飲食不粥於市」。再加「圭璧金璋」「宗廟之器」、「錦文珠玉成器」「犧牲」等物「不粥於市」以致市場難以發達，甚至於連「命市納賈，以觀民之所好惡」的目的，亦難以達成。而且從「觀民之好惡」一語看，可見當時統治階層，是從政治觀點看經濟，並不重視市場機能。

　　事實上，封建制度是在新制市場活動，由於「百工」是「執技以事上者」(以上引文均見〈王制〉)，可見其所用的資本財，並非來自市場，此即《逸周書·文政解》所云：「商工受資」；而且「田里不粥」，足見土地亦非商品；且從上節已知，封建之初，人民是連同土地被賜與，可見勞力亦難以成爲商品。當時，商人亦屬於官府，其任務主要爲採購或交換，並非以營利爲出發點，即使市場上的自行交易，亦是「抱布貿絲」(《詩·衛風·氓》)，意即「古之爲市者，以其所有易其所無者」，並非「左右望而罔市利」(《孟子·公孫丑下》)。基本用意，是不希望人民經由經濟活動而改變其社會地位，而這些社會地位全由政治力量安

排，亦就是要使階級森嚴的社會得以持續。

儘管如此，階級森嚴的封建社會與只可溫飽的井田制度，實在難以長久維持，蓋因在基本上，封建制度本身是靜態的，只有在人口是靜止或土地供給為無限的情況下，這種階級和溫飽情形才得以維持。先就統治階層言，這些王、公與大夫若是多子多孫，則須土地有無限供給，使其子孫才可以繼續享受分封，否則，就須代代單傳，以便一個蘿蔔一個坑，讓這些階級維持下去。就庶民階層來說，其情況亦復如此，尤以農民為然，必須農地無限擴張，才可使其子孫維持一夫百畝的授田制度，否則亦必須單傳，亦即人口呈現靜止狀態。事實上，此二情況(人口上是一兒一女恰恰好；土地上是供給無限)均不可能出現，所以，統治階層繼續出現了所謂「國人」，以及後來有「士」的新階級出現，從而播下封建制度崩潰的因子；庶人階層由於求生存，必須走出莊園，成為工商的預備軍，甚至有些人還成為「士」，從而，加速封建制度的崩潰。

由此看來，封建社會雖然是政治制度與經濟制度一致，而達成政治、經濟間均衡狀態，但卻非穩定的均衡，亦就是說，此種均衡一旦被打破後，就不能恢復原先均衡位置，是以，封建制度崩潰後，包括其井田制度在內，是難以恢復的。

其實，這種均衡不能恢復，並非壞事，因若均衡穩定，則「士之子恆為士」「工之子恆為工」「商之子恆為商」「農之子恆為農」(《國語‧齊語》)個人豈有任何生涯規劃？徒使階級永遠存在。階級之間若不能自由流動，對於經濟成長是一大障礙，此所以顧志耐在分析歐洲工業革命時，認為「平等主義」是其成功因子之一[21]，而平等主義則是突破

---

21 Simon Kuznets, *Modern Economic Growth: Rate, Structure and Spreed*(New Haven: Yole University Press, 1966), pp. 13-14.

階級的藩籬──顧志耐認為促成工業革命的另一因子，乃是「世俗主義」，即是使人們努力以改善物質生活[22]。而西周封建社會「制民之產」，只是僅足溫飽而已。所以，封建制度在根本上是阻礙經濟發展。這是封建制度在時光洪流中，於經濟面自我制約的最大敗筆。易言之，封建制度開始之初，由於適應當時的政治與社會環境，所以能達成政治安定與經濟成長；但時日稍長，個人(尤其是工商人士)在經濟上求發展的雄心與機會，則為森嚴的階級所限制與扼殺；若是發展的力量大於這些限制，則封建制度必將解構。

由於自給自足是農業社會的生活方式，工商只是附庸於統治階層，以致經濟上缺乏衝力，而且，即使有獨立的工匠，亦無法創新，因遭法令嚴格禁止，凡「作淫聲、異服、奇技、奇器以疑眾、殺」(〈王制〉)，這是由於周初，周公告誡成王，「淫巧破制」「任利敗功」(《逸周書·成開解》)──至於著奇裝異服的人民，當然亦會受罰，譬如《周禮》中「地官·司門」職掌之一，是「幾出入不物者」，據鄭注，是對裝束、儀容、秉持具有怪異之處之人等，盤查詰問之，亦即〈王制〉所云，「關執禁以譏，禁異服」，至於「地官、司稽」，則是「掌巡市，而察其犯禁者與其不物者而搏(縛)之」。

其實，〈王制〉中「用器不中度不粥於市，兵車不中度不粥於市，布帛精麤不中數、幅度廣狹不中量不粥於市」等規定，雖然旨在品質管制以保護消費者，但未嘗沒有抑制創新，蔑視市場機能的意味。

事實上，依《周禮·地官·司市》有關規定，各物價格並非決定於市場供需，而是由官方決定，主管者為賈師，每二十肆有一人：「各掌其次之貨賄之治，辨其物而均平之，展其成而奠其賈，然後令市。凡天患，禁貴儥者，使有恆賈；四時之珍異，亦如之。凡國之貴儥，

22　Ibid.

各帥其屬而嗣掌其月，凡師役、會同，亦如之」。意謂各物先須賈師定價，然後才可進行交易。是以可見，在封建制度下，市場機能是被蔑視的。

不僅對「物」如此，而且對「人」亦是一樣，亦就是說人民並無職業選擇的自由，除各諸侯建國之初，所賜的「祝宗卜史」，工商及農民，其職業原即由政府予以規定外，其後，這些職業仍然是子承父職，即使其子孫人數增多，難以人人承繼父、祖職業，而須另外謀生，但其就業問題，則由政府決定，即《周禮‧天官‧大宰》職掌之一，「以九職任萬民」，即「一曰三農，生九穀；二曰園圃，毓草木；三曰虞衡，作山澤之材；四曰藪牧，養蕃鳥獸；五曰百工，飭化八材；六曰商賈，阜通貨賄；七曰嬪婦，化治絲枲；八曰臣妾，聚斂疏材；九曰閒民，轉移執事」。由於這些職業均由政府指定，以致人民缺乏擇業自由，更無創業的機會。

尤有進者，人民還缺乏遷徙與旅行的自由，此即孟子所說，「死徙無出鄉」，在這方面，《周禮‧地官》更有較詳規定：

> 徙於國中及郊，則從而授之；若徙於他，則為之旌節而行之。
> 若無授無節，則難圜土內之（比長）徙於他邑，則從而授之（「鄰長」）。

意謂在鄉內遷居，須其所屬比長伴同面告新居比長，該遷居者身家清白，行為良好，未曾犯罪——若在六遂，遷往他邑者，鄰長亦須伴同而往；若遷居六鄉以外，伴往不便，乃予以旌節，作為通行證件，否則，途中被截而將繫之獄中。如此行動缺乏自由，當然亦影響到轉業與企業的經營。

在財政方面，專款專用，雖然是方便「量入為出」原則的實踐，但

在基本上有其嚴重缺陷,即在平衡預算的前提下,若干必要用途因收入有限而捉襟見肘,而另一些支出則因收入豐沛進而形成浪費。更為嚴重的,乃是這種預算之下,卻養成了天子(王)的揮霍,因從上節所述《周禮》九式之內容,可見多為王之支出,例如羞服之式,是王及王宮飲食衣服支出,須以關市之賦供養之;工事之式是其居室、車輦及器具之支出,要以邦甸之賦以作其財源;尤須是芻秣之式,竟須以四郊之賦供給王所用牛馬之支出;此外,王為示好,而常賞賜群臣(匪頒之式)與嬪妃(好用之式),則分別使用家削之賦以及幣餘之賦以作支付。此外,還將財政剩餘,指定供王之「玩好」,並以九功(對九職所征之所得稅)納入國庫,亦是由王支配,從而可以說,一切財政收入,主要是供王揮霍。尤其是在「天官」有關職掌中,各項支出常見「唯王及后」「不會」,有時還加上「世子」,意即他們主人的有關支出,不受限制,更加深供王揮霍的色彩。明人朱健子雖然亦從《周禮》討論西周國計,但卻得出「以不常獲者所以薄於自奉,而有常征者所以厚於禮賓」之讚語[23]。其所以如此,主要先從「關市之賦以行王之膳服,邦中之賦以待賓客」著眼,完全未就整個預算收支予以評估。

　　綜合這些資料,可以歸納出封建制度下的財經制度及政策之根本缺失,至少有二。

　　首先是封建社會在本質上為靜態,於開始的一段期間,是政治與經濟呈現均衡狀態,而其財經制度則在於維持這種均衡於不變,其最基本動機,是在於維持這種次序分明的階級,而各種人等的身分、待遇與地位,統由政治力量決定,以致任何人難以經由經濟活動改變其身分地位,從而對經濟發展形成絕大的阻力。

　　其次,從《周禮》有關部分看,在經濟方面,統治階層把人、地、

23　朱健,《古今治平略·三代國計》。

貨，都置於嚴密的控制之下：在人的方面，其主要的干預，乃是對人民職業的限制，即大宰「以九職任萬民」，使人民在職業上無所選擇；在地的方面，土地悉為統治者所有，表示統治階級掌握主要生產工具——且據《逸周書》，工商的資本財也由統治階級提供，而人民的牛馬車輦亦常被徵用，以致被統治階級對一切重要生產工具俱無最後支配權；在貨的方面，政府賦稅徵收實物，以致政府成為物品的最大握有者，再加統治階級不但主管市場行政，也且控制每一市肆，其價格全由主管官吏決定，而非取決於市場供需。由於人、地、貨物均被嚴密控制，其所涉及的事情或活動，當然亦須政府承擔或主導，以致農業中的施肥、水利與農貸，商業中的市場清理與借貸等工作，均由政府置專人辦理。易言之，政府在經濟活動中，幾乎統制了一切[24]，依郗克斯(J. Hicks)於其《經濟史理論》(*A Theory of Economic History*)中的說法，是由習俗經濟進入指令經濟。

由此二根本缺陷，衍生封建制度的其他缺失，是如下述：

一、階級森嚴，以致產生妨礙經濟發展的不平等主義。

二、土地、勞力與資本均非商品，影響經濟活力。

三、一般人民僅能溫飽，政府也有意教誨他們蔑視物質，例如《逸周書·大聚解》云，「若是凶土陋民，賤食貴貨，是不知政」，以致缺乏促進成長之誘因。

四、禁止「奇技、奇器」，抑制創新活動。

五、人民行動受到限制，「死徙無出鄉」，使資源缺乏流動性。

六、財政上專款專用，使資源難作有效分派。

七、統治者家庭支配社會過多，且均為消費性。

---

24 侯家駒，《周禮研究》，第十章第二節——至於較詳情況，參見第六章各節。

第五節　小結

　　關於封建制度在政治經濟上所發生的作用，周公所說的「五示」，大致上可以表達之，這五示是：

　　　　一、明位示士；二、明惠示眾；三、明主示寧；四、安宅示孥；
　　　　五、利用示產（《逸周書・成開解》）。

　　此所謂「明位」，是指自天子、諸侯到卿、大夫、士之封建次序，包括孟子所說的「五等」及「六等」，以此等第給予參預統治階層的士大夫；「明惠」是指以土地分賜統治階層，並授田給農民，且使工商皁隸食官，故能惠及大眾；「明主」是依宗法制度立君，使中央（及諸侯）政權穩定安寧；「安宅」是對大多數人民授田，使其有百畝之田，五畝之宅，「仰足以事父母，俯足以畜妻子」；「利用」則主要指對大自然或土地的利用，以增加生產──後二者是在於安定地方政情與政局。
　　「利用示產」主要是指封建制度對農業社會的合宜適應，在這方面，周文王對武王所說的一番話，可作明確注腳：

　　　　故凡土地之間者，聖人裁之，並為民利。是魚鱉歸其泉，鳥歸
　　　　其林，孤寡辛苦咸賴其生。山以遂其材，工匠以為其器百物，
　　　　以平其利，商賈以通其貨，工不失其務，農不失其時，是謂和
　　　　德（《逸周書・文傳解》）。

　　其中「以平其利」，是畫龍點睛之語，這才是「利用示產」或整個經濟制度設計的精神所在。「平其利」至少有三層意義：一為各色人等

只有其生活必需，並無額外利得，尤以庶民爲然。此所以，文王引夏箴曰，「中不容利、民乃外次」，又說「能制其有者，則能制人之有，不能制其有者，則人制之」，這後面兩句話雖然包括對諸侯卿大夫的分封，但其重點則是孟子所說的「制民之產」，使其僅足溫飽而已；一爲維持大自然的生產力，俾使「利用」源源不絕，不致竭澤而漁，此所以在這番話的前面，文王還說，「山林非時不升斤斧，以成草木之長；川澤非時不入網罟，以成魚鱉之長；不麛不卵，以成鳥獸之長……馬不馳騖，土不失宜」；一爲農業主要是靠天吃飯，常有天災，必須有所儲蓄，才可以平衡各年度之間的生產與消費，所以，在這番話的後面，文王說：「天有四殃，水、旱、饑、荒，其至無時，非務積聚，何以備之？夏箴曰，小人無兼年之食，遇天饑，妻子非其有也；大夫無兼年之食，遇天饑，臣妾與馬非其有也」，還強調道，「有十年之積者王，有五年之積者霸，無二年之積者亡」——後來的〈王制〉篇，對此觀點特予強化；「國無九年之蓄曰不足，無六年之蓄曰急，無三年之蓄曰國非其國也」。

　　由此看來，西周封建制度似乎是介於孔德所說的「神學階段」與「形上學階段」，蓋因前一階段是軍事社會，爲征服而組織，此時的產業只是爲著維持人類生命而已；在後一階段是轉化期間，是爲防衛而組織[25]。西周封建制度開始以前是爲征服，但其建立目的卻在於防衛，周天子是以土地交換諸侯的軍事支援，從其烽燧之制看，其本質是防禦的；且於西周，人文精神大爲提升，人類生活水準亦提高很多，今日陝西歷史博物館展出的兩千七百多年前的陶製地下排水管，是迄今發現最早的空心磚（可防潮、隔音、減重），以及出土的石磬，或可視爲「形上學階

25　引自F. Copleston. S. J., *A History of Philosophy*（Seurch Press, 1975）, vol. 9, Part I, ch. V.——孔德（A. Comte）將人類智力發展過程分為三階段，依次為神學、形而上與唯真（positive），後者是為生產而組織，是和平的社會，旨在推行共同的善，所以，其特色是「勤勞」（labour），而非「征服」與「防衛」。

段」的雛形。但為維持這種以政治力量支配個人地位之制度於不墜,在制民之產上,只以溫飽為限,以防止經由經濟活動以改變其身分、所得與地位,以致仍處於孔德所指的「神學階段」。

由於諸侯、卿、大夫等各級統治者,均有其封疆、采邑,有若後代地主之以田租為經濟來源,故對其佃農維持良好關係,不致有苛捐重役,以違農時,而減少其本身收入;且因軍制與田制一致,無職業軍人及其有關軍費之支出。簡言之,此時,人民負擔很輕。朱健的幾句話,還可作為對封建制度優點的讚美[26]:

> 當其時,井地之法,寓軍於農,國中無養兵之費;鄉遂之租止輸都邑,甸內無遠漕之勞;諸侯之國各守邊陲,京軍無戍邊之役;卿大夫之祿取諸采邑,公朝無廩官之費。
> 故財用之出,上無所肆其侈,下無所容其私。上不侈而下不私,財常足於用,征欲常不至於虐,而民無復有受其病者矣!

朱氏最後一段話,是衝著《周禮·天官》所建的內部牽制之制而言,這是由於朱氏肯定《周禮》為周公所作。實際上,《周禮》是劉歆根據周代遺制及其他材料與己意,編纂出來的未完成之作品[27],其所描繪的厥為統制經濟。即使拋開《周禮》不言,從有關的可信史料看,亦可看出,西周的土地、勞力與資本,均非商品,以致市場機能難以發揮,從而形成封建制度在經濟面的重大缺陷。封建制度雖使政治與經濟維持暫時的均衡,但因人民要在經濟上求生存與求發展,這股力量之增長,必將突破統治者在政治上所追求的穩定,從而必將打破此一均衡,而且永

26　朱健,《古今治平略·三代國計》。
27　參閱侯家駒,《周禮研究》一書,尤其是其第四、八、九、十章。

難回復──這是由於周王只是共主而已，整個天下則是小國林立，所以，經濟制度變遷易於衝擊到政治制度。

第六章
東周（西元前770-222年）——
由封建社會到重商主義

第一節　緒言

　　本章所稱「東周」，是長於習稱的春秋、戰國時期，蓋因春秋始於周平王四十九（西元前722）年，止於周敬王卅九（前481）年；至於戰國時代，據《通鑑》，是始於周威烈王廿三（前403）年，使春秋與戰國二者之間，有78年的空白，若據《史記‧六國年表》，將戰國時代提早到周元王元（前475）年開始，二者之間仍有6年空白。

　　職此之故，本章所稱的東周，在時間上，是始於周平王元（前770）年，但並不止於周赧王五十九（前286）年——是年，東周滅亡，故一般編年史家，將次年歸於秦代[1]，而是要止於秦始皇廿五（前222）年（次年，秦滅田齊而統一天下）。易言之，本章所包括的時間，是比春秋時代早48

1　萬國鼎所編之《中國歷史紀年表》，周赧王後，即以秦年代為正朔，此乃本《通鑑》做法。

年，且延長到東周滅亡後34年。但爲便於撰寫，仍多習稱「春秋」與「戰國」時期，蓋因在這548年的歷程中，可用史料多集中於此二時期之內。

周代是中國歷史上甚爲重要的時代：西周的封建制度，將中國形成近代國家雛形；東周之中，春秋時期或可視爲過渡期間，封建制度在逐漸崩頹，到了戰國時期，則是瀰漫著重商主義[2]。廣泛說來，西周及春秋，是由草萊到文明的過渡時代，這一時代的思想，是由神本的宗教進化到人本的哲學，各種學術也都漸漸脫離宗教的勢力而獨立[3]，迨至戰國，出現諸子百家，而在中國思想史上大放異彩。惟本章只將內容局限於財經面，而財經制度與政策，是與社會形態有關。

西周的封建制度，在春秋初期仍在維持，但已搖搖欲墜，以致春秋末期幾已解構，到了戰國時期，出現了嶄新社會。是以，在東周這段時間內，春秋、戰國之際，是中國歷史上的一個重要轉變時期，但在其轉變的形態上，若干年前，大陸史學界曾有熱烈的討論，大致上有三種不同的看法：第一種意見，主張是由奴隸制轉變爲封建制，以郭沫若爲代表；第二種意見，主張是由封建的領主轉變爲地主制，以范文瀾爲代表；第三種意見，主張是由不發展的奴隸制轉變爲發展的奴隸制[4]。

這三種看法中，除第二種外，均甚荒謬，尤以第一種爲然，蓋因西周明明是封建制度，到春秋中期以後，封建制度才趨於崩頹[5]，但郭沫

---

2 侯家駒，〈從西周到漢初經濟制度暨思想之演變〉，《漢學研究》，12卷2期（民國83年12月）。

3 童書業，《春秋史》（台灣開明書店，台一版），第三章。

4 楊寬，《戰國史》（增訂版，台灣重印本），〈前言〉。

5 例如錢穆《國史大綱》（商務印書館）第三章，即以〈封建帝國之創興（西周興亡）〉爲標題；薩孟武的《中國社會政治史》（自印本，民國50年）第一章第二節之標題爲〈封建國家的成立及分裂〉，是敘述西周與東周的政治暨社會狀況；陳登原的《中國文化史》（世界書局）上古卷第三章最後一節「封建制度」，即述西周制度，第四章〈封建制度之崩潰〉，則指進入「春秋之後，（封建制度）固漸顯崩頹之象」——童書業於《春秋史》第十三章中「封建社

若等人卻將西周與春秋時期都劃入奴隸社會，而將當時封建制度業已崩
頹的戰國時期視為封建制度。其所以如此，是由於要執著馬克思的唯物
史觀與毛澤東的語錄，郭氏抓著毛澤東一句話，「自周秦以來，中國是
一個封建社會」，認為「周秦」一詞，「就是指周秦之際」，所以，把
這句話解釋為「中國古代奴隸社會與封建社會的交替，是在春秋與戰國
之交」[6]。

　　郭氏這種趨附於政治的看法，在大陸上也曾引發若干史學家間接地
予以反駁，譬如徐中舒在《中國史稿》第一版的批語中，對第一種看法，
多處表示懷疑，其中有一條說，「中國古代的奴隸制是不發達的奴隸制，
是從農業開始：發達奴隸制是以手工業為主」[7]；傅筑夫不僅認為「整
個西周一代，是典型封建制度時代」，並且認為在此一時期「奴隸不但
數量很少，而且在各個方面都不起甚麼作用，是古代奴隸制最不發達的
時期」，而「東周才是奴隸制大量發展時期」[8]。由此看來，徐、傅二
氏也許是屬於第三種看法的學人，但是，此一說法亦難成立，因為「東
周的奴隸來源，買賣是一個主要途徑」[9]，是和後世奴婢買賣相同，而
「在我國歷史上，不但兩漢有很多關於奴婢的記載，就是到明清時代，
奴婢仍在大量存在。清代有一些外任官員在赴任時，還攜帶『奴婢有多

（續）━━━━━━━━━━━━━

　　　會的動搖」之子題下，明白地指出，「當公曆紀元前七世紀以後（魯文、宣
　　　二公時起），封建社會已漸漸發生動搖」。西方史學家中作如此觀者很多，
　　　例如H. G. Creel,見其所著二書：*Confucius and the Chinese Way*(John Day Co.
　　　1960); *The Origins of Statecraft in China: The Western Chou Empire*(University
　　　of Chicago Press, 1970).

6　郭沫若，《奴隸制時代》（人民出版社，1973年二版），〈中國古代史的分期
　　　問題〉（代序）。

7　徐中舒，《先秦史論稿》（巴蜀書社，1992），頁254。

8　傅筑夫編，《中國經濟史資料・先秦編》（中國社會科學出版社，1990），第
　　　三章〈緒論〉。

9　同上。

至數百人，甚至千餘人者』」[10]。是以，若是此一看法得以成立，豈不是意味，從東周到清末，中國都是處於「發展的奴隸制」時期？這該是多麼荒謬！何況中國歷史上曾否出現奴隸社會，殊有疑問[11]。

第二種看法，認爲東周(春秋、戰國之際)是由領主制轉變爲地主制，主要是基於土地可以買賣而成爲商品。此一看法在表達現象上雖甚正確，但只顯示封建制度在趨於崩頹，而難以掌握該時代的脈動，蓋因在整個東周，土地只是非正式的與零星的由公有轉化爲私有，而正式的全面私有，則發生於秦始皇統一六國以後[12]，是以，「地主制」難以代表戰國時期的特徵。

「戰國」之得名，是由於「至秦孝公，捐禮讓而貴戰爭，……遂相吞滅，並大兼小，暴師經歲，流血滿野，……敵侔爭權，蓋爲戰國」(劉向〈戰國策序〉)。其實，戰國時代的戰爭頻率，遠低於春秋時期，因據許倬雲統計，在春秋259年間，就《左傳》而言，共計大小戰役1200餘次，平均每年爲4.63次強，和平期間78年，僅佔整個期間14.67%；但於戰國的242年之中，共計戰役460餘次，平均每年僅約1.9次，和平期間89年，佔整個時期的36.78%[13]。由此看來，「戰」國之得名，並非名實相副，若從戰爭頻率看，則「戰國」之稱，似以春秋時期較爲合適。惟戰國之名稱，在戰國時期已有[14]，例如頓弱云，「山東戰國有六」(《戰

---

10 胡如雷，《中國封建社會形態研究》(三聯書店，1979)，頁137。

11 何炳棣於〈商周奴隸社會說糾謬〉(《人文及社會科學集刊》，七卷二期)文中，力言「商周社會決不是奴隸社會，中國漫長的歷史中也從未曾有過奴隸社會的階段」。

12 丘濬於其《世史正綱》中，記載秦始皇卅一年，「使黔首自實田」，予以評論曰，「井田至此始大廢」。

13 Cho-Yun Hsu, *Ancient China in Transition: An Analysis of Social Mobility, 722-222B.C*(Stanford University Press, 1965), pp. 56, 64, 67.

14 「戰國」一詞，於戰國時代已有，主要是指當時的七雄──詳見楊寬，《戰國史》，第一章。

國策・秦策四》），其他可散見於〈燕策〉、〈楚策二〉及〈趙策三〉。

　　春秋與戰國兩大時期的戰爭，在本質上有很大不同；春秋時期，共主衰微，王命不行，導致列國內亂，諸侯兼併與戎狄橫行，其所產生的霸主，是要替天(天子也)行道，其所發動戰爭的「理由」，則是尊王、攘夷、禁抑篡弒與制裁兼併（《國史大綱》第四章）；戰國時期，若干國家因兼併而擴大，可能由於在兼併中嚐到甜頭，所以，此一時期的戰爭動機，是如蘇秦所云，以「兵趨利」（《戰國策・齊策》），吳起仕楚時說，「砥礪甲兵，時爭利於天下」（《淮南子・道應訓》），其目的，是「爲(國)君辟土地、充府庫」（《孟子・告子下》）。

　　「共主衰微，王命不行」，是意味封建制度在崩頹之中；以「兵趨利」，則有濃厚的商業氣息；以下將以第二、三兩節，分述春秋與戰國二時期的特徵——但在區分上難以涇渭分明。再以四、五兩節，分述其得失。

第二節　封建制度的崩頹

　　關於西周封建制度的崩頹原因，已有各家說法[15]，此處只是簡述前人罕言的一些內在與外在因子。

　　封建制度既爲地處西北的西周所建立，形成中國北方的文化，而中國南方文化則被視爲外來力量。這些力量亦於東周時期才爲顯現，從而形成對北方文化或封建制度的衝擊。南方文化主要是由楚、吳、越三國所構成，此三國在西周時均被視爲蠻夷，但於東周時俱嶄露頭角。

　　據《史記・楚世家》，周成王「封熊繹於楚蠻，封以子男之田」——

15　關於當代學者對此一原因的解釋，參閱黃俊傑，〈當代學者對中國古代封建制度的探討〉，見所著《春秋戰國時代尚賢政治的理論與實際》（問學出版社，民國66年），〈附錄〉。

〈孔子世家〉亦說,「楚之祖封於周,號為子男五十里」。可見其封地面積僅略勝於附庸;惟至周平王卅一年,楚子蚡冒卒,其弟熊通弒蚡冒子而自立為武王,遠交近攻,其子文王亦如是,文王卒後五年成王立,成王之世,已是「楚地千里」(〈楚世家〉),成王之孫莊王,更是飲馬黃河,問鼎周室。終東周之世,楚共滅國六十,其中四十八國滅於春秋時期(另於西周末滅國一)[16]。由此看來,楚國對中原的基本態度,誠如《穀梁傳》所云,中原「有王者則後服,無王者則先叛」(僖四年)。楚於春秋時期的擴張,除在政治、軍事上給予中原諸國的衝擊外,還在經濟上帶來甚為深遠的影響,那主要是商業文化。據時人研究,楚為商品經濟[17],其所以如此,理由有四,首先可能是由於其本身疆域遼闊,且自楚文王起,就未完全實現封閉式的莊園制度,而為郡縣制濫觴(見下述),以致區域間必須相互交易,再擴大為對外貿易,這是由於楚在中國南方、得與西南諸國及南海之濱交易,例如近年在戰國時代楚墓中,先後出土數百件玻璃器,據考證,是楚國商人經由身毒國輸入的[18],甚至遠在西周,屬王元年,「楚人來獻龜、貝」(《竹書紀年》),楚不產貝,這些貝諒係其商人從南海之濱交換而來。

其次,楚國物產豐饒,且是南方氣候,以致其產品,常為北方所必需,以致楚懷王自豪地說,「黃金、珠、璣、犀、象出於楚,寡人無求於晉國」(《戰國策‧楚策三》),而在晉國,則「如杞、梓,皮革,自楚往也。雖楚有材,晉實用之」(《左》襄廿六年);在齊國,管仲曾以金百斤向楚賣購「生鹿二十」(《管子‧輕重戊篇》);在鄭國,鄭賈自楚購入絲絮(褚),此即左成三年,晉「荀罃之在楚也,鄭賈人有將置諸

---

16 詳見何浩,《楚滅國研究》(武漢出版社,1989),頁10-13,「楚滅國表」。

17 例如郭仁成於其《楚國經濟史新編》(湖南教育出版社,1990年)一書中,即以此為基本論點,並於第八章第一節,以「早熟型的商品經濟」為標題。

18 方國瑜,〈論中國歷史的整體性〉,《滇史論叢》。

裙中以出」。當然，楚國亦從北方諸國獲得其生活所需，例如《楚辭》的〈招魂〉、〈大招〉、〈國殤〉等篇中所說的，「秦篝齊縷，鄭綿絡些」「鄭衛妖玩，來雜陳些」「晉製犀比，費白日些」等[19]。易言之，楚自中原輸入的主要爲日常用品，但楚國輸出的，則除日常用品（含食品）與珍玩外，還有原材料，大致說來，楚國的穀粟、布帛、絲絮、麻縷、冠履、衣袍、竹木、漆品、陶器、牲畜、皮革等，都已進入國際市場；而洞庭鱒、湘波魚、大龜、珠璣、犀角、象齒、羽毛、柚橘、丹砂、菁茅等等，則是國際市場上的「俏貨」[20]；尤有進者，當時更重要的工業原料──青銅，有「百分之九十以上」是「產於楚國」[21]。

　　第三，商品經濟下交易頻繁，必須使用交易媒介──貨幣，北方諸國雖有刀、布、圜等貨幣出現，惟均爲銅製，且多從用具蛻化而來，而楚國卻有三種貨幣，即《史記·越世家》中，記陶朱公營救其子時，楚國有人云，「每（楚）王且赦，常封三錢之府」，《集解》引賈逵云，「金幣三等，或赤，或白，或黃」，即金、銀、銅三種錢幣。楚國的金幣郢爰與銅貝蟻鼻錢，宋代已出土（近年出土更多），但其銀幣空首布，則於1974年才被發現[22]。金、銀、銅三錢，在當時唯楚獨有，尤其是蟻鼻錢以個計值，爲當時各國金屬貨幣中最輕小者，這不僅在當時銅幣四大體系（刀、布、圜、貝）中最爲先進[23]，也最爲便利交易，足見楚國當時商品經濟之發達。且因楚國使用金幣，促使各國普遍以黃金爲計價單位。

　　最後是楚國有重商傳統[24]，其四民爲「商農工賈」──此爲《左》

19　郭仁成，〈屈賦中所見楚人的經濟生活〉，《求索》，1983年第1期。

20　張正明主編，《楚文化志》（湖北人民出版社，1988），頁174。

21　徐中舒，《論巴蜀文化》（四川人民出版社），頁182。

22　郭仁成，《楚國經濟史新論》，第二章第三節。

23　張正明主編，《楚文化志》，第八章第二節。

24　郭仁成，《楚國經濟史新論》，第一章；張正明主編，《楚文化志》，第八章第一節第二目。

昭十二年（前597），晉隨武子稱讚楚國之語，這與中原各國所稱的「士
農工商」（《管子‧小匡》）有顯著的不同：一爲將商人居四民之首；一
爲四民中，商與賈居其二；足見其對商賈的重視，尤其重視從事國際或
區域間貿易的商人[25]。所以，重商是楚國一貫政策，爲溝通中原商路，
楚國與晉國所訂盟約中，還曾特別列出，「凡晉楚無相加戎，……交贄
往來，道路無壅」（《左》成十二年）一項，以利國際貿易之進行。

　　楚國商業文化是因其疆域擴大而對中原諸國的封建制度產生衝
擊，隨而引發其內部變化，但這種商品經濟對於以小農經濟爲基礎的封
建制度，主要是間接的，即以有無交換的方式，逐漸瓦解自給自足的莊
園經濟。但是，楚國的地方政制，則可能對封建制度產生直接的影響。
這因爲封建制度是與宗法制度互爲表裡，周天子「封建親戚以蕃屛周」
（《左》僖廿四年），形成「王臣公，公臣大夫，大夫臣士」（《左》昭七
年）的統治階層金字塔，其封土方式，則是「公食貢，大夫食邑，士食
田」（《國語‧晉語》），除士外，均爲世祿；但楚國卻將土地直接置於
楚王控制之下，另行設縣命尹。東周初期，「楚武王克權，使斗緡尹之」，
後又「遷權於那處，使閻敖尹之」（《左》莊十八年），已開設縣之端，
至楚文王，則以俘虜彭仲爽「爲令尹，實縣申、息」（《左》哀十七年）。
此一方法，爲中原諸國所仿效，例如，據《左傳》僖公卅三年，晉襄公
以先茅之縣賞胥臣，昭公廿八年，晉分祁氏之田，以爲七縣，分羊舌氏
之田，以爲三縣；《晏子春秋》載，齊桓公賜管仲十七縣。所以，顧炎
武曰，「則當春秋之世，滅人之國者，固已爲縣矣」（《日知錄‧郡縣》）——
春秋末期，「郡」亦出現，惟小於縣，例如，趙「簡子誓曰，……克敵
者，上大夫受縣，下大夫受郡」（《左》哀二年）。這種郡縣制是直接衝

25　關於「商」與「賈」，鄭玄有不同定義，其註《周禮》大掌九職曰，「行曰
　　商，處曰賈」；註「地官司市」時曰，「通物曰商，居賣物曰賈」。可見，
　　商人是從事區域或國際貿易的活動。

擊到封建制度的根本──世官世祿制。

　　周代封建制度崩頹的原因之一，是技術變動，亦即鐵與牛耕的出現[26]，但此二者亦可能由南方傳入。自1951-1979年，楚墓出土的鐵器169件，其中至少有9件確定屬於春秋時期，所以，郭仁成認爲「鋼鐵首先在這裡煉成」[27]，其所依據，乃是《荀子‧議兵篇》稱，楚有「宛鉅鐵釶，慘如蜂蠆」，唐人楊倞據徐廣與楊雄之說作注曰，「吾聞苑地出此剛（鋼）鐵爲茅」。以及秦昭王曾云，「吾聞楚之鐵劍利」（《史記‧范雎傳》）。但是，揆其實際，實例應以吳越爲最初產地。漢人趙曄所著《吳越春秋》中所云，春秋晚期，吳之寶劍爲干將、莫邪，越之寶劍爲魚腸、磐郢及湛盧，容或有誇張之處，但戰國間，吳越兵器卻名馳列國，例如〈考工記〉云，「吳粵（越）之劍，遷乎其地弗能爲良」；《莊子‧刻意篇》云，「夫於（吳）越之劍者，柙而藏之，不敢用也，寶之至也」；《戰國策‧趙策》記趙奢云，「夫吳干之劍，肉試則斷牛馬，金試則截盤匜」；是以，徐君愛好吳使季札之劍（《史記‧吳世家》），很可能是由於吳劍之鋒利。循此，楚國之鑄劍技術，很可能來自吳越。春秋晚期，吳越既能鑄出如此鋒利的寶劍，應已知煉鋼之術[28]，而鐵器之使用當應更早，至少應在春秋中期以前。至於中原諸國，用鐵之紀錄，厥爲《左》昭廿九年，「晉趙鞅，荀寅帥師城汝濱，遂賦晉國一鼓鐵，以鑄刑鼎」，該年

26　D. Bodde, "Feudalism in China", in R. Coulborn(ed.), *Feudalism in History* (Hamden: Archon Books, 1965).

27　郭仁成，《楚國經濟史新論》，第六章第四節。

28　《荀子‧議兵篇》所云，「宛鉅鐵和」句，是取自《商君書‧弱民》，內云，楚之「宛鉅鐵和，利若蜂蠆」。按商鞅仕秦於戰國初期，由此推斷，楚吳越應於春秋晚期已能煉鋼。事實上，據《楚文化志》（見註20），頁58云，「楚國可能是古代中國最早冶煉鋼鐵的一個諸侯國，對冶鐵器的金相檢驗，證實楚國在春秋晚期不但有塊煉鐵和白口生鐵，而且這時塊煉鐵已提高到塊煉滲碳鋼，……鑄鐵柔化術也跟著產生了」。而吳越之劍既凌駕於楚劍之上，則其煉鋼技術應較楚國爲早。

爲吳闔閭三年，而干將、莫耶二劍則鑄於闔閭元年(《吳越春秋》)。由此或可說，中原使用鐵器，很可能是受到吳越楚三個南方國家的影響。

至於牛耕，應與稻作有關，而中國的水稻是起源於吳越，近年已於江浙地區發現新石品時代稻作的遺存，尤以浙江餘姚阿姆渡與桐鄉羅家角爲最早，距今約7000年[29]，而中原有關稻之記載，首見於《詩‧魯頌‧閟宮》所云，「有稻有秬」。該篇確認「爲(魯)僖公之作無疑」(《詩經集傳》)，而魯與吳爲鄰，從而可能於春秋間接受吳越的稻作文化。吳越爲水鄉，其稻作應爲水稻，近年於江浙一帶出現不少石犁，作爲稻作破土之器，尤其是在台州玉環島上發現「三件一套的多孔石犁，出土時兩件犁壁一上一下，犁頭夾在中間，可能是成套的鏵犁，……犁頭與犁壁製作都很精巧，接近現代鏵犁尺寸」[30]。

馬端臨認爲「蓋古(耦)耕而不犁，後世變爲犁法，耦用人，犁用牛」(《文獻通考‧田賦考》)。傅筑夫更進一步地斷言，「犁耕與牛耕實是一件事物的兩個構成部分，彼此是互爲條件的，犁耕的開始必同時是牛耕的開始，沒有犁就不能用牛，反之，不用牛即無法用犁。牛之所以能用於耕，是因爲有了犁，人力不能揮動，必須用牛拖拉，否則犁是無用的，所以犁可以說是用畜力拖拉的耕具」[31]。

循此，則於吳越地區，牛耕可能始於新石器時代，甚或與石犁及稻作同時開始[32]，但因地處蠻夷，稻作與牛耕未能傳至中原，但於春秋期間，魯國業已接受稻文化，至遲在公元前659年(魯僖公元年)以前，魯國

29　黃楚平，《吳越文化新探》(浙江人民出版社，1988)，第四章第三節，以及該書頁70、72、73、75。

30　同上，頁270，卷首有照片。

31　傅筑夫編，《中國經濟史資料‧先秦編》，第五章〈緒論〉。

32　白壽彝總主編，《中國通史》(上海人民出版社，1994)第二卷第二章提到浙江的阿姆渡文化發生於七千年前，其遺跡中有水稻堆積與水牛骨骼，以第三章提到江浙的石犁發現，而說「犁耕的出現……爲畜力的利用提供可能」。

已有稻作，而且可能亦有牛耕，此所以孔子弟子冉伯牛、司馬牛皆名耕，「若非用於耕，則何取於牛乎」[33]。其後，用牛耕作之事，則可能更向北方傳播，所以在春秋末年，晉大夫竇犨對趙簡子說，「夫范中行氏不恤庶難，欲擅晉國，今其子孫將耕於齊，宗廟之犧，爲畎畝之勤」（《國語‧晉語》）。從後兩句看，顯然是指「牛」，由宗廟之犧牲，變爲畎畝之耕畜。事實上，甲骨文中「耤」「疇」二字，已見犁形，「犁」字像翻土之犁形，或加以牛，表示用於拉犁的牛，再若《說文解字》所云「解衣而耕」之「耕」字，更是像雙手扶住插入土中之犁，並有該物拉曳激起土塵之狀，可見商代或以前即有牛耕。詳見許進雄，《中國古代社會》（商務印書館，民國79年），第五章。

農具改爲鐵製，亦可能出現在春秋時期，否則，戰國之初，孟子亦不會質疑農家。「許子曰……以鐵耕乎」（〈滕文公上〉）？趙岐注曰，「以鐵爲犁」。

稻作、牛耕與用鐵，對於封建制度的衝擊，亦是間接性，這是由於新作物、新技術與新工具。可以提高勞動與土地的單位產量，從而可使同等的生產資源能支持更多的人口，但人口增加，使封土與授田，均難按往例執行；而且，農民生產力的增加，可以支持較多的非農業人口，從而促使城市的擴大；隨而導致封建制度逐漸解構。

從上述看來，至少在東周之初，以小農經濟爲主體的封建或莊園制度，是盛行於中國北方，南方楚、吳、越等國，仍處於蠻夷時代。但其後卻與中原逐漸擴大接觸，彼此文化交流，使南方的郡縣制，在政治體制上直接衝擊到北方的封建制度；同時，經濟面的商品經濟，技術面的稻作、鐵與牛耕，亦是有效地腐蝕了封建制度的基礎。

事實上，即使沒有這些外來的影響，封建制度本身亦已埋下自我毀

33　趙翼，《陔餘叢考》卷十九，「牛耕原始於漢代趙過」。

滅的種子，這些種子至少可以區分爲政治與經濟兩大類。

在政治面，封建金字塔頂的周王，爲天下共主，其條件須德、力具備！周初的文武周公，是中國道統的典範，所以，其本身道德感即可號召群倫；而此共主亦有支配天下的力量，武王伐紂，周公平管、蔡二叔及武庚之亂，固無論矣，而成「王帥燕師城韓」，穆「王帥楚子伐徐戎、克之」，即使是於王室衰微之際，夷王尙能「致諸侯烹齊哀公于鼎」（俱見《竹書紀年》），充分表示天子權威，亦即其駕馭諸侯的支配力。

這種支配力必須配合著道德感，才可以凝聚向心力，而西周王室先於共王時道德低落[34]，續於其子懿王時力量衰落[35]。其後，厲王德、力俱衰，導致本身被放逐[36]，使王室真正衰微。宣王即位後，雖曾試圖改進德與力，例如於元年「復田賦」與「作戎車」；前者是以減輕負擔的方式，使人民懷其德，後者是整頓軍備，以強化支配力，但其子幽王卻「初增賦」（俱見《紀年》），並嬖褒姒而廢王后及太子，終於導致西周覆滅，王室東遷，天下共主名存實亡。周室衰微，不能擔當天下共主之重責，從而引發諸侯間的兼併。其實，在周室力量尙盛之時，即已埋下引發兼併的誘因，蓋因西周作戰對象厥爲不同文化的夷戎，爲著對四周的夷戎進軍，乃對邊疆諸侯授以較大權力，例如，成王時，「管蔡作亂，

---

34 《國語・周語》云：「共王游於涇上，密康公從，有三女奔之。……康公不獻（於王），一年，王滅密。」

35 《史記・周本紀》云：「懿王之時，王室遂衰，詩人作刺」，這是由於戎狄交侵，「七年，西戎侵鎬，十三年，翟人侵鎬，……二十一年，虢公師師伐犬戎，敗逋」（《竹書紀年》）。

36 厲王倒行逆施之處至少有二：一爲經濟上壟斷自然資源；一爲政治上鎮壓自由言論。前者是指，「厲王駃（悅）榮夷公好專利不知大難。……匹夫專利，猶謂之盜，王而行之，其歸鮮矣。榮公若用，周必敗。既・榮公爲卿士，諸侯不享（獻），王流於彘」。後者是指：「厲王虐，國人謗王。邵公告曰，民不堪命矣！王怒，得衛巫，使監謗者，以告，則殺之，國人莫敢言，道路以目。……三年，乃流亡於彘。」（俱見《國語・周語》）。

淮夷畔周，乃使召康公命(齊)太公曰，東至海、西至河、南至穆陵，北至無棣，五侯九伯實得征之。齊由此得征伐、爲大國。」(《史記‧齊太公世家》)其時，徐戎亦叛，魯公「伯禽率師伐之……遂平徐戎定魯」(〈魯周公世家〉)；「周宣王即位，乃以秦仲爲大夫，誅西戎，西戎殺秦仲，……(仲)有子五人，其長者曰莊公，周宣王乃爲莊公昆弟五人，與兵七千人，使伐西戎，破之。於是，復予秦仲後及其先大駱地犬丘，並有之，爲西垂大夫」(〈秦本紀〉)；晉穆公「七年(周宣王廿三年)伐條，……十年伐千畝，有功」(〈晉世家〉)。再加上述成「主帥燕師城韓」與穆「王帥楚子伐徐戎」，共有六例。

此六例中，齊魯在東陲，燕晉在北疆，楚在南國，秦在西方，起初是奉王命征伐，後來可能發現易於擴展經營空間，進而私自兼併，例如「當夷王之時，王室微，諸侯或不朝、相伐，(楚子)熊渠甚得江漢閒民和，乃興兵伐庸、楊粵，至於鄂」(〈楚世家〉)。此六國中，除魯國外，演變成戰國七雄(晉分為三)，主要是得力於邊疆易於發展之地利。邊疆諸侯拓展領土之成功，當然啓發內地諸侯的艷羨，由於無法像邊疆諸侯那樣攻略夷戎土地，只得相互兼併，以致周初1800國，至春秋之初，僅存124國[37]。由於諸侯疆域擴大，各國乃分封其大夫，春秋初，大夫似非全爲世爵[38]，其後漸有賜氏，漸稱子，儼然成爲封君；又因當時聯盟各國，會聘頻仍，諸侯畏勞，常使卿大夫代行，馴至有關大國卿大夫相互支援，使「家」日益壯大，終而有大夫篡立，導致封建制度崩潰，演變成戰國的新局面。

在經濟面，西周階級森嚴的封建社會與可供溫飽的井田制度，實在難以長久維持，蓋因在基本上，封建制度本身是靜態的，只有在人口是

37　柳詒徵，《中國文化史》(正中書局)，第一編，第廿三章。

38　參閱錢穆，《國史大綱》(商務印書館)，第四章第四節。

靜止或土地供給爲無限的情況下，這種階級和溫飽情況才得以維持；否則，統治階級子孫勢將淪爲庶民，而農民子孫亦難享受一夫百畝的授田制度。前者可能成爲「國人」的主要來源，後者主要是工商業的預備軍，二者均是促使城市興起及擴大的原因，亦是導致封建制度崩頹的內在因子。

　　所謂「國人」，是指住在都邑及近郊的居民，侯外廬稱之爲自由民，但不屬於貴族的宗統[39]；徐復觀氏則認爲「國人與統治貴族之間，可能保有由氏族社會下來的疏遠血統，也可能有一部分是由沒落的宗法貴族而來，但決非當時宗法貴族直接結構中的一部分」[40]；此處則採徐氏說法，並進而認定國人是統治階層宗族中的破落戶[41]，有些像是清代「不列於十二等之封」的閑散宗室（《清史稿·皇子世表序》）。這些國人有很多爲農民，譬如吳公子季札就曾「棄其室而耕」（《左》襄十四年），足見有閑散宗室的先例；還有的成爲軍人，例如「衛懿公好鶴，鶴有乘軒者，將戰，國人受甲者皆曰：『使鶴』」（《左》閔二年）；再有的就成

39　侯外廬，《中國古代社會史論》（三聯書店香港分店，1979），第九章第二節。

40　徐復觀，《兩漢思想史，卷一》，學生書店，民國71年第五版，〈西周政治社會的結構性格問題〉。

41　徐氏曾引左文七年等三例，「證明國人不是宗法貴族結構中的一部分」（同註　）。其中最具說服力之例，厥爲《左》文七年，宋「昭公將去群公子，……穆襄之族率國人以攻公」，徐氏推其語意，認爲「穆襄之族」和「國人」，是二而非一。但若明瞭宋國公室變遷情形，將知國人雖非穆襄之族，但穆襄之族亦爲國人，蓋因宋始祖微子傳其弟微仲，微仲傳子宋公，再八傳爲宣公，宣公傳弟和，是爲穆公，穆公傳宣公子與夷，是爲殤公，太宰華督弒殤公，迎立穆公之子馮而爲莊公，三傳爲襄公，昭公是爲襄公之孫。於此可見，微仲子孫之沒落者俱爲國人，特稱「穆襄之族」，是指該公子孫，以別於宣公一脈之破落戶，無論是「穆襄之族」，還是宣殤之族，俱是微仲子孫，其中宋襄公之子孫，諒係貴族，但穆公之子孫中可能有不少已淪爲平民。所以，國人可以包括貴族，但主要非指統治階層，有些像是《清史稿·皇子世表序》中所說的閑散宗室；而「穆襄貴族」，則有些像是《清史稿·皇子世表》中的「世宗系」「文宗系」；但不論是用散宗雲抑係世宗系，都是宗室。

爲游士，此即墨子所強調的，「凡入國，必擇務而從事焉」⁴²──這也許就是《說文解字》所云，「士，事也」之張本，於是乎，出現了新興的階級「士」，其基本定義，是如《國語‧齊語》，韋昭注曰，「士，講學道藝者」。這些道藝之學本來只教統治階層子弟，但因「天子失官，官學在四夷」（《左》昭十七年），原來官學師資流散民間，例如「大師摯適齊，亞飯干適楚，三飯繚適蔡，四飯缺適秦，鼓方叔入於河，播鼗武入於漢，少師陽、擊磬襄（朱註：「襄即孔子所從學琴者」）入於海」（《論語‧微子》）。而據《周禮》，樂師「掌國學之政」，《禮記‧王制》云，「樂正崇四術，立四教，順先王詩書禮樂以造士」，隨而提供了所需師資，和開創私人講學之風氣，爲「士」提供與擴大了供給。在需求面，春秋時期有很多「國」「家」爭相延攬賢士：真正以較大規模招攬賢士的諸侯，是爲齊桓公，其行動乃出自管仲的建議，「爲遊士八十人，奉之以車馬、衣裘，多其貨幣，使周游於四方，以號召天下之賢士」（《國語‧齊語》）；真正以較大規模招攬賢士的卿大夫，應以晉國下卿欒盈（即欒懷子），「懷子好施，士多歸之」（《左》襄廿一年），日人竹添光鴻於《會箋》中引魏禧曰，「自三代以來，未有養死士之眾者，其風自懷子始，以爲開自（孟嘗君等）四公子者，非也」。

　　卿大夫之納士，顯示「家」已漸壯大，而這些投效的士，爲感知遇之恩，以及爲自己前途著想，努力「爲君辟土地、充府庫」（《孟子‧告子下》），竟連聖人之徒冉有，亦難免有此傾向，而爲季孫氏聚斂，致被孔子斥曰，「非吾徒也，小子鳴鼓而攻之」（〈先進〉）。這種情況，在春秋晚期尤爲普遍，以致孔門弟子「多爲家臣」（《史記‧仲尼弟子列

42　於此，墨子接著說，「國家昏亂，則語之尚賢尚同；國家貧，則語之節用節葬；國家憙音湛湎，則語之非樂非命；國家淫僻無禮，則語之尊天事鬼；國家務奪侵凌，即語之兼愛非攻；故曰務而從事焉」（〈魯問〉）。足見「入國」者是游士，而非泛指「城外之人入城謀職」。

傳》)。從而使「家」益形壯大,加速封建制度的崩潰。

　　至於那些由於人口膨脹而難以受田的農家子弟,必須另謀生路,其中除極少數或可躋身於士的階層外,最可能的出路,則為雇傭勞動或從事工商,還有的則成為「隱民」——這些隱民多為權門(卿大夫)所吸收,譬如魯國子家子說,「政自之(指季孫氏)出久矣,隱民多取食焉,為之徒者眾矣」(《左》昭廿五年),「隱民」即逃藏之民(馬宗璉,《春秋左傳補注》)),他們形成了卿大夫的部曲,使「家」的勢力更為壯大。

　　關於雇傭勞動的紀錄,當代有關論著常引的資料,是「齊桓公微服以巡民家」,一老人「對曰,臣有子三人,家貧無以妻子,傭未反」,但此語出自《韓非子·外儲說右下》,以戰國末期的韓非,回憶春秋初期齊桓之事,容或有所出入,但戰國之初,商鞅「墾令」所說的,「無得取庸,則大夫家長不建繕」,毋寧是說在春秋晚期,雇傭勞動已甚普遍。其所謂「建繕」,是營造業,屬於工業範圍,而商業方面,雇傭勞動可能更眾,例如〈墾令〉篇云,「以商之口數使商,令之廝輿徒重者必當名」,其所謂「廝輿徒」,可能是私人所蓄的奴隸,但亦可能有一部分是雇傭勞動。春秋晚期,由於經濟發達,市場活動趨於頻繁,服務業亦隨而產生與增加,導致商鞅下令禁止之。其於〈墾令〉篇中所禁止的產業,除上述外,還有糧商(「使商無得糴」)、旅館(「廢逆旅」)、酒店(「商酤少」)、「軍市」、運輸(「令送糧無得取僦,無得反庸」)等。這些新興產業當然容納不少無法受田的農家子弟,且亦顯示,此時的工商有不少是自食其力以獨立經營,而不像在春秋初期那樣「工商食官」(《國語·晉語》)。

　　事實上,在某些地區,商人於西周末年就具有其獨立地位,這就是鄭國子產所云,「昔我先君桓公,與商人皆出自周。……世有盟誓,以相信也,曰,『爾無我叛,我無強賈,毋或匄奪;爾有利市寶賄,我勿與知』」(《左》昭十六年)。亦就是由於能獨立經營,得使鄭國商人的

美譽揚名於當時[43]。即使是屬於官府的工匠，亦因時代意識而覺醒，致
有反抗精神，例如衛莊「公使匠久，……石圃因匠氏攻公」（《左》哀十
七年）。

　　封建制度是建立於授土與授民的基礎上，而此二者則於春秋晚期發
生根本上的動搖，這可以趙簡子爲衛莊公復國，而與齊、鄭作戰時之誓
爲例[44]，誓曰，「克敵者，上大夫受縣，下大夫受郡，士田十萬（畝），
庶人工商遂，人臣隸圉免」（《左》哀二年）。這是說，克敵之人，士可
獲田地十萬畝爲其私產；平民與工商可以出仕；奴隸則免除其隸籍，成
爲自由民。其實，在此誓前五十六年[45]，晉國即有以戰功免隸籍之事，
那就是

　　　　初、斐豹、隸也，著於丹書。欒氏之力臣曰督戎，國人懼之。
　　　　斐豹謂（范）宣子曰，苟焚丹書，我殺督戎。宣子喜曰，而殺之，
　　　　所不請於君焚丹書者，有如日。（《左》襄廿三年）

第三節　戰國的重商主義

　　一般說來，就比較而言，政治制度是靜態的，而經濟制度則較具動
態性，這主要是由於人口、技術及其他生產資源，時常在變動，從而引
發經濟制度的改變，然後亦將迫使政治有所變革以因應之──當然這是
小國景象，而戰國時代，國家規模雖已擴大，但因群雄並立，所以在本

43　例如弦高犒師（《左》僖卅三年），鄭商擬救身爲楚國的晉卿（《左》成三年）。

44　有人以晉惠公「作爰田」（《左》僖十五年），爲土地私有之濫觴，因據杜注，
　　「爰之以所賞之眾也」。但卻忽略杜註上句，「分公田之稅應入公者」，只
　　是賞之以稅，並不能視爲所有權的轉移。

45　魯襄公廿三年爲西元前549年，魯哀公元年爲西元前493年。

質上，每個國家均應視爲小國。

上節業已提及，封建制度長期維持的前提，是人口成長趨於靜止，或者是土地供給趨於無限大。否則，貴族子孫難以依例分封，農家小孩難以依例受田。而春秋時期鐵器與牛耕的傳播，以及水稻的推廣，以致土地單位面積產量大增，致使同一面積之土地，可以供養更多人口：就百畝之田言，《周禮‧小司徒》云，「上地家七人」，但至戰國之初，卻成爲「上農夫食九人」（《孟子‧萬章下》），土地生產力增加28.57%，而人口則作更大幅度的增加。以孟子常說的「百畝之田」的「八口之家」來說，其農人夫婦除上奉父母二人外，至少有子女四人，以致兩代之間人口倍增，這種快速增加的人口，當然難以每對夫婦受田百畝，這一方面是由於土地有限，另一方面，則是各國爭戰，常以土地爲獎賞手段，使可供授田之土地日蹙。後者可以「商君書」爲例，其「境內」篇規定，凡斬敵甲士一人，則「當爵一級，益田一頃，益宅九畝，除庶子一人」——其所謂「庶子」，可能是無法取得受田的農民之出路，有人稱之爲「依附於地主的農民」[46]。

這些因殺敵而獲田宅的的勇士，可說是小型封君，至於大型封君，所封土地更多，加上述趙簡子所云，「士田十萬（畝）」。但是，戰國時代的封君，一般只是對其封地居民徵收賦稅，並非擁有其土地，且多非世襲，而且於其封地並非最高統治者，須奉行國家統一的法令，但因有權勢與資財，這些封君往往擁有私田[47]。這些私田通常是經由買賣取得，如趙括將「王所賜金帛歸藏於家，而日視便利田宅可買者買之」（《史記‧廉頗藺相如列傳》）。買田地主當然不限於這些封君，譬如春秋、戰國之際，趙襄子於一日之內延攬中牟二賢士爲中大夫，導使「中牟之人

46　楊寬，《戰國史》，頁186。
47　同上，頁290-294。

棄其田耘，賣宅圃，而文學者邑之半」（《韓非子‧外儲説左下》），其所「賣宅圃」之買者，諒非皆是封君。其實，在此以前，即趙簡子之時，私有土地的地主，在民間已很普遍，這亦可見於《韓非子‧外儲説右下》篇：「趙簡主出稅者，吏請輕重。簡主曰，勿輕勿重，重則利入於上，若輕則利歸於民」，依楊寬的解釋，這個「民」當指地主[48]。

趙簡子所課之説，是以田地爲對象，既云「輕重」，則已顯示，田稅或地租不再以助法爲基礎。按助法是井田中八家共耕其中百畝公田，由於每家住宅有一半（即二畝半）在公田之上，致公田之耕種面積縮減爲八十畝，由八家共耕，所以，其稅率是如孟子所云的「什一」[49]，以致在基本上，田地租稅是力役形態，或可稱之爲力役地租。但於助法被取消後，地租形態亦隨而改變，而此改變，於春秋期間業已開始，以魯國爲例，魯宣公十五（前493）年，「初稅畝」（《左傳》），據杜注，「公田之法十取其一，今又履其餘畝，復十取其一」，以致田稅稅率計爲什二。由於這是對私田的課徵，足見地租形態已由力役變爲實物。其實，在此以前，魯國田稅已由助法改爲徹法，孟子曰，「周人百畝而徹」，又云，「雖周亦助也」（〈滕文公上〉），朱注，「徹，通也，均也」，蓋因在助法下，一井之中，八家共耕公田，以力役代替田租（或田稅），但因人有自利之心，各耕私田時全力以赴，共耕公田時則虛應故事，此即《呂氏春秋‧審分篇》所云，「公作則遲，有所匿其力也」，以致公田單位面積產量難望私田之產量，周代政府乃以一井九百畝之產量通共計算，以平均之，而以此平均產量，計算公田百畝之產出，以作爲田租，藉以激勵大家耕種公田時亦須同樣努力，因爲八家仍然共耕公田，所以，孟子説「周亦助也」，但在形態上，卻已由力租變爲物租。至於説到「初

48　楊寬，《戰國史》，頁153。
49　參閱侯家駒，〈井田叢考〉，《大陸雜誌》，67卷3期。

稅畝」前，魯國已實施徹政，可以《論語》中一段話作爲旁證：魯「哀
公問於有若曰，年饑、用不足，如之何　有若曰，蓋徹乎　曰，二、吾
猶不足，如之何其徹乎！」（〈顏淵〉）這隱然是說，早就實施徹法了，
甚至於是在「初稅畝」以前。但無論如何，無論是採徹法還是對私田亦
課徵什之稅，都是將力役田租形態改變爲實物田租形態，尤其是既採徹
法又對私田課稅以後，公田已無存在必要，可能亦授予其他無地之農
民，而成爲一井九家。

　　魯哀公就是由於「用不足」，而於十二（前482）年「春、用田賦」（《左
傳》）。據《左傳》與《國語》記載，這是執政者季孫氏的主意，北門
弟子冉求助之，此所以孟子曰，「求也爲季氏宰，無能改於其德，而賦
粟倍他日，孔子曰，求，非吾徒也，小子鳴鼓而攻之，可也」（〈離婁
上〉）。從「賦粟倍他日」一語看，可見田稅稅率是提高一倍，即由20
％提高到40％。從戰國之初，魏國李悝所言，一家五口治田百畝，產出
爲粟150石，自食外尙餘60石（《漢書·食貨志》），以致40％稅率，恰好
將餘糧完全繳罄，此所以孟子曰，農民「樂歲終身苦，凶年不免於死亡」
（〈梁惠王上〉）——齊國賦稅尤重，「民三其力，二入于公，而衣食其
一」（《左》昭三年）。

　　《公羊傳》將魯宣公「初稅畝」的行動稱爲「履畝而稅」，而此一
制度是先後在各國普遍實行[50]，例如秦簡公七（前397）年，「初稅禾」。
這種「履畝而稅」或徹法，雖是將地租形態由力租改爲物租，但在形式
上仍然維持八家共耕公田的周制井田制度。直至秦孝公十二（前349）
年，「初取小邑爲三十一縣，令，爲田開阡陌」（均見《史記·六國年表》），
才改爲一井九家廢除公田，完全採取徹法，這可從《商君書·算地篇》
看出。該篇曾云：「故爲國分田數小：畝五百，足待一役，此地不任也；

50　白壽彝（總主編），《中國通史》（上海人民出版社，1994），第三卷第五章。

方土百里，出戰卒萬人者，數小也。」這是由於「商鞅佐秦」，以爲地利不盡（即「地不任也」之意），更以二百四十步爲畝，百畝給一夫」（《新唐書·突厥傳》），循此，秦制百畝爲240平方步，其面積爲5.76萬步，是周制100平方步或1萬步面積的五倍多，由於秦制授田是周制的五百多畝，所以要求每家出兵一人，足以自給「干戈備具」，故云，「畝五百，足待一役」。且因「一同百里，提封萬井，除山川沈斥城池邑居園囿街路三千六百井，定出賦六千四百井」（均見《漢書·刑法志》），知可供「分田」之地爲土地總面積的64％。依周制，一井900畝之面積爲9萬萬步，方土百里有萬井，故土地總面積爲9萬萬步，其64％爲5.76萬萬步，以5.76萬步除之，其商適爲1萬，意謂，方土百里有秦制的1萬個百畝，可授萬夫或萬戶。由於「民有二男以上不分異者，倍其賦」（《史記·商君列傳》），故每一農家只有一男子，此即「數小」之意（意謂小家庭），是以，戰時每家可出兵一人，如此，「方土百里」，農夫離家，計「出戰卒萬人」。但因秦制百畝是周制的5.76百畝，而非其任何的倍數，故須裂開舊田界「阡陌」，另築新田界[51]。從此，一井九家，各耕田百畝，而非共耕公田，使地租形態在形式上亦脫離了助法，成爲徹底的實物地租形態──這種實物地租，可能在戰國期間有一部分甚或全部改爲貨幣地租，此即「刀布之歛」，譬如，荀子在說過照顧商賈、百工後，接著說，「縣鄙將輕田野之稅，刀布之歛，罕舉力役，無奪農時」（〈王霸〉），韓非子亦說，「征賦錢粟，以實倉庫」（〈顯學〉）。尤有進者，由於百里萬家，非井（一井九家）之倍數，以致商鞅改制後，井田可能不再存在，這主要是由於已無公田之故[52]。

　　此二制度均有其劃時代的意義：田租形態的改變，是將對人的束縛

51　詳見侯家駒，〈開阡陌辨〉，《大陸雜誌》，59卷2期。

52　傅筑夫編，《中國經濟史資料·先秦編》，第四章，〈緒論〉。

解除很多，農民只須對其私田精耕即可，而可自由使用其「餘」時，井
田制度得以終結，是將對地的束縛大為解除，土地使用不再受一井九區
的限制。

農民有較多處理其時間的自由，可能使家庭手工業得以進一步地發
展。「男耕女織」，是傳統農業家庭的分工[53]，今因可得自由運用其餘
時，則家庭手工業很可能易於從「紡」與「織」而發展之，譬如織草鞋，
結網[54]，然後發展為「織履」「織縞」（《說苑·反質》）與「為鞔」（《呂
氏春秋·知分》）。再因應地方需要，逐漸形成金屬家庭工業，〈考工記〉
曾云，「粵無鎛，燕無函，秦無盧，胡無弓車」，意味此四地各別未設
這些官工業，其所以如此，是因為「粵（燕、秦、胡）之無鎛（函、盧、弓
車）也，非無鎛（函、盧、弓車）也，夫人而能為鎛（函、盧、弓車）也」，
意味家家皆能作是器，而不必特別設立官工業，這是說粵地涂泥多草
萊，而山出金錫，鑄冶之業眾，農具尤多；燕近強胡，習作甲冑；秦多
細木，善作戈戰之柄；匈奴狩獵畜牧，逐水草而居，皆知為弓車也。這
些私人手工業的發展，逐漸發展為各地的特產，例如「鄭之刀，宋之斤，
魯之削，吳粵之劍」（〈考工記〉）。

在春秋之時，已因田租形態改變，使私營工業崛起，而於城市內列
肆出售其產品，此即《論語·子張篇》所云，「百工居肆，以成其事」。
其後，因工商者眾，城市亦為擴大，所以戰國晚期，趙奢曰，西周及春
秋時，「城雖大，無過三百丈者！」人雖眾，無過三千家者。……今千
丈之城，萬家之邑相望也」（《戰國策·趙策》）。

53　例如墨子曰，「農夫蚤出暮入，耕稼樹藝，多聚叔粟，此其分事也；婦人夙
　　興夜寐，紡績織紝，多治麻絲葛緒綑布繰，此其分事也」（〈非樂上〉）；孟
　　子曰，「五畝之宅，樹牆下以桑，匹婦蠶之，則老者足以衣帛矣。……百畝
　　之田，匹夫耕之，八口之家足以無飢矣」（〈盡心上〉）。

54　《呂氏春秋·尊師篇》曾將「織葩屨，結罝網」與「力耕耘，事五穀」，相
　　提並論。

　　歸納說來，這些民營工業以致商業的發生，是因地租形態的改變，使人民有更多自由支配的時間，但這只是必須條件，其充分條件則是人口增加，對土地形成壓力，難以充分授田，迫使剩餘勞力湧向工商業。事實上，成年男子難以獲得授田，土地兼併是其主因，而地租形態之改變與井田制度之破壞，更將加深土地兼併，這是因爲物租之推行，使地主毋須再爲公田耕作而多雇用勞力。且因公田之取消，則可將毗連之田地一併取得，而不必像以往，所購併之田地中約有九分之一爲公田，而達成「富者田『連』阡陌」（董仲舒語），或如仲長統所云，「井田之變，豪人貨殖，館舍布於州郡，田畝『連』於方國」（《昌言・損益》）。此處所說的「貨殖」，當然是指商業，蓋因「用貧求富，農不如工，工不如商」（《史記・貨殖列傳》）。

　　這些商人是以致富爲其個人目的，不是單純的「以其所有，易其所無」，而是「左右望而罔市利」（《孟子・公孫丑下》），譬如，「呂不韋者，陽翟大賈也。往來販賤賣貴，家累千金」（《史記》本傳）。據《史記・貨殖列傳》，戰國期間，經營工商致富者，至少有周人白圭、師史，魯人猗頓、曹邴氏，趙之郭縱、卓氏，齊之刁閒，魏之孔氏，山東之程鄭。以致秦始皇統一六國後，而「徙天下豪富於咸陽十二萬戶」（《史記》本紀），足見富豪之眾。毋怪乎戰國之時，「萬乘之國，必有萬金之賈，千乘之國，必有千金之賈，百乘之國，必有百金之賈」[55]。此處「千金」是指黃金千斤，而當時的齊國，對於戰士「得一首者則賜贖錙金」，注曰，「八兩曰錙」（《荀子・議兵》），由於秦國敘賞，是以「甲首」爲計算標準，則此之「一首」，似應釋爲「一甲首」，是以，一千斤黃金可「贖」甲首二千，而千乘之國常治三軍，車五百乘（見上章二節），所以只有甲士一千五百人（據《漢書・刑法志》，兵車一乘……甲士

55　此語出於《管子・輕重甲》，咸信此書主要成於戰國之時。

三人」），是以，千金之賈可與千乘之君分庭抗禮，此所以管子曰，「中
一國而二君二王也」（《管子・輕重甲》）。

在春秋、戰國時期，黃金（當時稱為赤金）已經成爲重要的流通貨幣，
傅筑夫於其所編的《中國經濟史資料・先秦編》[56]中，列出有關黃金的
資料計六十一則，其中將黃金作爲「價值尺度與交換媒介」「貯藏手段
與財富積累」「饋贈」「賞賜與懸賞」「賄賂」用途，以及「拜金狂」，
依次有十、五、十九、八、十四等五則，其內容涉及很多國家，這是由
於至少到戰國時期，黃金已成爲國際支付的最後工具，例如《管子・地
數篇》云：

> 夫齊衢處之本，通達所出也，游子勝商之所道。人求本者，食
> 吾本粟，因吾本幣，騏驥黃金。……然後天下之寶壹爲我用。
> （俞樾云，「本」謂「國」也，「求」乃「來」之誤）

意味齊國位居交通要道，外來旅客與商人，所支付的飲食等費用，
須用齊國貨幣，而須運來黃金以兌換之，且從「然後天下之寶（黃金也）
壹爲我用」一語看，足見齊國在追求國際收支順差，並視黃金爲至寶或
國富。

《管子・輕重戊篇》載有五則經濟戰故事，主要是齊國利用食糧爲
手段，使對方降服，而對方之所以中計，主要是醉心於追求貿易順差，
以取得黃金，例如萊君云，「金幣者，人之所重也」，楚王曰，「彼金
錢，人之所重也，國之所以存，明王之所以養有功」，代王說，「代之
所以弱於離枝者，以無金錢也」。足見當時的風尚，是以貴金屬爲國富，
希用國家力量左右對外貿易，以追求順差而取得黃金，其實，齊國干預

56　楊寬，《戰國史》，頁284-293。

國內經濟活動——「官山海」的目的之一，亦是在於創造貿易順差，〈輕重甲篇〉就曾記載，齊國將其所煮之鹽，「糶之梁趙宋衛濮陽，……得成金萬一千餘斤」。這種以黃金爲國富，追求貿易順差與政府干預經濟活動的行徑，這與後來的西歐重商主義經濟思想[57]，是相當一致的，而商鞅的農地政策，以及很多國家的重農措施，都是以政治力量干預經濟活動。

其實，秦之富強，是由於重視商業：「秦文、孝、繆（公）居雍、隙隴、蜀之貨物而多賈；獻、孝公徙櫟邑，櫟邑北卻戎翟，東通三晉，亦多大賈；武、昭治咸陽，……，地小人眾，故其民益玩巧而事末也」。（《史記·貨殖列傳》）。在這種情況下，秦之咸陽，當然成爲大都市，其他的大都市，則如《鹽鐵論·通有篇》所云，「燕之涿，薊，趙之邯鄲，魏之溫、軹，韓之榮陽，齊之臨淄，楚宛、陳、鄭之禹縣，三川之兩周，富冠海內，皆爲天下名都」。

其中臨淄在春秋時代，已成當時最大與最繁榮的都市，據近年考古發現，其面積達60華里[58]；戰國之時，「臨淄甚富而實，其民無不吹竽鼓瑟，擊筑彈琴，鬥雞走犬，六博踏踘者。臨淄之途，車轂擊，人肩摩，連衽成帷，舉袂成幕，揮汗如雨。家敦而富，志高而揚」（《戰國策·齊策一》），足見臨淄是商業繁榮的高所得都市。這種富裕生活，是來自人民對物質利益的追求，這就是《管子·禁藏篇》所云：

> 夫凡人之情，見利莫能勿就，見害莫能勿避。其商人適賈，倍道兼行，夜以繼日，千里而不遠者，利在前也。……故利之所

57　H. Landreth & D. C. Colander, *History of Economic Theory* (2nd edition. Boston: Houghton Mittlin Co., 1989), ch. 2.

58　張鴻雁，《春秋戰國城市經濟發展史論》（瀋陽：遼寧大學出版社，1989），上編，第二章第一節。

在，雖千仞之山，無所不上，深淵之下，無所不入焉。故善者
勢利之在而民自美安，不推而往，不引而來，不煩不擾，而民
自富，如鳥之覆卵，無形無聲，而唯見其成。

這種追求利益的風氣，也感染到統治階層，譬如梁惠王一見到孟
子，就迫不及待地詢問：「叟，不遠千里而來，亦將有以利五國乎」？
這些君主追求利益或營利的方式，是以「兵趨利」（《戰國策・齊策》中
蘇秦對齊閔王所言），亦就是如吳起仕楚時說，「砥礪甲兵，時爭利於天
下」（《淮南子・道應訓》）[59]，其目的則是「辟土地，充府庫」（《孟子・
告子下》），可見戰國時期的戰爭，有很多是商業行為，戰爭雙方在作
戰之初，都希望能取得戰利品，但俟勝負既決，則成「零和」遊戲：一
方所獲即另一方所失。甚至於君臣之間的關係，亦是一種商業性交易，
亦即一種利益的交換，此即韓非子所說的，「人臣之情，非必能憂其君，
為重利之故也」「臣盡死力以與君市，君重爵祿以與臣市」（〈難一〉）。

第四節　東周財經的優異面

在人類文化演進過程中，至少有兩個通則可以適用於東周時代：一
為農業是發展定居生活、精緻技巧和貴族社會組織形態的先決條件；一
為個人創造力是與政治控制力，呈反向發展[60]。

前一通則，可從春秋社會得到印證，因為中國農業至西周已有相當
發展，到了春秋時期，由於鐵器與牛耕的使用與推廣，把農業推進到新
的高峰，所以，亦就將中國古代貴族政治帶到一種極限，這就是錢穆所

59　這一類事例很多，參見侯家駒，〈孟子義利之辯的涵義與時空背景〉，《孔
　　孟月刊》，32卷9期。

60　參見R. Linton, *The Tree of Culture*(New York: A. A. Knopf, Inc., 1955), Ch. 6.

云，「春秋時代，實可說是中國古代貴族文化已發展到一種極優美、極高尚、極細膩雅致的時代」，而且接著說，「貴族階級之必需崩潰，平民階級之必需崛興，實乃此種文化醞釀之下應有之後果」[61]。對於貴族文化為何得以高度發展，以及貴族階級為何必需崩潰，錢氏似未作深入分析，其實，這都可從經濟面觀察之；由於鐵器與牛耕的普及，農民及土地生產力普遍提高，再加兼併之下，貴族擁有的采地增加，以致其從土地上的收穫亦大為增加，讓他們生活養尊處優，而有很多空閒時間接受教育，有助其識見淵博與人格完備；但在另一方面，由於農民生產力提高，可使農家承擔更多的人口，而土地面積究竟有限，難以對所有新增人口授田，促使多餘的人力，不得不朝士工商發展，從而導致封建制度的崩潰。

後一通則，是反映於封建制度崩頹上，由西周轉為東周，周天子業已喪失其控制力，先是諸侯力量的擴展，然後是（卿大夫）家的壯大，最後則是士的階級出現。士是由平民崛起，這是意味著個人地位提高，從而可以發揮其創造力，其結果是在這段期間產生技術革命與政經改革，是以，這一期間最大的優點，乃是個人地位的提高，由個人自由度的增加，邁向較為自由的經濟體制。

在春秋初期，還是「工商食官」（《國語‧晉語四》），但至晚期，工商似已自由執業，譬如《論語》云，「百工居肆以成其事」（〈子張〉），《左》昭十三年曾有譬喻說，「同惡相求，如市買焉」[62]。再從第二節述及的鄭國商人與統治階級的盟約，足見商人地位之卓越，所以，春秋晚年，子貢與陶朱公均曾經商且能致富。

61　錢穆，《國史大綱》，第六章。
62　童書業據此二例，認定「春秋後期，不受官府束縛的新興自由工商業者確已出現了」，見其著，《中國手工業商業發展史》（木鐸出版社，台灣重印本），頁28。

第二個優點，則是工商之發展。就工業言，冶鐵技術之出現，促使
金屬工業更爲發展，而將青銅器製造由技術邁向藝術，而且近年各地出
土的此一時代工藝品，種類繁多，製作精巧[63]。在商業方面，由於出現
「長袖善舞，多錢善賈」（《韓非子‧五蠹》)的商人，所以，形成「千
丈之城，萬家之邑」（《戰國策‧趙策》)——齊思和曾以「貨幣之流行」
「人口之增加，都市之繁興」與「平民之解放，職業之分化」，作爲戰
國時代工商業勃興之原因[64]，其中除「平民之解放」，是工商勃興的原
因，「人口之增加」與工商勃興互爲因果外，其餘三者都是工商業勃興
的結果，蓋因商業交易須有媒介，從而出現貨幣，由於經商人眾，以致
「車轂擊，人肩摩」，從而形成類似臨淄那樣的大都市，亦因「用貧求
富，農不如工，工不如商，則繡文不如倚市門」（《史記‧貨殖列傳》)，
從而形成士農工商四大類，而工商之中分業尤多，譬如墨子曰，「凡天
下群百工，輪、車、鞼、匏、陶、冶、梓、匠」（〈節用中〉)，〈考工
記〉則曰，「凡伐木之工七，攻金之工五，攻皮之工五，設色之工五，
刮摩之工五，搏植之工二」；在商業方面，單是《商君書‧墾令篇》中，
就提小糧商、聲色場所、服飾業、建繕業、旅館、酒肉商與運輸業。

第三個優點則是貨幣之流行，這雖是工商業發展的結果，但因貨幣
除作爲交易媒介與計價尺度外，還可以作爲延期支付的標準與價值儲存
的工具，如此，才可能擴大借貸與儲蓄的行爲，而有助於經濟發展。其
實，在春秋時代，即有借貸行爲，譬如叔向賀韓宣子之貧，而有「假貸
居賄」之語（《國語‧晉語》)。戰國時期更爲普遍，所以，「其稱貸之
家，多者千萬，少者六、七百萬」（《管子‧輕重丁》)；荀子有明顯的
儲蓄觀念，曾云，「今人之生也，……餘刀布，有囷窌」（〈榮辱〉)。

63　同上，頁35-37。
64　齊思和，〈戰國制度考〉，《燕京學報》，24期。

在西周時代，貨幣是以實物爲之，包括龜貝在內，基於於使用錢幣的紀錄，則以此一期間可信度最高。《國語・周語下》載，周景王廿一（前524）年鑄大錢，足見小錢已行之多年，而秦國較爲落後，直至惠文王二（前323）年，才「初行錢」（《史記・秦始皇本紀》）。但在戰國時代，國際交易頻繁，黃金成爲主要通貨，以致柳貽徵於列舉黃金使用量「如是之多」後而說，「世道離衰，物力進步，雖謂戰國爲黃金時代，非溢詞也」[65]。

第四個優點，乃是對市場機能的了解與商業倫理或企業家精神的建立。前者是如春秋末，計然說，「積著之理，務完物，無息幣，……貨勿留，無敢居貴，論其有餘不足，則知貴賤，貴上極，則反賤；賤下極，則反貴；貴出如糞土，賤取如珠玉，財 幣欲其行如流水」（《史記・貨殖列傳》）。這番話之中的後半段，已經揭示經營之道或商業倫理，戰國時，希寫更予發揮道：「夫良商不與人爭買賣之賈（價），而謹司時：時賤而買，雖貴已賤矣，時貴而賣，雖賤已貴矣」（《戰國策・趙策三》）。戰國初期白圭的「人棄我取，人取我與」經營哲學，業已顯示其對市場的掌握，再若配合其平時「能薄飲食、忍嗜欲、節衣服，與用事僮僕同苦樂，趨時，若猛獸摯鳥之發」，顯示其勤儉精神與把握時機的能力，至於他所說的，「吾治生產，猶伊尹、呂尚之謀，孫吳用兵、商鞅行法是也。是故其智不足與權變，勇不足以決斷，仁不能以取予，強不能有所守，雖欲學吾術，終不告之矣」（《史記・貨殖列傳》），更指出智、仁、勇、強，是企業家應遵守的倫理，而其以伊呂孫吳及商鞅自詡，可見其自負之強與自信之深。易言之，白圭所表達的企業倫理，影響中國工商人士至鉅，尤其是在漢初與明清時期[66]。

65　柳詒徵，《中國文化史》（正中書局台二版），上冊，第廿七章。

66　漢初情況，可見《史記・貨殖列傳》所述；明清時期，由儒入賈的商人，多奉白圭言行爲圭臬，參見余英時，《中國近世宗教倫理與商人精神》（台北：聯經出版公司，1987）。

　　第五個優點,是市場經濟的出現,意即土地與勞動均已成為商品,亦即土地可以私有與出現雇傭勞動——以上均已提出論證,此處不擬贅述。這是表示不僅商品可以自由流通,而且生產資源就有較大自由的流動,從而可以擴大經濟活動的領域並使資源作最有效率的分派。

　　第六個優點,是階級的流動性。在封建制度下,統治階層均為世襲,而且被統治的工農之子亦恆為工農。易言之,封建制度下個人的社會地位與經濟待遇,均決定於政治力量,所以,在當時,「其富者即其貴者」(王夫之,《讀通鑑論》)。因此,在這種階級森嚴下,「賤不能臨貴」「貧不能使富」(《韓非子·難一》)。但是到了春秋這個過渡時期,卻是貧可變富,賤可臨貴,蓋因營利的經濟活動,導致「貨以藩身」、「怙富而逼上」(《左》昭元年),而春秋末期,子貢經商而「最為饒益,……結駟連騎,束帛之幣,以聘享諸侯,所至,國君無不分庭與之抗禮」(《史記·貨殖列傳》);馴至戰國晚期,商人呂不韋進而操縱宮廷政治;充分顯示,「富無經業,則貨無常主,能者輻湊,不肖者瓦解,千金之家,比一都之君,百萬者乃與王者同樂」(亦見〈貨殖列傳〉)。在政治方面,游士階級出現,由布衣可至封君,越發地顯示階級的流動性。階級間自由流動性,表示著個人間機會平等的可能性,而平等是市場經濟發展的前提之一[67]。尤有進者,士的階級之形成,亦帶來自由講學的風氣,這不僅有助於人力資本之養成,更為社會帶來自由風尚,而自由又是市場經濟所必需。

　　第七個優點,是提升了資源使用效率,這是反映於水利與交通建設上。水利方面,西門豹引漳水灌鄴,以富魏之河南;李冰穿二江於成都之中,以資灌溉,百姓饗其利;秦之鄭國渠,用注填闕之水,溉澤鹵之

67　S. Kuznets認為世俗主義、平等主義與國家主義,是工業革命的三前提,見其著,*Modern Economic Growth: Rate, Structure and Spread*(Yule University Press, 1966), pp. 12-14.

地四萬餘頃，畝皆收一鍾（《史記‧河渠書》），顯示土地單位面積產量增加，而可移出若干農民到工商界就業，卻不致使糧食匱乏。赤水「穿三江」之目的，旨在「此渠皆可行舟」。在此以前，《左》哀九年，吳鑿邗溝，以通江淮，二年後，夫差將此溝向北延伸，連接淮河以北的水系，溝通了泗水與濟水；在春秋、戰國之交，開鑿的另一條重要運河，是溝通黃河與淮河的鴻溝，〈河渠書〉云，「自是之後，滎陽下引河東南為鴻溝，以通宋、鄭、陳、蔡、曹、衛與濟、汝、淮、泗會」，於是，長江、淮河、黃河三大流域，就是經由邗溝與鴻溝這兩條南北向的運河而連結成為一個整體，使經濟結構具有真正國民經濟的性質[68]。在陸路方面，《詩‧小雅‧大東》雖云，「周道如砥，其直如矢」，主要是指西周時期賞罰、賦稅均平[69]，而以道路為喻，但即使其象徵交通便捷，亦可能僅指王畿以內，而非當時海內均如此，蓋因莊園經濟主要為自給自足，並不認為對外交通是必要的。但自春秋時代起，由於五霸的出現，無論是征戰還是聘問結盟，使諸侯之間往來頻繁，從而帶動交通建設，甚至於春秋末期，吳、越兩國還開始海運（分見《史記》〈吳太伯世家〉與〈越王勾踐世家〉）。所以，傅筑夫說，「古代交通的開發，主要是從春秋時期開始的」[70]，從而有效擴大經濟活動空間。

　　第八個優點是南方的嶄露頭角。在西周時期，處於南方的楚、吳、越，仍被稱為蠻夷，但在此一時期卻成為大國，春秋五霸之中，除齊桓、晉文是屬於黃河流域外，其餘三位（楚莊、吳闔閭與越勾踐）均在南方，以致其商業文化，郡縣制度，以及鐵器，牛耕，都影響到北方文化（如第

68　傅筑夫編，《中國經濟史資料‧先秦編》，第二章〈緒論〉。

69　例如陳奐，《詩毛氏傳疏》中，傳曰，「如砥，貢賦平均也；如矢，賞罰不偏也」。疏曰，「砥訓平均，如砥為貢賦平均：矢訓不偏，如矢為賞罰不偏；言周家貢賦賞罰如此也」。

70　傅筑夫編，《中國經濟史資料‧先秦編》，第二章〈緒論〉。

二節所述），從而醞釀出嶄新的時代：重商主義。

　　第九個優點是注重統計資料。有人認爲現代管理是數字管理[71]，而在戰國時期業已注意及此，例如商鞅就非常重視經濟統計，其統計項目計有十三項之多，既統計境內倉庫、戶口、壯男、壯女、老者、弱者、官吏、士卒、游士、富民、馬匹、牛隻、芻　等數目或數量，此即《商君書・去彊篇》所云，「彊國知十三數：竟內倉、口之數、壯男、壯女之數，老、弱之數，官、士之數，以言語取食者之數，利民之數，馬、牛、芻　之數」。此十三項之中，泰半與戶籍有關，所以，商鞅建立了相當完整的戶籍制度，《商君書》中有很多處，透露有關跡象，例如「四境之內，丈夫女子皆有名於上，生者著、死者削」（〈境內〉），這是一般人口統計；「以商之口數使商，令之廝與徒重者必當名」（〈墾令〉），顯示有職業統計。《管子・問篇》中所問數十事，亦多與戶籍有關。亦就是由於此一時期建立了很多統計資料，使出身於「主吏掾」的蕭何明瞭其重要性，故破咸陽時，「諸將皆爭走金帛財物之府分之，何獨先入收秦丞相御史律令圖書藏之」，其後，「蕭何轉漕關中，給食不乏」，實「以何得秦圖書也」（《史記》本傳）。這些統計資料，在制訂財經政策上，有其相當大的功用。

　　最後一個優點，亦是這一期間最基本的特徵，那就是人口的大幅增加。在經濟社會裡，人口具有雙重性，既爲消費者，又爲勞動者，前者創造需求，後者促進生產，所以在超過適當人口（意即勞動生產力達到最大那一點）以前，人口的增加，將會促進經濟發展。就此一期間言，上述各種制度的變化，多與人口成長有關，譬如人口增加，使封土與授田難以爲繼，從而促使人民向工商與游士階級移動，導致封建制度崩頹，

71　例如黃仁宇於其《近代中國的出路》（聯經出版公司，民國84年）一書的三、四、五章中，反覆強調，凡事都能用數目字管理，即可促成全面現代化。

工商的崛起與都市發展有密切關係；而且在人口對土地的壓力下，促使
技術進步。春秋期間，地曠人稀，所以孔子的經濟發展策略之第一步，
就是「庶之」(《論語·子路》)；墨子認為齊晉楚越「人不足而地有餘」
(〈非攻下〉)，蓋因「孰為難倍？唯人難倍」(〈節用上〉)。春秋末期，
越王勾踐為復國大計，十年生聚，鼓勵人口增加(《國語·越語上》)；
戰國之初，商鞅對不分家者之處罰，也在鼓勵人口增加(《史記》本傳)。
從而，人口大增，以致到戰國末期，韓非子曰，「今人有五子而不為多，
子又有五子，大父未死而有二十五孫。是以人民眾而貨財寡，事力勞而
供養薄，故民爭」(〈五蠹〉)，顯示人口過多，而出現反效果。此處將
人口增加視為優點，主要是著重其對這一期間社會文化變遷的貢獻，甚
至於到了後代，人口增加到使民不聊生，終而揭竿而起，推翻當時的王
朝，這亦展示動態的經濟力量改變靜態時政治體制，但因後繼者缺乏大
智慧，依然建一專制性王朝，使人口問題成為中國歷史上治亂循環的關
鍵因子，由於人口增加為其動因，所以，從這一觀點看，在時間演化歷
程中，人口增加亦不失為一優點。

第五節　東周財經的缺失面

　　東周時期財經方面，至少有四大缺失，首先是橫征暴斂，民不聊生。
　　在井田制度下，田租為產出的十分之一，東周之初，齊桓公「三會
諸侯，令曰，田租百取五，市賦百取二，關賦百取一」(《管子·幼官》)；
另一說法，在田租方面，是「相地而衰征」(視土地美惡與產出多寡而差
別征收田租)；在關市方面，是「關市幾而不征」(《國語·齊語》)。但
於春秋晚期，魯國已將田租率提高到40%，齊國更將人民所得的三分之
二作為租稅(見第三節所述)。所以，孟子於戰國初期倡導賦稅改革，主
張「市，廛而不征」「關，幾而不征」「耕者助而不稅」(〈公孫丑上〉)，

並力言重稅將導致重大的惡果:「有布縷之征,粟米之征,力役之征。
君子用其一,緩其二;用其二,而民有殍:用其三,而父子離」(〈盡
心下〉)。可是到了戰國的中晚期,很多統治者不僅「用其三」,抑且
增加刀布之征,此即荀子所云,「今之世而不然,厚刀布之斂以奪之財,
苛關市之征以難其事」,其結果是「百姓曉然皆知其汙漫暴亂而大危亡
也」(〈富國〉);於是乎,誠如韓非子所云,「悉租稅,專民力,所以
備難充倉府也,而士卒之逃事伏匿,附託有威之門,以避徭賦,而上不
得者萬數」(〈詭使〉),難怪呂「不韋家僮萬人」「嫪毒家僮數千人」
(《史記‧呂不韋列傳》)。

　　第二個重大缺失,是土地兼併與貧富懸殊。春秋時期已有土地私有
趨勢,這可能以左僖十五(前644)年晉惠公「作爰田」為濫觴[72],這也許
是將井田以外之荒地,開放給人民開墾後擁為己有,於是乎形成此一期
間的墾荒地主[73]。

　　第二種形態的地主,則是經由買賣而形成,例如「中牟之人棄其田
耘,賣宅圃」(《韓非子‧外儲說左上》),趙括「日視便利田宅可買者買
之」(《史記‧廉頗藺相如傳》)。

　　第三種是商人地主,他們的土地當然亦是經由買賣而取得,但因他

72　爰田之解頗多:杜注,「分公田之稅應入公者,受之於所賞之眾也」;竹添
　　光鴻箋曰,「晉既以田賞眾,公田不足,故開阡陌以益之,名之為受田耳」;
　　《國語‧晉語》為「作轅田」,賈侍中曰,「轅、易也,為易田之法,賞眾
　　以田,易者,易疆界也」。此三說中之後二說,皆有私有土地之意,且似以
　　第二說較為合理,但作開阡陌解似有不宜之處,推其意,似指井田以外之田
　　地,亦即民眾自行開墾者可私自擁有。其後,商鞅亦「制轅田」(《漢書‧
　　食貨志》),亦旨在墾荒也。

73　較著之例,厥為宋、鄭之間的隙地,有人持續墾荒,聚集彌作、頃丘、玉暢、
　　巖、戈、錫六邑,後來,宋之平、元之族奔鄭,鄭以巖、戈、錫三邑居之。
　　宋乃攻鄭,取錫、圍巖,鄭國反攻得勝,「以六邑為墟」(《左》哀十二年、
　　十三年)。

們是此一時期的重要新興階級，故特立此形態以凸顯之。當時的商人是以經商致富的錢，去購買田地，成爲不在地主。這就是《史記·貨殖列傳》所描繪的「以末致財，用本守之」。

第四種形態的地主，是經由統治者賞賜而形成，例如，趙簡子「賜扁鵲田四萬畝」，趙烈侯對「鄭歌者槍、石二人」「賜之田，人萬畝」（《史記·趙世家》）。

第五種形態是軍功地主，例如趙簡子討伐范，中行氏時誓師曰，「克敵者，……士田十萬（畝）」（《左》哀二年）；魏國考核武卒，「中試則復其戶，利其田宅」（《荀子·議兵》）——其後，惠王賞賜公叔痤田一百四十萬，吳起之後田二十萬，巴寧、爨襄田各十萬（《戰國策·魏策》），多與軍功有功，真正形成一套制度的厥爲秦國，即商鞅制定軍功爵，共二十級，凡斬得敵人甲士首級一枚，即得一級爵，「爵一級者，益田一頃，益宅九畝」，「除庶子一人（爲其服勞役）」，依次而升，「五甲首而隸五家」（《商君書·境內》）。

不過，真正的大地主乃是統治階層，即當時的國君與卿大夫，但是，前述五種形態的地主，仍然佔有重要地位，且多由國人轉化而來[74]，而一般平民則因土地兼併，「民得賣買，富者田連阡陌，貧者亡立錐之地」（《漢書·食貨志》）。

第三大重大缺失，則是政府干預經濟活動，除「官山海」與左右對外貿易外，影響最大的厥爲重農抑商，其始作俑者厥爲商鞅。在春秋及

74　其中以賞賜與軍功而成爲地主者，其本身當然多爲國人，商人也如是，而有錢買賣者，可能亦以上述三者爲多，即使是墾荒者亦可能多爲國人，楊寬即持此看法（見其《戰國史》第四章第四節），所以，尹進說，「中國新興地主階級的產生，從奴隸之階級分化出來的可能最早最多，由『國人』轉化而來者次之」（見其〈中國封建地主階級產生中的特點及其對社會發展的作用〉，載於中國社會科學出版社歷史研究編輯部編，《中國封建地主階級研究》，1988）。

戰國之初，是注意分工，各業並重，並無重農之意，此所以孟子曰，「百工之事，固不可耕且爲也」（〈滕文公上〉），但是，商鞅治秦時卻實施重農與抑制商工的政策，凡「僇力本業，耕織致粟帛多者復其身；事末利及怠而貧者，舉以爲收孥」（《史記》本傳），在《商君書·墾令篇》中，採取二十種措施，抑制農業以外的很多行業，甚至於還在〈算地篇〉中，主張抑制談說之士、處士、勇士及技藝之士。由於農戰政策的成功，以致重農形成風尙，不僅在秦國成爲傳統，也且爲很多國家所仿效。前者可見《荀子·議兵》篇所云，「秦人，其生民也陿阸（給人民的生路狹隘），其使民也酷烈，劫（迫）之以勢，隱（窘）之以阸（狹隘職業），忕（狃）之以慶賞，鰌之以刑罰，使天下之民，所以要利於上者，非鬥無由也」，此即《商君書·算地篇》所云，「入使民屬於農，出使民壹於戰」，而以農戰爲職業。後者可以齊國爲代表，可能出自戰國時期齊稷下學派人士之手的《管子》一書[75]中，多處有重農抑商的主張，譬如「是以先王知眾民、強兵、廣地、富國之必生於粟也，故禁末作，止奇巧而利農事」（〈治國〉）；這種風氣可能瀰漫於當時，以致身爲儒家的荀子亦受到感染，認爲「工商眾則國貧」（〈富國〉），進而主張「省工賈，眾農夫」（〈王道〉）。由於到此一時代末期，重農輕商業已成爲當時儒家思想的一部分，逐漸成爲顯學，從而形成後代經濟思想主流，以致影響到其後兩千多年的經濟發展趨向。

　　第四個缺失，是上下交征利。經濟活動是以追求利益爲目的，無論是要求利潤最大，成本最小或效用最高均屬之。亦即追求個人本身的利益。但政治活動的目的則有所不同，旨在凝聚公共意志，「公共意志……

---

75 張心澂，《僞書通考》，引姚際恆之言，指出《管子》一書，「大抵參入者皆戰國周末之人，如稷下游談輩及韓非李斯輩，襲商君之法，借管氏以行其說者也」。

永遠傾向於公共利益」[76]，所以，穆勒（J. S. Mill）雖集古典經濟學之大成，卻亦認為政治領袖要「能袪除自私，重視公益」[77]。

此所謂「公共利益」，即是孟子所說的「義」；在另一方面，孟子所說的「利」，則是「個人本身的利益」。所以，孟子直斥梁惠王而說，「王何必曰利，亦有仁義而已矣」（〈梁惠王上〉），並痛斥當時的政客是「今人事君者曰，我能為君辟土地、充府庫。今之所謂良臣，古之所謂民賊。君不鄉道，不志於仁而求富，是富桀也」（〈告子下〉）。可是，戰國時代君臣的結合，不是基於道義，而是物質利益，此即韓非子所說的一種交易，「君垂爵祿以與臣市」（〈難一〉），而「臣（則）盡死力」「為君辟土地，充府庫」。這樣將交易方式注入政治倫理，將會導致政治混亂，此所以孟子曰，「上下交征利而國危矣，萬乘之國，弒其君者必千乘之家；千乘之國，弒其君者必百乘之家」（〈梁惠王上〉），荀子更為直率地指出，「是以臣或流於弒其君，下或殺其上，粥其城，倍其節，而不死其事者，無它故焉；人主自取之」（〈富國〉）。政治動亂，勢必引起經濟動盪。

政治動亂，是意味著戰亂，使人民在戰爭中可能流離失所，甚至於會喪失生命財產；經濟動盪於此情況下，恆常是顯示經濟走勢向下，從而，影響到人民的所得與生計。這些災難全由上下交征利所引發，其關鍵人物就是「人主」或「人君」。黃宗羲所說，「後之為人君者，……以為天下利害之權皆出於我，我以天下之利盡歸於己，以天下之害盡歸於人，亦無不可。……以我之大私為天下之公，……視天下為莫大之產業，傳之子孫，受享無窮」[78]，主要是發生於此一時期。按黃氏《明夷

76　John Locke, *The Second Treaties of Civil Government*，引自呂亞力、吳乃德編
　　譯，《民主理論選讀》（德馨室出版社，民國68年），頁32。

77　《民主理論選讀・導論》。

78　黃宗羲，《明夷待訪錄・原君》。

待訪錄》之作,是由於「孟子一治一亂之言」,而孟子當時看到的,是「諸侯放恣」,這些人君「庖有肥肉,廄有肥馬」,卻對「民有飢色,野有餓莩」(〈滕文公下〉)視而不見,以致孟子憤而指責,「此率獸而食人也」,而「後之爲君者」亦多如此,由於「天下爲莫大之產業」,所易於引發覬覦之心,導致其後的朝代更替與一治一亂。

第六節　小結

從以上兩節看出,這一期間的優點,多是社會文化變遷下的自然產物。而其缺失,則多是政治掌控下的人爲副產品。但往深處看,這些優點的產生,亦或多或少地與當時的政治環境有關。這是說,當時國家多爲地廣人稀,彼此競爭以爭取人民,譬如梁惠王就對孟子抱怨道:

> 寡人之於國也,盡心焉耳矣　河內凶,則移其民於河東,移其粟於河內,河東凶亦然。察鄰國之政,無如寡人之用心者,鄰國之民不加少,寡人之民不加多,何也?

孟子以仁政爲對,並說,如此做,「天下之民至焉」(〈梁惠王上〉)。

這顯示,當時人民有相當移動的自由,游士更是如此,所以,各國君主亦在游士市場上競爭,例如齊「王謂時子曰,我欲中國而授孟子室,養弟子以萬鍾,使諸大夫,國人皆有所矜式」(〈公孫丑下〉)。這種類似自由競爭的氣氛,當然帶動工商發展。

由於戰國時期,主要國家爲七個,拿經濟術語來說,可稱爲寡頭壟斷,就經濟理論看,寡頭之間的競爭情況也許較完全競爭爲激烈。但當合縱、連橫以後,無論是那一種形態,均有聯合壟斷的趨勢,以致上述缺失愈來愈烈。尤以政府干預經濟活動爲然。

　　這一時期的政府干擾，是以重農抑商為最著，其基本動機是軍事目的，俾可「辟土地，充府庫」，以進行實質的君主重商主義。易言之，重農措施就是實施農戰政策。由此看來，重農主義似與軍國主義間有一定關係[79]，無獨有偶地，古希臘色諾芬（Xenophon），雖是雅典人，卻贊成斯巴達的貴族寡頭政治與軍國主義，他在《經濟論》中所討論的，「是既注意農業又注意戰爭」，並且說到，「如果一個人願意當騎兵，耕種乃是為他的馬匹供應飼料的最有用的夥伴；如果他願意當步兵，耕種也能使他身體靈活」，還認為有「甚麼技藝能訓練出更好的跑手，投擲手和跳高手！」[80]

　　色諾芬生於西元前430年左右，卒於西元前355年後，而商鞅變法，是始於秦孝公三（前359）年，在時間上大致相當。近年出土的睡虎地秦簡〈田律〉云，「頃入芻三石，稾二石」[81]，顯然是為「馬匹供應飼料」。其後，齊國學者設計出一套，寓軍事訓練於農業操作之中，而與色諾芬的看法近似，那就是：

> 繕農具，當器械，耕農當攻戰；推引銚鎒，以當劍戟；被蓑以當鎧鐪；菹笠以當盾櫓；故耕器具則戰器備，農事習則功（攻）戰巧矣。（《管子・禁藏》）

　　降至現代，在二次大戰前的日本，其軍國主義亦是將對外擴張和對內重農連結在一起，譬如美國記者約翰・根室於二次大戰之初撰寫的亞洲內幕之日本第一課中，就曾認為向外擴張的日本陸軍，是「重農的、

79　這一論點，當然不包括西洋經濟思想史上的法國重農學派。
80　巫寶三主編，厲以平，郭小凌編譯，《古代希臘，羅馬經濟思想資料選輯》（商務印書館，1990），〈色諾芬的經濟思想〉。
81　引自白壽彝（總主編），《中國通史》，頁832。

反資本主義的」[82]。

當然，這種重農目的，主要是隱藏於軍國主義者內心，表面上，則是宣示，「歸心於農，則民樸而可正也」（《商君書·農戰》），「農則易勤，勤則富」（《商君書·壹言》），以致連大儒荀子亦受到感染。

揆其實際，農戰政策只在軍事面產生具體作用，但在經濟面，這些思想與有關措施，卻未使瀰漫於當時的重商主義逆轉。甚至於重農輕商的發祥地──秦國，亦在重商，其情況如第二節所述。

總括說來，這一期間社會文化的變遷，尤其是南北文化由接觸而融合，在經濟面創造了很多優點。但在另一方面，政治對經濟影響力量日增，亦在財經面產生若干缺失。這些優點之發生，亦得力於各國之間的競爭，其後，國家數目大減，形成寡頭壟斷，再經由合縱、連橫，幾成聯合壟斷，最後，秦統一天下，成為純粹獨占，其後兩漢繼之，亦是獨占行為，以致此一時期財經面的很多優點未克賡續，而其缺失則幾乎是全部遺留，並且變本加厲。易言之，此一時期的自由氣氛，工商蓬勃發展與企業家精神，於後世幾成絕響，導致中國經濟有兩千多年於低迷邊緣震盪。

82　約翰·根室此書中譯本，改稱《日本內幕》（聯合圖書公司，民國61年重印），頁71。

第三編

第一次一元體制

秦漢──郡縣制度

　　歷史學家稱農業爲第一次經濟革命，中國農業之發生，甚至可以追溯到史前，但真正使農業生活化或建立農業文化的時代，應該是在西周，亦可以說，西周將農業社會予以重組，賦予特定的型態，譬如強調后稷爲始祖，訂定籍田禮儀，以示重農；確立封建制度，以凸顯土地與政治的關係。

　　由於真正的封建制度是建立在周初王室的武力上，所以，封建制度本身等於是統治者以土地所有權或使用權，交換武力的支援[1]：王室給予諸侯封地，要求諸侯履行軍事義務，包括勤王、從征與代征；諸侯與大夫以井田供人民耕種，但卻要求負擔田賦——《論語・公冶長》篇，朱注：「賦，兵也。古者以田賦出兵，故請兵爲賦。」可見在封建制度下，領主與王室間，以及人民與領主間關係，是以軍事性爲主體。

　　其後，周室力量式微，對諸侯失去控制力，再加軍事技術改良，使若干諸侯擴大疆域，但在軍事行動頻繁之中，其所要求人民的，都是經濟性多於軍事性，以魯國爲例，春秋期間，由宣公「初稅畝」到哀公「賦粟倍他日」，使人民租稅負擔數倍於西周之時。再加其他變數（諸如士之出現，工商發達與城市擴大所出現的重商主義）的產生，使封建制度由質變而崩潰，終而導致秦統一天下，成爲一元體制的大一統。在一元體制下，人民對統治者的義務，仍然是經濟性多於軍事性，而且自此以後一直如此——須予說明者，真正的封建制度或莊園經濟，雖於春秋時期業已崩頹，戰國時代則進入重商主義，但這只就經濟意義而言，若就政治意義言，戰國仍是封建制度，所以，第七章標題爲「由封建制度到一元體制」。

　　本編所云第一次一元體制，在時間上，大致是始於秦始皇廿六（前221）年統一天下，終於漢靈帝中平六（西元189）年，前後達410年，其後

1　D. C. North, *Structure and Change in Economic History*（New York: W.W. Norton, 1981), Ch. 8.

則是進入第一次多元體制。

　　此所謂「一元體制」，至少就秦漢時期而言，具有三重意義：從政治觀點說，權力中心只有一個，那就是皇帝，而不像在封建制度下，「政（出）多門」（《左》襄卅年）；從經濟角度看，由封建制度到一元體制，等於是由競爭走向獨占，人民從各國競相爭取的對象，到「普天之下，摶心揖志」（秦始皇琅玡刻石之語，見《史記》本紀）；從社會結構言，春秋戰國時期工商業已相當發達，從而出現瀰漫於朝野的重商主義，但於一元體制下，卻重農抑商，要求人民「作壹摶之於農」（《商君書‧農戰》）。

　　由於在第一次一元體制期間，資本主義萌芽所佔時間不長，所以，本編內容實以大國事例為主體。關於一元體制的意義或特色，將於第七章中，分別從政治、經濟、社會等角度，詳予析述──其後各階段，無論是一元體制還是多元體制，均以頭一章作類似分析。再於第八、九兩章中，分述社會環境與政治角色；資源分派與產業發展。社會環境將包括人口變動、人民生活，以及經濟重心之移動；政府角色將涉及政策目標與政策工具，甚至社會福利之提供；資源分派涉及泛結構性投資（包括教育、交通及水利等），自然資源開發，科技發展與工商組織；產業發展除包括各級產業情況外，還涉及商業中心或大都市之發展。

第三編附錄

西元前中國經濟發展之階段
——由封建制度到資本主義

　　商鞅的農戰政策，雖然推行於秦孝公之時，一直到秦統一天下前均如此[1]。表面上看，像是重農，其實，使用的都是商業手段[2]，此即《韓非子》所云，「臣盡死力以與君市，君垂爵祿以與臣市」（〈難一〉）。事實上，統一前秦之先公先王多爲重商，「及秦文、孝(應為「德」)、繆居雍，隙隴蜀之貨物而多賈；獻、孝公徙櫟邑，櫟邑北卻戎翟，東通三晉，亦多大賈；武、昭治咸陽，……四方輻湊並至而會，……其民益玩巧而治也」；後來，「烏氏倮、畜牧，……畜至用谷量馬牛，秦始皇帝令倮比封君，以時與列臣朝請。而巴蜀寡婦清，其先得丹穴，而擅其利數世，家亦不貲。清，寡婦也，能守其業，用財自衛，不見侵犯，秦始皇以爲貞婦而客之，爲築女懷清台」（《史記・貨殖列傳》）。但是，秦始皇於統一天下後，由於缺乏競爭對手，轉而重農抑商，而於統一後的第二年，

1　見《荀子・議兵篇》。

2　翦伯贊於其《中國史綱——秦漢之部》（台灣重印本），第二章第一節中說，
　「秦自孝公時代起，即接受了商人地主的要求」，是有幾分見地，但強調其
　「接受……要求」，則嫌誇張。至於他將採取重農抑商政策的秦始皇與漢高
　祖——一併歸納為「商人地主」，則純屬其史觀成見。

就於瑯玡刻石云，「上（尚）農除末」（《史記》本紀）。其後，漢高祖亦是如此。使瀰漫於戰國時代的重商主義，隨著戰國結束而暫時譜下休止符，換上的是短暫的重農。統一時期之所以重農，主要是基於較易統治之故，蓋因「民農則樸，樸則易用，易用則邊境安，主位尊；民農則重，重則少私義，少私義則公法立，力專一；……，民舍本而事末，則不令，不令則不可以守，不可以戰……民舍本而事末，則好智，好智則多詐，多詐則巧法令，以是爲非，以非爲是。」（《呂氏春秋・上農篇》）。

漢「高祖乃令賈人不得衣絲乘車，重租稅以困辱之」，是採重農抑商政策；但漢惠帝與呂后主政，「復弛商賈之律」，繼以與民休息的文景之治，至漢武即位時，「網疏而民富」（均見《史記・平準書》），有資本主義萌芽現象，社會上出現市場經濟理論中極爲推崇的一般均衡狀況，即各行各業經濟利潤率等於零。所謂經濟利潤，是指會計利潤減機會成本。《史記・貨殖列傳》所舉的幾十種行業的利潤率，均爲20%，利率亦如此，而且還概括地說，「佗雜業，不中什二，則非吾財也」，意味各行業的會計利潤準均爲20%，由於各行業利潤相等，所以，經濟利潤率趨於零。這一情況的出現，是由於政府採取自由放任政策，此即司馬遷於該列傳所云，「故善者因之」。

自西周至漢武帝初年，中國經濟發展進程，大致上是和西元第10世紀到現代，西歐的經濟發展階段相契合。就西歐言，西元900-1300年爲封建制度或莊園經濟；1300-1500年爲灰暗時代或過渡時期；1500-1750年爲重商主義；1750-1780年爲重農學派領導風騷時期；1780年起，進入資本主義社會，中國的西周，是典型的封建制度；春秋是過渡時期；戰國是重商主義；秦始皇與漢高祖推行重農或農本主義；漢惠帝起至文景之治，是資本主義在中國萌芽[3]。但漢武帝推行國營等統制

3　參見侯家駒，〈從西周到漢初經濟制度暨思想之演變〉，《漢學研究》12卷2期。

經濟手段後，剛萌芽的資本主義即被扼殺，而幾成絕響。

在第二章曾經談及，在小國，政治制度易於受到經濟制度影響，並在西歐諸國甚爲明顯，中國在先秦時期，亦復如此，此所以二者的經濟發展階段甚爲近似。秦統一天下後，中國成爲大國，其早期所出現的農本政策，是與西歐的重農學派思想迥然不同，即重農學派是主張自由放任，而農本主義則是要求政府干預經濟活動。

西歐國家眾多，彼此競爭，所以出現資本主義，這是符合第二章所說的「小國事例」。但是，漢代中國已成統一的大國，爲何於漢初，亦有資本主義萌芽？這主要是由於漢初王國林立，據《史記‧漢興以來諸侯王年表》：

> 高祖子弟同姓爲王者九國，唯獨長沙異姓；而功臣侯者百有餘
> 人。自雁門、太原以東至遼陽，爲燕、代國；常山以南，太行
> 左轉，度河、濟，阿、甄以東薄海，爲齊、趙國；自陳以西，
> 南至九疑，東帶江、淮、穀、泗，薄會稽，爲梁、楚、淮南、
> 長沙國；皆外接於胡、越。而內地北距山以東盡諸侯地，大者
> 或五六郡，連城數十，置百官、宮觀，僭於天子。漢獨有三河、
> 東郡，潁川、南陽，自江陵以西至蜀，北自雲中至隴西，與內
> 史，凡十五郡，而公主列侯頗食邑其中。

文中述及王國之名凡八，即除長沙國爲異姓外，同姓王國尚有荊(絕後又增封吳)與淮陽(見〈年表〉)。

這些王國「大者或五六郡」，而天子直轄地區(王畿)只有「十五郡，而公主列侯頗食邑其中」，使王畿在面積上不到大國的三倍，遠低於西周時的百倍(王畿方千里，大國方百里)，何況這些大國不一而足，此所以鼂錯說景帝曰，「故王孽(庶也)子悼惠王，王齊七十餘城；庶弟之王，

王楚四十餘城；兄子濞，王吳五十餘城；分三庶孽，分天下半。」這些王國都有向上之心，進而形成競爭態勢，此所以「會孝惠、高后時，天下初定，郡國諸侯各務自拊循其民」。以吳國爲例，因有「銅鹽故，百姓無賦。卒踐更，輒與平賈。歲時存問茂材，賞賜閭里。佗郡國吏欲來捕亡人者，訟共禁弗予。如此者四十餘年，以故能使其眾」。連景帝亦認爲「吳王……誘天下豪桀」（均見《史記·吳王濞列傳》）。

在這種態勢下，連漢天子亦參加競爭行列，以爭取民心，從而形成文景之治，其方式有三：一爲減賦，文帝十二年，詔減天下田賦之半（由什伍稅一降為三十而稅一）、十三年下詔廢除田賦，景帝二年，田賦減半，咸三十而稅一（《漢書·食貨志》）；一爲省刑，文帝元年除收帑相坐之法，二年，除誹謗妖言之罪，十三年除肉刑，景帝中六年，減笞法，後六年，令治獄者務先寬三月；一爲自由，文帝五年，除盜錢令，七年，令列侯太夫人夫人、諸侯王子及吏二千石無得擅徵捕，十二年，除關，無用傳，後四年，免官奴婢爲庶人（《漢書》本紀）。這些措施使明顯制度成本大爲降低，不明顯制度成本爲負值，終而促成資本主義的萌芽，並出現經濟中的一般均衡狀態。循此，在漢初，國家雖已統一，但仍處於政治實體間彼此競爭的「小國」狀態，使經濟得以順應自然趨勢，而發展出資本主義初階。惟自文帝時，漢室即逐漸推行其「強幹弱枝」政策，景帝三年，平七國之亂後，漢室獨強，「到了漢武帝，諸侯王已與列侯無異。但他們的際遇，並趕不上列侯」，而且，「由秦（始）皇所建立的大一統的一人專制，順此一政制的基本性格，至漢武（帝）而發展完成」[4]。易言之，自漢武帝起，大一統再加上一人專制，就形成第二章所討論的「大國事例」。這種大國，主要是政治制度影響經濟制度，而不是像小國那樣由經濟制度來影響政治制度。

4　分見徐復觀，《兩漢思想史》卷一（台灣學生書局，民國71年），頁175、223。

第七章

由封建制度到一元體制：演變與特色

　　本章所云「封建制度」，是採廣義，亦即就政治意義言，戰國時代仍是封建制度。

　　由封建到中央集權的一元體制，是一重大演變，所以，本章將先分從政治、經濟、社會等角度，探討本階段的各別特色，再分析大一統在經濟上的缺失與貢獻，以及導致其後治亂循環的動因。

　　其實，秦漢大一統在經濟面的得失，可以簡單地使用第二章中所論及的生產成本中三種成分（轉換成本、交易成本、保障成本或制度成本）說明之，具體例證已見該章，但本章第四、五兩節仍將說明之。

第一節　政治趨於專制

　　從政治理論看，由古代社會（或封建制度）到一元體制，等於是從社會契約說演變爲君權神授說。社會契約說雖然出於西方學者的臆論，但於《周禮》及《左傳》卻可看出一些痕跡，前者於〈秋官〉司約職掌中曰，「司約、掌邦國及萬民之約劑。治神之約爲上，治民之約次之，……」。

此所謂「劑」，是指券書，「約劑」即是明文的契約，其所謂「治民之約」，很接近社會契約，鄭玄注曰，「民約，謂征稅遷移，仇讎既和，若懷宗九姓在晉，殷民六族七族在魯衛皆是也」。左昭六年，鄭國子產對晉國韓宣子說，「昔我先君桓公，與商人皆出自周。庸次比耦，以艾殺此地，斬之蓬蒿藜藋，而共處之。世有盟誓，以相信也，曰：『爾無我叛，我無強賈，毋或匄奪；爾有利市寶賄，我勿與知。』恃此質誓，故能相保，以至於今。」在西方，君權神授說主要昌盛於17世紀，而有「肉身上帝」之說[1]，而中國的君權神授說之有系統理論，則始於戰國時期陰陽家提出的「五德終始說」，其後則有漢儒董仲舒等人所提出的「三統」與「天人合一論」。在社會契約下，人民較有自由，所以有「帝力於我何有哉」的擊壤之歌，但在君權神授之下，人民供皇帝驅使，以致「縣官漫漫，怨死者半」（《風俗通》）──易言之，在君權神授下，政體易於趨向專制。

專制政治經常包含兩種成分：一爲中央集權；一爲君主獨裁。前者是指中央與地方的關係而言，在封建制度下，由於諸侯與大夫在其領土與采邑中，擁有自主權力，可以稱爲地方均權。秦統一天下，則將天下分爲三十六郡：

> （二十六年）始皇曰，天下共苦，戰鬥不休，以有侯王。賴宗廟，天下初定；又復立國，是樹兵也。而求其寧思，豈不難哉。廷尉議是，分天下以為三十六郡；郡置守、尉、監。（《史記·始皇本紀》）

---

1 李日章譯(Franklin L. Baumer原著)，《西方近代思想史》(聯經出版公司，民國77年)，第一部第五章。

　　由此可見，秦始皇採取中央集權，至少有一部分理由，是鑑於「天下共苦，戰鬥不休」之慘痛教訓。其所建立之三十六郡，係指「天下初定」之時，其後，經由邊境的開拓與郡治的調整，增至四十六郡[2]，每郡置守、尉、監，由中央政府任命，其中守與尉分掌民政與軍事，監則類似御史，負監察之責。

　　郡縣制度與封建制度不同之處至少有五：1.郡守，縣令之人選，直接操於朝廷，隨時可以任免；2.賦稅收入，皆屬朝廷，郡縣支出成為朝廷支出的一部分；3.秦的郡縣雖有主管武力的尉，但實際上似無武力，更不能直接發兵；4.職與爵分途，有職的不必有爵，有爵的不必有職；5.由朝廷派遣監御史，負責監督地方官守[3]。

　　中央集權雖有蔑視地方自治權力之弊，但其本身並不一定就是專制，真正構成專制要件的乃是君主個人的獨裁。在西周，「天下作民父母」（《尚書·洪範》），而且「天視自我民視，天聽自我民聽」（《孟子·萬章上》引〈秦誓〉）；君主獨裁則不同，皇帝地位至高無上，即李斯所云，「王獨制於天下，而無所制也」（《史記》本傳），形成個人專制。

　　在個人專制下，皇帝是集大權於一身，《史記·秦始皇本紀》記載侯、盧二生對秦始皇之批評，可為專制皇帝寫照：「意得欲從，以為自古莫及己。……丞相諸大臣皆受成事，倚辦於上，上樂以刑殺為威。……上不聞過而日驕，下懾伏謾欺以取容，……天下之事，無小大皆決於上。」

2　林劍鳴，《秦史稿》（台北重印本，1986），第十三章。此四十六郡中，巴、蜀、隴西、北地四郡為秦舊境；太原、雲中、邯鄲、巨鹿、雁門、代、常山七郡為趙舊境；上、河東、東、碭、河內五郡為魏舊境；三川、上黨、潁川三郡為韓舊境；漢中、南、黔中、南陽、陳、薛、泗水、九江、會稽、長江、衡山、東海十二郡為楚舊境；齊、琅玡、膠東、濟北四郡為齊舊境；廣陽、上谷、漁陽、右北平、遼西、遼東六郡為燕舊境；閩中、南海、桂林、象四郡為南越故境；九原為匈奴舊境。

3　徐復觀，《周秦漢政治社會結構之研究》（新亞研究所，民國61年），頁130、131。

在這種情況，連庸才的秦二世，亦覺得不可一世，認爲「彼賢人之有天下也，專用天下適己而已矣！此所以貴於有天下也」（《史記・李斯傳》）；故曰，「凡所爲貴有天下者，得肆意極欲，主重明法，下不敢爲非，以利御海內矣！……朕尊萬乘，毋其實，吾欲造千乘之駕，萬乘之屬，充吾號名。」（〈秦始皇本紀〉）

獨裁者存「專用天下適己」之心，常「得肆意極欲」，而以四海奉養一人，大事揮霍，秦始皇「營作朝宮渭南上林苑中。先作前殿阿房，東西五百步，南北五十丈，上可以坐萬人，下可以建五丈旗。周馳爲閣道，自殿下直抵南山。表南山之顛以爲闕。爲復道，自阿房渡渭，屬之咸陽，……隱宮徒刑者七十餘萬人，乃分作阿房宮，或作麗山。發北土石槨，乃寫蜀、荆地材皆至。關中計宮三百，關外四百餘。」「始皇初即位，穿治酈山」爲生壙，「及并天下，天下徒送詣七十餘萬人，穿三泉，下銅而致槨，宮觀百官奇器珍怪徒藏滿之。令匠作機弩矢，有所穿近者輒射之。以水銀爲百川江河大海，機相灌輸，上具天文，下具地理。以人魚膏爲燭，度不滅者久之。」始皇生前，阿房宮尚未完成，二世即位，「復作阿房宮。……盡徵其(指四夷)材士五萬人爲屯衞咸陽，令教射狗馬禽獸。當食者多，度不足，下調郡縣轉輸菽粟芻藁，皆令自齎糧食，咸陽三百里內不得食其穀。」（俱見〈秦始皇本記〉）。

秦之阿房宮，雖爲項羽焚燬，但漢代長安的市內從近郊，又是一片豪華的宮殿，班固〈西京賦〉云，「前乘秦嶺，後越九峻，東薄河華，西涉岐雍，宮觀所歷，百有餘區」，其中以長樂、未央、建章、甘泉四宮最爲宏大；前二者在長安市內；建章在西郊；甘泉則在長安西方三百里外。前二者建於漢初，長樂宮周回二十里（《三輔舊事》），未央宮周回二十八里（《三輔黃圖》），爲蕭何督造，高祖以其過於華麗，何對曰，「天子以四海爲家，非令壯麗，亡以重威，且亡令後世有以加也」（《漢書》本紀）。據《三輔黃圖》，「以木蘭爲棼橑，文杏爲梁柱，金鋪玉戶，

華榱璧璫，雕楹玉碣，重軒鏤檻，青瑣丹墀，左碱右平。黃金爲璧帶，間以和氏珍玉，風至，其聲玲瓏然也」。其中最富麗者厥爲掖庭，是武帝嬪妃所居之處，「武帝時後宮八區，有昭陽、飛翔、增成、合歡、蘭林、披香、鳳凰、鴛鴦等殿；後有（又）增修安處、常寧、蒞若、椒風、發越、惠草等殿爲十四位」。另據翼奉云，文帝「時未有甘泉、建章及上林中諸離宮也，未央宮又無高門、武臺、麒麟、鳳皇、白虎、玉堂、金華之殿」（《漢書》本傳）。而這些宮殿，多興建於武帝之時，例如甘泉宮修於元封二年，建章宮建於太初元年（《漢書》本紀）；《三輔舊事》云，「武帝於未央宮起高門、武臺殿」。

　　據《水經注》，「建章宮周二十餘里，千門萬戶。其東鳳闕高七丈五尺，中有神明台、井幹樓，咸高五十餘丈，北有太液池，池中有漸台高三十丈；南有璧門三層，高三十餘丈。中殿十二間，階陛以玉爲之，鑄銅鳳五丈，飾以黃金。樓屋上椽首，薄以玉璧，因曰璧玉門之。建章宮還有其他宮殿，其中的桂宮，尤其豪華，《三輔黃圖》引《三秦紀》云，「桂宮中有光明殿，皆金玉珠璣爲簾泊，處處明月珠，金陛玉階，晝夜光明」。《西京雜記》亦云，「武帝爲七寶牀、雜寶案、側寶屏、列寶帳，設於桂宮，時人謂爲四寶宮」。

　　甘泉宮周圍十九里，本秦代舊宮，武帝重予修建，是一座很大的離宮，樹木眾多，揚雄於〈甘泉宮賦〉中，盛讚其「玉樹青蔥」之美，武帝仍嫌不足，乃作上林苑（《漢書・東方朔傳》）、甘泉苑與西郊苑（《三輔黃國》）。上林苑同裹三百里，離宮七十所；甘泉苑「凡周回五百四十里，苑中起殿石樓閣百餘所」；西郊苑「繚以網垣，四百餘里，離宮別館三百餘所」。

　　後漢政治中心爲洛陽，在後漢歷代皇帝精心建設下，使其成爲花團錦簇的都市，據張衡〈東京賦〉，當時象魏兩觀（闕也）巍然雙峙於城內，而與西郊的平樂觀遙望，鼎立而上；皇城內宮殿森然，較著者有含德、

章台、天祿、宣明、溫飭、迎春、壽安、永寧諸宮，宮殿之間有架空的閣道，彼此相通；皇城內有御花園，園內有芳林苑，濯龍池等盛景。諸帝仍嫌不足，而於四郊續築苑囿池沼，例如順帝起西苑，桓帝置上林、鴻德、顯陽三苑，並開鴻池，靈帝造景圭靈琨苑（《後漢書·楊賜傳》小注）與闢西園（本紀）。此外，還有廣成苑、平樂苑、南園與直里園（《東漢會要》）。

在封建制度下，天子只有王畿千里，其中還有王朝貴族與高官的采邑，其財政收入亦即來自采邑外農田的租稅，由於歲入有限，構成歲出的自然限制，只可用以供給祭祀，百官薪俸，以及人民不時之需，這可從周襄王對晉文公所說的一番話中看出：

> 昔我先王之有天下也，規方千里以為甸服，以供上帝山川百神之祀，以備百姓兆民之用，以待西庭不虞之患。其餘以均分公侯伯子男，使各有寧宇，以順及天地，無逢其災害，先王豈有賴焉。內官不過九御，外官不過九品，足以供給神祇而已，豈敢猒縱其耳目心服以亂百度？亦唯是死生之服物采章，以臨長百姓而輕重布之，王何異之有？（《國語·周語》）

在專制政體下，皇帝要「肆意極欲」，「所欲無不得」（後者為李斯對二世之語──《史記·李斯傳》），以致秦之「力役三十倍於古，田租口賦鹽鐵之利二十倍於古」（《漢書·食貨志》），使人民不勝負擔。漢武帝之窮奢極侈，是由於將鹽鐵等收歸國營，以及均輸、平準等統制手段（《史記·平準書》）；後漢桓、靈帝為修建宮苑，每畝增稅十錢（《後漢書》本紀），都是將帝王的奢侈生活，建築在人民的痛苦負擔上。

秦代政治專制，法令嚴苛，人民動輒得咎，漢高祖入關，只約法三章「殺人者死、傷人及盜抵罪，餘悉廢除」，難怪「兆民大說」。其後

不久，以三章之法，不足以禦姦，於是蕭何據秦律，取其宜於時者作律九章；文帝再除肉刑，景帝減刑，但「武帝即位，……徵發煩數，百姓貧耗，民窮犯法，酷吏繫獄，姦軌不勝；於是招進張湯趙禹之屬，條定法令，作見知故縱監臨郡主之法，緩深故之罪，急縱出之誅；其後，姦猾以法，轉相比況，禁網浸密，律令凡三百五十幾章，大辟四百九條，千八百八十二事，死罪決事比，萬三千四百七十二事」；後來且愈演愈烈，成帝時，單是「大辟之刑（即已）千有餘條，律令繁多，百有餘萬官」（《漢書‧刑法志》）。這是政治趨於專制的必然結果。

在封建時期，縱有猛於虎的苛政，人民尚可走以避之，若有發政施仁的國家，則可移居該國，但於大一統的專制王朝之內，人民則缺乏這種選擇的自由。是以，從經濟術語運用的角度看，政治制度由封建制到一元體制，等於是由競爭走向獨占，蓋因在封建制度裡，各國競相爭取俊傑臣民，這就是孟子所云：「尊賢使能，俊傑在位，則天下之士皆悅而願立於其朝矣；市、廛而不征，法而不廛，則天下之商皆悅而願藏於其市矣；關、譏而不征，則天下之旅皆悅而願出於其路矣；耕者助而不稅，則天下之農皆悅而願耕於其野矣；廛、無夫里之布，則天下之民皆悅而願為之氓矣。」（〈公孫丑上〉）在大一統的專制政治下，「六合之內，皇帝之土」「人跡所至，無不臣者」，而「皇帝之明，臨察四方，尊卑貴賤，不喻次行」（〈始皇本紀〉琅琊刻石語）。相形之下，競爭中，人民享有相當的選擇權；獨占下，人民無所選擇只能逆來順受。

這並不是說，封建制度下的統治者比一元體制下的君主仁慈，而是制度使然。亦就是說，封建制度為政治上的統治者構成之天然限制：對內因小國寡民的財政收入有限，使君主難以「肆意極欲」；對外因鄰國環立，競相招徠民眾。一元體制下，由於缺乏這些限制，使政治易於趨向專制，漢代儒家如董仲舒等人，亦只能從陰陽五行，將天災解釋為上天示警，以要求統治者自律（《漢書‧五行志》）。顯然可見，此一自律未

克擔當作爲遏抑專制的政治制度。

第二節　經濟趨於統制

　　經濟上的基本問題，乃是生產甚麼？生產多少？如何生產？爲誰生
產？以及產品如何分配？經濟制度是繫於這些問題如何決定：若是完全
決定於市場機能，則是自由經濟；若是完全決定於中央政府的計畫單
位，則是統制經濟。其實，自古迄今，從來沒有百分之百的自由經濟制
度，更沒有百分之百的統制經濟制度，均是混合經濟。在混合經濟中，
依賴市場機能愈多，則自由經濟成分愈重；反之，若政府經濟事務干預
愈多，則統制成分愈重。

　　先秦之時，政府對於經濟事務干預甚少，所以，〈擊壤歌〉云，
「日出而作，日入而息；鑿井而飲，耕田而食，帝力於我何有哉！」（《古
詩源》）。《易・繫辭下》云，「黃帝堯舜垂衣裳而天下治」；《書・
武成》云，「垂拱而天下治」；孔子亦說，「無爲而治者，其舜也與！
夫何爲哉，恭己正南面而已矣」（《論語・衛靈公》）。都是說明政府的
無爲之治，任憑人民自由發展——這正是司馬遷於〈貨殖列傳〉所說
的，「故善者因之，其次利道之，其次教誨之，其次整齊之，最下者
與之爭」。是以，齊「太公至國脩政，因其俗，簡其禮，通商工之業，
便魚鹽之利，而人民多歸齊」（《史記・齊太公世家》）。其後，衛文公「務
材訓農，通商惠工」（《左》閔二年）；管仲相桓公時，「通齊國之魚鹽
於東萊，使關市幾而不征，以爲諸侯利，諸侯稱廣焉」（《國語・齊語》）；
晉文公「輕關易道，通商寬農」（〈晉語〉）。因此，〈貨殖列傳〉引《周
書》曰，「農不出，則乏其食；工不出，則乏其事；商不出，則三寶
絕；虞不出，則財匱少」，顯示各業之間的交互補助性，並無孰輕孰

重之分[4]。

可是，在一元體制下，政府卻強行干預人民對產業的選擇，譬如秦始皇於浪玡刻石云，「上（尚）農除末，黔首是富」，這是明白地要重農抑商。秦人重農抑商有其歷史淵源，先是商鞅的「農戰」政策，《商君書》中一再提到「作壹」，「壹務」，「務壹」，是要使人民的職業縮減為一種，那就是「農戰」──「入令民以屬農，出令民以計戰」（〈算地〉），是以，「國務壹，則民應用，事本摶，則民喜農而樂戰」（〈壹言〉）。為著「作壹」，當然要抑制其他行業，例如在〈墾令〉篇，禁止糧商、逆旅、貿易商等行業；在〈算地〉篇，主張抑制談說之士、處士、勇士、技藝之士、商賈之士。後來，韓非亦大聲疾呼地驅除「五蠹」之民，其中有「商工之民」，亦有游士。不過，在秦統一天下以前，這些主張似乎並未真正徹底付諸實施，因為秦國一直是重用客卿──亦即「游士」，而且相國呂不韋本身即是出身於巨賈。

但於統一天下後，秦始皇卻真正抑商了，「三十三年，發諸嘗逋亡人、贅婿、賈人、略取陸梁地，為桂林、象郡、南海，以適遣戍」（〈本紀〉）。《集解》於此引「徐廣曰，五十萬人守五嶺」，可見人數之眾，其中可能以商賈居多數，因為鼂錯於談到此事時說，「秦……先發吏有謫及贅婿、賈人，後以嘗有市籍者，又後以大父母、父母嘗有市籍者」（《漢書》本傳）。這就演變成以後漢代所謂的「七科謫」，例如《漢書・武帝紀》，天漢四年，「發天下七科謫及勇敢士，遣貳師將軍李廣利將六萬騎，步兵七萬人出朔方」，其注引「張晏曰，吏有罪一，亡命二，贅婿三，賈人四，故有市籍五，父母有市籍六，大父母有市籍七，凡七

---

4 譬如說，孟子曾云，「以粟易械器者，不為厲（病）陶冶，陶冶亦以其械器易粟者，豈為厲農夫哉！……百工之事，固不可耕且為也。然則治天下，獨可耕且為與？」（《滕文公上》）顯然是為農家重農言行而感到困惑，因為當時並無輕視其他產業之意念。

科也」。「七科謫」中有四科與商賈有關，不僅是現行商人要充軍到邊防，凡是曾經做過商賈的人亦要充軍，甚至於商人的子孫亦要受此處罰，真可以說經營商業要「禍延子孫」。

秦始皇的「抑商」，也許是由於深惡原為商賈的呂不韋，而遷怒於一般商人。但漢初抑商，似乎是由於當時物價膨脹，以為是商人從中囤積居奇，所以採取抑制措施以打擊之，這可見於《史記‧平準書》一開始的記載：

> 漢興，接秦之弊，丈夫從軍旅，老弱轉糧饟，作業劇而財匱，自天子不能具鈞駟，而將相或乘牛車，齊民無藏蓋。於是為秦錢重難用，更令民鑄錢，一黃金一斤，約法省禁。而不軌逐利之民，蓄積餘業，以稽市物，物踊騰糶，米至石萬錢，馬一匹則百金。天下已平，高祖乃令賈人不得衣絲乘車，重租稅以困辱之。孝惠、高后時，為天下初定，復弛商賈之律，然市井之子孫，亦不得仕宦為吏。

武帝時，商賈雖可乘車，但所征之稅倍於常人，據《漢書》本紀，元光六（前129）年「初算商車」，其課征方式，據〈食貨志〉，「軺車一算（二十文），商賈人軺車二算」，並對商人生產工具課稅，即「船五丈以上一算」。後來，於元狩四（前119）年，又征收財產稅，即〈武帝紀〉所云，「初算緡錢」，當然是以商人為主要對象，因〈平準書〉云，「諸賈人末作，貰貸賣買、居邑稽諸物，及商以取利者，雖無市籍，各以其物自占、率緡錢二千而一算；諸作有租及鑄，率緡錢四千一算」——其所謂「諸作」，是指「以手力所作而賣之」的小企業。後來「楊可告緡（即檢舉隱匿者）偏天下……商賈中家以上，大率破」。此外，武帝還規定，「賈人有市籍者及其家屬，皆無得籍名田，以便農，敢犯令，沒

入田僮。」（俱見〈平準書〉）

在另一方面，武帝改變孝惠帝與呂后「市井之子孫，亦不得仕宦爲吏」之規定，任用東郭咸陽、孔僅、桑弘羊爲財經官員，而「咸陽、齊之大煮鹽；孔僅、南陽大冶；皆致生累千金，……。弘羊，雒陽賈人子」。開始是用前二人「爲大農丞，領鹽鐵事」，將煮鹽、冶鐵視爲國營事業，「敢私鑄鐵器煮鹽者，鈦左趾，沒入其器物」（俱見〈平準書〉）。後來，桑弘羊得勢，公營情況更烈：

> 元封元(前110)年……桑弘羊為治粟都尉，領大農，盡代(孔)僅筦天下鹽鐵。弘羊以諸官各自市，相與爭，物故騰躍，而天下賦輸或不償其僦費，乃請置大農部丞數十人，分部主郡國，各往往縣置均輸鹽鐵官，令遠方各以其物貴時商賈所轉販者為賦，而相灌輸。置平準于京師，都受天下委輸。召工官治車諸器，皆仰給大農。大農之諸官盡籠天下之貨物，貴即賣之，賤則買之。如此，富商大賈無所年大利，則反本，而萬物不得騰踊。故抑天下物，名曰「平準」。天子以為然，許之。（〈平準書〉）

這段記載，是說鹽鐵專賣、均輸與平準公營，除平準只限於京師外，其他則遍及地方，據日人瀧川龜太郎《考證》云：「錢大昭曰，河東有均輸長，見《漢書·黃霸傳》；郡國有鹽官者三十六，有鐵官者五十，皆弘羊請置。」

監鐵專賣的弊端，〈平準書〉曾經約略提及：「郡國多不便縣官作鹽鐵，鐵器苦惡，賈(價)貴，或彊全民買賣」，意謂鐵器物劣價昂，鹽價亦高，且強迫人民買賣。關於這些缺點，《鹽鐵論·水旱第三十六》中，「賢良」慷慨陳辭，說得更是淋漓盡致，其大意是說：1.在未實行鹽鐵專賣以前，鹽價不高，鐵器精良。2.專賣後，官作的鐵器品質多差，製器的工人

爲受徒刑的人（卒徒），表面上看起來不拿工錢，但因不賣力，所以，其食宿管理等費用算起來，成本並不低，反而不如使用他們繕治道路橋樑。3.以往，是私人的家族工業煮鹽冶鐵，他們務求做得好好的，以立信用，其所製造的鐵器，在農忙時會直接拿到田間銷售，可用各種財貨五穀折價，還可用舊的換新的，有時還可賒欠，又可任意選擇，省時便用。4.現在，鐵器皆出於官，價格劃一，沒有好壞的選擇；遠道去買，承辦官吏又常不在，很難買到，假若一次多買儲存，鐵又會生鏽；而且在農忙時間到遠處去買農具，不僅要旅費時間，也且擔擱了農時。5.鹽鐵價高，使得若干貧民只好不用鐵器而「木耕手耨」，不用鹽而淡食；還有鐵官製造的器具賣不掉之時，便硬行配銷給百姓；卒徒趕不上期限時，又徵發百姓去爲他們趕工，增加人民力役負擔。6.這些都使人民深以爲苦，所以，希望恢復「陶冶工商，四民之求足以相更」的自由分工社會機能。

所謂「均輸」，其方法有二：一於遠方，按當地物價最貴時之商賈轉販零售價格（先爲時價），把人民應納之賦稅實物折算現金（錢或帛），由官員於京師等處代爲買之，再繳納中央政府，以免運輸；一於距離京師較近之處，仍然要求人民繳納實物，但由當地人民運輸到通往京師方向的鄰境，鄰境人民再加上其本身輸納之實物，朝同一方向，運往其鄰境，作接力運輸，以運到京師（均輸另一任務，可能是運輸鹽鐵）。中央政府主管財政的大農諸官，既可擁有折爲代金之「貨」幣，又擁有充當賦稅之實「物」，故可於京師「坐市列肆」，「貴即買之，賤則賣之」（〈平準書〉），以維持（京師）物價之穩定，這就是所謂「平準」。均輸與平準相輔相成，再加上鹽鐵專賣，就把整個國家建立了一個由地方到中央的統制經濟[5]。

5　關於均輸、平準的功能，請閱拙作，〈均輸平準小考〉，《大陸雜誌》，第58卷第4期（民國68年4月）。

　　上述〈平準書〉所說均輸平準之功效，如「富商大賈無所牟大利，則反本，而萬物不得騰踊，故抑天下物」，乃是桑弘羊奏摺之言，其實並非如此。在收取賦稅代金的地方，由於是以全年最高之零售價格為準，以致人民必需多賣很多實物，才可以繳納一定數額的實物賦稅；在輸納實物之處，除實物外，還加上運送之勞務；是以，《鹽鐵論·本議第一》中，「文學曰，古者之賦稅於民也，因其所工，不求所拙，農人納其穫，女工罄其功，今釋其所有，責其所無，百姓賤賣貨物，以便上求。間者郡國或令民作布絮，吏留難與之為市。吏之所入，非獨齊陶之縑，蜀漢之布也，亦民間之所為耳。行姦賣平，農民重苦，女工再稅，未見輸之均也！」

　　這是指均輸增加人民的負擔，平準亦復如此，由於平準機構是在京師，很可能於物賤時派員到各地收購，導致物價上漲，並誘發富商囤積，所以，上述「文學」繼云，「縣官猥發，闔門擅市，則萬物並收；萬物並收，則物騰躍，騰躍則商賈牟利；自市則吏容姦豪，而富商積貨儲物，以待其急；輕賈姦吏，收賤以取貴，未見準之平也！」

　　當時公營事業，除上述外，還有酒的專賣，即所謂「酒榷」或「酒酤」。這些賢良、文學於昭帝始元六年(前81年)應召赴京師，「皆對、願罷鹽鐵酒榷均輸官，毋與天下爭利」。桑弘羊不得已，「迺與丞相(車)千秋，共奏罷酒酤」而已，其餘公營事業或統制措施，「宣、元、成、哀、平五世亡所變故，元帝時曾罷鹽鐵官，三年而復之」(俱見《漢書·食貨志》)，蓋因這些統制措施，可為統治者帶來很大收入，所以，統治者食髓知味，欲罷不能，而且由於大一統，人民無所逃避，只能忍受之。

　　這些統制措施，至王莽的六筦，更達到頂點。六筦是指1.鹽，2.酒，3.鐵的專賣，4.鑄錢專權，5.對山澤產物征稅，6.五均賒貸。除5.外，五筦是將公營事業由生產面擴向金融面。

　　這些公營事業在本質上是與民爭利，孔子曰，「放於利而行，多怨」

（《論語‧里仁》），所以，在封建制度下，懸以爲誡，所以，《論語正義》
釋之曰，「此爲在位好利者箴也。……上重義，則義克利，上重利，則
利克義，故天子不言多少，諸侯不言利害，大夫不言得喪，士不通貨財，
有國之君不畜牛羊，錯質之臣不畜雞豚，眾卿不修幣，大夫不爲場圃，
從士以上，皆羞利而不與民爭業，樂分施而恥積臧。以故民不困財，貧
窶者有所竄其手，皆言帶上位者宜知重義，不與民爭利也。若在上者放
利而行，利壅於上，民困於下，所謂長國家而務財用，必使災害並至，
故民多怨之也。」在這一情況下，魯國賢大夫孟獻子曰，「畜馬乘（朱
注：士初試爲大夫者也），不察於雞豚，伐冰之家（卿大夫以上）、不畜牛羊」
（《大學》）；另一大夫臧文仲，卻因「妾織蒲」與民爭利，受到孔子批
評，認爲其非賢人（《孔子家語‧顏回》）。孔子又曰，「君子不盡利以遺
民。詩云，彼最遺秉，此有不斂穧，伊寡婦之利。故君子仕則不稼，田
則不漁，食時不力珍，大夫不坐羊，士不坐犬。」（《禮記‧坊記》）

　　前述秦始皇刻石雖有「尙農除末」之語，但重農措施並不多見，漢
代則落實於重農措施，例如惠帝四年，對於孝悌力田者，免其力役；文
帝於二年、十二年、十三年迭下重農之詔；景帝亦於元年、後二年、後
三年下詔重農（《漢書》各帝本紀）。文帝且於這三次減田租以勸農，並於
十二年詔中，「以戶口率置三老、孝悌、力田常員」。這種以政治力量，
影響人民對產業之競爭，亦是干涉人民經濟自由之一種。後漢光武更禁
民二業，即從事農業者不得營商，反之亦然，直至明帝時，經劉般陳奏
後，才得解禁（《後漢書》本傳）。

第三節　社會趨於管制

　　一個社會包括很多組織，由家庭到政府都是，每個組織都有規範其
成員的權力，所謂「權力」，據韋伯的定義，乃是「在一種社會關係裡，

行動者不顧抗拒，而能夠實現其意願的機率」[6]。是以，此種機率愈大，行動者權力固然愈大，但卻趨向專制，而使其成員社會行為受管制之處愈多。在另一方面，一個社會權力中心愈多，彼此在合法或合理的基礎上可以分庭抗禮，則此一社會愈趨向於多元化；反之，若是只有一個權力中心之權力，凌駕於一切權力以上，而且能夠實現其願望的機率絕大，則這個社會也許可以稱為一元社會，而此一權力中心當然是政府，或者是獨裁的統治者。

中國由封建制度走向大一統，亦等於是進入一元社會，由統治者管制或箝制人民的言行、甚至思想，其基本觀念，乃是要求人民「以上為意」（《商君書‧戰法》）。秦始皇廿八年泰山刻石中曾云，「訓經宣達，遠近畢理，咸承聖志」；琅琊刻石云，「普天之下，摶心壹志」「歡欣奉教，盡知法式」。後來更演變成「以法為教，以吏為師」，並且出現焚書坑儒的慘劇，這是在始皇卅四年，博士齊人淳于越請始皇「師古」而恢復封建，李斯反對，而曰：

> ……今天下已定，法令出一，百姓當家則力農工；士則學習法令辟（避）禁。今諸生不師今而學古，以非當世，惑亂黔首。……今皇帝并有天下，別黑白而定一尊。私學而相與非法教。人聞令下，則各以其學議之；入則心非，出則巷議，夸主以為名，異取以為高，率群下以造謗。如此弗禁，主勢降乎上，黨與成乎下，禁之、便。臣請史官非秦紀，皆燒之。非博士官所職，天下敢有藏詩書百家語者，悉詣守尉雜燒之。敢有偶語詩書者棄市。以古非今、族。吏見知不舉者同罪。令下三十日不燒，

6　Max Weber, *The Theory of Social and Economic Organigation* (New York：The Free Press, 1947), p. 152.

> 黥為城旦。所不去者醫藥、卜筮、種樹之書。有欲有學法令，
> 以吏為師。制曰可。

後來，盧生等逃亡，

> 始皇聞亡，乃大怒曰，吾前收天下書，不中用者盡去之。悉召
> 文學方術士甚眾，欲以興太平；方士欲練以求奇藥……盧生等
> 吾尊賜之甚厚，今乃誹謗我，以重吾不德也。諸生在咸陽者，
> 吾使人廉問，或為訞言以亂黔首。於是使御史悉按問諸生，諸
> 生傳相告引以自除。犯禁者四百六十餘人，皆坑之咸陽。使天
> 下知之以懲後。（以上均見《史記・秦始皇本紀》）

　　秦始皇這種行為，就是商鞅所說的「壹教」，其目的則是「壹教，
則下聽上」（《商君書・賞刑》）。漢惠帝四年，雖除挾書律（《漢書》本紀），
但「孝武初立，罷黜百家，表章六經」（《漢書・武帝紀・贊》），卻有「壹
教」之嫌。
　　「壹教」是管制思想，使思想缺乏自由，秦代還進一步限制言論自
由，即「誹謗者族，偶語者棄市」（《史記・高祖本紀》），而且二世用趙
高言，「群臣諫者以為誹謗」（《史記・秦始皇本紀》）。到漢武帝之時，
竟然出現「腹誹之法」，即使不出言批評，而有批判之意圖者亦處死，
這是由於漢武帝與張湯擬造白鹿皮幣，垂詢大農顏異的意見，顏異回答
道：「今王侯朝賀以蒼璧，直（值）數千，而其皮薦反四十萬，本末不相
稱」，武帝不悅，剛好「人有告異以它議，事下張湯治異，異與客語，
客語，初令下，有不便者。異不應，微反唇。湯奏當：異、九卿，見令
不便，不入言而腹誹，論死。自是之後，有腹誹之法以此。」（《史記・
平準書》）

　　但在先秦，據漢文帝曰，「古之治天下，朝有進善之旌，誹謗之木」（《史記》本紀），據《集解》，「應劭曰，旌、幡也。堯設之五達之道，令民進善也。如淳曰，欲有進善者，立於旌下言之」；「服虔曰，堯作之橋樑交午柱頭。應劭曰，橋樑邊板，所以書政治之愆失也，至秦去之」。另據《索隱》，「韋昭云，慮政有闕失，使書於木，此堯時然也；後代以為飾，今宮外橋樑頭四植木是也。」漢文帝說此話的用意，是要解除「誹謗妖言之罪」，讓臣民言論自由，批評朝政，他怎麼亦想不到其哲孫武帝，竟然是變本加厲地創造出「腹誹之法」。其實，這並不令人詫異，因為上述文帝之言行，是發生於文帝二年，當時即位不久，控制力量尚未鞏固，而且王國林立，相互競爭以爭取民心，所以，統治者常以仁厚為形象，武帝時，由於各王國領土縮減，專制政治得以根深柢固，使朝廷成為真正的「大國」，而能為所欲為，遂而採取高壓手段，以加強對社會的管制。

　　以上所說，是思想與言論，由自由演變為管制或限制，事實上，在一元體制下，人民集會亦受到管制。古代人民集會，普通為聚飲而已，《禮記集說》於「鄉飲酒義第四十五」下，引呂氏曰，「鄉飲酒者，鄉人以時會聚飲酒之禮也」，又曰，「先儒謂鄉飲有四：一則三年賓賢能；二則鄉大夫飲國中賢者；三則州長習射；四則黨正蜡祭。然鄉人凡有會聚，當行此禮，不特四事也。《論語·鄉黨》：「鄉人飲酒，杖者出，斯出矣。」亦指鄉人而言之。可見「鄉飲酒」有官式、有私式。後者只是一般的聚飲，雖然有其禮儀，但人民卻可以自由聚會飲酒。可是，到了秦代，這種聚飲稱為「大酺」，卻需皇帝准許，平時則予禁止。《史記會注考證》於始皇廿五年得燕王喜、虜代王嘉，定荊江南地，降越君，賜「天下大酺」一事下，引中井積德曰，「平時群飲有禁，故有慶而後得群飲，是為酺，皆上命所賜。」這種「群飲有禁」，當然是指秦代法律，漢律因之，《史記集解》於漢文帝即位之初，「酺五日」下，引文

穎曰，「漢律，三人已上無故群飲，罰金四兩，今詔橫賜，得令會聚飲食五日。」這表示私人聚飲，平時在禁止之列，必須中央政府命令，才可臨時解禁，由此推估，官式鄉飲酒或許廢除，即使存在，似乎亦待中央政府命令才可進行。連最爲平常的聚飲，亦遭到中央管制，遑論其他集會！至於結社之自由，當然更談不上。至於夜行，連將軍亦不可，《史記‧李廣傳》已曾道及。

　　秦漢之時，除流離外，人民難有遷徙自由，但卻又缺乏不遷徙的自由，據《史記‧秦始皇本紀》，二十六年統一天下後，「徙天下豪富於咸陽十二萬戶」；二十八年，「徙黔首三萬戶琅玡臺下」；卅五年，「徙三萬家麗邑，五萬家雲陽」；卅六年，「遷北河、榆中三萬家」。《漢書》中亦屢有徙民之舉，其基本動機，可見婁敬對高祖的建議：「夫諸侯初起時，非齊諸田，楚昭屈景莫興，今陛下雖都關中，實少人，北近胡寇，東有六國強族，一日有變，陛下亦未得安枕而臥也。臣願陛下徙齊諸田、楚昭屈景、燕趙韓魏後，及豪傑名家，且實關中，無事可以備胡，諸侯有變，亦足率以東征。此強本弱末之術也」。高祖「曰善，乃使劉敬徙所言關中十餘萬口」（〈劉敬傳〉，敬本姓婁，高祖賜姓劉），這亦就是〈高祖紀〉中，九年，「徙齊楚大族昭氏、屈氏、景氏、懷氏、田氏五姓關中，興利田宅」。〈地理志〉則記載爲，「漢興，立都長安，徙安諸田、楚昭屈景及諸功臣家於長陵，後世、世徙吏二千石高訾富人，及豪傑並兼之家於諸陵，蓋亦以強幹弱支，非獨爲奉山園也」，顯示成爲一種政策。此後，武帝元朔二年，「徙郡國豪傑及訾三百萬以上於茂陵」，太始元年，「徙郡國吏民豪傑於茂陵、雲陵」[7]；宣帝元康元年，「徙丞相將軍列侯吏二千石訾百萬者、杜陵」（俱見各帝紀）。後漢光武帝

7　據師古曰，雲陵「當言雲陽，……鉤弋趙倢伃死葬雲陽。至昭帝即位，始專爲皇太后而起雲陵」。

建武十五年，「徙雁門、代郡、上谷吏人六萬餘口，置常關、居庸以東。」（《後漢書》本紀）

　　從以上被徙者身分看，除平民外，主要爲富豪、大姓、功臣之後、高官、豪傑。這些富豪於遷徙後，便變爲赤貧，《後漢書・賈琮傳》云，「舊內郡徙人在邊者，率多貧弱，爲居人所僕役，不得爲吏」；《史記・貨殖列傳》亦曾記載，趙人卓氏治鐵致富，「秦破趙，遷卓氏，卓氏見虜略，獨夫妻推輦行詣遷處」。至於漢代所謂「豪傑」，即游俠之士。亦即太史公所推許的，「救人於危，振人不贍，仁者有乎；不既(失)言，不倍(背)言，義者有取焉」(《史記・太史公自序》)，但卻受到統治者的迫害。武帝時最著名之俠士郭解，「家貧不中訾」，意味並未達到資產逾三百萬錢強迫遷徙至茂陵的標準，卻被迫遷移，其所交往者殺人，而郭解並不知情，「吏奏，解無罪」，御史大夫公孫弘卻說，「解，布衣爲任俠行權，以眶眥殺人，解雖弗知，此罪甚於解殺之，當大逆大道」，結果，「遂族郭解」(《史記・游俠列傳》)。這些豪傑可能對政權有潛在威脅，所以，統治階層要予以壓制，但於秦始皇之時，卻對贅婿深惡痛絕，於卅三年，發贅婿至嶺南「以適遣戍」(《史記》本紀)，正表示將統治者個人之好惡，化爲對社會之管制。

　　由於對於社會管制，人民犯之者多，對於這些犯人，統治者用以實邊，例如，秦「以謫徙民五十萬人戍五嶺，與越新處」(《資治通鑑》卷七)，漢武帝天漢元年，「發謫戍屯五原」(《漢書》本紀)，後漢此例更多(見《東漢會要》卷33)；還使用這些犯人作戰，例如始皇「三十三年發諸嘗逋亡人、贅婿、賈人，略取陸梁地」(《史記》本紀)，漢高祖「十一年，擊英布，赦天下死罪，令從軍」，武帝太初元年，「發天下謫民西征大宛」(《漢書》本紀)。使用最多者，乃是利用這些免費勞力做工，例如秦作阿房宮，「隱宮徒刑者七十餘萬人」(本紀)，「北築長城過十餘萬」人(《文獻通考》一)，並「使丞相將天下刑人徒隸七十二萬人作陵」

8。漢惠帝三年，發諸侯王徒隸二萬人，城長安」，武帝元狩三年，「發
謫吏穿昆明池」，昭帝元鳳元年，「募郡國徒，築遼東元菟城」（《漢
書》本紀）。武帝時開始的鹽鐵等公營事業，多用這些犯人作爲勞工，此
即前述《鹽鐵論》中所說的「卒徒」。這種來自社會管制所產生的犯人，
就成爲一元體制下，政府所能運用的免費或廉價勞動，而像後世之勞動
集中營。這種社會管制，其基本目的當然是要求社會大眾服從或順從統
治者的意旨，但其派生或間接目的，則是使政府可以獲得免費或廉價的
勞動，以從事軍事或經濟活動。

第四節　大一統在經濟上的缺失

　　以上所說，由封建制度到大一統的演變，雖然有政治、經濟、社會
之別，但卻均有經濟上的衝擊。

　　政治趨於專制的結果，很自然地導致君主生活的奢靡，因爲皇帝富
有四海，「獨擅天下之利」，當然，「專以天下自適」（《史記・李斯傳》，
李斯逢迎秦二世之語），所以，不獨秦始皇父子如此，譬如始皇「治離宮
別館，周徧天下」，二世「又作阿房之宮，治直馳道」「聚狗馬無用
之物」，其結果是「賦斂愈重，戍傜無已」（俱見〈李斯傳〉），連賢明的
漢武帝亦「大修昆明池，列觀環之，治樓船高十餘丈，旗幟加其上，甚
壯。於是天子感之，乃作柏梁臺，高數十丈。宮室之修，由此日麗。」
又「北至朔方，東至太山，巡海上，並北邊以歸。所過賞賜，用帛百餘
萬匹，錢金以巨萬計，皆取足大農。」（〈平準書〉）後漢靈帝爲鑄銅人
與修宮室，竟使天下每畝增田稅十錢（《後漢書・陸康傳》、〈張讓傳〉）。

　　從現代經濟理論看，公共支出或政府支出的增加，恆常能使國民生

8　《古今圖書集成・坤輿典》，引《舊漢儀》。

產作乘數性增加，而中國古代君主奢靡生活，卻導致民窮財盡，其原因是如下述：1.就支出性質言，現代公共支出多為公共工程之建設，其本身具生產性，所以對於國民生產能形成社會共同資本，而中國君主奢靡支出，是非生產性，當然缺乏泛結構性投資之意義。2.就資助形式言，現代公共投資所需之資金，多來自赤字預算，亦就是以發行公債方式來籌集資金，而中國古代統治者的奢靡支出，卻來自賦稅徭役，以致增加人民負擔，打擊生產活動。3.就交易方式言，現代公共支出所需之物品與勞務，均透過市場機能以取得之，亦就是按照市價購買材料、成品與勞動，使其所有者獲得應有的所得，所以，公共支出愈多，國民所得亦愈增，而中國古代君主奢靡生活所需之物品與勞務，常以掠奪方式取得之，即材料與成品，常責成產地進貢，或以遠低於成本的價格強買之，至於勞動，則是要求人民提供力役，不僅不支付工資，甚至其旅費、食宿亦須力役者自行負擔，以致君主生活愈奢靡，被掠奪的物品與勞務愈多，嚴重地影響到財貨的正常生產與人民的生活水準。4.就經濟體制言，現代是交換經濟體制，所以，一定金額的支出，經過無數次的轉手，就會對國民所得產生乘數效果；而中國古代的經濟是自給自足，交換並不頻繁，以致即使君主所需的物品、勞務，是透過市場以取得之，對於國民所得亦不致產生乘數效果，再若這些支出是來自賦稅，則君主愈奢靡，只使特定集團（即對君主提供物品、勞務者）受益，而使賦稅負擔者普遍受苦。

　　至於經濟趨於統制，其最大的弊端，乃是阻礙經濟發展。秦漢所推行的「重農輕商」政策，「商」之中含有工業，工業生產與科技發展可以相互激盪，所以，工業本質最具動態性，現代的「經濟發展」一詞幾與「工業化」同義，其理由在此；再就狹義的「商」業來說，其「通有無」之功用，只是消極性，在大一統下，其積極功用，乃是凸顯各地區的比較利益，由此，可使經濟發展更上層樓；而秦漢王朝大力重農抑商，其結果當然是阻礙經濟發展，此所以在漢武帝實行統制經濟以前，「漢

興七十餘年之間，國家無事，非遇水旱之災，民則人給家足，都鄙廩庾皆滿，而府庫餘貨財，京師之錢累巨萬，貫朽而不可校。太倉之粟陳陳相因，阡陌之間成群，而乘字牝者，擯而不得聚會。守閭閻者食粱肉，為吏者長子孫，居官者以為姓號，故人人自愛而重犯法，先行義而後絀恥辱焉。當此之時，網疏而民富」，後來，使用桑弘羊統制經濟的建議，「商者少，物貴」，所以，卜式曰，「烹弘羊、天乃雨。」（俱見〈平準書〉）

統制經濟除干預人民的職業或產業之選擇外，還提倡公營事業，公營事業扭曲資源分派與缺乏效率，已如前述，而且還使機會成本提高，拿均輸平準來說，蘇軾諫宋神宗實施此法時所說的一番話，就頗有見地，他說：「均輸立法之初，其說尚淺，徒言徙貴就賤，用近易遠，然而，廣置官屬，多出緡錢，豪商大賈皆疑而不敢動。雖不明言販賣，然已許之變易。變易既行，而不與商賈爭利，未之聞也。夫商賈之事曲折難也。其買也，先期而予錢；其賣也，後期而取值；多方相營，委屈相通。今官買是物，必先設官置吏，簿書廩祿，為用已多，非良不售，非賄不行。是以，官買之價，比民必貴；及其賣也，弊復如前。商賈之利，何緣而得？縱其間薄有所獲，而征商之額所損必多。」（《續通志》）

統制經濟或公營事業均可能導致官商勾結，例如《史記·酷吏列傳》載：「上問（張）湯曰，吾所為，賈人輒先知之，益居其物，是類有以吾謀告之者。湯不謝，湯又詳〔佯〕驚曰，固宜有。」這雖然是朱買臣等三長史，陷害張湯與商人田信勾結圖利，就張湯言，此事固屬子虛，但是張湯曰「固宜有」，亦即不排除當時有這種事的可能性。除官商勾結外，官吏本身亦因參與公營事業之買賣而貪汙，例如《鹽鐵論》中，文學就屢次提到這一現象：「三業之起，貴人之家，雲行於途，轂擊於道，攘公法，申私利」（〈刺權第九〉），「公卿積億萬，大夫積千金，士積百金，利己併財以聚，百姓寒苦，流離於路。」（〈地廣第十六〉）

社會管制對經濟的不利影響，首為形成「重農輕商」的思想，使社

會認定，「商則長詐，工則飾罵，內懷闚覦而不作，是以薄夫欺而敦夫薄」[9]，隨而，儘管大家都知道，「用貧求富，農不如工，工不如商」（〈貨殖列傳〉），但因鄙視工商，視之爲「末作」（《管子‧治國》），或「淫業」（班固〈兩都賦〉），故不屑而爲之，以致聰明才智之士，不參加工商，而以「耕讀傳家」。再加視科技或技藝爲「奇技淫巧」[10]或「奇巧末技」（賈誼《新書‧瑰瑋》），甚至以爲「有機械者，必有機事，有機事者必有機心」（《莊子‧天地》），故聰明才智之士亦鄙而不爲，致科技難以發展。尤有進者，統治者爲鞏固其專制地位，故採愚民政策，其方法就是「重農」。《呂氏春秋‧上農篇》云，「民農則樸，樸則易用，易用則邊境安、主位尊」，其所說的「樸」，實乃「愚」之代名詞，《商君書‧墾令》曾云，「民不貴學則愚，愚則無外交，無外交則國勉農而不偷」「愚農不知，不好學問，則務疾」。在這種愚民政策下，不但使工商業停滯，也且使農業經營難以改進[11]。至於嚴刑峻法使人民動輒得罪，成爲大批奴工，更是人力資源運用之一大扭曲。

以上所述專制政治、統制經濟與管制社會所造成的經濟上之缺失，或者說是提高保障成本或制度成本，但只能說是大一統下的或然效果，而不是其必然結果，因爲這全是統治階層人爲的錯誤，有意造成一人專制與一元社會，以及控制人民的經濟活動。在客觀上，大一統不一定必然如此，亦可呈現民主（或民本）政治，自由經濟與開放社會，假若如此，則上述缺失幾可全部避免。不過，由封建制度轉化爲一元體制或大一

9　《鹽鐵論‧力耕》中文學之言。

10　「奇技淫巧」，本爲《尚書‧泰誓》中，指責商紂之罪名，其後，被用爲指責科技或技藝之用語，例如《商君書‧外內篇》云：「其農貧、而商賈技巧之人利。」《鹽鐵論‧通有》中文學云：「極技極巧，則絲布不足衣也。」高錫〈勸農論〉云：「於是奇伎淫巧出焉，浮薄澆虢騁焉。」

11　關於「重農」及「輕商」之理由的進一步分析，參閱拙作，〈中國重農輕商思想之研究〉，《政治大學學報》，第40期。

統，在經濟上卻必然有其缺失。

首先是政府由競爭趨於獨占，使人民無所選擇，政府易於趨向予取予求，而不必太顧慮人民的感受，以致在經濟福利上，疏於照顧，甚或虐待之，劉向於《說苑・政理》篇記載：

> 武王問於太公曰，治國之道若何？太公對曰，治國之道，愛民而已。曰，愛民若何？曰，利之，而勿害，成之，勿敗，生之，勿殺，與之，勿奪，樂之，勿苦，喜之，勿怒，此治國之道，使民之誼也，愛之而已矣。民失其所務，則害之也，農失其時，則敗之也，有罪者重其罰，則殺之也，重賦欲者，則奪之也，多徭役以罷民力，則苦之也，勞而擾之，則怒之也。

其中「利之，而勿害，……喜之，勿怒」，可說是封建制度下很多國君想遵守的法則，其作用是要爭取人民來歸，甚至於在戰國之初，梁惠王還以「鄰國之民不加少，寡人之民不加多，何也？」之疑問，請教於孟子。至於「民失其所務……則怒之也」，幾乎常見於大一統之下，前面三節所舉之事，可以作為例證，這是由於君主已成獨占，別無競爭對手，而可為所欲為。

其次是由於土地私有（其理由將述於下節），導致土地兼併，財產集中，所得分配不均，這就是董仲舒所說的：

> （秦）用商鞅之法，改帝王之制，除井田，民得賣買，富者田連阡陌，貧者無立錐之地。……小民……或耕豪民之田，見稅什五，故貧民常衣牛馬之衣，而食犬彘之食（《漢書・食貨志》）。

商鞅是否使土地買賣，難以證明，但由於土地兼併，使貧富懸殊，

確是漢武帝當時之現象，所以，《史記·平準書》於「漢興七十餘年之間……當此之時，網疏而民富」後，立即敘述，「役財驕溢，或至兼併豪黨之徒，以武斷於鄉曲，宗室有土，公卿大夫以下爭於奢侈；室廬輿服、僭於上，無限度。物盛而衰，固其變也」；而王莽於始建國元年的詔書中說，「漢氏減輕田租，三十而稅一，常有更賦，罷癃咸出，而豪民侵陵，分田劫假，厥名三十稅一，實稅五也」（《漢書》本傳）；由此可見，董氏所言，乃是「借古諷今」，但若秦祚較長，亦會有此結果。

　　第三是租稅課徵成本的增加。封建制度下，王畿與封疆面積不大，賦稅之輸將，不太病民，大一統之下，疆域遼闊，人民因輸送財賦而不勝負擔，此所以賈誼曰：

> 古者、天子地方千里，中之而為都，輸將繇使，其遠者不在五百里而至；公侯地百里，中之而為都，輸將繇使，其遠者不在五十里而至。輸將者不苦其勞，繇使者不傷其費，故遠方人安其居，士民皆有驩樂其土，此天下之所以長久也。及秦而不然，秦不能分尺寸之地，欲盡自有之耳，輸將起海上而來，一錢之賦，數十錢之費，弗輕能致也。上之所得者甚少，而民毒苦之甚深，故陳勝一動而天下不振。今漢越兩諸侯之中分，而乃以廬江為奉地，雖秦之遠邊，過此不遠矣。……夫淮南窮民貧鄉也，繇使長安者……履蹻不數易，不足以至，錢用之費稱此，苦甚（《新書·屬遠》）。

　　後來，武帝雖實施均輸之法，但因「行姦賣平，農民重苦，女工再稅，未見輸之均也」（《鹽鐵論·本議》中文學之言），因為即使政府負擔運輸財賦工作，但其成本最後必然轉嫁到人民身上。

　　第四是軍民分途，使軍費增加。在封建時代，軍費全由人民自行負

擔，人民平時務農，戰時，才有若干人出征，大致上是每六十四井，出
戎馬四匹，兵車一乘，牛十二頭，甲士三人，卒七十二人，均自備兵器
給養（見《漢書·刑法志》）。由於諸侯邦國疆域小，戰役短，人民往返費
時無多，以致兵役負擔不重；而且，即使戰時加稅，亦很有限，大致是
田一井出16斗米，160（或作240）單位芻與640單位禾稈（《國語·魯語》，
孔子對冉有之言）[12]。何況當時和平相處，邦國之間很少兵戎相見，以致
軍費在財政支出與人民負擔上，均未構成問題。到了大一統的時候，人
民要到邊疆服役，此所以董仲舒說，秦代人民「月爲更卒，已復爲正一
歲，屯戍（歲），力役三十倍於古」（《漢書·食貨志》）。至於漢代，民間
成年男子，每年要在當地給役一月，是謂「卒更」，還要守邊防三天，
亦名爲「更」，律稱「繇戍」。就後者言，雖然服役期間只有三天——
這可能仍是封建時代遺風，但於封建時代，人民至邦國邊防不出50里，
而於大一統時，由中原至邊防，往返需時數月；再就前者言，亦使人民
在一月之內不能爲自家工作。是以，乃以錢代「更」，前者需錢二十，
後者需錢三百，分稱「踐更」與「過更」（見《漢書·昭帝紀》如淳曰）。
代「更」者就成爲常備軍，以後其裝備與糧餉，逐漸演變爲政府負擔。
漢武帝時有禁衛軍、屯田兵、外團兵與囚徒兵，其給養均仰賴政府，尤
有進者，這些兵多出身於流浪分子，難以統御，一旦天下不安，這些軍
隊就成爲混亂的助力，甚至兵匪不分[13]。所以，軍民分途的結果，平時
因增加財政支出使人民負擔加重，亂時，則因「軍師放縱，百姓重困」

12　原文為「收田一井，出稯禾、秉芻、缶米」，據韋昭注，「缶，庾也。聘禮
　　曰，十六斗曰庾，十庾曰秉。秉、二百四十斗也。四秉曰筥，十筥曰稯，六
　　百四十斛也。案『二百四十斗』，公序本作『一百六十斗』。由於「芻」
　　為乾草，「禾」為禾稈，只宜測度其重量，而不可以斗衡量上，故於文中只
　　云「160單位芻」與「640單位禾稈」。

13　關於軍民分立與對立情況，參見雷伯倫，《中國文化與中國的兵》（台灣：
　　萬年青書店重印本，民國63年），〈中國的兵〉。

（《漢書・王莽傳》）。

最後是官僚制度之建立，進而加重人民負擔。在封建時代，卿大夫有其采邑，等於是收租的地主，不需政府供養，卿大夫所用之「宰」或「家臣」，其報酬亦由地租收入中支付。而大一統時改爲郡縣制，政府必須置官設吏以管理之，隨而形成由上而下的官僚制度，這些官吏的數目，據《漢書・百官公卿表》，哀帝建平二年，自佐吏至丞相計13萬285人，後漢時，官吏人數更增至15萬2986人（《通典》），這些官吏的薪俸均由政府支付，當然形成財政支出上一大負擔。且因土地私有，若干人民淪爲佃戶，除繳納遠較封建時爲高的田租外，還須負擔其他力役與租稅。

在封建制度下，卿大夫對於其采邑中人民之關係，等於是地主對於佃戶，彼此利害與共，而有一份親切之感。但在大一統之下，官吏與人民之間，當然缺乏這份利害與共的親切，以致常有假公濟私，貪贓中飽之情事，使人民負擔加重，政府收入減少，導致國弱民窮。漢初，爲避免這種流弊，規定擁有一定資產者才有資格得官，起初是需十萬錢，景帝時減爲四萬錢，這可見於景帝後二年之詔：「今訾算十以上迺得官，廉士算不必眾，有市籍不得官，無訾又不得官，朕甚愍之，訾算四得官，亡命廉士久失職，貪夫長得利。」（《漢書》本紀），其注引應劭曰，「十算十萬也」。這種以資產決定仕官資格，使很多優秀人才喪失出仕之機會。

上述五種必然缺失，都在增加制度成本：第一、二兩項，是使不明顯制度成本升高；第三、四項所影響，主要是提高明顯的制度成本；至於第五項，則是明顯與不明顯的制度成本，均爲之增加。

介於或然與必然缺失之間，大一統還帶來一些與一人專制有關之經濟上缺失。語云，「一人得道，雞犬升天」，一人爲帝，當然會使其祖宗與子孫受惠，亦就是祖廟與宗室問題，其龐大支出，就形成經濟上的「當然」缺失。「當然」與「必然」之不同，乃是後者來自大一統的先天本質，而前者則係大一統若干後天施爲之當然傾向，易言之，「當然」

乃是「或然」之產物。

前後漢皇帝之諡，除開國者外，均以「孝」字為首，例如前漢的孝惠、孝文、孝武，後漢的孝明、孝章、孝靈等。由於天子以孝治天下，所以，對於祖廟及陵寢極為注意。以祖廟言，漢代帝后均立廟祭祀，高帝時令諸侯王國京都皆立太上皇廟，後來，惠帝尊高帝廟為太祖廟，景帝尊文帝廟為太宗廟，行所嘗幸郡國各立太祖、太宗廟。宣帝又尊武帝廟為世宗廟。行所巡狩皆立世宗廟，以致在元帝時，在68個郡國中，立有167所祖宗廟，而京師自高祖下至宣帝與太上皇、悼皇考（宣帝之父），各自於其陵旁立廟，共為176所。園中又各有寢便殿，日祭於寢，月祭於廟，時祭於便殿。寢、每日上食四次，廟、每年祭祀廿五次，便殿每年祭四次。此外還有若干皇太后、皇后、太子（包括宣帝祖父戻太子夫婦）寢園30所。總計每年的祭祀，上食2萬4455份，用衛士4萬5129人次，祝宰樂人1萬2147人次，還未包括飼養祭祀所用犧牲之卒役（《漢書·韋玄成傳》——附於〈韋賢傳〉）。

在宗室方面，〈平準書〉曾云，「宗室有土」，這本來是指皇帝之子均封為王而可世襲，但其後，武帝用主父偃強本弱枝之策，「令諸侯得推恩分弟子，以地侯之」（《漢書·主父偃傳》），意味這些封王的皇子，除以嫡長子襲王位外，還可以其部分封地分封其餘兒子為侯，這些「侯」的子孫亦可世襲下去。除嫡長子世襲外，其餘諸子官爵愈來愈小，劉向歆父子可作例證。是以，「宗室有土」，是指這些王侯而言。但是，皇子之子封侯，並非始於武帝，例如平呂氏之亂有功的劉章，為齊悼惠王次子，呂后執政封為朱虛侯——後來加封為城陽景王（《漢書·高五王傳》），王莽時起義的劉盆子即其後裔；景帝封楚元王寵子五人為侯（《漢書·楚元王傳》）。其餘宗室縱然沒有封地，亦在仕宦上享有很大優勢，例如楚元王之子劉富，亦在封侯之列，其孫劉德亦得待詔丞相府，後為青州刺史，其子劉向「年十二，以父德任為輦郎」，向子劉歆，年少即

爲「黃門郎」(俱見〈楚元王傳〉)；後漢光武帝爲景帝子長沙定王發之後，「發生舂陵節侯買，買生鬱林太守外，外生鉅鹿都尉回，回生南頓令欽，欽生光武。」(《後漢書》本紀)——自劉買以下，雖然官爵越來越低，但卻一直深受皇家照顧，甚至劉欽之弟劉良，亦於「平帝時，舉孝廉爲蕭令」(《後漢書‧趙孝王良傳》)。除此以外，宗室還享有其他優待，例如武帝後元二年，朝諸侯王於甘泉宮，賜宗室；昭帝元鳳二年，賜宗室子錢人二十萬；四年，賜列侯宗室金帛牛酒各有差；成帝建始二年，罷博望苑以賜宗室朝請者；哀帝即位，賜宗室王子有屬者，馬各一駟；平帝元始元年，始宗室屬未盡而以罪絕者，復其屬，其爲吏舉廉佐史補四百石；四年，賜宗室有屬籍者，爵自五大夫以上各有差；五年正月，祫祭明堂，宗室子九百人召助祭，禮畢皆益戶，賜爵及金帛，增秩補吏各有差(《漢書》各本紀)。平帝元始元年，詔宗室「爲吏舉廉佐史補四百石」，顏師古注曰，「言宗室爲吏者皆令舉廉，各從本秩，而依廉吏遷之，爲佐史者，例補四百石」，意味宗室爲官吏者均得選爲「廉吏」，雖然薪俸如舊，但可優先晉級；至於低等職位的佐史，年俸只有96石，但若宗室爲之，一律給予年俸四百石的待遇。這些宗室，至平帝元始五年正月，已達十餘萬人(見本紀之詔)，他們大多享受這些優待，使國家財政像滾雪球似地增加負擔，成爲經濟上「當然缺失」之一。這些當然缺失，在形式上，是屬於不明顯的制度成本，但結果必然反映在明顯的制度成本之增加。

第五節　大一統在經濟上的貢獻

上一節歷陳大一統在經濟上有或然，當然與必然的各種缺失，但並不意味，從經濟觀點看，大一統一無是處。其實，在經濟面，大一統有很多優點，主要有規模經濟、外部經濟與一般均衡經濟。

　　所謂規模經濟,是發生於遞增規模報酬,意味經濟規模愈大,報酬愈高,蓋因在遞增規模報酬下,企業規模愈大,其平均成本愈低。大一統在這方面的表現,主要是發生於財稅方面,孟子雖然主張輕稅,希望把田租稅率降為10%,即「什一」之稅,但卻不贊成白圭所主張的「二十而取一」,認為是「貉道也」,回答道,「夫貉,五穀不生,惟黍生之,無城郭宮室宗廟祭祀之禮,無諸侯幣帛饔飧,無百官有司,故二十取一而足也。今居中國,去人倫,無君子,如之何其可也!」還堅決地表示,「欲輕之於堯舜之道者,大貉小貉也,欲重之於堯舜之道者,大桀小桀也。」(〈告子下〉)朱注,「什一而稅,堯舜之道也」,表示10%稅率,是稅率的下限,而漢景帝卻「三十而稅一」(《漢書·食貨志》),不但足以供給「城郭宮室宗廟祭祀之禮」、「諸侯幣帛饔飧」、「百官有司」,還於平七國之亂後,仍可使「都鄙廩庾皆滿,而府庫餘貨財,京師之錢累巨萬,貫朽而不可校,太倉之粟陳陳相因,充溢露積於外,至腐敗不可食」(〈平準書〉)。其所以如此,顯然是由於疆域廣大,以致稅率雖低,租稅總收入仍然巨大之故。

　　外部經濟的產生,是因為社會成本低於私人成本,所謂社會成本,乃是私人成本加溢出成本,若「溢出成本」為負值,即是「溢出效益」,以致社會成本低於私人成本。這所謂「溢出效益」,是來自生產以外的力量,所以稱為外部經濟。就大一統而言,此所謂「溢出效益」,是指大一統本身帶來政治以外的效益;這種效益統入經濟領域,對經濟而言,就是外部經濟。

　　大一統帶來的外部經濟,主要是交易成本降低,或是不明顯制度成本變為負值,這是表現於度量衡的統一、文字的統一、車輛制式的統一與交通的開闢,以及關卡的開放,這些都有助於交易的進行與成本的降低。前四項均見於《史記·秦始皇本紀》:廿六年,秦始皇「一法度衡石丈尺,車同軌,書同文字」;廿七年,「治馳道」;「二十

八年，琅玡刻石云，「器械量，同書文字」。關於馳道，《漢書‧賈山傳》有較詳的描述：「秦爲馳道於天下，東窮燕齊，南極吳楚，江湖之上，濱海之觀畢至，道廣五十步，三丈而樹，厚築其外，隱以金椎，樹以青松」。雖然應劭曰「馳道，天子道也」（《史記集解》），但亦可能作爲軍事交通道路，秦亡後，這些遍布天下的馳道，可能有很大部分作爲商業交通[14]。關於後者，《史記‧貨殖列傳》曾云，「漢興，海內爲一，開關梁，弛山澤之禁，是以，富商大賈周琉天下，交易之物莫不通，得其所欲。」

對於農業，大一統亦有其外部經濟，那就是水利之興建。西方漢學家認爲古代中國之統一，是由於要興建水利[15]，這當然是皮相之談，但是，大一統之形成，確實有助於水利工程之興建，這可從兩方面來瞭解。從積極面來說，水利之興建必然涉及一條或多條河流，這些河流的流域，通常頗爲遼闊，在封建時代，很可能流由幾個邦國的封疆，而水利工程之興建，很可能只對某一邦國利益較大，對其他邦國利益較少甚至較爲不利，甚或彼此受益程度頗爲軒輊，以致難以達到共識。到了大一統之時，涉及若干縣的水利工程，可由郡守決定，涉及若干郡的水利工程，可由中央政府統籌，從而水利問題易於獲得解決。也許就是由於這個緣故，先秦有關較大水利工程之史料甚少，而自兩漢起，有關水利工程的記載卻是史不絕書，即使在武帝時，塞瓠子決口後，「用事者爭言水利，朔方、西河、河西、酒泉，皆引河及川谷以漑田，而關中輔渠靈軹，引堵水，汝南、九江引淮，東海引鉅定，泰山下引汶水，皆穿渠爲漑田，各萬餘頃，佗小渠披山通道者不可勝言」。較著者，在前漢武帝時，用鄭當時之議，「引渭穿渠，起長並南山下至河三百餘里」，通漕，

14　《漢書‧成帝紀》雖曰，「太子不敢絕馳道」，當然是指長安附近天子所行之道路，而非遍布天下的秦代馳道，因爲漢代天子，除武帝外，很少巡狩四方。

15　K. A. Wittfogel, *Oriental Despotism*(Yale University Press, 1957), Ch. 2.

並溉田萬餘頃（俱見《史記·河渠書》），又「引涇水，首起谷口，尾入櫟陽，注渭中，袤二百里」，再「穿渠引汾溉皮氏、汾陰下，引河溉汾陰、蒲坂下」，還「穿渠引洛水至商顏下，鑿井深者四十餘丈，井下相通行水」（《漢書·溝洫志》）。後漢光武時，許楊「因亭下形勢，起塘四百餘里」，明帝時，王景「修渠、築隄，自滎陽東至千乘海口千餘里」（《後漢書》本傳）。

在消極方面，封建時代裡，河流或溝洫常被用作防禦配置，例如著名鄭國渠之興建，就是出於韓國的防禦計畫：「韓聞秦之好興事，欲罷之，毋令東伐，乃使水工鄭國間說秦，令鑿涇水自中山西邸瓠口為渠，並東北山，東注洛三百餘里，欲以溉田」（《史記·河渠書》）；另據徐復觀氏考證在井田制度下，溝洫澮川可在車戰時代形成對敵之防禦[16]，並舉《左》成二年，晉大敗齊師之後，允許和好條件之一為「使齊之封內盡東其畝」，即是使溝洫澮川及其路道，皆改為由東向西，以唯晉的「戎車是利」，所以，齊國寧願「背城借一」而不從。由後一例證看出，鄰近國家的河川與道路，是人為地使其走向相反，不僅有礙水利，也且妨礙交通。所以，秦始皇於卅二年，「決通隄防」——其「刻碣石門」之辭中，則作「決通川防」（本紀），意義更為明顯。

從前面所舉漕運之例看，很多水利工程對於交通極有助益，這是由於大一統下疆域遼闊，各地運送粟帛財物至京師，陸運遙遠，而以水運成本最低，所以形成漕運路線，而有助於水運，且因統一後，於「決通川防」之同時，必然改變道路之走向，以致有助於陸運，所以大一統的主要外部經濟之一，是交通的便利。

至於一般均衡經濟，在基本上是出於經濟分析中的均衡理論：一為部分均衡理論，馬先爾主之；一為一般均衡理論，華爾拉斯主之。前者

16　徐復觀，《周秦漢政治社會結構之研究》，頁45。

是將分析只限於其一特定市場的供需均衡問題,而假定其他市場已處於均衡狀態;後者則認為經濟事務是牽一髮而動全身,任何一種財貨的價格,不僅決定於該財貨市場的供需,也且決定於所有其他財貨市場的供需。一般說來,一般均衡情況,只能在廣表的空間中較易觀察與體現,馬先爾侷居於英倫三島,所以,只有著重於部分均衡分析,而華爾拉斯身處歐洲大陸,致有一般均衡之視野。中國於大一統後,亦就自然地出現一般均衡觀念。

關於完全競爭體制下,利潤趨於零的說法,當代經濟理論,是將利潤區分為會計利潤與經濟利潤以解釋之:會計利潤是指總收益扣除總支出後的剩餘,經濟利潤則涉及機會成本(即從事此一行動而放棄其他行動原可獲得的效益);是以,假若從事某一行業,可獲10%會計利潤,但從事其他行業可獲12%會計利潤,則此行業的經濟利潤為負2%;若是各行業的會計利潤均為11%,則達到一般均衡。中國於大一統後,就有類似概念:司馬遷於〈貨殖列傳〉曰,「封者食租稅,歲率戶二百,千戶之君則二十萬,朝覲聘享出其中。庶民農工商賈,率亦歲萬息二千,戶百萬之家,則二十萬,而更徭田賦出其中,衣食之役,恣所好美矣」,並列舉「牧馬二百蹄,牛蹄角千,千足羊……酤一歲千釀……子貸金錢千貫(錢一百萬)」等等,均可賺到二十萬錢,最後並作結論道,「佗雜業不中什二,則非吾財也」,意味每一行業的會計利潤,均為20%,所以,經濟利潤均為零,使經濟達到一般均衡。

司馬遷於兩千餘年前,即有一般均衡觀念,顯然是由於當時有一般均衡的事實,這是因為在大一統情況下,擁有廣大的空間,只要經濟趨於自由,則一般均衡遠較「小國寡民」易於達成。但是,此處所說的一般均衡經濟還有一層涵義,那就是在大一統下,區域經濟在平時可以互補,亦即在一個國家之內,各個區域可按比較利益法則相互交易。〈貨殖列傳〉列舉關中「膏壤沃野千里」「(其民)好稼穡,殖五穀」,巴蜀

「地饒巵薑丹沙、銅鐵竹木之器」，天水隴西「畜牧爲天下饒」，燕地
「有魚鹽棗栗之饒」，齊「多文綵布帛魚鹽」，東楚「有海鹽之饒，章
山之銅，三江五湖之利」，南楚「皮革鮑木輸會也」，且「多竹木，豫
章出黃金，長沙出連錫」，番禺有「珠璣犀玳瑁果布之湊」，均因「海
內爲一」，使「富商大賈，周流天下，交易之物莫不通，得其所欲」。
是以，在大一統之下，一國之內的交易，具有國際貿易之利，卻不致遭
遇保護主義者設置之貿易障礙。

　　遇有災荒發生，在空間較小之國家，災情常是全面性，此所以《左》
僖十三（前647）年與十五年，晉國大饑，而須向秦國借糧，但至戰國時
代，三晉之一的魏國，卻能於「河內凶，則移其民於河東，移其粟於河
內，河東凶亦然。」（《孟子·梁惠王上》），這全因魏國當時版圖，遠大
於春秋初期之晉國，一國足以自我挹注，區域間可以相互支援。大一統
後，版圖當然更爲遼闊，以致區域間相互支援的功效更爲宏偉，所以，
漢高祖二年，「關中大饑，……全民就食蜀漢」（《漢書》本紀），武帝
元狩三年，「山東被水災，民多飢乏，……乃徙貧民於關以西，及充朔
方以南新秦中，七十餘萬口」，元鼎二年，「山東被河災，及歲不登數
年，人或相食，方一二千里（《漢志》作「二三千里」），天子憐之，……
令飢民得流就食江淮間，欲留留處，遣使冠蓋相屬於道，護之，下巴蜀
粟以振之」（俱見〈平準書〉）；元帝初元元年，「關東郡國十一大水，饑，
或人相食，轉旁郡錢穀以相救」（《漢書》本紀）。

　　除上述規模經濟、外部經濟與一般均衡經濟外，大一統在經濟上還
至少有兩種貢獻：一爲確立財產私有權；一爲泯滅階級制度。最早之土
地所有權可能爲原始公社所共有，井田制下八家共耕一井，也許仍是公
社的遺風，但當時農民擁有的，只是長期使用權，至於土地所有權則歸
屬於代表上天的天子，這就是《詩·小雅·北山》所云，「溥天之下，
莫非王土」。不過，這所謂「王土」，只是一種名義，實際上，天子（及

其他統治階層)要以土地交換軍事義務，所以，天子給予諸侯封土，諸侯再賜田於大夫，而農民則成爲永佃的佃戶。到了戰國後期，封建制度已漸瓦解，所以，統治者不經由卿大夫，而直接以土地交換人民的軍事義務，「秦制、戰得甲首者，益田宅，五甲首而隸役五家，兼併之患自此起，民田多者以千畝爲畔，無復限制矣」(《文獻通考‧田賦考一》)，顯示這種交換行爲，使平民享有土地所有權。

　　秦統一天下後，亦使農田爲農民私有，丘濬於《世史正綱》中曰，始皇「三十一年，使黔首自實田，井田至此始大壞」[17]。按井田是公有制，井田既然「至此始大壞」，則土地所有權顯然爲人民私有，這或亦意味，人民自行開闢之土地，悉爲私有，甚至亦可購爲私有。秦始皇這麼做，也許是交換未來的軍事義務，但可能性不大，因爲他已於二十六年，「收天下之兵器，聚之咸陽，銷以爲鍾鐻金人十二」。以爲不再有戰爭，是以，其動機可能是要提高土地利用之效率。在封建制度下，貴族均爲地主，……每一地主所擁有的土地面積有限，可以就近監督佃農耕作，甚至於貴爲天子的周成王，亦親自「率時農夫，播厥百穀，駿發爾私，終三十里，亦服爾耕，十千維耦」(《詩‧周頌‧臣工》)。地主們如此以身作則，積極耕作，故可發揮土地生產力。封建制度崩潰後，「六合之內，(皆爲)皇帝之土」，使統治者成爲唯一的大地主，但因分身乏術，無法就近監督佃耕者耕作，致有降低土地生產效率之虞，所以，師承部分封建制度精神，使土地讓人民私有，俾使「有恆產者有恆心」，以財產所有權激發人民自利動機，從而提高土地利用的生產效率，此所以秦始皇於很多刻石中，一直提及財「產」之事，例如泰山刻石云，「治道運行，諸產得宜，皆有法式」；琅玡刻石云，「上農除末，黔首是富。……

17　「使黔首自實田」，並未見於《史記》正文，而見於《集解》，「徐廣曰，使黔首自實田」。惟《文獻通考‧田賦考一》，亦作此說。

節事以時，諸產繁殖」；碣石刻石云，「男樂其疇，女修其業，事各有
序，惠被諸產，久並來田，莫不安所」(《史記》本紀)。關於「久並來
田」，《集解》引徐廣曰，「久一作分」，據此，「久並來田」一語，
更可說明統治者開放土地所有權之事實，而其動機則可能是「諸產繁
殖」──不過，此處「諸產」也許是指「諸般產品」，而非財「產」，
意味土地生產效率提高，使諸般農產品數量大增。

　　封建制度下，階級森嚴，不僅貴族世襲，就連平民，亦是工之子恆
爲工，農之子恆爲農。大一統之下，封建崩潰，階級亦隨而近於泯滅，
劉邦以布衣爲天子，公孫弘以布衣爲丞相，可爲明例，後人於《史記‧
平津侯主父列傳》後作注，引班固曰，「卜式試於芻牧，弘羊擢於賈豎，
衛青奮於奴僕，日磾出於降虜，斯亦曩時版築飯牛之朋矣，漢之得人，
於茲爲盛」。其中卜式與桑弘羊均來自廣義之商業，可謂「商而優則仕」。
由於階級間之流動，人民在經濟領域中亦可白手成家，例如秦國破趙，
卓氏亦在被遷之列，夫婦推車而行，找到鐵礦而致富；程鄭與宛孔氏均
爲遷虜，亦均因冶鑄致富。而且，亦可從其他行業的經營以致千金。此
所以司馬遷於〈貨殖列傳〉末段云，「夫纖嗇筋力，治生之正道也，而
富者必用奇勝：田農掘(或作「拙」)業，而秦陽以蓋一州；掘冢、姦事
也，而田叔以起；博戲、惡業也，而桓發用之富；行賈、丈夫賤行也，
而雍樂成以饒；飯脂、辱處也，而雍伯千金；賣漿、小業也，而張氏千
萬；酒削、薄技也，而郅氏鼎食；胃脯、簡微耳，濁氏連騎；馬醫、淺
方，張里擊鍾，此皆誠壹之所致。由是觀之，富無經業，則貨無常主，
能者輻輳，不肖者瓦解，千金之家，比一都之君，巨萬者，乃與王者同
樂，豈所謂素封者邪！非也。」

　　這種「富無經業」「貨無常主」，充分表達競爭精神，而這正是由
於大一統之下泯滅階級所致，再加上財產私有權的奠立，若無其他人爲
的限制，則大一統本身就具有易於走向市場經濟之趨向。

上述大一統的五種貢獻，都在降低制度成本，尤其是不明顯的制度成本。

第六節　大一統與中國治亂循環

秦所統一的天下，不止六國，因爲還曾北擊匈奴，南平百越：始皇於三十二年，「使將軍蒙恬發兵三十萬人北擊胡，略取河南地。三十三年，發諸嘗逋亡人、贅婿、賈人，略取陸梁地，爲桂林、象郡、南海，以適遣戍。西北斥逐匈奴。自楡中並河以東，屬之陰山，以爲三十四縣，城河上爲塞。又使蒙恬渡河取高闕、陶山、北假中，築亭障以逐戎人，徙謫實之初縣」（《史記》本紀）。這樣大的版圖，是中國前所未有的大格局。

在這麼大的空間上，建立一個統一性的政府，其本身就具有明顯的規模經濟，再佐以統一的度量衡、法令規則、文字與器械制式，以及水陸交通路線之開闢，關卡之開放，使交易成本與制度成本大爲降低，爲經濟活動提供廣泛的外部經濟。且因版圖遼闊，個別地區可以根據比較經濟法則，相互補充與相互支援，構成一般均衡經濟體系，在此體系下，由於易臻一般均衡境界，以致正確的經濟政策易收成效。

在大一統之下，統治者不可能親身監督人民耕作，乃根據自利動機，容許土地私有，以促進土地利用之效率，隨而奠立財產私有權制度。由於封建制度之崩潰，使世襲的階級漸趨泯滅，在政治領域中，出現布衣卿相；在經濟活動中，則是「富無經業」「貨無常主」。在幾無階級的社會裡，出現充分的財產私有制度，是很容易步入競爭性市場經濟，因爲市場經濟制度的要件是財產私有（包括繼承），自由競爭的前提是「自由」加入，在大一統之下，一旦得以形成競爭性市場經濟制度，配合著其本身具有的規模經濟、外部經濟與一般均衡經濟，則將更爲助長聲

勢，使社會變爲動態化、多元化，使科技易於進步，工商臻於繁榮，經濟趨於發展。

至於大一統所產生的必然性經濟缺失，並不足以遏阻市場經濟之發展，因爲政府成爲政治上的獨占者，縱然不像在競爭局面下那樣以利益爭取人民，但卻仍顧及人民基本利益，即使像秦始皇那樣獨裁，亦會「憂恤黔首，朝夕不懈」（琅玡刻石語）；而且，皇帝視海內爲其私產，當亦不容官僚染指，是以，獨占的統治者與貪墨的官僚之間，彼此是不易相容的。關於租稅課徵成本的提高，軍民分途而增加人民負擔，以及財富暨所得分配不平均，乃是近代西方資本主義發生之初的常見現象，所以亦不至於成爲市場經濟發展的致命傷。

市場經濟可以解釋爲資本主義經濟制度，而近代資本主義是發生於英國工業革命，以致或許有人懷疑，縱然大一統有上述那麼多優點，亦很難在農業社會發展資本主義。其實，秦漢大一統的初期，中國已有資本主義萌芽現象。其後不能發展出資本主義，最主要的原因，還是在於大一統在經濟上的或然與當然缺失，其中尤以統制經濟與管制社會，對於經濟發展——尤其是工商發展打擊最大。統制經濟不僅是重視農業與抑制工商，更是積極地使鹽、鐵、酒等重要產業公營，《史記‧貨殖列傳》中所列舉的富豪，均崛起於漢武帝以前，《漢書‧貨殖傳》對於富豪名單全無增益，可見公營事業與統制經濟建立後，對於工商業者已經形成致命打擊。武帝以前的富豪中，有很多是以鼓鑄或冶鐵起家，而冶鐵屬於重工業，若是任由民營，則在競爭之下，業者必會爲提高效率，致力於生產技術的發展，改由公營後，變爲獨占，缺乏研究發展的誘因，科技難以大幅提升；再加以在管制社會中，科技被視爲奇伎淫巧，阻礙聰明才智之士從事科技研究工作；在在使技術停滯，讓經濟社會凝爲靜態。

工業科技常有溢出效果，普及到農業，使土地生產力提高，致使一定面積的土地可以提供更多的糧食；工商業發展，增加人民就業機會，

讓人民不要集中於農業；如此，將使各行業每人邊際生產力普遍提高；再若進行對外貿易，取得所需物資，則每人消費水準亦會提高。隨著工商與科技的發展，縱然人口數量增加，人民不僅無匱乏之虞，且有提高生活水準的可能。大一統在經濟上的或然缺失中，統制經濟與管制社會，卻阻止了這一可能性。

或然缺失中的專制政治，使統治者養尊處優，窮奢極欲，造成財政負擔，加上大一統在經濟上的當然缺失，以致王朝時間愈久，祖廟、陵寢、宗室等支出愈來愈大，使國家財政愈難負荷，其結果不是橫征暴歛，使民不聊生——其中工商界經常首當其衝，就是導致人民揭竿而起，使王朝結束。

在這些或然與當然的缺失之下，工商不能發展，科技不能提升，使中國在長期中成為一個近於靜止的農業社會。在這個社會裡，土地面積接近固定，技術亦為一定，所以，在人口逐漸增加之中，勞動的邊際報酬遞減現象特別明顯。在平均上，是人地比例大增，即一單位面積的土地所需供養的人口大為增加，由於技術一定，土地單位面積產量難以提高——而且即使由於勞動使用量擴大而使糧食產量增加，但因勞動邊際生產力顯著遞減，以致必然發生馬爾薩斯所說的，糧食作算術級數增加，人口成幾何級數增加，發生人口過剩問題，人民難以生存，必然鋌而走險，盜賊叢生，動亂屢起。經過一番戰亂，人口大為減少，致使人地比例大為降低，使一單位土地所供養的人口大減，物質生活遠比戰時與戰前提高，隨而使天下太平。據時人估計，戰國時期人口高峰曾達2500萬人，遠非戰國之初地廣人稀可比[18]，但是到了漢初，人口只有880

18　戰國之初，孟子還與梁惠王討論吸引移民之事，但到末期，韓非子於〈五蠹〉篇，卻說「今人有五子不為多，子又有五子，大父未死而有二十五孫，是以人民眾而貨財寡，事力勞而供養薄，故民爭，雖倍賞累罰而不免於亂」，顯然是受當時人口壓力的影響，具體人數則見下註19。

萬人[19]，亦就是由於人地比例大爲降低，才有文景之治出現。承平時期，人口按幾何級數增加，至平帝元始二年（西元2年），人口增爲5959萬4970人（《漢書‧地理志》），二百年左右，人口增加六倍多，以致即使沒有王莽的倒行逆施，亦必然有大動亂發生。經過戰亂後，人口銳減，後漢光武帝中元二（西元57）年，天下人口只有2100萬7820人（《漢書‧郡國志》注），因爲人地比例縮小，所以，有明、章之治。到了桓帝永壽二（西元156）年，人口增爲5006萬6856人（〈郡國志〉注），一百年之內，人口增加一倍半，導致黃巾亂起，裂爲三國。

　　由此看來，大一統的政治型態，影響了經濟結構，又導致政權的移轉，亦就造成了中國的治亂循環。這是因爲大一統下的政治型態爲專制政體，統治者爲「臥榻之旁，不容他人酣睡」，不僅削除封建邦國，集大權於一身，也且不容許潛在威脅者——工商業——的成長[20]，隨而形成統制經濟，使經濟結構中農業一枝獨秀，由於缺乏工商活力與科技突破，乃使經濟長期停滯於靜態的農業社會，而人口卻一直在增加，使土地難以負擔其一定的生活水準。易言之，大一統的或然缺失，在長期中，使人民必然生活於倖存水準，甚至難以爲生，以致鋌而走險，肇致一治一亂的相互循環。而大一統的當然缺失，使財政負擔越來越重，必須以

19　管東貴，〈戰國至漢末的人口變遷〉，《中央研究院歷史語言研究所集刊》，50本第4分。

20　統治者抑末原因之一，是畏懼工商業易於致富，而影響其權威，此即管子曰，「萬乘之國必有萬金之賈，千乘之國必有千金之賈，百乘之家必有百金之賈，非君之所賴也，君之所與，故為人君而不審號令，則中一國而二君二王也」（〈輕重甲〉）；君主尤其恐懼經營工商業者，財大勢重，致有取而代之的潛在威脅。此即《鹽鐵論》中大夫說，「君有吳王，專山澤之饒，薄賦其民，賑贍窮小，以成私威，私威積而逆節之心作，夫不蚤絕其源而憂其末，若決呂梁，沛然其所傷必多矣」（〈禁耕〉），「往者豪強大眾，得管山海之利，采鐵石，鼓鑄煮鹽，一家聚眾；或至千餘人，大抵盡收放流人民也，遠去鄉里，棄墳墓，依倚大眾，聚深山窮澤之中，成姦偽之業，遂朋黨之權，其輕為亦大矣」（〈復古〉）。

改朝換代方式，解除宗廟與宗室的累進負擔，而改朝換代的手段是武力，所以，又與治亂相連接，使治亂循環更爲明顯。在這種情況下，除非有大智慧者出現，將專制政治改爲開明統治，一治一亂將永遠交互循環下去，因於開明統治下，統治者權力將會受到限制，所以，前述或然與當然缺失，自可避免。若能進而建立共和政權或民主政治，則連必然缺失中的獨占問題亦不存在(若能演變爲貨幣經濟，則必然缺失中賦稅課徵成本亦將降低)，而必然趨向於市場經濟，再佐以規模經濟、外部經濟與一般均衡經濟，則大一統將是經濟發展的重要助力，而非阻力。

第八章

大一統下的社會環境與政府角色

　　本章所言社會環境，主要是指戶口數量變動，人民遷徙與經濟重心漸移之徵兆，階級消除與新階級之興起，以及人民生活概況。

　　關於政府角色，除以專節分別介紹秦漢財經職官制度與政府對人民生活之關懷外，還敘述賦稅與貨幣，政府其他政策，則散見於本章及下一章的有關各節之中（尤以下一章為然）。因為前後漢初期對於人口增加的獎勵，就須與人口變遷有關資料同時敘述，至於產業政策當然要置於下章有關產業的各節之中。

第一節　從戶口變遷看南方之逐漸開發

　　秦始皇十六年，「初令男子書年」（本紀），表示為苛徵丁役，而為男性建立精確的戶籍。但當時戶口無考，據上章所引，漢初人口僅約八百八十萬人，所以，政府採取免除徭役方式以獎勵人口之增加，而於高祖七年，令「民產子，復勿事二歲」（《漢書》本紀）──這一獎勵亦曾出現於後漢之初，章帝元和二年，下詔曰，「人有產子者，復勿算三歲，

今諸懷妊者，賜胎養穀，人三斛，復其夫勿算一歲，著以爲令」（《後漢書》本紀）。從此詔看，由於產子而「復勿算三歲」之措施，是已實行於章帝以前，但只實施於民婦生產以後，而且必須產下男孩，章帝則於懷孕之時，即予獎勵，顯然不論所產嬰兒的性別。此外，惠帝六年，令「女子年十五以上至三十不嫁，五算」（《漢書》本紀），這是鼓勵人口增加的另一方法。

兩漢人口在這些鼓勵之下，以及在天下太平環境之中，迅速成長，前漢人口於平帝元始二（西元2）年達到5959萬4978人，戶數爲1223萬3062戶。關於後漢戶口統計，據《後漢書·郡國志》注：光武中元二（57）年，戶427萬9634，口2100萬7820；明帝永平十八（75）年，戶586萬573，口3412萬5021；章帝章和二（88）年，戶745萬6784，口4335萬6367；和帝元興元（105）年，戶923萬7112，口5325萬6229；安帝延光四（125）年，戶964萬7838，口4869萬789；順帝建康元（144）年，戶994萬6919，口4973萬550；質帝本初元（146）年，戶934萬8227，口4756萬6772。

自漢高祖於四年「八月，初爲算賦」（《漢書》本紀），所以，兩漢每年均於八月調查人口，稱爲「算人」，或曰「案比」[1]。當時戶籍稱爲「名數」，例如《漢書·高帝紀》載，五年五月，詔曰，「民前或相聚保山澤，不書名數」，師古注曰，「名數，謂戶籍也」。又簡稱「名」或「數」（見《漢書·張耳傳》注以及〈敍傳〉）。前述光武時人口只有平帝時五分之二，其中當然經由戰亂使人口銳減。但亦可能由於後漢初建，戶籍不夠健全，致有漏網之魚，否則，到了明帝永平十八年，人口就不會增加60%左右（每年人口平均成長5%）。就是由於戶籍漸上軌道，所以，到了和帝元興元年，人口達到五千三百餘萬的高峰。嗣後，可能

---

1 加藤繁著，杜正勝、蕭正誼譯，《中國經濟社會史概説》（華世出版社，民國67年），第二章。

由於部曲、奴、客之擴大，使戶籍統計的人口大減，以致元興元年後25年，雖然增加四十多萬戶，人口卻減少了將近五百萬人；再以西元146年與144年相比，兩年之內，增加了將近60萬戶，卻減少了兩百多萬人。

　　戶籍統計中人口銳減的另一原因，乃是人民不堪賦役負擔，出外逃亡。《鹽鐵論‧未通篇》，文學云，「往者軍陳數起，用度不足，常取給見民，田家又被其勞，故不齊出於南畝也。大抵逋流皆在大家，吏正畏憚，不敢篤責，刻急細民，細民不堪，流亡遠去，中家為之色出，後亡者為先亡者服事，錄民數創於惡吏，故相仿傚，去尤甚而就少愈多。」這是說明武帝時屢次對外用兵，導致人民逃亡，亦即《漢書‧昭帝紀贊》所云，「承孝武奢侈餘敝，師旅之後，海內益耗，戶口減半。」這種逃亡，秦末已屢見，例如《史記‧張耳傳》，言「耳嘗亡命游外黃」，《索隱》云，「晉灼曰，命者、名也，謂脫名籍而逃；崔浩曰，亡、無也，命、名也，逃匿則削除名籍，故以逃為亡命。」由此可見，「亡命」一詞，是指脫籍而逃亡。漢初，亡命將被判處死刑，《史記‧淮南衡山列傳》云，「為亡命棄市罪」；藏匿者亦將論處，此即《漢書‧淮南厲王傳》，薄昭遺王書曰，「亡之諸侯，游宦事人，及舍匿者，論皆有法」；而且知道親戚逃亡未予陳報，亦依法論處，《漢書‧王子侯表》，陸元侯延壽，於「五鳳三年，坐知女妹夫亡命，笞二百，首匿罪，免」[2]。

　　由於戶籍限制，秦漢人民幾無遷徙自由，若要離開原住所，除冒險亡命外，則可能出錢由鄰居代為應役。《史記‧扁鵲倉公列傳》，倉公云：「文王病時，臣意家貧，欲為人治病，誠恐吏以除拘臣意也，故移名數左右，不脩家生，出行游國中」，意味淳于意不欲為齊文王治療不治之症，又恐齊王指派官吏拘捕之，乃「以名籍屬左右之人」(《正義》)，

2　程樹德，《九朝律考》(商務印書館，民國62年)，〈漢律考〉中「首匿」罪下，有更多例證。

而出遊於外——其所謂「移名數左右」，似指出錢由鄰居應役，其所謂「家貧」，當是謙辭，否則，何來貲財「出行游國中」³！

在另一方面，人民雖然缺乏遷徙的自由，但於災荒時，卻將被迫流亡，而為政府所容許，例如景帝元年詔曰，「間者歲比不登，民多乏食……其議民欲從寬大地者聽之」（《漢書》本紀）——由此亦可反證平時無遷徙自由！甚至於由政府協助遷徙工作，例如高祖時，關中大饑，全民就食蜀漢；武帝時，山東被水災，徙貧民七十餘萬人於關西一帶（詳見上章第四節）。但是，對於這些流亡者，似乎每隔一段時間予以赦免，並重新編定戶籍。例如宣帝地節三年詔曰，「今膠東相（王）成勞來不怠，流民自占八萬餘口。」（《漢書》本紀），師古曰，占者，謂自隱度其戶口而著名籍也」，故重定戶籍亦稱之為「占著」，占者，自行申報，著者，著名於戶籍。政府亦鼓勵流民占著，例如，後漢明帝即位，賜天下男子爵、人二級，「流人無名數欲自占者，人一級」（《後漢書》本紀）。

秦漢人民不僅缺乏遷徙的自由，而且缺乏不遷徙的自由，除災荒時，政府遷移災民就食於他地外，還於平時有計畫地強迫人民遷徙，其目的有二：一為強幹弱枝；一為移民實邊。就前者言，《漢書·地理志》曾云：「漢興，立都長安，徙齊諸田，楚昭、屈、景及諸侯功臣家於長陵；後世世徙吏二千石、高訾富人及豪傑并兼之家於諸陵，蓋亦以彊幹弱支，非獨為奉山園也。」這實在是婁敬之策，而且秦代早已實行之，例如始皇廿六年，統一天下後，即徙天下豪富於咸陽十二萬戶（秦漢於此目標下的多次移民，已詳述於上章第三節）。後者，乃是鼂錯對文帝的獻策：

3 關於遷徙缺乏自由的較多例證，請參考馬非百，〈秦漢經濟史料（五）——人口及土地〉，《食貨半月刊》第3卷第3期。

陛下幸憂邊境，遣將吏發卒以治塞，甚大惠也。然令遠方之卒
守塞，一歲而更，不知胡人之能，不如選常居者，家室田作，
且以備之。以便為之高城深壍，具藺石，布渠答，復為一城其
內，城間百五十步。要害之處，通川之道，調立城邑，毋下千
家，為中周虎落。先為室屋，具田器，乃募罪人及免徒復作令
居之；不足，募以丁奴婢贖罪，及輸奴婢欲以拜爵者；不足，
乃募民之欲往者。皆賜高爵，復其家。予冬夏衣、廩食，能自
給而止。郡縣之民得買其爵，以自增至卿；其亡夫若妻者，縣
官買予之。……胡人入驅而能止其所驅者，以其半予之，縣官
為贖其民。若是，則邑里相救助，赴胡不避死。非以德上也，
欲全親戚而利其財也。

　　文帝從其言，募民徙塞下（俱見《漢書》本傳）。後來，武帝亦師此
法，而於元朔二年，募民徙朔方十萬口，元鼎六年，分武威、酒泉地置
張掖、敦煌郡，徙民以實之；平帝元始四年，置西河郡，徙天下犯禁者
處之（《漢書》本紀）。後漢明帝永平八年，詔三公募郡國中都官死罪繫
囚，減罪一等，勿笞，詣度遼將軍營，屯朔方、五原之邊縣，妻子自隨
便占著邊縣，父母同產欲相代者恣聽之，其大逆無道殊死者，一切募下
蠶室，亡命者，令贖罪各有差，凡從者，賜弓弩衣糧；九年，詔郡國死
罪囚減罪，與妻子詣五原、朔方，占著所在，死者皆妻父若男同產一人
復終身，其妻無父兄獨有母者，賜其母錢六萬，又復其口算（《後漢書》
本紀）。

　　除因災荒移民外，其餘各種移民，均在北方，但在人口分布上，以
後漢與前漢比較，卻明確顯示，人口逐漸南移。《漢書・地理志》，是
記載平帝元始二年的戶口，全國有1223萬3062戶，5959萬4978口；《後
漢書・郡國志》是記載順帝永和五年的戶口，全國969萬8630戶，4915

萬220口。後漢總人口雖比前漢少一千多萬人，但南部戶口的絕對數字卻大於前漢很多，由此益見人口南移之明顯趨勢。

先說江南情況，前漢有會稽、丹陽、豫章、長沙、武陵、零陵、桂陽七郡國，後漢析會稽為二：一為會稽，一為吳郡。據李劍農統計，前漢七郡國人口共僅得二百五十萬有奇，後漢八郡則增至六百二十餘萬[4]。

次就嶺南言，兩漢均設南海、蒼梧、鬱林、合浦、交趾、九真、日南七郡，〈郡國志〉對於鬱林與交趾二郡未列戶口資料，而其餘五郡在後漢共有111萬4444人，比前漢的55萬4891人，約增一倍。

再從長江流域之廣陵郡、南郡與江夏郡看，其人口亦是後漢多於前漢：廣陵郡後漢有人口41萬190人，而前漢的廣陵國，則僅有14萬721人；南郡後漢有74萬7604人，前漢則為71萬8540人；江夏郡後漢為26萬5464人，前漢則為21萬9218人。

當然，在兩漢之時，經濟重心仍在北方，尤其是在秦代與前漢之時，財富集中於關中，《史記‧貨殖列傳》謂「關中之地，於天下三分之一，而人眾不過什三，然量其富，什居其六」。

第二節　階級變遷與土地兼併

秦國盛用客卿，統一後，易封建為郡縣，故其階級不若封建時代森嚴，漢高祖「既起自布衣，其臣亦自多亡命、無賴之徒，立功以取將相」，例如「陳平、王陵、陸賈、酈商、酈食其、夏侯嬰等皆白徒，樊噲則屠狗者，周勃則織薄曲吹簫給喪事者，灌嬰則販繒者，婁敬則輓車者」[5]。近人姜蘊剛稱之為「流氓的一群」，雖有貶意，但卻認為是「平民的覺

---

4 李劍農，《先秦兩漢經濟史稿》（華世出版社，民國70年），第11章。但李氏並不確認人口南移之跡象。

5 趙翼，《廿二史劄記》，〈漢初布衣將相之局〉。

醒」[6]，顯示封建時代的階級，至漢代業已蕩然。

　　這並不意味著階級的消失，因為即使近代社會，仍有階級的區分，孟德斯鳩一面肯定一切人在公民自由上的平等性，一面又肯定社會要有階級，其他大多數18世紀思想家們，亦都相信社會應有階級，不過，這階級並不是根據封建特權而分，而是根據財產與啓蒙程度區分[7]。漢代亦出現類似的新階級：一為以經營致富的富豪；一為讀書有成的儒者，所以，《史記》與《漢書》，均以〈貨殖〉與〈儒林〉二列傳，分別記載此二階級情況，《後漢書》亦有〈儒林傳〉。當然，就支配性階級言，漢代仍有基於封建特權的貴族階級，以及來自官僚體制的仕宦階級；前者是源自帝室的「王子侯」與來自元勳的「功臣侯」《史記》有〈王子侯〉及〈功臣侯〉二表；後者則指官位顯赫的高官——《漢書》中列傳多為此輩。此外，還有「勢」與「力」形成的二階級：一為世族或門第；一為游俠。前者是由簪纓不絕的官宦之家形成巨族，例如前漢之金氏、張氏，後漢之鄧氏、耿氏、竇氏、楊氏、袁氏等[8]；後者是以個人特殊風格，建立廣泛的人際關係，諸如朱家、郭解之流，《史記》與《漢書》均以〈游俠列傳〉記載之，但至後漢，似成絕響。

　　這些階級除儒者外，均對經濟情況有所影響，就支配階級言，均擁有巨大資產；就被支配階級言，則產生奴婢、部曲、門生與客——將於下編詳述之。漢文帝時嘗欲作露台，召匠計之，需百金，帝曰，「百金、中人十家之產也」，乃作罷（《漢書》本紀贊）。按漢制，一金為黃金一斤，值萬錢，循此，當時中產階級一家財產約為十萬錢，張湯死，「家產值不過五百金（即五百萬錢）」，史稱其廉（《漢書》本傳），所以，當時

6　姜蘊剛，《中國古代社會史》（華世出版社，民國68年），第五章。

7　F. L. Baumer著，李日章譯，《西方近代思想史》（聯經出版公司，民國77年），頁274。

8　詳見呂思勉，《秦漢史》（開明書店），第十三章第一節。

的巨富，恆以千萬錢爲準，此所以寧成曰，「仕不至二千石，賈不至千萬，安可比人乎！」故置陂田千餘頃，由貧民佃耕，役使數千家，數年致產數千萬錢(《史記·酷吏列傳》)。漢代高官因貪汙而積巨產者，前漢董賢誅後沒家得四十三萬萬錢(《漢書·佞幸列傳》)，後漢梁冀被誅，收其家產得三十餘萬萬錢(《後漢書·梁統列傳》)，但這均爲特例，而《鹽鐵論》中文學所云，「公卿積億萬，大夫積千金，士積百金」(〈地廣〉)，容或有之，例如罵座的灌夫，仕至二千石，亦「家累數千萬」(《史記·魏其武安侯列傳》)。但一般言之，巨富多來自生產事業，譬如以前漢言，石氏數年間致千餘萬，宛孔氏家致數千金，刁閒起數千萬，姓偉資產五千萬，師史、張長叔、薛子仲十千萬，而且，「自元、成訖王莽，京師富人杜陵樊嘉，茂陵摯網，平陵如氏、苴氏，長安丹王君房，豉樊少翁、王孫大卿，爲天下高訾，樊嘉五千萬，其餘皆鉅萬矣。」(俱見《漢書·貨殖列傳》)──顏師古注曰，「王君房賣丹，樊少翁及王孫大卿賣豉，亦致高訾」。

　　Riggs認爲在比較不同階級制度優劣之時，應該考慮兩個變數：一爲階級之間的流動程度；一爲階級地位標準的分散程度[9]。就經濟觀點看階級間流動程度愈大，則此制度愈爲開放，亦愈有利於經濟發展；階級間權力愈爲分散，則將愈爲促進市場機能。這是因爲一個人的階級身分可以經常地上下移動，是意味著機會趨於平等，而可達成《史記·貨殖列傳》所云，「富無經業，則貨無常主，能者輻湊，不肖者瓦解」之境況，從而，人人有機會白手成家，這種「成就需欲」，將會化爲經濟發展的推動力；若是權力能分散於各個階級，不讓統治階級擁有絕對的支配力量，則政府對於經濟活動或經濟事務的干預將會大爲減少，如此，將使市場機能可以充分發揮。市場機能若可充分發揮，又將有助於

9　F. W. Riggs著，金耀基編譯，《行政生態學》(商務印書館，民國56年)，頁18-25。

經濟發展。

　　秦漢大一統下的階級制度，在身分上是富於流動性，譬如在商場上是「富無經業」「貨無常主」，在官場上是白衣可致將相；但在權力分配上卻缺乏分散性，支配權幾乎完全掌握於政治中心或統治階級。是以，前者成爲推動經濟發展的助力，後者則成爲妨礙經濟發展的阻力，而且在大多時候，阻力大於助力，這是因爲靠政治力量支持的統治階級（包括前述的貴族階級、仕宦階級，甚至以「勢」形成的門第階級），常以其政治地位攫取經濟利益，甚或壟斷若干經濟利益，使「貴」與「富」結爲一體，從而影響到經濟上階級間的流動性，也就更爲打擊經濟發展。

　　在上述各個支配性階級中，除儒者與游俠外，多熱中於土地兼併。就貴族言，蕭何賤買與強買人民「田宅數千萬」（《史記·蕭相國世家》），淮南王劉安之太子劉遷「奪民田宅」，劉安之弟劉賜爲衡山王，「數侵奪人田，壞人冢以爲田」（《漢書》列傳第十四），後漢光武子濟南安王劉康，有「私田八百頃」（《後漢書》本傳）。就仕宦（及世族）言，武帝舅父田蚡「使藉福請（索取）（賣）鼦城南田」，張禹「買田至四百頃」，甯成「貰貸陂田千餘頃」（《漢書》本傳），成帝舅父王立與南陽太守李尚佔據「墾草田數百頃」（《漢書·孫寶傳》）；後漢司農鄭眾的曾孫鄭泰「有田四百頃」，馬防兄弟貴盛，「資產巨億，皆買京師膏腴美田」，竇憲仗勢，「以賤直請奪沁水公主園田」，陰興家四人封侯，「田有七百餘頃」，宦者侯覽「前後請奪人宅三百八十一所，田百一十八頃」（《後漢書》本傳），桓帝時，中常侍蘇康、管霸「固天下良田美業，山林湖澤」（《後漢書·劉祐傳》）。就富豪階級言，卜式「入山牧十餘歲，羊致千餘頭，買田宅」（《史記·平準書》），而橋姚在邊塞，「致馬千匹，牛倍之，羊萬頭，粟以萬鍾計（一鐘爲六斛四斗）」（《史記·貨殖列

傳》），其所擁有或使用之土地面積的廣大，由此可知[10]；光武帝外祖父
樊重，「開廣田土三百餘頃」「又池魚牧畜」（《後漢書·樊宏傳》），
馬援未顯時，亡命此地，「因處田牧，至有牛馬羊數千頭，穀數萬斛」，
廉范先世「在邊，廣田地，積財粟」（《後漢書》本傳）。

漢代田地價格，各地頗為不同，據《漢書·東方朔傳》，「豐鎬之
間，號為土膏，其賈畝一金」，意即一畝值黃金一斤或一萬錢——前述
張禹所買之田，即在這一帶，故其田四百頃，價值當為四萬萬錢；但在
另一方面，居住於山東琅琊的貢禹，「家貲不滿萬錢……有田百三十
畝」，卻因皇帝徵召，賣田百畝，才籌得至長安的旅費，而且自稱「妻
子唊豆不贍」，可見其每畝生產力遠低於粟一鍾。

從以上所引例證中，貴族、仕宦或世族，多喜佔據人民或政府的土
地，至於民間富豪之土地，則多似來自墾荒，這也許是由於邊境土地遼
闊之故。惟民間亦有掠奪之事，例如《後漢書·范康傳》載康「遷太山
太守，郡內豪姓多不法，康至，……(凡)奪人田宅者，皆遽還之」；〈劉
翊傳〉載翊為河南郡功曹時，黃綱恃帝側程夫人權勢，「求與山澤以自
營植」，翊勸郡尹卻之。

從這種土地兼併情形看，真可說是「上下交征利」！這些支配性階
級對土地之飢渴，可能是基於以下的理由：首先是在農業社會中，土地
為主要生產工具，是以，成為遺承的財產，《史記·王翦傳》載，翦將
六十萬兵伐楚，行前，「請算田宅園林甚眾，始皇曰，將軍行矣，何憂
貧乎！王翦曰，為大王將，有功終不得封侯，故及大王之嚮臣，臣亦及

---

10 《史記·貨殖列傳》以「畝鍾之地」為上等田，若橋姚之粟萬鍾為其一年產量，
則其田地至少為上田百頃。列傳所云「畝鍾之田」是在城郭附近的良田，邊塞
土地應較劣，故橋姚的田地可能有數百頃；若以鼂錯所云「百畝之收，不過百
石」（《漢書·食貨志》，而且所產為粟，則萬鍾為六萬四千斛（「斛」與「石」
通），以致年產量萬鍾之粟，需田六百四十頃——縱若此「百石」是指米，則
為粟一六六石強，以致萬鍾之粟亦需田近四百頃。

時以請園池爲子孫業耳。始皇大笑。王翦既至關，使使還請善（良）田者五輩（次）。或曰，將軍之乞貸，亦已甚矣！王翦曰，不然，夫秦王怚而不信人，今空秦國甲士，而專委於我，我不多請田宅爲子孫業以自堅，顧而令秦王坐而疑我邪？」從「始皇大笑」的情狀看，可見以田宅園池爲子孫業，是當時普遍的人情，以致兩漢及後代，均有此觀念。由此，亦可看出於秦統一六國以前，土地私有制業已建立。

其次，從土地兼併情況看，貴族與仕宦二階級最爲熱中，這一方面是由於他們有權與有錢。有能力買地，有勢力奪地，但在另一方面，亦可能是因爲在封建制度下，諸侯固可裂土分茅，卿大夫亦有其采地，而秦漢封君僅能收取租稅，而沒有直接支配土地之權力，所以，可能熱望擁有田地，以滿足其實質封君之欲望。

最後，漢代土地兼併風氣，也許是受到當時政策的鼓勵——當然這只是指某些政策的副產品，或其副產扭曲。漢代重農，連力主自由經濟的司馬遷，亦認爲務農致富是「本富」（〈貨殖列傳〉），而務農的主要生產工具就是土地，因而可以說，重農政策間接地刺激支配性階級兼併田地之欲望，由於重農而貴粟，納粟可以爲官，亦誘發民間富豪兼併田地之動機。武帝時，鹽鐵酒收歸公營，以致支配性階級的儲蓄，缺乏投資機會，不得不將投資集中於土地，所以造成土地兼併風氣。還有當時的賦稅政策，景帝二年，田賦降爲「三十而稅一」（《漢書‧食貨志》），但其課徵方法，則是以一頃爲單位，即耕地不足百畝之農家，亦須納一百畝之田賦，這就是《鹽鐵論》中，文學所云，「田雖三十，而以頃畝出稅」（〈未通〉）。在這種課徵方法下，農場面積大者，可享規模經濟，隨而或多或少地鼓勵人民兼併土地，以擴大其擁有土地之面積。簡言之，私有土地制度之確立，亦顯示產權觀念之建立，這在經濟史上是一大躍進，惜當時重農輕商措施，以及鹽鐵酒將歸國營，使民間資金只能流向土地，而土地供給是一定的。在如此兼併下，只是提高田地價格，

使一般農民淪為田客，生活困苦。是以可說上述導致土地兼併的有關政策，是有扭曲效果，或是正值的不明顯制度成本。

第三節　人民生活情況

　　本節所說的人民生活，是從其收入與支出情況觀察，這當然要涉及物價正常水準與其波動程度。物價波動原因很多，譬如商品供給不足與貨幣供給過剩等等，其中涉及天災，亦涉及人禍。「人禍」之中，有戰爭，亦有人謀不臧或政策錯誤。

　　民以食為天，在農業社會或所得偏低社會中，飲食支出佔總支出的比例極大，是以，每人對米的消費量，以及米價向為大眾注意之焦點。在這方面，《漢書‧食貨志》有一段記載與此有關──這一記載乃是戰國時代李悝之言：

> 今一夫挾五口，治田百畝，歲收畝一石半，為粟百五十石。除十一之稅十五石，餘百三十五石。食、人月一石半，五人終歲為粟九十石，餘有四十五石。石三十，為錢千三百五十。除社閭嘗新春秋之祠，用錢三百，餘千五十。衣、人率用錢三百，五人終歲用千五百，不足四百五十。

該志又載，鼂錯對漢文帝所言：

> 今農夫五口之家，……其能耕者不過百畝，百畝之收不過百石。……又私自送往迎來，弔死問疾，養孤長幼在其中。

在同一〈食貨志〉中，有關的度量衡似已統一，但漢代百畝產量為何只

有戰國的三分之二？據姚鼐云，「古人大抵計米以石權，此志鼂錯云百畝收不過百石是也；計粟以斛量，此志趙過代田一歲之收，常過縵田一斛以上是也」(《漢書補注》)。意謂一石與一斛同量，但米以石計，穀(粟)以斛計。是以，鼂錯所說「百畝之收不過百石」，乃是百畝所產之米，不超過一百石。據《九章算術》卷二，「今有粟一斗欲爲糲米，問得幾何？答曰，爲糲米六升」，可見李悝所說的150石之粟，只能爲米90石——循此，若鼂錯所云百畝之田可產米百石，則漢初農田生產力，似較戰國初期提高九分之一。

李悝所說每「石三十」錢，是指周景王之大錢，重十二銖(《國語·周語》韋昭注)，而似秦之半兩[11]，漢錢重五銖，即一文周錢折漢錢二·四文，準此，李悝所云，粟「石三十」，折爲漢錢應爲七十二文，因一石粟只有六斗糲米，所以，戰國初，米價每石應爲錢一百二十文。此一價格可能是恆常價格，因春秋末期，計然曰，「夫糶二十病農，九十病末，……上不過八十，下不減三十，則農末俱利」(《史記·貨殖列傳》)。其所云，「下不減三十」，即云每石米不應低於三十大錢[12]。再從以上分析看，若粟「石三十」，則一石米價應爲五十大錢，大約在「八十」與「三十」之間，所以，以漢代五銖錢計，米價一石爲一百二十錢左右。大致，是自春秋末期至漢代的常態。

秦代與兩漢，米價雖以120漢錢左右一石爲常態，但常有起伏，據《中國財政金融年表》[13]，秦始皇卅一(前216)年，米石千六百，折算五銖錢爲3840文，漢高帝三(前204)年，米石萬錢(此乃根據《漢書》本紀，

11　《漢書·食貨志》：「秦併天下……銅錢質如周錢，文曰半兩，重如其文。」

12　《史記索隱》於此認爲米以斗計，而云，「若米斗直九十，則商賈病」。但就作者於正文中分析看來，此處米之單位應爲石而非斗。

13　吳兆莘遺稿，洪文金補訂，《中國財政金融年表》，上冊(中國財政經濟出版社，1981)。

或已折算為五銖錢，否則，應為2萬4000錢）；宣帝元康四（前62）年，穀石5
錢，次年為8錢，折合米價每石為8.33錢與13.33錢；元帝初元二（前47）
年，齊地穀石三百餘，折合米價每石為五百餘錢，永光二（前42）年，京
師穀石二百餘，邊郡四百，關東五百，折合米價每石依次為333錢餘，
666錢餘，833錢餘；王莽地皇二（西元21）年，雒陽以東，米石二千，王
莽末期，光武帝建武二（西元26）年，黃金一斤值萬錢，易粟一斛，則折
合米價每石約為1萬6667錢，次年，饑荒更甚，黃金一斤易豆五升；明
帝永平五（西元62）年，粟斛直錢二十，折合米價每石為33錢強，永平十
二年，粟斛三十，折合米價每石為50錢；安帝永初四（西元110）年，穀
石萬餘，折合米價每石為1萬6700錢以上。

　　現在，且以米之常價（每石120錢左右）計算，看看漢代一般人民生
活水準如何。假定鼂錯所云五口之農家，收穫一百石米，扣除三十分
之一的田賦，即扣除3.3石米繳給政府；再據《漢書・高帝紀》四年之
注，「如淳曰，漢儀注，民年十五以上至五十六年賦錢，八百二十為
一算，為治庫兵車馬」，即使每人均納算賦，約合每人每年納米一石，
一戶共納5石；是以，繳納算賦後，此一農家尚有米91.7石。每人按李
悝所云月食粟一石半，合米九斗，全年10.8石，五人一年消費54石，
剩餘37.3石米，以每石120錢計算，可得4476錢，折合李悝時代的大錢
1865文，多於李悝所云一家五口於納稅及消費後，出售剩餘糧食所得
的1350錢，即超過510錢，在李悝之例中，用於衣服及「社閭嘗新春秋
之祠」，還不足450錢，現在漢代五口農家反而一年可剩60大錢，可見
漢代一般農家生活水準約高於戰國時代一籌，這主要是歸功於土地生
產力提高之故。

　　但若此農家有一人須服兵役，每年除在當地服役一月（稱為「卒更」；
若雇人代役，須錢二千，稱為「踐更」）外，還須在邊疆服役三天，通常均
請人代役，付錢三百，稱為「過更」（《漢書・昭帝紀》，元鳳四年注，

「如淳日」)。惟所剩60大錢，只合五銖錢144文，若找人代為「過更」，則需錢300文，以致不足156文。不過，此例是假定一家五口均納算賦，實則只有十五至五十六歲者才須繳納，假定這一農家只須二人納算賦，則可節餘360文，足以彌補因「過更」而感不足之錢數(156文)。即使自武帝時起，其餘三人各須付口賦23文(詳見第五節)，該農家仍有剩餘。是以，仍然可說，漢代農家生活水準應較戰國初期為佳。此例是假定不作踐更之舉動。

就一般工資言，代人服兵役，月入3000錢，約與勞苦工作的工資相等，因據《漢書‧溝洫志》「如淳曰」：治河工人所獲平價為「一月得錢二千」。這些也許有中飽或部分納入官府，而可能偏高。因為此與服勞役的女工折合代金的標準過於懸殊，《通典‧食貨》云：「元始四年詔天下女徒，已論歸家，顧出錢，月三百。」三百錢可買二石半米，不夠三人消費。當然這是指女徒的工資，而居延甲渠候官遺址出土的漢「建成三年候粟君所責寇恩事」簡冊，載有「市庸平賈……大男日二斗」——查漢無建成年號，恐係光武帝建武三年之誤書[14]，以恆常米價計之，每月工作30天，則可得720錢。惟此一工資，似為短工給付，故略為偏高，《居延漢簡考釋》有關工資的記載，是「月直四百廿四」錢，應為長工的工資，依恆常米價計，一月工資約可易米三石半，約可支持大小四口之消費(每人平均每月食米九斗)，再若傭工飲食由雇主負擔，則一長工可以支撐一家五口的最低生活或倖存生活水準。

關於田地價格，前述一畝萬錢，是特指豐、鎬一帶膏腴之地，並非一般地價。關於一般田地的單位價格，《漢書‧李廣傳》或可作為參考，該傳記載李「蔡盜取三頃，頗賣得四十餘萬」，則每畝約為1400錢。但

---

14 引自趙岡、陳鍾毅，《中國經濟制度史論》(台北：聯經出版公司，民國75年)，第五章。

若按「資本化」方法，漢代每畝田地只應值600錢，這是因為在方法下，每畝地價乃是其年收益被年利率所除之商數：按前述鼂錯之言，每畝年產米一石，值錢120；而據《史記‧貨殖列傳》，當時年利率為20%；是以，每畝田價應為600錢。毋怪乎《九章算術》卷七舉例曰，「今有善田一畝，價三百；惡田七畝，價五百」，李蔡所盜賣之土地，可能是在長安附近（因係「詔賜冢地陽陵」），故價格仍然偏高。若依每畝300錢之田價計，則一長工（月得424錢）的一年工資，約可買田17畝，是以，若此長工為單身，則傭工六年，或可購買百畝田地──假定其所獲工資全部作為儲蓄，而成為自耕農。

以上各種推估，均指正常期間，但從前引《中國財政金融表》，得知秦漢時期經常出現不正常情況，以致人民生活受到嚴重影響，例如漢高祖三年，「關中大飢，米斛萬錢，人相食」（《漢書‧高帝紀》）。另據〈食貨志〉，「漢興接秦之敝，諸侯並起，民失作業而大饑饉，凡米石五千，人相食，死者過半」；武帝為籌措討伐匈奴軍費，下緡錢令，「於是，商賈中家以上大率破」（《史記‧平準書》）；元帝永光二年，「歲比不登，京師谷石二百餘，邊郡四百，關東五百，四方饑饉」（《漢書‧馮奉世傳》）；王莽末，「天下旱蝗，黃金一斤易粟一斗，至是（指建武二年），野穀旅生，麻未（菽）尤盛，野蠶成繭，被於山阜」（《後漢書‧光武帝紀》）；安帝永初時，「羌寇轉盛，兵蠻日廣，且連年不登，穀石萬餘」（《後漢書‧龐參傳》），桓帝元嘉元年，「京師旱，任城、梁國飢，民相食」，永興元年，「郡國三十二蝗，河水溢，百姓飢窮，流冗道路，至有數十萬戶，冀州尤甚。」（《後漢書》本紀）

從這些記載看，民不聊生的原因，不外天災與人禍。後者主要來自戰爭：一為抗敵；一為內戰。秦代與前漢的外敵主要為匈奴，後漢的主要外敵則為西羌，都表示遊牧民族與農業民族間的衝突。至於內戰，則主要是由於政府人謀不臧，引發人民抗爭；秦的高壓政策，迫使人民揭

竿而起；漢成帝陽朔三年，「穎川鐵官徒申屠聖等百八十人，殺長吏」，
永始三年，「山陽鐵官徒蘇令等二百二十八人攻殺長吏」（《漢書》本紀），
哀帝時，「盜賊並起，或攻官寺，殺長吏」（《漢書》本紀、孔光傳）。後
漢桓帝時，宦官「五侯宗族賓客虐徧天下，民不堪命，起爲寇賊」（《後
漢書·單超傳》），顯示兩漢人民起義，亦是由於不堪官府壓迫。這種起
義或叛亂，愈接近一個朝代的末期，愈爲激烈，這也許是政治上的積弊
像滾雪球那樣加大，使人民不堪其苦；另一方面，則是人口增加迅速，
而墾田增加有限，以致人地比例不斷提高[15]，意即一單位面積之土地，
所養之人口愈多。由於難以生存，故有「予與汝偕亡」之心，不甘壓迫，
鋌而走險。或可以說，人民在難以生存之下，鋌而走險的機會成本亦就
大爲降低，故勇於抗爭。

第四節　財經職官概述

　　大一統是中央集權，有一個強大果斷的統治者，依席克斯（J. Hicks）
的看法，這位統治者爲著要對侵蝕其權力的勢力鬥爭，勢必要創設一種
民政機構，那就是建立一支文官人員的隊伍，亦就是形成官僚體系，而
財經職官則是此一官僚體系中重要一環，因在中央集權下，歲入可能高

15　《後漢書·郡國志》注中，載有戶口、墾田數字者，僅有和帝元興元年（西元
　　105年），安帝延統四年（125年），順帝建康元年（144年），沖帝永嘉元年（145
　　年），質帝本初元年（146年）。其人地比依次爲7.225（意味一頃田須養活7.225
　　人），7.013，7.211，7.118與6.804，呈呈遞減趨勢。這是由於安帝時人口較和
　　帝時約少五百萬人，沖、質二帝時人口亦較順帝時爲少。人口銳減，並不合理，
　　可能是由於算賦負擔，民家若干人口隱匿不報，或者成爲豪族的部曲或客。
　　安、順、沖、質四朝墾田數約爲690萬頃，或可視爲恆常的墾田頃數，以此數
　　字去除光武中元二年（西元57年）人口數字（21,007,820），則人地比爲3.045。持
　　此與和帝時人地比例作一比較，可見不到五十年內，人地比已升高一倍多，即
　　已埋藏經濟崩敗之種子。

度集中[16]。

　　本節首先略述秦漢財政職官，再述經濟職官，均先析中央、後言地方。本章之所以述及財政職官，是因爲財政收支必然影響到經濟層面。

　　在中央財政職官方面，秦漢均有兩個系統：一掌軍國之用；一供天子之養。前者主要來自人民賦稅，其主管在秦代爲治粟內史，漢景帝時更名大農令，武帝時又更爲大司農，後漢則稱大司農卿；後者主要是山澤陂池的收入，其主管在秦與前漢均稱少府，後漢稱少府卿。

　　關於「大司農」與「少府」二職官之命名，《漢官儀》卷上云：「少者小也，故稱少府，……大用由司農，小用由少府」。但此二者每年歲入卻不成比例，因據《漢書‧百官公卿表》補注引桓譚《新論》曰，「漢之百姓賦斂，一歲爲四十餘萬萬，吏奉用其半，餘二十萬萬藏於都內（大司農屬官有都內令丞），爲禁財；少府所領園池作務之八十三萬萬以供常賜。」少府之收入，超過大司農歲入一倍多，還稱之爲「小用」？由此亦可見天子爲宇內首富。《漢官儀》卷上云，「王者以租稅爲公用，山澤陂池之稅以供王之私用」，說明這兩種系統的區分，仍富有封建色彩，即天子成爲全天下山澤陂池的地主，以其收入供皇家給養。

　　依上述大司農與少府歲入看，天子一人收入何止「富可敵國」。但賢明的統治者常假「私」濟「公」，出其私藏以充軍國之用，或者作爲社會福利支出；前者如漢武帝，《鹽鐵論》中大夫曰，「山海之利，廣澤之富，天下之藏也，皆宜屬少府，陛下不私，以屬大司農，以佐助百姓」（〈復古〉）；後者如漢宣帝，據《漢書》本紀，本始三年，帝「以水衡錢爲平陵徙民起第宅」，注引應劭曰，「水衡與少府皆天下私藏耳。縣官公作當仰給司農，今出水衡錢，言宣帝即位爲異政也」。至於貪吝之統治者，不僅視私藏爲私有，也且將公帑視爲私藏，例如王莽滅亡之

16　John Hicks, *A Theory of Economic History* (Oxford University Press, 1969), Ch. 2.

際，「時，省中黃金萬斤者爲一匱，尚有六十匱，黃門鉤盾臧府中尙方
處處各有數匱；長樂御府中御府及都內平準帑藏錢帛珠玉財物甚眾」。
按「都內」與「平準」均屬大司農，而王莽顯然將其帑藏視爲已有，連
其倚畀甚重的九虎士，每人亦只賜「四千錢」(俱見《漢書・王莽傳》)，
其餘「上自公侯下至小吏，皆不得俸祿」(《漢書・食貨志》)。

　　漢代政府及皇室收支，並非統籌統支，乃是每一大類支出有其本身
的財源，因而亦就有不同的主管單位。關於漢代財政收支情況，明人朱
健子於其《古今治平略・兩漢國計篇》，有簡明敘述(以下引文分段係作
者所為)：

　　　漢世，租入則有田園山澤門關市肆之租，舟車緡錢則有算，鹽
　　鐵酒醪則有榷，郡國供貢與夫均輸平準之利，算賦更賦之錢，
　　其外則又有贖罪賣爵之目(作者按：此乃指收入來源)。
　　　其所以司斂藏輸納之職：則少府之所掌，以供天子私奉養；大
　　農之所掌，以供軍國之用。故田租領於司農矣，而渠田入於少
　　府，陵田入於太常，而假民之田則有稻田使者掌焉，池苑之所
　　田者又有水衡掌焉，其所謂賦入最多者曰鹽鐵，則始主之於司
　　農，最後又分於水衡(作者按：掌管上林苑等工作)矣。若其山海
　　地澤之稅則主之少府，以給供養：故海租歸之海丞，少府之屬
　　也；市肆之租本給供養，不領經費，則少府事也；酎金所供，
　　宗廟常酎之用，而少府省之。其他，關租則掌之關都尉，贖罪
　　之錢則典之北軍尉，而司農之職，除田租鹽鐵之外，則舟車緡
　　錢酒榷均輸平準口賦算賦賣爵之類而已(作者按：以上是說明各
　　主管單位，這些單位亦常為支出單位，其所以主管，是因各有其財
　　源)。
　　　及其支用之目，則山川園池市肆租稅之入，以為私奉養；田租

以給軍食；算賦錢以治庫兵軍馬，而又取口賦養天子之餘以補
之；過更錢以給更卒；酎金以供祭祀；關稅以給關市；罰錢以
給北軍之用；而鹽鐵舟車緡錢之利與夫郡國租入之類，則供軍
興；至於軍市租則又或以給士卒。觀此，則漢財賦之歛藏調用
之目，略可窺矣（作者按：以上是指支出去向）。

　　關於中央政府主管經濟的職官，仍然多為主管財政的大司農與少府
所屬，但若細加考察，則少府是直接管轄公營事業，而大司農與其他方
面，則多屬於主管民營事業範疇。從朱健子這篇論述中，可見前漢皇家
擁有大量私有土地，當時稱為「公田」。這些公田多係沒收秦代皇室、
貴族、官員的土地而來，多在渭水流域一帶，此外，全國各地之山陵陂
澤湖泊，以及所有的無主荒地，都在公田名義下，為皇帝私有，其中還
不乏漢代沒收之田地，例如武帝時，「楊可告緡徧天下，……得民財物
以億計，……田，大縣數百頃，小縣百餘頃，……而水衡、少府、大農、
太僕，各置農官，往往即郡縣比沒入田、田之」（《史記·平準書》）。
這些公田亦就構成公營初級產業。

　　少府之所以直接經營經濟事業，是由於它執掌皇室的食衣住行育
樂，必須自己經營有關事業，「以給供養」。據《漢書·百官公卿表》
（並參考《後漢書·百官志》），少府（以前漢為準）屬官中與公營事業有關
者，計有司空掌管宮中土木之事，考工室主作兵器弓弩刀鎧，東織西織
管織造，東園匠管喪葬之具，都水管池渚，均官掌市價（諒係和買」之用），
鉤盾管苑囿，尚方管製造。

　　後漢的上林苑是屬於少府卿，但前漢主管上林苑的水衡都尉卻是獨
立職官——應劭曰，「古山林之官曰衡，掌諸池苑，故稱水衡」，其屬
官中與公營經濟事業有關的，計有均輸管調運物資，輯濯主造船，鍾官
主鑄錢，辯銅鑑別銅質（此二官係與金融體系有關），技巧管技巧工徒，衡

官主森林，水司官治水，都水管水利，農倉管倉庫，另有六廄，每廄「馬皆萬匹」（《漢舊儀》）——這些是御馬。至於戰馬則屬太僕下邊郡六牧師菀令管理，師古曰，「漢官儀云，牧師諸菀三十六所，分置北邊西邊，分養馬三十萬頭。」

在建築方面，前漢少府下的左右司空雖掌管宮中土木之事，可能係指較小工程，至於較大工程也許是由將作大匠承辦。將作大匠原稱將作少府，本爲秦官，掌治宮室。後漢除有將作大匠外，還有位列三公之一的司空，「掌水土事，凡營城起邑，浚溝洫、修墳防之事，則議其利，建其功」（〈百官志〉）——其職掌似已涉及公共工程。

前漢最重要的公營經濟事業，《史記·平準書》云，元封元年（西元前110年），「桑弘羊爲治粟都尉，領大農、筦天下鹽鐵……乃請置大農部丞數十人分部主郡國，各往往縣置均輸鹽鐵官」，《史記會注考證》引錢大昭曰，「郡國有鹽官者三十六，有鐵官者五十，皆弘羊請置。」上述公營事業之中，有初級與次級產業（例如畜牧與製造），亦有三級產業（例如均輸與平準）。現在可依此三種產業，說明兩漢涉及私人經濟中有關主管職官。在初級產業中，大司農下的籍田令，乃爲天子親耕籍田以示勸農，分駐各郡國的農監與都水，分主勸農與水利之事；後漢太尉下的戶曹，是主管農桑。呂后時，還曾「置孝弟力田二千石一人」（《漢書·高后紀》），激勵教化與農業，但可能是暫時設置，而未見於〈百官公卿表〉。由於當時主要的次級產業——鹽鐵的製造，限於公營，以致在兩漢，似無管理民間次級產業的職官。至於民營三級產業的主管，兩漢的大司農及大司農卿，均曾涉及；前漢的均輸與平準令丞，後漢的平準令，均屬之，因爲涉及運輸與物價。大司農下的太倉令，亦主管漕運，隨而亦自然會對河道注意保養，而有利於交通；後漢太尉下法曹「主郵驛科程」，勢必保護道路，亦將利於交通、運輸；而且後漢的將作大匠，「並樹桐梓之類列于道側」，似亦有助於交通。

　　兩漢地方財經職官，可分郡國、縣、鄉三級觀察。郡國守相在財政方面的支配權，涉及田賦、市租、山澤之利，附加租調等財源。其下列曹共有22種，攸關財經者竟達12種：1. 戶曹、祠祀掾吏（兼勸農桑）；2. 田曹、勸農掾吏；3. 比曹（檢閱財物民數）；4. 水曹，都水監渠等掾；5. 將作掾——有所興作則置之；6. 倉曹；7. 金曹、市掾、衡官；8. 集曹（供納輸）；9. 漕曹（管漕穀）；10. 法曹（主郵驛科程）；11. 道橋掾吏、津掾；12. 關曹（主役卒轉運）[17]。

　　郡國亦常因地制宜設置特種職官，這些特種職官大致可分為四大類，除其中一類為軍事外，其餘三大類均與財經有關：第一類為農林、水利、漁業等特種職官，計有農官、倉官、木官、橋官、都水官、陂官、湖官、雲夢官、匯總官；第二類為畜牧等特種職官，計有掌畜官、廩犧官、家馬官、牧師苑官；第三類為工礦與商業等特種職官，計有工官、服官、鹽官、鐵官、銅官、均輸官、市令長（即市長或市令，純為商業而設，非守土之官）[18]。

　　兩漢大縣置縣令（萬戶以上），小縣置縣長，縣令長下列曹中，有關財經職官計有：1. 戶曹；2. 田曹；3. 水曹；4. 將作吏；5. 倉曹；6.金曹；7. 市掾（主物價）；8. 集曹；9. 法曹；10. 廄令史、嗇夫、司御；11. 郵書掾、郵亭掾；12. 傳舍、候舍；13. 道、橋、津吏[19]。

　　秦漢地方制度中，縣以下有鄉、里、亭。秦代鄉官有三老、有秩、嗇夫、游徼四員，前漢增置孝弟、力田、孝經師、鄉吏、獄吏五員，後漢再增置鄉佐一名。其中有秩定賦役，嗇夫與鄉佐收賦稅，力田當為勸

17 嚴耕望，《中國地方行政制度史》（中央研究院歷史語言研究所專刊之四十五），第二章。
18 同上，第四章。
19 同上，第五章。

農[20]。鄉之下為亭，亭所的位置常在以下適當的地點：1.水陸衝要，形勢險扼的去處；2.居民密集，足以安頓行旅的村里；3.地位適中，足以控制各里的所在；4.工農產品集散地，為商賈趨利的地區；5.商賈必經的四通八達之地[21]。足見亭之設置，有不少經濟意義。

第五節　賦役制度及政策

本節所云賦役制度，主要是指田賦、力役、人頭稅與雜稅，因為政府有支出，必須有收入，此即孟子所曰，「有布縷之征，粟米之征，力役之征。」但孟子緊接著卻警告道，「君子用其一，緩其二。用其二而民有殍，用其三而父子離。」(〈盡心下〉)而後世卻用其四，即除此三者外，還有雜稅——此外還有公營事業收入。

關於秦代賦役，並無翔實記載，《漢書·食貨志》只是大略言之：「至於始皇，遂併天下，內興功作，外攘夷狄，收泰半之賦(師古曰，「泰半、三分取其二」)，發閭左之戍，男子力耕不足糧饟，女子紡績不足衣服」。又引董仲舒之言，說明秦代「又加月為更卒，已復為正一歲，屯戍一歲，力役三十倍於古；田租口賦鹽鐵之利二十倍於古。」這些話可能過甚其辭，但秦代賦役苛重當係事實，以致增加明顯的制度成本。

漢高祖即位後，將田租大為降低，「什五而稅一」，景帝時再降為「三十而稅一」(《漢書·食貨志》)，而且成為定判，以致武帝嗣後對匈奴用兵，軍費窘迫，亦不敢對人民失信以提高田賦，而改採其他方法籌措軍費。光武中興之初，由於軍費之故，將田租稅率提高二倍，即合古制什一之稅，但於統一後不久，而在建武六年，恢復「三十稅一」，

20　王家梧，《秦漢鄉亭里制之研究》，民國43年，第二章。
21　嚴耕望，《中國地方行政制度史》，頁111、112。

下「詔曰,頃者,師旅未解,用度不足,故行什一之稅,今軍士屯田,糧儲差積,其令郡國收見田租三十稅一,如舊制。」(《後漢書》本紀)

此詔或可說明,武帝爲何未用提高田賦方法以籌措軍費原因之一,蓋因武帝是對匈奴用兵,邊郡田賦足供軍糧,故不須全面提高之,且因當時貨幣經濟相當發達,只須經由其他方式取得現金,而不一定直接增加穀物之獲取;光武帝是轉戰於境內各地,而須到處補給軍糧,且因當前漢之末,王莽亂政,貨幣制度遭到嚴重破壞,以致恍若回到自然經濟狀態,導使政府亦須握有糧食等實物,隨而有提高田賦之舉。此外,與田賦有關者乃是稾稅,秦之時,入芻稾(《淮南子‧氾論訓》),《漢書‧貢禹傳》云,「已奉租穀,又出稾稅」,《後漢書‧祭祀志》,光武中元元年,「復博奉高贏勿出元年租芻稾」──這些「稿」或「稾」,可能是源自禹貢中所云的「納總」或「納銍」。

後漢桓帝雖對土地增稅,但卻不是提高實物的賦,而是每畝增收十錢──發生於延熹八年(《後漢書》本紀注)。這可能是臨時措施,因爲靈帝中平二年,又「稅天下田,畝十錢」,注曰,「以修宮室」(《後漢書》本紀)。其實,靈帝以前的田賦,亦不一定要繳納穀物,可能以錢代穀,例如章帝建初三年,「以穀貴,乃封錢以布帛爲租,蓋錢帛盡嘗迭用矣」(《文獻通考‧田賦考》)。

我國賦稅向以田賦爲主,即孟子所云,「粟米之征」,但秦始皇卻舍地而稅人,此即《文獻通考‧田賦考》所云,「秦廢井田之制,隳十一之法,任民所耕,不計多少,於是始舍地而稅人,征賦二十倍於古」──依此,則秦代只應有「口賦」,而不應有「田租」,但據董仲舒所云,則此二者均有。漢代因之,稅率予以大幅降低。秦代人頭稅(即口賦)確切數字,並不可考,漢代人頭稅則稱爲「算賦」,始於高祖四年(《漢書》本紀),注引《漢儀注》:「民年十五以上至五十六,出賦錢,人百二十爲一算,爲治庫兵車馬。」文帝時,由於人口增加,乃將算賦降

爲每人每年40錢，但納算賦之年齡延長爲八十歲（《漢書·賈捐之傳》）——原文爲「民賦四十」，此語或有誤，可能是暫時減賦40錢，即從120錢減40錢，只須繳納80錢；否則，算賦既於文帝時降爲40錢，則宣帝甘露二年與成帝建始二年，何須各減民算三十與四十（《漢書》本紀）？當然亦可能是在文帝時將算賦降爲四十，其後被恢復爲120錢，而這種恢復，很可能是在武帝之時，惟無紀錄可稽。

　　這種「算賦」，是課征勞動人口的人頭稅，對於幼童所征的人頭稅則稱爲「口賦」，據《漢書·昭帝紀》注：「如淳曰，《漢儀注》，民年七歲至十四出口賦錢，人二十三，二十錢以食天子，其餘三錢者武帝加口錢，以補車騎馬」。這番話意味，口賦錢始於武帝以前，當時是對七至十四歲童子每人征收二十錢，武帝時增加三錢作爲軍費。但據《漢書·貢禹傳》，禹對元帝曰，「古、民亡賦算，口錢起武帝征伐四夷，重賦於民，民產子三歲則出口錢，故民重困，至於生子輒殺，甚可悲痛。宜令兒七歲去齒，乃出口錢，年二十乃算」。「天子下其議，令民產子七歲乃出口錢，自此始」。顯然可見《漢書》注有誤，易言之，口賦是始於武帝，對於三歲至十四歲每人每年課征廿三文，其目的爲籌措軍費。但自元帝起，爲行仁政，將起征點由三歲提高爲七歲。至於貢禹建議，想將口賦征收對象改爲七至十九歲，自二十歲起才征算賦，則未完全成功，亦即算賦仍自十五歲起征。昭帝元平元年與宣帝時五鳳三年均曾偶減口賦（《漢書》本紀），但至後漢，這兩種型態的人頭稅仍然持續，例如明帝永平九年，「徙朔方者復口算」（《後漢書》本紀）。

　　除算賦與口賦外，還有一種更賦，亦是人頭稅之一。這種更賦，就是第三節提到的「踐更」與「過更」，成年男子很可能接受每年在當地服役一月的義務，而毋須付出二千錢的「踐更」，但卻不會往返跋涉至邊疆每年服役三天，而須付出「過更」錢三百——這就是更賦。此外還有戶稅，亦類似人頭稅。《史記·貨殖列傳》云，「封君食租稅，歲率

戶二百」。不知道這每戶二百錢,是在算賦與口賦中扣除,還是取代之,
抑或在算賦以外再加此戶稅?要是取代之,則這些封君食邑中人民負擔
低於食邑以外;若是額外再加戶稅,則負擔較重;若是扣除之,則負擔
相同。據《漢書·高帝紀》,十年,「令諸侯王通侯常以十月朝獻,及
郡各以口數計,八歲六十三錢,以給獻費」。依此記載的語氣,似乎這
些食邑中人民不須納算120文,只須納63文獻費,每人少納57文,若一
家有四口須納算賦,則可節省228文,以致縱然另納200文戶稅,亦足堪
負擔。但若納算賦者少於四人,則負擔反較食邑以外為重──按此令似
應專指「諸侯王通侯」,其中所謂「及郡」,可能是指郡內有諸侯及通
侯之食邑而言。

其實,上述更賦乃是一種力役代金──無論是踐更還是過更,均係
服兵「役」。《漢書·高帝紀》,四年,「漢王屯榮陽,蕭何發關中老
弱未傅者悉詣軍」,師古曰,「傅,著也,言著名籍,給公家徭役也」,
又曰,「未二十三為弱,過五十六為老」。可見二十三至五十六歲之人,
須有力役,即除兵役外,還有其他徭役,例如惠帝三年,發長安六百
里內男女十四萬六千人,建築長安城三十日,五年,再來一次;哀帝二
年,葬帝太后於定陶,發近郡五萬人旁復土(《漢書》本紀)。

除田賦與人頭稅外,秦漢還有雜稅,這種雜稅多為農業以外之職業
或產品所負擔。秦設少府掌山海池澤之稅(《史記·平準書》注),漢高
祖加重商賈租稅(《漢書》本紀),均屬雜稅範疇。真正的大規模課徵雜
稅,是始於武帝,其雜稅之徵收常以「算」(120錢)為單位,例如「算
車船」,「三老與北邊騎士軺車一算,商賈軺車倍之,船五丈以上者一
算」;「算緡錢」(似為財產稅),每緡錢二千徵一算,但生產事業(即諸
作有租及鑄)的緡錢減半徵收(《漢書·食貨志》)。其他的雜稅大致如下:

一、鹽鐵稅──鹽鐵國營前徵收之,秦代已有。

二、漁稅——即〈食貨志〉中所云之「海租」。

三、市稅——凡有市籍者須納之，例如何武之弟何顯，「家有市籍，
　　租常不入」（《漢書》本傳）。

四、假稅——即天子所有範圍園池之地，租（假）給人民採捕或耕
　　作，其所收之地租，稱爲「假稅」，《後漢書・和帝紀》，永
　　元五年，「官有陂池，令得采取，勿收假稅」。

五、工稅——《後漢書・百官志》：「凡郡縣出鹽多者置鹽官，主
　　鹽稅……有工多者置工官，主工稅物」。

六、牲畜稅——昭帝元鳳二年，「令郡國無斂今年馬口錢」，如淳
　　曰，「所謂租及六畜也」——《漢書・西域傳》贊云武帝「租
　　及六畜」。

七、酒稅——據〈昭帝紀〉，始元六年，「罷榷酤官，令民得以律
　　占租，賣酒、升四錢。」

八、關稅——此非現代所謂之關稅，乃是對邊關出入者課稅，武帝
　　太初四年，「治武關，稅出入者，以給關吏卒食。」（《漢書》
　　本紀）

九、利息所得稅——河間獻王子劉殷，封旁光侯，「元鼎元年，坐
　　貸子錢不占租」（《漢書・王子侯表》），可見利息所得須納稅。

十、軍市稅——稱「軍市租」，見《漢書・馮唐傳》。

李劍農認爲前五種雜稅，皆屬「山、川、園、池、市肆租稅之入」（〈平
準書〉），亦即所謂「工商衡虞之入」（〈食貨志〉），在原則上皆應領於
少府水衡，以供天子之私奉養，而不領於國庫者也[22]。須加說明者，前
漢之漁稅似專指漁租，而後漢則包括淡水之漁稅，即在上引〈百官志〉

22　李劍農，《先秦兩漢經濟史稿》（華世出版社重印，民國70年），頁263-264。

中「工官」之下，接著說，「有水池及魚利多者置水官，主平水，收漁稅」；而且工稅似乎後漢才有。這前五種雜稅中除市稅與工稅外，在後漢似稱「禁錢」，即「凡山澤陂池之稅，名曰禁錢，屬少府，世祖改屬司農」（《後漢書·百官志》）。此外，後漢還似課徵販賣稅或商稅，因據《後漢書·和帝紀》，永光六年，詔流民販賣勿出租稅。

夾在前後漢之間，還有王莽政權，他的「六筦」之一，是對名山大澤產物徵稅，當然是屬於雜稅，而且「六筦」中之另一筦——「五均賒貸」中，亦有不少是屬於雜稅範疇，蓋因五均還有徵稅之責，主要為徵收營利事業所得稅，即得各種營利行業，按其淨利徵十分之一[23]。此外，王莽還另徵兩種雜稅：1.奴婢稅，率一口出錢三千六百（《漢書》本傳，天鳳四年）；2. 財產稅——這是真正資產徵稅，不限於緡錢，稅吏民貲二十而取一（《文獻通考》）。兩漢政府不僅憑藉其賦役制度，取得其實物與金錢的租稅收入，以及無償的勞動，也且有時運用此一制度，作為獎懲手段：即以減免賦役方式，獎勵某些行為；以增加其負擔之方式，懲罰某些行為。例如第一節所述獎勵人口之手段即屬前者；漢高祖重商人租稅以辱之，武帝對於商賈軺車倍其稅，以及王莽課徵奴婢稅，則屬後者。但長期蠲除賦役者，常限於軍功，尤以開國時追隨者為然，例如漢高祖十一年，令士卒從入蜀漢關中者，皆復終身。關於其他方面，宋人徐天麟《東漢會要》卷二十九中，作按語曰：「漢之有復除，猶周官之有施舍，皆除其賦役之謂也。然西京時（指前漢），或以從軍，或以三老，或以孝悌力田，或以明經，或以博士弟子，或以功臣，後以民產子者，大父母父母之年高者，給崇高之祠者，莫不得復。」至於天災人禍之發生，亦常減免賦稅[24]。

---

23 參見拙著，《中國經濟思想史》（中華文化復興委員會，民國71年），第19章。
24 參見拙著，《中國財金制度史論》（聯經出版公司，民國77年），第6章與第7章。

第六節　貨幣金融制度

秦於六國中，本較落後，至惠文王二(前336)年，才「初行錢」，但卻於始皇三十七年，「復行錢」(《史記·六國年表》)。據馬昂於其《貨布文字考》中予以解釋，認爲惠文王「初行錢」之錢，是仿三晉錢制，爲形似農器之兩足布，而始皇「復行錢」，是如〈平準書〉所云，行半兩大錢，即圓形之錢。李劍農因之，認爲「三十七年之行錢，實非復也，將統一錢之制度耳。其名稱雖仍襲『錢』之舊，其形制則從仿以璧瑗之圓錢」[25]。

其實，始皇「復行錢」，是仿周制，也許即仿周景王之大錢，《漢書·食貨志》曰，「秦并天下，幣爲二等，黃金以溢爲名，上幣，銅錢質如周錢，文曰半兩，重如其文。」——臣瓚曰，「言錢之形質如周錢，惟文異耳」。半兩爲十二銖，可稱爲「大錢」。

按始皇於廿六年統一天下，卅七年(是年始皇卒)「復行錢」，顯然是有統一幣制之意，這也許是因爲六國原俱鑄錢，甚至各地也俱鑄錢，以致形式多端，重量不一，所以，始皇擬予統一。其所以採取周代大錢，可能是周王原爲天下共主，取其錢而亦有統一之意，再則周錢爲環錢[26]——即圓形之錢，便於攜帶，且減少磨損，故採取之。一般說來，秦代鑄幣權屬於國家，禁止人民鑄造[27]。

漢初，以「秦錢重難用，更令民鑄鐵」(《史記·平準書》)，意謂准許人民鑄造錢幣，《漢書·食貨志》逕云，「漢興、以爲秦錢重難用，

---

25 李劍農，《先秦兩漢經濟史稿》，頁72。

26 見彭信威，《中國貨幣史》(上海版，1962)，圖版廿二。

27 加藤繁，《中國經濟史考證》(華世出版社，民國65年)，〈關於西漢時期的貨幣——特別是四銖錢〉。

更令民鑄莢錢」。彭信威對於這些記載感到懷疑，認爲無論如何，最初
鑄的不應當是莢錢，因爲秦半兩重十二銖，莢錢有輕到一銖以下的，劉
邦不會叫人民作這種突然的減重[28]。彭氏的懷疑實是多餘，只是「書」
「志」的若干記載不確，引起其懷疑。揆其實際，記載中所云容許人民
鑄錢一事，諒係事實，這一方面固然是如加藤繁所云廢除秦代的苛政
[29]，另一方面亦未嘗不是由於百廢待興，政府無力禁止私鑄，不如乾脆
開放。在這種自由鑄幣的情況下，當然會出現「劣幣驅除良幣」的現
象——在同一面值下，重量較輕之錢幣是爲劣幣。所以，當時錢幣重量
愈來愈輕，以致輕如榆莢，故民間稱莢錢（非其正式名稱）。可見錢幣變
輕乃是自由鑄造的結果，而不是因爲「秦錢重難用」，更不至於「令民
鑄莢錢」。這些可從漢初錢幣的面值得到證實，當時，錢的重量漸漸縮
小，但幣上文字仍爲「半兩」，如呂后時鑄的榆莢錢，文字亦稱「半兩」
[30]；文帝時的四銖錢，其文仍爲「半兩」（〈平準書〉）。

　　漢高祖准許人民鑄錢的結果，使錢輕如榆莢。呂后二（前186）年乃
行八銖錢（《漢書》本紀），以整理錢政，可能同時頒布錢律，禁止人民
私鑄，此所以文帝五（前175）年，得「除錢律，民得鑄錢」（《史記‧漢
興以來將相名臣年表》）——文帝既有這一行動，而現代竟然還有以爲漢
初循秦舊制，將鑄幣權屬於政府[31]的說法，這是多麼忽視史實。不過，
文帝准許人民鑄幣，並不像高祖時那樣自由放任，而是規定「鑄銅錫爲
錢，敢雜以鉛鐵爲它巧者，其罪黥」，至於以前的「錢律」則規定盜鑄
者死（俱見《漢書‧食貨志》中，賈誼諫語）。但因鑄造劣幣利厚，以致犯
法者多，「一縣百數」，而且錢法紊亂，「郡縣不同，或用輕錢。百加

28　彭信威，《中國貨幣史》，第二章第一節。
29　彭信威，《中國貨幣史》。
30　同上。
31　宋敍五，《西漢貨幣史初稿》（1969），第三章第一節。

若干，或用重錢，平稱不受」，以致按規定鑄造的「法錢不立」，所以，賈誼諫阻，但文帝不聽。卒至景帝中六(前144)年才又禁民鑄錢(《漢書》本紀)，將鑄幣權收歸中央政府及地方政府；武帝時，才「悉禁郡國毋鑄錢，專令上林三官鑄」(〈平準書〉)——據王應麟意見，這種鑄幣權收歸中央政府的行動，是發生於元鼎四(前113)年(《玉海》，卷180)。

漢初官方，除鑄八銖錢(呂后二年)外，還於呂后六年，行五分錢，即「半兩」的「五分之一」，其文仍爲「半兩」，後來，文帝所鑄四銖錢，其文亦是「半兩」。至武帝建元元(前140)年行二銖錢，師古注曰，「重如其文」，此時才使錢幣重量與面值一致；但四年後，又罷三銖錢，復行半兩(俱見《漢書》本紀)。元狩四(前119)年，又「令縣官銷半兩錢，更鑄三銖錢」[32]；次年，罷三銖錢(《漢書》本紀作「罷半兩錢」)，行五銖錢(《資治通鑑》)。這種五銖錢有周郭，「不可磨取鎔焉」(〈平準書〉)。隨而成爲漢代「法錢」，亦爲後代錢幣之主流。

在中國貨幣史之中，漢武帝是罪人，亦是功臣。說他是功臣，是他於元鼎四年，「悉禁郡國無鑄錢，專令上林三官鑄。錢既多，而令天下，非三官錢不行。諸郡國前所鑄錢，皆廢銷之，輸其銅三官。而民之鑄錢益少，計其費不能相當，唯真工大姦乃盜爲之」(〈平準書〉)。這段記載，說明漢武帝建立了近似一千多年以後全値貨幣的規則，那就是：1.鑄幣機爲政府獨占；2.政府收購鑄錢材料；3.使錢幣面値與其實際價値相同。這一制度大致爲後代所遵循。據〈食貨志〉，武帝元狩五年至平帝元始(西元1-5年)中，計鑄五銖錢二百八十億萬餘。

漢武帝之所以成爲中國貨幣史上的罪人，乃是他不僅使幣制紊亂，也且是中國歷史上製造真正通貨膨脹[33]的第一人。他使幣制紊亂的紀

32　引文見《漢書·食貨志》，緊接於白金三品之後，而據本紀，白金與皮幣是發生於元狩四年。

33　「通貨膨脹」乃是英文inflation一詞之中譯，但按英文此詞本義，是指物價膨

錄，除上述廢半兩(實為四銖)行三銖，罷三銖復半兩，銷半兩鑄三銖，罷三銖、行五銖錢外，還於元鼎二年[34]「令京師鑄官赤仄，一當五，賦、官用非赤仄不得行」(〈食貨志〉)，據如淳曰，「以赤銅爲其郭」，故〈平準書〉稱爲「赤側」，其用意是防民盜鑄。但「其後二歲，赤側錢賤，民巧法用之，不便，又廢」(〈平準書〉)。此所謂赤側錢，諒係五銖錢周邊加赤銅爲郭，但卻以以一文當五銖錢五文，而使其面值高出實值太多，以致複本位制(五銖錢與赤側錢並行)可能成爲跛行本位制，即人民只願接受五銖錢，不願接受價值高估的赤側錢，這就是所謂的「赤側鑄錢」；但因按規定，賦稅須用赤側錢繳納，所以，人民可能以遠低於「一當五」的比率收兌赤側錢，再以「一當五」的比率抵繳稅款，此即所謂「民巧法用之」。如此做法，當然使政府吃虧，所以，亦曾發生官府拒收赤側錢之事，例如元鼎三年，鄲侯周仲居爲太常，「坐不收赤側錢收行錢論」罪(《漢書·百官公卿表》)，此即所謂「不便、又廢」，而於元鼎四年摸索出正確的幣制。

除此以外，武帝還有更爲紊亂幣制的舉動，那就是元狩四年多，「收銀錫造白金及皮幣以足用」(《漢書》本紀)。〈平準書〉與〈食貨志〉的記載——皮幣乃是一方尺緣以藻繢的白鹿皮，值四十萬錢，王侯宗室朝覲聘享，必以皮幣薦璧。所謂白金，乃是雜鑄銀錫而成，計分三種，稱「白金三品」：第一種重八兩，稱爲「白選」，圓形，隱起龍形，值三千錢；第二種重量略輕，方形，隱起馬形，值五百錢；第三種重量更輕，狹長形，隱起龜形，值三百錢。顯然可見，白金三品乃是表徵貨幣

服，而導致物價上漲的因子很多，貨幣供給增加只是其中之一，今將此詞譯爲「通貨膨脹」，將使人誤以爲所有的物價上升，均是由於貨幣供給增加，所以，很多經濟學家將此詞譯爲「物價膨脹」或「膨脹」。惟漢武帝時候的物價暴漲，倒真正是通貨膨脹，因爲是人爲地使貨幣供給大增，結果導致物價暴漲。

34 王應麟據《大事記》作此說，見《玉海》，卷180。

(Token Money)，其面值遠高於實值，所以，當時雖然嚴厲規定「盜鑄諸金錢，罪皆死，而吏民之盜鑄白金者，不可勝數」（〈平準書〉）。

武帝之所以發行皮幣與白金三品，是爲「更錢造幣以贍用」，而「是時禁苑有白鹿，而少府多銀錫」（〈平準書〉），所以就用來製造皮幣與白金，作爲政府用度。武帝這種以貨幣方式資助財政支出，實爲近代政府所常用：近代很多國家常以其印製或創造貨幣的特權，代替部分的賦稅，以支持其政府的部分支出，蓋因徵稅較遭人民拒斥[35]；甚至於近代銀行業務的使命之一，亦是對政府作財政支持[36]。只不過這種以金融支持財政的方式，稍有不慎，就會導致通貨膨脹，〈平準書〉所云，「錢益多而輕，物益少而貴」「物故騰踊」乃是武帝時物價波動之情況。以致元狩五年，馬一匹二十萬錢（《漢書》本紀）——「平準書」載漢初「馬一匹則百金」，惟當時之錢爲莢錢，每文重量常不及一銖[37]，故馬一匹值百金，亦即值百萬錢，實約百萬銖，而元狩五年鑄五銖錢，二十萬之重量亦爲百萬銖，可見元狩年間，就馬價言，已達漢初惡性膨脹之物價水準。

漢武帝雖曾紊亂幣制，導致通貨膨脹，但終究在痛苦經驗中，摸索出一套健全的錢幣制度，包括中央政府鑄幣獨占權，以及鑄製面值與實值相等的五銖錢。武帝之紊亂幣制，是由於要籌措軍費，而王莽卻因有復古癖，平白地破壞已上軌道的幣制，使幣制達到史無前例的紊亂。那就是在他居攝皇帝位時，「以周錢有子母相權」爲由，更改武帝以來的五銖錢幣制，即於五銖錢外，另鑄值五十的大錢（重十二銖），以及刀形

35　W. A. Lewis, *Developing Planning*(London: George Allen & Unwin Ltd., 1966), pp. 130-38.

36　R. I. McKinnon, "Financial Policies", in John Cody et al(eds.), *Policies for Industrial Progress in Developing Countries*(London: Oxford University Press, 1988).

37　加藤繁，《中國經濟史考證》。

的兩種高面值通貨：一為值五百的契刀；一為值五千的錯刀。使錢幣共
為四種（〈食貨志〉）。錯刀雖用銅鑄，但其面上「一刀直五千」五字，
是用黃金鑄，且因其貴重，「四方或用金或用桃著革帶佩之」（〈王莽
傳〉注，服虔曰），佩上有文曰「正月剛卯」，表示是該日作佩，民間乃
習稱此類金刀為「卯金刀」，由於此三字可構成「劉」字，王莽忌之，
故於受禪後，將此二刀幣廢除（〈王莽傳〉），並亦廢除五銖錢，以免「人
心思漢」，隨後重建幣制，共有金、銀、龜、貝、錢、布六名（類）二十
八品（種）。

據〈食貨志〉，此幣制實以小錢為基本計算單位。小錢，徑六分，
重一銖，文曰「小錢直一」；么錢徑七分，重三銖，文曰「么錢一十」；
幼錢徑八分，重五銖，文曰「幼錢二十」；中錢徑九分，重七銖，文
曰「中錢三十」；壯錢徑一寸，重九銖，文曰「壯錢四十」；再加上其
於居攝時發行的大錢（徑一寸二分，文曰「大錢五十」），是為「錢貨六品」。
黃金重一斤，值一萬錢（為小錢，下準此），是為「金貨一品」。朱提（縣
名）銀八兩為一流，值1584錢；其他銀一流值1000錢，是為「銀貨二品」。
「龜寶」計四品，元龜岠冉（孟康曰，「冉，龜甲緣也；岠，至也」），長
一尺二寸（意謂兩緣之間距離），值1160錢，或大貝十朋；公龜九寸，值
500錢，或壯貝十朋；侯龜七寸以上，值300錢或么貝十朋；子龜五寸以
上，值百錢或小貝十朋。「貝貨」有五品：大貝四寸八分以上，二枚為
一朋（下仿此），值216錢；壯貝三寸六分以上，一朋值50錢；么貝二寸
以上，一朋值30錢；小貝一寸二分以上，一朋值10錢；凡在一寸二分以
下之貝，不得為朋，每枚值3錢。「布貨」則有十品，即大布、次布、
弟布、壯布、中布、差布、厚布、幼布、公布、小布；小布長一寸五分，
重十五銖，文曰小布一百；自小布以上，每級增長一分，增重一銖，文
各為其布名，值各加一百，以致大布長二寸四分，重一兩，值千錢。由
於錢和布俱用銅鑄造，所以王莽的「寶貨」（係其貨幣總名）雖為六名

（類），實爲五物（金、銀、龜、貝、銅）。

　　從這五物、六名、二十八品的貨幣看，可說是超時空的妄想，而將貨幣發展史上的大多數貨幣予以一次出籠，其中「貝貨」與「布貨」乃是早期所用的貨幣，「錢貨」是秦漢所用的通貨，但均無如此複雜，而「金貨」與「銀貨」自元代起才被正式用爲貨幣，至於「龜貨」則在中國歷史上似乎從未作貨幣用途。尤有進者，錢貨與布貨中以及相互之間的比值亦頗不合理：例如小錢重一銖只值1文錢，么錢重五銖，本應值小錢5文，卻規定值10文，使面值超過實值一倍，大錢重十二銖，本應值小錢12文，其面值竟爲50文，超過其實值3.8倍；布貨亦爲銅鑄，其面值更高於錢貨，其小布重量爲幼錢的3倍，反而面值卻爲其5倍，若與小錢比，小布重量是小錢的15倍，但面值卻爲其百倍，大布重爲小錢的24倍，或大錢的一倍，但其面值卻爲小錢的千倍，或大錢的兩百倍。在這種情況下，此一幣制改革一開始就注定失敗，所以，當時市面上只「行小大錢二品而已」（〈王莽傳〉），並私下以五銖錢交易，王莽予以重罰，將使用五銖錢者充軍到邊疆，結果是「農商失業，食貨俱廢，民涕泣於市道」（〈食貨志〉）。所以到了地皇元年，王莽又罷大小錢，發行「貨布」與「貨錢」兩種；貨錢徑一寸，重五銖，值1文，作爲本位貨幣；貨布長二寸五分，廣一寸，值貨錢廿五（〈王莽傳〉）。顯然可見，王莽此時已向五銖錢屈服──但終究不是原來的五銖錢。

　　光武中興，雜用布帛金粟爲貨幣，乃從馬援之請，於建武十六年，恢復五銖錢鑄造；桓帝時，曾議改鑄大錢，但爲劉陶諫阻（《後漢書》本傳）。

　　王莽的復古癖表現於貨幣金融上還不止此，他又從《周禮》地官泉府的職掌，想到設立錢府，對民間貸款：一爲祭祀及喪事之貸款，不收利息，但規定分別於十天及三月以內歸還；一爲治產貸款，債務人須付息，利息計算方式，乃按治產一年所獲純益的10%（〈食貨志〉）──但

按〈王莽傳〉，應為月息3%。

揆其實際，政府貸放民間之事，在前漢各代似為普遍現象，據《西漢會要》卷五五中〈釋逋貸〉一項，文帝、武帝、昭帝、宣帝、元帝、成帝均曾下詔，免收人民所貸「種食」或「諸逋貸」「所振貸」「所振貸物」。但從這些名詞看，政府貸放者似乎主要為實物，尤以種子與食糧為主，可能是在賑濟貧民或流民時予以貸放——見「恤流民」與「荒政」等項。這一措施，亦延續到後漢——見《東漢會要‧荒政》。不過，可能亦貸予種食以外之財貨，例如武帝元狩六年，對於「無以自振業者，貸予之」（《漢書》本紀）。

第七節　社會福利政策

秦漢有關生產方面的經濟政策，將於下章公共建設及各別產業中予以介紹，本節的社會福利政策，係指政府對經濟弱者之協助，災荒之救濟，甚至包括執政者示惠之行為，以及倫理之激勵。這些政策的動機，全為愛民、慈民或悅民，此乃執政者應有之胸懷，所以前漢諸帝之諡號中，有若干以這一類行動而得諡，譬如惠帝之諡是因「柔質慈民曰惠」，文帝則因「慈惠愛民」，元帝由於「行義悅民」，成帝能「安民立政」而各得美諡。

秦始皇「少恩而虎狼心」（《史記》本紀，尉繚語），鮮有愛民、慈民之行動，故於三年、十七年與十九年，秦國發生大飢，均未採取救濟行動；四年，「天下疫，百姓內（納）粟千石，拜爵一級」（均見《史記》本紀），似乎是要以賣爵之所獲拯濟疫災，但「粟」與「疫」似無直接關聯，以致亦難以認定為社會福利政策。始皇示惠於民的唯一行動，似乎只是於三十一年，「賜黔首里六石米，二羊」（亦見本紀）。

漢代則不同，固不論惠帝之「慈民」，文帝之「愛民」，即使「勞

民」的武帝，對於飢民之救濟亦不遺餘力，王夫之於《讀通鑑論》讚之
曰：「武帝之勞民甚矣，而其救飢民也爲得，虛倉廥以振之，寵富民之
假貸者以救之，不給則通其變，而徙荒民於朔方新秦者七十餘萬口，仰
給縣官，給予產業，民喜於得生而輕去其鄉，以安新邑，邊因以實」（卷
三）。這是說，武帝以開倉放糧，獎勵私人救濟，以及移民等三種方式
來救災。實則武帝的救災方法，主要是自高帝至景帝所採對策之綜合，
例如高帝二年，關中大飢，令民就食蜀漢；文帝後六年，大旱、蝗，令
諸侯無入貢，弛山澤、減諸服御、損郎吏員，發倉庾以振民，民得賣爵；
景帝元年詔曰，「間者歲比不登，民多乏食，……其議民欲徙寬大地者，
聽之」（均見《漢書》本紀），其後，上郡以西旱，復修賣爵令，而裁其
價以招民，及徙復作得輸粟以除罪（《漢書·食貨志》）。事實上，前朝
救災方法而未爲武帝採取者，乃是文帝的令諸侯無入貢，弛山澤與民得
賣爵；以及文帝減服御、損吏員，景帝的減價賣爵與輸粟免罪。前者是
增加人民生存的空間，後者是充實政府救災的能力。這兩種方式，亦爲
武帝後若干執政者所採取，譬如昭、宣、元、哀諸帝，均曾對災民免徵
稅租；成帝鴻嘉三年四月，「令吏民得買爵，賈級千錢，大旱」（《漢
書》本紀）——政府似因大旱而賣爵。

　　不過，武帝對於救災有其獨創辦法，那就是「寵富民之假貸者以救
之」；元狩三年，「舉吏民能假貸貧民者，以名聞」；元鼎二年，詔曰，
「吏民有救飢民免其厄者，具舉以聞」（《漢書》本紀）。對於這些仗義
救人的富民，成帝有具體的獎賞，永始二年，詔曰：

　　比歲不登，吏民以義收食貧民，入穀物助縣官振贍者，已賜直。
　　其百萬以上，加賜爵右更，欲爲吏，補三百石，其吏也，遷二
　　等；三十萬以上，賜爵五大夫，吏亦遷二等；民補郎；十萬以
　　上，家無出租賦三歲，萬錢以上一年。（《漢書》本紀）

這表示，政府除償還義行所支付之錢物外，並對這些義民獎以爵位、官職，或免徵若干年租稅。

秦漢之時，山川林澤爲天子私有，文帝「弛山澤」，意味人民在林澤樵漁，且不收租，這種情況亦出現於後漢和帝之時，永元九年，十一年、十五年均曾如此（《後漢書》本紀）──此外，後漢救災措施，以開倉賑濟與免徵租稅爲主要手段（詳見《東漢會要・荒政》）。

對於死者，兩漢政府亦予以葬殮或給予其家屬金錢，例如成帝河平四年，對於水災死不能自葬者，令郡國給槥櫝葬埋，已葬者予錢，人二千；哀帝即位時則將喪葬費提高爲一人三千（《漢書》本紀）；後漢對於水災、風災及震災中死者的喪葬費仍維持一人二千，有紀錄者爲安帝建光元年，延光元年，順帝永建三年，桓帝永壽元年與永康元年（《後漢書》本紀）。在平時，亦對貧而無葬，或無家屬之死者，予以斂葬或祭奠，譬如，後漢安帝元初二年，遣中謁者收葬京師客死無家屬及棺槨朽敗者，皆爲設祭，其有家屬尤貧無以葬者賜錢，一人五千；質帝即位，遣使者巡視助葬，本初元年，因九江、廣陵二郡數遭寇害，令地方政府收葬枯骨，桓帝建和三年，對於京師貧而無以葬者賜錢，一人三千，若無親屬則葬於官地，表識姓名，爲設祠祭（《後漢書》本紀）。

除救災外，兩漢政府亦曾協助貧民，其動機可從文帝元年之詔看出：「方春和時，草木群生之物，皆有以自樂，而吾百姓鰥寡孤獨窮困之人，或阽於死亡而莫之省憂，爲民父母將何如，其議所以振貸之」（《漢書》本紀），乃出帛十餘萬匹，以振貧民（〈食貨志〉）。但是，最根本的做法，乃是協助人民取得生產工具，那就是將公地開放或租予貧民耕種，譬如高帝二年，對於故秦苑囿園池，令民得田之；武帝建元元年，罷苑馬以賜貧民；昭帝元鳳三年，罷中牟苑賦貧民；宣帝地節元年，假郡國貧民田，三年，詔池籞未御幸者假與貧民，又令流民還歸者，假公

田貸種食，元帝初元元年，以三輔太常郡國公田及苑可省者，振業貧民，江海陂湖園池屬少府者，以假貧民，勿租賦，六月，省苑馬以振困乏，二年，詔罷水衡禁囿，宜春下苑，少府佽飛外池、嚴籞池田，假與貧民；永光元年，令民各務農畝，無田者假之，貸種食如貧民（《漢書》本紀）。後漢諸帝亦延續這種治貧之措施，例如明帝永平九年，詔郡國以公田賜貧人，十三年，汴渠成，詔以濱渠下田賦與貧人；章帝建初元年，詔以上林池築田賦與貧人，元和三年，詔以肥田尚多，未有墾闢，其悉以賦貧民，給與種糧；安帝永初元年，以廣成游獵地及被災郡國公田，假與貧民，三年三月，詔以鴻池假與貧民，四月，詔上林廣成苑可墾闢者與貧民（《後漢書》本紀）。這些措施中，所謂「假」，是指出租給貧民，再由耕者納租，至於未稱「假」者，當係公地放領；其所謂「貸種食」，是指由政府貸予種子糧食，但很多時候卻下詔免予歸還，此即上節所述的「釋逋貸」，這又是一種社會福利工作。較大規模的社會福利政策，乃是平帝元始二年，罷安定呼池苑為安民縣，起官寺市里，募徙貧民，縣次給食，至徙所賜田宅什器，假與犁牛種食；又起五里於長安城中，宅二百區以居貧民（《漢書》本紀）。

　　對於「貧而無告」的鰥寡孤獨，兩漢諸帝亦常賜予布帛米粟，例如文帝十三年，賜天下孤寡布帛絮；光武帝建武廿九年、三十一年，賜鰥寡孤獨篤癃貧不能自存者粟，前兩次每人五斛，後一次每人六斛。據《西漢會要》卷四八，《東漢會要》卷廿八，前漢自文帝起，這種行動計28次（其中宣帝有12次），後漢自光武起，則為20次（其中明帝有5次）。

　　一般說來，秦漢最常用的「惠民」工具，厥為賜民以爵。此所謂「爵」，即商鞅所建立之軍功爵，計20級，其第一級曰公士，第二十級為徹侯。有爵者可以減刑與縮短役齡，而且七級爵起，即可與地方官吏抗禮；漢代，爵至第九級，可免賤役。所以，秦漢常以賜爵，示惠於民，惟秦始皇生前只賜爵三次，兩漢諸帝則常為之，尤以宣帝為最，其

生前計賜爵十四次，但人民爵級最多只能累積到第八級，以免達到第九級可享免賦役之優待。由於爵有其經濟涵義，故亦成爲經濟財，可以成爲買賣的標的物，惟須政府允許，爲政府亦偶爾賣爵，用以救荒或作國用[38]。

---

38 參見拙作，〈秦漢賜爵、買爵、賣爵及其經濟涵義〉，《國立編譯館館刊》17卷2期。

第九章
大一統下的經濟暨產業發展

　　本章內容是以秦漢經濟發展為重心，政府在經濟發展過程中的主要任務，是提供一個優良的投資環境，這將包括政府有關部門的行政效率、公平的賦稅制度，有效的金融體系，以及相當廣泛的公共建設。前三者已述於上一章，後者則作為本章第一節，在這一節裡，除陳述交通、運輸等硬體建設外，亦將涉及安全、秩序及教育等軟體建設。本章與上章的主要區別，是較為著重個體面，以別於上章在總體面的探討。

　　若是政府有所激勵，或至少不予抑制，再加上社會之崇尚，則可能促進科技之發展，以及企業家之出現，這些均對經濟發展有正面效果，秦漢在這方面的情況，是列為本章第二節。

　　經濟成長的具體表現，是各種產業的發展，是以，秦漢農、工、商業的發展，將依次述於第三、四、五節。但將於第三節涉及土地政策，第四節旁及公營事業，第五節則須述及重要都市或經濟中心，另以第六節述及兩漢的國際貿易。

　　本章雖然標題為「大一統下的經濟暨產業發展」，但是，並不意味一元體制下經濟是呈直線成長，甚至於有時候，經濟成長率會成為負值。事實上，第七章在析述大一統經濟特色之時，已曾指出埋下崩潰的因子，否則，亦不會從一元體制分裂為下一階段的第一次多元體制，因

此，本章將以大一統政經制度之崩潰爲最後一節。但在此節以前，將縱論秦漢財經得失，作爲第七節。

第一節　公共建設

本節所云公共建設，是非常廣義的，而不限於硬體性之公共工程。

亞當・斯密主張自由經濟，認爲政府在經濟事務中所應做的，只是維護國防安全與社會秩序，而非直接干預之。維護國防安全，是防止外敵入侵而蹂躪經濟成果；維護社會秩序，是保障生命財產及交易之運行，而有助於經濟發展。此二者均可視爲軟體性公共建設。

在維護國防安全上，秦始皇與漢武帝之北逐匈奴，可說是正確的防衛之道，而秦代所築長城更是純爲防禦。按七國分立時，燕、齊、韓、魏、趙、秦均曾各築長城，但不相續，後由始皇續之，此即《日知錄》之：「秦滅六國，而始皇帝使蒙恬將十萬之眾（《漢書・匈奴傳》作「將數十萬之眾」）北擊胡，悉收河南地，因河爲塞，築四十四縣城。東臨河，徙謫戍以充之，而通直道。自九原至雲陽，因邊山險壍、谿谷可繕者治之，起臨洮至遼東，萬餘里，又度河據陽山北假中。」（〈長城〉）——《水經注》則稱「長城起自臨洮，至於碣石」（卷三）。

據時人黃麟書考證，秦始皇長城之位置，依現今地名，起自甘肅省岷縣（秦之臨洮縣也）城西十二里，東傍洮河之右岸，轉北經今會川縣城、臨洮縣城、洮沙縣城之西，再北至洮河入黃河之口，又傍黃河之右岸，北經今蘭州市及榆中市之北，經今靖遠縣城之西北，入寧夏省，經中寧縣城之北、金積縣城、靈武縣城、陶樂縣城之西，北入今綏遠省，仍傍黃河東岸，再北截黃河而北，傍黃河支流五加河之東岸，北經今臨河縣城之西，折東經今晏江縣城、五原縣城之北，再截五加河而東，以接於陰山。再傍陰山而東，經今安北縣、固陽縣、武川縣之北，包石門水，

再東包大黑河源之北，東經今陶林縣、集寧縣、豐鎮縣之北，包岱海及奇爾池。再東經今興和縣之北，往東北包東洋河，入今察哈爾省，經康保縣、寶昌縣之西北，循灤河左岸，經多倫縣之北，向南轉東，經今熱河省圍城縣，再向東北，經赤峰縣城之北，傍西路戞河左岸之山，於小河沿建平河口之北，截老哈河而東，經今建平縣之北，截教連河、牤牛河而東，再經今阜新縣，入遼北省，截柳河而東北。再經今彰武縣、法庫縣，截遼河，向東北、經昌圖縣，轉東、經今西豐縣，入安東省，經東豐縣、海龍縣之北，再東入吉林省樺甸縣之北，截輝發河，轉南又入安東省，於臨江縣城之上游，截鴨綠江而南入朝鮮。經平安道之熙川截清川江，再南入平安南道，經德川，截大同江，又南入黃海道，經黃州，訖於載寧江口上游，大同江之左岸，該處有碣石，為長城終點，此即《水經注》所云「至於碣石」[1]，亦即《日知錄》所云「至遼東」。

其後，「則漢武帝元朔二年，遣將軍衛青等擊匈奴，取河南地，築朔方，復繕故秦時蒙恬所為塞，因河為固」（《日知錄‧長城》），後於太初三年，「築原塞外列城，西北至盧朐」（《漢書》本紀）。黃麟書認為五原塞外列城，自受降城接於稒陽石門障；雞鹿塞東接於高闕以東。蒙恬因於趙北長城所築之亭障，西接於眩雷塞、熊水障、休屠城、澤索谷、遮虜障、東部障、偃前障、西部障、昆侖障、步廣候宮、漁澤障、（效穀）至玉門關、陽關，可稱為漢武障塞，乃是始皇長城之延長或擴展，續以敦煌西至鹽澤之亭，以斷匈奴之右臂，而始皇遼東長城，是斷匈奴左臂，合此秦城漢塞，北禦匈奴南侵，信為完善之塞防[2]。

席克斯認為法律的發展是和貨幣發展有密切關係，且由此可以產生信用[3]，其實，法律對經濟成長的貢獻遠逾於此，因可保障財產、生產

1　黃麟書，《秦始皇長城考初稿》（珠海書院，民國48年），第八章。

2　同上，第七章。

3　John Hicks, *A Theory of Economic History*(Oxford University Press, 1969), ch. 5.

與交易。秦之法律始於商鞅，商鞅則以魏國李悝的法經爲本（《晉書・刑法志》）。惟秦法苛細，所以，漢高帝入關只約法三章，天下統一後，蕭何再雜採秦法，作律九章（《漢書・刑法志》）。此九章，乃盜、賊、囚、捕、雜、具、戶、興、廄律[4]，從有關內容看，似乎只有雜律與經濟行爲關係較多[5]。但其後兩漢諸帝多有增益，以致涉及財經律令，至少有下列諸種：上計律、錢律、田律、田租稅律、金布令（即倉庫令）、水令、養老令、緡錢令[6]。其所以有律有令，乃是「前主所是、著爲律，後主所是、疏爲令」（《史記・杜周傳》）。

維持社會秩序，除法律外，還須有執法人員，漢代鄉官之一的游徼，其職掌即爲「禁賊盜（《漢書・百官公卿表》），最爲重要的，乃是「亭」的組織，據研究，亭乃保護地方治安的據點，確保國防安全的堡壘，以及安頓行旅宿食的處所[7]，故對經濟事務有相當的貢獻。

人力資本是促進經濟發展的主因，而教育則是促進人力資本形成的重要手段。秦始皇焚書坑儒，以法爲教，以吏爲師，當然對於教育是負效果，但在焚書中，「所不去者，醫藥、卜筮、種樹之書」（《史記・秦始皇本紀》），亦對經濟發展略有助益。漢代對於學校教育逐漸形成系統，可以分爲官學、私學二種。官學之由中央政府辦理者稱爲「太學」，由地方政府辦理者，稱爲郡國鄉黨之學，計分四類：郡國曰「學」，縣曰「校」，鄉曰「庠」，聚曰「序」。私學亦分爲二種：一爲書館，係私塾性質；一爲著名經師（如後漢馬融、鄭玄等）設帳之所[8]。

漢武帝始置博士弟子五十人，爲太學之濫觴，但是，真正的太學，

---

4 程樹德，《九朝律考》（商務版），〈漢律考〉之律名考。
5 沈家本，《漢律摭遺》（商務版），卷一，關於「雜律」之舉例，乃是「假借」「不廉」「呵人受錢」「使者驗賂」。
6 程樹德，《九朝律考》，〈漢律考〉之律名考。
7 王家梧，《秦漢鄉亭里制之研究》（民國43年），第三章第四節。
8 王鳳喈，《中國教育史》（正中書局，民國70年），第七章第二節。

是始於王莽執政之時，平帝元始三年(西元3年)，命天下立學官，次年在京師建立學生黌舍，使太學生人數大增：五經博士領弟子員三百六十；六經三十博士弟子萬八百人。後漢更有完整的太學制度，至順帝時，太學生增至三萬餘人[9]。但郡國之學卻始於景帝末，文翁爲蜀郡守時所創，由於成效卓著，武帝乃令天下郡國皆立學校(《漢書‧循吏傳》)。

　　至於硬體性公共建設，主要是在交通運輸方面，這可區分爲陸路與水路兩種[10]。在討論陸路上，首先令人聯想到秦漢的馳道。馳道有兩種：一爲天子在宮中與京師專用的路線，〈秦始皇本紀〉中所稱之「甬道」屬之，漢成帝爲太子時，雖應詔亦不敢使用馳道(《漢書》本紀)，即指此類；一爲天子巡視天下所用之道路，但僅中央三丈專供天子車騎之用，其餘部份可供吏民往來。此處所云，主要是指後者。

　　秦代馳道始於始皇廿七年，卅五年再置直道(《史記》本紀)——「直道」一詞採自〈六國表〉。據《漢書‧賈山傳》，「始皇爲馳道於天下，東窮燕齊，南極吳楚，江湖之上，濱海之觀畢至，道廣五十步，三丈而樹，厚築其外，隱以金椎，樹以青松。」《讀史方輿紀要》曾記其遺跡曰，「湖廣永州府零陵縣有馳道，闊五丈餘，類大河道」(卷八十一)，但據最近發現，且更爲壯觀，這就是於1988年春，在陝北榆林地區的毛烏素沙漠發現了長約七十公里的秦代「直道」遺址，其寬度達百步(有一百六十多公尺)，高出地面一至十一公尺，有的利用當地的黑壚土築成，有的就地用白堊泥舖就，遠遠望去，猶如一條大壩巍然聳立[11]。

　　秦之馳道，漢代仍保持之，武帝封禪，「天下郡國皆豫治道橋」(《史記‧平準書》)，《漢書‧王訢傳》與〈黃霸傳〉，均曾言及地方官吏修

9　李久沂，《兩漢太學探源》(大中國圖書公司，民國58年)，〈太學之學舍〉。

10　本節所述秦漢交通運輸情況，除另註出處外，悉本林劍鳴等著，《秦漢社會文明》(西北大學出版社，1985)，第八章。

11　民國77年4月20日《聯合報》。

治馳道。除保持這些馳道外，漢代亦開闢不少陸上交通，例如武帝「發數萬人作褒斜道五百餘里」(《史記‧河渠書》)，唐蒙、司馬相如開路西南夷，鑿山通道千餘里，以廣巴蜀(〈平準書〉)；平帝時，王莽通子午道，從杜陵直絕南山，徑漢中(〈王莽傳上〉)；從漢明帝永平六年，漢中郡開通褒餘道258里，郵亭驛置徒司空、褒中縣官寺計64所[12]。

總括言之，秦漢馳道自京師東出函谷關，經洛陽，復循濟瀆抵定陶，直達臨淄，形成東西貫通的幹線。由此幹線又延伸為三條分幹線：一自洛陽渡河，經鄴縣、邯鄲，以通涿薊，為東北幹線；一自陳留沿鴻溝，由穎水入淮，向南沿肥水、巢湖，以達長江，為溝通東南的第一幹線；一自定陶經泗水入淮，復沿邗溝以達長江，為東南第二幹線。

秦漢的北邊道路，主要為軍事用途，始於始皇卅五年，蒙恬築直道，始於咸陽西北的雲陽，經今陝西淳化的秦林光官北行，進入鄂爾多斯草原，過烏審旗北部，再經東勝縣，於昭君墓渡黃河，直抵包頭市附近的秦九原郡，全長一千八百里。北部的另一條重要道路為飛狐道，後漢初年建，「自代至平城三百餘里」(《後漢書‧王霸傳》)，即自今山西大同市附近經今河北蔚縣伸延。至於西北邊境的著名道路則是回中道，建於武帝，自今陝西隴縣附近通今寧夏固原。後漢初，來歙再拓展之，直抵略陽。前述兩漢開闢的褒斜道、子午道、褒餘道及西南夷道，連同秦代的棧道，構成巴蜀及西南夷道路網。嶺南方面，秦取南粵，築有新道，後漢續有開闢，光武帝建武二年，衛颯為桂陽太守，「鑿山通道五百餘里」，溝通曲江等三縣交通；章帝建初八年，鄭弘為大司農，「奏開零

---

12 《續古文苑》卷十，〈鄐君開通褒斜道記〉——引自傅筑夫、王毓瑚，《中國經濟史資料‧秦漢三國編》(中國社會科學出版社，1982)，第二章第一節。關於「郵亭驛置徒司空，褒中縣官寺」，張傳璽曾撰專文釋之，見其著，《秦漢問題研究》(北京大學出版社，1985)，頁305-308。此處之「寺」並非佛寺，而是官方招待所。

陵，桂陽嶠道」（《後漢書》本傳）。

關於國際通道，則是著名的「絲路」，據《漢書‧西域傳》，此路自長安出發，穿過河西走廊，出玉門、陽關，分為兩道（詳見第六節）。

關於水路，可分海上交通與內河航運二種，後者又可分為二：一為利用天然河道；一則開鑿運河（多與灌溉、治河、防洪有關）。此處只介紹運河，秦始皇伐百越，鑿靈渠（《史記‧平津侯主父列傳》），溝通長江水系與珠江水系。漢為通漕事，採鄭當時之議，「引渭穿渠起長安，並南山下，至（黃）河三百餘里……三歲而通」（《史記‧河渠書》）。

秦漢開闢陸路與運河，其目的雖為巡狩、軍事及運漕，但亦有助於資源、財貨之流通。

第二節　科技進步及企業家的出現

秦漢之世，自然科學以天文曆法為最盛[13]，按我國古曆是始於伏羲氏時代前期（西元前4700餘年）[14]，但至漢武帝時製作的太初曆，始較完備（《史記‧曆書》），隨而使《史記‧天官書》成為中國古天文學中最重要的著作[15]。當時，言天體者有三家：一曰周髀；二曰宣夜；三曰渾天。宣夜之學，絕無師法；周髀數術具存，考驗天狀，多所違失，故史官不用；惟渾天近得其真（《後漢書‧張衡傳》註引「名臣奏」）後漢張衡於安帝作渾天儀，具南北極、赤道、列二十四氣，二十八宿，中外星官及日月五緯，於密室中，以漏水轉之，星現星沒，皆如合符；於順帝時復作

13　呂思勉，《秦漢史》（開明版），第十八章第七節。
14　參見拙作〈中國古曆始於何時？〉，《中國文化復興月刊》，21卷5期。
15　李約瑟著，陳立夫主譯，《中國之科學與文明》（台北：商務，民國69年），第5冊，頁45。

候風地動儀，以測地震[16]——有關渾天儀之功能及運作方式，將於第十一章第二節詳論之。

其次是數學，在名義上，《周髀算經》雖被認爲是中國最古老的數學典籍，但其確實的年代，卻比《九章算術》約晚二百年[17]。據劉徽於《九章算術注》序中云，此書乃經漢初張蒼，宣帝時耿壽昌，先後「因（先秦）舊文之遺殘，各稱刪補」，共由九卷及二四六個問題構成：卷一爲方田，以御田疇界域，測量矩形、梯形、三角形、圓、弓形與圓環的面積；卷二爲粟米，以御交質變易，揭示百分法與比例，並使用不定方程式；卷三爲差分，以御貴賤廩稅，討論合資問題與比例（含等差、等比級數）；卷四爲少廣，以御積冪方圓，由圖形的面積及已知邊，求出其未知邊，涉及開平方與立方；卷五爲商功，以御功程積實，測量角墻（柱）、圓墻、角錐、圓錐、圓銓台、四面體、楔形等物體的體積；卷六爲均輸，以御遠近勞費；卷七爲盈不足，以御隱雜互見，專論中國代數的發明，主要是用於解ax＝b形式的方程式之「虛位法」；卷八爲方程，以御錯糅正負，曾用正、負數去研究一次聯立方程式——負數的出現，比任何文明國家都早得多，最後一問題，含有四個方程式與五個未知數，實爲不定方程式的先驅；卷九爲勾股，以御高深廣遠，研究直角三角形[18]。

春秋時，已有良醫，如秦醫緩，診斷晉景公「病入膏肓」（《左》成十年），末年，秦有扁鵲，漢初有淳于意，均爲良醫（《史記·扁鵲倉公列傳》），但最古之醫書，雖託言《黃帝內經》，但據考證，不出戰國以後[19]。後漢靈帝時孝廉張機（字仲景），著《傷寒論》及《金匱要路》

---

16 張蔭麟，〈中國歷史上之奇器及其作者〉，取自郭正昭等編，《中國科技文明論集》（牧章出版社，民國67年）。

17 李約瑟，《中國之科學與文明》，第6冊，頁35。

18 同上，頁48-50。

19 嚴一萍，〈中國醫學之起源考略〉，取自郭正昭籌編，《中國科技文明論集》。

二書[20]，有系統地分析外感與內傷疾病[21]。

在工藝方面，中國四大發明中的指南針與紙，均出現於秦漢時期，後者乃後漢宦者蔡倫所發明：「自古書契多編以竹簡，其用縑帛者謂之紙，縑貴而簡重，並不便於人。倫乃造意用樹膚、麻頭及敝布、魚網以爲紙。……故天下咸稱蔡侯紙」。指南針之出現，則始於秦，《呂氏春秋》即有「磁石召鐵，或引之也」[22]之語。冶金技術於此期間已甚發達，否則，秦始皇「收天下兵……鑠金人十二」（《史記》本紀），「各重三十四萬斤」（《索隱》），如何能鑄成？近年發現的始皇墓中大批兵馬俑，其體積與真人真馬相等，抑或過之，由此亦可想見當時之陶藝。

其他工藝亦頗見巧思，後漢靈帝中平三（186）年，掖庭令畢嵐「鑄天祿蝦蟆吐水於平門外橋東，轉水入宮；又作翻車、渴烏，施於橋西，用灑南北郊路，以省百姓灑道之費」（《後漢書·張讓傳》），據注，「翻車、設機車以引水；渴烏爲曲筒，以氣引水上也」，可見此三者乃類似抽水、灑水之機械。另據《西京雜記》，大約於此同時，丁緩作七輪扇，連七輪、大皆徑丈，相連續，一人運之，滿室寒顫[23]。而且在鐵器製作上，有所突破（儘管這是農具），那就是近年在大陸各地發現的兩漢大鐵犁，最少需兩頭牛才可拉動，用以耕地或開溝做渠[24]。

在科技發展之際，企業家亦脫穎而出，秦漢之時，「天下言治生主白圭」，白圭乃戰國之初的企業家，史載其「樂觀時變，故人棄我取，人取我與。夫歲熟取穀，予以絲漆，繭出取帛絮，予之食。太陰在卯、

---

20 李濤，〈中國中古醫學史〉，取自《中國科技文明論集》。

21 本書作者幼時隨父習中醫，曾讀此二書，「外感」「內傷」二語，聞之先父侯馭洲府君。

2 引自李書華，〈指南針的起源及發展〉，取自《中國科技文明論集》。

23 引自李約瑟，《中國之科學與文明》，第8冊，頁264。

24 張傳璽，〈兩漢大鐵犁研究〉，見所著《秦漢問題研究》（北京大學出版社，1985）。

穰、明歲衰惡；至午、旱，明歲美；至酉、穰，明歲衰惡；至子、大旱，明歲美，有水，……欲長錢取下穀，長石斗取上種」。顯示白圭能掌握時機與預測，其所謂「太陰」，又稱「歲星」，即木星，約十二年一週天，其云「太陰在卯、穰，明歲衰惡」，是謂木星走到天體中卯區時，當年農業有好收成，但明年歉收，所以，今年要收購穀粟儲存，以待明年高價出售。至於購穀之款，乃是以前廉價收買之絲、漆；而絲乃於春季「繭出」之時，以穀易之。至於收購穀類，亦因目的而異；若為賺錢則買下穀，因其價廉；若為生產則買上穀，因種佳多產。白圭本身言行所顯示的「勤、儉、智、仁、勇、強」企業家精神（詳見第六章第四節），漸為工商人士接受。就在白圭的示範下，戰國期間就已出現了企業家，例如猗頓與郭縱分別以鹽與鐵起家，秦始皇時期，烏氏倮與寡婦清，分別以畜牧與開礦致富。漢初企業家出現更多，冶鑄者有卓氏、鄭氏、孔氏；經商者有刁閒、師史；糧食業有任氏；畜牧有橋姚；金融業有無鹽氏；關中富商則有田氏、栗氏與杜氏。此外，各行各業均可出現企業家，此即太史公所云：「夫繅嗇筋力，治生之正道也，而富者必用奇勝，……富無經業，則貨無常主，能者輻輳，不肖者瓦解，千金之家，比一都之君，百萬者乃與王者同樂，豈所謂素封者邪？非也」（均見《史記·貨殖列傳》）。這種盛況只出現於武帝以前，後因公營政策及賦役加重，企業家似成絕響，所以，《漢書》於此鮮有增益，《後漢書》更無法為「貨殖」立傳。據1993年吉林文史出版社刊印的《三十個富商巨賈》附錄中「中國歷代富商大賈名錄」中，前漢有卅二人，其中屬於前期的為十六人，末期有十二人，屬於中期的只有四人，後漢僅七人，前期為二人，末期五人。

第三節 農業發展與重農措施

自商鞅以農戰使秦國富強後，重農已為戰國後期經濟政策之重心，

始皇平六國後，於廿八年，在琅玡台刻石曰，「皇帝之功，勤勞本事，上（尚）農除末，黔首是富」（《史記》本紀）。但是，真正形成一貫的農業政策，乃在漢代，呂后執政時，特置孝弟力田二千石，文帝二年正月詔曰，「夫農天下之本也，其開籍田，朕親率耕」；九月詔曰，「農、天下之大本也，民所恃以生也，而民或不務本而事末，故生不遂，……其賜天下民今年田租之半」，可見漢代田租三十稅一，完全是出自重農的考慮，其後，十二年之始，十三年二月、六月之詔，均重申重農之意，景帝後二年詔曰，「雕文刻鏤、傷農業者也；錦繡纂組、害女紅者也」（《漢書》本紀），可見漢代「輕商」或「抑末」的動機，亦是為著「重農」或「崇本」[25]。

於當代經濟發展理論中，激勵投資的措施很多，大致可歸納為五個原則，即分別從投入成本、投入供給、產品需求、利潤吸引與投資過程等方面著手以促進之[26]，秦漢重農措施亦大抵循此五大原則，但以擴大「投入供給」為主體，特先述之。

農業投入亦即一般所云的四種生產要素：技術、土地、勞力與資本。只是此處的「土地」實指自然資源，其中包括水利灌溉。

秦祚甚短，其於農業技術之改良，鮮有史料，兩漢在農業技術上的貢獻，大致分為三類，即耕作方法改進，生產工具改良及新作物的引進。其中還包含此三類的推廣。兩漢在耕作方法的改進上，主要是前漢的代田與後漢的區種。前者是《漢書‧食貨志》所云，武帝時，趙過為搜粟都尉，「過能為代田，一畮三甽，歲代處，故曰代田」。按此志記載，

25　關於「重農」及「輕商」的原因，詳見拙作〈我國重農輕商思想之研究〉、《國立政治大學學報》，第40期，亦見《中國史學論文選集》第四輯（中華文化復興運動推行委員會主編，民國70年）。

26　H. B. Chenery, "Development Policies and Progress," *Economic Bulletin for Latin America*, vol. 3, no. 1 (1958).

趙過對於耕作方法之改進至少有；一為「甽田代處」法，代替往昔的「萊
田休耕」法，意即以往為整塊田輪流休耕，類似歐洲的三圃法，而趙過
則將一夫百畝之地，分為三百甽，即一畮三甽，每年使三甽之一休耕；
一為以「甽種」法，代替往昔的「縵田法」──後者是將種子散播於田
中，故曰「縵」，而甽種法則是將種子直接播於甽（廣尺深尺）中，便於
耕耨[27]。再配以耦犁（也許即是上述的大鐵犁），「故畮五頃，用耦犁，二
牛三人，一歲之收，常過縵田、畮一斛以上，善者倍之。」

　　後漢光武時推行之「區種」法，乃是精耕方式，據《後漢書・劉般
傳》注引《氾勝之書》[28]，似亦可稱「區田法」，即於田畝中劃分很多
小區，播種其中，每區均深六寸，但面積與小區之間距離，則因土地沃
度而定；上等田每小區面積為六平方寸，間隔七寸，一畝有3700區，每
區最高收穫量為三升粟，每畝可獲粟111石（該書只云「畝得百斛」）；中
等田每區面積七平方寸，間隔二尺，一畝為1027區，每畝可獲粟51石；
下等田每區面積九平方寸，間隔三尺，每畝可獲28石粟。這一區種法，
不僅精耕，也且省水，天旱時，由農民對各小區澆水。由於精耕，一對
成年男女只能種十畝，而非前漢的百畝。至於其單位面積產量，則可能
過於誇張，這就是〈劉般傳〉所云，「通使區種增耕，而吏下檢結多失
其實，百姓患之」，但其產量定必超過文帝時，「農夫五口之家，其服
役者不下二人，其能耕者不過百畮，百畮之收不過百石」（〈食貨志〉引
鼂錯語）的單位產量。再按《齊民要術》所引《氾勝之書》，上等田每
小區播種二十粒，用糞一升，合土和之。是以，區種或區田法至少有下
列優點：1.密集施肥；2.省水防旱；3.救濟牛荒[29]。

27　參見李劍農，《先秦兩漢經濟史稿》（華世出版社重印，民國70年），頁166、
　　167。
28　按氾勝為成帝時議郎，因此區田法也許是創於前漢。
29　李劍農，《先秦兩漢經濟史稿》，頁168。

　　趙過除改進耕作方法外，還對生產工具有所改良，譬如「用耦犁」，而且，大農亦予配合而作新工具。此即〈食貨志〉所云，「大農置工巧奴與從事，爲作田器，二千石遣令長、三老，力田及里父老善用者，受田器」。雖然牛耕可能已於新石器時代就出現在今日浙江南部，而推廣於春秋之時，但於後漢時，嶺南甚至廬江的農民還不知牛耕，故任延與王景分別爲九眞與廬江太守時，均曾以牛耕教民（《後漢書·循吏傳》），這亦是一種技術推廣。後漢之初，杜詩爲南陽太守，「造作水排，鑄爲農器，用力少，見功多，百姓便之」（《後漢書》本傳）。

　　至於引進的新作物，主要是武帝時的苜蓿、葡萄，據《漢書·西域傳、大宛》，「漢使采蒲陶、目宿歸，天子以天馬多，又外國使來眾，益種蒲陶、目宿離宮旁」，益種苜宿以飼天馬，種葡萄釀酒以饗外使。

　　關於農地之提供，上章第七節已經述及兩漢將公地開放或租予人民耕種，除此之外，商鞅治秦時，首先強調墾荒，以增加農地供給[30]；漢武帝「募豪民田南夷」（〈平準書〉），章帝於元和三年下詔，「今肥田尚多，未有墾闢，其悉以賦貧民，給與糧種，務盡地力」（《後漢書》本紀）。由此觀點看，兩漢屯田亦可作如是觀，因爲屯田目的固爲「備邊」或「實邊」，但在實際上，卻是墾拓荒地爲田，隨而擴大農地供給。前漢屯田，是始於文帝時鼂錯的建議（《漢書》本傳），武帝「元鼎五年，初置張掖、酒泉郡，而上郡、朔方、西河、河西開田，官斥塞卒，六十萬人戍田之」（〈食貨志〉），規模可謂盛大；後漢之初，即已屯田，光武時屯田於境內，明帝起，注意邊境的屯田（《東漢會要》卷卅四）。

　　眞正直接對農民提供農地的行動，乃是水利或灌漑工程的興建，譬如秦代鄭國渠，長三百餘里，「用注塡閼之水，漑澤鹵之地四萬餘頃」

30　《商君書·更法》載，秦孝公聽取「商鞅與甘龍杜摯議變法」後，「遂出墾草令」。

（《史記·河渠書》），顯然是增加農田供給；蜀守李冰，「壅江作堋，穿郫江，檢江別支流雙過郡下」，除「行舟楫」「坐致材木」外，「又溉灌三郡，開稻田，於是蜀沃野千里，號爲陸海」，且因「旱則引水，浸雨則杜塞水門」（《華陽國志》卷三），而可提高農地利用效率，亦等於是增加農地供給。

在漢代，急於用水利以直接增加農地面積，譬如《史記·河渠書》載，武帝時，河東守番係建議，「穿渠引汾，溉彼氏汾陰下；引河溉汾陰蒲坂下，度可得五千頃，故盡河壖棄地」，武帝從之，後黃河改道，「田者不能償種」，乃廢；「其後莊熊羆（〈溝洫志〉作「嚴熊」）言，臨晉民願穿洛以溉重泉以東萬餘頃故鹵地」，於是作井渠──此乃水利工程的創新，即於深井下通水（似即今日新疆境內的坎兒井），穿渠時得龍首，「故名曰龍首渠，作之十餘歲，渠頗通，猶未得其饒」。由此可見，漢武帝以水利擴充農田的辦法，多是事與願違，但王莽時，「以廣漢文齊爲（益州）太守，造起陂地，開通灌溉，墾田二千餘頃」（《後漢書·西南夷傳》），也許可視爲以水利擴充農田的成功之例。後漢成功之例，應首推和帝時，山陽太守何敞「修理鮦陽舊渠，……墾田增三萬餘頃」（《後漢書》本傳）。在另一方面，以水利提高耕作效率，而間接擴大農地供給的成功例證，則史不絕書。武帝時，兒寬爲左內吏，奏請開六輔渠，「以益溉鄭國（渠）旁高仰之田」；「趙中大夫白公復奏穿渠，引涇水，……注渭中，袤二百里，溉田四千五百餘頃，因名曰白渠」（《漢書·溝洫志》）──另一方面，〈河渠書〉記載武帝率眾親塞瓠子決口，「自是之後，用事者爭言水利，朔方、西河、河西、酒泉，皆引河及川谷以溉田；而關中輔渠靈軹，引堵水；汝南、九江引淮；東海引鉅定；泰山下引汶水，皆穿渠爲溉田，各萬餘頃，他小渠披山通道者不可勝言」。其實在漢初，就已注 意到水利工程，譬如高帝之姪，羹頡侯劉信於宣城造七門三堰，灌田二萬頃（《文獻通考》卷六，引〈七門廟記〉）；

文帝末年，「廬江文翁爲蜀守，穿湔江口，漑灌繁田千七百頃」（《華陽國志》卷三）。武帝後較著之水利工程，主要爲元帝時，召信臣爲南陽太守，「開通溝瀆，起水門提閼凡數十處，以廣漑灌，歲歲增加，多至三萬頃」（《漢書·循吏傳》）。後漢初，鄧晨爲汝南太守，「興鴻卻陂數千頃田」。其後較著者爲章帝時，山陽太守秦彭「興起稻田數千頃」（均見《後漢書》本傳）。章帝時，馬棱爲廣陵太守，「興復陂湖，漑田二萬餘頃」（見《後漢書·馬援傳》），順帝時，會稽太守馬臻創立鏡湖，「堤塘周回五百一十里，漑田九千餘頃」（《御覽》卷六六引《會稽記》）。

　　政府影響農地供給的另一重要工具，乃是土地政策。秦始皇「使黔首自實田」[31]，可說是正式宣告私有財產制度的開始，蓋因人民自己開闢的土地屬於其個人所有，而不像井田制度下的授田。這一方面史料闕如，但可想見，在自利心之吸引下，農地面積應將大量增加，而且土地的自由買賣將更趨活絡。這種情況就導致漢代土地兼併風氣，所以，至武帝時，董仲舒就借古諷今地說：秦「用商鞅之法，改帝王之制，除井田，民得賣買，富者田連仟伯，貧者亡立錐之地」（《漢書·食貨志》）——漢代土地兼併情況，已述於上章第二節。

　　這種兼併風氣，促使董仲舒建議，「限民名田以澹不足，塞併兼之路」，但武帝只於算緡錢時，禁商賈名田，即禁止商人擁有田地；哀帝時，大臣師丹限田之議被採納，規定「諸侯王列侯皆得名田國中，列侯在長安，公主名田縣道，及關內侯吏民皆毋過三十頃」（俱見〈食貨志〉），但哀帝自己卻「賜（董）賢二千餘頃，均田之制從此墮壞」（《漢書·王嘉傳》）；王莽受禪，於始建國元年（西元9年）下詔，「更名天下田曰王田，奴婢曰私屬，皆不得賣買；其男口不盈八，而田過一井者，分餘田予九族鄰里鄉黨；故無田，今當受田者，如制度」。但實施後之第三年，「王

31　《史記·秦始皇本紀》，卅年下，《集解》引「徐廣曰，使黔首自實田」。

莽知民怨甚，迺下書曰，……諸名食王田皆得賣之，勿拘以法，犯私買賣庶人者，且一切勿治」（《漢書》本傳），於是乎推行三年的王田制度，由雷厲風行一下子變爲雲飛煙散。

這些限田或均田政策的構想，當然是想農地農用，給予農民更多的生活空間，但均不成功，以致想利用此等政策以增加農地供給的想法，全成泡影。

在增加勞力方面，上章第一節述及兩漢以免除徭役，加重適婚而未嫁女子之稅負，以及賜胎養穀等措施，獎勵人口增加，於根本上，是屬於此一政策範疇。廣而言之，秦漢的「七科謫」（見第七章第二節）中，也許有一部分被迫從事農耕，以增加整個農業的勞力供給。此外，漢代還曾要求非農民歸農，以及不違農時，以積極及消極地增加農業勞力：前者如宣帝於本始四年，詔減樂人，使歸就農業；後者如元帝於建昭五年，詔飭毋以小罪徵召農民（《漢書》本紀）。

農業資本主要爲種子、食糧及耕牛，兩漢政府常將此類資本貸予農民，前漢情況可從《西漢會要》卷五五〈釋迣貸〉中看出，其中很多是貸種食，亦有貸耕牛情事——最具代表性乃是平帝元始二年，對於移民至安居縣的貧民，賜田宅什器，假與犁、牛、種、食（《漢書》本紀）；後漢亦是如此。以和帝爲例，永光十二年，詔貸被災諸郡民種糧，十三年，詔眾林民失農桑業者，賑貸種糧，十六年，詔貧民有田業而以匱乏不能自農者貸種糧，又對兗、豫、徐、冀四州，貧民無以耕者，爲信耕牛（《後漢書》本紀）。地方官員亦以勸導方式，協助農民增加農業資本，例如龔遂於宣帝時爲渤海太守，當地人民好帶持刀劍，乃予勸諭，「使賣劍買牛，賣刀買犢」（《漢書》本傳）。

兩漢對於投入成本的降低，主要是反映在「釋迣貸」，因爲政府貸予農民者多爲糧食、種子等農業投入，漢代政府經常免除農民的償還，無異是降低其投入成本。關於增加農產品需求，主要是納粟拜爵，始皇

四年初創此例（《史記》本紀），後來是文帝納鼂錯之議，准許人民納粟
受爵與免罪；此外，宣帝納耿壽昌之議而設常平倉（俱見〈食貨志〉），
亦在提高農產豐收時之需求（即倉儲）。在提高農業利潤之誘因上，主要
爲賦稅之減免，例如惠帝四年，詔舉民孝弟力田者復其身，文帝二年，
十二年詔賜田租之半，十三年詔除田租（《漢書》本紀），景帝更明定田
租爲「三十而稅一」（〈食貨志〉）昭帝元平元年詔減口賦錢，以勸農桑（本
紀）。關於投資過程之協助，以現代意義言，是政府協助投資過程之縮
短，但於此處，則主要是指上述各種方式以外的措施，這在漢代，厥爲
對農業作精神上之激勵，如呂后置孝弟力田二千石者一人，文帝二年始
開籍田，平帝元始元年，置大司農丞十三人，人部一州，以勸農桑（俱
見《漢書》本紀），而且兩漢各帝賜爵時，亦常對力田者賜爵[32]。

　　《史記·貨殖列傳》曾載：「陸地牧馬二百蹄（50匹），牛蹄角千（167
頭），千足羊，澤中千足彘（各250頭），水居千石魚陂，山居千章（株）之
材，安邑千樹棗，燕、秦千樹栗，蜀、漢、江陵千樹橘，淮北、常山已
南，河濟之間千樹萩（楸），陳、夏千畝漆，齊、魯千畝桑麻，渭川千畝
竹，及名國萬家之城，帶郭千畝畝鍾（六斛四斗）之田，若干畝巵茜，千
畦（25畝）薑韭，此其人皆與千戶侯等。」意味這些農業的各別經營者，
皆可每年獲利二十萬錢，而與千戶侯的歲入相等。從這些數字看，亦可
見當時農（藝）林、漁（養殖）、牧、園（圃）等業的經營規模。但是，這些
規模並不能視爲「超大」型，因據該列傳，「烏氏倮，畜牧，……畜至
用谷量馬牛」，「橋姚已致馬千匹，牛倍之，羊萬頭，粟以萬鍾計」，
另據〈平準書〉，卜式與其弟分家時，「獨取畜羊百餘，……入山牧十
餘歲，羊致千餘頭，買田宅」。在農作物方面，其所云「千畝」，實僅

---

32 參見拙作，〈秦漢賜爵，買爵、賣爵及其經濟涵義〉、《國立編譯館館刊》，
　　第17卷第2期。

十頃，而《後漢書·樊宏傳》載，其父名「重，字君農，世善農稼，好
貨殖。重性溫厚，有法度，三世共財，⋯⋯其營理產業，物無所棄，課
役童隸，各得其宜，故上下戮力，財利歲倍至，乃開廣田土三百餘頃」，
可見其規模之大及管理之善。

　　關於糧食作物單位面積產量，〈貨殖列傳〉所云「畝鍾之田」，是
說每畝產量六斛四斗，可能是上等膏腴之地；而後漢「區種」之法，每
畝百石，可能是實驗時，據少數特佳之小區的產量推估而成，致爲誇張
之語。至於一般田地產量，在前漢之初，也許每畝只有一石（《漢書·
食貨志》中鼂錯之語），但至後漢末期，則增爲一畝三斛──《後漢書·
仲長統傳》云，「今統肥饒之率，計稼穡之入，令畝收三斛」。農田單
位面積產量之普遍提高，固然是由於耕作方法與農具之改進，但主要可
能是由於灌溉之普及，因爲哀帝時賈讓言，「若有渠灌，則鹽鹵下隰塡
淤加肥，故種禾麥，更爲秔稻，高田五倍，下田十倍」；賈讓這番話，
是有證據的，武帝時，嚴熊亦云，「臨晉民願穿洛以溉重泉以東萬餘頃
故惡地，誠即得水，可令畝十石」（俱見《漢書·溝洫志》）──這種「惡
地」，原來產量最多爲每畝一石，現在增爲十石，當然可說「下田十倍」。
而且，由此看來，灌溉之下，還可改變所種作物，即由麥黍更爲水稻，
後者單位產量則顯然高於前者。

第四節　工業發展與公營事業

　　《史記·貨殖列傳》載：

　　　通邑大都，酤一歲千釀，醯醬千瓨，漿（或作醬）千甔，⋯⋯木
　　　器髤（漆）者千枚，銅器千鈞，素木鐵器若巵茜千石（百二十斤爲
　　　石），⋯⋯僮手指千，筋角丹沙千斤，其帛絮細布千鈞，文采

千匹，榻布皮革千石，……狐貂裘千皮，羔羊裘千石，旃席千
具，……此亦比千乘之家。

　　由此可見漢初，食品製造業、家具業、金屬器具業、紡織業等盛況，
其所云「僮手指千」，係指擁有百名員工，可見其企業的規模。其實，
規模逾此者甚多，例如「臨邛中多富人，而卓王孫家僮八百人，程鄭亦
數百人」(《史記·司馬相如列傳》)；張安世「夫人自紡績，家童七百人，
皆有手技作事，內治產業，累積纖微，是以能殖其貨，富於大將軍光」
(《漢書·張湯傳》)；而鹽鐵工業規模恆大，此即《鹽鐵論·復古篇》
云，「往昔豪強大家，得管山海之利，採鐵石鼓鑄煮鹽，一家聚眾或至
千餘人」；直至後漢之末，「豪人之室，連棟數百，膏田滿野，奴婢千
群，徒附萬計，船車賈販周於四方，廢居積貯滿於都城」(《後漢書·仲
長統傳》)。

　　漢代紡織業甚為發達，其著名之產品，有「蜀錦」「越布」「蜀漢
之布」「齊陶之縑」均見《漢書》、《後漢書》及《鹽鐵論》[33]，足見
有區域特色。當時且有紡織極品，據後人所著《西京雜記》卷一：「霍
光妻遺淳於衍蒲桃錦二十四匹，散花綾二十五匹。綾出鉅鹿陳寶光家，
寶光妻傳其法，霍顯召入其第，使作之，機用一百二十鑷，六十日成一
匹，匹直萬錢」。由此可見絲織品技術在漢代突飛猛進。按中國絲織物
開始出現於中國東南地區的良渚文化(約西元前3300-2300年)，至商代已
達相當高水準，已有經線顯花的單色綺與多彩的刺繡；戰國時代又增多
彩鮮艷的織錦；漢代更放異彩，近年發現的長沙馬王堆漢墓中之絲織
品，除絹、綺、錦、繡外，又有高級的圈絨錦、印花敷彩紗和提花的羅

---

33 引自童書業，《中國手工業商業發展史》(木鐸出版社，民國75年)，第二篇第
　二節。

紗（羅綺），其中很多件綢衣，薄如蟬翼，一件重量不到四十公克，此一技術迄今連南京雲錦研究所尚無法達成。漢代絲綢業發達的原因，主要是由於養蠶技術的改進和繅絲、織造、印染等技術的提高[34]。

由於紡織業之發達，漢代人民在衣著水準上，有顯著的提高，這可從《鹽鐵論‧散不足篇》中賢良所云看出：

> 古者庶人耋而後衣絲，其餘則麻枲而已，故命曰布衣。及其後，則絲裡枲表，直領無褘，袍合不緣。夫羅紈文繡者，人君后妃之服也。繭紬縑練者，婚姻之嘉飾也。是以，文繒薄織不粥（售）於市。今富者縟繡羅紈，中者素絺冰錦。常民而被后妃之服，褻人而居婚姻之飾。夫紈素之賈（價）倍縑，縑之用倍紈也。
> 古者鹿裘皮冒（帽），蹄足不去。及其後，大夫士狐貉縫腋，羔麑豹袪；庶人則毛絝衯衯，樸羝皮傅。今富者鼮鼦，狐白鳧翯；中者麛衣金縷，燕貉代黃。
> 古者男女之際尚矣，嫁娶之服，未之以記。及虞、夏之後，蓋表布內絲，骨笄象珥，封君夫人加錦尚褧而已。今富者皮衣朱貉，繁絡環珮；中者長裙交褘，璧瑞簪珥。
> 古者庶人鹿菲草芰，縮絲尚韋而已。及其後，則綦下不借，鞔鞮革舄。今富者革中名工，輕靡使客，紈裡紃下，越端縱緣；中者鄧里閒作，蒯苴秦堅；婢妾韋沓絲履，走者茸芰狗官（似為「絢繶」之誤）。

這些話，雖然是斥責「衣服不中制」，以及批評民間奢靡之風，但亦可見當時紡織業之進步，以及生活水準的提高。

---

34 夏鼐，《中國文明的起源》（滄浪出版社，民國75年），第二章。

　　除民間紡織業外，還有公營紡織業，貢禹對元帝進言曰：「齊三服官，作工各數千人，一歲費數鉅萬」，「東西織室費五千萬」（《漢書》本傳）。齊地設有三個服官，是因爲該地區「織作冰紈綺繡純麗之物，號爲冠帶衣履天下」，而且除「齊三服官」外，其他地區亦間設服官，例如陳留郡襄邑縣（俱見《漢書・地理志》）。除紡織業外，尚有其他用具業由政府經營，貢禹進言中，亦曾言及，「蜀、廣、漢主金銀器，歲各用五百萬，三工官官費五千萬」。又言，「臣禹嘗從之東宮，見賜杯案，盡文畫金銀飾，非當所以賜食臣下也」——其實這類用具於武、昭之時，在民間相當普遍，這亦可見於上述賢良之言中的其他部分：

　　在食具方面，「古者汙尊坏飮，蓋無爵觴樽俎。及其後，庶人器用，即竹柳陶匏而已，唯璉觴豆而後彤文彤漆。今富者銀口黃耳，金罍玉鍾；中者野王紵器，金錯蜀杯。」

　　在車騎方面，「古者椎車無柔，棧輿無植。及其後，木輪不衣，長轂數幅，蒲薦苙盤，蓋無漆絲之飾；大夫士則單榓木具，盤韋柔革。常民漆輿大輪蜀輪。今庶人富者銀黃華左搔，結綏韜杠；中者錯鑣塗采，珥靳飛軨。」「古者庶人賤騎繩控，革鞮皮薦而已。及其後，革鞍鞏成，鐵鑣不飾。今富者䩦耳銀鑷韉，黃金琅勒，罽繡弇汗，垂珥胡鮮；中者漆韋紹系，采畫暴乾。」

　　在居住方面：「古者采椽茅茨，陶桴複穴，足禦寒暑，蔽風雨而已。及其後世，采椽不斲，茅茨不翦，無斲削之事，磨礱之功，大夫達棱楹，士頴首，庶人斧成木構而已。今富者井幹增梁，雕文檻楯，堊㙊壁飾。」「古者無杠橫之寢，牀移之案。及其後世，庶人即采木之杠，葉華之橫；士不斤成，大夫葦莞而已。今富者黼繡帷幄，塗屏錯跗；中者錦綈高張，采畫丹漆。」

　　在其他方面，賢良亦指責，「今民間雕琢不中之物，刻畫玩好無用之器。……」

　　漢代工藝大爲進步，本是可喜現象，而賢良卻責爲「雕琢不中之物，刻畫玩好無用之器」，文學更斥以「今世俗壞而競於淫靡，女極纖微，工極技巧」（《鹽鐵論・通用》）。而且在此以前，景帝曾於後二年下詔曰，「雕文刻鏤，傷農事者也；錦繡纂組，害女紅者也」（《漢書》本紀）。就在這種朝野交相責難情況，工藝或技術水準如何能提升！

　　但是，影響漢代工業發展最嚴重的行動，乃是鹽鐵生產改爲官營，前漢之時，置鐵官之郡有四十，鹽官之郡有五十（《通考》），且據《漢書・貢禹傳》，全國鐵工爲十萬人以上，煮鹽工人數目當也不少。由於官營事業缺乏效率，產生明顯與不明顯的制度成本，導致轉換成本的提高，這是明顯的資源分派扭曲，但在《鹽鐵論》中，當權派對於此一行爲，至少從四個角度予以辯護：首先是從法律觀點說明，因據傳統，山海爲天子私有，鐵與鹽是山與海的產物，天子當然亦可擁有之，今因漢天子不私，以鹽鐵所有權移交政府，而由國家經營之，誰曰不宜？此即大夫曰，「山海之利，廣澤之畜，天地之藏也，皆宜屬少府，陛下不私，以屬大司農」；其次是從財政觀點，說明利用鹽鐵專賣方式以籌措國用與戰費，故大夫曰，「匈奴背叛不臣……故修障塞，飭烽燧，屯戍以備之邊，用度不足，故興鹽鐵，設酒榷，置均輸，蓄貨長財，以佐助邊費」（〈本議〉）；又從政治觀點，認爲鼓鑄、煮鹽工作，常聚眾於深山窮澤，若由民營，可能糾眾作亂，甚至動搖國本，此即大夫曰，「往者豪強大家，得管山海之利，采鐵石鼓鑄、煮鹽，一家聚眾，或至千餘人，大抵盡收放流人民也。遠去鄉里，棄墳墓，依倚大家，聚深山窮澤之中，成姦僞之業，遂朋黨之權，其輕爲非亦大矣」（〈復古〉）。復從經濟觀點，說明鹽鐵公營，打破「豪民擅其用而專其利」（〈禁耕〉）之壟斷局面，由政府「籠天下鹽鐵諸利，以排富商大賈」（〈輕重〉）。

　　但在實際上，卻阻礙技術進步，此即賢良所云，「故（舊日）民得占租鼓鑄煮鹽之時，鹽與五穀同價，器和利而中用」，因爲當時，「家人

相一，父子戮力，各務爲善器，器不善者不集」；「今縣官作鐵器，多苦惡，用費不省，率徒煩而力作盡，……器多堅硻」「鹽鐵賈貴」（〈水旱〉）。兩相比較之下，就鐵器言，在民營制度中，由於相互競爭，各「務爲善器」，而可提高技術水準；在公營之中，由於是使用服刑之人爲勞動力，普遍心不甘、情不願，且無競爭壓力，所以其產品「多苦惡，用費不省」，反示技術水準退化。而且，據賢良說，「卒徒作不中程，時命助之」（〈水旱〉），意謂以傜役方式召民從事，貢禹曾云，「今漢家鑄幣及諸鐵官皆置吏卒徒攻山取銅鐵，一歲功十萬人以上，中農食七人，是七十萬人常受其飢也」（《漢書》本傳），可見公營事業對人民生活之侵蝕。至於鹽鐵價高、要買時不一定買得到，而政府賣不掉的又強迫人民購買等情況，已詳述於第七章第二節。

後漢鹽鐵除和帝於章和二年四月即位時，下詔將鹽鐵改爲私營（政府只課稅而已，但於永元十五年七月又恢復公營）之15年時間外，其餘均爲公營，但鹽鐵官不屬大司農，改屬郡縣，而且對於鹽只課專賣性鹽稅（若干地區亦主管生產），鐵的生產則仍由官營[35]。

第五節　商業發展與經濟中心之分布

《史記・貨殖列傳》云，「夫用貧求富，農不如工，工不如商，刺繡文不如倚市門，此言末業，貧者之資也」，意謂商業從事者，主要爲貧民，或者可以說，貧者致富之道，是憑藉商業。李劍農於其《先秦兩漢經濟史稿》第十五章中，將兩漢之商業，分爲鹽鐵商、運輸商、囤積商、高利貸商、經紀商（原文爲「權會與辜榷」），其取材主要爲《史記・貨殖列傳》與《漢書・貨殖傳》，而其對象乃爲富商巨賈，致與太史公

---

35 詳見拙作〈後漢鹽鐵仍爲公營〉，《中華文化復興月刊》22卷7期。

所云,「末業、貧者之資也」的事實不合。

　　事實上,〈貨殖列傳〉於末段,曾云,「行賈、丈夫賤行也,而雍樂成以饒;販脂、辱處也,而雍伯千金。賣漿、小業也,而張氏千萬;酒削、薄技也,而郅氏鼎食。胃脯、簡微耳,濁氏連騎;馬醫、淺方,張里擊鍾」。「行賈」既爲「賤行」,想必是沿街叫賣,而非「船長千丈,軺車百乘、牛車千兩」的巨賈;「販脂」諒係販賣油脂的小販;「賣漿」是出售飲料的小本經營;「酒削」乃是以磨刀爲業;「胃脯」則是小飲食業;「馬醫」也許是醫療牛馬的獸醫。這些小本經營的各種商業或服務業,若是經營得法,均可因而致富,符合「末業、貧者之資」的道理。但是,無論是巨商還是小賈,在秦漢均遭抑制,例如《商君書·墾令篇》,禁止糧商、逆旅、貿易商。秦始皇琅玡刻石更明示,「上(尚)農除末」,並將「賈人」連同「嘗逋亡人,贅婿」「略取陸梁地」(《史記》本紀),以後又將「嘗有市籍者」「大父母、父母嘗有市籍者」(《漢書·鼂錯傳》)遣戍——這就演變成漢代所謂的「七科謫」。到了漢代,抑商尤甚,其方式如下:1.困辱,例如高帝八年,「令賈人毋得衣錦繡、綺縠、絺紵、罽、操兵、乘、騎馬」(《漢書》本紀);2.重稅,例如武帝時,「軺車一算,商賈人軺車二算」,又對商人生產工具課稅,「船五丈以上一算」(《漢書·食貨志》),又徵財產稅,即「算緡錢」(《漢書·武帝紀》);3.謫戍,例如武帝天漢四年,「發天下七科謫……出朔方」(《漢書》本紀),其中有四科與商賈有關;4.禁爲官吏,孝惠、呂后時,市井子孫不得爲官吏(《漢書·食貨志》),文帝時亦如此(《漢書·貢禹傳》);5.禁止名田,武帝規定「賈人有市籍者及其家屬,皆無得名田」(〈平準書〉),哀帝時亦曾如此(〈食貨志〉)。

　　但於文景之治下,中國有資本主義萌芽現象,所以文帝時,商業已甚繁榮,「商賈大者積貯倍息,小者坐列販賣,操其奇贏日游都市,上之急所賣必倍,故其男不耕耘,女不蠶織,衣必文釆,食必粱肉,亡農

夫之苦，有仟佰之得，因其富厚，交通王侯，力過吏執，以利相傾，千
里游敖，冠蓋相望，乘堅策肥，履絲曳縞」（〈食貨志〉），鼂錯語）；甚
至於元帝時，據貢禹形容，「商賈求利，東西南北各用智巧，好衣美食，
歲有十二之利」（《漢書》本傳）。直至後漢末期，商賈生活之奢靡，仍
為世人側目，仲長統曾云，「豪人之室，連棟數百，膏田滿野，奴婢千
群，徒附萬計，船車賈販周於四方，廢居積貯滿於都城……」（《後漢
書》本傳）。

　　上引鼂錯與仲長統之言，容或有些誇張，但是，大一統的經濟，若
無政治干預，著實可助商業發展，此即《史記・貨殖列傳》所云，「漢
興，海內為一，開關梁，弛山澤之禁，是以，富商大賈周流天下，交易
之物莫不通，得其所欲」，這是因為統一後，原來的「關梁」等貿易障
礙撤除，再加交通便捷，所以，交易成本大為降低；商業得以蓬勃發展。
但是，好景不常，武帝時，政府直接經營若干商業，以打擊商人，這些
官營商業，除鹽、鐵、酒專賣外，還「置平準於京師」「令吏坐市列肆，
販物求利」（〈平準書〉）。這種官營商業至王莽時，更為變本加厲，其
六筦中，除上述專賣外，還有五均賒貸，五均官業務，除徵稅外，還有
平準與借貸（〈食貨志〉）。後漢官營較少，但常有官商勾結，壟斷市場
情事，這就是所謂的「辜榷」，靈帝光和四年，「初置騄驥廄丞，領受
郡國調馬，豪右辜榷，馬一匹至二百萬」，（《後漢書》本紀）注引《前（漢）
書音義》曰，「辜，障也；榷，專也。謂障餘人賣買而自取其利」；亦
即今日所說的「壟斷」式獨占。「光和中、黃門令王甫使門生於郡界辜
榷官財物七千餘萬，（楊）彪發其奸」（《後漢書》本傳）。後者是顯然的
官商勾結，前者亦一定有官商勾結的影子，因若無官作內應，豪右亦無
法高價售馬，這可以後漢初期一例說明，建武年間，鄧晨為汝南太守，
命都水掾許楊，修鴻卻陂，「豪右大姓，因緣陂役，競欲辜較（同榷）在
所，楊一無所聽，遂共譖楊受取賕賂」（《後漢書・方術・許楊傳》），這

一方面顯示，若無官吏做內應，辜榷難以達成；另一方面則說明，整個後漢時期，均有辜榷存在。至於官商勾結現象，前漢亦屢見不鮮，尤以武、昭鹽鐵國營時期為然，《鹽鐵論》中文學曰，「三業之起，貴人之家，雲行於途，轂擊於道，擅公法，申私利」（〈刺權〉）；「公卿積億萬，大夫積千金，士積百金，利已併財以聚，百姓寒苦，流離於路」（〈地廣〉）──其實，這是統制經濟中，有關官吏假公濟私。

商業發展必然會使城市擴大，秦代名城首推咸陽。咸陽是商鞅作於秦孝公十二（前348）年（《史記·秦本紀》），至始皇廿六（前221）年統一天下，業已發展了一百二十餘年，是年，始皇「徙天下豪富於咸陽十二萬戶」（〈始皇本紀〉），始皇如此做，當然是要削弱這些豪富的力量，所以，咸陽原有的戶口應在12萬戶以上，姑且估計為13萬戶，則連同新遷入之富豪，計有25萬戶，即使每戶像農家一樣只有五口（《漢書·食貨志》李悝言），則當時除皇宮外，咸陽至少有125萬人口。此外，惠王時，張儀與張若築成都城，周長十二里，「修整里闠，市張列肆，與咸陽同」（《華陽國志》卷三）。

漢都長安，是高帝六年定為帝京，惠帝時築城，自元年正月開始，至五年九月築城（《漢書》本紀），據《漢舊儀》，長安城周長六十三里，經緯各十二里。另據《三輔黃圖》，長安城牆「高三丈五尺，下闊一丈五尺，上闊九尺，雉高三坂；周回六十五里」「長安城周，經緯各長三十二里十八步，地九百七十二頃，八街、九陌、三宮、九府、三廟、十二門、九市、十六橋」。近年考古調查證實，長安城同長廿五公里多，合漢代六十里強，實際上，漢代長安的建築並不局限於城垣之內（秦代咸陽當亦如此），許多宮室廟堂均築於城垣以外[36]。班固〈西都賦〉說長安「九市開場」，今可考者只有八市：據《史記·漢興以來將相名臣年

36　林劍鳴等，《秦漢社會文明》（西北大學出版社，1985），第四章第一節。

表》，高帝六年立大市，惠帝六年立西市（《黃圖》云，西市在醴泉坊）；另據《漢宮殿疏》，有交門市（在渭橋北頭）、李里市（在雍門東）、交道亭市（在便橋東）、細柳倉市（在細柳倉）；此外還有東市與柳市（分見《漢書·鼂錯傳》與〈萬章傳〉）。漢初京師由二官治理：一爲內史，本爲周官，秦因之；一爲主爵中尉，本爲秦官。景帝將內史分爲左右內史，主爵中尉更名都尉；武帝再將右內史更名京兆尹，左內史更名左馮翊，都尉更名右扶風，是爲「三輔」。三輔中，京兆尹下有長安市令丞，左馮翊下有長安四市四長丞（《漢書·百官公卿表》），右扶風下則無類似職官，也許九市是集中於京兆尹與左馮翊轄區。按漢代地方官制，即使同級，但「令」高於「長」，所以，京兆尹下長安市令也許是主管「大市」，而左馮翊下的長安四市長，也許包括東市與西市。後漢以洛陽爲都，其市制如何，則不得而知。

至於秦漢經濟區域，《史記·貨殖列傳》有輪廓性描繪，李劍農據以分爲關中、黃河北岸與黃河南岸[37]三大區域後一區域太嫌籠統，至少應將江淮及嶺南區劃出，是以，根據〈貨殖列傳〉，參考李氏劃分方式，並依清末楊惺吾，《歷代輿地沿革圖》，予以重新劃分五大區域：關中區域、河北區域、河南區域、江淮區域、嶺南區域。

關中區域爲漢初精華區，以土地面積言，爲全國三分之一，人口爲十分之三，但財富卻占十分之六，這當然是因爲京師在此區域。是以，此區域又可分爲三區：一爲狹義之關中區，包括三輔及漢中與宏農二郡，以長安爲中心，居民從事商業者眾；一爲巴蜀區，〈貨殖列傳〉云，「巴蜀亦沃野，地饒巵薑丹沙，銅鐵竹木之器，南御滇、僰、僰僮，西近邛筰，筰馬旄牛，然四塞、棧道千里，無所不通」（以下引語，同一出處），以成都爲中心，至少包括：巴、蜀、廣漢三郡，並影響犍爲、越

---

37 李劍農，《先秦兩漢經濟史稿》，第十五章。

崤等郡;一為西北區,包括天水、隴西、北地、上等四郡,甚至金城、安定二郡,可能以天水郡某都市為中心(因據《漢書‧地理志》,這些郡中,天水戶口最多——隴西郡戶口僅次於天水,且有鹽鐵官,但其位置略偏),也許即其郡治平襄,由於「西有羌中之利,北有戎翟翟之畜,畜牧為天下饒」,其居民「與關中同俗」,諒係從事畜牧皮毛貿易者眾——此區亦應影響武帝時新設之武威、張掖、酒泉三郡。

河北區域指關外黃河北岸,主要為〈貨殖列傳〉所稱「三河」(堯都河東,殷都河內,周都河南),李劍農將其分為河東、河內與燕趙三區——後者應再區分為趙區與燕涿區。河東區以河東郡為主,以楊及平陽為都會(均在今山西省):楊為洪洞縣;平陽為臨汾縣,「陽、平陽、陳(依郭嵩燾說,陳字衍)西賈秦翟,北賈種代。種代,石北也,地邊胡,數被寇,人民矜懻忮,好氣、任俠為姦,不事農商,然迫近北夷,師旅亟往,中國委輸,時有奇羨」,意謂用兵之地,資財所聚,民得以貿易獲利。河內區以河內郡為主,以溫、軹(均在今河南省、溫為溫縣、軹為濟源縣),「西賈上黨,北賈趙、中山」(均為郡國名)。趙代區以趙國與中山國及代郡為主,以邯鄲為都會,「中山地薄人眾,男好嬉戲及作奸犯科,女好音樂並『游媚貴富』」,惟「邯鄲亦漳河之間一都會也,北通燕涿,南有鄭衛。」——前述「種代」應屬此區,因代郡鄰近中山。燕涿區包括涿、渤海、漁陽等郡及廣陽、河間二國,以燕、薊為都會,「夫燕亦勃、碣之間一都會也,南通齊、趙,東北邊胡,上谷至遼東,地踔遠,人民希,數被寇,大致與趙、代俗相類,而民愚捍少慮,有魚鹽棗栗之饒,北鄰烏桓、夫餘,東綰穢貊、朝鮮、真番之利」。

薊為廣陽國都,據《漢書‧地理志》,「薊,南通齊趙,勃、碣之間一都會也」。河南區域指關外黃河南岸,但不包括淮水,長江流域,李劍農所區分之河南、齊魯、梁宋及潁川南陽四區屬之。狹義之河南區,以河南郡為主,洛陽為其都會,「洛陽東賈齊魯,南賈梁楚」。齊魯區

主要爲山東半島上諸郡國，以齊之故都臨菑爲都會，「故泰山之陽則魯，其陰則齊。齊帶一海，膏壤沃野千里，宜桑麻，人民多文采布帛魚鹽。臨菑亦海岱間之一都會也，其俗寬緩闊達，而足智好議論，地重難動搖，怯於眾鬥，勇於持刺，故多劫人者。……而鄒魯濱洙泗，猶有周公遺風，俗好儒，備於禮，故其民齪齪，頗有桑麻之業，無林澤之饒，地小人眾，儉嗇，畏罪遠邪，及其衰，好賈趨利，甚於周人」。梁宋區，以陶（今山東曹州）與睢陽爲都會，「夫自鴻溝以東，芒碭以北，屬巨野，此梁宋也，陶、睢陽亦一都會也」。穎川南陽區，主要爲南陽郡，以穎川與宛爲都會，「南陽西通武關、鄖關，東南受漢、江、淮、宛亦一都會也，俗雜、好事業，多賈，其任俠、交通穎川」。

江淮區域，實即三楚區域，故有東、中、西楚三區——〈貨殖列傳〉所稱之南楚，按其地理位置言，實應稱爲中楚。西楚區，以江陵爲都會，「夫自淮北沛、陳、汝南、南郡，此西楚也，其俗剽輕，易發怒，地薄，寡於積聚。江陵，故郢都，西通巫巴，東有雲夢之饒；陳在楚夏之交，通魚鹽之貨，其民多賈，徐、僮、取慮，則清刻矜諾」。東楚區則以吳爲都會，「彭城以東，東海、吳、廣陵，此東楚也。其俗類徐、僮。朐、繒以北，俗則齊。浙江南則越。夫吳……東有海鹽之饒，章山之銅，三江、五湖之利，亦江東一都會也」。中楚區以壽春與合肥爲都會，因爲該區包括遠至南方的長沙、豫章二郡，所以太史公稱之爲南楚，「衡山、九江、江南、豫章、長沙，是南楚也。其俗大類西楚。郢之後徙壽春，亦一都會也。而合肥受南北潮，皮革、鮑、木輸會也。與閩中、干越雜俗，故南楚好辭，巧說少信。江南卑濕，丈夫早夭，多竹木。豫章出黃金，長沙出連錫，然堇堇物之所有，取之不足以更費」。

嶺南區域以番禺爲都會，「九疑，蒼梧以南至儋耳者，與江南大同俗，而楊越多焉，番禺亦其一都會也，珠璣、犀、瑇瑁果布之湊。」

太史公曾作一總結曰：「江、淮以南，無凍餓之人，亦無千金之家。

沂、泗水以北，宜五穀桑麻六畜，地小人眾，數被水旱之害，民好畜藏，故秦、夏、梁、魯，好農而重民；三河、宛、陳亦然，加以商賈……齊、趙設智巧仰機利；燕、代田畜而事蠶。」

上述都會中，除長安外，以洛陽、邯鄲、臨菑、宛、成都爲最著，稱爲「五都」，所以，王莽改制時，「遂於長安及五都立五均官，更名長安東西市令及洛陽、邯鄲、臨菑、宛、成都市長，皆爲五均司市，稱師」（〈食貨志〉）。除上述都會外，還有其他都市，李劍農曾從傳記中找出，兩漢至少有淮陰、淮南、蓮白、東平、寧陽、涅陽、襄平、北海、酒泉等市[38]。其中酒泉似爲軍市，因居延漢簡中有戍卒「市張掖、酒泉」的記載（見《居延漢簡考釋》釋文卷一）。兩漢軍隊駐紮之處，常設軍市：馮唐曾云，「臣大父言，（趙）李牧居邊，軍市之租皆自用賞士。……今臣竊聞魏尚爲雲中守，其軍市租，盡以賞士卒」（《史記》本傳）；祭「遵從征河北，爲軍市令」（《後漢書》本傳）。軍市有租，一般都會當然亦有市租（類似交易稅），而且金額不少，以臨菑爲例，即「市租千金」（《史記·齊悼惠王世家》）。

第六節　對外貿易的發展

「絲路」一詞，係德國地理學家李希霍芬（F. Von Richthofon）於1877年首次使用，是指漢武帝時所開闢的一條西向陸路，由長安直驅地中海東岸的安都奧克（Antioch，諒係《魏略》所説的安谷城），全長逾七千公里；當時，羅馬城中的多斯克斯區（Vicus Tuscus），有專售中國絲綢的市場，其價值約與黃金等重[39]。

---

38 李劍農，《先秦兩漢經濟史稿》，第十五章。
39 夏鼐，《中國文明的起源》，第二章。

　　漢武帝通西域，是爲著夾擊匈奴，完全是政治考慮，其後才有經貿上的絲路，這正吻合第二章的「大國假設」：政治型態引導經濟型態。但在此以前，中國與其西鄰已有貿易交往，至少是和印度之間有零星的貿易，例如，《史記‧大宛列傳)載，「大夏(阿富汗北部)，在大宛西南二千餘里……善賈市」，又載張騫曰，「臣在大夏時，見邛竹杖蜀布，問曰，安得此？大夏國人曰，吾買人往市之身毒(古印度)，身毒，在大夏東南可數千里，……，其國臨大水焉」。該列傳所云最西者爲安息、條枝、黎軒、奄蔡四國：安息即波斯；奄蔡在裏海東北角；條枝在阿剌伯半島；黎軒爲「拉丁」譯音，指羅馬帝國及東羅馬帝國[40]。後漢稱羅馬帝國爲「大秦國，一名犁鞬，以在海西，亦云海西國。……與安息、天竺交易於海中，利有十倍。……其王常欲通使於漢，而安息欲以漢之繒綵與之交市，故遮閡不得自達。至桓帝延熹九年，大秦王安敦遣使自日南徼外獻象牙、犀角、瑇瑁，始乃一通焉」；在此以前，班超欲通大秦，亦爲安息人所紿，「和帝永元九年，都護班超遣甘英使大秦，抵條支，臨大海，欲度，而安息西界船人」詒之曰，「入海人皆齎三歲糧」，「英聞之乃止」；惟班超「立屯田於膏腴之野，列郵置於要害之路，馳命走驛；不絕於時，月商胡販客日款於塞下」(《後漢書‧西域傳》)——安息「以漢之繒綵」與大秦互市。

　　前漢通西域，張騫是開路先鋒，但「自騫開外國道以尊貴，其吏士爭上書言外國奇怪利害，求使。天子爲其絕遠，非人所樂，聽其言，予節，募吏民無問所從來，爲備眾置之，以廣其道。來還不能無侵盜幣物，及使失指(未至指定之地)，天子爲其習之，輒復按致重罪，以激怒令贖，復求使。使端無窮，而犯輕法。其吏卒亦輒盛推外國所有，言大者予節，

40　張星烺，《中西交通史料彙編》(世界書局)，第一冊，〈古代中國與歐洲之交通〉。

言小者予副，故妄言無行之徒皆爭相效。其使皆私縣官齎物，欲賤市以私其利。」從政府遣使目的看，當然是政治考量，可是這些擔任使節的「吏民」，其考慮則是經濟性，所以，這些「使者，相望於途，一輩大者數百人，少者百餘人」，以後雖漸減少，但一年之中，「使者多者(仍)十餘(輩)，少者五六輩」(俱見《漢書·張騫傳》)。在另一方面，外國來華商人則純爲經濟利益。所以，在絲路上往來絡繹不絕。

當時從事對外貿易的商人，由長安出發前往西域，必須經過從匈奴手中奪來而設立的河西四郡，由武威、張掖、酒泉而至敦煌，再西出玉門關，渡過荒曠的鹽澤(今為羅布泊沙漠)，到達塔西木盆地極東的城市：樓蘭。由樓蘭抵該盆地西部，路線有二：一爲南道，經塔斯馬干沙漠之南，沿崑崙山北坡而西；一爲北道，經沙漠之北沿天山南坡而西。二道最後俱會於疏勒，這是塔里木盆地極西的大都市。南道是由樓蘭經婼羌、且末、小宛、精絕、戎盧、抒彌、于闐、莎車而至疏勒。經北道由樓蘭至疏勒，中間只有古站，即經尉犁、焉耆、烏壘、龜茲、姑墨、溫宿與尉頭。由疏勒再往西行，便須越過帕米爾高原，到達大宛(今為費爾干，前蘇聯成員國之一)。另有一條道路，可由敦煌到大宛，即取道天山以北的準噶爾高原，而於離開敦煌以後；須經樓蘭東北之荒涼的鹽澤，以到達今日吐魯番盆地，經由低於海平面數百公尺之低窪地區，再步上庫魯克塔格山麓，由於該處正當天山東麓的缺口，是匈奴人進出塔里木盆地的孔道，所以，前漢政府沿著該山麓建立成列的堡壘，以保障商旅安全[41]。

東北方面對外貿易的暢通，當始於漢武帝征服朝鮮以後，而將貿易由遼東半島推向朝鮮半島，再轉向日本等地，此即《史記·貨殖列傳》所云，當時的燕市(今北京)，「北鄰烏桓夫餘，東綰穢絡朝野真番之制」。

---

41 參閱翦伯贊，《中國史綱——秦漢之部》，第二篇第二章第三節。

《後漢書‧東夷傳》云，「自武帝滅朝鮮，倭使譯通於漢者三十餘國」。

　　在海洋貿易方面，《漢書‧地理志》云，「自日南障塞徐聞合浦，船行可五月，有都元國，又船行可四月，有邑盧設國，又船行可二十餘日，有諶離國，步行可十餘日，有夫干都盧國。自夫干都盧國，船行可二月餘，有黃支國，民俗略與珠崖相類，其州廣大，戶口多，多異物，自武帝以來，皆獻見。有譯長，屬黃門，與應募者俱入海，夜明珠、璧、琉璃、奇石、異物，齎黃金雜繒而往，所至國皆稟食為耦，蠻夷賈船，轉而致之，亦利貿易，……王莽專政，欲耀威德，厚遺黃支王，令遣使獻生犀牛。自黃支國船行可八月，到皮宗，船行可二月，到日南象林界云。黃支之南，有已程不國，漢之譯使，自此還矣。」

　　這顯然是雛形的「海上絲路」，蓋因這是中國商人「齎黃金雜繒而往」，其所謂「雜繒」所指中國的特產各色絲綢——黃金則是國際通用貨幣。由於這主要是中國官商合作的單向貿易，所以，這條海上絲路的重要性遠不若陸上絲路；其所謂「官商合作」，是指屬於官方的「譯長」或「譯使」，會同因民間商人（即「應募者」）「俱入海」；其所指「單向貿易」，是因中國方面，「齎黃金雜繒而往」，以購「夜明珠、璧、琉璃、奇石、異物」，俾供皇室與貴族所用，致有為官府採辦之實，何況這些國家的主角——黃支國，據近代學者考證，似為《大唐西域記》中印度境內之建志補罪國（Kanchipura），如此，則已程不國，應即當時之獅子國，今日之錫蘭[42]，這些國家在漢的經濟開發及對貿易的重視程度，均遠遜於當時的中亞與地中海各國。

　　至於本節開端所說，張騫在大夏所見到的邛竹杖與蜀錦，而此等貨物又是由印度商人轉販而來，可見當時四川與印度間有直接或間接貿易。由於四川與合浦相隔遙遠，以致其與印度間之貿易，不太可能經由

42　同上。

海路，而可能只通到滇國，即滇越(今之昆明至邊界地區)，該處「蜀賈
間出物或立焉」，(均見〈張騫傳〉)，但卻由此打開西南絲綢之路，主
要是建「古旄牛道」，從成都出發，經雙流、新津、邛崍、名山、雅安、
滎經、漢源、越西、喜德、冕寧、西昌，到達會理縣境後，轉向亞南、
經攀枝花市，渡金沙江至雲南大姚，最後到達大理地區[43]。

　　漢代的對外貿易，主要是在於宣示國威，而非著重於其經濟性，這
在好大喜功的漢武帝之相關行為中，更是表露無遺，如《漢書·張騫傳》
云：

> 時上(武帝)方數巡狩海上，乃悉從外國客，大都多人則過之，
> 散財帛賞賜，厚具饒給之，以覽視漢富厚焉。大角氏(觝)，出
> 奇戲諸怪物，多聚觀者，行賞賜，酒池肉林，令外國客徧觀各
> 倉庫府藏之積，欲以見漢廣大，傾駭之。及加其眩者之工，而
> 角氏(觝)奇戲歲增變，其益興，自此始。

　　後漢之初，西域交通暫時斷絕，明帝末才開始經營，歷章、和二帝
之世，絲路得以重建，且據《後漢書·班超傳》，當時中國使節在西方
所達到的最遠之處，是安息與條支交易的海口，即今日的波斯灣。據說，
他們本想前往羅馬，但為安息西界船人所阻；同書〈西域傳〉亦載，當
時羅馬皇帝欲與中國相通，也因安息商人作梗而未成事實，這是由於安
息想獨占中國絲織品貿易，故意隔絕此二大國的往來。後漢時，中國商
人縱然未達羅馬，但對安息到羅馬的陸上交通卻有所瞭解，因〈西域傳〉
載：「從安息陸路繞海北行，出海西，至大秦，人庶連屬，十里一亭，

---

43 江玉祥，〈古代中國西南「絲綢之路」簡論〉，見伍加倫、江玉祥主編，《古
代西南絲綢之路研究》(四川大學出版社，1990)。

三十里一置，終無盜賊寇警；而道多猛虎獅子，遮害行旅，不百餘人齎兵器，輒爲所食」——此語前半段，似有「條條大路通羅馬」之意味；後半段則可能是安息商人的危言聳聽。即使如此，後漢時華商已經到達前漢未曾踏入的世界，蓋因前漢華商或華人，「皆自烏弋以還，未有至安息條支者也」。

當時中國與羅馬的貿易，還可經由撣國（今之緬甸），因據《後漢書‧南蠻傳》，「（安帝時）撣國王雍由調復遣使者詣闕朝貢，獻樂及門人……數有至千，自言我海西人，海西即大秦也」。

第七節　秦漢財經得失

秦漢爲中國第一次大一統時期，而大一統在經濟上的主要缺失與貢獻，業已分述於第七章第四、五兩節，但該二節所言，主要是從當時政治、經濟、社會三方面特徵引伸而來，此處則從另一角度分析秦漢兩代在財經及其他方面的得與失，因秦祚甚短，所以，在內容與舉例上實以兩漢爲主體。

秦漢由於是中國第一次一元體制，所以，在很多方面爲中國奠下基礎，亦可以說是劃時代的貢獻，首先是人民生活水準的普遍提高，世人所云，「開門七件事，柴米油鹽醬醋茶」，即於漢代開始，尤以後面二事爲然，蓋因「九經中無醋字，止有醯及用酸而已，至漢方有此字」（《格致鏡原》引《學齋占畢》）；九經中亦無茶字，但有荼字，爲植物名，至於作爲飲料，則自漢代起，漢人王褒〈僮約〉云，「烹茶盡興」，即今日之茶。——至唐代，始易「荼」爲「茶」。今日中國特有之食品——豆腐，亦於此時間世，爲淮南王劉安煉丹時之副產品，但卻爲平民增加很多營養。

以上所說，是在飲食方面的提升，這是顯示，人民求生存與求發展

的衝動及其績效。人民生活不僅飲食而已,尤其是求生存後之求發展,所以,民生內容可以區分為食、衣、住、行、育、樂六大部分。

《物原》云,「有巢氏始衣皮,軒轅妃嫘祖始育蠶緝麻,以具機軸而成布帛,唐堯加以絺紵木綿草布毛罽,虞舜加以錦繡,秦始皇作夾襩」。這是說有巢氏時代,中國人才能離獸式生活,而以獸皮為衣,黃帝時候才以布帛等製造品為衣著材料,至秦代,才出現印花織品——夾襩,至於所說「秦始皇作」,並不意味嬴政親作,只是標明這一個時代而已,就此事言,《事物紀原》即引《二儀寶錄》曰,「(夾襩)秦漢間有之,不知何人造」。此一期間,婦女服制改進尤多,例如古代女子衣與裳連,始皇元年令官人皆服衫子,亦曰半衣,蓋取便侍奉也(《古今注》),婦女所著霞帔亦始於此時(《物原》);即使是後世婦女所用之抹胸或肚兜亦改進於漢世:據《中華古今注》,抹肚為周文王所製,稱為腰巾,宮女以綵為之,稱為腰綵,「至漢武帝,以四帶名曰抹肚;漢靈帝,賜宮人蹙金絲合勝抹肚,亦名齊襠」。

雖說黃帝時已有房屋,但甚簡陋,以致唐堯所居,大概是「土階三尺,茅茨不剪」(《事物紀原》引《墨子》),但至此一時代,宮室大為講究,秦始皇之阿房宮可為一例,漢武帝之玉堂,高十二丈,以「基階皆用玉」得名(《漢武故事》)。此外,室內用具於漢代頗有增添,譬如「屏風之名出於漢世」(《三禮圖》),且有風扇出現,《西京雜記》曰,「長安巧工丁緩作七輪扇,以七輪相連,一人運之,滿堂寒顫」;丁氏另作臥褥香爐,為機環轉運而爐體常平——宋代稱之為香毬。另有為女衣添香者稱薰籠,亦是此一期間所作,因《晉東宮舊事》曰,「太子納妃,有衣薰籠,當亦秦漢之制也」。古人席地而坐,漢靈帝的引進胡床,即後世之交椅。因此可見代在居住水準上進步之一斑。

在行的方面,《物原》云,秦始皇作轎,漢高祖作竹兜,此乃以人力代畜力,不足稱道,但畢竟增加行的工具。《春秋後傳》載,「周赧

王之五十八年，秦始作浮橋於河上」，進而掃除行的障礙。

這些食衣住行水準之提高，不僅出現於皇家或官宦之家，也普及於民間，這可見於第四節中所引《鹽鐵論》中賢良之言。在育與樂的方面，漢代亦有很大進展。

就「育」言，至少有生育、養育與教育等方面，據前述，漢代獎勵人口及救災之各種措施，可見其在生育、養育上之努力；其官學與私學之管道，當可想見其教育水準之顯著提高，尤其是在秦火以後，如何傳承古代典籍，實是漢廷莫大的考驗，而漢代竟能完成之，得以奠定當時以及後世教育之基。筆與紙是這個時代初期與末期的發明，硯與墨亦當於此一期間被普遍使用——《事物紀原》引後漢李尤墨硯銘曰，「書契既造，墨硯乃陳」，認爲「茲二物者與文字同興於黃帝之代也」，《格致鏡原》先引《東宮舊事》曰，「皇太子初拜，給香墨四丸」，次引《西京雜記》云，「漢尙書令僕丞郎月給隃糜墨大小二枚」；《高似孫硯箋》云，「漢張彭祖與上同硯席……前人謂硯字始見於此。」文房四寶之普遍使用，當然有助於教育之推廣、普及。

樂的方面，可分由音樂與娛樂而述之。音樂暫用樂器之製作說明之。秦代增加之樂器，有箏與阮：前者可見《集韻》，「秦俗薄惡，有父子爭瑟者，各入其半，遂名爲箏」；後者爲今之月琴，又名阮咸，一般以爲是晉七賢之一阮咸所作，惟《通典》曰，「秦琵琶也」。說到琵琶，則始創於漢代，傅玄〈琵琶賦·序〉曰，「故老云，漢遣烏孫公主嫁昆彌，念其行道思慕，使知音者裁箏筑空侯之聲，作馬上之樂，以方語言之，曰琵琶」。其所云「空侯」，即箜篌，《事物紀原》引晉人應劭曰，「漢武令侯調始造此器」——漢武帝還始立樂府（《通典》），以提高音樂水準。娛樂方面，圍棋雖傳言爲唐堯所造，以教其子丹朱，惟漢世才普遍使用，所以，後漢馬融有〈圍棊賦〉之作；且於前漢成帝時，劉向作彈棊以獻（《西京雜記》）。另據《格致鏡原》，漢代還創有格立、

藏鈎佽、意錢等博弈方式，還創有傀儡子、角觝、高竿、秋千（為千秋一詞所訛轉）等遊戲。

漢代之所以能在食衣住行育樂等方面提升水準，是由於大一統帶來較長的承平期間，人民能於求生存之餘，致力於生活的充實，再經有閒階級的提倡，一般人民亦有能力、有時間與有心情以追隨之，以致蔚成風氣，促使生活水準的顯著提高。其所謂「有時間」與「有心情」，是指人民不必為戰亂而逃難；所謂「有能力」，是因為承平時期，人民可以確定地作生涯規劃，以致有儲蓄的出現，譬如民間作為儲蓄工具之撲滿，首見於漢代（《西京雜記》）。是以可說，大一統的一元體制下，其對生活水準的提升，要高於其對 生產方式的促進，蓋因後者主要是對挑戰的回應，而這種情況多見於多元體制之下。

這一期間的第二個重大的貢獻，乃是出現人類第一個市場經濟，以及第一套自由經濟理論。由於文景之治是自由放任，再加漢代中國經濟空間巨大，以致市場出現一般均衡，即各行各業的會計利潤均為百分之二十，致經濟利潤為零——這是近代經濟學鼻祖亞當·斯密夢寐以求的市場經濟最高境界（見其 The Wealth of Nation, p. 99）。市場經濟即自由經濟，其運作方式，斯密於《國富論》中有所說明，其內容除上述一般均衡外，還至少可以歸納為五點：1. 人是理性而自利；2. 對於私人營利活動，採自由放任態度；3. 政府任務小、支出少，故賦稅輕；4. 以私有財產激發工作誘因；5. 以價格機能調節供需。

這六點（含一般均衡）是形成今日的自由經濟理論基礎，但在兩千一百多年前，司馬遷於《史記·貨殖列傳》（以下各點未註明出處者，均本此）與〈平準書〉中，似乎均曾論及：1. 「天下熙熙，皆為利來，天下攘攘，皆為利往」；2. 「故善者因之，其次利道之，其次教誨之。其次整齊之，最下者與之爭（利）」；3. 「自天子以至於封君湯沐邑，皆各為知奉養焉，不領於天下之經費。漕轉山東粟，以給中都官，歲不過數十

萬石。當此之時，網疏而民富」（〈平準書〉）。事實上，漢景帝將田賦降爲三十而稅一，遠低於孟子所提倡的什一之稅；4.「禮失於有而廢於無，故君子富，好行其德，小人富，以適其力」「用貧求富，農不如工，工不如商」；5.「論其有餘不足，則知貴賤，貴上極則反賤，賤下極則反貴」「故物、賤之徵貴，貴之徵賤，各勸其業、樂其事，若水之趨下，日夜無休時，不招而自來，不求而民出之，豈非道之所符，而自然之驗邪」！6.「貧富之道莫之奪予，而巧者有餘，拙者不足」「富無經業，則貨無常主，能者輻湊，不肖者瓦解之；7.「庶民農工商賈，率亦歲萬息二千」「佗雜業，不中什二，則非吾財也」。司馬遷亦可能以此人類第一套自由經濟理論而自豪，其於〈報任少卿書〉中所云，「欲以究天人之際，通古今之變，成一家之言」，很可能是指蘊涵於〈貨殖列傳〉及〈平準書〉中這套思想體系[44]。

　　第三個明顯的貢獻，厥爲農耕技術的大爲提高。李運元於其〈我國傳統農業的演進和特點〉（《中國經濟史論叢》，四川大學出版社，1986年）一文中，比較歷代田地單位面積產量：戰國時期，折合今制，平均每市畝產糧85市斤；漢代畝產約140市斤，比戰國時期增加65％；（唐氏約與漢代相若），宋代畝產約200-220市斤，比漢唐增加43-58％；明代畝產約250市斤，比宋代增加14-25％，清代畝產約280-300市斤，比明代增加14-25％。這雖然充分顯示報酬遞減，但亦可看出漢代增加幅度之大，蓋因漢代朝野都體認到，「農，天下之大本也，民所恃以生也」（漢文帝二年詔，見《漢書》本紀），這是由於統一後人口眾多，人民最低生活要求（食與衣），必須本國自己提供，而不能仰賴進口——即使國際貿易非常發達之今日，中國人民基本糧食之供給，仍須靠中國本身生產之，更遑論貿易不太發達之秦漢。糧食之供應，是來自農業，而衣著之原料，亦爲農

44　參見拙著〈從西周到漢初經濟制度暨思想之演變〉，《漢學研究》12卷2期。

業提供，此所以為政者認為「農，天下之大本也」。這種農本主義，原來出自民生的考慮，當然無可厚非，但後來基於其他問題之斟酌，演變為重農抑商政策，則偏離人民求發展之正道(詳見下述)。

由於人民對糧食與衣著之需求，所以，漢代農業與紡織工業有輝煌發展(分見第三與第四兩節)，但在發展次序上，應該是農業發展在先，在農業發展上，漢代不僅採取精耕方法——即如李運元文中所云，連年輪作複種制，以及「耕—耙—滾整套耕作措施，而且擴大耕種而種，漢平帝元始二年墾田827萬536頃(《漢書·地理志》)，這是中國第一次全國性耕地面積之統計，而且此一數字，後代罕能突破之，以致到明太祖洪武廿六年，天下墾田數才有850萬7623公頃68畝(《明會典》)，甚至於到了清代康熙廿四年，墾田僅為607萬8430(《清會典》)。

第四個貢獻應該說是財金制度的建立。漢代在財政劃分上，對於府中、宮中財政收支之劃分，涇渭分明，即以大農主持政府財政，少府掌理皇室之收支，此即朱健子於《古今治平略·兩漢國計》所云，「少府之所掌，以供天子私奉養，大農之所掌，以供軍國之用」。這種方式本來是井水不犯河水，而且少府的收入倍於大農——此即桓譚於《新論》中云，「漢定以來，百姓賦斂，一歲為四十餘萬萬；吏俸用其事，……少府所領自地作務之八十三萬萬，以給宮室供養諸賞賜」，天子一家子生應綽綽有餘，甚至可以其剩餘，偶補軍國用途之不足。可惜此一制度在武帝時候已被打破，那可能是由於鹽鐵國營後，武帝認為是他將其私產作軍國之用(此即《鹽鐵論·復古》中桑弘羊所云，「山海之利，……皆宜屬之少府，陛下不私，以屬大司農」)，以致要挪用大農收入以供己用，這就是〈平準書〉所云，楊可告緡後，使「上林財物眾」，武帝「乃大修昆明池，列觀環之，……作柏梁台，高數十丈，宮室之修，由此日麗」。這是武帝個人對此制之破壞，並不足為此財政制度病。

另一制度為健全幣制，漢初至漢武帝主政之初，幣制甚為紊亂，但

武帝於失敗經驗中，摸索出兩條金屬貨幣定律：一爲全值貨幣；一爲官府鑄造，此所以其五銖錢風行於後世，信非偶然。還有一種與經濟活動攸關之制度，則爲漢代法律，漢承秦律，秦律本於李悝《法經》，計有「盜、賊、囚、捕、雜、具」六篇，蕭何再蓋以「戶、興、廄」三篇，合爲九篇，稱爲「九章之律」(《唐律疏議》)；著名的唐律實本此「九律」，其呼應次序爲賊盜律、詐僞律、斷獄律、捕亡律、雜律、名例律、戶婚律、擅興律、廄庫律。漢律之重要性，不僅是由於其對後世法律制度之影響，也且是因爲其富有平等精神，致有促進資本主義在漢初萌芽之作用。

秦漢建立了中國第一個一元體制，其本身所建立的制度與孕育的文化，當然影響到其後各個朝代的文化與制度。這些制度主要是政治性，那就是以郡縣制度爲基礎的中央集權制度，這種集權在大一統時，使中國成爲第二章中所說的大國；其對經濟情況的正負影響，已述於第七章，此處不擬贅述。在文化方面，至少有兩件事值得一提：一爲漢民族之正式形成；一爲各宗教之建立。前者是指中國主流民族於漢代大放異彩，尤其是漢武帝連年出征匈奴，使匈奴「號殼疲極，聞漢兵莫不畏者，稱爲漢兒」(《詢蒭錄》)，從而，此主流民族爲邊疆民族稱爲「漢族」，但亦因此埋下種族衝突的種子，蓋因這可能形成漢族沙文主義，導致胡漢之間一千多年的爭戰，其立即效果即爲五胡亂華，浪費很多經濟資源，妨礙中國經濟成長。後者是指佛教於後漢初期傳入中國，本土道教亦出現於漢末，此二教原始教義爲出世思想，使人民在經濟活動上趨於消極。

漢代財經缺失，至少有五：

第一爲統制經濟之建立，這主要是首創國營事業，將鹽、鐵、酒重要工業改爲由國家經營管理之，亦就是政府由旁觀者或仲裁者，成爲直接經營者，以致成爲司馬遷口中的第五流政府：「最下者與之爭」，統

制經濟是意謂全國經濟資源主要由政府直接支配,這在集權或極權政治下,對於執政者是一很大引誘,以致漢武以後兩千年,無論是一元體制抑或多元體制,中國經濟在本質上都是統制經濟——即以政治力量干預經濟活動,其差別只是程度而已。

第二爲重農輕商,從前述,由人民求生存之理念,發展爲重農政策,是可以理解的,但漢代實行輕商措施,卻打擊到經濟成長以及人民求發展的意志,例如:1.重要工業國營,對民間投資對象,產生排擠效果,而國營事業故步自封的習慣,影響到應有的技術進步與效率,尤其是鐵爲基本工業,其本身之停滯不前,將會影響到各個有關產業水準的提升;2.七利誦等羞辱工商人士措施,致使聰明俊彥人士望而卻步,以致削弱企業家精神;3.緡錢稅等對工商人士課征高稅率,以及將資產三百萬錢以上富戶強迫遷徙,是強烈地妨礙到資本形成。

第三是苛捐雜稅。漢代將田賦降爲三十而稅一,是其德政,但卻有很多前所未有之苛捐雜稅,諸如戶稅或算賦、算車船、算緡錢、稅出入者、馬口錢、海租、工稅、漁稅、商稅與禁錢,而且還賣爵與賣官[45]。

第四是金融財政化。現代國家,金融單位(如中央銀行)與財政單位,是各自獨立,故金融政策不僅不受財政單位之影響,也且不受政治力量左右,但漢武帝爲籌措軍費,卻以白鹿皮爲皮幣,價四十萬,「王侯宗室朝覲聘享,必以皮幣薦璧」,而所包之蒼璧,只值數千;又造銀錫爲白金,最重者重八兩,幣值錢三千,以致「吏民之盜鑄白金者,不可勝數」;且因「郡國多姦鑄錢,錢多輕,而公卿請令京師鑄鐘官赤側,一當五」(均見〈平準書〉)。雖然武帝後來悟出全值貨幣通理,行五銖錢,但其故意以遠低於面值之貨幣流通之辦法,成爲救世若干朝代增加財政收入的重要方式之一。

---

45 參見拙著《中國財金制度史論》(聯經出版公司,民國77年),第七章與第九章。

　　第五是官商勾結。漢代由於政治力量深入經濟領域，易於導致官商勾結，貪汙橫行，譬如，《鹽鐵論》中，文學說到，「三業之起，貴人之家，雲行於途，轂擊於道，攘公法，申私利」（〈刺權〉）；「公卿積億萬，大夫積千金，士積百金，利己併財以聚，百姓寒苦，流離於路」（〈地廣〉）；「今公卿處尊位，執天下之要，十有餘年，功德不施於天下，動勞於百姓，百姓貧陋困窮而私家累萬金」（〈國病〉）。「萬金」是指黃金萬斤，漢代一金值錢一萬，故「萬金」意謂錢一萬萬。從史實看，前漢亦著實如此，例如，在《鹽鐵論》成書以前，梁孝王死時，「藏府餘黃金尚數十餘萬斤，他財物稱是」；灌夫「諸所與交通，無非豪傑大猾，家累數千萬」；「杜周初徵為廷史，有一馬、且不全，及身久任事，至三公列，子孫專官，家訾累數巨萬矣」（《漢書》本傳）；在《鹽鐵論》成書以後，最顯著者，厥為哀帝嬖臣董賢，敗時，「縣官斥賣董氏財凡四十三萬萬」（《漢書·佞幸傳》），後漢梁冀之敗，「收冀財貨，縣官斥賣，合三十餘萬萬，以充王府，用減天下稅租之半」（《後漢書》本傳）。

第八節　大一統的崩潰

　　秦代以法家精神治國，兩漢則重視人民生活之改進，自武帝起獨尊儒術，是以，兩漢循吏（優良的地方官）多循孔子「庶、富、教」的經濟發展策略[46]。這種「庶」的結果，是人口增加；「富」的結果，是增加墾田；墾田增加速度逐漸趕不上人口增加率，而「教」的政策中並無「節育」之「教」，以致人地比例越來越為惡化。再加政府抑制工商，並將

46　參見余英時，〈漢代循吏與文化傳播〉，見其著，《士與中國文化》（上海人民出版社，1987）。惟余文只強調「富而後教」。

重要工業收歸國營，致使社會上的富豪與官宦，在工商業上發展有限，轉而將其注意力投向農地，這種情形在元帝以後更爲嚴重，例如成帝時丞相張禹，「買田至四百頃，皆涇渭漑灌極膏腴上賈」（《漢書》本傳）；王氏五侯中，「帝舅紅陽侯(王)立使客因南郡太守李尙占墾草田數百頃，頗有民所假少府陂澤，略皆開發」（《漢書·孫寶傳》）；自元帝停止富民徙陵之擧後，至成帝末期，「天下民不徙諸陵三十餘歲矣，關東富人益眾，多規良田，役使貧民」（《漢書·陳湯傳》）。這一類事例越演越烈，所以，王莽曾予指責：「漢氏減輕田租，三十而稅一，嘗有更賦，罷癃咸出，而豪侵凌，分田劫假，厥名三十稅一，實什稅五也」（《漢書》本傳）。此所謂「分田劫假」，是指政府假借給貧民的田地，被豪強從中劫奪，再轉租給貧民，收取地租[47]——其實，王家的王立亦是「分田劫假」之箇中老手。王莽雖思以「王田」爲對策，但因其本人志大才疏，剛愎自用，其政策又朝令夕改，反而導致更多的問題，人民更難生存，乃多揭竿而起，其中除光武一宗及隗囂、公孫述等帶有古貴族之氣味外，其餘如綠林、銅馬、赤眉之類，全是饑民集團[48]。

　　後漢中葉後，外戚與宦官專權，其注意力亦集中於土地兼併，譬如桓帝時，「中常侍蘇康、管霸用事於內，遂固(錮，圈占也)天下良田美業山林湖澤，民庶窮困」（《後漢書·黨錮·劉佑傳》）。較爲具體之例證，則爲梁冀「多拓林苑，……西至弘農，東界滎陽，南極魯陽，北達河淇，包含山藪，遠帶丘荒，周旋封域殆將千里」（本傳）；「陽翟黃綱恃程夫人權力，求占山澤以自榮植」（〈劉翊傳〉）；侯覽「前後請奪人宅三百八十一所，田百一十八頃，起立第宅十有六區」（本傳）。亦就是這些兼併、侵占行爲，激發黃巾之亂，此所以郎中張鈞上書曰，「竊惟張角所

47　參見田昌五，〈中國封建社會前期地主階級剖析〉，見歷史研究編輯部編，《中國封建地主階級研究》（中國社會科學出版社，1987）。

48　錢穆，《國史大綱》（商務印書館），第十三章。

以能興兵作亂，萬人所以樂附之者，其源皆由十常侍多放父兄子弟姻親賓客，典據州郡，辜榷財利，侵掠百姓，百姓之冤無所告訴，故謀議不軌，聚爲盜賊」（〈宦者張讓傳〉——以上所引均爲《後漢書》）。

　　其實，這些戰亂最多只能引發政權轉移，而不足以導致大一統制度的崩潰，其所以如此，是因爲兩漢大一統制度中隱含分裂的種子：第一類種子乃是地方長官；第二類種子乃是豪門宗族。關於前者，錢穆稱之爲「離心勢力之成長」[49]，蓋因兩漢郡太守，在郡得自辟屬官，得頒布單行法（稱為「條教」[50]），得自由支配地方財政，得兼治地方軍事；且因郡吏由太守自辟，故郡吏對太守，其名分亦自爲君臣（《漢書·朱博傳》中，博為太守時，即以君自況），或稱太守爲府君或主公，乃至爲之死節。這種雙重的君臣觀念，一遇亂時，就很容易使地方長官流爲割據一方之雄。

　　第二類因子乃是豪門宗族，先秦時代，平民有名而無姓氏，漢初尚多有此現象，譬如〈平準書〉云：「居官者以爲姓號」，《集解》曰，「倉氏、庾氏是也」。嗣後，平民漸皆有姓，血緣關係逐漸匯成宗族[51]；若干豪門宗族力量龐大，能左右地方政情，例如《漢書·酷吏傳》載，「濟南瞯氏，宗人三百餘家豪猾，二千石莫能制」（〈郅都傳〉）；涿郡「大姓西高氏、東高氏，自郡吏以下皆畏避之，莫敢與牾，咸曰，『寧負二千石，無負豪大家』」（〈嚴延年傳〉）。這些大姓宗族一遇戰亂，便擁兵自守，再進一步翻雲覆雨，左右政局，《後漢書》中不乏此類資料，例如陰識「率子弟宗族賓客千餘人，往詣（劉）伯升」，耿「純與從

49　錢穆，《國史大綱》，第十三章。

50　同上。

51　徐復觀氏以為在春秋末期以前，中國的社會，是以貴族的民族為骨幹；自春秋末期起，開始出現平民的「族姓」，至西漢而發展完成，西漢稱族姓為「宗族」或簡稱為「宗」，形成社會的骨幹見其著，《西漢思想史》卷一（台灣學生書局，民國71年），頁326。

兄弟訴、宿、植，共率宗族賓客二千餘人，……奉迎(光武)於育」(均見本傳)；「時赤眉延今，暴亂三輔，郡縣大姓，各擁兵眾，大司徒鄧禹不能定」(〈馮異傳〉)，「時檀鄉五樓賊入繁陽內黃，又魏郡大姓數反覆」(〈姚期傳〉)。

這兩個種子，在平時並不能製造巨大的離心力，但遇民不聊生，發生動亂之際，就會脫穎而出，成為巨大的離心力量，其中尤以地方長官力量較巨，若能得到若干豪門宗族的協助，就成為割據之雄，再若形成難以抗拒力量，則可掃蕩群雄，統一天下(如光武)；若是有一些雄主勢均力敵，則就形成長期分裂局面(如三國)。據此可見，這種大變局是先由經濟問題開始，再影響到政治面，而政治安定後，由於生產技術進展緩慢，民不聊生之經濟問題再度發生，又衝擊到政治面。易言之，由於經濟與政治因子相互激盪，導致我國歷史在統一與分裂二型態之間盤旋。

除上述原因外，天災頻仍，亦是導致政權轉移因子之一，據統計[52]，兩漢天災共發生141次：前漢(含王莽柄國)229年，天災發生53次，其中22次為旱災，20次為水災，13次為蟲災(有兩年是同時出現旱災與蝗災)；後漢196年，天災發生88次，其中旱災19次，水災49次，蟲災10次。而且在政權轉移前一段時間，天災更為頻繁：成帝在位25年，天災出現7次；靈帝在位21年，天災卻出現12次。

表面上看起來，這是天災，但是未嘗沒有人謀不臧之因素，其主因乃是森林被大量砍伐，導致生態環境變化[53]，譬如貢禹曾云，「今漢家鑄錢，及諸鐵官皆置吏卒徒，攻山取銅鐵，一歲功十萬人已上，……鑿地數百丈，銷陰氣之精，地臧空虛，不能含氣出雲。斬伐林木亡有時禁，水旱之災未必不由此也」(《漢書》本傳)。其實，對森林之破壞，何止

---

52 馬非百，〈秦漢經濟史資料(三)——農業〉，《食貨半月刊》，第3卷第1期。
53 詳見趙岡，〈中國歷史上生態環境之變化〉，《幼獅學誌》，第19卷第3期。

礦冶一途，其他諸如宮室之營建，棺槨之製造，燃料之使用，都需大量木材，而要砍伐森林，例如靈帝爲修築洛陽宮室，「發太原、河東、狄道諸郡林木」（《漢書·張讓傳》）；王符於《潛夫論·浮侈篇》中說到「京師貴戚，必欲江南檽梓、豫章梗柟」爲棺槨，「邊遠下士亦競相仿效」，以致「一棺之成，功將千萬夫，即其終用，重且萬斤」；文帝竇后之弟廣漢，少時爲主人至宜陽山中伐木作炭，同行有「百餘人」（《漢書·外戚傳》）。即使是開拓邊境，也在破壞生態環境，譬如趙充國一次就「伐林木大小六萬餘枚」（《漢書》本傳），再加戍卒屯田，將草原闢爲墾地，使沙漠逐漸擴大。這些因子導致天災，增加社會動亂與政權移轉之機會，且爲我國生態環境之逐漸惡化埋下遠因。

　　中國歷史上所謂的「治亂循環」，通常是將一元體制視爲「治」，而將多元體制視爲「亂」，從大一統的政治觀點看，這一看法也許有其道理，但從經濟角度看，則不盡然，這是由於多元體制類似競爭市場，而一元體制則類似獨占，這是由於大一統下的政治，若是缺乏適宜的制衡設計，則易於流向專制，尤其是集權政治下的一人專制，此一情況是開始於先秦的由封建制度走向大一統。

　　自商鞅變法以來，秦國一直沿襲法家思想發展，而法家一向主張中央集權，控制人民思想，強調以法（實乃君主之命令）爲教，以吏爲師；秦「始皇爲人天性剛戾自用」，先天即具有法家性格的特質[54]，後因「起諸侯，并天下，意得欲從，以爲自古莫及己」，更強化其法家性格，以致「專任獄吏，獄吏得親幸」（《史記》本紀中侯生與盧生之私下評論）；再加上臣下如李斯之徒的「阿順苟合」（本傳末「太史公曰」），從而形成一人專制。

54　《史記·商君列傳》末，「太史公曰，商君其天資刻薄人也」，足見「刻薄寡恩」傳法家人物的基本性格，而「剛戾自閉」則與「刻薄寡恩」通。

　　徐復觀氏曾經指出一人專制具有五種特性[55]：1.專制皇帝的地位，是至高無上；2.皇帝意志要在客觀世界中作普遍性的伸展；3.用以達成目的之手段，完全依賴作為法家思想主幹的刑；4.不容許在皇帝支配之外，保有獨立性的社會勢力；5.不容許他人有自由意思，不能有自律性學術思想的發展。在此情況下，專制是與獨裁同義。

　　漢初王國林立，漢天子所直接控制的地區，只有十五郡，再加上文、景二帝的謙沖，所以，並未出現專制，反而形成無為的文景之治。武帝主政時，大一統真正出現，而使其一人專制臻於顛峰，武帝雖獨尊儒術，但卻罷黜百家，致有統一思想之嫌；從第七章前三節看，就漢代言，無論是「政治趨於專制」，還是「經濟趨於統制」或「社會趨於管制」，所有史料的箭頭都指向漢武帝，意謂漢武帝真正奠定中國一人專制的典範，亦使中國成為第三章中所說的「大國」。

　　於此「大國事例」下，政治制度成為下層社會構築，不會隨經濟制度變化而變動，反而是政治制度影響到經濟制度，這是因為在如此的「大國」裡，「任何社會勢力，一旦直接使專制政治的專制者及其周圍的權貴感到威脅時，將立即受到政治上的毀滅性地打擊，沒有任何社會勢力，可以與專制的政治勢力，作合理地、正面地抗衡乃至抗爭」[56]，這種僵化的穩定，「最後只有全面性的農民暴動」，才得以打破。由於民主機制的缺乏，這些起義成功的農民或平民，很快為權力腐化，仍然醉心於專制政治，且因中國幅員廣闊，以致縱然在多元體制下，那些分裂性政權，在客觀上仍似「大國」，且因專制本質，其在主觀上亦有「大國」心態。是以，在多元體制下，縱因競爭而可帶來經濟成長，但難改變其經濟制度。

55　徐復觀，《西漢思想史》卷一，頁135-147。
56　均為徐復觀語，《西漢思想史》卷一，頁152。

第四編

第一次多元體制

後漢末至南北朝──塢堡經濟

　　本編所籠罩的時間，是始自後漢獻帝初平元(190)年，終於陳後主覆滅的禎明三(589)年，先後約400年，其後爲隋之統一，進入第二次一元體制。

　　本編所謂「多元體制」，具有三重意義：從政治觀點說，除開晉武帝太康元(280)年至惠帝永康元(300)年之短暫二十年的期間，權力中心不止一個，開始於獻帝時的各地割據，經由三國，再進入五胡十六國，以及南北朝之對峙，而且到後期，北方爲北齊與北周並立，南方除陳外，還有後梁存在；在經濟方面，由於戰亂，各地人民(包括流民)結眾自衛，稱爲塢、堡、壁、壘、屯，在經濟上以自給自足爲主體，以致經濟體制亦成爲多元；就社會言，漢民族因戰亂而作大遷徙，且因五胡亂華，使華夷雜處，以致生活習慣有多樣化的趨向，而且大姓與世族業已形成，在社會上成爲舉足輕重的力量。

　　上章最後一節曾經指出，地方官員權重及宗族之形成，成爲瓦解大一統的兩粒重要種子。再若深入觀察，將會發現，從後漢末至南北朝的第一次多元體制，主要是後漢若干措施所促成，這可從比較兩漢措施之不同而可看出。首就地方官員權力言，哀帝時王嘉上疏曰，「今之郡守重於古諸侯」(《漢書》本傳)，而後漢於司隸校尉外，設有12州，每州置刺史(亦稱牧，前漢不常置)，其中豫州部2郡4國、縣邑侯國99；冀州部3郡6國、縣邑侯國100；兗州部5郡3國，縣邑公侯國80；徐州部1郡4國，縣邑侯國62；青州部3郡3國，縣65；荊州部7郡、縣邑侯國117；揚州部5郡，縣邑侯國92；益州部9郡3國、縣道118；涼州部10郡2國、縣道侯國98；并州部9郡、縣邑侯國98；幽州部10郡1國、縣邑侯國90；交州部7郡、縣56。可見州牧所轄土地更遠廣於春秋時之諸侯，而近似戰國後期之七雄。在前漢，軍事由郡尉執掌，後漢則廢郡尉，而由郡守兼掌軍事[1]，稱爲郡將，

---

1 錢穆，《國史大綱》，第十二章。

州牧亦如此，而稱州將[2]。州牧集軍政財經大權於一身，再加統轄大片土地與大量人口，平時就難免躍躍欲試，一遇動亂，立即成爲雄踞一方之霸主，並思問鼎中原，成爲逐鹿者之一。是以，章嶔曰，「曹操之專，由州牧。州牧者，漢由之而浸爲大亂者也」[3]。

　　兩漢對於邊防及邊境民族之態度，亦大異其趣；前漢是開塞出擊，絕漠遠征，後漢則一有邊警，即議棄并州、涼州、三輔；前漢奪朔方開河西，後漢則視關陝如塞外（這當然與其定都洛陽有關）──以三輔言：平帝時人口近144萬人，順帝時僅52萬餘人；敦煌郡於前漢有1萬餘戶，後漢僅700餘戶[4]。前漢雖然偶移這些民族於境內，但均置於邊境，如宣帝納呼韓邪，居之亭障，委以候望，趙充國擊西羌，徙之金城郡。後漢則漸移之內地，光武時，徙南匈奴數萬眾入居河西美稷，靈帝時，助漢平黃巾，南徙離石，董卓之亂，寇略太原、河東，遂屯聚於河內，曹操再分其眾爲五部，皆居晉陽、汾澗之濱；曹操並徙武都氏於秦川，欲借以禦蜀[5]，導致漢胡雜處。到了晉初，更變本加厲，若鮮卑、高驪，則深入中原；若匈奴，則居今山西及陝西北部；若氐與羌則居今陝西[6]。終於釀成五胡亂華巨禍，推究其遠因，則應歸咎於後漢措施之不當，前漢統軍的八個校尉中，有三個校尉掌管外族兵，即越騎校尉掌越騎，長水校尉掌長水宣曲胡騎，胡騎校尉掌池陽胡騎（《漢書·百官公卿表》）；後漢軍中，外族兵比例增加，例如明帝時竇固伐北匈奴，所用之四支軍隊中均有外族兵，其從孫竇憲於和帝時大伐匈奴，所用的兵大半爲外族

2　周一良，《魏晉南北朝史札記》（中華書局，1985），〈三國志札記：郡將、州將〉。

3　章嶔，《中華通史》（商務印書館），第二冊，頁502。

4　錢穆，《國史大綱》，第十一章。

5　同上，第十三章。

6　倪今生，〈五胡亂華前夜的中國經濟〉，《食貨半月刊》，1卷7期。

人[7]；這些民族成爲漢軍主力，當然易於形成日後亂華的武力。後漢與
前漢另一不同之處，是對地方豪族的態度，前漢實行強幹弱枝決策，常
將地方上的強宗大姓遷徙諸陵，武帝甚至有「徙強宗大姓，不得族居」[8]
的措施；但終後漢之世，再無遷徙豪強之舉，而且在察舉過程中，往往
以門第爲標準，以致王符於其《潛夫論·交際篇》中說「貢荐則必以閥
閱爲前」，仲長統更慨然曰，「天下有三俗，取士而問閥閱，一俗」（《意
林》卷五〈昌言〉）。這些地方豪強逐漸形成割據力量，而且爲其後的世
族或士族埋下伏筆。

　　歷史雖然不致完全重演，但有時會出現類似情節，譬如本書第八章
第二節曾云，「封建時代的階級，至漢代業已蕩然」，但於這個第一次
多元體制下，半封建式的階級卻又出現，那就是士族，亦即是世族，階
級間之森嚴程度不下於封建時代。說它是富有封建意味，是因爲這些身
分是血緣性，具有世襲的意味，唐代柳芳曾追述（《新唐書·柳沖傳》）：

　　魏氏立九品，置中正，尊世胄，卑寒士，權歸右姓已。其州大
　　中正之簿、郡中正功曹皆取著姓士族為之，以定門胄，品藻人
　　物。晉宋因之，始尚姓已。然其別貴賤，分士庶，不可易也。
　　於時有司選舉，必稽譜籍而考其眞偽，故官有世胄，譜有世官。
　　賈氏、王氏譜學出焉。由是有譜局，令史職皆具。過江則為僑
　　姓，王、謝、袁、蕭為大；東南則為吳姓，朱、張、顧、陸為
　　大；山東則為郡姓，王、崔、盧、李、鄭為大；關中亦號郡姓，
　　韋、裴、薛、楊、杜首之；代北則為虜姓，元、長孫、宇文、

7　雷伯倫，《中國文化與中國的兵》（台北萬年青書店重印，民國63年），〈中國
　　的兵〉。
8　引自韓連琪，《先秦兩漢史論叢》（齊魯書社，1986），〈東漢大土地有制的發
　　展和莊園制的興起〉。

　　于、陸、源、竇首之。

　　不過，這種階級的形成，是與封建制度截然不同，蓋因封建階級的形成，是由上而下，而士族的「士大夫固非天子所命」[9]。故可稱之為「半封建式的階級」。

　　關於本編內容，亦與上編類似而分成三章，依次分析此一階段政經的特色；社會環境與政府角色；資源分派及產業發展。

───────────────

9 此為劉宗紀僧真告孝武帝之語，見趙翼，《陔餘叢考・六朝重氏族》。

第十章
多元體制下政經特色

本書基本論點,以為我國經濟發展階段,是取決於政治與經濟之間互動關係,亦即注意非經濟因子對經濟發展之影響,故在上編第一章(即第七章),分從政治、經濟、社會三方面,分析由封建到大一統所產生的演變與特色,本編也將因之;而且,也與第七章類似,說明這些演變與特色,對經濟發展的影響。所謂特色,近似地意謂「獨一無二」,是以,這一分裂時期的特殊形態,不僅與大一統時期的特色截然不同,而且與第二次多元體制下特色迥然有別。

第一節 政治趨於乖離

乖者、背也,離者、分也。在此多元體制下,不僅政治中心趨於多元,而且相互攻伐,甚至於這些政治中心亦為乖背政治倫理,產生多次的篡弒以及君主的荒淫。這是顯示,大一統不僅崩離為多頭的政治中心,而且在同一中心以內,亦屢屢出現離心離德現象。是以,在多元體制期間,「離」與「亂」是其政治特質。

靈帝逝世後有董卓之亂,不僅各方割據,且有稱帝者,例如獻帝興平二年,袁術僭號於九江,置南北郊,是時,荊州牧劉表亦郊祀天

地[1]。當時割據者多爲州牧——無論是受命還是自命，這就正如逢紀對袁紹所說的，「夫舉大事，非據一州無以自立」(《後漢書》本傳)。據清人齊召南《國史年表》，終獻帝在位卅一年(初平元年至建安廿五年)的期間，大小戰爭最少發生97次，平均每年三次多，其中只有建安十五年與廿一年沒有戰爭。

曹丕篡漢，形成三國，且因曹氏之篡，竟然蔚成這一時期的風氣，魏甘露五年，司馬昭弒魏主曹髦，咸熙二年，司馬炎篡曹奐之位，以致東晉明帝聞王導敍述此等故事時，「覆面箸牀曰，若如公言，祚安得長」(《世說新語》第卅三)。其後，東晉先爲桓玄篡位，後爲劉裕所篡，劉宋立國60年，其中，廢帝劉昱爲蕭道成所弒，三年後，蕭篡劉準之位而爲齊，齊僅立國24年，其中，東昏侯寶卷被殺，兩年後，蕭衍廢和帝寶融而篡位，是爲梁。梁至簡文爲侯景所篡，景誅，至敬帝而篡於陳(霸先)，計56年。陳自霸先篡位起，至後主而滅於隋，計33年。在北朝，亦是如此，北魏自太宗立國，歷157年裂爲東西魏，東魏凡17年爲高洋所篡，是爲北齊，歷38年而滅於周；西魏歷時23年爲宇文覺所篡，是爲北周，北周立國25年而篡於隋。在此之間，躍躍欲試者，不知凡幾，以東晉爲例，除有王敦、蘇峻之亂外，殷仲文爲東陽太守，至富陽，慨然嘆曰，「看此山川形勢，當復出一孫伯符」；庾翼(稱小庾)爲帝舅，但於荆州公朝大會上，竟向諸僚佐曰，「我欲爲漢高、魏武，何如？」(分見《世說新語》第廿八章、第十章)，至於各朝統治者被弒及被篡者，不知凡幾，頗多骨肉(父子、兄弟、叔侄)相殘之事。

據時人統計，自秦代至明末，君主被篡弒者101人，而此一期間卻佔49人，幾佔總數之一半(在時間上，只佔五分之一弱)：大致上是後漢1

---

1 此說乃據宋人唐庚所著《三國雜事》，其中袁術借號，並見《後漢書》及《三國志》本傳，惟劉表郊祀天地事，則未見此二史本傳，想必另有所本。

人，三國4人，兩晉（不含十六國）9人，南朝16人，北朝19人[2]。

　　至於兩晉時的五胡十六國[3]，篡弒之風亦盛[4]。所謂五胡：劉淵、匈奴也，據離石稱漢；石勒、羯也，據襄國稱趙；慕容、鮮卑也，據遼東稱燕；苻氏、氐也，據長安稱秦；姚氏、羌也，滅苻秦，仍都長安，稱後秦。所謂十六國，乃是五涼、四燕、三秦、二趙、並成、夏為十六。劉淵於晉惠帝永興元年僭號，自以漢甥，故稱漢，淵卒，子和嗣，和弟聰弒之自主。聰卒，子粲為靳準所弒，聰族子曜討準自立，改國號「趙」，尋為石勒所滅。石勒為後趙，勒卒，子宏立，勒從子虎弒宏自立，虎卒、子世立，石遵弒之自立，冉閔殺遵立石鑑，尋弒鑑自立，改國號魏，滅石氏殆盡，尋滅於燕──此即所謂二趙。

　　何謂三秦？前秦苻氏，後秦姚氏，西秦乞伏也！前秦蒲洪，略陽氐，西元350年稱三秦王，改姓苻，洪卒，子健嗣，稱帝，國號秦，健卒，子生嗣，東海王苻堅弒生自立；堅於西元371年滅前燕，383年南下，敗於淝水，後秦姚萇執歸殺之，子丕立，西燕慕容永殺之；苻登稱帝，後秦姚興殺之，子崇立，西秦乞伏乾歸殺之。後秦姚弋仲，本赤亭羌，自稱扶風公，卒、子襄嗣，苻秦殺之，弟萇降前秦，384年，萇稱秦王，尋稱帝，卒、子興嗣，卒、子泓立，417年晉劉裕滅之。西秦乞伏國仁，

<hr>

2　朱堅章，《歷代篡弒之研究》（嘉新水泥公司文化基金會，民國53年），〈歷代篡弒案之分析總表〉。

3　其實至少應為22國，因另有劉淵之「漢」，以及楊氏（氐族）之「仇池」──見李祖桓，《仇池國志》（書目文獻出版社，1986）。或云，「漢」後改國號為「趙」，但此乃劉淵族子劉曜之事，而且劉曜係討靳準而自立，故應視為另一國家。循此，冉閔弒石鑑自立，改後趙為「魏」，亦應另視為一國；此外，尚有西燕，以及李壽弒李期自立，改「成」為「漢」，還有北魏前身之「代」。是以，十六國之外，另有劉漢、李漢、西燕、魏、代、仇池六國，計為22國。

4　五胡十六國事略，係本石曼卿（延年）《五胡十六國考鏡》，但據《晉書‧載記》及《國史年表》，訂正其訛誤，辨別其含混（例如前後秦、前後燕不分），並補充其不足。

隴西鮮卑人，385年，自稱西秦王，卒、弟乾歸立，爲河南王遇所弒，
子熾磐立，卒、子暮末立，夏赫連定滅之。

何謂四燕？前燕慕容廆、後燕慕容垂、南燕慕容德、北燕馮跋也！
前燕慕容廆，鮮卑人，西元289年稱大單于，卒、子皝嗣，337年稱燕王，
卒、子儁嗣稱帝，卒、子暐嗣，苻堅遣王猛執以歸。後燕慕容垂，燕王
皝第五子，封吳王，太傅評忌之，370年奔前秦，苻堅以爲將軍，後乘
淝水之敗，起兵復燕，尋稱帝，卒、子寶立；378年，蘭汗弒寶，長樂
王盛誅汗自立，401年，段璣弒之，立垂子熙；407年，熙義子高雲弒之
自立，寵臣離班、桃仁弒之，馮跋殺班、仁而有之。南燕慕容德，燕王
皝少子，398年稱燕王，尋稱帝，卒，兄子超立，409年，晉伐燕執超送
建康、斬之。北燕馮跋，長樂人，仕於後燕，409年，殺離班、桃仁，
自立爲天王，是爲北燕，430年病篤，弟宏舉兵，驚懼而卒，宏殺太子
翼而自立，436年，北魏太武帝滅之。此外，尙有未列入十六國之西燕，
其主慕容泓爲前燕王儁子，376年起兵自立，其下滅之而立其弟沖，遇
弒，燕將段隨立，燕人殺之，立慕容顗，遇弒，立慕容瑤，慕容永殺瑤，
立泓子忠，遇弒、永立，394年，慕容垂殺之。

何謂五涼？前涼張軌，後涼呂光，南涼禿髮烏孤，北涼沮渠蒙遜，
西涼李暠也！前涼張軌爲涼州刺史，封西平公，西元314年卒，子寔嗣，
320年爲部下閻涉等弒，寔弟茂立，323年降前趙，封涼王，卒、子駿嗣，
333年歸晉，二傳至曜靈，長史趙長等廢之，而立張祚，稱王改元，無
道，眾殺之，立曜靈弟元靚（355年），363年，其叔天錫弒之自立，次年
稱藩於前秦，376年，苻堅伐涼，天錫降。後涼呂光，洛陽氐，爲苻堅
將，385年，稱涼洲牧，尋稱天王，國號大涼，399年卒，子紹立，庶兄
篡殺紹自立，401年，呂超弒之而立兄隆，遣使降後秦，越二年歸秦，
國亡。南涼禿髮烏孤，鮮卑別種，爲呂光河西都統，397年自稱西平王，
399年卒，弟利鹿孤立，卒，弟傉檀利立，稱涼王，414年，西秦滅之。

北涼沮渠蒙遜，胡人，397年，推京兆人段業爲涼州牧，399年，業稱涼王，二年後，蒙遜弒之自立，越三年，稱河西王，上表歸晉，尋誘殺西涼公李歆，而滅其國，433年卒，子牧犍立，請命於北魏，拜爲河西王，439年，北魏滅之。西涼李暠，隴西人，初爲北涼敦煌太守，自稱西涼公，417年卒，子歆立，晉封酒泉公，420年爲北涼蒙遜誘殺，弟恂復入敦煌稱刺史，北涼屠殺之。

　　成（《晉書》稱後蜀）李特，巴西氏，西元301年，以流民入蜀據成都，自稱益州牧，刺史羅尙殺之，子雄立，304年稱王，306年稱帝，國號大成，334年卒，子班立，李越弒之，而立弟期，李壽尋弒之而自立，改國號漢；343年卒，子勢立，347年，桓溫伐之，勢降。趙夏赫連勃勃，南匈奴劉衛辰之子，衛辰原爲苻堅之西單于，堅敗亡後自立，爲北魏所滅，勃勃奔後秦，鎮朔方，後秦與北魏通和，勃勃怒而謀叛，407年自稱大夏天王，二年後，襲敗後秦，418年稱帝，425年卒，子昌立，越三年，北魏攻昌，執以歸，弟定立，432年滅西秦，尋襲北涼，吐谷渾襲敗之，執定以歸。

　　在上述十六國中，就有十一國發生一次甚或多次篡弒，可見這一期間確實是篡弒成風——其後，南北朝亦是如此，而且多有荒淫的君主，就南朝言，除梁代外，均有荒主，《廿二史劄記》中「宋齊多荒主」條下，亦曾述及陳後主；就北朝言，《劄記》亦曾述及「北齊宮闈之醜」。

　　以上所述，是較大軍事集團力量的消長或並立，亦就是「一方之雄」的割據。其實，這種割據可以小到塢堡。堡者，堡壘也，易於明瞭；塢，據《說文》：「小障也」，諒係小型防禦工事，《後漢書·西羌傳》屢云「塢候」、「候塢」及「塢壁」，動輒數百所。而董卓於長安城東二百六十里築郿塢，「高厚七丈，號曰萬歲塢，積穀爲三十年儲。自云，事成、推據天下，不成，守以畢老。……塢中珍藏，有金二三萬斤，銀八九萬斤，錦綺繢縠紈素奇玩，積如丘山（《後漢書》本傳）注曰，「今

案塢舊基高一丈，周迴一里一百步」；另據《三國志》本傳，「築郿塢，高與長安城埒」，則此塢簡直就是一個小型城池。據此，則此一期間的塢，可能與〈西羌傳〉所云「塢候」或「塢壁」，不盡相同。一般塢堡，其周圍築牆為障，或稱為「壁」，圍牆之中，民眾聚居，築牆或堅壁，是防禦之用，於戰亂之時，用以自保。

上例並不表示，所有塢堡均為小城形態，也許可用房屋的特殊建築技巧，而可達到相同的防禦目的，而今尚存的閩西永定縣山區承啓樓（台灣「小人國」有其模型），或可提供一例。該樓為圓形，築於明代，用夯土築成，高12.4公尺，周長229公尺，其圓心為一棟單層的大廳，是祖堂，也是全樓活動中心，然後一圈圈繞著大廳的平房，其外又有一圈兩層高的圓樓，再往外，是一圈四層高的圓樓，此接外牆即為防禦工事，底層外厚度在1.5公尺以上，頂層厚度也在90公分至1公尺之間，牆上有槍眼（原來諒係箭孔）。計有房間四百餘間，可住八十戶、六百餘人，樓內尚有水井、糧倉，可作長期堅守。永定山區尚有方形土樓，作用相同，且均為客家人所居[5]。按客家係於五胡亂華時，逐步由中原南遷入閩粵，上述土樓也許是魏晉南北朝遺留之風格。廣東客家亦有類似建築形式，「經營屋宇，地基必求其敞，房間不求其多，廳庭必求其大，牆壁務極堅固，形式務極整齊；其著名的，往往有鉅至內容有房子四五百間，能住男女四五百人」[6]。

這些塢堡，常以宗族為中心，再結合鄉里群眾，例如許楮於「漢末、聚少年及宗族數千家，共堅壁以禦寇」；或以宗族為中心，防禦有道，而可吸引其他百姓，例如，田疇率宗族「入徐無山中，營深險，平敞地

---

5 徐仁修，〈永定土樓〉，《青年日報》，民國77年6月28日至30日，轉載自《大地地理雜誌》。惟據民國83年2月1日《聯合報》載「福建省永定縣振成樓」，稱土樓始於唐代。

6 羅香林，《客家研究導論》（古亭書屋重印本），頁180。

而居，躬耕以養父母，百姓歸之，數年間至五千家」（均見《三國志》本
傳）。永嘉之亂後，塢堡組織更發展至高峰，例如劉遐「爲塢主，每擊
賊，率壯士陷堅摧鋒」（《晉書》本傳）。各地同時出現的塢堡非常多，
譬如魏郡、汲郡、頓丘有五十餘，梁陳汝穎之間有四十餘，冀州有百餘，
黎陽有三十餘，襄陽也有三十餘，河內有十餘，新興雁門、西河、太原、
上黨、上郡三地有三百餘，關中最多，有三千餘，而三蜀百姓亦受影響，
紛紛結塢自保。這種塢堡有三種功能：一方面是軍事性的防禦組織；一
方面是經濟性的生產組織；一方面是臨時性的行政組織[7]。可說是大割
據中的小割據。

　　這些塢堡也會附從大軍事集團，如許楮、田疇追隨曹操，蘇峻附東
晉，但亦常爲這些集團所不滿，而予以各個擊破，例如滿寵爲汝南太守，
「而汝南、（袁）紹之本郡，門生賓客布在諸縣，擁兵自守……寵募其服
從者五百人，率攻下二十餘壁」（《三國志》本傳）；王彌與劉曜、石勒
等「攻魏郡、汲郡、頓丘，陷五十餘壁，皆調爲兵士」（《晉書》本傳）。
但大致上，這些塢堡除立砦自保外，有些還劫掠附近人民，此即《南史》
所云，「於是村屯塢壁之豪，邑郡巖穴之長，恣陵侮而爲暴，資剽掠以
爲雄」（侯景等傳「論曰」）。

第二節　經濟趨於隔離

　　上節曾云塢堡亦爲經濟性的生產組織，由於立砦自保，所以，在經
濟上相互隔離，以致以自給自足爲主，陶淵明的〈桃花源記〉雖屬寓言，
但可能有當時塢堡的影子——陳寅恪於其〈桃花源記旁證〉中即有此說

7　傅樂成主編，《中國通史》中，鄒紀萬著，《魏晉南北朝史》（長橋出版社），
　　頁116。

法，文中所云漁翁：

> 欲窮其林，林盡水源，便得一山，山有小口，髣髴若有光，便
> 捨船，從口入。初極狹，纔通人，復行數十步，豁然開朗，土
> 地平曠，屋舍儼然，有良田美池桑竹之屬，阡陌交通，雞犬相
> 聞，其中往來種作……

當時，很多著名塢堡處於山林，譬如「仇池方百頃……四面陡絕，高七里餘，羊腸蟠道三十六回，其上有豐水泉，煮土成鹽」（《魏書·氐傳》）；《南齊書》卷五九敘述較詳，「仇池四方壁立，自然有樓櫓卻敵狀，高並數丈，有二十二道可攀緣而升，東西二門，盤道可七里，上有岡阜、泉源，氐（人楊駒）於上平地立宮室、果園、倉庫，無貴賤，皆為板屋、土牆」——據《宋書·氐胡傳》，楊駒於建安末或魏初，始徙居仇池。仇池既然易守難攻，又可煮土成鹽，而且水源豐富，可以從事農耕，故可自給自足。

謝靈運的〈山居賦〉所描繪之自給自足情況尤為清晰，其所描繪的南山，「則夾渠二田，周嶺三苑，九泉別澗，五谷異巘，……眾流溉灌以環近，諸堤擁抑以接遠，遠堤兼陌，近流開澮，……抗北頂以葺館，殷南峰以啓軒」；又說到南北兩山果園，「北山二園，南山三苑，百果兼備」；關於其自給自足情況，則是「供粒食與樂飲，謝工商與衡牧，生何待於多資，理取足於滿腹」「春秋有待，朝夕須資，即耕以飯，亦桑貿衣，藝苿當肴，鋤藥救頹」。

後漢末年之《四民月令》，或可視為自給自足經濟單位之行事曆，也將塢堡的軍事性與經濟性組織之結合，發揮得淋漓盡致。就軍事性而言，二月，「順陽習射，以備不虞」，三月，「葺治牆屋，修門戶，警設守備，以禦春饑草竊之寇」，五月，「弛角弓弩，解其徽絃；張竹木

弓弩，弛其絃」，八月，「弛竹木弓弧」，九月，「治場圃，塗囷倉，
修竇窖，繕五兵，習戰射，以備寒凍窮厄之寇」，十月「培築垣牆」。
關於耕作，其所種植之農園藝作物，計有瓜、瓠、葵、蓼、韭、芥、大
小蔥蒜、苜蓿、雜蒜、蓼、芋、春麥、豍豆、藍、大豆、胡麻、黍穄、
粳稻、牡麻、稻、蕪菁、櫨、乾葵、胡豆；並種植竹、漆、桐、梓、松、
柏、榆、棗、雜木等。在衣服方面，正月，「命女工趣織布」，二月，
「蠶事未起，命縫人浣冬衣，徹複爲給，其有贏帛，遂供秋服」，三月，
「令蠶妾治蠶室」，六月，「命女工織縑練」，八月，「趣織縑帛，染
采色，擘絲治絮，治新浣故」。在食物方面，正月，「典饋釀春酒」「可
作諸醬、肉醬、清醬」，二月，「榆莢成、及青收乾，以爲旨蓄」，四
月，「立夏後，作鮦魚醬，可作酢」，五月，「可作鹽，亦可作酢，食
粗粉，可爲醬，可作魚醬」，十月，「先冰凍，作涼餳，煮暴飴」「釀
冬酒」。此外，還於正、三、四、五、七、十二月，自製各種藥劑[8]。

　　大致上，這些塢堡（或其他名稱），是在領袖（譬如塢主）指導下，平時
務農，戰時殺敵，易言之，塢堡亦具有生產性，例如梁代張孝秀部曲數
百人，力田數十頃（《梁書》本傳），梁末侯景之亂，魯「悉達糾合鄉人
保新蔡，力田蓄穀」（《陳書》本傳）。生產性與戰鬥性兼顧之範例，則
爲漢末之田疇，田疇於後漢末年「率舉宗族地附從數百人，掃地而盟曰，
君仇不報，吾不可以立於世。遂入徐無山中，營深險，平敞地而居，躬
耕以養父母。百姓歸之，數年間至五千餘家。疇謂其父老曰，諸君不以
疇不肖，遠來相就，眾成都邑，而莫相統一，恐非久居之道，願擇其賢
長者以爲之主。皆曰善，同僉推疇。疇曰，今來在此，非苟安而已，將
圖大事，復怨雪恥。竊恐未得其志，而輕薄之徒自相侵侮，偷快一時，

---

8 引自楊聯陞，〈從四民月令所見到的漢代家族的生產〉，《食貨半月刊》，1
　卷6期。

無深計遠慮。疇有愚計，願與諸君共施之，可乎？皆曰可。疇乃爲約束
相殺傷犯盜諍訟之法，法重者至死，其次抵罪，二十餘條。又制爲婚姻
嫁娶之禮，興舉學校講授之業，班行其眾，眾皆便之。至道不拾遺，北
邊翕然，服其威信，烏丸、鮮卑並各遣使致貢遺，疇悉撫納，令不爲寇。」
（《三國志》本傳）

　　這段記載，不僅敘述一個具有正義感的塢堡之形成，也且說明塢堡
是軍事、經濟、行政組織的三結合，更顯示塢堡人員的兵農合一制度，
因爲田疇之眾能使「北邊翕然，服其威信，烏丸、鮮卑，……不爲寇」，
當然有其武備；而田疇本人能「躬耕以養父母」，其餘人眾，當然亦會
務農。再從其本身構成自給自足經濟單位觀點看，有人稱之爲莊園經濟
[9]，而與中世紀歐洲的莊園制度相比擬。其實，歐洲（主要為西歐）的莊園
制度和封建制度爲一體之兩面，意即從政治角度看，是封建制度；從經
濟角度看，則是莊園制度。易言之，從史學術語言，莊園經濟是封建制
度下的產物。此一期間，脫離封建制度已久，不應使用「莊園」二字以
混淆之，故以「塢堡經濟」名之。當然，塢堡經濟雖與西歐不同，但其
相似之處，至少有下列四點[10]：

　　1. 二者均爲軍事、經濟、行政組織的三結合；
　　2. 附庸與領主間有臣屬關係；

　9　例如，陶希聖、武仙卿，《南北朝經濟史》；何茲全，〈魏晉時期莊園經濟的
　　　雛形〉，《食貨半月刊》，1卷1期。

10　據以比較的歐洲莊園制度，主要取材自Lawrence M. Levin等著，顏錫琦譯，《歐
　　　洲封建時代》（廣文書局，民國65年）；王任光、李弘祺合著，《歷史上的封建
　　　制度·西洋史之部》（學生書局，民國66年）；張漢裕，《西洋經濟發展史》（民
　　　國67年重修訂版），第一章至第四章；H. Heaton, *Economic History of Europe*
　　　(Reprinted in Taiwan), Chapters IV, V, and VI；至於周代莊園的比較，可從第五
　　　章有關部分觀察之。

3. 均爲以農業爲主體的自給自足經濟單位；

4. 均有城堡之類的防禦工事。

但是，塢堡經濟與中西莊園制度不同之處，可能多於相同之點：

一、莊園領主頭銜，是由大領主(譬如天子、國王或大公甚或教會)授予，其采邑或莊園亦然，以交換其提供軍事支援的義務；塢堡首領則多來自群眾或部屬擁戴，其後，縱然獲得君主冊封，但關係並不密切，以《晉書‧祖逖傳》爲例，當時若干塢主縱然接受封號，但仍反覆無常，攻擊官軍，且有在晉、胡之間，首尾兩端者，祖逖「皆聽兩屬」──當然，亦有受到冊封後而矢志效忠者，可以祖逖、郗鑒爲例。

二、周代莊園是建築在井田制的授田基礎上。塢堡經濟則無授田制度，而且在基本上，井田(以至莊園)是武裝屯墾組織，有其進取性，而塢堡在根本上是防禦性的自衛組織。

三、西歐莊園領主及其扈從，多爲基督教徒，莊園內亦多設有教堂；塢堡組織則多與宗教無關。

四、西歐莊園制度有大量農奴，周代莊園的勞力，有很多亦是來自賜予。塢堡組織則有社會契約的影子[11]，部曲與客是領主部屬或私兵，但非奴隸。

五、西歐莊園內擔任戰鬥任務者，只限其領主及其扈從，周代莊園初期亦是如此，自由民與農奴則從事生產工作；塢堡經濟之特色，則是兵農合一。

六、西歐莊園制度下的城堡，只由領主與其家人及扈從居住，周代

11　參見拙作，〈社約論的中國史證〉，《文藝復興月刊》，19卷4期。

莊園中的城（或小城），原來亦僅限貴族居住；塢堡組織下的塢、堡或壁，是作爲各該組織內全體群眾的防禦工事，例如「汝南葛陂賊攻（許）褚壁，褚眾少不敵，力戰疲極，兵矢盡，乃令壁中男女聚治石如杅斗者置四隅。……糧乏，僞與賊和，以牛與賊易食」（《三國志‧許褚傳》）。

　　這種類似莊園制度的塢堡經濟，既然可以自給自足，所以，彼此交換商品的動機並不強烈，以致對於交換媒介的貨幣，亦不像以往那樣需要，而且銅礦分布不平均，難以充分供給各勢力範圍所須之貨幣，且因戰亂頻繁，各個獨立經濟單位，彼此不太信任，對於金屬錢幣所代表之價值、看法亦難以一致，但對於有一定用途之實物，則有類似的意見，以致某些實物將會取代錢幣而成爲交換媒介。在這種情況下，作爲交換媒介的實物，至少應具備下列條件：(1)農產品；(2)普遍接受；(3)非易腐性；(4)單位明確；(5)便於攜帶。大致上，穀物可以符合前四個條件，而絹布則完全符合此五者。是以，在此一時期，若從交換媒介觀點看，則可稱爲實物經濟或自然經濟[12]。於自然經濟中，不但交換媒介是實物，勞動給付（工資）亦是使用實物，至於租稅亦以實物繳納，當然更不在話下。例如後漢末年，任嘏「與人共買生口，各雇（用）八匹」絹（《三國志‧王昶傳》注引〈任嘏別傳〉）；魏文帝且於黃初二年，「罷五銖錢，使百姓以穀帛爲市」（《晉書‧食貨志》）；胡質在荊州，其子胡威自京都省之，別時，「質賜其絹一匹，爲道路糧」（《三國志》本傳注）；《晉書‧刑法志》且云，「贓五匹以上，棄市」；「梁初、唯京師及三吳、荊、郢、江、湘、梁、益用錢，其餘州郡則雜以穀帛交易」（《隋書‧

---

12 「自然經濟」一詞，為B. Hildebrand所創，見所著 *Jahrbuecher fuer Nationaloekonomie und Statistik, 1864*, vol. ii, pp. 1-24. 引自 N. S. B. Gras, "Stages in Economic History", *Journal of Economic and Business History*, May 1930.

食貨志》）；北魏世宗時，拓跋暉「遷吏部尚書。納貨用官，皆有定價；大郡二千疋，次郡一千疋，下郡五百疋」（《魏書‧昭成子孫傳》）。

東晉時，蘇峻、祖約叛亂，溫嶠討之，懸賞曰，「有能斬峻約者，封五等侯，賞布萬匹」（《晉書》本傳）。以布為賞賜，可見以布帛代替金錢之普遍。其實在元帝時，即以布為軍餉，例如「帝乃以（祖）逖為奮威將軍，豫州刺史，給千人、廩布三千匹」（《晉書》本傳）。北魏官吏本無俸祿，至孝文帝太和八年，始詔曰，「置官班祿，行之尚矣。自中原喪亂，茲制久絕，先朝因循，未遑釐改。今宜班祿，罷諸商人以簡人事。戶增調絹三疋，穀二斛九升，以為官司之祿」[13]，可見俸祿是使用實物——至於實物賦稅詳見下述。

第三節　社會趨於疏離

這種疏離，一方面是產生於民族之間，由胡漢雜處演變為五胡亂華，從而導致人口大遷徙；另一方面是發生於家族之間，由強宗演變為世族或士族，導致「士庶區別」，且因身分世襲，演變為森嚴的階級。

這一時期發生大規模的人口流徙，這種流徙的狂潮一共發生三次[14]：第一次發生於漢末三國之初，起於黃巾之亂；第二次發生於八王之亂與五胡亂華，史稱「永嘉之亂」；第三次則出現於東晉末期及南北朝期間。

第一次大遷徙，其主要流向有三：（1）由關中禍亂導源地向南流播到漢水與長江中游的荊襄（今湖北）一帶，約有十餘萬家，另有數十萬戶

13　趙翼，《廿二史劄記‧後魏百官無祿》。
14　關於這兩次大遷徙之主要流向，除另註出處外，乃據李劍農，《魏晉南北朝隋唐經濟史稿》，華世出版社重印本，第一章第一節；鄒紀萬，《魏晉南北朝史》，頁120-123（後者似取材於前者），並予以整合與刪補。

流入益州(今四川);(2)由中原流向東北地帶的幽州與冀州(今河北),約
有百餘萬口,再順此方向渡海投奔遼東(今遼寧、安東與朝鮮半島),且
有流民移往鮮卑與烏桓所居地區;(3)從中原流入江淮、徐州彭城一帶
(今蘇、魯交界區域),是流民集結的中心,再渡江而南,到達長江下游
的江南地區,這是當時最大的一股流民,孫吳更是靠這些流民而建國。
此外,還有一支由北至會稽,再浮海至交趾(《後漢書‧桓榮傳附曄傳》)。

　　第二次大遷徙的流向,較為雜亂,大致上可分為六:(1)西晉流徙
潮之發端——惠帝元康六(296)年,秦、雍的氐、羌反叛,人民數萬家
被迫流入漢中再入蜀,其後,巴氐李特、李雄父子即以此建立流民政權,
這批流民中,有一小支由漢、沔入宛,再到達江淮,最後被石勒併吞;
(2)巴、蜀之民向荊、湘流徙——巴氐李氏據蜀後,當地土著有數萬家,
流向長江中流之荊、湘;(3)并州胡、漢民戶向冀州流徙——此批流民
約二萬餘家,初由司馬騰率領下山東,後號為「乞活」[15];(4)由關中
移向西北之涼州——先是張軌據涼州為刺史,關洛難民入涼者不絕,軌
乃分武威郡置武興郡,以安頓他們,且為建立前涼之張本,苻秦末年,
又徙江漢中州大群民戶於燉煌;(5)由中原向東北之遼境流徙——關、
洛淪陷後,豫、冀、青、并等州民眾由中原通過幽冀,再向東北遼東流
徙,鮮卑族慕容廆設置僑郡,招納流人,為冀州人置冀陽郡,豫州人置
成周郡,青州人置營丘郡——此三郡於慕容皝時皆罷而改置,為并州人
置唐國郡,以渤海人為興集縣,河間人為寧縣,廣平、魏郡人為興平縣,
東萊、北海人為育黎縣,吳人為吳縣,慕容氏就是靠著這些漢人而建立
前燕;(6)由中原向江南流徙——此為當時流民中最大的一群,東晉及
南朝政權,就是依靠這批流民領袖得以維持,當時曾設僑州、僑郡、僑

15　詳見周一良,《魏晉南北朝史論集》(台灣重印本),〈乞活考——西晉東晉間
　　流民史之一頁〉(原載《燕京學報》,37期)。

縣，以安置這批流人，洪亮吉曾於《東晉疆域志》序中云，「僑州、郡、縣之設，始於東晉。……僑州至十數，僑郡至百，僑縣至數百，而皆不出荊、揚（二州）之域」。

其實，在這第二次大遷徙中，漢人中還有更向南遷的三支路線：秦、雍等州的難民，多走向荊州，沿漢水流域，逐漸遷入洞庭湖流域，遠者且至今日廣西的東部；一爲并、司、豫諸州流人，多南集於今日安徽、湖北、江西、江蘇一部分地方，其後又沿鄱陽湖流域及贛江而至今日贛南及閩邊地區；一爲青、徐諸州的流人，多集於今日江蘇南部，復沿太湖流域，徙於今日浙江及福建北部[16]。這三支深入南方（桂東、贛南、閩邊、浙閩北部）的漢人，就成爲今日「客家」的先民。

第三次遷徙，實在不能冠上一個「大」字，因爲在時間上，是從東晉末年，一直拖延到梁末——可以說主要發生於南北朝期間，遷徙次數較爲零散，遷徙方向亦頗不定，有由北徙南 ，亦有由南徙北，其中不少遷徙是基於政治路線的改變，例如石季龍死後，後趙大亂，「遺戶二十萬口渡河將歸順（於晉），乞師救援，會（褚）哀已旋，威勢不接……，皆爲慕容皝及符健之眾所掠」（《晉書·褚哀傳》）；東晉將亡之際，晉之叛將率民戶北徙，降附北魏，動輒數千家（《魏書·太宗紀》，神瑞二年）；劉裕篡晉後，晉宗室司馬楚之率民戶北亡入魏，北魏爲之分置四郡（《魏書》本傳）。後來，梁遭侯景之亂，導致江南人民漂流入魏者，高達數十萬口（《魏書·蕭衍傳》）。

遷徙中，必然地產生外來者與當地人民之間的矛盾與疏離，例如吳人周「玘（周處子）宗族強盛，人情所歸，帝疑憚之。于時，中州人士佐佑王業……（玘）憂憤發背而卒，……將卒，謂子勰曰，殺我者諸傖，子能復之，乃吾子也。吳人謂中州人曰傖，故云耳。……（勰）常緘父言，

16　羅香林，《客家研究導論》，頁41。

時、中國亡官失守之士，避亂來者，多居顯位，駕御吳人，吳人頗怨」（《晉書·周處傳》）。這種疏離感，一直至南朝還甚強烈，丘靈鞠曰，「我應東還掘顧榮（最早佐東晉之吳人）冢，江南地方數千里，士子風流皆出其中，顧榮忽引諸傖輩度，死有餘罪」（《南齊書》本傳）。

在這三次大遷徙之中，未參加遷徙的人民，會屯聚爲塢堡，以禦敵自保，其首領稱爲塢主，已見前述；而流民在遷徙之中，亦有首領統率，或稱爲「行主」，例如祖逖即曾被推爲之（《晉書》本傳）；流民移至某處暫居時，亦屯聚結塢自保，其首領亦稱塢主——〈祖逖傳〉中即有「流人塢主張平、樊雅」。這些塢主或行主，主要是受其宗族擁戴，易言之，這些自保的小集團是以宗族爲基礎，而且，這段期間，很多雄據一方的大集團，亦是以宗族起家，以曹操爲例，就得力於曹氏與夏侯氏二姓宗族，而曹氏族中若干子弟亦各有其部曲僮僕賓客，曹仁（及其弟純）、曹洪、曹真（之父邵）均有其私人部隊（分見《三國志》本傳），再以此爲中心，吸收其他小集團，逐漸形成當時最大的一股勢力[17]。相形之下，孫堅只於其舉事時，得其季弟「靜糾合鄉曲及宗室五六百人，以爲保障」，但孫策崛起，卻得到周瑜、魯肅、甘寧等異姓小武力集團，所以，還能在江東擁地自雄；至於劉備雖爲中山靖王之後，卻並無宗族附從，亦未獲小集團之追隨，而且只有糜竺，贈「奴客二千」（《三國志》本傳），以致必須轉戰各地，最終只能侷處西蜀一隅。至於其後的五胡十六國以及北魏，均以部族爲核心。

這些例證，都說明宗族在這一期間社會上的重要性，尤以強宗大姓爲然——當時亦偶稱爲「文武大姓」，其中「文」大姓，就是所謂「士族」。士族之來源，應該遠溯自後漢，這一方面，是由於強宗大姓中讀

---

17 參見毛漢光，《中國中古社會史論》（聯經出版公司，民國76年），〈三國政權的社會基礎〉。

書人增多而逐漸士族化，另一方面，則因士人在政治上得勢後，再轉而擴張家族的財勢[18]。後經曹魏的九品中正制度，使「士族」幾乎與「世族」同音同義，而於此一期間，在政治上一直保持優勢；在三國時代，其官吏中出身士族者，不僅佔相當比例，而且此比例與時俱增，曹魏由早期的29%增到後期的47%，孫吳由38%增至54%，劉蜀由20%增至40%[19]。這種比例到了兩晉南北朝更爲提高；兩晉官吏出身士族者佔官吏總數爲64.9%，宋爲69.0%，南齊59.2%，梁57.2%，陳56.6%，北魏73.3%，東魏北齊58.2%，西魏北周67.9%[20]——有趣的是，純就南北朝而言，似乎此一比例愈高的朝代，其國勢愈強，不僅南朝如此，北朝亦然，此所以北周可吞北齊，並南下滅陳，這或許是由於當時社會基礎不是個人，而是家族，所以此一比例愈高，表示政府受到強宗大姓的支持愈多，以致基礎愈爲鞏固，而且出仕的士族爲知識分子，以致其所制訂的政策較爲有效，或較受一般人民歡迎。

這些士族在政治上之得勢，不僅是本身擁有強宗大姓之堅固力量，而且亦因社會上崇尙門第而生景仰之心，頗有「君子德風，小人德草」之意味，例如《晉書・王導傳》載：「時帑藏空竭，庫中唯有練數千端，鬻之不售。而國用不治，王導患之，乃與朝賢俱制練布單衣，於是士人翕然競服之，練逐踴貴，乃令主者出賣，端至一金。其爲時所慕如此。」

無論是士族還是其他的豪族，其領袖除擁有族眾外，還多擁有私人部隊，稱爲「部曲」。在後漢之初，部曲多爲「士卒隊伍之義」，末期起逐漸成爲私人軍隊的代名詞，南北朝尤然[21]，即與「家兵」同義（見

---

18 余英時，《士與中國文化》（上海人民出版社，1987年），〈東漢政權之建立與士族大姓之關係〉。

19 毛漢光，《中國中古社會史論》，〈三國政權的社會基礎〉。

20 毛漢光，《兩晉南北朝士族政治之研究》（中國學術著作獎助委員會，民國55年），第十一章。

21 楊中一，〈部曲沿革略考〉，《食貨半月刊》，1卷3期。

《陳書·荀朗傳》)。除部曲外，也許還有「客」、「門生」、「故吏」，
「義附」[22]。「客」本為「賓客」、「食客」之義，但於漢末，已與僮
僕並列，例如糜笠「祖世貨殖，僮客萬人」(《三國志》本傳)。門生本
為「師」的弟子，但於此一時期，漸漸演變為慕權勢而趨附。顧名思義，
故吏是主人先前為官時之舊屬，但於後來則由公的關係轉變為私的關
係；至於義附，則為自動投效，始終是私的關係。在諸多小集團中，這
些群眾，除上層作為幕僚，吏佐及部將外，其餘於戰時則從戎作戰，於
平時則主要務農，且要繳納租稅；至於領主的義務則負保護之責[23]。這
些部曲逐漸形成世兵制，而成為士家或軍戶、營戶[24]，而這些軍戶的地
位低於一般民戶。

在三國時期，人民即已區分為三種：一為州郡領民；一為屯田客；
一為軍戶。州郡領民即一般民戶，是獨立的自由民，主要為自耕農，其
對國家的義務為田租，戶調與徭役，後者又可分為力役與兵役。屯田客
是國家的佃農，有時亦服雜役；軍戶為世兵，除作戰外，則為屯田[25]。
這三種人民，在地位上，以一般民戶最高，軍戶最低——這種情況似乎
一直保持到南北朝時代。除此以外，這一期間由於戰亂，使人民追求宗
教之動機日熾，佛教大盛，梁武帝時，「都下佛寺五百餘所，……僧尼
十餘萬」(《南史·郭祖深傳》)；北魏孝文帝時，四方諸寺有6478所，
僧尼有7萬7258人(太和元年)，在此以前，有輸粟於寺院的「僧祇戶」，

22 鞠清遠，〈兩晉南北朝的客、門生、故吏、義附、部曲〉，《食貨半月刊》，
    2卷12期。

23 楊中一，〈部曲沿革略考〉，《食貨半月刊》，1卷3期。

24 關於兵民分治，請參閱日人濱口重國，〈後漢末曹操時代之兵民分離〉，《東
    方學報》第十一冊之一(1940)；至於世兵制，參閱何茲全，《魏晉南朝的兵制》，
    歷史語言研究所集刊第16本(民國36年)；有關軍戶情況，參閱濱口重國，〈兩
    晉南朝的兵戶及其身分〉，《史學雜誌》，52編第3號(1941)，以及拙作〈魏
    晉南北朝軍戶考〉，《漢學研究》，8卷2期。

25 參閱何茲全，〈三國時期國家的三種領民〉，《食貨半月刊》，第1卷11期。

為寺院服役的「佛圖戶」或「寺戶」(《魏書‧釋老志》)。就社會階級言,當然以士族最為尊貴,甚至於在梁武帝之時,侯景位高權重,「請娶於王謝。帝曰,王謝門高非偶,可於朱張以下訪之」(《南史》本傳)。事實上,在南北朝時代,世族不與寒門交往,乃當時普遍情況,例如南朝蔡「凝年位未高,而才地為時所重,常端坐西齋,自非素貴名流,罕所交接」(《陳書》本傳);北朝崔「瞻性簡傲,以才地而矜,所與周旋,皆一時名望」(《北齊書‧崔怜傳》);王弘上疏曰,「士庶之際實自天隔」(《宋書》本傳),王球不願奉命與宋文帝寵臣徐爰相見,辭曰:「士庶區別,國之章也」(《南史》本傳)。

這個時代裡,雖然一面是階級森嚴,使社會趨於疏離,但另一面卻因人民大遷徙,使人民於民族疏離之中導致民族大融合。先於三國時代,孫吳開發江南,討撫山越;蜀漢深入西南,討撫蠻夷[26]。五胡亂華雖然引起大動亂,但卻導致漢胡的初步融合,錢穆於此指出:(1)諸胡雜居內地,均受漢族相當教育;(2)北方世家大族未獲南遷者,率與胡人合作[27]。至南北朝時代,漢胡再作進一步融合,陳登原特以「南北混合」名之:其在語言上,是南人有學北語者,亦有北人學漢語者;在種族上,南方雜有北人,北方亦雜有南人;其餘則有裝飾、風尚、藝術與文藝上的混合[28]。這種融合,以北魏孝文帝遷都洛陽達到高峰。北魏分裂為二時,更發生融合之趣事;東魏(北齊)之高歡為漢人,卻胡化甚深;西魏(北周)之宇文泰為胡人,卻慕漢化,仿《周禮》立官。

---

26 關於孫吳開發江南,參閱李子信,〈三國時孫吳的開發江南〉,《食貨半月刊》,5卷4期;有關蜀漢討撫蠻夷,參閱《三國志‧諸葛亮傳》注引《漢晉春秋》所載,七擒孟獲之事。

27 錢穆,《國史大綱》,頁187。

28 陳登原,《中國文化史》(世界書局,民國45年),卷二,第十章。

第四節　戰火蹂躪下的破碎經濟

　　後漢末期，黃巾暴亂後，又有黑山白波等難以數計的小動亂，再經董卓之亂、關東群雄相爭與李傕、郭汜互攻等，使安定近兩百年的後漢經濟，幾乎解體，尤以關中、洛陽為然。先是董卓專權，關東諸州郡起兵，眾數十萬，皆集滎陽及河內。諸將不能相一，縱兵抄略，民人死者且半。董卓聞而懼，於是遷天子西都，盡徙洛陽人數百萬口於長安。步騎驅蹙，更相蹈藉，饑餓寇掠，積尸盈路，悉燒宮廟官府居家，「二百里內無復子遺」「初卓以牛輔素所親信，使以兵屯陝。輔分遣其校尉李傕、郭汜、張濟將步騎數萬擊破朱儁於中牟，因掠陳留、潁州諸縣，殺略男女，所過無復遺類」。董卓被殺後，李傕、郭汜作亂，關中亦成焦土：「初帝入關，三輔戶口尚數十萬，自傕、汜相攻，天子東歸，長安空四十餘日，強者四散，羸者相食，二三年間關中無復行人」（均見《後漢書・董卓傳》）。其後，各割據之雄，相互征戰，死人無算。所以，自靈帝時黃巾之亂（西元184年）至曹丕稱帝（220年），「人眾之損，萬有一存」（《後漢書・郡國志一》注引《帝王世紀》）。

　　五胡亂華時，殺戮尤重，譬如劉聰陷洛陽，晉兵被殺者三萬餘人，晉王公、百官、人民死者又三萬餘人（《晉書・載記》）；劉曜與賈疋相拒於長安「時，諸郡百姓飢饉，白骨蔽野，百無一存」（《晉書・賈疋傳》）。其後，石勒、石虎（季龍）屠殺漢人，每於「降城陷壘，坑斬士女，鮮有遺類」（《太平御覽》百二十引《十六國春秋・後趙錄》）。石季龍之漢將冉閔，奪取石氏政權後，屠殺胡羯幾盡，「閔躬率趙人誅諸胡羯，無貴賤，男女少長皆斬之，死者二十餘萬」，又「與羌胡相攻，無月不戰，青雍幽荊州徙戶及諸氐羌胡蠻數百餘萬，各還本土，道路交錯，互相殺掠，且饑疫死亡，其能達者十有二三，諸夏紛亂，無復農者」（《晉書・石季

龍載記下》）。淝水之戰，苻堅所率近百萬之眾（戎卒六十餘萬，騎二十七萬），「死者不可勝數，淝水爲之不流」（《晉書·謝安傳》）；敗後，慕容冲襲之，「關中人皆流散，道路斷絕，千里無煙」（《晉書·苻堅載記下》）。南北朝時最爲慘烈者，應爲侯景之亂，致建康「都下戶口百遺一、二」（《南史》本傳），至於北朝，亦是「兵革屢動，荊、揚二州，屯戍不息，鍾離、義陽，師旅相繼，……汝、穎之地，率戶從戎，河、冀之境，連丁運輸，……死喪離曠，十室而九空，……至使通原遙畛，田蕪罕耘，連村接閈，蠶飢莫食」（《魏書·盧玄傳》中盧昶語）。

在靜態的農業社會中，人口銳減，必使田地荒蕪，農業衰敗，導致糧食供應不足，再加戰爭期間，交戰雙方經常燒燬對方軍糧與破壞對方糧食作物，譬如建安五(200)年，曹操焚袁紹「穀車數千乘」（《三國志》本紀）；魏陳留王甘露二(257)年，其泰山太守胡烈，以奇兵襲都陸，焚吳將朱異所留之糧（《晉書·文帝紀》）；晉武帝咸寧四(178)年，衛瓘等伐吳皖城，「焚穀米百八十萬斛」，孝武帝太元七(382)年，「苻堅將都貴焚燒沔北田穀」（俱見《晉書》本紀）──這種破壞對方糧食作物的方式，在這一時期已經成爲戰爭的手段之一，周朗於上宋孝武帝之書中言及「空守孤城」之不當曰，「使虜但發輕騎三千，更互出入，春來犯麥，秋至侵禾，水陸漕輸居然復絕，於賊不勞而邊已困，不至二年，卒散民盡，可蹻足而待也」（《宋書》本傳），其中所云「春來犯麥，秋至侵禾」，正是一種破壞手段，其結果是減少整個中國的糧食供給。而且，戰爭的過程中，還會摧毀城池、廬舍及其他資產，至於從事戰爭所耗費的人力（包括傷亡）與物力，更是不在話下。

戰爭還直接影響到土地資源的閒置，譬如「三國時，江淮爲戰爭之地，其間不居者各數百里」。晉統一後，民稍還。「其後，中原亂，胡寇續南侵，淮南民多南渡；成帝初、蘇峻祖約爲亂於江淮，胡寇又大至，民南度江者轉多」（《宋書·州郡志》）足見在這一期間，長江以北，淮

水以南地區，常爲無人地帶，據估計，至少荒廢良田十萬餘頃（《魏書·
薛虎子傳》）。

以上所云之戰爭消耗大量人力與物力，已使社會資源趨於耗竭或閒
置，使經濟生產能力大爲降低。尤有進者，大一統時期所孕育的君主「適
己」之心，卻在此一期間更爲昭然若揭，很多君主大興土木與行爲奢靡；
先是魏明帝於青龍三(235)年，「大治洛陽宮、起昭陽、太極殿，築總
章觀，百姓失農時」「復崇華，改名九龍殿」（《三國志》本紀）。景初
元(237)年，「帝愈增崇宮殿雕飾觀閣，鑿太行之石英，采穀城之文石，
起景陽山於芳林之園，建昭陽殿於太極之北，鑄作黃龍鳳皇奇之獸，飾
金墉陵雲台陵霄闕，百役繁興，作者萬數，公卿以下至於學生莫不展力」
（《三國志·高堂隆傳》）；吳主孫皓於寶鼎二(267)年，「更營新宮，制
度弘廣，飾以珠玉，所費甚多，是時盛夏興工，農守並廢」（《三國志·
華覈傳》）；一般而言，開國之君多尙節欲，而晉武帝卻甚荒淫，「帝
多內寵，平吳之後復納孫皓宮人，自此掖庭殆將萬人，而並寵者甚眾，
帝莫知所適，常乘羊車，恣其所之，至便宴寢」（《晉書·后妃傳·胡貴
嬪》）——在此一期間，有類似荒淫傾向的開國君主，乃是齊文宣帝[29]，
而且文宣還爲自我享受而大興土木，「發丁匠三十餘萬，營三臺於鄴下」
（《北齊書》本紀）；宋明帝「以故宅起湘宮寺，費極奢侈……（虞）愿在
側曰，陛下起此寺，皆是百姓賣兒貼（押）婦錢，佛若有知，當慈悲嗟愍，
罪高佛圖（塔），有何功德？」（《南齊書》本傳）——事實上，這與其後
的梁武帝及北魏之禮佛，直爲小巫見大巫；南齊之奢侈更爲過之，先是
「武帝聚錢上庫五億萬，齋庫亦出三億萬，金銀布帛不可稱計，（廢帝
鬱林王）即位，未朞歲，所用已過半，皆賜與諸不逞群小，諸寶器以相
擊剖破碎之，以爲笑樂，及至廢黜，府庫悉空」，廢帝東昏侯「大起諸

---

29 參見趙翼，《廿二史劄記·北齊宮闈之醜》。

殿芳樂、芳德、仙華、大興、舍德、清曜，安壽等殿，又別爲潘妃起神
仙、永壽、玉壽三殿，皆飾以金璧，……又鑿舍爲蓮華以帖地，令潘
妃行其上，曰，此步步生蓮華也」（《南史·齊本紀》）；陳後主「君臣
酣飲，從夕達旦，以此爲常，而盛修宮室，無時休止」（《南史·陳本
紀》）。

北魏君主多尙儉樸，惟太祖經營平城卻大興土木，「天賜三(406)
年六月，發八部五百里內男丁，築壘南宮，門闕高十餘丈，引溝穿池，
廣苑囿，規立外城，方二十里，分置市里」（《魏書》本紀）——另據《魏
書·莫含附孫莫題傳》，太祖欲廣宮室，規度平城，將模鄴、洛陽、長
安之制，運材百萬根」；其後，孝文帝在親政以前，其祖母文明太皇太
后掌權，於平城數增宮殿，諸如於毒殺其子獻文帝（時爲太上皇）之次
年——太和元(477)年「起太和、安昌二殿」，又「起朱明思齊門」，
再「起永樂遊觀殿」，於北苑穿神泉池，三年，「巛德六合殿成」「起
思遠佛寺」，四年，「乾象六合殿成」「思義殿成」，五年，「行幸方
山，建永固石室於山，立碑焉，銘太皇太后終制於全冊，又起鑒玄殿」；
孝文帝於太和十五年親政，十六年起太極殿，十七年起「經始洛京」（俱
見《北史·魏本紀》）；北齊文宣帝已甚荒侈，而武成帝之子溫公高緯（史
稱後主）尤過之，「宮掖婢皆封郡君，宮女寶衣玉食者五百餘人，一裙
直萬疋，鏡臺直千金，競爲變巧，朝衣夕弊，承武成之奢麗，以爲帝王
當然。乃更增益宮苑，造偃武修文臺，其嬪嬙諸院中，起鏡殿、寶殿、
玳瑁殿，丹青雕刻，妙極當時。又於晉陽起十二院，壯麗逾於鄴下。所
愛不恆，數毀而又復。夜則以火照作，寒則以湯爲泥，百工困窮，無時
休息。鑿晉陽西山爲大佛像，一夜燃油萬盆，光照宮內。又爲胡昭儀起
大慈寺，未成，改爲穆皇后大寶林寺，窮極工巧，運石與泉，勞費億計，
人牛死者不可勝紀。……馬及鷹犬，乃有儀同、郡君之號，……鬥雞亦

號開府」（《北史・齊本紀》）[30]。

這一期間，很多君主之荒侈，是起因於一元體制時期建立的專制政治，使君主有「適己」之心——這亦即是北齊後主「以爲帝王當然」。但這種「適己」之心，有其客觀的限制，此即南齊東昏侯時，張欣泰曰，「宮殿何事頓爾！夫以秦之富，起一阿房而滅，今不及秦一郡，而頓起數十阿房，其危殆矣」（《南史・齊本紀》）。此所以南齊末年，「百姓困盡，號泣道路，……吏司奔馳，遇便虜奪，市廛離散，商旅靡依」（同上）；北齊末年，除「人牛死者不可勝紀」外，而且「賦歛日重，徭役日煩，人力既殫，帑藏空竭」（《北史・齊本紀》）。其結果當然是這些王朝傾覆，又因改朝換代而引發戰爭，使破碎經濟更趨破碎，人民負擔與疾苦更爲深重。《南齊書》卷34末，史臣曰，「季世以後，務盡民力，量財品賦，以自奉養，下窮而上不恤，世澆而事愈變」，這不僅是南齊末年情況，亦是此一期間很多王朝之通病。

第五節　隔離與疏離的經濟效果

由於政治上割據，形成經濟上的隔離，使《史記・貨殖列傳》所描繪的大一統下景象，「富商大賈周流天下，交易之物莫不通得其所欲」難以存在。這是由於雙方或多方相持，爲軍事目的而杜絕往來，例如宋文帝元嘉廿五(448)年，北魏豫州刺史移書劉宋之豫州刺史曰，「兩民之居，煙火相接，來往不絕，情僞繁興，是以南姦北人，北姦南叛，……。自今以後，魏、宋二境，宜使人跡不過，自非聘使行人，無得南北，邊境之民，煙火相反，雞狗之聲相聞，至老死不相往來，不亦善乎」（《宋

書・索虜傳》）；元嘉廿八年，北魏卻要求互市，顏竣認爲「一相交關，卒難閉絕，寇負力玩甚，驕黠已甚，雖云互市，實覘國情」，所以主張拒絕(《宋書》本傳)。而且爲著貫徹此一目的，還會斷絕平素的通道，譬如宋明帝時，周山圖爲「漣口戍主，遏漣水築西城，斷虜騎路，並以溉田」(《南齊書》本傳)，顯然是爲軍事目的而斷絕航運之利。

即使兩國得以互市，但亦常甚危險，晉代魏後，吳尙未平，周「浚在弋陽，南北爲互市，而諸將多相襲奪以爲功」(《晉書》本傳)，以致此一期間，商業受到很多限制。

以上所說，是大政治中心之間相持下的情況，而一大政治中心往往包含很多小政治中心，此即塢堡一類組織，彼此猜忌，而於渡口設卡盤查行人，並對來往貨物課稅，而稱爲「津稅」──起初也許是以此稅收支持負責盤查人員之人事費用，後來則可能因稅收不惡而視爲重要稅源之一。這種津稅，可從《隋書・食貨志》有關記載看出其情況：晉東渡後，「都西有石頭津，東有方山津，各置津主一人，賊曹一人，直水五人，以檢察禁物及亡叛者，其荻、炭、魚、薪之類，過津者並十分稅一以入官」──這雖是東晉大政治中心所爲，但卻可況津稅之本質，主要爲「檢察禁物及亡叛者」，而且早於三國時代即已開始，所以，《三國志・魏文帝紀》中，延康「元(220)年二月」下，註引《魏書》載庚戌令曰，「關津所以通商旅，……設禁重稅，非所以便民，……其輕關津之稅，皆復什一」。這種情況一直到西晉初年還如此，只是已遺忘其原始的「檢察」目的，而只著重課稅，此即潘岳所云，「彼河橋孟津，解券輸錢」(《晉書》本傳)。至南北朝時，這種類型的稅更爲普遍，這也許是由於小政治中心更趨活躍，以致梁武帝於大同十一(545)年詔曰，「四方所立屯、傳、邸、冶、市、埭、桁渡、津稅、田園，新舊守宰，遊軍戍邏，有不便於民者，尙書州郡，各速條上」(《梁書》本紀)，其中埭稅與桁渡稅是與津稅相通，蓋因「埭」指水閘(須開啓才可讓船經

過），「桁」指浮橋。

這些關津阻隔情形，構成經濟上的隔離，而這種隔離又產生苛捐雜稅，當然阻礙區域間正常貿易，這種情況卻導致中國歷史上前所罕見的官商勾結與官僚資本。就前者言，後漢末，公孫瓚據易京，傍臨易水，並通遼海，瓚「乃盛修營壘，樓觀數十，臨易河，通遼海」，其所修營壘，可能有「檢察」作用，並由此加強其與商人之勾結：「故所寵信，類多商販庸兒，所在侵暴，百姓怨之」（《後漢書》本傳）；後者則如吳主孫休於永安二(259)年詔書所云，「自頃年以來，州郡吏民及諸營兵，多違此（農）業，皆浮船長江，賈作上下」（《三國志》本傳），意謂吳國官吏及營兵，利用其主管特權，突破交通阻礙而兼營商業，以致後來，「牧民之吏……僮僕成軍，閉門爲市，……商販千艘，腐穀萬庾」（《抱朴子·吳失》）。

這種假借職權的官僚資本，至東晉及南北朝而尤熾：譬如劉胤領江州刺史，「大殖財貨，商販百萬，……是時朝廷空罄，百官無祿，惟資江州運漕，而胤商旅繼路，以私廢公」（《晉書》本傳）；宋南譙王義宣有異圖，張暢遣「苟僧寶下郡，因顏竣陳義宣釁狀，僧寶有私貨，止巴陵不時下。會義宣兵起，津路斷絕，遂不得前」（《宋書·張邵附暢傳》）；宋明帝賜吳喜死，詔數其罪，「西難（明帝即位時，荊州刺史海南王子頊不服，吳喜平之）既殄，便應還朝，而解故槃停，託云扞蜀，實由貨易交關，事未回展。……從西還，大艑小艒，爰及草舫，錢米布絹，無船不滿。自喜以下，逮至小將，人人重載，莫不兼資。」（《宋書》本傳）；南齊太祖雖規定「二千石官長不得與人爲市」，但至世祖時，仍見「諸王舉貨」（《南齊書·豫章文獻王傳》）；梁中書令徐勉誡子安貧樂道，但亦述及假借職權經營商業的可能性，而曰，「所以顯貴以來將三十載，門人故舊亟薦便宜，又欲舳艫運致，亦令貨殖聚斂」（《梁書》本傳）。此外，據《南史·沈客卿傳》曰，「舊制，軍人、士人、二品清官，並

無關市之稅」，亦可能基於此一特權，使士族與軍公人員易於兼營商業。

　　至於北朝，官商勾結與官僚資本，亦兼而有之，前者可見於北魏文成帝和平二(461)年之詔，「刺史牧人爲萬里之表，自頃每因發調，逼人假貸，人商富賈要射時利，……上下通同，分以潤屋，……爲政之弊莫過於此」(《魏書》本紀)；北齊「諸王，選國臣府佐，多取富商」(《北齊書·襄城景王傳》)，倖臣和士開家中，「富商大賈朝夕填門」(《北齊書》本傳)。就後者言，袁翻議邊事時，謂邊將好貨，「皆無防寇禦賊之心，唯有通商聚斂之意」「販貿往來，相望道路」(《魏書》本傳)，北齊時，高季式「爲都督，隨司徒潘樂征討江淮之間，爲私使樂人於邊境交易，還京坐被禁止，尋而赦之」，崔季舒「出爲齊州刺史，坐遣人渡淮互市，亦有贓賄事，爲御史所劾，會赦不問」(俱見《北齊書》本傳)；這又證明官僚資本是隔離經濟下的產物[31]。

　　隔離經濟所創造出的官僚資本，以及與官吏勾結的商人，配合著疏離社會，更凸顯所得分配的不平均，這是因爲世族(或士族)在政治上擁有特權[32]，經濟上亦有其特殊利益，譬如他們普遍不負擔賦稅，顧憲之曾云，「山陰一縣，課戶二萬，其民資不滿三千者殆將居半，刻又刻之，猶且三分餘一，凡有資者多是士人，復除」(《南齊書》本傳)——顯示士族不僅多資，而且還不須納稅，越發地使所得分配更趨不均。

　　世族不納賦稅是消極地削弱政府稅基，而藏匿人口則是在積極地削弱稅基，因自後漢末起，人民多投附豪族大姓成爲部曲，東晉、南北朝時仍是如此，譬如東晉時，「江左初基，法禁寬弛，豪族多挾藏戶口以

31　關於此一期間的官僚資本，李劍農，《魏晉南北朝隋唐經濟史稿》(華世出版社)，第五章，可提供較多資料。

32　據薩孟武分析，南北朝時代的豪族在政治上至少擁有下列特權：1.釋褐入仕之初，其位階即高於初入仕途之平民；2.任官年齡又較平民爲低；3.平流進取，坐至公卿——見所著，《中國社會政治史》(三民書局)，第二冊，第六章。

為私附」（《晉書‧山濤附遐傳》）；宋時，「編戶之命竭於豪門，王府之蓄變為私藏」（《宋書‧王弘傳贊》）；南齊時，「流民多庇大姓以為客」（《南齊書‧州郡志》上，南兗州條）；梁時，「百姓不能堪命，各事流散，或依於大姓，或聚於屯封」（《梁書‧賀琛傳》）。

豪族所挾藏的人口，多被用以耕田者成為其佃客，這種情況在三國時代頗為普遍，亦由此可知豪族在兼併土地，例如曹爽當權時，何「宴等專政，共分割洛陽野王典農部桑田數百頃，及壞湯沐地以為產業」（《三國志》本傳）。所以，西晉統一天下後，按官品限定占田及佃客之數量（見《晉書‧食貨志》）。縱然如此，王戎仍「廣收八方園田，水碓周遍天下」（《晉書》本傳），其後，兼併更烈，譬如刁協之孫刁逵，「有田萬頃，奴婢千人」（《晉書》本傳）；謝弘微叔謝混，「田業十餘處，僮僕千人」；孔季恭弟靈符，「家本豐，產業甚廣，又於永興立墅，周迴三十三里，水陸地二百六十五頃，含帶二山，又有果園九處」；謝靈運產業本豐（可從第二節所引其〈山居賦〉中，看出其田產甚豐），卻仍求將會稽東郭回踵湖及始寧休崲湖「決以為田」（但為太守孟顗所拒）（俱見《宋書》本傳）——豪族佔據湖澤及山林，並闢以為田，是當時豪族兼併土地的慣用手法，且演成風氣，「會稽多諸豪右，不遵王憲，又幸臣近習，參半宮省，封略山湖，妨民害治」（《宋書‧蔡廓傳》）。其實，早在東晉之時，成帝即於咸康二(336)年下詔，「占山護澤，贓一丈以上皆棄市」，此即所謂「壬辰詔書」。因已無嚇阻力量，宋孝武帝於大明初（大明元年為西元457年），准許官民占山澤，其數量依品級而有上限，若私行竊占，「水土一尺以上，並計贓依常盜律論」（《宋書‧羊玄保傳》）。除占山澤外，這些豪族還佔據公田，轉租貧民圖利，此即梁武帝於大同七(541)年詔曰，「頃者，豪家富室多佔取公田，貴價僦稅以與貧民」（《梁書》本紀）。

土地兼併，亦出現於北朝，《通典》卷二曾云其情況：「河渚山澤，有司耕墾，肥饒之處，是豪勢或借或請，編戶之人不得一壟」，所以，

在東魏孝靜帝武定五(547)年,「文襄(高澄)請……豪貴之家不得占護山澤」(《北史・齊本紀》)。

在此疏離的社會中,不特世族固有特權而形成所得分配不均,而僧尼亦有其特殊地位,梁臣郭祖深曾云,「都下佛寺五百餘所,窮極宏麗,僧尼十餘萬,資產豐沃,所在郡縣不可勝言。道人又有白徒,尼則皆蓄養女,皆不貫人籍,天下戶口幾亡其半。而僧女多非法,養女皆服羅紈」(《南史》本傳)。北魏文成帝時(452-465),准許每年對「輸穀六十斛入僧曹者即為僧祇戶,……民犯重罪及官奴,以為佛圖戶,以供諸寺掃灑,歲兼營田輸粟」。可見寺院有其自己的稅收(僧祇粟)與田租(營田輸粟),還有其廝役,這又在削弱稅基,而且至北魏末年,「編民相與入道,假慕沙門,實避調役……略而計之,僧尼大眾二百萬矣。其寺三萬有餘」(《魏書・釋老志》)。

佛教之盛,雖有其宗教及文化上之意義,但就財政言,卻在削弱稅基,而且還移出很多勞動力,隨而亦削弱了經濟上的生產力量,再加上大興土木與塑雕佛像,扭曲資源分派。

總之,政治上的乖離與荒淫,必將增加人民的賦稅負擔,這是提高明顯的制度成本。經濟上的隔離與社會上的疏離,則是增加不明顯的制度成本;經濟隔離與階級森嚴,是在提高交易成本;社會疏離與特權分子,是增加其餘人民的負擔,其中包括生產成本,甚至明顯的制度成本。

第六節　多元體制對經濟的貢獻

這一時期的多元體制,政治趨於乖離,經濟趨於隔離,社會趨於疏離,其對經濟發展帶來的負面影響至少有六:(1)人口大減致勞力缺乏;(2)田地荒蕪中有土地兼併;(3)君主荒侈使稅負奇重;(4)形成官僚資本與官商勾結;(5)所得分配不均;(6)稅基一再削弱。可是,這種多元

體制也為其後的經濟帶來一些正面的貢獻，這些貢獻主要是來自兩方面：一為中華民族擴大活動空間；一為提高資源使用效率。就前者言，其具體貢獻為南方之開發與對外之拓展；就後者言，則表現於勞力節用之新技術與土地勞力之新結合上。

在第八章第一節中，已從人口的分布，看出經濟重心的逐漸南移，但南方之大規模開發，實在始於三國時代，其中蜀漢開闢西南，孫吳開發東南與南疆。蜀漢領土狹小，僅得漢之益州及涼州一部分，共13郡，後乃增至22郡，主要是對西南方的開發，而將今日的雲南、貴州納入統治[33]。

孫吳之開發，主要是對東南及南方土著種族作戰，即討撫山越與蠻夷（武陵蠻與五谿蠻），向今日的浙江、福建、兩廣等方面推進，並領有越南中北部及海南島，且於黃龍三年(230年)，遣將軍衞滿等至台灣（當時稱為夷州《三國志‧孫權傳》）。吳國原佔有漢之揚州6郡與荆州7郡（並非全部），後使郡數增為31[34]。就江南的郡數看，後漢為15，西晉之初為45，若就其各別分佔郡國總數比率看，後漢時、江南郡數佔全國郡國總數(99個)之比率為15％弱，此一比率至晉初增為26％強；晉初人口大減，江南戶數不到後漢三分之一，但在其戶數佔全國戶數之比例卻有增加，即此比率在後漢時為18.8％，晉初增為21.2％[35]。

東渡後，江南歷經東晉與南朝的開發，經濟上益趨重要，使金陵成為「六朝金粉地」（吳偉業詩），「市廛列肆，埒於二京」（《隋書‧地理志》，稱之為丹陽），此外還有「民物殷阜，王公妃主邸舍相望」（《宋書‧

---

33 蜀漢之開發西南，可從《三國志》李恢，呂凱、馬忠、張嶷、張翼列傳中看出，《華陽國志‧南中志》亦提供綜合性資料。並參見姚大中，《南方的奮起(魏晉南北朝史)》(三民書局，民國65年)，頁224。

34 參見姚大中，《南方的奮起》，頁224-228。

35 李子信，〈三國時孫吳的開發江南〉，《食貨半月刊》，5卷4期。

蔡興宗傳》)的會稽，以及「商船遠屆，委輸南州，故交、廣富實」(《南齊書》卷五八「史臣曰」)的廣州。以致隋統一後不得不開鑿大運河，轉輸南方之財帛，以供京都及北方之用。

　　三國之中，蜀、吳開發西南、東南及南方，曹魏則致力於西北、東北及北方的推進，首爲曹操於建安十一(206)年征服北方之烏丸；文帝踐祚，拜鮮卑大人步度根爲王，「將其眾萬餘落保太原雁門郡」，明帝時，另一鮮卑大人泄歸泥「將其部眾降，拜歸義王，……居并州如故」(《三國志・烏丸、鮮卑傳》)。明帝景初二(234)年，派司馬懿帥眾討遼東，大破公孫淵，結束公孫氏四代的半獨立政權(《三國志》本紀)。廢帝齊王芳時，幽州刺史毌丘儉破高句麗(《三國志》本傳)。

　　當時，三國除開發中國既有領土外，還拓展對外關係，尤以魏、吳爲然，這一方面是由於彼此對峙，要「遠交」各國，以免「近攻」時腹背受敵，而且可因交往當時稱爲朝貢國家之名而自壯聲勢；另一方面則因中國境內經濟隔離，難以順利進行區域間貿易，所以著重對外貿易的推展。實質上，前者是兼具政治性與軍事性，後者則屬經濟性，此外，還有文化性，即是佛教關係的來往[36]。就前者言，亦有若干小國，在強者之間使用縱橫之術，譬如三國間，遼東公孫氏時而事魏，時而事吳；南北朝時，柔然時與北魏修好，又和南朝往來。

　　關於此一時間的對外關係，張星烺曾有概括性敘述[37]，大意是說，六朝時代，漢族勢力不伸，大部分時間僅有長江流域，陸地通西域之道既絕，而海上交通至是記載漸詳。孫權曾遣朱應、康泰使扶南，歸而有《外國傳》之作，而大秦(東羅馬)賈人字秦論來朝孫權，權得悉其國方

36　關於這方面，方豪於其《中西交通史》(中華文化出版事業委員會；民國44年)，第一冊，第十六章，〈漢末迄南北朝與西方各國之佛教關係〉中，有較詳敘述。

37　張星烺，《中西交通史料彙編》(世界書局)，第一冊，《古代中國與歐洲之交通》中〈六朝時代中西交通總序〉。

土風俗；東晉時，高僧法顯自錫蘭島航海而抵青州，安帝義熙初（義熙元年爲405年），獅子國遣使獻玉像，經十載乃至，宋元嘉（424-453）間，獅子國凡兩遣奉獻，梁武帝時亦來貢獻，印度大陸各國亦通聘問，天竺高僧航海來華者指不勝屈；埃及基督教士科斯麻士（Cosmas）嘗至印度西海岸、錫蘭等地經商，據其所著《秦尼策國（中國）記》，並記當時中國有絲貨運往錫蘭；梁時，中亞諸國，如滑、周古柯、胡密丹等，亦皆由陸道經北魏以通於梁，茀菻（拜占庭）初見於《梁書》；而是時佔據中原代表中國與西方交通者，厥爲符秦與北魏，符秦盛時，朝貢者達62國，北魏自太武帝起，西方遠國如粟特、厭噠皆來朝貢，波斯國名，始見《魏書》，終魏之世，通於魏者達10次之多；宇文周時，東羅馬與西突厥有通聘之使，而波斯又連北周以抗突厥。

關於南朝對南海諸國的貿易，《南齊書·東南夷傳》中史臣曾予略論：「南夷雜種分嶼建國，四方珍怪莫此爲先，藏山隱海，瓌寶溢目，商舶遠屆，委輸南州，故交廣富貴，牣積王府」。另據《南史·夷貊傳》，這些南海國家，主要爲15國，即林邑國（今越南中圻）、扶南國（今高棉）、師子國（今錫蘭）、中天笠、天笠迦毗黎國（以上在印度）、婆皇國、槃盤國、狼牙修國（以上在馬來半島）、呵羅單國、干陀利國（以上在蘇門答臘島）、婆利國（今印尼之巴里島）、丹丹國（似爲今關島）、訶羅陀國、婆達國[38]。

至於北魏與西方國家的貿易，《洛陽伽藍記》曾有如下的描繪：「自蔥嶺以西至於大秦，百國千城莫不款附，商胡販客日奔塞下，所謂盡天地之區矣。樂中國土風因而宅者，不可勝數，是以附化之民萬有餘家，門巷修整，閶闔填列，青槐蔭柏，綵柳垂庭，天下難得之資咸悉在焉，

---

38 參見方豪之說——見氏著《中西交通史》第十五章第四節，〈魏晉南北朝與南海諸國之貿易〉。

別立市於洛水南，號曰四通市。」

　　西諺曰，「需要為發明之母」，這一時期，勞動力缺乏，乃有節約勞力技術之發明或推廣。在運輸方面，諸葛亮作木牛流馬，據《三國志》本傳注，木牛應為可行駛於坡地之獨輪車，而流馬則似為盛器，「方囊二枚」「每枚受米二斛三斗」，則一人所推之獨輪車可載米四斛六斗，而可節省三人以上的勞力。南齊時，祖「沖之以諸葛亮有木牛流馬，乃造一器，不因風水，施機自運，不勞人力；又造千里船，於新亭江試之，日行百餘里」(《南齊書》本傳)，則是更進一步地利用機械以節省人力。《祖沖之傳》中，還述及他「於樂遊苑造水碓磨」，此水碓磨亦稱水碾磑，即利用水力舂米磨麵，此法漢時即有，《太平御覽》引漢人桓譚《新論》云，「伏羲制杵臼之利，萬民以濟，及後世加巧，延力借身重以踐碓，而利十倍；又復設機用驢騾牛馬及投水而舂，其利百倍」。其所謂「投水而舂」，即是水碓，惟大規模推廣者厥在此一時期[39]；其所謂「設機用驢騾牛馬」，即用獸力舂米磨麵——李約瑟謂「在中國、水磨似首先出現」，獸力運磨則較遲(而與西方發展次序相反)，其所引資料，是三國時有馬磨，劉宋時有驢磨[40]，可能未見到《新論》。杜預曾為連磨，即以巨輪運轉八磨，且似用水力[41]，其後，劉景宣「策一牛之任，轉八磨之重」(嵇含，〈八磨賦〉，見《全晉文》)，均是節約人力技術之創造、改進與推廣。

39　關於魏晉有關水碓之史料，李劍農有較詳記載——見氏著《魏晉南北朝隋唐經濟史稿》第三章。

40　李約瑟著，陳立夫主譯，《中國之科學與文明》(商務版)，第八冊，頁329、330。

41　《晉書·杜預傳》未言此事，而《魏書·崔亮傳》言，「亮在雍州，讀杜預傳，見為八磨，嘉其有濟時用，遂教民為碾。及為僕射，奏於張方橋東堰穀水，造水碾磨數十區，其利十倍，國用便之」。

　　水力運用於工業，厥爲水冶，即水排，後漢之初即有此項發明，杜
詩於光武帝建武七(西元31)年任南陽太守，「造作水排，鑄爲農器，用
力少，見功多，百姓便之」(《後漢書》本傳)，注曰，「冶鑄者爲排以
吹炭，今激水以鼓之也」。但此一技術在此一時期發揚光大，先是韓暨
於曹魏時用之，「暨爲樂陵太守，徙監冶謁者。舊時冶，作馬排，每一
熟石，用馬百匹；更作人排，又費功用。暨乃因長流爲水排，計其利益
三倍於前」(《三國志》本傳)。南北朝時，普遍使用之——《太平御覽》
引《武昌記》曰，「北濟湖本是新興冶塘湖，(宋)元嘉初發水冶，水冶
者、以水排」。

　　紡織業之節用人力，厥爲三國時代馬鈞對綾機之改良，「舊綾機五
十綜者五十躡，六十綜者六十躡」，馬鈞「患其喪工費日，乃皆易以十
二躡」——「躡」者、諒係織綾時之腳踏也，六十躡者，腳踏六十次，
今減爲十二次，當然節省工時，亦即節用人力。馬鈞後「居京都，城內
有地，可以爲園，患無水以灌之，乃作翻車，令童兒轉之，而灌水自覆，
更入更出，其巧百倍於常」(俱見《三國志·杜夔傳》末注)，這又是另一
種節用人力的技術。

　　從以上分析，可見很多技術與水力有關，而在這一期間，水利灌溉
亦有快速發展，其方式主要是在江南使用「陂」或「陂池」等人工貯水
池或人造湖以及運河，設立水門以調節水量，作爲防洪、灌溉之用。這
些方法，在漢代已在南方採用過，但是，有系統開鑿河塘，建立整套的
水利灌溉事業，還是發生於此一時期。其實，這種水利灌溉不僅盛行於
江南，也且爲北方採用，李劍農曾作初步統計，有關史料出現於三國爲
8件，兩晉爲7件，南朝與北朝各爲10件[42]。

　　這種大規模的水利灌溉，業已促進土地利用，但是，在另一方面，

---

42 李劍農，《魏晉南北朝隋唐經濟史稿》，第三章附錄。

於勞力減少及土地荒蕪(包括未開發)情況下，人力與土地產生新的結合，出現大規模農業經營，亦促進資源利用。這類大農場可分公營及私營兩種，前者主要是指屯田，可分軍屯與民屯兩大類別。在漢代，屯田多在邊境，且爲軍屯，三國時，屯田規模擴大，且以民屯爲主，先是曹操於建安元(196)年，「用棗祗、韓浩等議，始興屯田」(《三國志》本紀)，其注曰，「是歲乃募民屯田許下」，這種民屯史料散見於徐邈、倉慈、梁習、盧毓、袁渙等傳，可見魏之屯田實以民屯爲主，但據〈夏侯惇傳〉，言「(惇)身自負土，率將士勸種稻」，可見亦有軍屯。其後至廢帝齊王芳正始四(243)年伐吳，鄧艾建議司馬懿於淮河作大規模軍屯：

> (艾云)陳、蔡之間，土下田良，可省許昌左右諸稻田，并水東下，令淮北屯二萬人，淮南三萬人，十二分休，常存四萬，且佃且守，水豐常收，三倍於西；計除眾費，歲完五百萬斛，以爲軍資，六七年間，可積三千餘萬斛於淮上，此則十萬之眾五年食也，以此乘敵，無不克矣。懿善之，如艾計施行。遂北臨淮水，自鍾離西南，橫石以西，盡沘水四百餘里，五里置一營，營六十人，且佃且守，兼修淮陽、百尺二渠，上引河流，下通淮、潁，大治諸陂於潁南、潁北，穿渠三百餘里，溉田二萬頃。」(《三國會要》卷19)

　　這是說要將原在許昌附近的軍屯移到淮河南北——或將民屯移到戰地而改爲軍屯。其著眼點固爲軍事性——「且佃且守」，但亦具經濟上的選擇性，即以淮河一帶的良田，以取代許昌附近的劣地，且因淮河「水豐」，使其水稻產量「三倍於」許昌稻田。而且在經營上採取大規模，即以60人爲一農場，若以十二分之一的人戍守，則實際耕作者經常

爲55人。以此推論，5萬人軍屯中經常從事農作者應有4萬5833人，而其總產量應爲800萬斛（因「十萬之眾五年食」「三千餘萬斛」，則每人每年約食60石；5萬人一年食300萬斛，而「計除眾費，歲完500萬斛」，故一年生產總額至少爲800萬斛），是以，每人年產量爲174.5斛。據《漢書・食貨志》，晁錯曰，「今農夫五口之家，其服役者不下二人，其能耕者不過百畝，百畝之收不過百石」，可見每人年產量僅爲50石，而174.5石，則「三倍（半）於」此數。假若「溉田二萬頃」即是鄧艾原來預估之墾田數目，則每畝產量應爲4石，高於晁錯時代的每畝（米）1石。可見農業南移，使勞動與土地的單位生產力均告提高。

鄧艾之所以能提出如此確切可行的建議，是由於「艾少爲襄城典農部民」（《三國志》本傳注引《世說》），這些屯民，當時或稱「屯田客」，如〈趙儼傳〉云，「屯田客呂並自稱將軍，聚黨據陳倉」，或簡稱爲客，如〈梁習傳〉云，「習表置屯田都尉二人，領客六百夫」。

蜀、吳亦均有屯田：蜀漢方面，諸葛亮晚年於五丈原一帶「分兵屯田」，是爲軍屯，呂乂「爲漢中太守兼領督農，供繼軍糧」，則似民屯；孫吳方面，陸凱云，「先帝戰士不給他役，春惟知農，秋惟給稻」，是指軍屯，陸遜曾「爲海昌屯田都尉並領縣事」，則似民屯（《三國志》本傳）。

晉統一前夕仍有屯田，武帝咸寧元（275）年詔以50人爲一屯，屯置司馬（《晉書・食貨志》）。宋時，元嘉廿八（451）年，置淮南都督駐盱眙，開創屯田（《宋書・南平王鑠傳》）；梁時，王憺與裴邃分別在荊州與北梁、秦州，廣闢屯田（《梁書》本傳）。北朝方面，北魏刁雍爲薄骨律鎮將，「督課諸屯」（《魏書》本傳）；北齊武成帝時，對於邊城駐守之地，堪墾食者皆營屯田，置都使、子使以統之，一子使當田五十頃」（《隋書・食貨志》）。可見南朝與西晉是以民屯爲主，而北朝則似賴軍屯，且從《隋書・食貨志》資料看，北齊屯田似以50頃爲一基本單位，其爲大規

模生產可知。

　　這些屯田固爲大規模經營，但究屬公營，而私營農場亦有很多規模極大者，上節所舉土地兼併之例，均爲大農場，再如裴之橫因受其兄之高「狹被蔬食」之激，「遂與僮屬數百人，於芍陂大營田墅，遂至殷積」（《梁書》本傳），亦是大規模經營農業。這些大農場主要是在江南，有新生土地足供開發，而且經營者多爲豪門世族，可藉其勢力，導使眾多農民托庇其下而爲其佃客（非後世之佃農），又可侵佔政府土地，前述何宴等人分割「典農部桑田數百頃」，此處所云裴之橫「於芍陂大營田墅」，亦可能是侵佔公地，因《通鑑》載，建安十四年，曹操「開芍陂屯田」。

　　江南私人開闢大農場，亦可能是得力於孫權的助長，譬如：呂蒙破曹軍因功受賞，「即拜盧江太守，所得人馬皆分與之。別賜尋陽屯田六百戶，官屬六十人」「（蒙卒）蒙子霸襲爵，與守冢三百家，復田五十頃」；蔣欽「病卒，權素服舉哀，以蕪湖民二百戶，田200頃給欽妻子」；潘璋「卒，子平以無行徙會稽，璋妻居建業，賜田宅，復客五十家」（俱見《三國志》本傳）。從蔣欽之例看，其農場面積至少爲200頃，其佃客每戶可耕一頃；如此，則呂蒙卒後農場面積至少爲900頃，其中50頃免稅。由此可見，孫吳是以政府力量，支持人力與土地，俾使其將領經營大農場。這些農場並不一定栽培農作物，亦有成爲果園者，例如：

　　　　（丹陽太守李）衡每欲治家，妻輒不聽，後密遣客十人，於武陵
　　　　龍陽汜州上作宅，種甘橘千株。臨死，敕兒曰，汝母惡我治家，
　　　　故窮如是；然吾州里有千頭木奴，不責汝衣食，歲上一匹絹，
　　　　亦可足用。衡亡後二十日，兒以白母。母曰，此當是種甘橘也，
　　　　汝家失十戶客來七八年，必汝父遣爲宅。汝父恆稱太史公言，
　　　　江陵千樹橘，當封君家。……吳末，衡甘橘成，歲得絹數千匹，
　　　　家道殷足。」（《三國志‧孫休傳》），「永安元年十月」注引〈襄

陽記〉）

可見務農時，佃客一人可耕百畝，經營果園時，一人則只照顧百株果樹，
每樹一年淨收益爲絹一匹，而千株甘橘之果園，亦有相當規模。

　　這種官員使用其佃客或部曲經營大農場的方式，至西晉之時，成爲
定例，但亦有其上限，這就是平吳之後所規定的占田之制：「其官品第
一至於第九，各以貴賤占田：品第一者占五十頃；第二品四十五頃；第
三品四十頃；第四品三十五頃；第五品三十頃；第六品二十五頃；第七
品二十頃；第八品十五頃；第九品十頃。……又得蔭人以爲衣食客及田
客，……其應有佃客者：官品第一第二者佃客毋過五十戶；第三品十戶；
第四品七戶；第五品五戶；第六品三戶；第七品二戶；第八品第九品一
戶」（《晉書·食貨志》）。顯然可見，占田數量與佃客數目之配合，不
盡合理，因據該志規定，「男子一人占田七十畝，女子三十畝」，合而
爲「百畝之田」，是一戶所能耕種之面積，但就第三品官員言，其占田
上限可達四十頃，需四十戶佃客耕之，而其所蔭之佃客最多只爲十戶，
其不足之戶數應爲三十，以下各品官員亦均出現類似現象，以致此一限
制難以徹底執行。惟即使第九品官員，其所占之田可達十頃，在規模上
亦只爲「百畝之田」小農場的十倍而已。

　　東晉時，對於官員所擁田地未立上限，但因當時「都下人，多爲王
公貴人左右佃客，典計衣食客之類皆無課役」，政府乃規定，「官品第
一第二，佃客無過四十戶；第三品三十五戶；第四品三十戶；第五品二
十五戶；第六品二十戶；第七品十五戶；第八品十戶；第九品五戶；其
佃穀皆與大家量分」（《隋書·食貨志》）。假若占田上限仍依西晉之制，
則蔭客之數自第三品起均遞減，使人地之配合亦較爲合理。但若弛西晉
占田之制，則有助長土地兼併之嫌，所以有上述刁逵、謝混等大地主之
出現，後來則導出諸如孔靈符、謝靈運等大農場主人，這可能是自東晉

起，中央政府權力式微，以致豪門世族強佔土地，並侵佔公有之山澤，政府雖然三令五申，最後亦成具文而已。

經濟活動空間之擴大，是可降低交易成本，且因交易增加使生產規模擴大，進而降低單位生產成本；勞力節用型技術進步，以及水利設施之普及，亦體現於生產成本之降低上。至於此一期間盛行的屯田制度，則是具有降低制度成本的效果：由於統治者可以直接從屯田取得其所需糧食的很大部分，所以可以減少農民的田賦負擔，故有降低明顯制度成本的效果；由於這是提高社會資源使用效率，故有降低不明顯制度成本的效果。

第十一章

多元體制下的社會環境與政府角色

　　關於社會環境與政府角色的內容，第八章開端已有簡短說明，而此
一階段的社會環境，是以「變」為其本質，所以，本文特別強調此一期
間的社會變遷，譬如說，人口大遷徙所滋生的各種社會經濟問題及結
果；針對這些問題，當時政府提出若干因應對策，從而可能形成此一期
間財經制度的一部分，亦凸顯了政府角色，這可以表現於財經職官的演
變，賦役制度及福利政策，以及貨幣金融制度之新面貌上。

第一節　南方嶄露頭角

　　從第八章第一節中，後漢與前漢人口分布的比較上，已經看出，經
濟重心在逐漸南移，這一時期內的幾次大動亂，更促使南方在政治經濟
上嶄露頭角，譬如在本時期開始之初，三國鼎立時，孫吳雄踞江東固然
促進南方的開發，蜀漢亦擁有南方一部分；晉室東遷後，迄至南朝，均
偏處江左，努力經營，所以，在隋統一時，南方所占郡數已高於北方。
　　三國之中，曹魏疆域最大，轄有後漢司隸校尉轄地（魏改稱司州）及

冀、并、豫、兗、青、徐、幽、涼八州的全部，荊揚二州的一部，後來
分出司、涼二州部分土地設立雍州，共是12州，68郡，以現在區域言，
包括河北、河南、山東、山西等省的全部，陝西、甘肅、遼寧、熱河、
安徽、江蘇、湖北等省及朝鮮的一部分。孫吳疆域較魏為小，據有後漢
交州的全部，荊揚二州的一部分，後又分出交州部分土地以立廣州，有
43郡，包括今日的浙江、福建、江西、廣東、湖南等省的全部，湖北、
安徽、江蘇、廣西等省的一部分及越南的東部。蜀漢版圖最狹，僅轄有
益州全部，其所轄之涼州實為聊備一格，計有22郡，包括今日四川的絕
大部分，以及陝西、甘肅、雲南、貴州、廣西等省的一部分[1]。總觀三
國時中國全疆，與漢代相較，西南、西北均有失地，東北亦漸失朝鮮之
統治權，至西域屬國之失御猶為其次，由此可知中國分裂，疆土即削，
統一時則疆土有所擴展[2]，而南方則似成為政治中心之一，而漸形重要。

晉武帝統一後，分全國為19個大行政區，即司、兗、豫、冀、幽、
平、并、雍、涼、秦、梁、益、寧、青、徐、荊、揚、交、廣19州。其
中由晉初增置者二，即分益州之東北為梁州，分益州之西南為寧州；承
襲吳置者一，即廣州；承襲魏置者三，即司、平、秦三州；雍州為光武
帝所設；其餘12州皆因襲漢代州名。在這19州中，可屬於南方者計有益、
寧、荊、揚、交、廣六州，復因荊揚二州郡縣最多，疆土最廣，而於惠
帝時割此二州各一部分另置江州，共為20州——此江州亦屬南方，以致
晉初行政區域中，南方已占35％；懷帝時再分荊、廣二州之一部分，另
立湘州，而成21州，其中南方則占43％。東晉則僅有揚、荊、江、湘、
交、廣、寧7州。另有徐、豫二州的一部分，梁、益二州一度為李氏割據[3]。

1 石璋如等著，《中國歷史地理》（中華文化事業社，民國57年三版），傅樂成〈三
　國篇〉。
2 童書業，《中國疆域沿革略》（開明書店），第八章。
3 參見程發軔，〈兩晉篇〉，收於石璋如等著，《中國歷史地理》中。

東晉時由於北方流民湧至，乃於江左，按流民原來籍貫，立僑州、僑郡及僑縣。據《晉會要稿本》，計設立豫、徐、兗、幽、冀、青、并、司、雍、秦、梁11州，僑縣可考者為128個，僑縣無考者達167個；另於其轄下之荊、益、揚、江四州立有僑郡12，僑縣可考者為49個。至劉宋時，這些僑州與僑郡名稱上多冠以「南」字。

　　劉宋篡晉，北魏并有北方，形成南北朝，南朝仍因晉業而都建康，而劉宋疆域較東晉略增，即增襄、宛、許、汝、漢中等而已；南齊喪失沔北(今豫南一帶)及淮南，疆域大減。梁初征伐，北踰淮、汝，東距彭城，西開牂牁，南平俚洞，使南朝頗具復興之勢，旋因侯景之亂，建康傾陷，蕭繹苟安江陵，江北之地陷於北齊，漢中、川北沒於西魏，魏人南侵，江陵失守，於是南朝疆土大削。陳時疆土最狹，西不得蜀、漢、雲、貴，北不得淮、肥、荊、襄，始終以長江為限，亦即陳氏「威力所加，不出荊揚之域」(《隋書‧地理志》)。是以，南朝實以江南為主體，荊、揚二州更為其心臟地帶，《宋書》卷五十四，史臣(梁人沈約)曰：

江南之為國盛矣！雖南包象浦，西括邛山，至於外奉貢賦，內充府實，止於荊揚二州。自漢氏以來，民戶彫耗，荊楚四戰之地、五達之郊，井邑殘亡、萬不餘一也，元熙十一年(按應為義熙，因元熙僅二年；義熙十一年為西元415年)(司)馬休之外奔，至于元嘉末(按指元嘉三十年，該年為西元453年)三十有九載，兵車未用，民不外勞，役寬務簡，氓庶繁息，至餘糧栖畝，戶不夜扃，蓋東西之極盛也。既揚部分析，境極江南，考之漢域惟丹陽會稽而已，自晉氏遷流，迄於太元之世(376-396)，百許年中，無風塵之警，區域之內晏如也。及孫恩寇亂，殲亡事極(孫恩寇會稽、丹徒，始自晉安帝隆安三年，滅亡於元興元年，即西元399-402年)，自此以至大明之季(約為西元464年)，年踰六紀，

民戶繁育，將曩時一矣。地廣野豐，民勒本業，一歲或稔，則
數郡忘飢。會土帶海傍湖，良疇亦數十萬頃，膏腴上地，畝直
一金，鄠、杜(諒指漢代鄠縣與杜陵縣，均在長安附近)之間不能
比也。荊城跨南楚之富，揚部有全吳之沃，魚鹽杞梓之利，充
牣八方，絲綿布帛之饒，覆衣天下。

　　荊揚二州農業精華區域，大致爲今湖南、湖北的沼澤區，長江下游
沿岸與太湖流域，以及東南沿海地帶，南朝之所以能維持長久的偏安之
局，實有賴於江南的富庶，而南方之所以嶄露頭角，亦有賴於六朝(吳、
東晉、宋、齊、梁、陳)之開發。隋文帝統一南北後，置總管之處，計有
涼、蘭、秦、原、靈、夏、雲、朔、代、隰、并、幽、玄、營、疊、會、
利、益、信、徐、壽、揚、襄、荊、潭、洪、吳、廣、循、桂三十州。
其中自會州至桂州十五州，均可認定屬於南方。煬帝改州爲郡，計有郡
190，若略以淮、漢、秦、岷爲界，南北面積略均；北方90郡，南方100
郡，可見在第一次多元體制結束之際，在行政區域上，南方已與北方分
庭抗禮，且有過之。惟在人口上，北方90郡有戶676萬5880，而南方100
郡只有213萬6767戶，這主要是由於南方隱沒人口遠較北方嚴重[4]。
　　南方之所以崛起，其原因不外下列三者，首先是這一期間戰亂，主
要發生於北方，譬如董卓之亂，使長安與洛陽成爲廢墟，曹操與袁紹相
持，使黃河流域塗炭。後來五胡亂華，其所建立的十六國，多在北方。
茲略述其疆域如下──大致上可分爲五個時期：(1)前趙與後趙對立；(2)
後趙獨盛；(3)前燕與前秦對立；(4)前秦獨盛；(5)後秦與後燕對立[5]。
　　前趙：劉淵(匈奴)據離石(今山西離石縣)稱漢；劉曜(淵從子)據長

4 石璋如等著，《中國歷史地理》，嚴耕望〈隋代篇〉。
5 童書業，《中國疆域沿革略》，第八章。

安，改漢曰趙，二劉盛時，其地東不過太行，南不越嵩、洛，西不踰隴、
坻，北不出汾、晉，略有今晉、豫、陝三省之一部——滅於後趙。

後趙：石勒（羯）據襄國（今河北邢臺縣）稱趙；冉閔（石虎養子，漢人）
據鄴（今河南臨漳縣），改趙曰魏，盛時，其地南逾淮、漢，東濱於海，
西至河西，北盡燕、代，略有今華北大部之地——滅於前燕。

前秦：苻健（氐）據長安，稱秦，至苻堅盡平北方諸國，盛時，南至
邛、僰，東抵淮泗，西極西域，北盡大磧，略有今華北全部及西南一部
之地，並統制西域——分裂後滅於後秦。

後秦：姚萇（羌）據長安，亦稱秦，盛時，其地南至漢川，東逾汝、
穎，西控西河，北守上郡，略有今陝、甘、豫三省之一部——滅於東晉。

西秦：乞伏乾歸（鮮卑）據苑川（今甘肅靖遠縣），亦稱秦，盛時，其
地西逾浩亹（今青海西寧附近），東極隴坻，北距河，南略吐谷渾（青海一
帶），略有今甘肅西南部，兼涉青海之地——滅於夏。

前燕：慕容廆（鮮卑）據遼東，盛時，南至汝、穎，東盡青、齊，西
抵崤、黽，北守雲中，略有今冀、魯、晉、豫及遼、熱等省之一部——
滅於前秦。

後燕：慕容垂（鮮卑）據中山（今河北定縣），爲後燕，盛時，南至瑯
琊、東迄遼海，西屆河、汾，北暨燕、代，疆域略小於前秦——篡於北
燕。

北燕：馮跋（漢）據和龍（今熱河朝陽縣附近）爲北燕，襲後燕舊壤之一
部——滅於北魏。

南燕：慕谷德（鮮卑）據廣固（今山東益都縣）爲南燕，東至海，南濱
泗上，西帶鉅野，北薄於河，略有今魯、豫二省之一部——滅於東晉。

前涼：張軌（漢）據河西稱涼，盛時，東至秦隴，北暨居延（寧夏省境），
西包葱嶺，南逾河、湟，略有今陝、甘、寧、青、新等省之一部——滅
於前秦。

後涼：呂光(氐)據姑臧(今甘肅武威縣)亦稱涼，初有前涼舊壤，其後疆地大減，惟餘數郡而已——滅於後秦。

南涼：禿髮烏孤(鮮卑)據樂都(今青海西寧附近)為南涼，盛時，東自金城，西至西海，南有河湟，北據廣武(今甘肅古浪縣附近)，略有今甘、青一部之地——滅於西秦。

北涼：沮渠蒙遜(匈奴)據張掖為北涼，盛時，西控西域，東盡河、湟，略有今甘、新等省之一部——滅於北魏。

西涼：李暠(漢)據敦煌為西涼，其地略有今甘肅之西北端——滅於北涼。

成：李雄(氐)據蜀(今成都)稱成，李青尋改稱漢，盛時、東守三峽，南兼牂、爨，西盡岷、邛，北據南鄭，略有今四川省，兼涉陝、雲、貴三省之地——滅於東晉。

夏：赫連勃勃(匈奴)據統萬(今陝西橫山縣)稱夏，盛時、南阻秦嶺，東成蒲津，西收秦、隴，北薄於河，略有今陝、甘、綏三省之一部，兼涉山西省境——滅於北魏。

從這十六國疆域看，除成漢外，均在北方，以致彼此間爭戰，亦均發生於北方；後來北魏六鎮及爾朱氏之亂，以及東西魏與其後北齊、北周間之爭鋒，亦均發生於北方。至於東晉歷朝雖常有叛亂，多為局部性與短期性，其後朝代更替，主要為禪(篡)代，即使是兵戎相見，亦多限於建康(南京)一帶，以致南方的絕大部分，少「風塵之警；區域之內晏如也」，而安定為經濟發展的重要前提之一，所以，南方經濟能於此一期間蓬勃發展，即使隋以北方之雄統一天下，但經濟重心不得不移向南方。

南方崛起的第二個原因，乃是北方人士遷往南方，其中不乏世(士)族，而有助南方開發，且以政治為例，在兩晉南朝世族中，取正史有傳而位在五品以上者，來自北方的僑姓，計有陳郡長平殷氏15人、陳郡陽

夏謝氏55人、袁氏26人、濟陽考城江氏18人、陳留尉縣阮氏14人、河南
陽翟褚氏19人、汝南安城周氏28人、泰山平陽羊氏17人、穎川穎陰荀氏
17人、沛國龍亢桓氏25人、京兆杜陵韋氏10人、太原晉陽王氏26人、琅
玡臨沂王氏133人、河東聞喜裴氏27人、彭城劉氏28人、河東解縣柳氏
11人、蘭陵蕭氏18人，共計2500人；屬於南方所謂吳姓者，只有廬江灊
縣何氏20人、會稽山陰孔氏25人、吳郡吳縣顧氏16人、張氏35人、陸氏
33人、吳興武康沈氏45人，計僅174人，在總數中只占僑姓的7%強[6]。
這些僑姓世族中，很多擁有廣大田產（見上章第五節之例），雖有兼併土
地之嫌，但有開發南方之實。

　　尤為重要者，乃是人口大遷徙中，很多人民由北方移向南方，例如
《晉書・王導傳》曰，「洛京傾復，中州士女避亂江左者十之六七」；
《宋書・州郡志》南徐州刺史條云，「晉永嘉大亂，幽、冀、青、并、
兗州及徐州之淮北流民，相率過淮，亦有過江在晉陵郡界者。晉成帝咸
和四年，司空郗鑒又徙流民之在淮南者於晉陵諸縣；其徙過江南及留在
江北者，並立僑郡縣以司牧之」，是以，洪亮吉於其《東晉疆域志》序中
云，「僑州、郡、縣之設，始於東晉。……僑州至十數，僑郡至百，僑縣
至數百，而皆不出荊、揚之域」。於東晉之世，計先後僑立之郡，可考者
為81；僑置之縣，可考者為236。這些僑郡僑縣的分布，大致上可以分為
四區：一為江南區，流民以徐州為主；一為江淮區，流民多來自兗、豫二
州；一為江漢區，流民以雍、梁二州為多；一為沔蜀區，流民主要來自梁、
益二州[7]。這些區域除沔蜀區外，「皆不出荊、揚二州」，而荊揚成為
當時南方心臟地帶，這些來自北方的流民應有其一定的貢獻。

　　北方流民湧向南方，固然是不堪異族統治，但亦有其經濟誘因，那

6 毛漢光，《中國中古社會史論》（聯經出版公司，民國77年），頁57、58。
7 程發軔，〈兩晉篇〉，收於石璋如等著，《中國歷史地理》中。

就是賦役遠較土著爲輕，《隋書·食貨志》曾云，「晉自中原喪亂，元
帝避居江左，百姓之自拔南奔者，並謂之僑人，皆取舊壤之名假立郡縣，
往往散居，無有土著。……其無貫之人，不樂州縣編戶者，謂之浮浪人，
樂輸亦無定數，任量准所輸，終優於正課焉。都下人多爲諸王公貴人左
右佃客、典計、衣食客之類，皆無課役」。這是說明北方流民南來後，
主要出路有二：一爲投奔京都的王公貴人（多爲北來世族），作其佃客、
典計、衣食客等，「皆無課役」；一爲散居於僑郡僑縣之中，未編戶籍，
其賦稅負擔只是象徵性繳納，「終優於正課」。其後，自晉室東渡不久
起，即實施多次「土斷」（容當後述），希將僑人落籍，以擴大稅基，但
因將落籍之僑人刊於白籍，而與土著之黃籍有所不同，以致賦役負擔極
可能仍有輕重之別，甚至到了南朝末期，陳宣帝還於太建十一（579）年
三月下詔曰，「淮北義人率戶口歸國者，建其本屬舊名，置立郡縣，即
隸近州，賦給田宅喚訂一無所預」（《陳書》本紀），意謂仍於江南各州
之內，以流民原在北方舊有郡縣之名，設立僑郡、僑縣，而這些僑民則
賦役「一無所預」。

　　亦就是由於這些賦役上的優遇，很可能一直吸引北方人民移往南方，
成爲其經濟開發的先鋒。南方各朝政府之所以採取降低或免除賦役的方
式，以吸引北方人民南奔，固然爲擴大政治號召，但亦有其經濟理由，那
就是當時人口大減，故須招徠遠民，充實本身勞力供給，好開發江南新生
土地。這亦可從晉元帝時，應詹的建議看出，他說：「間者，流人奔東吳，
東吳今儉，皆已還反；江西良田曠廢來久，火耕水耨，爲功差易，宜簡流
人，興復農官，功勞報賞，皆如魏氏故事（指曹操屯田）」；又說，「今中
州蕭條，未蒙疆理，此兆庶所以企望，壽春、一方之會，去此不遠，宜選
都督有文武經略者，遠以振河洛之形勢，近以爲徐豫之藩鎮，綏集流散，
使人有攸依，專委農功，令事有所局。」（《晉書·食貨志》）

　　南方得以開發以至崛起的最後一個原因，乃是得力於南方本身的地

利：一為其氣溫較高，使農作物一年可以多熟；一為南方多水，既可提高農地單位面積產量，又可採取粗放經營。就前者言，晉元帝於太興元(318)年曾下詔曰，「徐、揚二州土宜三麥，可督令燀地投秋下種，至夏而熟，繼新故之交於以周濟，所益甚大」(《晉書·食貨志》)，在這種農作物一年多熟的情況下，不僅可使勞動生產力提高，也且可使人民生活易臻溫飽。就後者言，水田單位產量較高，晉初，傅玄即云，「白田收至十餘斛，水田收數十斛」(《晉書》本傳)；而且，水之運用，可使農耕節用人力，誠如前述應詹所云，「火耕水耨，為功差易」——在這方面，陸雲於答車茂安書中曾對浙江情況有所說明：「遏長川以為陂，燔茂草以為田，火耕水種，不煩人力，決泄任意，高下在心，舉鍤成雲，下鍤成雨，既浸既潤，隨時代序也」(《全晉文》卷一百三)。於是，在水利運用下，可使農業作粗放經營，亦就是讓水利取代部分勞力。

　　這種南方特有的地利，非常有利於當時南方的開發，蓋因就總體或宏觀言，在當時勞力缺乏情況下，這種適於粗放經營的南方農業，正可運用相對較少的人力，以開發廣大的南方土地；就個體或微觀言，勞動生產力既可提高，當然增加人民收益，亦就更可以吸引北人南來，並帶來較高的農耕技術。

　　從這三個原因看，最後一個明指地利，而第一與第二個原因，或可分別以「天時」「人和」稱之，是以，南方係在這種天時、地利、人和相互配合的情況下，得以嶄露其頭角，所以，至梁末，江南已被建設得「良疇美柘，畦畎相望，連宇高甍，阡陌如繡」(《陳書·宣帝紀》，太建四年詔曰)。不過，這些描寫是指農業而言，至於工藝，則南方仍遜於北方，《顏氏家訓·治家篇》曰，「河北婦人，織紝組紃之事，黼黻、錦繡、羅綺之，大優於江東也」。

第二節　　階級變遷與宗教勃興

　　呂思勉於其《中國通史》(開明版)上冊，第四章〈階級〉中，認爲封建社會的根柢，是「以力相君」，所以在政治上占優勢的人，在社會上的地位亦占優勢；到了秦漢資本主義時代，社會階級全依貧富而分；「魏晉以後，又有所謂門閥的階級」[8]。但在分析上，卻不若日人加藤繁清晰，加藤繁於其《中國社會史概說》(蕭正誼譯，華世出版社)第三章，認爲「漢代的社會，可謂由王侯、官吏、庶人和奴婢四個階級組織而成的」，並於第四章談到六朝社會，是「分開氏族爲上下之別，……當時分別爲舊門、後門、勳門和役門等，以舊門爲最貴，以下逐漸卑下。……勳門係由武勳而得高位，役門因在一般庶民之列，勳門以上免除力役，役門似須課役」。

　　加藤繁這種分類，在國內有關文獻中似爲罕見[9]，揆其實際，「舊門」諒指「舊姓」或「舊族」，前者如《晉書·祖逖傳》言逖「爲北州舊姓」，後者如《南齊書·劉虯傳》言虯爲「舊族」；「後門」則見於《梁書·武帝紀》，「甲族以二十登仕，後門以過主試吏」；「勳門」

8　呂氏此一說法，可能是因與中共「官學」不合，所以，其身後出版的《中國制度史》(台灣丹青公司重印)，未刊「階級」一章。

9　例如毛漢光於其《兩晉南北朝士族政治之研究》(中國學術著作獎助委員會出版，民國55年)第一章中，列出對世族或士族之稱呼有廿七種，未見「舊門」及「後門」之稱，至於「勳門」與「役門」之未被提及　更不在話下；其後，毛氏於《中國中古社會史論》(聯經出版公司，民國77年)頁32，僅引日人越智重明的甲族、次門、後門、三五門四分類。韓國磐於《南北朝經濟史略》(廈門大學出版社，1990)上篇第一章，認為「後門，可說是士族的底層，但甲族高門往往將其視為庶族。勳門、役門或三五門，當然是庶族寒門了」，是以，其心目中的世族應是《新唐書·柳冲傳》中所說的，甲、乙、丙、丁四姓，即三世在吏部正員郎以上者屬之。

也許是指名登「勳簿」的家族，譬如虞玩之上表曰，「自孝建以來，入勳者眾，其中操干戈衛社稷者，三分殆無一焉，勳簿所領，而詐注辭籍，浮遊世要，非官長所拘錄，復爲不少」（《南齊書》本傳）；「役門」則見於《宋書·宗越傳》，言「越爲南陽役門，出身補郡吏」，該傳尙云，「武念，新野人，本三五門，出身郡將」，惟此「三五門」似即「役門」，因役門須負擔徭役，三丁抽一，五丁抽二以庄役，即《南齊書·顧憲之傳》中所云，「皆露戶役民，三五屬官」。

其實，除此（舊、後、勳、役或三五）門外，還有吏戶、工戶、屯戶、客戶、僮戶、僧祇戶、佛圖戶、隸戶、雜戶、鹽戶、樂戶、漁獵戶、銀民、滂民等階層[10]。再從以上資料仔細推敲，後門或指吏戶，役門似非民戶，假若如此，則在前述四門之後，應增民戶與軍戶二項，民戶地位當略低於役門，軍戶更低之，此六者形成社會的主要階級，其中尤以舊門與軍戶最值得注意，蓋因世族或士族（舊門）是當時領導階層構成分子，而軍戶門則是當時奪取或維護政權的主力，有時其數目甚至多於民戶——如北周[11]，但本節主要以世族爲分析對象。

由此看來，中國的階級已有幾度演變，大致上，封建時代主要由血緣決定階級；至第一次一元體制時期，改由財富決定階級；降至第一次多元體制期間，階級之決定性因子似乎又恢復爲血緣關係——世族或舊門當然是豪門大族超越地位的延續；軍戶則是「兵之子恆爲兵」。

關於此一時期的世族或士族，《新唐書·柳沖傳》曾有扼要敘述：「魏氏立九品、置中正，尊世胄，卑寒士，權歸右姓，……（北魏時）郡姓者，以中國士人差第閥閱爲之制：凡三世有三公曰膏粱，有令僕者曰華腴；尙書領護而上者爲甲姓，九卿若方伯者爲乙姓，散騎常侍太中大

10　參見拙作〈魏晉南北朝軍戶考〉（《漢學研究》8卷2期），曾據若干文獻予以臚陳。

11　同上。

夫者爲丙姓，吏部正員郎爲丁姓，凡得入者謂之四姓。又詔代人諸冑初無族姓，其穆、陸、奚、于，下吏部勿充猥官，得視四姓。北齊因仍舉秀才，州主簿、郡功曹非四姓不在選。故江左定氏族，凡郡上姓第一爲右姓；太和以郡四姓爲右姓；齊、浮屠曇剛類例，凡甲門爲右姓；周建德、氏族以四海通望爲右姓。」

據〈柳冲傳〉所言，世族似來自曹魏之九品中正制度，實則源於兩漢——本書第九章第八節在討論「大一統的崩潰」之時，認爲豪門宗族是其兩個重要因子之一。《南齊書》卷二十四，史臣曰，「自金張世族，袁楊鼎貴，委質服義，皆由漢氏，膏腴見重，事起於斯」，其所謂「金張」係指前漢金日磾與張安世，「袁楊」則指後漢之袁安與楊震。這些世族不僅成爲瓦解大一統主因之一，也且是形成多元體制的重要力量，譬如上述〈柳冲傳〉中，又曰：「管仲曰，爲國之道，利出一孔者王，二孔者彊，三孔者弱，四孔者亡。故冠婚者人道大倫，周漢之官，人齊其政，一其門，使下知禁，此出一孔也，故王；魏晉官人，尊中正，立九品，鄉有異政，家有競心，此出二孔也，故彊；江左代北，諸姓紛亂不一，其要無歸，此出三孔也，故弱」。其所謂此一時期，不論是二孔或三孔，均爲多元也，從而形成多元體制，事實上，在戰亂之中，這些世族亦常能成爲凝聚社會力量的中心，吸引周圍人民的歸附，形成塢堡或義軍，成爲一方霸主，進而或可成爲朝廷重臣(上章第三節曾予論及)。

世族又稱士族，是書香門第，而這些人喜好清談，起初係以臧否人物爲主，而上承漢代之清議，然後發展爲後漢名教之反動，談玄說易，推尙老莊[12]。趙翼認爲有別於清議的「清談起於魏正始中，何晏、王弼祖述老莊」，演變到「學者以老莊爲宗，而黜六經」，經東晉至宋、齊，愈演愈烈，「當時、父兄師友之所講求，專推究老莊以爲口舌之助，五

---

12 參見唐長孺，《魏晉南北朝史論叢·清談與清議》。

經中惟崇易理,其他盡閣束也。至梁武帝始崇尚經學,儒術由之稍振,
然談義之習已成,所謂經學者,亦皆以爲談辨之資,……梁時五經之外,
仍不廢老莊,且又增佛義」(《廿二史劄記‧六朝清談之習》)。清談之後
遺症,東晉之時已有檢討,譬如卞壺認爲清談「悖禮傷教,中朝傾覆,
實由於此」,范甯亦謂「王弼、何晏二人之罪深於桀紂」(《晉書》本傳),
但討論清談之是非,非本書範圍,此處只涉及魏晉清談有助於中國宗教
之發展。

　　當時作爲清談主題的老莊,「以爲天地萬物皆以無爲本,無也者、
開物成務無往而不存者也」(《晉書‧王衍傳》),這與漢末由支讖翻譯
的般若經典之意旨,相互契合,因爲般若思想係以性空爲體。所以,湯
用彤說,「安世高、康僧會之學說(小乘禪),主養生成神;支讖、支謙
之學說,主神與道合。前者與道教相近,上承漢代之佛教,而後者與玄
學同流。兩晉以還,所流行之佛學,則上接二支」(《漢魏兩晉南北朝佛
教史》第一分第六章)。就是由於般若思想與老莊主旨相契合,使當時的
高僧(諸如支道林、慧遠、僧肇等)多深通老莊之學,得與士族名流(諸如
王導、庾亮、謝安、陶淵明等人)往還,由於這些名士的揄揚,佛教亦爲
之昌盛,王伊同於論述五朝宗教後總結曰,「時談義之士,如道安、慧
遠、支遁、佛圖澄輩,人主致敬,賢俊周旋。值政出高門,權去公室,
貴裔子弟,性喜出家,情好落髮。知五朝私門政治,亦大有功於佛義哉」
[13],意味士族促進佛教之發展。

　　清談既以老莊爲中心,而漢末已出現天師道,所以,在此一時期,
士族清談習俗,亦將有助道教之勃興。大致說來,這一期間,士大夫多
好佛,中下者好道,士族中爲天師道世家,有瑯玡王氏、陳郡殷氏、會
稽孔氏、吳興沈氏等,而一族之中,佛道兼容亦比比皆是,例如王羲之

13　王伊同,《五朝門第》(金陵大學),第八章。

父子世奉天師道，惟又與僧人交遊；就此一時期南方士大夫宗教信仰變遷看來，於晉則佛道分庭抗禮，劉宋一代，道家漸衰；逮至齊時，事道更寡；梁武好佛，釋教獨盛，迄陳之世亦均如此[14]。北方亦受到佛、道二教之影響，五胡十六國君主中，如石勒、苻堅均好佛，而北魏道武「帝好黃老、頗覽佛經」，北方士族崔浩好道，影響到太武帝竟以「太平真君」為其年號，以致佛、道二教盛行(尤以佛教為然)，所以，《魏書》特列〈釋老志〉(此處敘述源此)專章。

中國原始宗教，實在僅為「敬天事鬼(或祀祖)」之儀式，而有系統之宗教，厥為後漢明、章二帝之時傳來的佛教，以及末年出現的自有之天師道，而真正的宗教勃興，實在是在這個第一次多元體制時期，王治心認為此一期間，由極端的尊儒，變成為崇拜釋老，造成佛道二教對峙的形勢，推其原因，大致有三：一為漢代經學的反動；一為時局離亂的結果；一為釋老學說的影響[15]。其中第一與第三兩個原因，是指士族清談習慣助長了宗教勃興，而第二個原因，則使宗教普及於社會，蓋因戰亂頻仍，生活困苦，使社會大眾亦生出世之想，而寄託於宗教。

總而言之，世族之屹立，助長宗教之勃興，所以，特將階級變遷與宗教勃興併於一節討論，這雖然掌握了歷史脈動與時代特色，但真正用意，是要分析世族與宗教在此一期間的經濟效果。先就宗教言，其出世思想，實為經濟發展的致命傷，蓋因諾貝爾獎金得主顧志耐認為「近代經濟成長紀元」(西方工業革命起)促成因子之一，乃是「世俗化」[16]；韋伯認定西方資本主義的興起，是得力於入世的新教徒精神[17]。儒家思想

14　蘇紹興，《兩晉南朝的士族》(聯經出版公司，民國76年)，〈敘論〉。

15　王治心，《中國宗教思想史大綱》(中華書局)，第四章。

16　S. Kuznets, *Modern Economic Growth: Rate, Structure and Spread*(New Haven: Yale University Press, 1966), pp. 12-14.

17　M. Weber, *The Protestant Ethic and the Spirit of Capitalism*, Translated by T. Parsons(London: George Allen & Unwin, 1962).

有世俗化趨向[18]，但卻爲主張「空」「無」的佛、老思想所取代，以致人民鄙視「現在世」，而或注視「未來世」，從而在經濟活動上，只求「倖存」或「餬口」而已，易言之，當時客觀環境固然有礙於經濟發展，但流行的宗教意識，亦很可能抑制或消除主觀上追求財富的努力——可惜這方面缺乏史料佐證，因爲中國史料向罕平民生活之較詳紀錄。但卻可略舉旁證，例如陶潛雖於〈移居〉詩中云，「衣食當須紀，力耕不吾欺」(《苕溪漁隱叢話》)於此日，「先生每及治生，不作放浪一流」)，卻於〈和劉柴桑〉詩中說，「耕織稱其用，過此奚所須」[19]，顯然是只求「倖存」，而非求富；即使是走卒之輩亦有此傾向，蘇峻作亂，庾冰賴一郡卒以小舟救出，「後事平，冰欲報卒，適其所願，卒日，出自廁下，不顧名器，少苦執鞭，恆患不得快飲酒，使其酒足餘年畢矣，無所復須」(《世說新語·任誕》)。

在上章第五節曾經言及世族與僧尼削弱稅基，其實，這一階段大盛的宗教，還損耗社會原已不足的人力，且不說「僧祇戶」或「佛圖戶」，但就僧尼人數而言，就是很大的數目，就南方言，東晉時修建佛寺已達1768所，梁武帝時更達2846所，直至陳代均爲此；在北方，北魏宣武帝時佛寺有1萬3727所，東魏、北齊時，寺廟三萬多，僧尼有二百多萬人，北齊末，寺廟超過四萬，僧尼約三百萬人[20]；北周佛寺亦「盈萬數」(《廣弘明集·法義篇第四之一》)。據《通典》，北齊爲北周破滅時，有戶303萬2528，及3000萬6880口，可見當時僧尼數目占人口總數十分之一；尤有進者，由於僧尼多爲成人，現若每戶成年男女各一人，則從僧尼數目

18　C. C. Hou, "The Influence of Confucianism on Economic Policies and Entreprenurship in Taiwan", Conference on Confucianism and Economic Development in East Asia, May 1989, Taipei.

19　丁福保，《陶淵明詩箋注》(大方書局台灣重印本)，頁70、71。

20　郭庠林、張立英，《華夏經濟春秋》(安徽人民出版社，1986)，〈民多絕戶而爲沙門〉。

看，幾乎每一戶有一人出家爲僧或尼。南朝僧尼總數雖無考，但可予以推論，梁臣郭祖深曰，「都下佛寺五百餘所，……僧尼十餘萬」（《南史》本傳），可見每寺平均至少有20僧尼，是以2846所佛寺，應有僧尼57萬人左右，而陳亡時，戶僅五十萬，口二百萬（《通典》），可見僧尼占總人口28%強，每戶有男或女一人出家。這麼高比率的人力成爲不事生產的出家人，其對經濟發展當然構成傷害。

宗教的另一不利經濟的效果，乃是損耗社會財力，上述數目龐大的寺廟，均須龐大財力予以建造及維持，而且在南朝，梁武帝曾（先後於西元535、546、547年）三次捨身同泰寺，每次均須「公卿等以錢一億萬奉贖」（《梁書》本紀）；而且當時僧尼富有，譬如「長沙寺僧業富沃，鑄黃金爲龍數千兩埋土中」（《南齊書·蕭頴傳》）。北朝消耗財力於宗教上尤鉅，以北魏言，文成帝於「興光元(454)年秋，勅有司於五緞大寺內爲太祖已下五帝鑄釋迦立像各長一丈六尺，都用赤金二萬五千斤。……曇曜白帝於京城西武州塞，鑿山石壁開窟五所，鐫建佛像各一，高者七十尺，次六十尺，彫飾奇偉，冠於一世」；獻文帝於天安二(467)年得子（即孝文帝），乃「起永寧寺，構七級佛圖，高三百餘尺，基架博敞爲天下第一。又於天宮寺造釋迦立像，高四十三尺，用赤金十萬斤，黃金六百斤。皇興中，又構三級石佛圖，榱棟楣楹，上下重結，大小皆爲高十丈，鎮固巧密，爲京華壯觀」；「景明初(500年)，世宗(宣武帝)詔大長秋卿白整準代京靈巖寺石窟於洛南伊闕山，爲高祖文昭皇太后營石窟二所……（窟頂）去地一百尺，南北一百四十尺，永平中（約爲510年），中尹劉騰奏爲世宗復造石窟一，凡爲三所，從景明元年至至興四(523)年六月已前，用功八十萬二千三百六十六」；「蕭宗(孝明帝)熙平中（約爲517年），於城內大社西起永寧寺，靈太后親率百寮表基立刹，佛圖九層，高四十餘丈，其諸費用不可勝計」（《魏書·釋老志》）；而且，「靈太后數爲一切齋會，施物動至萬計」（《魏書·任城王雲傳》）——關

於靈太后(即胡太后)修建的永寧寺，其豪華情狀，《洛陽伽藍記》有詳細敘述：其寶塔連同其下之寺，「合去地一千尺，去京師百里已遙見之……僧房樓觀一千餘間。……四面各開一門，拱門有四力士、四獅子，飾以金銀，加之珠玉」。對於整個洛陽情況，《迦藍記》概述曰，「逮皇魏受圖，光宅嵩洛，篤信彌繁，法教愈盛，王侯貴臣棄象馬如脫屣，庶士豪家捨資財若遺跡，於是昭提櫛比，寶塔駢羅，爭寫天上之姿，競模山中之影，金剎與靈臺比高，廣殿共阿房等床，豈直木衣綈繡，土被朱紫而已哉！」

考北魏佞佛，實以孝明帝(肅宗)時胡太后臨朝之際達到極點，〈釋老志〉載任城王元澄奏議云，孝文帝時只准洛陽城內有僧寺與尼寺各一，宣武帝亦「發明旨，城內不造立浮圖僧尼寺舍」，但至孝明時，「都城之中及郭邑之內，檢括寺舍，數乘五百，空地表剎，未立塔宇，不在其數」。而這些經營佛寺及佛事之費用，多挪自政府正常經費，譬如官廳修繕費與太學經費，以及剋扣百官之俸祿，顯然在財政上產生排擠效果。關於前二者，李崇諫曰，「廳宇凋朽，牆垣頹壞，皆非所謂追隆堂構，儀型萬國者也。……今國子雖有學官之名，而無教授之實，何異兔絲燕麥，南箕北斗哉！……宜罷尚方雕靡之作，省永寧(寺)土木之功，減瑤光村瓦之力，分石窟鐫琢之勞」；關於後者，張普惠諫曰，「殖不思之冥業，損巨費於生民，減祿削力，近供無事之僧，崇飾雲殿，遠邀未然之報。……伏願……量撤僧寺不急之華，還復百官久折之秩」(俱見《魏書》本傳)。

昌盛的宗教還帶來另一經濟上弊端，那就是對平民的剝削，尤以北朝為甚，譬如宣武帝於永平四(511)年下詔曰，「僧祇之粟，本期濟施，儉年出貸，豐則收入，山林僧尼隨以給施，民有窘敝亦即賑之。但主司冒利，規取贏息，及其徵責，不計水旱，或償利過本，或翻改劵契，侵蠹貧下，莫知紀極」；而且還更進一步地侵占人民財產，任城王元澄

奏議中曾云,「自遷都已來,年踰二紀,寺奪民居,三分且一。……非但京邑如此,天下州鎮僧寺亦然,侵奪細民,廣占田宅」(俱見《魏書‧釋老志》)。

不過,這些宗教亦至少產生兩種正面的經濟效果:一為促進社會福利;一為形成金融制度。從前述宣武帝之詔,已知「僧祇之粟,本期濟施」「民有窘敝亦即賑之」;而且在南齊,文惠「太子與竟陵王子良俱好釋氏,立六疾館,以養貧民」(《南齊書》本傳);北齊後主於武平七年下詔,「去秋已來,水潦人饑,不自立者,所在付大寺及諸富民濟其性命」(《北齊書》本紀)。

在金融制度形成過程之中,南朝佛寺是典當的創辦者[21],譬如南齊時,褚澄以一萬一千錢至招提寺贖取太祖賜給其兄褚淵的白貂坐褥(《南齊書》本傳);梁時,甄彬「嘗以一束苧就州長沙寺庫質錢,後贖苧還,於苧束中得五兩金,以手巾裹之,彬得送還寺庫。道人驚曰,近有人以此金質錢,時有事不得舉而失」(《梁書‧甄法崇傳》);可見典當物遍及農產品、衣物及黃金。至於北朝寺廟,則可能是保險庫或寄存庫業務的創始者,例如北魏太武帝沒收某寺財產,「大得釀酒具及州郡牧守富人所寄藏物,蓋以萬計」;後來,佛寺且兼營借貸,所以,宣武帝於永平元年詔曰,「比來僧尼或因三寶出貸私財」(俱見〈釋老志〉)。

關於世族在經濟上的正面貢獻,已於上章第六節言及,即大規模經營農業,至於其負面效果更多,上章第五節已經談到他們兼併土地,不納賦役,且隱匿人口,以致造成所得分配不平均與削弱稅基,而且還與民爭利以兼營工商業(將於下章述之);此處再增述一種負面效果,即是這些世族常為重臣,惜多不理政事,《梁書》卷卅七末引陳吏部尚書姚

---

21 彭信威,《中國貨幣史》(上海人民出版社,1963),第三章;亦見楊聯陞,《國史探微》(聯經出版公司,民國72年),〈佛教寺院與國史上四種籌措金錢的制度〉。

察曰：「魏正始及晉之中朝，時俗尙於玄虛，貴爲放誕，尙書承郎以上，簿領文案不復經懷，皆成於令史，逮乎江左，此道彌扇，……宋世王敬弘身居端右，未嘗省牒，風流相尙，其流遂遠，望白署空，是稱清貴，恪勤匪懈，終滯鄙俗，是使朝經廢於上，職事墮於下，小人道長，抑此之由」。其實，降至陳代，仍是如此，譬如王瑒「及居選職，務在清靜，謹守文案，無所抑揚」（《陳書》本傳）。其具體情形可以王羲之第五子徽之（字子猷）做代表：「王子猷作桓車騎騎兵參軍，桓（沖）問曰，卿何署？答曰，不知何署，時見牽馬來，似是馬曹。桓又問官有幾馬？答曰，不問馬（孔子語），何由知其數？又問馬比死多少？答曰未知生，焉知死（孔子語）」（《世說新語·簡傲》）。從這些令人啼笑皆非的回答看，可見王徽之實在未理政事，由此推論，這些當權派將無心爲凋敝的經濟找出路。

第三節　人民生活情況

晉初，石崇與王愷鬥富，世所夙知，何曾日食萬錢，猶曰無下箸處，其子何劭更爲奢侈，日食二萬錢（《晉書》本傳）。南渡後，奢靡之風不絕，以《宋書》爲例，出身貧賤的劉穆之，顯時，「性奢豪，食必方丈」（本傳）；〈宗慤傳〉云其鄉人庾業，家甚富豪，「方丈之膳，以待賓客」——這種「方丈之膳」，可能是當時擺闊的習慣，所以，孔琳之曰，「所甘不過一味，而陳必方丈，適口之外，皆爲悅目之資」（本傳）。

北朝奢靡亦復如此，濟陰王小新成曾孫暉業，「唯事飲啗，一日三羊，三日一犢」（《魏書》本傳）；高陽王「雍嗜口味，厚自奉養，一食必以數萬錢爲限，海陸珍饈，方丈於前」；河間王「琛常會宗室，陳諸寶器：金瓶銀瓮百餘口，甌檠盤盒稱是；自餘酒器，有水晶鉢、瑪瑙琉璃碗、赤玉巵數十枚，作工奇妙，中土所無，皆從西域而來」（俱見《洛陽伽藍記》）；《北齊書·韓軌傳》云其子景明，「一席之費動至萬錢，

猶恨儉率。」

　　至於一般人民，飲食是以鹽菜（即鹹菜）爲主，甚至以此待客，譬如皇甫謐親戚爲太守，有人勸謐設宴餞行，謐曰，他「爲布衣時過吾，吾送迎不出門，食不過鹽菜，貧者不以酒肉爲禮」（《晉書》本傳）。從「貧者不以酒肉爲禮」一語看，貧民宴客無酒無肉，可見其平時飲食之清苦。譬如周顒清貧，長日疏食，衛將軍王儉問曰：「卿山中何所食！」顒曰，「赤米、白鹽、綠葵、紫蓼」；文惠太子問顒菜食何味最勝？顒曰，「春初早韭，秋末晚菘」；即使下級官員亦常蔬食，庾杲之爲「尚書駕部郎，清貧自業，食唯有韭菹、瀹韭、生韭、雜菜，或戲之曰，誰謂庾郎貧，食鮭常有二十七種。言三九也」（俱見《南齊書》本傳）。

　　周顒所食「赤米」，諒係下等糙米，因白米或粳米在當時頗爲珍貴，所以，沈休文「羸劣多病，日數米而食，羹不過一筋」（《雲仙雜記》）；何子平事母至孝，月俸得白米，輒貨市粟麥，人或問曰，「所利無幾，何足爲煩？」子平曰，「尊老在東，不辦常得生米，何獨享白粲？」（《宋書》本傳）徐孝克於「陳亡，隨例入長安，家道壁立，所生母患，欲粳米爲粥，不能常辦，母亡後，孝克遂常噉麥，有遺粳米者，孝克對而悲泣，終身不復食焉」（《南史》本傳），足證當時南北皆貴白米。當時一般主食，可能爲麥飯，譬如北齊南侵，陳高祖剋日決戰，乃令孔「奐多營麥飯，以荷葉裹之，一宿之間得數萬裹」（《陳書》本傳）——南方尚且如此，北方固無論矣。至於副食，除蔬菜外，在南方，常以魚類佐膳，譬如《梁書‧何遠傳》云，「江浙多水族，甚賤，遠每食，不過乾魚數片」。

　　前云「貧者不以酒肉爲禮」，其實食肉亦非難事，《宋書‧衡陽王義季傳》云，義季爲荊州刺史時，「隊主續豐母老家貧，無以充養，遂斷不食肉。義季哀其志，給豐每月米二斛，錢一千，並制豐噉肉」——只云命令續豐恢復食肉，而未說肉由官給，則每日副食費卅三文，足以

食肉。北方情況亦大致如此，《顏氏家訓·治家篇》云，「鄴下有一領軍，貪積已甚，朝夕肴膳，以十五錢爲率」，則此領軍一人一日副食費十五文，當然包括肉類。關於當時工資，北魏賈思勰所著《齊民要術》曾經透露一些訊息，於「種榆白楊第四十六」云，「指柴十束顧（雇）一人，無業之人，爭來就作」，自注曰，柴「一束三文」，則一日工資亦爲三十文，月薪約九百文。

在月薪九百文下，其生活水準如何，首須探知正常時期米價，而當時交易媒介爲錢與絹，所以在分析米價以前，必須明瞭當時度量衡，以及錢之單位。據呂思勉研究，南朝的量與衡，是與古代相仿；北朝之量與衡約爲古法的二倍[22]。而錢則仍以五銖錢爲主，《晉書·食貨志》云，「董卓鑄小錢，貨輕物貴，穀一斛至錢數百萬，魏武作相，罷之，還用五銖。……黃初二年，魏文帝罷五銖錢，使百姓以穀帛爲市。至明帝乃更立五銖錢」；另據《晉書·張軌傳》，言軌在北方復用五銖錢，北魏至孝文帝時才用錢，於太和十九（495）年鑄五銖錢，「絹匹爲錢二百」（《魏書·食貨志》）——絹價於石勒時，限中絹匹一千二百，下絹八百（《晉書·載記》）。至於米價，正常時候約爲百錢一斛，因據《南齊書·豫章王嶷傳》，嶷爲荊湘二州刺史，「以穀過賤，聽民以米當口錢，優評斛一百」——略低於秦漢時期常價120錢。

關於每人每日食量，《宋書·樂志》載晉成帝時，顧臻之語：「兵食七升，忘身赴難」[23]，此一估計，南北皆然，《魏書·薛虎子傳》云，「在鎮之兵，資糧之絹，人十二匹」，意謂每月一匹，值二百錢，可買米二斛，若日食七升，則一月食二斛一升（均指古制）。庶幾近之。但兵

---

22 呂思勉，《兩晉南北朝史》（開明書店），第十九章第一節。

23 上章第六節曾引鄧艾之語，「六七年間，可積三千餘萬斛於淮上，此則十萬之眾五年食也」。循此，則一兵日食一斗六升餘。惟此乃言粟或穀，脫穀得糲，約為六折。呂思勉有較詳解釋——見氏著《兩晉南北朝史》，第十九章第一節。

卒為壯丁，且運動量大，故食量較宏，一般人等每日食量約為五升（見
《漢書‧食貨志》中，李悝云，「食、人月一石半」）。今若一家為夫婦二
人，月食三斛，費錢300；每日副食費15文（鄴下領軍，自奉甚豐，其每日
15文副食費，是高水準，就一般水準言，應可食二人，其中應含若干肉食），
計450錢；尚餘150錢，足購四分之三匹絹（絹一匹長40尺）。是以，一人
為傭，足供夫婦二人溫飽，但若人口增加，則其生活水準亦將隨而降低，
再若稅捐過重，勢將嚴重地影響其生活。

以上所云工資每月九百文，是指藍領階級的收入，至於白領階級的
收入則將高得多，譬如劉芳「常為諸僧傭寫經論，筆跡稱善，卷直以一
縑，歲中能入百餘匹」（《魏書》本傳）。暫以每月可得絹九匹計，則每
月可得錢1800文，足供一家四口溫飽，所以，劉芳「由是與德學大僧多
有還往。」

即使就藍領階級工資言，此一期間工資標準似高於兩漢，因據第八
章第三節分析，漢代短工工資一月為720文，長工一月為424文（均為五
銖錢）。是以，這一階級的工資比漢代短工高四分之一，比其長工更高
一倍有餘，這實在是顯示當時人口大減，勞工過於缺乏之故。不僅如此，
且因人口減少，其與人身有關物品之價格亦昂，例如陶侃家貧，有貴客（范
逵）來訪，「侃母湛氏語侃曰，汝但出外留客，吾自為計。湛頭髮委地，
下為二髽，賣得數斛米」（《世說新語‧賢媛》）。剪下兩束頭髮，可售數
百錢，足證其價值之高。職此之故，奴婢價格亦應較高才是，但吳達之
「從祖弟敬伯夫妻，荒年被略賣江北，達之有田四十畝，貨以贖之」（《南
齊書》本傳），平均每人只值二十畝田，遠較漢代為低，因據「居延漢簡」
載有某家財產目錄，其中曾云，「大婢一人二萬，田五頃五萬」，是一
大婢價值等於二百畝田，而為南齊時十倍。這可能是由於當時戰亂頻繁，
常將戰爭中所獲俘虜為奴隸，供給較大，以致奴隸價格遠較漢代為廉。
不過，居延漢簡所記田價，因處西北邊區，以致邊地較廉，但據第八章

第三節分析，漢代田價每畝約為600錢，是以，大婢一人約值田卅三畝強，比此一階段奴價高65%而已。至於此一期間的田地價格，《宋書》卷五十四末，史臣曰，「會（指會稽）土帶海傍湖，良疇亦數十萬頃，膏腴上地，畝直一金」，即一畝地價為黃金一斤，在漢代，一斤黃金值萬錢，此一階段則缺乏這一方面資料。惟吳達之屬義興郡，並非會稽，而且早年曾賣身葬嫂，故其田地價格應遠低於會稽的「膏腴上地」。

在住宅方面，石崇金谷園的富麗，夙為人知，東渡後，會稽王道子「開東第，築山穿池，列樹竹木，功用鉅萬」（《晉書》本傳）；竟陵王誕「造立第舍，窮極工巧，園池之美，冠於一時」，阮佃夫「宅舍園池，諸王邸第莫及。……於宅內開瀆，東出十餘里，塘岸整潔，泛輕舟，奏女樂」（《宋書》本傳）。北朝亦復如此，北魏遷都洛陽後，「帝族王侯，外戚公主，擅山海之富，居川林之饒，爭修園宅，互相誇競，崇門豐室，洞戶連房，飛館生風，重樓起霧，高臺芳樹，家家而築，花林曲池，園園而有」（《洛陽伽藍記》）。

但當時官員住宅，亦有甚為簡陋者，例如北魏裴佗，於宣武帝時曾為趙郡太守，「不事家產，宅不過三十步，又無田園」（《魏書》本傳）。惟此事也許是特例，因孝文帝（宣武之父）均田時，「諸民有新居者，三口給地一畝以為居室，奴婢五口給一畝」（〈食貨志〉）。此處之一畝，諒採秦制（即寬1步，長240步），若民家人口若孟子所云，「八口之家」，則可獲宅地近三畝，合周制（一畝為寬1步，長100步）約七畝，似較孟子「五畝之宅」的構想為佳。裴佗為官員，其家應不少於八口，則三畝之宅，即使寬六步，亦可長40步，而不應僅為30步。所以，陶潛〈歸園田居詩〉云，「方宅十餘畝，草屋八九間」，想係當時中型家庭居宅之概況。

從這一期住宅、工資及米價觀察，一般人民生活不僅優於先秦，也且略優於兩漢。但這只是就承平期間而言，惜於此階段，大小戰爭頻繁，使人民「寧作太平犬，毋為亂世人」。而且在兵禍天災之際，糧價飛騰，

譬如漢獻帝興平元年（194年），「穀一斛五十萬，豆麥一斛二十萬」（《後漢書》本紀）——諒指小錢，折合五銖錢爲穀一斛十萬；晉惠帝元康七(297)年，與懷帝永嘉五(311)年，均米斛萬錢（《晉書》本紀）；梁武帝天監元(502)年，「米斗五千」（《梁書》本紀），侯景之亂，金陵城內，「米一升七八萬錢，人相食，有食其子者」（《南史》本傳）。

　　以上所云，僅舉此一階段，糧價特高之例，其中當以梁武帝末年，金陵被圍時糧價高達每斛七百萬至八百萬爲最高，但此乃特定地區，非普遍現象。梁武帝時期，南方米價大起大落，先於天監元年天旱，米斗五千，但於三年後（天監四年），又因「大穰，米斛三十」（《梁書》本紀）。而北朝糧價之低更破紀錄，據《隋書·食貨志》云，東魏孝靜帝「元象、興和(538-542)之中，頻歲大穰，穀斛至九錢」，由於北制一斛合古制（及南制）二斛，以致折合南制，穀一斛僅四文半，合米（一斛穀可得米六斗）價七文半，更低於天監四年梁之米價。

　　前面所舉米價騰高情況，均爲南朝之例，蓋因北朝糧價缺乏史料，這也可能是由於北魏至孝文帝太和十九年才用錢，當然亦可能是顯示，北方糧價特高之例極少。儘管如此，北方的消費習慣，大抵較南方爲儉，《顏氏家訓·治家篇》云，「生民之本，要稼穡而食，桑麻以衣，蔬果之蓄，園場之所產，雞豚之善，塒圈之所生，爰及棟宇，器械、樵蘇、脂燭，莫非種植之物也。能守其業閉門而爲生之具以足，但家無鹽井耳。今北土風俗，率能躬儉節用，以贍衣食，江南奢侈，多不逮焉」。

　　北方較儉，可能與其慣於累世同居之俗[24]有關，蓋因大家庭定有約

24　何啓民於其《中古門第論集》（學生書局，民國67年）中，收有〈南朝門第經濟之研究〉與〈北朝門第經濟之研究〉二文，於後文，引證《魏書》多例，證明北方門第「著重同居共財」。顧亭林於《日知錄·分居》條下，認爲劉宋之時，「士大夫父母在而兄弟異居，計十家而七，庶人父子殊產八家而五」；又引隋盧思道聘陳，嘲南人詩曰，「共甑分炊飯，同鐺各煮魚」。

束消費之規範——《顏氏家訓》是其中一例,如此,當使消費支出降低,而在當時農業社會中,大家庭集聚勞力,相互分工,於生產上有規模經濟之利。所以,當時,經濟重心雖漸南移,但北方經濟力量仍不容忽視。

第四節　政風與財經官制

　　本節起著重政府角色,而政府由官員組成,其政策方向與行政效率,常決定於官制與政風。此一時期爲空前變局,政風與官制亦有很大變動。就政風變動言,曹操父子實居重大影響地位。

　　古代用人尚德,此所以兩漢要從鄉里舉孝廉,後漢士人尤尚氣節,但曹操於漢獻帝建安八(203)年五月庚申令曰,「議者或以軍吏雖有功能,德行不足堪任郡國之選,……治平尚德行,有事賞功能,論者之言,一似管窺」(《三國志》本紀注引《魏書》),已抒重才能輕德行之意;嗣後於十五年春下令曰,「今天下得無有被褐懷玉而釣於渭濱者乎?又得無盜嫂受金而未遇無知(指薦陳平於漢高祖之魏無知)者乎?二三子其佐我明揚仄陋,唯才是舉,吾得而用之」,說得更爲明白;十九年十二月乙未令曰,「夫有行之士未必能進取,進取之士未必能有行也。……士有偏短,庸可廢乎?有司明思此義,則士無遺滯,官無廢業矣」(俱見《三國志》本紀)。要求有司舉薦有才無行之人;廿二年八月令曰,「若文俗之吏,高才異質,或堪爲將守,負汙辱之名,見笑之行,或不仁不孝而有治國用兵之術,其各舉所知,勿有所遺」(《三國志》本紀注引《魏書》),則是說得更爲赤裸。亦就是這種「治平尚德行,有事賞功能」(意謂治世尚德行,亂世重才能)的觀念,支配了這一時期的用人哲學(因爲這一期間戰亂頻仍),導致政風敗壞,貪瀆橫行,影響到經濟發展;甚至演變到篡弒頻仍,以致政局動盪,甚或釀成戰爭,進一步地影響到經濟發展。

　　另據《通典‧選舉》，曹丕爲魏王之時，吏部尙書陳群於延康元年
（亦即建安廿五年與魏文帝黃初元年），建議立「九品官人之法，州郡皆置
中正，以定其選」，是即後世所謂九品中正制度。此一制度不僅一直推
行於南朝（《梁書‧敬帝紀》太平二年，「詔諸州各置中正，依舊訪舉」），也
且爲北魏（《魏書‧官氏志》）北齊所仿（《北齊書‧許惇傳》）。其結果是
「上品無寒門，下品無世族」（劉毅語──見《晉書》本傳），促使世族力
量之蓬勃發展。這些世族掌握政局，其所產生的不良經濟效果，已見上
章第五節，至於其對政風的影響，有其正面效果，也有其負面效果；就
正面言，是指出仕的士族，受其門第薰陶，形成超逸風格，有助於貪瀆
風氣之抑制；就負面言，官官相護，阿諛逢迎，使政風更趨敗壞[25]。

　　顧亭林對於九品中正制度頗爲讚揚，故於《日知錄‧流品》條中首
云，「晉宋以來尤重流品，故雖蕞爾一方而猶能立國」，但其所讚揚的
厥爲世族獨立特行的人品與風格，這可從他於該條末之慨嘆看出：「自
（明）萬曆季年，搢紳之士不知以禮飭躬，而聲氣及於宵人（如汪文言一人
為東林諸公大琺──原文自注），詩字頒於輿皂。至於公卿上壽，宰執稱
兒，而神州陸沈，中原左衽，夫有以致之矣」。基於這一意念，顧氏對
曹操大加撻伐，而於〈兩漢風俗〉條中曰：

　　　漢自孝武表章六經之後，師儒雖盛而大義未明，故新莽居攝，
　　頌德獻符者偏於天下。光武有鑑於此，故尊崇節義，敦勵名實，
　　所舉用者莫非經明行修之人，而風俗為之一變。至其末造，朝
　　政昏濁，國事日非，而黨錮之流，獨行之輩，依仁蹈義，舍命
　　不渝，風雨如晦，雞鳴不已。三代已下，風俗之美，無尚於東

25　孫以繡於《王謝世家之興衰》（三民書局經銷，民國56年）一書中，論及「王謝
　　世家保持祿位之依憑」與「王謝世家保持祿位之手段」，可資參考──前者可
　　從正面效果看，後者純係負面影響（均指政風而言）。

京者！故范曄之論，以為桓靈之間君道粃僻，朝綱日陵，國隙
屢啓。故自中智以下靡不審其崩離，而權強之臣，息其闚盜之
謀，豪俊之夫屈於鄙生之義（〈儒林傳〉論）──原文自注，下
同），所以傾而未顛，決而未潰，皆仁人君子心力之為（〈左雄
傳〉論），可謂知音者矣！使後代之主循而弗革，即流風至今
亦何不可？而孟德既有冀州，崇獎跅弛之士，觀其下令再三，
至於求負汙辱之名，見笑之行，不仁不孝，而有治國用兵之術
者（建安二十二年令、十五年春令、十九年十二月令，意皆同），於
是權詐迭進，姦逆萌生。故董昭太和之疏，已謂當今年少，不
復以學問為本，專更以交游為業；國士不以孝悌清修為首，乃
以趨勢求利為先。至正始之際，而一二浮誕之徒，騁其智識，
蔑周孔之書，習老莊之教，風俗又為之一變。夫以經術之治，
節義之防，光武、明、章數世為之而未足，毀方敗常之俗，孟
德一人變之而有餘。後之人君，將樹之風聲，納之軌物，以善
俗而作人，不可不察乎此矣。

　　顧氏所引乃曹操於建安二十二年下令之部分原文，並云十五年與十
九年之令「意皆同」，其實，此「意」是始於建安八年五月庚申令。而
曹操四令導致「權詐迭進，姦逆萌生」，形成這一階段政治上黑暗時期，
並使貪瀆政風普及南北。先是曹爽當權時，用何宴、鄧颺、丁謐等為尚
書，「宴等專政，共分割洛陽野王典農部桑田數百頃，及壞湯沐地以為
產業，承勢竊取官物，因緣求欲，州郡有司望風莫敢忤旨」（《三國志》
本傳）。晉武帝受禪，並統一天下，但卻私自賣官，據《晉書・劉毅傳》
（卷45，因有二劉毅），武帝嘗「問毅曰，卿以朕方漢何帝也？對曰，可
方桓靈。帝曰，吾雖德不及古人，猶克己為政，又平吳會，統一天下，
方之桓靈，其已甚乎？對曰，『桓靈賣官，錢入官庫；陛下賣官，錢入

私門。以此言之，殆不如也』。帝大笑曰，桓靈之世不聞此言，今有直臣，故不同也」。

東渡後，政風更劣——官員中兼併人地與官商勾結之事，已見上章第五節，兼營工商業之事將屬於下章，此處專言貪賄行為，例如阮佃夫「大通貨賄，凡事非重略不行，人有餉絹二百匹，嫌少不答書」（《宋書》本傳）；當時地方長官任滿離去，多滿載而歸，史稱「還資」或「歸資」，譬如，梁武陵王紀為益州刺史十七年，東下時，還資黃金萬斤，銀五萬斤，以及錦罽繒綵，蕭惠罷益州刺史，還資二千餘萬，張興世離雍州，還資三千萬，垣閎罷交州，還資鉅萬（《南史》本傳）。

北朝政風亦復如此，譬如孝文帝岳父之兄于祚，「為沃野鎮將，頗有受納」（《魏書·源賀傳》）；大將李崇、喜「聚斂，家資巨萬。……子世哲為相州刺史，亦無清白狀」；鄭羲為西兗州刺史，「多所受納，政以賄成，性又嗇吝，民有禮餉者，皆不與杯酒臠肉，西門受羊酒，東門酤賣之」（《魏書》本傳）；汝陽王遹，「除涼州刺史，貪暴無極，欲規府人及商胡富人財物，詐一臺符，誑諸豪等之欲加賞，一時屠戮，所有資財生口悉沒自入」；濟陰王鬱「以贓貨賜死」，其姪「誕既襲爵，除齊州刺史，在州貪暴，大為人患」（俱見《魏書》卷19上）。以上所云貪贓均為地方文武大員，至於中央政府高官，貪汙情況更為嚴重，例如咸陽王「禧受遺詔輔政，……而潛受賄賂」。其後，劉騰為司空公，「公私屬請，唯在財貨」（《魏書》本傳）；汝陰王子脩義「在州多受納，累遷吏部尚書，及在銓衡，唯事貨賄，授官大小，皆有定價」（《魏書》卷19上）。最荒唐的，乃是高歡竟然公開容許貪賄，據《北史·杜弼傳》：

神武自晉陽東出，政爾朱氏貪政，使人入村不敢飲社酒。及平京洛，貨賄漸行。弼以文武在位，罕有廉潔，言之神武。神武曰，弼來，我語爾！天下濁亂，習俗已久。今督將家屬，多在

關西，黑獺（指宇文泰）常相招誘，人情去留未定。江東復有一
吳老翁蕭衍，專事衣冠禮樂，中原士大夫望之以為正朔所在。
我若急作法網，恐督將盡投黑獺，士子悉奔蕭衍，則何以為國？
爾宜少待，吾不忘之。及將有沙苑之役，弼又請先除內賊，卻
討外寇，指諸勳貴掠奪百姓。神武不答，因令軍人皆張弓挾矢
舉刀按矟以夾道，使弼冒出其間，曰，必無傷也。弼戰慄流汗。
神武然後喻之曰，箭雖注、不射；刀雖舉、不擊；矟雖按，不
刺，爾猶頓喪魂膽，諸勳人觸鋒刃，百死一生，縱其貪鄙，所
取處大。弼頓首顙謝曰，愚人不識至理。

　　按上述北魏貪瀆情況，主要出現於末年，即肅宗孝明帝之時，早期
處置貪汙常用霹靂手段，譬如，濟陰王鬱「以贓貨賜死」，以致咸陽王
禧雖受孝文帝遺詔輔政，亦只能「潛受賄賂」。而高歡公開縱容貪墨，
以致東魏、北齊自始即貪汙成風，賄賂大行，譬如高歡父子嬖臣陳元康，
雖「頗涉文史」，但「溺於財利，受納金帛，不可勝紀」（《北齊書》本
傳），孫「騰早依神武，神武深信待之，置於魏朝，寄以心腹，遂志氣
驕盈，與奪自己；納賄不知紀極，官贈非財不行，餉藏銀器，資為家物，
親狎小人，專為聚斂。與高岳、高隆之、司馬子如號四貴，非法專恣，
騰為甚焉」（《北史》本傳）；後來，雖經崔暹糾彈而略有改進（《北齊書》
本傳），但仍縱容成習。譬如「兗州刺史李子貞在州貪暴，（宋）遊道案
之，文襄（高澄）以貞預建義勳，意將含忍」，而且即使嫉惡如仇的宋遊
道，亦「時大納賄」（《北齊書》本傳）；歐榮之子孝言任吏部尚書時，
「富商大賈，多被銓擢」，倖臣和士開招攬尤盛，「富商大賈朝夕鎮門」
（《北齊書》本傳）。北齊末年，「帑藏空竭，乃賜諸佞倖賣官。……於
是州縣職司，多出富商大賈，競為貪縱，人不聊生」（《北史·齊本紀·
後主紀》）。如此上下交徵利，難怪北齊亡於實力遠遜的北周。

　　相反地，北周的政風就廉能得多，這可能是宇文泰用蘇綽之言，成為「六條詔書，……其四、擢賢良」，該詔首先批評往昔的陋習，「自昔以來，州郡大吏但取門資，多不擇賢良；末曹小吏，惟試刀筆，並不問志行」；然後決定改弦更張，「今之選舉者，當不限資蔭，唯在得人，苟得其人，自可起廝養而為卿相，伊尹、傅說是也，而況州郡之職乎？苟非其人，則丹朱、商均雖帝之胤，不能守百里之封，而況於公卿之冑乎？由此而言，觀人之道可見矣。凡所求材藝者，為其可以治民，若有材藝而以正直為本者，必以其材而為治也；若有材藝而以姦偽本者，將由其官而為亂也，何治之可得乎？是故將求材藝，必先擇志行，其志行善者則舉之，其志行不善者則去之」（《周書》本傳）。明顯表示，取士不依門第，用人首重德行，而且據《隋書》作者魏徵於〈盧愷傳〉末曰，「自周氏以降，選無清濁」，足見蘇綽構想真正付諸實施，以致北周政風為之一變。而且，據〈蘇綽傳〉，宇文泰將此六條詔書，「常置諸座右，又令百司習誦之，其牧守令長，非通六條及計賬者，不得之官」——此六條除「擢賢良」外，尚有「先治心」「敦教化」「盡地利」「恤獄訟」「均賦役」，其中前二者實與「擢賢良」中重德行意旨一致，「均賦役」則與不重視門第意念趨同，其中「盡地利」與北周地方官員須能「計賬」之規定，顯示重視經濟建設，再加建立兵農合一的府兵制度，難怪能吞併實力強大的北齊，進而一統天下。

　　由於大一統之瓦解，中央財政職官中，大司農與少府權力減弱，成為事務官，至於財政政策則由度支尚書主管——就總體言，兩漢時期，協助天子個人了解朝務的秘書，漸漸成為直接主管朝政的尚書。據《三國會要》卷九，魏文帝立度支尚書，主計算；至於其大司農則是「掌錢穀金帛、郡國計簿、邊郡調度」，除執行其傳統任務：帑藏、漕穀、御米外，另增一新任務，即為勸農（成為名副其實的司農），因為典農中郎將等官均屬之；少府工作範圍縮小為僅限於宮中事務，少府卿工作只是

「掌服御珍膳之屬」。這也許是由於分裂期間，國家多事，統治者也許常與其主管文書的左右討論因應之道，以致這些原為個人秘書性質的尚書，蛻變為主管國家政策的大臣。而關係較遠的司農則退居事務官地位。再因戰亂之故，那些奉侍皇室生活所需之公營事業，或已淪入敵手，或者已遭破壞，迫使少府業務範圍不得不大為縮小。

西晉統一三國，但為時短暫，其度支尚書、少府、司農職官仍然因襲魏制，惟後者業務重心略有改變，因據《晉書‧職官志》，「大司農統太倉、籍田、導官三令，襄國都水長，東西南北都護曹椽」，可見其工作中心，似乎集中於漕運，這可能是由於短暫統一後，天子接受四方供養，但因割據對峙時，水陸交通受阻，故司農須注意轉運問題，惟其所屬都水長，不可與另一職官──都水使者混淆，蓋因都水長似專管漕運之暢通，都水使者則管全國的河防水利。

南朝司農與少府權力益弱，劉宋與南齊情形幾乎相同，據《宋書‧百官志》，大司農「掌九穀六畜之供膳羞者」，顯然是從外朝官變為中朝官，管領皇家飲食所需物品之供應；至於少府職掌則縮小為「掌中服御之物」，即管領服飾用具之供應，因而成為公營事業的首腦，至於度支尚書則擴大職掌，領度支、金部、倉部、起部(營造)四曹。梁初制度大致與南齊相同，但武帝於天監七(508)年仿《周禮》，置春夏秋冬官計十二卿，每官三卿(《隋書‧百官志》)，大司農改為司農卿，為春卿之一；少府改名少府卿，另外增置太府卿，而與太僕卿並列為夏卿；將作大匠改為大匠卿，列為秋卿之一；都水使者改為大舟卿，列為冬卿之一。據《歷代職官表》按語，「自梁仿《周禮》置太府卿，於是府庫之關國用者始改隸太府，而少府遂為專供服御之官」。其實，這句話只講對了一半，因為至少自劉宋起，少府固已淪為「專供服御之官」，但太府卿卻取代魏晉宋齊的度支尚書，而似兩漢之少府。再據《通典》，「梁司農卿主農功倉庫，陳因之」。可見司農、少府權力日益中落，其在財

政方面的職能，反不若經濟職能顯著，大致說來，司農工作爲勸農，主
管民間經濟事務；少府則主管很多經濟事業；至於實際財政工作，則由
新興的太府主管。

北魏財政職官，可據《隋書·百官志》推斷，該志云「後齊制官，
多循後魏」，則知其度支尚書領度支（掌計會、凡軍國損益及軍役糧廩）、
倉部（掌諸倉帳出入）、左戶（掌天下計揲戶籍）、右戶（掌天下公私田宅租
調）、金部（掌權衡量度、內外諸庫藏文帳）、庫部（掌凡是戎仗器用所須事）
六曹。關於司農與少府，《魏書·官氏志》云，孝文帝時，並列大司農
卿與少府卿爲第二品上，但於宣武帝時列大司農與太府二卿爲第三品，
而將少府刪除，這可能是向南朝蕭梁學習，其職掌或可從《隋書·百官
志》看出，該志云，北齊「司農寺掌倉市薪菜園池果實」，「太府寺掌
金帛府庫營造器物」，其情況亦與南朝類似，其在財政面權力低落，而
轉向經濟事務。

北周官制截然不同，因仿《周禮》而建六官之制，據《西魏書》（下
準此），天官所屬爲侍奉皇家，故「掌貢賦貨賄以佐國用」之太府，與
「掌出納」之小計部，均主管宮中財政；地官佐理朝政，其主管府中財
政的職官，計有載師（掌任土之法，辨夫家田里之數，會六畜車乘之稽，審
賦役歆弛之節制，畿疆脩廣之域，頒施會之要，審牧產之政）、司倉（掌辦九
穀之物以量國用）、司均（掌田里之政令）、司賦（掌功賦之政令）、司役（掌力
役之政令）。可見載師主管財政統計與審計，司倉主管國用，司均、司
賦與司役所掌，實乃後代租庸調之濫觴。至於司農，其職掌亦變爲經濟
事務。

關於中央經濟職官，可分公營與民營二系統分述之。在公營方面，
初級產業中，魏太僕寺有典牧令，在邊境養馬；晉之典牧令在典牧都尉
下，主管公營畜牧。但最值得注意的，乃是曹魏大司農下的典農中郎將、
校尉及都尉，主郡縣屯田；度支中郎將、校尉及都尉，掌諸軍屯田。晉

代主管公營農業的職官，則爲屯田尙書郎；另於衛尉下有主礦冶的諸冶令與南北東西督冶掾（魏晉職官分據《三國會要》與《晉書・職官志》，下準此）。此外，據《通典》，魏晉均有司鹽都尉及鹽丞。在次級產業中，魏太僕卿下有主作兵器及織綬雜工的考工令；少府卿下有主天下營繕的材官校尉，與兼掌染事的平準令；還有掌土木之工的將作大匠與主天下水軍舟船器械的水衡都尉。晉制大致相似，惟光祿勳下的東園匠（喪器製作）與少府中的甄官令（攷關製造），亦應視爲次級產業。三級產業中公營事業，魏晉職官史料未載，但前代之漕運、驛傳定必保持。例如晉孝武帝於太元五年置督運御史（《晉書》本紀）；東晉郵驛，共置丞（《後漢書・輿服志》注）。

南朝[26]因領土狹隘，初級產業中公營事業範圍遠較以前爲少，且因北方疆域喪失，宋齊均無典牧令等職官，梁代因在江南日久而恢復部分公營畜牧事業，於太僕卿下置南馬牧令與左右牧丞，其規模當然無復兩漢魏晉當年。在屯田方面，宋齊已無專官，而由左民郎中兼知屯田事，梁復立屯田郎，且於司農卿下有湖西諸屯。關於礦冶，宋齊於少府下置東冶與南冶令丞，梁陳少府下有東西冶署。次級產業中公營事業，宋齊仍有將作大匠，並有主工匠土木的材官將軍。此外，宋少府有染署與右尙方（掌造軍器）──齊少府下之鍛署，職能應近似。其度支尙書下之起部曹，則領營造。梁少府卿下有左中右尙方、甄官、中黃紀作等署。三級產業中顯然可見的，厥爲梁少府卿下的邸稅庫，似經營商業。

北魏公營事業可從北齊職官看出，其太僕寺下駝牛署與司羊署，是公營畜牧，司農寺鉤盾署領大囿、上林、遊獵、柴草、池藪、苜蓿等六部丞，亦與公營畜牧有關；尙書省屯田署固爲公營農業，而司農寺典農

26　南朝經濟職官資料，除另註出處外，均本《宋書》、《南齊書》、《隋書》之〈百官志〉，下準此。

署領山陽、平頭、督亢三部丞，此三者均為地名，足見亦是主管公營農
業；太府寺諸冶署是主管公營礦業。這些都是北朝初級產業中的公營事
業，而北周這方面公營事業則為地官中的掌鹽與典麴，至於典農、典牧、
典牛，是掌民營法令抑直接經營，不得而知，但其中定有公營部分。次
級產業中的公營事業，北齊（甚至北魏）太府寺下左中右三尚方（右尚方製
樂器，中尚方有涇州與雍州絲局及定州紬綾局）、司染、細作、左校、甄官
等署，以及將作寺等均屬之（俱見《隋書‧百官志》，下準此）；北周多官
工部中有各種工匠，又有匠師掌城郭宮室之制，司量掌為壇之制（俱見
《隋書‧百官志》，下準此）。關於北朝三級產業中的公營事業，則乏具
體資料。

　　政府對於民營事業，當然有主管部門，在初級產業方面，於曹魏，
有虞曹（山川）、農部、水部等尚書郎，大司農卿下典農諸官（雖主郡縣屯
田，諒亦任勸農之事，因罷屯田官後，諸典農皆為太守，足見是親農民之官）、
太僕寺典虞都尉、都水使者下河隄謁者與都水參軍──據《冊府元龜》，
都水使者為魏首置，諸葛亮發丁夫二百人護都江堰，並設堰官（《井蛙
雜紀》引《水經注》），足見三國時代對水利之重視；晉制大致相同；於
劉宋及南齊，只知有水部尚書郎，其他皆不可考；於梁陳，為虞曹、屯
田（晉武帝罷農部置屯田，可見含有勸農）、水部等尚書郎，司農卿下勸農
謁者與大舟卿，北魏與北齊類似梁陳，於北周，地官的虞部與司農，是
明顯地主管人民的初級產業，因前者掌山澤草木鳥獸而阜蕃之，後者是
掌三農九穀稼穡之政令。在次級產業方面，魏晉南北朝均乏明確資料，
仍是北周多官中有明白規定，譬如有「掌百工之籍而理其禁令」的工部，
「掌木工之政令」的司木。在三級產業方面，於曹魏，有涉及陸運的駕
部尚書郎，涉及水運的河隄謁者，以及主知物價的平準令；於晉，除上
承魏制外，還曾置運曹，並於司空下置道橋掾；宋齊僅有駕部──其平
準令似僅掌染事，梁陳則較完備，主管運輸者，除駕部外，太府卿亦管

關津(亦可能著重有關稅收)，大舟卿主舟航堤渠，主管市場者，有太府卿下南、北市令，少府卿下平水署(疑即平準署)；北魏及北齊，有駕部尙書郎，尙有管理諸津橋的都水臺，以及司農寺下的平準署，北周地官中，有司市、小司市與平準。

關於地方財經職官，曹魏郡縣有上計吏、稻田守、叢草吏，前者涉及財政，後二者攸關農業(《三國會要》)。晉縣令下，戶曹與金倉賊曹(三曹合一)，屬於財經範圍，且於農忙時，郡國及縣差散吏下鄉勸農，各州則因特殊情況置特種財經職官，譬如「徐州又置淮海，涼州置河津，諸州置都水從事各一人，……荆州又置監佃督一人」(《晉書·職官志》)。南朝可以劉宋爲例，州十八曹中與財經有關的爲戶、田、水、鎧、法(郵驛科程)，士(士徒轉運)曹，郡縣則具體而微。鄉官五人，其中鄉佐、有秩主賦稅(《宋書·百官志》)。北朝可以北齊司州爲例，其治中從事主財穀書簿(循漢末之制)，金曹、租曹主財政金融，法曹爲公營運輸，戶曹勸農，鎧曹爲公營工業，西東市署(他州則爲市令或市長)主管民營商業；郡縣有戶、田、金、租、法諸曹掾(《隋書·百官志》)。

從這些財經職官看，可見在這個階段裡，於層次上，是中央遠重於地方，而地方職官最多至鄉，不似兩漢注重亭里；於種類上，財政是重於經濟，而經濟中罕有注意民營產業之職官，惟北周(及西魏)例外，可謂空谷足音，而北周以一隅之地能統一天下，亦可從這方面看出一些端倪。在另一方面，這一階段出現一種新職官——都水使者，顯示水利(包括航運)問題愈趨重要。

第五節　賦役制度及福利政策

這一時期的賦役制度，可以曹操於建安九(204)年九月破袁紹後所下之令爲濫觴，該令曰：

有國有家者，不患寡而患不均，不患貧而患不安。袁氏之治也，
使豪彊擅恣，親戚兼併，下民貧弱，代出租賦，衒鬻家財，不
足應命。審配宗族，至乃藏匿罪人，為逋逃主。欲望百姓親附，
甲兵彊盛，豈可得耶！其收田租、畝四升，戶出絹二匹，綿二
斤而已，地不得擅興廢，郡國守相明檢察之，無令彊民有所隱
藏，而弱民兼賦也。（《三國志》本紀注引《魏書》）

　　此令可以視為賦稅改革的一大關鍵，其改革原則有二：一為賦稅公
平；一為降輕稅負。就前者言，其目的是「無令彊民有所隱藏，而弱民
兼賦也」，在實踐上，可以楊沛為例，「沛為長社令，時，曹洪賓峰在
縣界，徵調不肯如法，沛先搣折其腳，遂殺之。由此，太祖以為能」（《三
國志・賈逵傳》引《魏略・楊沛傳》）。就後者言，「地不得擅興廢」是明
白地宣示減輕稅負，而且這種減稅，亦見於課徵方式上，因為「其收田
租、畝四升，戶出絹二匹，綿二斤而已」——後二者（絹與綿）是取代兩
漢的算錢、口賦與戶稅，而且簡化之，其後稱為「戶調」；田租方面將
漢代及先秦之收益稅（按田地產出比例課稅）方式改為按畝徵稅，前漢每
畝產量只有一石（斛）（《漢書・食貨志》），後漢末，沃土可畝產三石（《後
漢書・仲長統傳》），假定一般田地產量按此減半，則每畝徵田租四升，
接近四十稅一，而低於漢代的三十稅一；尤堪注意者，無論是田租抑戶
調，均改金錢為實物[27]，這可能是遷就當時經濟情況。在力役方面，缺
乏資料，惟《三國志・鄭渾傳》，渾「聚吏治城郭，為守禦，遂發民逐
賊」，〈王觀傳〉云「令邊民十家以上屯居，築京候」，顯示曹魏的力
役；《三國會要》卷六云，蜀先主起館舍，築亭障，從成都至白水關四

27　《文獻通考・田賦考》，說到後漢章帝建初三年，「以穀貴，乃封錢以布帛為
　　租，蓋錢帛盡嘗迭用矣」，足見後漢田賦以錢徵收。

百餘區。而卷七云，孫權於赤烏三(240)年，詔諸郡縣治城郭，起譙樓，穿塹發渠，表示蜀吳均以人民力役完成之。實則當時徭役甚為繁重，譬如，魏明帝青龍三(235)年，「大治洛陽宮，起昭陽太極殿，築總章觀，百姓失農時」(《三國志》本紀)；而且在此之前，文帝時服役者「功作倍於前，勞役兼於昔」(《三國志‧王朗傳》注引《魏書》)。

　　西晉田租諒承魏制，但元帝東渡後，由於府庫空虛，將田租提高為每畝米二斗(《隋書‧食貨志》)，這幾乎是當時每畝平均產量的2/3，不可謂不高，但江南氣候較暖，糧食可以一年兩熟甚至三熟，以致人民可以苟活。按曹操的田租為每「畝粟四升」(《三國志》本紀)，以致東晉之初的田租不止為西晉之五倍。尤有進者，當時江南田地產量極低，因據《晉書‧食貨志》，「咸和五(330)年，成帝始度百姓田，取十分之一，率畝稅米三升」，顯示每畝產量僅為三斗米，合粟為四斗一升而已——哀帝即位減為每畝稅米二升，但至孝武帝卻又改制，即「除度田收租之制」，改收人頭稅(口錢)，這可能是由於戰亂中田無常主，改以人口為課稅之對象。西晉戶調之式，是與力役有關，即不論男女，年十六至六十為正丁，十五至十三，六十至六十五為次丁，十二以下，六十六以上為老小(免役)；丁男之戶，歲輸絹三匹，綿三斤，女及次丁男為戶者半輸邊郡輸三分之二，遠者三分之一，夷人輸布戶一匹，遠者一丈(俱見《晉書‧食貨志》)——顯然符合〈禹貢〉意旨，離政治中心愈遠者，稅負愈輕，以減少運輸之負擔，亦可能運輸由人民負擔，故愈遠者稅率雖輕，但稅負可能仍甚沉重。晉元帝東渡，在力役方面較武帝略為放鬆，即女以嫁者為丁，未嫁者年二十乃為丁，男丁每年役不過二十日，又每十八人出一運丁，役之，戶調之式亦有更改，丁男調布絹各二丈，絲三兩，綿八兩，祿絹八尺，祿綿三兩二分；租米五石，祿米二石，丁女半之(《隋書‧食貨志》)——戶調方面，雖然減少絹綿卻增加布絲，尤其是增加米的負擔，這當然是由於國土縮減，軍糧大增，而不得不多徵糧

食，但亦透露逐漸改以人口爲課徵對象，所以，孝武帝太元元(376)年，廢除度田收租之制，每口稅米三斛，八年提高爲五石(《晉書》本紀)，仍較六十餘年前(元帝即位於317年)爲低。不過，這種人頭稅卻越來越重，宋文帝時，年滿十六者便課米六十斛，十五以下至十三皆課米三十斛(疑「斛」爲「斗」之誤)(《宋書·徐羨傳》)；宋孝武帝大明五(461)年，又制天下民戶，歲輸布四匹(《宋書》本紀)，此外，南朝可能還徵丁稅，因據《南齊書·王敬則傳》，「浙東五郡，丁稅一千」——或亦稱爲「口錢」(《南齊書·豫章王嶷傳》)。另從《宋書》諸帝本紀看，常有減免田租之詔，似又恢復田賦，至於其稅率，據《通志》，南齊武帝時每畝稅米二升，由此或可推論，南朝田租率大致仍維持東晉哀帝之制，每畝稅米二升，但卻以人頭稅爲主體，而且力役亦大致維持東晉之制，惟宋孝武帝納王弘所奏，以民十五至十六歲爲半丁，十七歲爲全丁(《宋書》本傳)，南齊因戰事屢起，竟於揚、徐二州，規定三丁中以二人爲役(《通考》)。

這段期間，稅制有兩大改革，先是曹操將田租率改爲固定並改徵實物；後是晉孝武帝改以人頭稅或丁租爲主。二者均是對當時環境的適應，就前者言，乃是整個經濟環境由原來的半貨幣經濟趨向自然經濟，以致田賦及其後的戶調與人頭稅，均改以實物繳納。就後者言，其所以改以人頭稅(口錢)爲主體，固然是因授田之制久廢，田籍無從掌握，且因戰事連綿，田無常主，致難掌握稅源，反而不如以人口爲課徵對象，以掌握穩定的稅基，但在實質上，卻暗合經濟理論，因在生產要素比例固定之下，供給超過定比下需求之要素，在本質上，就成爲自由財，其報酬將爲零，相反地，其稀少性要素(假設只有二要素)則取得其全部報酬[28]，所以，稀少性要素應該負擔有關賦稅的全部——以此一時期言，

---

28 M. Friedman, *Price Theory*(Chicago: Aldine Publishing Company, 1962), Ch. 8.

人口大爲銳減,勞力成爲稀少性生產要素,相對地,土地近似自由財,這一方面是由於「百里不見人,草木誰當遲」(王粲〈七哀詩〉),田地廢耕。另一方面,江南則是「開荒南野際」(陶潛詩),擁有大批未開發的新生地,是以,勞力成爲稀少性生產財,取得絕大部分的報酬,理應成爲最主要的課稅對象。不過,《宋書・徐豁傳》所云,「年滿十六便課米六十斛,十五以下至十三皆課米三十斛,一戶內隨丁多少,悉皆輸米」,則可能不確,因爲已經超過其生產力的極限。

　　據前述,東晉農田單位產量,一般是每畝爲米三斗,在如此情況下,百畝之田(大致上是一成年農人耕作能力的極限)的產量僅爲三十斛米,如何能繳納六十斛米作爲其人頭稅?是以,〈徐豁傳〉所云之「斛」,諒係「斗」之誤,如此,則一丁人頭稅爲六十斗或六斛(石)米,五口之家所耕百畝之田,若產米三十石,且納二丁之稅,則稅率爲40%;若產米百石,則二丁之稅,合稅率12%,略高於東晉成帝什一之稅,亦比晉孝武帝時人頭稅(米五石)高20%──劉宋人頭稅亦比東晉季世提高20%。

　　但是,這種人頭稅,對於非農民也許甚爲不利,因據本章第三節,當時短工每日工資30文,一年工資最多爲1萬800文,即使只納一丁的人頭稅,約須錢3000文(假定正常米價爲500文),已占其所得28%;若是這位短工家庭須納二丁(本人及其妻)之稅,則稅率高達56%,勢將難以生存。由此推論,更足證上述「六十斛」應爲「六十斗」或「六斛」之誤[29]。

---

29 李劍農於《魏晉南北朝隋唐經濟史稿》第六章,認爲此「六十斛」係指小斛,約當大斛三分之一。即使此說正確,人民負擔亦奇重,因爲縱然畝產一大斛米,則百畝之田,若納二丁人頭稅,其稅率已高達40%;若以此課徵非農民,則二十大斛米,約須錢一萬文,則該丁縱然每日工作,納人頭稅後,終年只剩800文,以致其本人亦難以生存,何況李氏所據主要爲《隋書・食貨志》論及南朝「度量,斗則三斗當今一斗」;李氏又認定此乃屯田民戶負擔,但屯田之制,慣採官民分取收成方式(見下章),並非按丁徵米;所以,李氏之說很可能是「甚解」。

從這些賦役看，人民負擔奇重，以致很多人託蔭於豪門而逃避賦役，導致稅基縮小，使納稅當役者負擔更爲加重，以致更可能縮小稅基，進而再增加民戶賦役負擔，這些力役增加了制度成本。賦稅負擔已如上述，在力役或徭役方面，至少可區分爲兵役、工役、運役及雜役四種[30]。這一期間，雖有軍戶出現，但亦間或要求人民負擔兵役之義務，譬如孫休「鎮送其民，發以爲兵」（《三國志‧魏志‧陳留王奐傳》）；沈「攸之少孤貧，元嘉二十七年，索虜南寇，發三吳民丁，攸之亦被發。既至京都，詣領軍將劉遵考，求補白丁隊主，遵考謂之曰，君形陋，不堪隊主」（《宋書》本傳）。工役則更普遍，主要爲用民築城、建隄與興建宮室，譬如《三國志‧王朗傳》云，「宮室盛興，民失農業」；宋孝武帝大明二年，竟陵王誕「發民築治廣陵城」（《宋書》本傳）；梁武帝天監「十三年，堰淮水以灌壽陽，發徐、揚人，率二十戶取五丁以築之」（《梁書‧康絢傳》）。由於賦稅改征實物，這些實物必須運送至指定地點儲存，而戰爭發生，又須運送軍糧器械，而這些運輸工作，又落在人民雙肩，王羲之於致謝安書中曰，「自軍興以來，徵役及充運，死亡叛散，不反者眾」（《晉書》本傳）；宋後廢帝於元徽元(473)年下詔曰，「湘、江二州，糧運偏積，調役既繁，庶徒彌擾」（《宋書》本紀）。凡兵、工、運役之外的力役，均屬雜役，如對地方官吏之執役及送故迎新之差使，例如虞預曰，「自頃長吏，輕多去來，送故迎新，交錯道路，受迎者惟恐船馬之不多，見送者惟恨吏卒之常少」（《晉書》本傳）；齊海陵王即位後詔曰，「正廚諸役，舊出州郡，徵吏民以應其數，公獲二旬，私累數朔。又廣陵年常遞出千人，以助淮戍，勞擾爲煩，抑亦苴苞是育，今並可長停，別量所出。諸縣使、村長、路都、防村、直縣，爲劇尤深，亦宜禁斷」（《南齊書》本紀）——其所提及的徭役，均可視爲雜役。當時

---

30 參見李劍農，《魏晉南北朝隋唐經濟史稿》，第六章。

由於人口縮減，以致徭役負擔，令人難以負荷，譬如魏明帝大築宮室，「作者三四萬人」，王肅建議「選其丁壯，擇留萬人，使一朞而更之」（《三國志·王朗傳》），可見原來力役，一年尚不能返家；齊海陵王時，「揚、南徐二州人丁，三丁取兩，以此爲準，遠郡悉令上米準行，一人五十斛，輸米既畢，就役如故」（《南史》本紀），既輸米又服役，足見負擔之重。正合《老子》所云，「吾所以有大患者，爲吾有身」（十三章），所以，人民「生兒不復舉養」（《晉書·范甯傳》），「或乃斷截肢體」（《宋書·徐豁傳》）。

　　畢竟由於稅基大爲縮水，使稅收銳減，以致這一期間各朝政府不得不在雜稅上打主意，不僅擴大關稅適用範圍[31]，也增課「津稅」，此可見於曹丕在漢獻帝延康元(220)年所下之庚戌令：「關津所以通商旅，池苑所以禦災荒，設禁重稅，非所以便民，其除池籞之禁，輕關津之稅，皆復什一」（《三國志》本紀注引《魏書》）——據此令，建安年間，池籞有禁無稅，但齊高帝建元元(479)年，「停太官池籞稅」（《南史》本紀），不知此稅始於何時？東晉時，擴大津稅範圍，凡荻炭漁薪之類過河，一律十分稅一，並加重市稅。且規定，凡貨賣奴婢馬牛田宅，有文券者徵百分之四，稱「輸估」（契稅），賣者負擔四分之三，餘由買者負擔，無文券者亦徵百分之四，稱爲「散估」（販賣稅）——南朝均如是（《隋書·食貨志》）。從這些雜稅看，可見主要是以交易或商品爲對象，致有過境稅之產生，例如宋孝武帝大明八(464)年，詔曰「東境去歲不稔，宜廣商貨，遠近販鬻米粟者，可停道中雜稅」（《宋書》本紀），齊明帝建武元(494)年詔曰，「今商旅石頭後渚及夫鹵借倩，一皆停息」（《南齊書》本紀）；津稅中尚有特例，即齊之牛埭稅，《南齊書·顧憲之傳》云，「西陵牛埭稅，官格日三千五百」；在貨物稅方面，齊有酒租（《南

---

31 漢武帝立關稅，僅治武關稅出入者（《漢書·食貨志》）。

朝齊會要・食貨》），梁有魚稅（《梁書・蕭穎達傳》）。此外，晉宋還有一種「修城錢」，凡受官二十日，須送修城錢二千，至南齊武帝時詔免（《文獻通考》）。

在另一種稅基——或可稱之爲役基——的擴大上，即增加列籍的戶口，其方式除鼓勵生育（詳見下章第一節）外，還常採取三種措施：一爲清理隱匿戶口；一爲鼓勵流民回歸政府控制地區之本籍；一爲將外地移入的流民就地列籍。就隱匿戶口言，後漢末年即已成爲普遍現象，例如《三國志・袁紹傳》注引《九州春秋》，「邑有萬戶者，著籍不過數百」，所以，在三國末年，孫皓於其天紀三(279)年就曾「科實廣州戶口」（《三國志》本傳），東晉庾冰主政時，「隱實戶口，料出無名萬餘人」（《晉書》本傳），宋後廢帝元徽三(475)年，「遣尙書郎到諸州檢括民戶」（《宋書》本紀），惟齊「永明(483-493)中，連年檢籍，百姓怨望」（《南齊書・沈文季傳》）。關於流民歸籍之激勵，可見齊高帝建元二(480)年之詔，「江西北民，避難流徙者，制遣還本土，蠲今年租稅」（《南齊書》本紀）；梁武帝於大通元(527)年詔曰，「凡因事去土，流移他境者，並聽復宅業，蠲役五年，尤貧之家，勿收三調」（《梁書》本紀）。至於後者，史稱「土斷」，取消對於僑置郡縣外來流民的優復辦法，而讓他們編入當地戶籍，東晉實行土斷四次，即成帝咸和(326-334)中，成帝咸寧七(341)年，哀帝興寧二(364)年，安帝義熙八(412)年或九年；南朝土斷五次，即宋孝武帝大明元(457)年，宋後廢帝元徽元(473)年，齊高帝建元三(481)年，梁武帝天監元(502)年，陳文帝天嘉元(560)年[32]。

以上所云，均係魏晉及南朝之事，至於北魏賦役制度於孝文帝太和八(484)年前，似乎顯得頗爲凌亂，從《魏書》本紀看，明元帝永興五(413)年，詔諸州六十戶出戎馬一匹，泰常三(418)年，調民租，戶五十

---

32 參見王仲犖，《魏晉南北朝史》（上海人民出版社，1979），第五章第二節。

石，泰常六年，調民二十戶輸戎馬一匹，大牛一頭，太武帝始光二(425)
年，詔天下十家發大牛一頭，運粟塞上；孝文帝延興三(473)年，詔河
南六州之民，戶收絹一匹，綿一斤，租三十石，又因興兵南下，詔十丁
取一以充行，戶收租五十石，以備軍糧，太和七(483)年，詔青齊光南
徐四州之民，戶運倉粟二十石送瑕丘。這些史料所顯示的，有租、有調，
亦有役，但均以「戶」為對象，而北方之戶向甚龐大，先是「百姓因秦
晉之弊，迭相蔭冒，或百室共戶，或千丁共籍」(《晉書·慕容德載記》)，
後來，北魏「舊無三長，惟立宗主督護，所以，民多隱冒，戶五十、三
十家方為一戶」(《魏書·李沖傳》)，以致稅負並非苛重。

不過，北魏的租、調、役制度，亦大致可以從《魏書·食貨志》中
看出：

力役：獻文帝時，「山東之民，咸勤於征戍轉輸，帝深以為念，遂
因民貧富，為租輸三等九品之制，千里內納粟，千里外納米；上三品戶
入京師，中三品入他州要倉，下三品入本州。」

戶調：「太和八年，始準古班百官之祿，以品第各有差。先是天下
戶以九品混通，戶調帛二匹，絮二斤，絲一斤，粟二十石，又入帛一匹
二丈，委之州庫，以供調外之費。至是戶增帛三匹，粟二石九斗，以為
官司之祿，後增調外帛滿二匹，所調各隨其土所出。」

田租：直至孝明帝孝昌二(526)年，於京師一帶，「田租畝五升，
借賃公田者畝一斗。」

在力役與戶調方面，均曾提到「九品」之詞，這是源自太武帝太延
元(435)年之詔，「若有發調，縣宰集鄉邑三老，計貲定課，裒多益寡，
九品混通，不得縱富督貧，避強侵弱」(《魏書》本紀)，這是很明顯地
希望實現賦役公平原則。孝文帝太和十年，納李沖之議，立三長，役調
制度更上軌道：

魏初不立三長，故民多蔭附，蔭附者皆無官役，豪強徵歛，倍
於公賦。十年，給事中李冲上言：宜準古，五家立一鄰長，五
鄰立一里長，五里立一黨長，長取鄉人彊謹者。鄰長復一夫，
里長二，黨長三，所復、復徵戍，餘若民，三載無愆則陟用，
陟之一等。其民調，一夫一婦帛一匹，粟二石；民年十五以上
未娶者，四人出一夫一婦之調；奴任耕、婢任績者，八口當未
娶者四；耕牛二十頭，當奴婢八。其麻布之鄉，一夫一婦布一
匹，下至牛以此為降。大率十匹為工調，二匹為調外費，三匹
為內外百官俸，此外雜調（似闕「悉罷」二字）。民年八十以上，
聽一子不從役，孤獨癃老篤疾貧窮不能自存者，三長內迭養長
之書奏，……高祖從之。（《魏書·食貨志》）

　　這是很重要的賦稅改革與社會改革：就後者言，是實行小家庭制度
（在這一點上，很像商鞅仕秦之政策），並改善原來為避稅而導致數十家為
一戶的情況，此三長之設，諒係要執行這些任務，以檢括戶。且因原先
每戶人口多少不一，現在改以人口為課徵對象，更貫徹賦稅公平原則。
而且此等賦稅改革，在課稅上亦因地制宜，並將租、調分開，即戶調方
面，一家（一夫一婦）為布或帛一匹；田租方面，則一家為粟二石，因均
田已在太和九年實施，一夫一婦可受田60畝，因「倍之」，是為120畝，
以致每畝田租率為3.3升強至1.7升弱，其後，於孝明帝時則增為每畝5
升。尤有進者，這次賦稅改革，實應稱為財稅改革，因為含有中央、地
方財政劃分，即戶調中有三分之二強劃歸地方（類似唐代的「留用」），
十五匹中「十匹為工調」，其所謂「工調」，可能係指當地公共工程或
建設費用（包括築城），已占戶調總額三分之二，而「三匹為內外百官
俸」，其中當然亦有一部分是支付地方官員薪俸；關於「二匹為調外費」，
頗似唐代的「送使」，但其中也許亦含有「上供」部分，致「送使」部

分最多只占13.3%強；至於真正「上供」部分，則是屬於「三匹爲內外百官俸」，即使這三匹全作中央百官俸，亦只占整個戶調百分之二十而已；由此可見孝文改制，頗爲注重地方財政健全。而「雜調」悉罷，更是減輕人民稅負，所以，「事施行後，計省昔十有餘倍，於是海內安之」（〈食貨志〉）。有關力役方面，三長雖可免一夫至三夫之役，但僅限兵役部分，而且，「民年八十以上，聽一子不役」，不僅減輕人民負擔，也且有助教化[33]。

北魏力役是以工役爲主（漢民於早期不服兵役），主要爲興宮室、築城與治道，譬如道武帝於天賜元（404）年，「發八部五百里內男丁，築灅南宮，門闕高十餘丈，引溝穿池，廣苑囿，規立外城，方二十里，分置市里，經塗洞，達三十日罷」；明元帝於泰常元（416）年，「築長城於長川之南，起自赤城，西至五原，延袤二千餘里，備置戍衛」；太武帝於太延二（436）年，「發定州七郡一萬二千人通莎泉道」，太平眞君七（446）年，「發司幽定冀四州十萬築畿上塞圍，起上谷，西至於河，廣袤皆千里」；文成帝於和平二（461）年，「發并、肆州五千人治西河獵道」（《魏書》本紀）。

北魏分裂後，租調制度大致仍以人口爲課徵對象，北齊是「率人一床（指一夫一婦，因文中曾云，「未娶者輸半床租調」），調絹一疋，棉八兩……墾租二石，義租五斗，奴婢各准良人之半，牛調二尺，墾租一斗，義租五升。墾租送臺，義租納郡，以備水旱」；北周規定，「有室者歲不過絹一疋，棉八兩，粟五斛，丁者半之；其非桑土，有室者布一疋，麻十斤，丁者又半之」。由於齊、周均授田，所以可從這些規定看出田租率；北齊是「一夫受露田八十畝，婦四十畝」，共計120畝（另「每丁給永業

---

33 三長雖於孝文帝初創時免兵役，但於孝明帝時（516-528），常景「以頃來差兵，不盡強壯，今之三長，皆是豪門多丁爲之，今求權發爲兵。肅宗皆從之」（《魏書》本傳）。

田二十畝為桑田」，未予計數)租二石五斗，約合每畝2.08升強，未娶者以
80畝納半租，即只納1.25石，約合每畝1.56升強，稅率約低於已婚者三
分之一，以致「陽翟一郡，戶至數萬，籍多無妻」；北周是「有室者田
百四十畝，丁者田百畝」，未娶者百畝只納粟二石五斗，即合每畝2.5
升，但已婚者田租率較高，每畝約3.6升，其情況適與北齊相反，但均
較高。在田租方面，齊、周均作彈性處理；北齊的「墾租皆依貧富為三
梟，……上梟輸遠處，中梟輸次遠，下梟輸當地州倉，三年一校焉。租
入臺者，五百里內輸粟，五百里外輸米，入州鎮者輸粟，人欲輸錢者准
上絹收錢」；北周則規定，這些租調，「豐年則全賦，中年半之，下年
三之，皆以時徵焉，若艱凶札，則不徵其賦」。

　　在力役方面，北齊之制，男子年十八以上，六十五以下為丁；十六
以上與十七以下為中；六十六以上為老，十五以下為小；率以十八受田
輸租調，二十充兵、六十免力役，六十六退田免租調。這是武成帝之規
定，似乎是成丁後只輸租調，其實力役很多，因自文宣帝起，即「立九
等之戶，富者稅其錢，貧者役其力」；北周制度是相對地寬鬆，在租調
上，雖是「凡人自十八以至六十有四與輕癃者，賦之」，但於力役上，
「凡人自十八以至五十有九，皆任於役，豐年不過三旬，中年則二旬，
下年則一旬；凡起徒役，無過家一人，其人有年八十者，一子不從役，
百年者，家不從役，廢疾非人不養者，一人不從役，若凶札又無力札」
（以上俱見《隋書·食貨志》）。

　　就力役言，北齊似重工役，北周則重兵役。工役是以築城與興宮室
為主，譬如北齊文宣帝於天保六(555)年，發夫180萬人築長城，自幽州
北夏口至恆州九百餘里，七年，發丁近三十餘萬修廣三台宮殿[34]，八年，
於長城內築重城，自庫洛拔而東至塢紇戍，凡四百餘里(《北齊書》本紀)。

34　參見《資治通鑑·梁紀·敬帝》。

北周則建府兵，兵農合一（見下章最後一節），且常發兵爲工役，如宣帝大象元(579)年，發山東諸州兵，增一月功爲四十五日役，起洛陽宮，常役四萬人，以迄次年宴駕（《北周書》本紀）。

這一階段，人口減少爲常態，所以，北朝亦以人口爲賦役課徵對象，而人民蔭附及逃籍之風，亦若南方。是以，北朝亦仿東晉與南朝方法，以擴大役基（惟似闕土斷之法，因罕有南來之流民[35]）：一爲激勵流民歸籍，太武帝於太延元(435)年詔曰：「自今以後，亡匿避難，羈旅他鄉，皆當歸還舊居，不問前罪」，孝文帝延興二(472)年「詔流迸之民皆令還本，違者配徙邊鎮」；一爲檢括戶口，孝文帝延興三年，「詔遣使者十人循行州郡，檢括戶口，其有仍隱不出者，州郡縣戶主並論如律」，東魏孝靜帝武定二(544)年，派遣「括戶大使，凡獲逃戶六十餘萬」（《魏書》本紀）。

在狹義稅基的擴大上，北朝不若南方積極，這可能是由於南方雜稅係以交易或商品爲主要對象，而北方商業活動或不若南方興盛，這是由於在北魏以前，戰區多在北方，以致關津之稅均未能持續，只有後秦時，姚「興以國用不足，增關津之稅」（《晉書》載記）。北魏孝明帝孝昌二(526)年，稅市人，出入者各一錢，並將店舍分爲五等、稅之，至前廢帝時，始廢稅市（《魏書》本紀）。北齊後主科境內六等富人，詔令出錢（《隋書·食貨志》），並稅關市舟車山澤鹽鐵店肆（《北齊書》本紀）。北周宣帝大象二(580)年，初稅入市者人一錢，靜帝即位罷之（《周書》本紀）。

這一期間，人民賦役繁重，所以，各朝政府常有彈性處理原則，北朝情況已如上述，南朝亦有賦役減免的措施，以南齊爲例，減免原因計有即位改元、親政、帝里舊鎮、耕藉、大赦、從軍、軍興、義徒、戰亡、

35　北魏之初境內亦間有流民前來，例如道武帝天興二(405)年，「陳郡河南流民萬餘口內徙，遣使者存勞之」；太宗神瑞元(414)年，東晉官吏劉研弟等人，「率流民七千餘家內屬」，次年，「河南流民二千餘家內屬」（《魏書》本紀）。

旌孝義、丁役、水旱災、流民還本、新婚、疾病、產子、單丁孤獨、特
蠲、蕃國蠲除等19種（《南朝齊會要‧民政‧復除》）。此外，各朝政府多
以福利政策濟助當時社會的弱者，譬如曹操於建安廿三年下令曰，「吏
民男女，女年七十已上，無夫、子，若年十二已下無父母兄弟，及目無
所見，手不能作，足不能行，而無妻子父兄產業者，廩食終身，幼者至
十二止；貧窮不能自贍者隨口給貸；老耄須侍養者，年九十已上，復不
事，家一人」（《三國志》本紀注引《魏書》）；宋文帝元嘉三(426)年詔，
「遣大使巡行四方，其高年鰥寡、幼孤、六疾不能自存者，可與郡縣優
量賑給」（《宋書》本紀），元嘉廿二年，沈亮為南陽太守，「遣使巡行
諸縣，孤寡老疾不能自存者，皆就蠲養，耆年老齒，歲時有餼」（《宋
書》自序）；齊文惠「太子與竟陵王子良，俱好釋氏，立六疾館以養窮
民」（《南齊書》本傳）；梁武帝於普通二(521)年下詔曰，「凡民有單老
孤稚不能自存，主者郡縣咸加收養，贍養衣食，每令周足，以終其身。
又於京師置獨孤園(這可能是中國孤兒院與養老院的濫觴)，孤幼有歸，華
髮不匱，若終年命，厚加料理」（《梁書》本紀）。至於對這些弱者，偶
賜米帛，以及對災荒受難者開倉給賑，均可於各〈本紀〉中，經常見之。

　　北魏各朝亦多開倉給賑，並偶賜孤寡老病者粟帛，但立為制度者厥
為孝文帝，先是於太和十(486)年，李沖建議立三長之奏中，曾云，「民
年八十以上，聽一子不從役，孤獨癃老篤疾貧窮不能自存者，三長內選
養食之」（《魏書‧食貨志》）。孝文帝雖可其奏，但於所下之詔中，只
云「里黨之法」及租調之制，並未明言此一福利設計，不知此設計曾否
實施，惟於其後卻在若干特定地區，實施這種福利政策：太和十八年，
「詔六鎮及禦夷城人，年八十以上而無子孫兄弟，終身給其廩粟」；廿
一年，「敕司州洛陽之民，年七十已上無子孫，六十以上無朞親，貧不
自存者，給以衣食，及不滿六十而有廢痼之疾，無大功之親，窮困無以
自療者，皆於別坊，遣醫救護，給醫師四人，豫請藥物以療之」——孝

文帝這種免費醫藥措施，實乃上承其父獻文帝政策，獻文帝於皇興四
(470)年下詔曰：「朕思百姓病苦，民多非命，明發不寐，疚心疾首，
是以廣集良醫，遠採名藥，欲以救護兆民，可宣告天下民有病者，所在
官司遣醫就家診視，所須藥物，任醫量給之。」獻文與孝文二帝這種措
施，亦影響到孝文帝子宣武帝，後者於永平三(510)年詔「敕太常於閒敞
之處別立一館，使京畿內外疾病之徒，咸令居處，嚴敕醫署，分師療治，
考其能否而行賞罰，雖齡數有期，脩短分定，然三疾不同，或賴針石，
庶秦扁之言，理驗今日。又經方浩博，流傳處廣，應病投藥，卒難窮究，
更令有司集諸醫工，尋篇推簡，務存精要，取三十餘卷，以班九服，郡
縣講寫，布下鄉邑，使知救患之術耳」（《魏書》本紀）。這祖孫三代均注
意醫學，且似建立公醫制度，宣武則更建立醫院，並整理醫學及推廣之。

第六節　貨幣金融制度

　　在這一分裂時代之初，董卓「壞五銖錢，更鑄為小錢，大五分，……
於是貨輕而物貴，穀一斛至數十萬」（《三國志》本傳）。曹操為相時，復
用五銖錢，但因「是時不鑄錢既久，貨本不多，又更無增益，故穀賤無
已」，所以曹丕於黃初二(221)年罷之(惟據《三國志》本紀，該年三月，「初
復五銖錢」)，使百姓以穀帛為通貨。惟民間逐漸作偽，競以濕穀、薄絹
為交易中介，雖處以嚴刑而不能禁，以致魏明帝不得不於太和元(227)年
更立五銖錢（《通典》）。劉先主納劉巴議，鑄「直百」錢，重八銖，另有
傳形錢，重四銖，勒字為五銖；孫權於東吳所鑄之錢，面值更大，一當
五百，準古七銖，其後又鑄當千大錢，準古十二銖（《三國會要‧食貨》）。
　　三國之際及漢末，銅材甚為缺乏，所以，董卓鑄小錢時，「意取洛
陽及長安銅人鍾虡飛廉銅馬之屬，以充鑄焉」（《三國志》本傳）；劉先主
則取帳鉤銅以鑄錢（《南史‧崔祖思傳》）；孫權則詔吏民輸銅，計銅畀值，

設盜鑄之科（《三國志》本傳）；曹魏則因銅材受限，以致錢「無增益」。在這種情況下，錢幣雖然未廢，但公私經濟活動多以粟帛爲交易媒介——尤以布帛爲主，一直到此一時期結束，均皆如此（參見上章第二節）。

西晉錢幣主要是使用曹魏的五銖錢，且無鑄錢的記載，元帝渡江後，使用孫吳舊錢，輕重雜行：大者謂之「比輪」；中者謂之「四文」；小者即當時吳興沈充（因響應王敦叛亂被誅）所鑄之小錢，謂「沈郎錢」（《晉書·食貨志》）。其所謂「大者」，可能是孫權所鑄當千大錢；所謂「中者」，也許是孫氏所鑄當五百大錢，其名爲「四文」，或許是指值曹魏五銖錢四文；沈郎錢輕小，銅色發白，重約一兩分[36]，後來，李賀於〈殘絲曲〉中，有「榆莢相催不知數，沈郎青錢夾城路」，足見該錢之輕與薄，難怪名之曰「小」。

東晉時期，盤踞北方的若干獨立政權曾經鑄錢，例如後趙的石勒，曾在晉元帝太興二（319）年鑄「豐貨錢」，重約三公分，但終不行；蜀之李壽，於其漢興年間（338-343）曾鑄「漢興錢」，甚爲薄小，重約一公分，成爲中國最早鑄有年號的錢；苻堅則用秦始皇十二銅人中的兩個（另九個已爲董卓鎔鑄小錢）鑄錢[37]。

在南朝方面，宋文帝於元嘉七（430）年立錢署，鑄四銖錢，廿四年，因物價大漲，乃鑄大錢，以一當兩，但次年即罷，孝武帝孝建元（454）年，更鑄四銖錢；前廢帝永光元（465）年二月鑄二銖錢（八月改元爲景和元年），九月，准許百姓鑄錢（《宋書》本紀），從而，官錢每出，民間即予模效，而大小厚薄皆不及官錢，導致一千文錢的高度不到三寸，當時戲稱「鵝眼錢」，尤劣者稱「綖環錢」，入水不沈，隨手破碎，數十萬

---

36 彭信威，《中國貨幣史》，第三章。
37 彭信威，《中國貨幣史》，第三章。循此，則十二銅人中毀而爲錢者僅十一個，尚有一個人，或如西安一帶傳說，漢初由咸陽移銅人至長安途中，一銅人陷於流沙，尋之不獲，後名該處爲銅人寨。

錢不盈一掬，相較之下，私鑄之錢成爲劣幣，其所用銅有剪鑿官錢而來，以致官錢重量減輕，所以，明帝先是於泰始元年（即景和元年）禁民私錢（《宋書・顏竣傳》），因效用不著，乃於泰始二（466）年，毅然禁斷新錢，專用古錢（《宋書》本紀），以便釜底抽薪。按孝武帝所鑄之錢，一面鑄「孝建」二字，一面爲「四銖」二字，這是中國第一個正統王朝的年號錢，前廢帝所鑄的二銖錢，有「永光」或「景和」二字。劉宋幣制有其特殊意義：一爲兩晉以來，政府首次鑄錢；一爲改慣用的五銖爲四銖或二銖[38]——惜未能持久，使五銖錢復用。南齊則未鑄錢，可能循宋制而專用古錢，由於數量少，市面上普遍缺錢，故武帝於永明四（486）年，納竟陵王子良之議，准戶租中三分之二用帛，三分之一用錢，以爲永制（《南齊書》本紀），這不僅是便民，體諒人民取得錢幣之不易，也且有恤民之意，蓋因當時之錢多被剪鑿，政府收取租稅，則只限於輪廓完整之錢，而這種完整的錢1000文，至少值普通錢1700文，所以，戶租三分之二准以帛折錢，有降低人民負擔的實質好處（《南齊書・武十七王傳》）。

　　蕭梁幣制甚爲混亂，其初，只有京師及三吳、荊、郢、江、湘、梁、益等地用錢，其餘州郡則雜以穀帛交易；交廣之域，全以金銀爲貨幣。所用之錢主要爲武帝所鑄，計有兩種五銖錢，重如其文，一種是肉好周郭；一種則無肉郭，稱爲「女錢」。可是，民間仍雜用各種古錢，雖然屢次下詔禁止，而私用反熾。武帝乃於普通四（523）年，盡罷銅錢，更鑄鐵錢——這是中國最早的鐵錢，其用意也許有二：一則達到禁用古錢之目的；一則可能是銅材供給不足。而鐵錢之使用，卻意外地創造出其後中國錢幣於「文」或「錢」以外的另一單位——「貫」，這是因爲鐵錢易得，使鐵錢普遍私鑄，至大同年間（535-546），鐵錢眾多，物價騰貴，交易者須以車載錢，爲著簡化計數，乃以索穿鐵錢，以一千文爲一單位，

---

38 彭信威，《中國貨幣史》，第三章。

稱之爲「貫」[39]。其中亦可能以百文錢穿在一起，簡稱爲「陌」，而商人奸詐，常以不足數之錢冒充，破嶺以東，以八十錢爲百錢，曰「東錢」；江郢以上，七十爲百，曰「西錢」；京師則以九十爲百，曰「長錢」[40]。中大同元(546)年，武帝下詔，要求通用足陌錢，而人民不從，至末年，遂以三十五爲百(俱見《隋書‧食貨志》)。敬帝不得不向民俗讓步，於太平元(556)年，准許雜用今古錢；次年，鑄四柱錢，一準二十(諒係銅錢，一枚四柱錢值二十鐵錢)，可能由於民間反對，不久改爲一當十錢，並禁用細小之錢(《梁書》本紀)。陳初、承梁喪亂之後，鐵錢不行；梁末又有兩柱錢與鵝眼錢，民間雜用之，其價相同，但兩柱重而鵝眼輕，民間多鎔兩柱錢，並間以錫鐵與粟帛爲通貨，帝爲糾正此一混亂現象，乃於天嘉三(562)年，改鑄五銖錢。其後可能爲籌措軍國費用，導使宣帝於太建十一(579)年，又鑄六銖錢，以一當五銖錢十文，與五銖錢並行，其結果必然是五銖錢被銷鎔，私鑄爲六銖錢，從而導致物價飛騰，所以，不久之後，就將這六銖錢改爲一當五銖錢一文，結果又可能變成民間銷鎔六銖錢以改鑄五銖，以致後來不得不廢六銖，而只行五銖，以迄陳亡；至於嶺南諸州，多以鹽米布交易，俱不用錢(《隋書‧食貨志》)。

北魏經濟發展程度不若南朝，不行錢幣，至孝文帝時始詔天下用錢，太和十九(495)年鑄錢，文曰「太和五銖」，並准許人民鑄錢，但要求銅必精鍊，無所和雜；宣武帝永平三(510)年，又鑄五銖錢；孝明帝熙平元(516)年，太和錢與新鑄五銖並行，盜鑄及不如法者嚴罪之(《魏書‧食貨志》)。但私鑄仍熾，錢幣愈薄愈輕，當時，銅價一斤八十一文，

---

39 《史記‧平準書》云，漢初，「京師之錢累巨萬，貫朽而不可校」，顯示以索穿錢，是一古老習慣，但此處之「貫」，是指穿錢之索，成爲計算錢數之單位。

40 從「長錢」一詞看，其餘不足之錢似應視爲「短錢」，而劉宋宗室晉平王休佑在荊州刺史任內放高利貸，「以短錢一百賦民，田登，就求白米一斛」(《宋書》本傳)，可見「短錢」已見於劉宋，但此時不足數之錢是指銅錢，並非鐵錢。

造薄錢，則斤餘值二百文，由於利潤誘人，所以盜鑄者眾，高恭之乃建議「改鑄大錢，文載年號，以記其始，則一斤所成(之錢)止(值)七十文」，其所謂「大錢」，可能仍係五銖，故孝莊帝於永安二(529)年，更鑄永安五銖錢(《魏書‧高崇傳》)。孝靜帝則於武定六(548)年放鬆禁止私鑄之令，規定凡錢重五銖者均可作為通貨，不論官鑄抑私鑄，並於京邑二市，天下州鎮郡縣之市，各置二秤懸於市門，凡十足之五銖錢百文，重一斤四兩二十銖，達此標準之錢均准入市聽用；若入市之錢重量不及五銖，或重五銖而多有雜質，並不聽用；若有以小薄雜錢潛行入市，得人檢舉，則其錢將賞予檢舉人。其所以如此放寬，是因「小薄之錢若即禁斷，恐人交乏絕」，亦即怕禁絕私錢，將會妨礙交易之進行(《魏書‧食貨志》)。

按孝靜帝是屬於東魏，而其首都由洛陽遷都鄴後，私鑄之風較北魏益熾，且各有名稱：雍州有「青錢」；梁州尤其混雜，有「生厚、緊錢、吉錢、阿湯、生澀、天柱、赤牽」之稱；冀州以北，錢皆不行，交易者以絹布為通貨。亦就是這種混亂情況，迫使政府讓步，故有武定六年之規定。北齊文宣帝篡位後，於天保四(553)年，除永安之錢，改鑄常平五銖，重如其文，其錢甚貴，製造甚精。但於(廢帝)乾明、(孝昭帝)皇建間(560-561)，私鑄又起，鄴中用錢有赤熟、青熟、細眉、赤生之異，河南所用有青薄鉛錫之別，青、齊、徐、兗、梁、豫州亦各有其錢，(溫公)武平年間(570-576)，私鑄益甚，或以生鐵和銅，一直到北齊滅亡，卒不能禁(《隋書‧食貨志》)。西魏之初，沿用北魏永安五銖錢，但於文帝大統六年(540年)與十二年更鑄，均為五銖，但十二年所鑄，重量減輕[41]。北周之初仍用西魏之錢，周武帝於保定元年(561年)更鑄錢，文

41　彭信威，《中國貨幣史》，第三章。

曰「布泉」。以一當五，與五銖錢並行[42]——此所謂「以一當五」，是
指一布泉當五文大統十二年五銖錢，而「並行」之五銖錢亦應指大統十
二年所鑄。武帝鑄「布泉」，顯然是受王莽鑄「布貨」之影響（因西魏、
北周俱遵《周禮》立制，而王莽亦如此），所以，一不做二不休，又於其建
德三（574）年，更鑄五行大布錢以一當十（布泉錢），與布泉錢並行；建德
四年，禁五行大布錢出入關，布泉錢聽入而不聽出；建德五年，廢布泉
錢，初禁私鑄，鑄錢者絞，其從者遠配為民。宣帝大象元年，鑄永通萬
國錢，以一當十，與五行大布並行（《周書》本紀）。

　　史料雖未明言，但卻看出，北周為幣制紊亂而手忙腳亂，其所以如
此，乃是近代貨幣學中「葛來歆定律」（Gresham's Law）在發生作用，其現
象即是「劣幣驅除良幣」。西魏大統十二年所鑄五銖錢，若其重量低於
其面值，則重量等於其面值（或重量高於十二年所鑄）之大統六年的五銖
錢，將在市中絕跡，而將被銷鎔，作為私鑄的材料。北周武帝也許未能
悟出葛萊歆定律之效果，亦或者為軍國用途，更鑄另一種劣幣——布泉，
布泉一枚之重量，諒係遠低於五枚大統十二年五銖錢重量之和，所以雖
云，布泉「與五銖錢並行」，但因此時的大統十二年五銖錢卻相對地成
為良幣，致為劣幣的布泉所驅除，武帝仍執迷不悟，一味地提高錢幣的
名目價值，而鑄五行大布錢，又因該錢之重量遠低於十枚布泉錢重量之
和，而成為劣幣，使布泉錢在交易中大為減少，所以於次年，規定「布
泉錢聽入而不聽出」——其「禁五行大布錢不得出入關」之令，「不得
出」關只是幌子，不得「入關」才是其真正意圖，以免外界以劣幣換取
其實物或良幣。在劣幣驅除良幣趨勢下，此一禁令當然無法達成目的，
所以在建德五年採取兩個措施：一為廢布泉錢；一為嚴禁私鑄。可是，

42　惟據《隋書·食貨志》，北周武帝更鑄布泉之時，「梁、益之境又雜用古錢交
　　易，河西諸郡，或用西域金銀之錢，而官不能禁」。

此二措施均如具文，因就前者言，當時作爲良幣的布泉錢也許被驅除殆盡，以致廢不廢止，均無關緊要；就後者言，若五行大布錢面值遠超過其本身銅價，則在大利所趨之下，私鑄定難禁絕，所以，三年後，宣帝被迫更鑄永通萬國錢，但仍蹈覆轍，以此錢當十枚五行大布錢，其結果亦必然是五行大布錢被驅除，以致再兩年後隋文帝禪代時，不得不更鑄新錢。

　　歸納而言，在這一期間，錢幣雖然不絕如縷，但布帛亦被用爲交易媒介，以致在基本上是複本位制，即錢幣與布帛並行——嚴格說來，是錢幣與布絹並行，蓋「絹」爲絲織之總稱。就複本位言，須觀察這兩個本位之間的關係，亦就是要知道以錢幣表達的布絹價值，但在知道其價值以前，必須明瞭其單位，《漢書・食貨志》云，「布帛廣二尺二寸爲幅，長四丈爲匹」，而《宋書・律志序》所云，「幅廣二尺七寸，古之制也，……四十尺爲匹」，也許係指布帛，但未明言，以致魏晉南北朝很可能仍然沿用漢制，因據《魏書・食貨志》，「舊制，民間所織絹布，皆幅廣二尺二寸，長四十尺爲一匹，六十尺爲一端，令任服用。後乃漸至濫惡，不依尺度。高祖延興三年秋七月，更令嚴制，令一準前式，違者，罪各有差，有司不檢察與同罪。」——此「舊制」，顯然是指漢制與魏晉之制，且又知「六十尺爲一端」，以補《漢書・食貨志》之不足。東晉時，亦以「端」爲布絹單位（《晉書・王導傳》）。六十尺布賣到一斤黃金，值錢萬文，這是故意哄抬的結果，當然不是其正常價值。而且當時在北方，絹價亦遠低於此數，譬如石勒「令公私行錢，而人情不樂，乃出公絹市錢，限中絹匹一千二百，下絹八百，然而百姓私買，中絹四千，下絹二千」（《晉書》載記）。石勒之時，由於戰亂頻繁，人口大減，織絹者少，故絹價偏高，至北魏宣武帝時，鑄永安五銖錢，「欲貴錢，乃出藏絹，分遣使人於二市賣之，絹匹止錢二百，而私市者猶三百」（《魏書・食貨志》）。是以，按「私市」之價計算，北魏宣武帝時絹價僅爲石勒時代十三分之一（假定北魏之絹爲中絹）。同樣地，南方之布價亦自東

晉之初的高峰而大降，這可見於齊武帝永明四（486）年之詔：「揚、南
徐二州，今年戶租三分二取見布，一分取錢；來歲以後，遠近諸州輸錢
處，並減布值，匹準四百，依舊折半，以爲永制」（《南齊書》本紀），
四百錢之減半，當爲二百錢，以此與二十餘年後，北魏之絹價（一匹三
百）相較，並不見得便宜[43]，但與東晉初年比較，則相隔霄壤，據《南
齊書·王敬則傳》，「晉氏初遷，江左草創，絹布所直，十倍於今，賦
調多少，因時增減。（宋武帝）永初（420-422）中，官布一匹直錢一千，而
民間所輸，聽爲九百。漸及（宋文帝）元嘉（424-453），物價轉賤，……官
受則匹准五百……今（永明二年）入官好布，匹堪百餘」——由此足見，
永平四年，南齊政府要求人民所納之布，以二百錢折布一匹繳納，是將
布價高估。

此一期間的信用，仍以民間借貸爲主，例如西晉時，「王戎女適裴
頠，貸錢數萬」（《世說新語·儉嗇》）；宋武帝微時，「嘗負刁逵社錢
三萬」（《南史》本紀）。但北朝一度禁止民間借貸，文成帝於和平二（461）
年詔曰，「刺史牧民，爲萬里之表，自頃每因發調，逼民假貸，大商富
賈要射時利，旬日之間，增贏十倍，十下通同，分以潤屋，故編戶之家
困於凍餒，豪富之門已有兼積，爲政之弊莫過於此，其一切禁絕，犯者
十疋以上皆死」（《魏書》本紀）。這是文成帝不懂得信用市場的供需[44]，
而東晉之初，涼州境內大饑，市長譚祥請出倉穀與百姓，秋收三倍徵之

---

43 據王國維《釋幣》下，〈歷代布帛修廣價值考〉，南北朝是以三匹布抵兩匹絹，
即一匹布的價格等於三分之二匹的絹價，若北魏絹價一匹三百，則一匹布之價
格剛好爲二百錢。

44 後來於西魏之初，蘇綽奏陳六事，爲宇文泰接受，而「爲六條詔書」，其六曰
均賦役，談到賦役「臨時迫切，復恐稽緩，以爲已過。棰朴交至，取辦目前，
富商大賈緣茲射利，有者從之貴買，無者與之舉息，輸稅之民，於是弊矣」（《周
書》本傳），顯然是上承和平二年文成帝之詔的意旨，但其所要求的，並非禁
止借貸，而是改革賦役制度。

（《晉書‧張軌附駿傳》），表示政府兼營信用機關，這一情形可能一直延
續到南朝，譬如宋武帝、文帝、武陵王、明帝即位時，均「詔逋租宿債
勿復收」（《宋書》本紀），其中「宿債」諒係人民所欠公營信用機關的
貸款，而且在順帝昇明三(479)年，「太傅蕭道成表諸負官物質役者，
悉原除」（《宋書》本紀），則是說得更清楚。其後，齊、梁、陳三朝，
均常有「宿債勿復收」之詔（見各朝《會要》「復除」條），足見政府兼營
貸款業務。

　　北魏、東西魏及北齊北周諸帝〈本紀〉中，似未發現「宿債勿復收」
之詔，可能表示北朝無公營信用機關，但民間借貸則甚盛行，例如《魏
書‧崔亮附光韶傳》，言「其家資產皆光伯所營，光伯亡，悉焚其契，
河間邢子才曾貸錢數萬，後送還之。光韶曰，此亡弟相貸，僕不知也，
竟不納」；北齊後主特愛非時之物，取求火急，皆須朝徵夕辦，「當勢
者因之，貸一而責十」（《北齊書》本紀）。北齊雖無公營信用機關，但
其高級官員諸如咸陽王坦、孫騰、高隆之、侯景、元弼與司馬子如，均
借官之名以放貸（《北齊書‧宋遊道傳》）；尤有進者，還有商人代官強迫
對富民放債，地方政府還代為催索，據《北齊書‧盧潛傳》云，「高元
海執政，斷漁獵，人家無以自資，諸商胡負官責息者，宦者陳德信縱其
妄注淮南富家，令州縣徵責」；甚至於和尚放債，亦須州縣代為討索，
例如「道研為濟州沙門統，資產巨富，在縣多有出息，常得郡縣為徵」
（《北齊書‧蘇瓊傳》）。這些例證亦可能說明，政府也許有保護債權之
法令，當然，更可能的，乃是官商勾結而使放債者成為特權階級。關於
官員仗勢放貸，南朝亦有之，譬如梁武帝之弟蕭宏，在「都下有數十邸，
出懸錢（即貸款，「懸」有預約之意，約期歸還），立券，每以田宅邸店懸
上文券，期訖，便驅券主，奪其宅。都下東土百姓失業非一。帝後知，
制懸錢不得復驅奪，自此後，貧庶不復失居業」（《南史‧臨川靜惠王宏
傳》）──從此事看，這種「懸錢」顯然是抵押貸款，即以住宅為抵押

品，且因「邸」爲屯積貨物的場所，以致貸款中亦可能有動產(貨物)抵押，或者是以實物貸出。

　　這種實物貸款，南北均有，譬如梁武帝任荊州諮議時，劉之遴父虬隱百花洲，早相知聞，「帝偶匱乏，遣就虬『換穀』(即借穀)百斛，之遴時在父側曰，『蕭諮議躓士，云何能得春？願與其米』，虬從之，及帝即位，常懷之(《南史・劉虬附子之遴傳》)；盧義僖有穀數萬石貸民，以年穀不熟而燔其契(《魏書》本傳)。

　　第二節中，曾經說到南朝佛寺是典當業創始者，北朝佛寺始創保管業務，足見這一期間的寺院，在當時扮演重要的信用機關。因爲典當活動的本身實爲抵押貸款，而北方寺院除代人保管財物外，亦經營貸款，前述道研的行爲即爲一例，且據《魏書・釋老志》，永平二(509)年，沙門統惠深上言，「比來僧尼，或因三寶出貸私財」；所以宣武帝於永平四年下詔，責備若干寺院將原作濟施的僧祇粟變成高利貸，使債務人償利還本，甚或翻改劵契。寺院之所以能經營放款，一方面是因爲當時佛教受到政府的優容，接受各方佈施，以致寺院資金雄厚；另一方面是社會大眾將寺院看作神聖地方，致使借者不敢賴債，而更可保障債權。關於後者，褚稼軒於《堅瓠續集・盜常住錢》中寫道：「莊椿云，盜常住一文錢，一日一夜長三分七釐利，第二日夜利上又長利，來世作馬牛償之」，這一意念，導使社會大眾既不敢盜竊寺院錢財，亦不敢賴寺院之債。

　　從以上各借貸之例，可以看出借款者均出具借據給債權人，稱之爲「契」或「劵」。至於典當，則是債權人給債務人以字據，以便日後債務人憑據贖回典當之物，據《南齊書・蕭坦之傳》，坦之死，其家赤貧，「惟有質錢帖子數百」——《資治通鑑》齊東昏侯永元元年，胡三省注曰：「質錢帖者，以物質錢，錢主給帖與之，以爲照驗，他日出子本錢收贖」。足見「質錢帖」即日後之當票，惟後代典當業則將「子錢」(即利息)先扣。

第十二章
多元體制下的經濟暨產業發展

　　這一期間，由於人口大為減少，田地普遍荒廢，所以在一個以農業為主體的社會裡，總體經濟於泰半時間是呈現衰退現象，但從個別產業看，有些產業卻有發展的跡象，這是基於當時環境的需要，導致各別政權下朝野共同努力以求生存。是以，這一時期中，經濟衰退，是迫於客觀的大環境；而個別產業的發展，則是來自主觀的奮鬥，求變以圖存。

　　就在這些主客觀條件下，人與地的關係有新的整合，且有新技術的創造；從而為因應這種新整合，借助若干新技術與舊理念，推行有關的公共建設，這些將分述於第一與第二兩節。

　　生產性的產業，實以農業與工業為主，而當時的公營事業亦多在此二部門，第三節將述農工業中公私營事業之發展。至於商業發展則述於第四節，而且在該節中還將分析經濟中心的分佈；至於對外貿易的拓展，將述於第五節。

　　第十章第五、六兩節，雖已觸及此一期間財經得失，但為完整計，仍然於第六節中概述，其中亦有若干論點為該兩節未曾言及的。

　　在前兩章以及本章前四節，都偶然提及導致統一的若干力量與趨勢，但本章第七節將綜合論述邁向統一之路，以探究導致「分久必合」之主因。

第一節　人地關係的新整合

　　天下大亂的結果，是人口減少與田地荒蕪，所以，這一期間各別割據政權均致力於增加戶口與復墾田地，從而形成因應當時情勢的人口政策與土地政策，此二者的結合，成為人地關係的新整合。

　　這一期間的人口政策，是希望所能控制的戶口絕對增加，而不論其是否為隱戶，故其主要重點有三：一為強迫遷徙，一為激誘來歸，一為獎勵生育，其所獲之人口，既可擴張武力，又可增加生產。

　　在迫遷方面，曹操可稱是始作俑者，他在漢獻帝初平三(92)年破黃巾，「受降卒三十餘萬，男女百餘萬口，收其精銳者，號為青州兵」(《三國志》本紀)；其從弟曹仁，從征張繡時，「別徇旁縣，虜其男女三千餘人」，後於文帝時與孫吳作戰，「徙漢南附化民於漢北」；張既於張魯投降時，說服曹操，「拔漢中數萬戶，以實長安」，王基擊吳，「納降數千口」，置夷陵縣。這種情況，連諸葛亮亦不免俗，而於失街亭後，「拔西縣千餘家，還於漢中」，其後，姜維斬魏將徐質，「拔河間狄道臨洮三縣民還」；孫吳亦是如此，孫權西征黃祖，「虜其人民而還」，復征之，「虜其男女數萬口」，諸葛恪「率眾佃廬江皖口，因輕兵襲舒，掩得其民而還」(俱見《三國志》本傳)。東晉時，桓溫北伐苻健，「而健芟苗清野，軍糧不屬，收三千餘口而還」，伐姚襄，「遷降人三千餘家於江漢之間」；桓沖討苻堅之襄陽，「拔六百餘戶而還」(〈苻堅載記〉)，此役後，「王師……掠二千餘戶而歸」(《晉書》本傳)。南朝中，宋文帝元嘉廿二(445)年，武陵王駿討緣煊蠻，「移一萬四千餘口於京師」(《宋書》本紀)；齊武帝永明十一(493)年詔曰，「近北掠餘口，悉充軍實，……許以自新，可一同放遣，還復民籍」(《南齊書》本紀)，明帝永泰元(498)年，裴叔業攻龍亢戍，再戰，……獲生口三千人」(《南

齊書》本傳）；梁武帝天監六(507)年，曹景宗等破魏師，生擒五萬餘人，
「景宗軍所得生口萬餘人」，四年，韋叡進討合肥，「俘獲萬餘」，普
通七(526)年夏侯亶伐魏，「凡獲男女口七萬五千人」，大通元(527)年，
夏侯夔進軍三關，所至皆克，「凡降男女四萬餘人」（《梁書》本傳）。

　　上述強迫遷徙之中，有很大部分是俘掠，這種情況，在五胡十六國
尤為常見。譬如劉曜討楊韜，「遷韜等及隴右萬餘戶於長安」；石勒破
東燕酸棗，「徙降人二萬餘戶于襄國」，擊破甯黑，「徙其眾萬餘於襄
國」；石季龍遣夔安侵晉，「掠七萬戶而還」（《成帝紀》作「七千戶」），
執張重華護軍，「徙七千餘戶於雍州」；慕容廆東伐扶餘，「驅萬餘人
而歸」，攻乞得龜，克之，「徙其人數萬戶以歸」；慕容皝征遼東，「分
徙遼東大姓於棘城，置和陽、武次、西樂三縣而還」，伐高句麗，「掠
男女五萬餘口」，伐宇文歸，「徙其部人五萬餘落於昌黎」，討石季龍，
「掠徙幽冀三萬餘戶」，襲扶餘，「虜其及部眾五萬餘口以還」；慕容
儁遣將克廣固，「徙鮮卑胡羯三千餘戶於薊」；慕容暐遣將寇許昌，「徙
萬餘戶於幽冀」；符堅破匈奴，「徙其酋豪六千餘戶於長安」；姚襄南
攻陽平等地，「殺掠三千餘家」，後與殷浩對峙，「屯於盱眙，招掠流
人」；姚興遣將寇洛陽，「不克，乃陷柏谷，徙流人……二萬餘戶而還」，
遣將破匈奴曹弘，「執弘送於長安，徙其豪右萬五千落於雍州」；李雄
遣將寇漢中，陷之，「盡徙漢中人於蜀」；慕容盛伐高句麗，「徙其五
千餘戶於遼西」；乞伏國仁討鮮卑，獲其「部落五千餘人而還」；乞伏
乾歸攻剋姚興別將姚龍，「徙四千餘戶於菀川，三千餘戶於譚郊」，並
伐西羌於抱罕，「收羌戶一萬三千」；禿髮利鹿孤遣弟傉檀伐呂纂，「虜
八千餘戶而歸」；禿髮「傉檀偽游澆河，襲徙西平湟河諸羌三萬餘戶於
武興、番禾、武威、昌松四郡」，遣將伐沮渠蒙遜，「掠臨松人千餘戶
而還」；沮渠「蒙遜襲狄洛磐於番永，不克，遷其五百餘戶而還」，伐
禿髮傉檀，「徙數千戶而還。……乘勝至於姑臧，夷夏降者萬數千戶」

（〈禿髮傉檀載記〉作「徙五千餘戶於姑臧」），遣將「襲卑和、烏啼二虜，大破之，俘五千餘落而還」；赫連勃勃對鮮卑，「降眾萬數千」，伐禿髮傉檀，「驅掠二萬七千戶」，迎戰姚興部將，「俘獲七千餘人」，追遣擊之，「俘其將士萬有三千，戎馬萬匹，嶺北夷夏降者數萬計」，又「掠平涼雜胡七千餘戶以配後軍」，再攻姚興將金洛生，「徙七千餘家於大城」，又攻興將姚壽都，「徙其人萬六千家於大城」，擊敗興將楊佛嵩，「降其眾三萬五千」，攻興將党智隆，「徙其三千餘戶於貳城」（俱見《晉書》載記）。

這一期間，五胡相互攻伐主要目的之一，即為掠劫人口，以擴大勢力，史屬於觀察之餘，沉痛言之於禿髮利鹿孤：「古之王者行師，以全軍為上，破國次之，拯溺救焚，東征西怨。今不以綏寧為先，惟以徙戶為務，安土重遷，故有離叛，所以斬將克城，土不加廣」（《晉書·禿髮利鹿孤載記》）。利鹿孤雖「善之」，但其弟傉檀嗣位，仍「以徙戶為務」。繼起之北魏，亦仍有此習，道武帝在位的廿五年中，幾乎每年均有「悉收其眾」或「虜獲生口」等事，其中較著之迫遷，乃是天興元(398)年，「徙山東六州民吏及徙何高麗新夷三十六萬，百工伎巧十萬餘口，以充京師」，次年，「破高車雜種三十餘部，獲七萬餘口」，追擊之，又「獲二萬餘口」；明元帝永興三(411)年，破越勤倍泥部落，「徙二萬餘家於大甯，計口受田」；太武帝於始光三(426)年襲赫連昌，「徙萬餘家而還」，太平真君七(446)年破宋軍，先後「遷其民」一萬一千餘家「於河北」，正平元(451)年，「以降民五萬餘家分置近畿」；孝文帝太和五(481)年，假梁郡王大破南齊之軍，「俘獲三萬餘口送京師」；宣武帝正始三(506)年，楊大眼迎戰梁軍，「虜二千餘」，追擊之，「俘獲千餘口」，中山王英破梁軍於陰陵，「虜五千有餘」，永平元(508)年，「俘蕭衍卒三千餘人，分賜王公已下」；東魏孝靜帝武定二(544)年，高歡討山胡，「俘獲一萬餘口，分配諸州」（《魏書》本紀）。

　　北齊文宣帝於天保三(552)年，親討庫莫奚，破之，「以奚口付山東爲民」，四年，親襲契丹，「虜獲十萬餘口」，又大破契丹別部，「所虜生口，皆分置諸州」，五年，討茹茹，獲「生口三萬餘人」，六年，再破茹茹，獲「口二萬餘」(《北齊書》本紀)。西魏文帝大統三(557)年，宇文泰大破高歡之軍，「前後俘其卒七萬，留其甲士二萬餘，餘悉縱歸」，四年，破東魏軍，「虜其甲士一萬五千」，十二年，獨孤信平涼州，「遷其民七千餘家於長安」，恭帝元(554)年攻破江陵，俘殺梁元帝，「並虜其百官及士民以歸，沒爲奴婢者十餘萬，其免者二百餘家」(《周書‧文帝紀》)。

　　迫遷與俘掠，均是採取高壓或武力手段以增加人口，但在另一方面，亦常採取懷柔方式，以招徠人民。這種招徠主要是激誘人民的向心力，在根本上，是要統治者具有仁義風格，進而吸引人民來歸，即所謂「有德此有人」(《大學》)，譬如劉先主「屯新野，荆州豪傑歸先主者日益多」，後來曹操襲荆州，劉「琮左右及荆州人多歸先主，比到當陽，眾十餘萬，輜重數千兩，日行十餘里。……或謂先主曰，宜速行、保江陵，……先主曰，夫濟大事，必以人爲本，今人歸吾，吾何忍棄之」(《三國志》本傳)。劉先主這番話，雖然充滿政治性，但卻有其經濟本質，蓋因當時人口少，得民者可以生產，可以作戰，所以，「濟大事，必以人爲本」。這種效果，亦可以反映在地方長官的風格上，譬如，宋文帝元嘉三(426)年，劉道產爲梁、南梁二州刺史，「在州有惠化，關中流民前後出漢川歸之者甚多」(《宋書》本傳)。其次，是本土復趨安寧，採取優惠措施，以吸引流民還歸原籍，譬如曹操執政時，關中復趨安寧，流民還鄉，「關中諸將多引爲部曲」，衛覬主張禁止，並建議重立鹽官，以賣鹽之收益「市犂牛，若有歸民，以供給之」，曹操從之(《三國志》本傳)；宋明帝泰始二(466)年，「制使東土經荒流散，並各還本，蠲眾調二年」(《宋書》本紀)；梁武帝於天監十七(518)年下詔曰，「凡天下

之民，有流移他境，在天監十七年正月一日以前，可開恩半歲，悉聽還本，蠲課三年。……若流移之後，本鄉無復居宅者，村司三老及餘親屬，即為詣縣，占請村內官地官宅，令相容受，使戀本者還有所託」（《梁書》本紀）。

　　另一個方式，是由原來被動的接受流民，演變為以優惠方法吸引對方人民來奔。漢末之際，流民均自然來歸，有關郡縣則是被動接納，並無特別的優惠措施，且或收編為兵[1]，但東晉「元帝寓江左，百姓自拔南奔者，並謂之僑人，皆取舊壤之名，僑置郡縣，往往散居，無有土著」（《隋書·食貨志》），亦就沒有賦役負擔──這種優惠，可從以後的「土斷」用意得到旁證，譬如范甯上疏曰，「今宜正其封疆，以土斷人戶，明考課之科，修閭伍之法」（《晉書》本傳）；劉裕上表曰，「庚戌土斷，以一其業，於時財阜國豐，實由於此」（《宋書》本紀）；土斷後，寄居之僑人（流民），才在「考課之科」「閭伍之法」下負擔賦役，所以，才會「財阜國豐」，由此推論，土斷前之流民，並無賦役負擔。東晉與劉宋使用這種優惠措施，亦著實吸引大批流民南下，據估計，自晉懷帝永嘉年間（307-313）至劉宋之季（479年），南渡人口約90萬，約占當時政府編戶齊民540萬的六分之一[2]。而這種激誘對方人民來歸的辦法，還曾引起對方的抗議，譬如宋文帝元嘉廿七（450）年，北魏太武帝致書曰，「以貨賄引誘我邊民，募往者，復除七年，是賞奸人也」；後又致書曰，「彼此和好，居民連接，為日已久，而彼無厭，誘我邊民，其有往者，復之七年」（《宋書·索虜傳》）。

　　可是，直至陳代，這種激誘來歸的策略，南朝一直仍在使用，譬如齊武帝永明七（489）年，對於淮、青、冀新附僑人，復除已訖，更申五

1　漢末，南陽三輔民數萬戶流入益州，益州牧劉焉「悉收為眾，名曰東州兵」（《後漢書》本傳）。

2　譚其驤，〈晉永嘉喪亂後之民族遷徙〉，《燕京學報》15期。

年(《南史》本紀)；梁武帝普通六(525)年，賜新附人長復除(《南史》本紀)；陳宣帝於太建二(570)年詔曰，「頃年江介繦負相隨，崎嶇歸化，亭候不絕，宜加呴養，答其誠心，維是荒境自拔，有在都邑及諸州鎮，不問遠近，並蠲課役」，十一年，「詔淮北義人率戶口歸國者，建其本屬舊名，置立郡縣，即隸近州，賦給田宅，喚訂一無所預」(《陳書》本紀)。其實，北朝亦是如此，北魏孝文帝於太和十九(495)年下詔，南齊之「民降者，給復十五年」，廿二年，詔以穰民首歸大順，始終如一者，給復三十年，標其所居曰歸義鄉，次降者給復十五年，又詔荊州諸郡之民，初降次附，復同穰縣(《魏書》本紀)。亦就是這種激勵徠歸的動機與措施，使當時的政客與軍閥裏聚人口以作為其政治資本，例如那些塢主與行主之投靠大集團(如第十章所述)，漸漸形成三國與五胡十六國，而且在對峙集團中，地方將吏，亦常「率眾歸附」對方(各朝本紀常載此事)。北周大將賀拔勝與獨孤信均曾降梁，但因其有群眾基礎，宇文泰均熱烈歡迎其歸來，且予重用(《周書》本傳)。

　　就長期言，增加人口的最佳政策，乃是獎勵人民生育，而獎勵生育的前提，乃是減少曠男怨女，使男性易於得婦，譬如曹魏曾強迫寡婦、軍戶之女、罪犯妻女，甚至一般婦女，匹配現役軍人[3]，這雖然是為激勵士氣，但亦為著增加軍戶人口以致整個人口；北魏明元帝永興三(411)年，出宮人以配鰥夫，孝文帝於太和二(478)年、三年，分別以宮人賜貧民無妻者，十三年，出宮人以賜北鎮人貧鰥無妻者；東魏孝靜帝武定三(545)年，高歡請釋邙山之俘桎梏，並配以民間寡婦(《魏書》本紀)。北齊文宣帝天保七(556)年，發山東寡婦二千六百人，以配軍士(《北齊書》本紀)。在獎勵生育方面，石勒與苻堅首開風氣，黎陽人陳武妻，一產三男一女，石勒賜其乳婢一口，穀一百石，雜綵四十四，堂陽人陳

3　參見拙作〈魏晉南北朝軍戶考〉，《漢學研究》8卷2期。

豬妻，一產三男，勒亦賜其衣帛稟食，乳婢一口，復三歲復事；苻堅在長安，「賜爲父後者爵一級」（《晉書》載記）。南朝各代多有「賜爲父後者爵一級（或二級）之舉（參見各朝本紀或有關《會要》中「賜民爵」條；齊武帝永明七（489）年，「申明不舉子之科，若有產子者、復其父」（《南史》本紀），齊明帝建武四（497）年，且下詔曰，「民產子者、蠲其父母調役一年，又賜米十斛，新婚者蠲夫役一年」（《南齊書》本紀）。宋孝武帝於大明七（463）年上朝詔，行幸所經地區，賜「女子百戶牛酒」，十二月幸歷陽，亦賜該郡「女子百戶牛酒」（《宋書》本紀），梁武帝大同七（541）年「詔停在所役使女丁」（《梁書》本紀），這些舉動雖對女性示惠，但亦未嘗不是從獎勵人口著眼，而要獎掖及保護母性。

人口政策不僅增加人口數量，亦在於使人口變爲勞動力，而當時宗教力量龐大，出家人眾，上章第二節曾經言及其削弱勞力之情況，此一期間既然重視人口，而佛教「三武」之難，竟有「二武」出現於此一時代，似不能以「巧合視之」──這「二武」，是指北魏太武帝於太平真君五（444）年禁沙門，北周武帝於建德三（574）年廢佛道教。

從上述人口政策，已知這一期間的各統治者，多能體會「有人此有土」意旨。是以，一方面要增加人口，另一方面則須增墾土地，然後才可達成「有土此有財」之目的，從而形成當時的土地政策。土地政策可以大致區分爲利用與分配兩種，此處先述前者，而且只限於狹義之土地利用，即復耕與墾荒兩項。至於廣義的土地利用，必然涉及水利與力田等措施，這些將分述於以下第二節與第三節。在復耕方面，晉東渡後，後軍將軍應詹上表曰，「江西良田，廢來已久，火耕水耨，爲功差易，宜簡流人，興復農官，功勞報賞，皆如魏氏故事，一年中與百姓，二年分稅，三年計賦稅，以使之公私兼濟，則倉盈庾億，可計日而待也」（《晉書·食貨志》）。這是說，對於復耕者給予減免稅之優遇，即第一年全免，第二年半免，第三年才真正課稅，至於這一建議，曾否採納，該志未曾

明言。後來，桓溫建議，「自永嘉之亂播流江表者，請一切北徙，以實河南，資其舊業，反其土宇，勤農桑之務」（《晉書》本傳），因河南之地旋得旋失，當然難以實現。惟自南朝起，對於復耕工作頗為積極，例如，宋文帝元嘉廿二（446）年，「起湖熟廢田千頃」（《宋書》本紀）；劉懷慰為齊郡太守，「墾廢田二百頃」（《南齊書》本傳）。陳後主即位時，詔曰，「私業久廢，咸許占作，公田荒縱，亦隨肆勤」（《陳書》本紀）。

在墾荒方面，南朝亦積極推行，雍州刺史張劭至襄陽，開田數千頃（《宋書》本傳），孔靈符為丹陽尹，徙無貲之民於餘姚、鄞、鄮三縣界，墾起湖田（《宋書·孔季恭傳》）；陳慶之為南北司二州刺史，開田六千頃（《梁書》本傳）。很可能到南朝之末，更是地曠人稀[4]，所以，要採取一連串獎勵措施，以擴大墾荒；陳宣帝太建二（570）年，詔有能墾起荒田，不問頃數多少，依舊蠲稅；四年，詔曰，「萊荒墾闢，亦停租稅」；十四年正月，後主即位，三月詔曰，「其有新闢腔畎，進墾蒿萊，廣袤勿得度量，征租悉皆停免」（《陳書》本紀）。

以上是分述人口與土地二政策，二者結合在一起，就是人地關係的整合。在此一期間，這種整合的目的，主要是在於提高勞力與土地的利用效率，其中縱然涉及土地分配，但其隱藏目的，仍然在於促進土地利用。

第一個新整合，乃是曹魏的屯田，曹操於建安元（196）年，「用棗祗、韓浩等議，始興屯田」（《三國志》本紀），其注引《魏略》，「是歲乃募民屯田許下，得穀百萬斛，於是州郡列置田官，所在積穀，征伐四方，無運糧之勞」。顯然可見，此乃民屯，惟夏侯惇領陳留濟陰太守時，「斷太壽水作陂，身自負土，率將士勸種稻，民賴其利」，似乎

4　據《通典》，宋孝武帝大明八（464）年，戶九十萬六千八百七十，口四百六十八萬五千五百一；陳後主滅亡之際（589年），戶五十萬，口二百萬。陳之疆土雖較劉宋狹小，但不至於小二分之一。

當時亦有軍屯，但據「民賴其利」之意觀察，可能是夏侯惇在使用兵工，
以助民作陂，並勸種水稻。真正的軍屯，很可能開始於曹丕即位以後，
「車駕徙許昌，大興屯田，欲舉軍東征」，王朗則諫伐吳，建議「宜勅
別征諸將，各明奉禁令以慎守外部，外曜烈威，內廣耕稼」（俱見《三
國志》本傳）。按曹丕是於黃初三（222）年攻吳，以致曹魏軍屯可能始於
該年。次年，置司農度支校尉，掌諸軍屯田[5]。至於掌管民屯的官員，
最高為典農中郎將，其次是典農（屯田）校尉及都尉。一般說來，曹魏的
屯田，在坐落上可以分為兩個類型：一是邊疆屯田；一是內地屯田。
前者是軍事要地或進兵必經路線；後者則擇水利較佳之沃土或交通線
附近[6]。

關於軍屯內容，曾任曹魏弘農太守領典農校尉的傅玄，於晉武帝泰
始四（268）年曰，「舊（制）、兵持官牛者，官得六分，士得四分，自持
私牛者與官中分，施行來久，眾心安之。今一朝減持官牛者，官得八分，
士得二分，持私牛及無牛者，官得七分，士得三分，人失其所，必不懽
樂，臣意以為宜佃兵持官牛者與四分，持私牛者與官中分，則天下兵作
懽然」（《晉書》本傳）。至於民屯收穫之分配，似亦與軍屯同，因為封
裕曰，「魏晉雖道消之世，猶削百姓不至於七八，持官牛田者，官得六
分，百姓得四分，私牛而官田者與官中分，百姓安之」（《晉書·慕容皝
載記》）。但揆其實際，可能並非如此，因據《三國志·任峻傳》載曹
操對棗祗的襃揚令曰：

　　……及破黃巾定許，得賊資業，當興立屯田，時議者皆言當計
　　牛輸穀，佃科以定。施行後，（棗）祗曰以為儻牛輸穀，大收不

5　《太平御覽》卷242引《魏略》，「司農度支校尉，黃初四年置，比二千石，
　　掌諸軍屯田」。
6　鞠清遠，〈曹魏的屯田〉，《食貨半月刊》3卷3期。

增穀，有水旱災除，大不便。反覆來說，孤以為當如故，大收
不可復改易。祗猶執之，孤不知所從，使與荀令君議之。時故
軍祭酒侯聲之科取官牛，為官田計，如祗議，於官便，於客不
便。（侯）聲懷此云云，以疑令君。祗猶自信，據計畫選白執分
田之術[7]。孤乃然之，使為屯田都尉，施設田業。其時，歲則
大收，後遂因此大田，豐足軍用，摧滅群逆……。

　　足見棗祗是反對「儁（計）牛輸穀」（類似傅玄所云的「舊制」）辦法。
從此令得知，其初的辦法，是計牛繳納定額穀租，豐收時，租額亦不增
加，且於水旱災時免租。棗祗反對這一辦法，認為「大不便」，其主張
雖未明確見於此令，但可推論之，即反對定額租，所以「大收」時，穀
租亦增，而且不主張因災免租，所以，侯聲認為此法不利於屯田「客」。
當時，棗祗所提的計畫，也許有若干種，其中之一，或許就是封裕所說
的辦法，但他所「選」的措施，卻是「白執分田之術」。所謂「白執」，
似指「白」得田地，而有授田之意，但因「分田」，則似意謂，屯田民
眾只能取得其所耕之田地中的一部分為私田，其餘則為官田。其分配方
式，很可能是私田收入全為私有，官田配合官牛，其產物則全為公有，
而似古代井田制中助法，而屯民既可白得私地，又可得官牛代耕之，再
加沒有其他徭役[8]，故樂於參加，而「豐足軍用」──關於此一設論，
尚可得二旁證：一為《三國志・司馬朗傳》載，朗曾向曹操建議，「以

---

[7] 「據計畫選白執分田之術」一語，係本殿版《三國志》，鞠清遠（〈曹魏的屯
　　田〉，《食貨半月刊》3卷3期）亦作此斷句，惟《三國會要・魏屯田》與《中
　　國通史參考資料》（台灣重印本），均將「選」字作「還」，從而斷句曰，「據
　　計畫還白，執分田之術」。但究「還白」之意，應先差往遠處，再返而稟告，
　　而荀或常在曹操左右，棗祗往議，應未遠行，而且「據計畫還白」一語，亦甚
　　費解。

[8] 鞠清遠，〈曹魏的屯田〉，《食貨半月刊》3卷3期。

為宜復井田。往者，以民各有累世之業，難中奪之，是以至今。今承大
亂之後，民人分散，土業無主，皆為公田，宜及此時復之。議雖未施行，
然州郡領兵，朗本意也」──此處「領兵」，或有兼領屯田之意，而民
屯則是「白執分田」，故有井田之風；一為陳留王曹奐於咸熙元(264)
年，「罷屯田官，以均政役，諸典農(校尉)皆為太守，都尉皆為令長」
(《三國志》本紀)，若是屯田全為公地，則這些典農官員應為公營事業
主管，而難以改為地方行政官員。

　　屯田單位，據《晉書‧食貨志》，民屯是每屯50人，屯置司馬；軍
屯則五里置一營，每營60人。傅玄所說的分成方法，可能原來適用於軍
屯，而軍屯逐漸演變為軍戶，以致封裕誤以為民屯亦適用此法──當然
亦可能是因為棄祗原來所使用類似於井田的助法，抵擋不住屯田客自利
之心，導致官田收成減少，最後不得不採取類似「徹」法的分成辦法。

　　這一期間的軍戶制度，亦是一種人地關係的新整合，這一方面是兵
之子恆為兵，遇有戰事，則執干戈以衛社稷，平時則須從事農耕，以維
持其家計，此即陸凱所云，「先帝(孫權)、戰士不給他役，使春惟知農，
秋惟收稻，江渚有事，責其死效」(《三國志》本傳)；軍戶子趙至，幼
時「詣師受業，聞父耕、叱牛聲，投書而泣」(《晉書》本傳)。這是明
顯表示，各別政權為適應當時情勢，而採取的農戰政策，希將當時稀有
的人力之效用，發揮到極致。但因軍戶地位持續低落[9]，難以擔當執政
者所希冀之任務，在這種情況下，西魏與北周的府兵制度乃脫穎而出。

　　西魏與北周府兵的制度，其資料主要是見於《玉海》所載〈鄴侯家
傳〉與《魏書》有關記載──《北史》卷60之末與《隋書‧食貨志》亦
有敘述，大致上可以說，是始創於大統八(542)年，但於大統十六年才
正式形成，並完備於周武帝保定元(561)年。其本質是仿照《周禮》兵

---

9 鞠清遠，〈曹魏的屯田〉。

農合一的六軍，大致上是每七家出兵一人，「皆於六戶中以上（即自中下至上上凡六等之戶中選出），家有三丁者，選材力一人，免其身租庸調，郡守農隙教試閱，兵仗衣駄牛驢及糧糧六家共備」（〈鄴侯家傳〉）──此「六家」乃指七家中不出兵者，「共備」這些軍用品；這些兵是以府爲單位，每府五百人，平時每年服役一個半月（即每年輪番八次）──後來改爲一月，在服役期間，一半期間擔任巡防任務，另一半期間則教旗習戰；此外，春夏秋三季均各有一次軍事演習，冬季則大閱。在始建時期，雖分府兵爲九十六府，但可能仍以其統率的職業軍人爲主體；至形成時期，似採徵兵制度，推行兵農合一；在完備時期，則縮短服役期間，由每年一個半月縮減爲一個月。由於府兵地位提高，而且真正將人力與土地之效率高度發揮，所以，北周「能（以）寡剋眾，隋受周禪，九年而滅陳，天下一統，皆府兵之力也」（〈鄴侯家傳〉）[10]。

　　屯田、軍戶與府兵，在人地關係整合上，是著重於利用，但在這一時期，亦有著重於分配者，此即西晉占田，東晉占山與北魏之均田。

　　兩漢對於土地制度極爲關心，很多士大夫主張限民占田，這一呼籲到晉初才有初步反應，成爲這一期間，另一種類型的人地關係新整合，據《晉書・食貨志》，武帝平吳，接受有司奏請，下詔規定，「王公以國爲家，京城不宜復有田宅，今未暇作諸國邸，當使城中有往來處，近郊有芻蒿之田；今可限之，大國田十五頃，次國十頃，小國七頃；城內無宅，城外有者，皆聽留之」。這是對有封地之王公，限制其在京城近郊占田的上限，至於一般官吏占田的上限，是「各以貴賤占田，品第一者占田五十頃……第九品十頃。……其應有佃客者，官品第一第二者毋過五十戶……第八品第九品一戶。」至於平民，「男子一人占田七十畝，

10　關於西魏北周府兵制度之考證，請閱拙作〈魏晉南北朝軍戶考〉一文中第六節。

女子三十畝」[11]。

晉室東渡後，人民占據山澤，是以，晉成帝咸康二(336)年頒令禁止，凡占一丈以上者棄市，稱「壬辰之制」。由於占據者，多爲世族豪門或特權分子，難以禁絕，故至宋孝武帝大明之初(457年)，羊希上書，主張廢除此制，並對山地擁有面積予以最高限額：「壬辰之制，其禁嚴刻，事既難遵，理與時弛，而占山封水，漸染復滋，更相因仍，便成先業，一朝頓去，易致怨嗟。今更刊革，立制五條：凡是山澤先常燻爐，種養竹木雜果爲林，及陂湖江海魚鮪紫場常加工修作者，聽不追奪。官品第一第二聽占山三頃，第三第四品二頃五十畝，第五第六品二頃，第七第八品一頃五十畝，第九品及百姓一頃，皆依定格條上貲簿」(《晉書・羊玄保傳》)，孝武帝「從之」。這種「占山」之制，固然是對既成事實的追認，且因設立上限，致有平均分配之意，但對於山澤有所改良者「聽不追奪」，亦表示注意到人力與土地之利用，至於真正寓利用於分配之中的整合，厥爲北魏孝文帝的均田。

南朝史料中，常出現「公田」一詞，以劉宋爲例：(1)武帝永初二(421)年，「制中二千石加公田一頃」(《宋書》本紀)，(2)文帝元嘉廿二(445)年，嘉禾生太尉府田(《宋書・符瑞志》)；(3)元嘉三十年，「詔江海田池公家規固者，詳所開弛」；(4)孝武帝大明元(457)年，「復親民職公田」；(5)明帝泰始三(467)年，復郡縣公田(《宋書》本紀)。從

---

11 《晉書・食貨志》在男子一人占田七十畝，女子三十畝」下，緊接著說，「其外，丁男課田五十畝，丁女二十畝，次丁男半之，女則不課」，致使很多人誤將「占田」解為「授田」。其實，占田只是限田，而「丁男課田五十畝」至「女則不課」，是指晉武帝將田賦改為戶調，亦就是更改以人(或丁)為課稅對象，而這種戶調「稅額」之規定，是以田地數量來推估：即丁男戶調之稅負是以五十畝之田賦推估之，其戶調為「歲輸絹三匹，綿三斤」；丁女之稅負，則以二十畝田之田賦推估，次丁男則按廿五畝田賦估計其稅負，為簡化計，在「戶調之式」下，「丁女及次丁男為戶者半輸」，即均按廿五畝田賦改為戶調。至於次丁女之稅負「不課」，所以，戶調之式中未予論及。

這些有關史實看，公田至少可分爲三類，即(1)(2)(4)項爲第一類，是給予官員本人，而類似唐代的職分田；第(5)項爲第二類，類似唐代的公廨田；第(3)項爲第三類，即一般所謂的國有田地。或者有人從第一類公田，據以認爲兩晉之占田，乃係對官民授田。其實不然，因《梁書‧伏日恆傳》，他爲新安太守時，「民賦稅不登者，輒以太守田米助之」，可見「太守田」並非私有，大概是離職後應移給下任，而兩晉按官品占田，顯然是對其私有田地定有上限。

均田是「計口授田」，而這種方式已曾實施於北魏之初：道武帝天興元(398)年，「詔給內徙新民耕牛，計口授田」；明元帝永興五(413)年，徙二萬餘家於大甯，計口受田」（《魏書》本紀）。

但是，真正的均田運動，是由孝文帝主持，在太和元(477)年，給事中李安世上疏，主張均田：

> 臣聞量民畫野，經國大式；邑地相參，致理之本；非稅之興，其來日久；田萊之數，制之以限，蓋欲使土不曠功，人罔遊力，雄擅之家，不獨膏腴之美，單陋之夫，亦有頃畝之分。竊見州郡之民，或因年儉流移，棄賣田宅，漂居異鄉，事涉數代，三代既立，始返舊墟，廬井荒涼，桑榆改植，事已歷遠，易生假冒，彊宗豪族，肆其侵凌，遠認魏晉之家，近引親舊之驗，年載稍久，鄉老所惑，群證雖多，莫可取據，爭訟遷延，連紀不判，良疇委而不開，柔桑枯而不採，欲令家豐人給，其可得乎！愚謂，今雖桑井難復，宜更均量，審其經術，令分藝有准，力業相稱，細民獲資生之利，豪友靡餘地之盈；又所爭之田，宜限年斷，事久難明，悉屬今主。（《魏書‧李孝伯傳》）

須加注意的，李安世均田思想與漢儒有所不同；漢儒田制改革的重

點，是放在土地所有權的分配上，而李安世的均田，則把重點放在土地利用上，例如他雖然亦談到分配問題，而認為「雄擅之家，不獨膏腴之美，單陋之夫，亦有頃畝之分」，但他的著眼點主要是土地利用，例如他先說「欲使土不曠功，人罔遊力」，就說明土地制度之基本目的；至於他力主均田，則是因為戰亂，農民離鄉，土地為他人占據，很久後，原主子孫返回，要求占據者退還土地，以致時常涉訟，而官方亦難以判明，導使「爭訟遷延，連紀不判，良疇委而不開，柔桑枯而不採」，所以，他主張「宜更均量」，可見其均田的近因，乃是怕爭訟經年，影響土地利用。

李氏主張，終得孝文帝嘉許，而於太和九年冬十月下詔曰：

> 朕承乾在位十有五年，每覽先王之典，經綸百氏，儲蓄既積，黎元永安。爰暨季葉，斯道陵替，富強者並兼山澤，貧弱者望絕一廛，致令地有遺利，民無餘財，或爭畝畔以亡身，或因饑饉以棄業，而欲天下太平，百姓豐足，安可得哉！今遣使者循行州郡，與牧守均給天下之田，還受以生死為斷，勸課農桑，興富民之本。（《魏書·孝文帝紀》）

由於孝文帝均田之詔，是在數年前受李安世影響，所以，其動機亦是著重土地利用，這可從詔中「致令地有遺利，民無餘財，……而令天下太平，百姓豐足，安可得哉！」之語言看出，而且後面那句話，幾乎和李安世疏中「欲令家豐人給，其可得乎！」之語類似。尤有進者，孝文帝認為均田以後，農民會因有恆產而有恆心，以增加經濟誘因，而易於「勸課農桑，興富民之本」。

孝文帝均田的細節，則記載於《魏書·食貨志》，其要點如下：

一、「諸男夫十五以上受露田四十畝，婦人二十畝，奴婢依良；丁
　　牛一頭，受田三十畝，限四牛；一所授之田率倍之，三易之田，
　　再倍之，依供耕作及還受之盈縮」。

二、「諸民，年及課則受田，老免及身沒則還田；奴婢、牛隨有無
　　以還受；諸桑田不在還受之限，但通入倍田分，於分雖盈，沒
　　則還田，不得以充露田之數，不足者，以露田充倍。」

三、「諸初受田者，男夫一人給田，二十畝課蒔，餘種桑五十樹，
　　棗五株，榆三根；非桑之土，夫給一畝，依法課蒔；榆棗、奴
　　各依良；限三年種畢，不畢，奪其不畢之地」。

四、「於桑榆地分，雜蒔餘果及多種桑榆者不禁，諸應還之田，不
　　得種桑榆棗果，種者以違令論」。

五、「地入還分，諸桑田皆爲世業，身終不還，恆從見(現)口，有
　　盈者，無受無還；不足者，受種如法；盈者得賣其盈，不足者
　　得買所不足，不得賣其分，亦不得買過所足」。

六、「諸麻布之土，男夫及課，別給麻田十畝，婦人五畝，奴婢依
　　良，皆從還受之法」。

七、「諸有舉戶老小癃殘無授田者；年十一已上及癃者，各授以半
　　夫田；年踰七十者不還所受；寡婦守志者雖免課，亦授婦田」。

八、「諸還受民田，恆以正月，若始受田而身亡及賣買奴婢牛者，
　　皆至明年正月，乃得還受」。

九、「諸土廣民稀之處，隨力所及，官借民種，蒔役有土、居者依
　　法封授；諸地狹之處，有進丁受田而不樂遷者，則以其家桑田
　　爲正田分，又不足、不給倍田，又不足、家內人別減分；無桑
　　之鄉，準此爲法」。

十、「樂遷者聽逐空荒，不限異州他郡，唯不聽避勞就逸；其地足
　　之處，不得無故而移」。

十一、「有新居者，三口給地一畝，以爲居室，奴婢五口給一畝；
　　　男女十五以上，因其地分口課，種菜五分畝之一」。

十二、「諸一人之分，正從、正倍、從倍，不得隔越他畔；受田者
　　　恆從所近；若同時俱受，先貧後富，再倍之田，放(仿)此爲法」。

十三、「諸遠流配謫，無子孫及戶絕者，壚宅桑榆盡爲公田，以供
　　　授受；授受之次，給其所親，未給之間，亦借其所親」。

十四、「諸宰民之官，各隨地給公田，刺史十五頃，太守十頃，治
　　　中、別駕各八頃，縣令、郡丞六頃，更代相付，賣者坐如律」。

　　從以上十四點看來，可見北魏均田之法，遠比王莽之王田周全，故
能有初步成就。這些要點中，以第一點最爲根本，其大意如下：(1)一
家之中，十五歲以上男人受露田四十畝，十五歲以上婦女受田二十畝；
(2)有奴婢者，成年之男奴女婢，每人分別受田四十畝與二十畝；(3)
若再畜有耕牛，每頭壯牛受田三十畝，但以四頭牛爲限；(4)所授之田，
都是加倍授予，例如夫婦二人，再有一奴一牛，應受田130畝，但政府
加倍而授予260畝；若此田土質不佳，需三年輪作，則再加倍而授520
畝，以便於耕作，更重要的理由，乃是保持還田時候的伸縮性。

　　其所以保持伸縮性，是因爲第三點之規定，則男夫所受之四十畝
中，只有一半限制耕種指定之主糧，其餘土地可植桑榆棗樹，是爲桑田，
而桑田不在歸還之列，但此塊土地可能授予該農民之子，以致田地面積
越授越小，故在當初授田時，加倍授予，以免此弊。

　　北魏分裂後，授田之法仍然大致保持，據《隋書‧食貨志》，北周
制度是「凡人口十已上、宅五畝，口九以上、宅四畝，五口已下、宅二
畝，有室者田百四十畝，丁者田百畝」。至於北齊，其制度則較爲複雜：

　　京城四面諸坊之外，三十里內爲公田，受公田者，三縣代遷內，

執事官一品已下逮于羽林武賁各有差；其外，畿郡華人官第一品已下，羽林武賁已上，各有差。職事及百姓請墾田者，名為受田。奴婢受田者，親王止三百人，嗣王止二百人，第二品，嗣王已下及庶姓王止一百五十人，正三品已上及王宗止一百人，七品已上限止八十人，八品已下至庶人限止六十人，奴婢限外不給田者不輸。其方百里外及州人，一夫受露田八十畝，婦四十畝，奴婢依良人限數，與在京百官同；丁牛一頭受田六十畝，限止四年；又每丁給永業二十畝為桑田，其中種桑五十根，榆三根，不在還受之限，非此田者悉入還受之分；土不宜桑者給麻田，如桑田法。

由此記載，可見北齊授田與西晉占田有類似之處——不同者厥為北齊不僅限田，也且授田，其方式是在京師城郊以外，三十里以內為公田，授予京師附近三縣官員；在此三十里以外與一百里以內，則授予京畿附近各郡（似指當時司州各郡——惟魏郡中三縣除外）官員及此區內百姓。這些官員的授田數額無考，但百姓與奴婢每丁可受田百畝，婦四十畝，是以一家夫婦二人若擁有丁牛一頭，則可受田二百畝，其中六十畝於四年後歸還，二十畝為永業。若該人擁有奴婢六十位男丁，則仍可多受六千畝。

第二節　科技發展與公共建設

本書所云科技，是偏重於實用面[12]，「實用」是攸關於時空環境，

---

12 阮元所著《疇人傳》；羅士琳，《續疇人傳》；諸可寶，《疇人傳三編》；華世芳，《近代疇人著述記》；黃鍾駿，《疇人傳四編》四書中，所謂的「疇人」，是「同類之人，俱明曆者也」（引自《疇人傳》中〈疇人解〉），其中主要人物多為明曆象者，次及數學，因與本書所云科技之著眼點不合，故未予引用。

而這一期間變化很多，以致影響到其科技發展的方向與限制。

這一期間的主要變化，是戰爭頻繁，人口大減，佛道思想瀰漫南北。就人口大減言，必須創造勞力節約的技術，諸葛亮的木牛流馬，韓暨的水排，馬鈞的改良綾機，杜預的八磨，祖沖之的千里船與水碓等創新，均屬之（已述於第十章第六節）。

在戰爭頻繁情況下，有關方面必將研究克敵制勝之道，其中包括軍備之創新，諸葛亮的木牛流馬可屬於此一類。據《三國志‧諸葛亮傳》，「亮性長於巧思，損益連弩」，注引《魏氏春秋》，亮「又損益連弩，謂之元戎，以鐵爲矢，矢長八寸，一弩十矢俱發」，後世稱爲諸葛弩。晉安帝義熙六(410)年，劉裕屯石頭，盧循率眾進攻，裕「命神弩射之，發輒摧陷，循乃止，不復攻柵」（《宋書‧武帝紀》），其所用之「神弩」，或許是諸葛弩的改良——曹魏之馬鈞曾「見諸葛亮連弩，曰巧則巧矣，未盡善也，言作之，可令加五倍」（《三國志‧杜夔傳》末注）。其實，諸葛亮還創作一種盔鎧，劉宋之「御仗，先有諸葛亮筒袖鎧帽，二十五石弩射之不能入，上悉以賜(殷)孝祖」，並曾對王元謨「賜以諸葛亮筒袖鎧」（《宋書》本傳）。由此可見，蜀以小國寡民對抗地廣兵強之曹魏，且常主動出擊，實賴其新武器與新軍備；或者亦可說，正因其小國寡民，必須發展新武器才可圖存。其後，赫連勃勃立大夏國，以叱干阿利領將作大匠，築統萬城，「阿利性尤工巧，然殘忍刻薄，乃蒸土築城，錐入一寸，即殺作者而並築之。……又造五兵之器，精銳尤甚，既成呈之，工匠必有死者，射甲不入即斬弓人，如其入也，便斬鎧匠。又造百鍊剛刀，爲龍雀大環，號曰大夏龍雀，……世甚珍之。」（《晉書》載記）——《古今刀劍錄》云，「劉裕破長安得此刀，後入於梁」。

《古今刀劍錄》作者陶弘景，雖爲梁之處士[13]，但鑑於當時各方注

---

13 《名劍記》引《梁書》：「武帝命陶弘景造神劍十三，以象月並閏」，足見弘

意武器之發展，乃著此書，其內容特詳於魏晉暨五胡十六國，下至南齊及北魏之初。該書載後趙石勒造一刀，用五百金，工用萬人；前秦苻堅造一刀，用五千工，足見其精巧，而有助於鍊鋼及冶鐵技術之提升。北朝承之，亦注意到刀劍鑄冶技術，綦母懷文「造宿鐵刀，其法，燒生鐵精，以重柔鋌，數宿則成剛，以柔鐵爲刀脊，浴以五牲之溺，淬以五牲之脂，斬甲過三十札。今(指隋代)襄國冶家所鑄宿柔鋌，乃其遺法，作刀猶甚快利，但不能裁三十札也」(《北齊書》本傳)。大致說來，中國古代鍊鋼技術興起於戰國，發展於兩漢，成熟於南北朝，且與鍊丹術發展有關[14]。除一般刀劍外，還曾改進其他兵器，譬如羊侃爲侍中，偶「預宴，時少府奏新造兩刃矟成，長二丈四尺，圍一尺三寸，(梁武)帝因賜侃河南國紫騮，令試之。侃執矟上馬，左右擊刺，特盡其妙，觀者登樹，帝曰，此樹必爲侍中折矣。俄而果折，因號此矟爲折樹矟」(《南史》本傳)。

　　在戰爭之中，除武器外，還創作攻守的器械，諸葛誕反，司馬昭率眾廿六萬圍之，「誕大爲攻具，晝夜五六日攻南圍，欲決圍而出，圍上諸軍臨高，以發石車、火箭破其攻具」(《三國志》本傳)。關於發石車之破解與改良，馬鈞於魏明帝時曾有構想，即「患發而石，敵人之於樓邊懸濕牛皮，中之則墮，石不能連屬而至。欲作一輪，懸大石數十，以機鼓輪爲常則，以斷懸石，飛擊敵城，使首尾電至。嘗試以車輪懸瓴甓數十，飛之數百步矣」，惜未爲曹爽採納(《三國志·杜夔傳》傳末注)。慕容超之尙書郎張綱，善巧思，劉裕進攻時獲張綱，「於是爲裕造衝車，覆以版屋，蒙之以皮，並設諸奇巧；城上火石弓矢無所施用，又爲飛樓、懸梯、木幔之屬，遙臨城上。」(《晉書》載記)——這是大規模攻具名

景爲名劍匠。
　14　北京鋼鐵學院，《中國冶金簡史》(科學出版社，1978)，頁104-110。

稱之首見。後來,《宋書·南平穆王鑠傳》載,北魏南侵,圍汝南懸瓠城,「作高樓,施弩以射城內」,並「作蝦蟆車以填塹」;〈殷琰傳〉載劉勔圍壽陽,「乃作大蝦蟆車載土,牛皮蒙之,三百人推以塞塹,(殷)琰戶曹參軍虞挹之造礌車,擊之以石,車悉破壞」。侯景圍攻臺城,「造諸攻具及飛樓、撞車、登城車、登堞車、階道車、火車,並高數丈,一車至二十輪,陳於闕前,百道攻城,立用焉」(《梁書》本傳),可謂集當時攻具之大成。但陳之黃法氍伐北齊,「乃爲拍車及步艦豎拍,以逼歷陽……攻城,施拍加其樓堞」(《陳書》本傳),顯示本階段末期,攻具種類仍在增加。

由於征戰擴及南方,水軍亦扮演要角,於是,戰船之建造技術亦爲之突飛猛進,首先是晉武帝謀伐吳,「詔(王)濬潛修舟艦。濬乃作大船連舫,方百二十步,受二千餘人,以木爲城,起樓櫓,開四出門,其上皆得馳馬來往。又畫鷁首怪獸於船首,以懼江神,舟棹之盛,自古未有」(《晉書》本傳)。東晉之季,盧循反,「別有八艚艦九枚,起四層,高十二丈」(《宋書·武帝紀》)。這一期間,除建巨型樓船外,還似發明槳輪船或車輪船[15],譬如王鎮惡隨劉裕北伐,「鎮惡所乘,皆蒙衝小艦,行船者悉在艦內,羌見艦泝渭而進,艦外不見有乘行船人,北士素無舟楫,莫不驚慌,咸謂爲神。鎮惡既至,令將士食畢,便棄船登岸,渭水流急,倏忽間,諸艦悉逐流去」——李約瑟甚至認爲「顯係自動航行」[16];徐「世譜性機巧,諳解舊法,所造器械,並隨機損益,妙思出人」,所以,在討伐侯景之役中,「別造樓船、拍艦、火舫、水車,以益軍勢」,其中,水車或係表示升水用之翻車,故徐氏所造之船中,應有槳輪船;王僧辯亦曾參加討景之役,「賊望官軍上有五色雲,雙龍挾艦行甚迅疾」

15　北京鋼鐵學院,《中國冶金簡史》,頁199。
16　羅榮邦,〈中國之車輪船〉,《清華學報》(台灣),2卷1期。

（《南史》本傳），後人認爲「雙龍」可能是「雙輪」[17]。

在軍事用途上，尚有指南車、司里車（計里程），據晉人陸翽《鄴中記》，「石虎有指南車及司里車，又有舂車，木人及作行碓於車上，車動則木人踏碓舂，行十里、成米一斛。又有磨車，置石磨于車上，行十里，輒磨麥一斛。凡此車皆以朱彩爲飾，惟用將軍一人，車行則眾並發，車止則止。中御史解飛，尚方人魏猛變所造」。任何一支軍隊中，有此四種車輛，不僅可以保持行軍正確方向與瞭解其里程，而且可以隨時供應軍用米麵。「石虎少好遊獵，後體壯大，不復乘馬，作獵輦，二十人擔之，如今之步輦，上安徘徊曲蓋，當坐處，安轉關牀，若射鳥獸，直有所同，關隨身而轉，虎善射，矢不虛發」，這種「隨身而轉」的「關牀」，可能亦出自解飛等人之手。此處所說的指南車，於此一期間是首製於曹魏之馬鈞，當時朝臣認爲「古無指南車，記言之虛也」，馬鈞云有，明帝乃詔作之，於是作成指南車（《三國志‧杜夔傳》注）；後來劉宋獲「姚興指南車，有外形而無機巧，每行，使人於內轉之。……（祖）冲之改造銅機，圓轉不窮，而四方如一」（《南齊書》本傳）。

此外，解飛還有其他傑作，「石虎性好佞佛，眾巧奢靡不可紀也。嘗作檀車，廣丈餘，長二丈，四輪，作金佛像坐於車上，九龍吐水灌之；又作木道人，恆以手摩佛心腹之間；又十餘木道人，長二尺餘，皆披袈裟繞佛行，當佛前，輒揖禮佛，又以手撮香投爐中，與人無異。車行，則木人行，龍吐水；車止則止。亦解飛所造也」。

《鄴中記》這段記載，已經說明了信奉佛教，間接有助機械之發展。而佛教對於建築技術之影響，厥爲佛塔之建築，中國現存最老的古蹟，乃是河南嵩山嵩嶽寺之磚塔，建於西元523年北魏（孝明帝）時代，塔高十五層，結構爲十二邊形；而且在此之前，北魏獻文帝曾於西元467年，

17　李約瑟著，陳立夫主譯，《中國之科學與文明》，第十冊，頁262、263。

在大同建有七層塔[18]。魏晉談玄說妙，道家思想匯成主流，而道家追求長生，從而講求煉丹，這一期間，可以葛洪爲代表人物，洪被「選爲散騎常侍領大著作，洪固辭不就，以年老欲煉丹，以祈遐壽。聞交趾出丹，求爲句漏令，(晉元)帝以洪資高、不許，洪曰，非欲爲榮，以有丹耳。帝從之，……洪乃止羅浮山煉丹」(《晉書》本傳)。由煉丹術之發達，導致化學之發展，李約瑟特以兩冊之篇幅，討論此一史實[19]。葛洪不僅因煉丹而成爲中國化學先驅之一，而且在物理中氣動力學上有所貢獻，據其在《抱朴子‧內篇》卷二中說，「或用棗心木爲飛車，以牛革結環(一作還)劍以引其機；或存念作五蛇六龍三牛交罡，而乘之上升四十里，名爲太清。太清之中，其氣甚罡，能勝人也。師(指莊子)言鳶飛轉高，則但直舒兩翅，了不復扇搖之而自進者，漸乘罡氣故也。龍初升階雲其上，行至四十里則自行矣」。顯然可見，其所謂「罡」，是指罡風，即上升氣流；而「行至四十里則自行」，似指脫離地心引力。

葛洪雖有此理論，卻未予實驗，而此一期間，雖無飛車，卻有風車，梁元帝於《金樓子》中記載，「高蒼梧叔能爲風車，可載三十人，日行數百里」(卷六)，此風車實爲帆車，即於車上張帆，借風力而可「日行數百里」。不過，北齊卻曾造載人風箏，高洋欲盡誅東魏宗室，令各乘紙鴟自金鳳臺飛至紫陌，未達者處死，乃「使元黃頭與諸囚自金鳳臺各乘紙鴟以飛，黃頭獨能至紫陌乃墮，仍付御史中丞畢義雲餓殺之」(《資治通鑑‧陳紀》)。按紫陌與金鳳臺之間距離約數華里，元黃頭獨能作此飛行，足見其所用風箏精巧。

機械方面之創新，實與權力中心有關，一方面是歷代朝廷注重天象曆數，從而有渾天儀及其有關機械之出現；另一方面是君主有「自適」

---

18 李約瑟著，陳立夫主譯，《中國之科學與文明》，第九冊，頁198-200。
19 同上，第十四冊與第十五冊。

或自娛之心，從而產生玩具一類之機械。說到渾天儀，令人想到後漢的張衡，據《漢書‧張衡傳》，僅云，衡「遂乃研覈陰陽，妙盡璇機之正，作渾天儀」，其注引《漢名臣奏》，蔡邕曰：「言天體者有三家……唯渾天者近得其情，今史官所用候臺銅儀，則其法也」，均未詳言其製法或運轉情形，但是，到後來卻描述甚詳，譬如《晉書‧天文志》，不僅說張衡「既作銅渾天儀於密室中，以漏水轉之，令伺之者閉戶而唱之，其伺者以告靈臺之觀天者曰，璇機所加，某星始見，某星已中，某星今沒，皆如合符也」──《隋書‧天文志》亦有類似描述，惟詳言該儀「以四分為一度，周天一丈四尺六寸一分」。又說「至順帝時，張衡又制渾象，具內外規，南北極，黃赤道，列二十四氣二十八宿，中外星官及日月五緯，以漏水轉之於殿上，室內星中出沒，與天相應」。

　　按《晉書》作者為唐太宗──實為房玄齡等集體創作，而《後漢書》作者為劉宋之范曄。故按時間距離言，范曄應該較易取得張衡的有關資料（事實上，范曄曾以一卷之篇幅撰〈張衡傳〉），其所以對渾天儀的描繪竟然如此簡略，若不是南朝開始之時，已無攸關的資料，那就是張衡之渾天儀根本不像房玄齡等所說的那麼神奇──到底是那一種情況，蕭梁時沈約所著《宋書‧天文志》，可以提供一些線索。《宋書‧天文志》先引吳人王蕃所云，「故舊渾象，以二分為一度，凡周七尺三寸半分；張衡以四分為一度，凡周一丈四尺六寸。蕃以古制局小，星制稠概，衡器傷大，難可轉移，更利渾象，以三分為一度，凡周天一丈九寸五分」；又引徐爰曰，「張衡為太史令，乃鑄銅制範，衡傳云，其作渾天儀，考步陰陽，最為詳密。故知自衡以前，未有斯儀矣」；再作結論曰，「以此而推，則西漢長安已有器矣，將由喪亂亡失，故衡復鑄之乎！王蕃又記古渾天儀天度，並張衡改制之文，則知斯器非衡始造明矣。衡所造渾儀，傳至魏晉，中華覆敗，沈沒戎虜，（陸）績（王）蕃器亦不復存。晉安帝義熙十四(418)年，（宋）高祖平長安，得衡舊器，儀狀雖舉，不綴經

星七曜。（宋）文帝十三（436）年，詔太史令錢樂之更鑄渾儀，徑六尺八分少，周一丈八尺二寸六分少，地在天內，立黃赤二道，南北二極，規二十八宿、北斗極星，五分爲一度，置日月五星於黃道之上，置立漏刻，以水轉儀，昏明中星與天相應。十七年，又作小渾天，徑二尺二寸，周六尺六寸，以分爲一度，安二十八宿，中外宮以白黑珠及黃三色爲三家，日月五星悉居黃道。」

　　從《宋書・天文志》所引〈張衡傳〉（諒係范曄所著以外之史料），對於渾天儀的製作及操作，亦甚簡略，並無隻字言及其神妙之處，且云渾天儀古已有之，張衡只是改進而已。再從該志述及孫吳人王蕃所云，知張衡所改進的渾天儀過大，「難可轉移」，絕對難以如《晉書》所說的，「以漏水轉之」；而且該志所云，張「衡舊器……，不綴經星七曜」，足見其原來只有「日月五星」而已。至於《晉書》《隋書・天文志》所描繪的張衡渾天儀，顯然是取材於《宋書・天文志》（以下稱《沈志》）；譬如《隋書》所云「以四分爲一度，周天一丈四尺六寸一分」，是取自《沈志》對張衡舊器之描繪；《晉書》所述「以漏水轉之」，以及「具內外規，南北極，黃赤道，……二十八宿，中外星官及日月五緯」，顯然是將宋人錢樂之兩次所製渾天儀的功能，作綜合描繪，但將作者姓名由「錢樂天」易爲「張衡」。至於其所增「列二十四氣」，顯然是受北齊信都芳事蹟之影響。按《隋書》（作者為唐代長孫無忌等）〈律曆志〉，北齊（應為北魏或東魏）神武霸府田曹參軍信都芳，「爲輪扇二十四，埋地中以測二十四氣，每一氣感，則一扇自動，他肩並住，與管灰相應，若符契焉。」職此之故，可見自動之渾天儀，是始於這一時期，但在錢樂之「以水轉儀」以前，孫吳曾有以機械轉動之渾天儀，據《三國志・趙達傳》注引《晉陽秋》，孫吳有葛衡，「明達天官，能於機巧，作渾天，使居中以機動之，若天轉而地止，以上應晷度」（《隋書・天文志》亦曾記載）。此後，梁人陶弘景亦曾「造渾天象，高三尺許，地居中央，

天轉而地不動，以機動之，悉與天相會」（《南史》本傳）。

　　這種機巧，更因若干統治者之嬖愛，而更為推陳出新，前述解飛為石虎所造檀車、佛像及木道人，雖為奉佛，但在本質上，實似玩具。在此以前，馬鈞也曾為魏明帝製造過這一類的玩具，當時有人上百戲，能設而不能動，明帝以問馬鈞「可動否」？對曰「可動」；帝曰，「其巧可益否」？對曰「可益」。乃「受詔作之，以大木彫構，使其形若輪，平地施之，潛以水發焉，設為女樂舞象，至令木人擊鼓，吹簫；作山岳，使木人跳丸擲劍，緣絚倒立，出入自在；百官行署，舂磨鬥雞，變巧百端」（《三國志・杜夔傳》注）。後來，即使苟安於江左之晉元帝，可能亦愛此道，因據《晉陽秋》，衡陽區純，「甚有巧思，造作木室，作一婦人居其中，人扣其戶，婦人開戶而出，當戶再拜，還入戶內、閉戶；又作鼠市，於中方丈餘，有四門，門內有一木人，縱四五鼠，欲出門，木人輒推木掩之門，門如此，鼠不得出；又作指南車及木奴，舂穀作米；中宗聞其巧，詔補尚方左校」。

　　上章第五節曾經述及，北魏諸帝注意醫藥，而這一期間之名醫，當以華佗為代表，他不僅以針灸、湯劑治病，且擅外科手術，「若病結積在內，針藥所不能及，當須刳割者，便飲其麻沸散，須臾便如醉死，無所知，因破取，病若在腸中，便斷腸湔洗，縫腹、膏摩四五日，差不痛，人亦不自寤，一月之間，即平復矣」；惜為曹操所殺，死前，「出一卷書與獄吏曰，此可以活人，吏畏法、不受，佗亦彊，索火燒之」（《三國志》本傳），降至近代，麻醉及外科手術才傳自西方。其後，晉人王叔和撰脈經十卷，脈訣四卷，脈賦一卷，後漢張仲景所撰《傷寒論》，錯簡，叔和為之整理成書（甘伯宗，《名醫傳》）。其實，中國外科手術於4000年前，即已甚為高超。據中國社會科學研究院考古研究所報告，在青海民和縣出土的一成年男子的頭骨，據碳元素年代測定，已有四千多年的歷史。這具頭骨的頂部有一個略成鈍三角形的大孔，孔的邊緣已鈍

化並生出許多小尖刺狀的骨贅，在孔的周圍還可觀察到寬約0.8公分的
刮削面，其表面也已鈍化，並呈「暈圈」狀向邊緣方向逐漸變薄。專家
判斷，這一男子的腦顱可能生前被擊傷，而形成骨折並引起發炎，在其
頭頂處實施開顱手術，形成一個鈍三角大孔。在河南安陽、青海大通和
黑龍江泰來等地，也發現分屬商代、西周、東周和漢代等不同時期的實
例。是以，大陸考古學家宣布，早在4000年前中國人便成功實施開顱手
術，推翻李約瑟等學者認為，中國的開顱術是唐宋之後由阿拉伯人傳入
的傳統觀點(民國88年7月29日《聯合報》)。

　　由〈華佗傳〉，深惜中國優良醫術，扼於統治者之手，此外，上述
機械之學，亦因若干君主輕視或禁止而漸遭湮沒，譬如晉武帝於泰始元
(265)年，「禁樂府靡麗百戲之伎，及雕文游畋之具」，八年，「禁彫
文綺組非法之物」(《晉書》本紀)；宋武帝時，廣州嘗獻入筒細布，(這
可能海南島黎族的棉布，若是當時統治者接受此一貢禮，並下令研究之，則棉
產業不致晚了一千多年才出現。)一端八丈，帝惡其精麗勞人，即付有司
彈太守，以布還之，並制嶺南禁作此布(《南史》本紀)；蕭道成輔政，
於宋順帝昇明二(478)年，「上表禁民間華偽雜物」(《南齊書》本紀)；
陳文帝天嘉元(560)年詔曰，「惟雕鏤淫飾，非兵器及國容所需，金銀
珠玉，衣服雜玩，悉皆禁斷」(《陳書》本紀)。這些君主的用心是為節
儉，但卻間接地扼抑科技發展機會，不過，機械學未能發展的真正原因，
乃是當時顯學為道家，而道家素惡機械，認為「有機械者必有機事，有
機事者必有機心」(《莊子‧天地篇》)，所以，在清談風氣下，科技必
為當時士大夫所輕視，在這種環境下，科技不僅難作進一步的發展，甚
至於連面對當時環境變遷而發展出來的成果，亦為人遺忘。

　　一般說來，這一期間軍備創新，有助於民間技術水準之提升，例如，
李約瑟於《中國之科學與文明》一書第八冊(中譯本)頁171刊出一圖中，
其說明文字如下：「中國營造者提升重物之傳統方法。一滑結吊起粗

繩，係以一桿及如打樁機及弩弓所用之人力散開繩數根，連續拉動而提升之」，顯示中國傳統之起重機，係運用弩之原理，而此一期間出現諸葛弩出現，可見這一階段有助於這一類科技之持續與普及，至於諸葛亮之木牛，後來成為民用之獨輪車，固無論矣。

　　除軍備外，軍事行動亦有助於公共建設，譬如，曹操北征袁紹時，曾建立一連串之運河系統，自山西山區之麓，北向入河北而利用大名附近之黃河舊道，以及鄰近諸河如漳河、滹沱河等，均以等高運河相聯結，命名為利漕渠、平虜渠，但於袁氏潰敗後，此一水運系統在民用之交通運輸方面未起多大作用，部分運渠於黃河改道時受損，但在北平與保定之間，此一運渠仍然存在，即今日之白溝，惟於其全盛時，最北曾通至長城之古北口；在南方，陳敏於西元350年，建山陽運道之新運河，以聯結淮河與長江，便利二大水系間之航運；在北方，符秦之苟羨，於西元352年，利用汾河之水，在山東建一運河，其址在東阿附近；這些運河後來均成為大運河的一部分[20]。另據《三國會要》卷七，知曹操於建安七(202)年治睢陽渠，九年，遏淇水入白溝，以通糧道，十一年，鑿渠自呼沱，入泒水，名平虜渠，又從泃河口鑿入潞口，名泉州渠，以通海，十八年，鑿渠引漳水入白溝以通河；黃初六(225)年，魏文帝行如召陵，通討虜渠；明帝青龍四(236)年，穿成國渠，係衛臻征蜀所開；吳大帝於赤烏八(245)年，遣校尉陳勳將屯田及作士三萬人，鑿句容中道，自小其至雲陽西城，以通吳會船艦。當時，水利工程技術頗為高超，以曹操引漳水言，係揭漳水回流東注，號天井堰，二十里中作十二墱，墱相去三百步，令相灌注，一源分為十二流，皆懸水門(《水經注》)。杜預在荊州時，開楊口，起夏水，達巴陵，千餘里，內瀉長江之險，外通零桂之漕(《晉書》本傳)。至於農田水利，將述於下節。

20　李約瑟著，陳立夫主譯，《中國之科學與文明》，第十冊，頁467、468。

在陸路方面，苻堅頗有建樹，「自長安至於諸州，皆夾路樹柳，二十里一亭，四十里一驛，旅行者取給於途，工商貿販於途，百姓歌曰，長安大街，夾樹楊槐，下走朱輪，上有鸞栖，英彥雲集，誨我萌黎」（《晉書》載記）。有河渠、有道路，須有橋樑以連結之，這一期間的造橋技術亦在突飛猛進，譬如杜預「以孟津渡險，有覆沒之患，請建河橋于富平津。議者以爲殷周所都，歷聖賢而不作者，必不可立故也。預曰，造舟爲梁，則河橋之謂也。及橋成，（武）帝從百僚臨會，舉觴屬預曰，非君、此橋不立也」（《晉書》本傳）。顯然可見，此河橋即今日所謂之浮橋，但中國之所以傲視全球的橋樑，厥爲拱形橋，拱橋建築的最大發明，是在於節省材料，也在於審美性質，西方在十三世紀後期才出現拱橋，而中國拱橋至少要早一千年左右[21]，此即洛陽附近的旅人橋，據酈道元於其《水經注》卷16〈穀水〉條下說「在洛陽附近有皋門橋，建春門石橋、閶闔門故石橋、東陽門石橋及旅人橋」，並云，「凡是數橋，皆壘石爲之，亦高壯矣，制作甚佳，雖以時往損功，而不廢行旅。朱超石與兄書云，橋去洛陽宮六七里，悉用大石，下圓以通水，可受大舫過也，題其上云，（晉武帝）太康三(282)年十一月初就功，日用七萬五千人，至四月末止。此橋經破落，復更修裝，今無復文字」──顯見「此橋」是旅人橋，而且是拱橋。

公共建設的軟體方面，主要爲學校，曹操於建安八(203)年令郡國修文學，縣置校官，其令曰，「喪亂以來，十有五年，後生者不見仁義禮讓之風，吾甚傷之，其令郡國各修文學，縣滿五百戶置校官，選其鄉之俊造而教學之」（《三國志》本紀）；曹丕即位後，始立太學，有弟子數百人，明帝時達千餘人（《三國志·王肅傳》注引《魏略》）。蜀漢亦立太學，譬如《晉書·儒林傳》云，文立「蜀時游太學」。晉武帝時，太

---

21 李約瑟著，陳立夫主譯，《中國之科學與文明》，第十冊，頁333-343。

學生達七千餘人（《宋書‧禮志》），晉室東渡後，元帝於建武元(317)年立太學（《晉書》本紀）。宋太祖於永初三(422)年，詔興學校、立儒官，未成而帝崩，惟文帝於元嘉十九(442)年詔魯郡修復學舍，召生徒（《宋書》本紀），杜慧度爲輔國將軍，崇修學校（《宋書》本傳），沈亮爲南陽太守，開置庠序，訓授生徒（《宋書》自序），虞愿出爲晉平太守，在郡立學堂教授。南齊時，劉悛爲司州刺史，於州治下立學校（俱見《南齊書》本傳）。南朝諸帝中，對於教育之注意——首推梁武帝，置五經博士各一人，各主一館，每館生徒數百人，給其餼廩，其射策通明者即除爲吏，又遣學生如會稽雲門山，受業於廬江何引，並分遣博士祭酒到州郡立學（《梁書‧儒林傳》序）；安成王秀遷荊州刺史，立學校；始興王憺遷益州刺史，開立學校，勸課就業（《梁書》本傳）；梁元帝爲荊州刺史時，起州學宣尼廟，嘗置儒林參軍一人，勸學從事二人，生三十人，加廩餼（《南史》本紀）。

北魏道武帝天興二(399)年，令五經群書各置博士，增國子太學生員三千人，太武帝太平真君五(444)年，詔王公以下子息皆詣太學，不得私立學校，獻文帝天安元(466)年，立鄉學，郡置博士二人，助教二人，學生六十人（《魏書》本紀）。北齊諸郡皆立學，置博士助教，授經，惟學生多被迫前來，故成效不彰（《北史‧儒林傳》序），且據《隋書‧禮儀志》，北齊立學，學生每十日放假一次。

第三節　農工業發展與公營事業

這一期間的農業，土地並不缺少，感到稀少者厥爲人、牛與水，茲分述其解決之道。

在人力或人口方面，第一節已述各朝爭取與累積之方式，此處則專就擴大農業人口之措施而言，三國時，司馬芝奏請禁諸部吏民末作，以

專務農事，魏明帝從之（《三國志》本傳）；晉武帝泰始五(269)年，敕郡
國守相令長，務盡地利，禁游食商販（《晉書》本紀）；北魏孝文帝延興
二(472)年，詔工商雜伎盡聽赴農（《魏書》本紀）──這些措施是以抑末
爲手段，而求達到農業人口擴大之目的。此外，還曾經由其他方法，以
增加農業人口或勞力，譬如晉元帝時，後軍將軍應詹上表曰，「壽春、
一方之會，去此不遠，宜選都督有文武經略者，……綏集流散，使人有
攸依，專委農功」（《晉書·食貨志》）；北魏孝文帝於太和四年，詔曰，
「今農時要月，百姓肆力之秋，而愚民陷罪者甚眾，宜隨輕重，決遣以
赴耕耘之業」，次年，又詔曰，「農時要月，民須肆力，其敕天下，勿
使有留獄久囚」（《魏書》本紀）。

　　從第一節屯田分成辦法，足見耕牛在農業中的重要性，所以，建安
初，關中百姓流入荊州者十餘萬家，及聞本土安寧，皆企望思歸，而
無以自業，於是，衛覬建議將鹽恢復官賣，「以其值益市犁牛，百姓
歸者以供給之」，曹操從之；後來，於黃初中，京兆太守顏斐教農民養
豬，再賣豬買牛，並教人民製車；晉初，武帝納杜預之議，將政府所養
「種牛三萬五千頭，以付（兗、豫）二州將吏士庶，使及春耕，穀登之後，
頭責三(二字之誤)百斛。是爲化無用之費，得運水次成穀七百萬斛。」
（《晉書·食貨志》）──每頭牛值穀二百斛，足見其價格之高。且爲阻
止牛隻供給減少，宋孝武帝於大明二(458)年三月，以田農要月，太官
停殺牛；明帝泰始三(467)年正月，以農役將興，太官停宰牛（《宋書》
本紀）。至於北朝，則設法使有牛家與無牛家互通有無，譬如北魏恭帝
監國時，制有司課畿內之民，使無牛家以人牛力相貿墾殖鋤耨，大致上，
有牛家以其牛爲無牛家代耕，每耕廿二畝，無牛家要爲有牛家代鋤七
畝，以作爲補償；其後，孝文帝於延興三年，詔「同部之內，貧富相通，
家有兼牛，通借無者。若不從詔，一門之內終身不仕，守宰不督察，免
所居官」（《魏書》本紀），北齊武成帝令有人力無牛，無人力有牛者，

須令相便(《冊府元龜》)。

　　在農田水利方面，一般是開渠立陂，據李劍農統計，三國時代的水利灌溉計有八件，兩晉有七件，南朝與北朝各十件[22]，其較著者有賈侯渠，此乃賈逵為豫州刺史時，曾遏鄢、汝水，以造新陂，又斷山溜長溪水，造小弋陽陂以溉田，又通運渠二百餘里，即所謂「賈侯渠」(《三國志》本傳)；杜預在荊州，修邵信臣遺跡，激用溳清諸水，以浸原田萬餘頃(《晉書》本傳)；北魏刁雍為薄骨律鎮將，鑿渠一百二十里，溉官私田四萬餘頃；裴延儁為幽州刺史，從盧文偉議，修復范陽督亢陵，溉田萬餘頃，又修復漁陽燕郡之戾陵諸塌，溉田百萬餘畝(《魏書》本傳)。

　　不過，築陂遏水，常會招致水患，所以，杜預於晉初上疏曰，「往者，東南草創人稀，故得火田之利，自頃戶口日增，而陂塌歲決，良田變生蒲葦，人居沮澤之際，水陸失宜，放牧絕種，樹木立枯，皆陂之害也。陂多則土薄水淺，潦不下潤，故每有水雨，輒復橫流，延及陸田。……宜發明詔，敕刺史二千石，其漢氏舊陂舊塌及山谷私家小陂，皆當修繕以積水；其諸魏氏以來所造立及諸因兩決溢蒲葦馬腸陂之類，皆決瀝之」(《晉書·食貨志》)。

　　在勸農方面，君主親耕籍田及獎力田之人，各朝多有之，並以農桑業務作為地方官員之考績，例如石苞於晉初為司徒，奏以州郡農桑，未有賞罰之制，宜遣掾屬循行，皆當均其土宜，舉其殿最，武帝從之，並增置掾屬十人；明帝時，溫嶠奏請「司徒置田曹掾，州一人，勸課農桑」(《晉書》本傳)；北魏道武帝置八部帥，勸課農耕，量校收入，以為殿最(《魏書·食貨志》)。

　　這一期間，農業已甚發達，從北魏賈思勰所著《齊民要術》，可以看出。該書提及的農藝作物計有黍穄、梁秫、大豆、小豆、枲麻、苧麻、

22　李劍農，《魏晉南北朝隋唐經濟史稿》(華世重印本)，第三章附錄。

大麥、小麥、水稻、旱稻、胡麻、芋；園藝作物有瓜、瓠、葵、蒜、葱、
椒、薑、韭、蕹、藍、蔓菁、蜀芥、蕓薹、胡荽、蘭香、茳蓼、蘘荷、
芹蘩、苜蓿、茱萸、花紅、藍花、梔子、紫草；果樹有棗、桃、李、梅、
杏、梨、栗、柿、奈林檎、安石榴、木瓜；林木有桑、柘、榆、棠、漆、
竹、槐、柳、柞、白楊、穀楮、楸梓、梧桐；畜禽有牛、馬、驢、騾、
羊、豬、雞、鵝、鴨；水產有魚、蓴、藕、芡、菱、蓮子等；並列有多
種農產品加工方法。

在工業方面，這一期間實以紡織業爲主體，紡織品主要分爲兩類：
一爲絹，係絲織品；一爲布，係麻織品。至於棉布，則尙未普及，而且
是產自嶺南的木棉，據三國時代萬震所著《南州異物志》云，「五色斑
衣以絲布古貝木所作，此木熟時，狀如鵝毳，中有核如珠珣，細過絲綿，
人將用之，則治出其核，但紡不績，任意小抽相牽引，無有斷絕；欲爲
斑布，則染之五色，織以爲布，弱軟厚緻上毳毛」——既被稱爲「異物」，
當然不行於世；後來，宋武帝時，廣州獻入筒細布，諒係棉織品，武帝
惡其「精麗勞人」、「制嶺南禁作此布」，以致到南朝之末，「南布」
尙爲珍品，作爲餽贈之物（見《陳書・姚察傳》）。

兩漢時期，桑麻並產於北方，尤以絲織品爲盛，江南則以麻葛織物
爲衣，一直到此一期間仍是如此。李劍農曾就南朝史傳中所摘得的賻賜
之例予以統計，發現在《宋書》有十三例，言賜布者九，言賜絹者僅三，
言絹、布兼賜者僅一；《南齊書》有十一例，言賜布者十，言布、絹兼
賜者僅一；《梁書》有四十例，言賜布者卅三，言賜絹者四，言布、絹
兼賜者僅三，《陳書》有五例，言賜布者三，言賜絹者二[23]。當時紡織
業較爲發達的地方，是今日的河北、河南、山東與四川，譬如石崇於「奴
券」中說，「常山細縑，趙國之綸」「許昌之總，沙房之綿」（《全晉

23 李劍農，《魏晉南北朝隋唐經濟史稿》，第三章第三節。

文》）；左思於〈魏都賦〉中說，「錦繡襄邑，羅綺房子，縑總清河」，並於〈蜀都賦〉中說，「闤闠之里，伎巧之家，百室離房，機杼相和，貝錦斐成，濯色江波，黃潤比筒，籯金所過」。而君主皆有專用之紡織業，屬於少府系統，即使是立國甚短之五胡十六國，亦是如此，譬如石虎的織錦署屬中尚方，「錦有大登高、小登高、大明光、小明光、大博山、大茱萸、小茱萸、大交龍、小交龍、蒲桃文錦、班文錦、鳳凰朱雀錦、韜文錦、桃核文錦；或青綈、或綠綈、或紫綈、或蜀綈，工巧百數，不可盡名也」（《鄴中記》）。

除紡織業外，這一期間由於戰爭頻繁，冶金業亦甚發達，當時以水排冶金（上節及第九章第五節業已述及），而且煉鋼（當時稱「剛」）術有高度發展，譬如劉琨重贈盧諶詩曰，「何意百煉剛，化為繞指柔」（《古詩源》）；陶弘景曰，「作剛樸 是上虞謝平，鑿鏤裝治是石（右）尚方師黃文慶，並是中國絕手，以齊建武元（494）年甲戌歲八月十九日辛酉建於茅山，造至梁天監四（505）年乙酉歲，敕令造刀劍形供御用，窮極精功，奇麗絕世。別有橫法剛，公家自作百煉」（《太平御覽》卷665）。

君主常賜臣下布絹，可見官營紡織業規模之大；「御用」「刀劍」，「窮極精功」，足見官營冶金業技術高超，所以，當時的統治者均注意工匠的募集，其方式有二：一為俘掠；一為強徵。就俘掠言，孫策襲皖城，得袁術百工及鼓吹部曲三萬餘人，皆徙所得人東詣吳（《三國志》本傳注）；劉裕滅姚秦，遷關右百工而南（《太平御覽》卷815）；北魏道武帝於天興元（398）年滅後燕，徙山東六州民吏及百工伎巧十餘萬口以充京師（《魏書》本紀）。就強徵言，主要實施於北方，大致可為兩種方式：一為強迫遷居，例如北魏太武帝於太平真君七（446）年，詔徙長安城工巧二千家於京師；一為禁止私蓄，例如太武帝於太平真君五年，詔曰，「自王公以下，至於庶人，有私養沙門師巫及金銀工巧之人，在其家者，皆遣詣官曹，不得容匿，限今年二月十五日。過期不出，師巫沙門身死，

主人門誅。」(《魏書》本紀)。從「過期不出」的誅戮對象看，並未包括工匠，足見對工匠之重視，但工匠在當時的地位實甚低下，譬如北魏文成帝於和平四(463)年詔曰，「今制皇族、師傅、王公、侯伯、及士民之家，不得與百工伎巧、卑姓爲婚，犯者加罪」，而且在此以前，太武帝就曾規定這些工匠之子恆爲工，不得進學校，而於太平真君五年詔曰，「其百工伎巧騶卒子息，當習其父兄所業，不聽私立學校，違者師身死，主人門誅」(《魏書》本紀)。

這些工匠可能僅限於「金銀工巧」、冶金及織錦之人，至於一般紡織技術應甚普及，否則將難以實施戶調之式(每家輸納定量之布或絹)。而且，亦有很多工匠由皇室流出，譬如曹髦即位，「罷尚方御府百工技巧靡麗無益之物」(《三國志》本紀)；宋孝武帝即位時，「省細作並尚方雕文靡巧金銀塗飾」(《宋書》本紀)；梁武帝即位，詔放後宮女徒(《梁書》本紀)；北魏孝文帝太和十一(487)年，詔罷尚方錦繡綾羅之工，匹民欲造，任之無禁，其御府衣服，金銀珠玉，綾羅錦繡，太官雜器，太僕乘具，內庫弓矢，出其大半，班賚百官及京師士庶，下至工商皂隸，逮於六鎮戍士，各有差(《魏書》本紀)；北周武帝天和六(571)年，省「後宮羅綺宮人五百餘人」(《周書》本紀)。

「男耕女織」，是這一時代裡家庭中的主要分工，所以，北周放出的「羅綺宮人」，當係女性。而且王宮妃嬪亦不乏此道者，譬如王嘉的《拾遺記》曾載，魏文帝所愛美人薛靈芸，妙於鍼刺，深帷之內，不用燈燭，裁製立成，宮中號爲「鍼神」。《拾遺記》且稱吳宮趙夫人之善繡，當時「孫權常嘆魏蜀未夷，軍旅之際，思得善畫者便圖山川、地形、軍陣之象。趙夫人曰，丹青之色甚易歇滅，不可久寶，妾能刺繡，作列國於方帛之上，寫以五岳、河海、城邑、行陣之形。既成，乃進於吳主。時人稱之鍼絕」。並記趙夫人善畫，能於指間以彩絲織雲霞龍鳳之錦，大則盈尺，小則盈寸，宮中謂之「機絕」；又拈髮以神膠續之，織爲羅

綺，謂之「絲絕」。

　　一般官府夫人，亦擅織錦，「迴文織錦」故事即為一例，《晉書‧列女傳》記竇滔為符秦的秦州刺史，被徙流沙，其妻「蘇氏思之，織錦為迴文旋圖詩以贈滔，宛轉循環以讀之，詞甚悽惋，凡八百四十字」；武則天於「璇璣圖詩序」中說，此圖縱橫僅八寸，足見其精巧絕倫。

　　唐人陸龜蒙的《錦裙記》，是記載他所見的一幅古代錦裙，判斷為南齊或蕭梁時代之物，該裙長四尺，下闊六寸，上減三寸半；左有鶴二十隻，勢若飛起；右有鸚鵡聳肩舒尾，數目亦為二十隻；中間隔以花卉，鮮艷奪目；界道甚為分明。亦就是由於該錦裙，在技術上巧奪天工，才使陸氏感到震撼，所以才寫出這篇文字，以抒發其感覺，至於該裙是來自宮中、官府抑係富戶，則不得而知。

　　工匠雖於這幾次君主「省」「罷」行動中，流出皇家，但當時之工藝，卻多吝於外傳，例如，芮芮（即北魏所稱之蠕蠕或柔然）與南齊交好，芮芮王求醫工等物，世祖詔報曰，「知須醫及織成、錦工、指南車及漏刻。並非所愛，南方治疾與北土不同；織成、錦工並女人，不堪涉遠；指南車、漏刻，此雖有其器，工匠久不復存，不副為悵」（《南齊書‧芮芮虜傳》），南齊世祖雖云這些「醫工等物」「並非所愛」，但卻以各種理由搪塞，結果等於完全拒絕。但在另一方面，卻有若干工藝傳自泰西，其中之一即為琉璃，據《晉書‧崔洪傳》，汝南王亮嘗宴公卿，以琉璃鍾行酒，酒及洪，洪不執，亮問其故，對曰，「慮有執玉不趨之義」，足見琉璃之貴重，蓋因其來自外國；但至南北朝時，北方已可自製琉璃，且勝於外國產品，即在北魏太武帝（世祖）時，大月氏有「人商販京師，自云能鑄石為五色琉璃。於是採礦山中，於京師鑄之。既成，光澤乃美於西方來者。乃詔為行殿，容百餘人，光色映徹，觀者見之，莫不驚駭，以為神明所作。自此，中國琉璃遂賤，人不復珍之」（《魏書‧大月氏傳》）。甚至於醫學亦有外來部分，例如《隋書‧經籍志》子部醫方類，便錄有

《龍樹菩薩藥方》四卷，《西域諸仙所說藥方》廿五卷，《西錄婆羅仙人方》三卷，《西域名醫所集藥方》四卷，《婆羅門諸仙藥方》二十卷，《婆羅門藥方》五卷，《耆婆所述仙人命論方》二卷，《龍樹菩薩和香法》二卷，《龍樹菩薩養性方》一卷，表示有不少印度醫生隨印僧來華。

　　以上提到的公營事業，均為工業，而公營農業亦正不少，前述屯田即屬之。公營農業中還保持廣大的畜牧，曹魏職官中除典農外，尚於太僕卿下置有典牧令(《三國會要》卷九)，飼養牛馬豬羊，直至西晉之初，官牛尚有四萬五千頭，可見其數目之多，而且其飼養之處主要是在三魏近畿之地，所以，束皙上書晉武帝，「州司十郡，土狹人繁，三魏尤甚，而豬羊馬牧布其境內，宜悉破廢以供無業、業少之人，雖頗割徙，在者猶多田。諸苑牧不樂曠野，貪在人間，故謂北土不宜畜牧，此誠不然。案古今之語，以為馬之所生，實在冀北；大賈群羊，取之清渤；放豕之歌，起於鉅鹿，是其效也。可悉徙諸牧以充其地，使馬牛豬羊齕草於空虛之田，游食之人，受業於賦給之賜，此地利之可致者也」(《晉書》本傳)——束皙之議，雖然要擴大耕地，但卻可見當時公營畜牧之盛。

　　北魏為游牧民族，其公營畜牧業更為繁盛，據《魏書・食貨志》，「世祖之平統萬，定秦隴，以河西水草善，乃以為牧地，畜產滋息，馬至二百餘萬匹，橐駝將半之，牛羊則無數。高祖即位之後，復以河陽為牧場，恆置戎馬十萬匹，以擬京師(洛陽)軍警之備，每歲自河西徙牧於并州，以漸南轉，欲其習水土而無死傷也」。

　　這一期間的農業生產技術，亦有不少發展，譬如，知道使用糞便為有機肥料，據《南史・到彥之附曾孫溉傳》，溉於梁「歷御史中丞、都官、左戶二尚書，掌吏部尚書。時何敬容以令參選，事有不允，溉輒相執，敬容謂人曰，到溉尚有餘臭，遂學作貴人。……溉(曾)祖彥之，初以擔糞自給，故世以為譏云」。可見此期耕作方法，已由早期「遏長川以為陂，燔茂草以為田」(〈陸雲答車茂安書〉)的火耕水耨，演化到人

工施肥。

前述工業中，雖以紡織、冶金爲主，但另有幾種工業，在規模上縱然不可與此二主要產業相較，但卻有其劃時代的意義，首須提到的，乃是可能與冶金有關的煤業，此時，煤已開始被發現與使用，因據劉宋雷次章著《豫章記》，「豐城縣葛鄉，有石炭二百頃，可燃以炊爨」（《太平御覽》卷八七一引），既可用煤爲家庭燃料，當可漸用於冶金，毋怪乎此一時代冶金術突飛猛進。

其次則爲造船業的發展，上節已提到晉初的樓船，以及南北朝時疑似自動的車輪船，但於此一時代之初，孫權已有「載坐直立之士三千人」的大船（《水經·江水注》）。

蔡倫雖於後漢末年造紙，成爲中國四大發明之一，但到此一期間，才真正普及，譬如東晉時，王右軍在會稽，「謝公（安石）乞牋紙，庫中惟有九萬枚，悉與之」（《太平御覽》卷605引《語林》）；桓玄曾「命平準作青、赤、縹、綠、桃紅紙，使極精」，又令曰，「古無紙，故用簡，非主於敬也。今諸用簡者，皆以黃紙代之」（《太平御覽》卷605引《桓玄偽事》）。南朝建康城內有「紙官署」，「宋永初中立，舊日，齊帝于此造銀光紙，以賜王僧虔」（《六朝事跡編類》卷下）。

漆雖發現於先秦，但漆器也許是始創於此一期間，開始之時，漆器製作須經主管機關批准，《太平御覽》卷756引《晉令》曰，「欲作漆器物賣者，各先移主吏者名，乃得作，皆當淳漆著布器，器成，以朱題年月姓名」。南齊時，崔慰祖之父曾任梁州刺史，其自用漆器，均題有「日」字，父沒後，慰祖將「家財千萬，散與宗族」，由是「日字之器流乎遠近」（《南齊書》本傳），可見漆器亦已漸爲民間普遍使用。

晉人潘岳於《笙賦》中有「傾縹瓷以酌酈」之句，而縹瓷是青瓷的一種，足見青瓷製造技術於此一期間漸臻純熟。近年在安徽亳縣元寶坑發掘曹操家屬墓葬，出土許多青瓷碎片，釉色光澤，火候，均達相當水

準；江蘇宜興周處墓中出土的青瓷熏爐等，經化學分析，其胎和釉同南宋官窯瓷器的化學成分接近；浙江餘姚東晉墓中出土的青釉雞頭壺，雞頭均有頸，由柄代替雞尾，足見其造型亦在改進[24]。

第四節　商業發展暨經濟中心

　　這一期間由於市場隔離，影響到商業發展的環境，但在此一時代之始，商業卻甚繁盛，蜀漢劉備的崛起，就是得力於商賈之支持，「中山大商張世平、蘇雙等貲累千金，販馬周旋於涿郡，見（先主）而異之，乃多與之金財，先主由是得用合徒眾」（《三國志‧先主傳》）；麋竺「祖世貨殖，僮僕萬人，貲產巨億，……進妹於先主爲夫人，奴客二千，金銀貨幣，以助軍資，於時困匱，賴此復振」（《三國志》本傳）。劉備既依商賈起家，故能注重商業，所以，在入川後，就「平諸物賈，令吏爲官市，……數月之間，府庫充實」（《三國志‧劉巴傳》注引《零陵先賢傳》）；又以王連爲司鹽校尉，「較鹽鐵之利，利入甚多，有裨國用」（《三國志》本傳）。在這種重視商業活動下，導致「蜀土富實，時俗奢侈，貨殖之家，侯服玉食」（《三國志‧董和傳》），而成都亦成爲「水陸所湊，貨殖所萃」（《華陽國志》）之處；成都市上，「布有橦華，麵有桃椰，邛杖傳節於大夏之邑，蒟醬流味於番禺之鄉」，足見其貿易之盛況。

　　孫吳初起之時，亦曾藉商旅之力，孫「堅又募諸商旅、及淮、泗精兵合千人」。後來，孫吳占有長江泰半流域，使其國內貿易趨於活躍，所以，孫休於永安二（259）年，詔曰，「自頃年以來，州郡吏民及諸營兵，……皆浮船長江，賈作上下」（《三國志》本傳），這不僅表示當時長江一帶商業發達，亦顯示官僚資本在主宰商業──再連同蜀漢之「爲

24　王仲犖，《魏晉南北朝史》（台灣谷風出版社重印），頁486。

官市」，構成三國時期商業之特色，即政治介入商業領域；孫吳擁有蜀漢所無之海岸線（亦較曹魏為長），有助於對外貿易之開拓，孫權黃武五（226）年，「大秦賈人字秦倫來交趾，太守吳邈遣使詣權」（《梁書·諸夷傳》）。曹魏重視屯田，對於商業不若農業之重視，但曹丕於即位時令曰，「關津所以通商旅，池苑所以禦災荒，設禁重稅，非所以便民，其除池禦之禁，輕關津之稅，皆復什一」（《三國志》本紀），而有振興商業之意，以致後來於魏明帝時，司馬芝以「諸典農各部吏民，末作治生以要利入」，奏請重農（《三國志》本傳）——又是政治介入商業。

　　三國之間亦相互貿易，譬如魏使至吳，「以馬求易珠璣、翡翠、瑇瑁」（《三國志·吳主傳》）；魏、吳均購蜀錦，《太平御覽》卷八一五引《丹陽記》曰，「斗場錦署，平關右，遷其百工也，江東歷代尚有錦，而成都獨稱妙，故三國時，魏則市於蜀，而吳亦資西道」。其後，晉室東遷，中原鼎沸，南北仍偶有互市，譬如石勒曾「與（祖）逖書，求通使交市，逖不報書，而聽互市，收利十倍」（《晉書·祖逖傳》）——石勒因係商販出身（《晉書》載記），故知互市之利；宋文帝時，北魏「復求互市」，為顏竣所反對（《晉書》本傳），孝武即位，「魏求互市，……時遂通之」（《宋書·索虜傳》）；梁代，「鬱州接邊陲，民俗多與魏人交市」（《梁書·張稷傳》）；李繪為北齊「聘梁使之，……前後行人皆通啓求市」，蘇瓊行徐州事時，「舊制，以淮禁，不聽商販輒度，淮南歲儉，（瓊）啓聽淮北取糴；後淮北人飢，復請通糴淮南，遂得商估往還，彼此兼濟，水陸之利通于河北」（《北齊書》本傳）。從三國到南北朝之間的互市，可以看出一件有趣事實，那就是這些互市多由北方主動要求，這一方面是由於經濟重心逐漸南移，使北方在商業上要依賴南方；另一方面，則因南方剛予開發，而北方商業早已發達，譬如「河東俗多商賈，罕事農桑，人至有年三十不識耒耜」（《北史·魏諸宗室傳》），以致可能在商賈及官僚資本的壓力下，使其政府不得不主動向南方請求互

市，尤其是北魏之初，百官無祿，官府轄有商人，市買以供官用，所以，
這些商人在政治上應有相當力量，這可從孝文帝太和八（484）年之詔看
出一些端倪，該詔曰，「故憲章舊典，始班俸祿，罷諸商人，以簡民事」
（《魏書》本紀）。

　　至於北方商賈之盛，有其歷史淵源，前述協助劉備的富商，均爲北
方人，甚至於在中原鼎沸之際，富商仍然存在，譬如，苻秦「時、商人
趙掇、丁妃、鄒甕等，皆家累千金，車服之盛，擬則王侯，（苻）堅之諸
公競引之爲國二卿」（《晉書·苻堅載記》）。北魏莫含「家世貨殖，貲
累巨萬」（《魏書》本傳），其後，魏都洛陽，更有眾多富商巨賈，「出
西陽門外四里，御道南有洛陽大市，周回八里。市南有皇女臺……市東
有通商、達貨二里，里內之人，盡皆工巧、屠販爲生，資財巨萬，有劉
寶者，最爲富室，州郡都會之處，皆立一宅，各養馬一匹。至於鹽粟貴
賤，市價高下，所在一例，舟車所通，莫不商販焉。是以海內之貨咸萃
其庭，產匹銅山，家藏金穴，宅宇踰制，樓觀出雲，車馬服飾擬于王者。
市南有調音、樂律二里，里內之人絲竹謳歌，天下妙伎出焉……市西
有退酤、治觴二里，里內之人多醞酒爲業，河東人劉白墮善能釀酒，……
京歸朝貴多出郡登藩，遠相餉饋，逾于千里。……市北（有）慈孝、奉終
二里，里內之人，以賣棺槨爲業，賃輀車爲事，……。別有阜財、金肆
二里，富人在焉。凡此十里，多諸工商貨殖之民，千金比屋」（《洛陽
伽藍記》卷四）。

　　南方因政治中心重建，富賈亦從而產生，譬如徐堪之「門生十餘人，
皆三吳富人之子，姿質端妍，衣服鮮麗」（《宋書》本傳）；宋「孝武末
年作酒法，鞭罰過度，校獵江右，選白衣左右百八十人，皆面首富室，
從至南州，得鞭者過半」（《南齊書·茹法亮傳》）。「山陰有陳戴者，家
富，有錢三千萬」（《南史·戴法興傳》）──這些人很可能是經商致富。
梁代，陸「驗少而貧苦，落魄無行，邑人郁吉卿者甚富，驗傾身事之，

吉卿資以錢米，驗借以商販，遂致千金」（《南史》本傳）；徐度仕梁前，「嗜酒好博，恆使僮僕屠酤爲事」（《陳書》本傳）；何妥「父細胡，通商入蜀，遂家郫縣，事梁武陵王紀，主知金帛，因致巨富，號爲西州大賈」（《隋書》本傳）。

這些南北富賈，均出自民營商業，而當時官商勾結及官僚商業資本，便爲此一期間特色，第十章第五節曾從市場隔離，導致官商勾結及官僚資本之出現，而曾列舉多例。只不過那些例證均偏重於貿易，此處則從商業範圍討論之，所謂商業，是一種服務業，除販賣商品外，還提供勞務，當時最主要的是服務業之一，乃是以水碓或水碾磑爲消費者提供舂米、磨麵之勞務。由於這種水碓（碾、磑）須截水推動，妨礙灌溉，常爲朝廷禁止，譬如曹魏「司農王恩宏，作水碓，免歸田里」（《魏略》），所以，必須朝廷特許，而能獲特許者厥爲高官貴戚等特權階級，譬如晉之開國功臣「王渾表立碓，謂洛陽百里內，舊不得作水碓，臣表上先帝，聽臣立碓」（《全晉文》卷28）。這些水碓或水磑，因晝夜運轉，生產力大，所以獲准建立之特權階級，在自用之餘，泰半時間用以牟利，即代客以水碓舂粟，以水磑磨麵，收取一定費用，當時稱爲「舂稅」。此所以潘岳於〈閑居賦〉中說「舂稅足以代耕」。這種情況，在當時甚爲普遍，例如王戎「性好興利，廣收八方，園田水碓周遍天下，積實聚錢，不知紀極，每自執牙籌，晝夜算計，恒若不足」，石「崇有水碓三十餘區」（《晉書》本傳）。

王戎之「園田」亦爲「興利」之資，這在當時必甚普遍，所以，在西晉之初，江統曰，「秦漢以來，風俗轉薄，公侯之尊莫不殖園圃之田，而收市井之利，漸冉相仿，莫以爲恥，乘以古道，誠可愧也。今西園賣葵、菜、籃子、雞、麵之屬，虧敗國體，貶損令聞」。其後，更變本加厲，高官多從事販賣之商業活動，例如劉胤領江州刺史，「大殖財貨，商販百萬」，孫盛「出補長沙太守，以家貧頗營資貨」；刁逵爲廣

州刺史,其「兄弟子侄並不拘名行,以貨殖爲務」（俱見《晉書》本傳）。

上述「水碓」,似是晉代特權階級經營服務業之特色,到了南北朝,這些特權階級以經營邸店爲時尚,所謂「邸」,是屯積貨物的場所,「店」爲出售貨物之處,宋孝武帝時,「諸皇子皆置邸舍,逐什一之利,爲患偏天下」,侍中沈懷文諫曰,「宜量加減省」,但未果（《宋書》本傳）;「山陰人呂文度有寵於武帝,於餘姚立邸,頗縱橫」（《南齊書·顧憲之傳》）;梁武帝弟「臨川王宏、都下有數十邸,出懸錢立券,每以田宅邸店懸上文券,期訖便驅券主,奪其宅,都下東土百姓,失業非一。帝後知,制懸券不得復驅奪,自此後貧庶不復失居業」（《南史》本傳）——由此可見,「邸」亦經營貸放款業。所以,徐勉於誡子書中慨然言之:「顯貴以來將三十載、門人、故舊,亟薦便宜,或使創闢田園,或勸興立邸店,又欲舳艫運致,亦令貨殖聚歛。若此眾事,皆距而不納」（《梁書》本傳）,足見這些營利方式,爲當時顯貴常用之手法。除邸舍外,南朝官員尚有其他方式從事商業活動,譬如劉宋大將鄧琬,「財貨酒食,皆身自量校,……使僮僕出市道販賣」,寧朔將軍孔覬本人雖「不治產業」,惟其「弟道存、從弟徽,頗營產業。二弟請假東還,覬出渚迎之,舳重十餘船,皆是綿絹紙席之屬。」（《宋書》本傳）;虞悰爲南東海太守,「治家富殖,奴婢無游手,雖在南土,而會稽海味無不畢致焉」（《南齊書》本傳）;蕭梁開國功臣曹景宗,爲郢州刺史,「在州鬻貨聚歛」（《梁書》本傳）;湘州刺史華「皎,起自下吏,善營產業,湘川地多所出,所得竝入朝廷,糧運竹木,委輸甚眾,至于油、蜜、脯、菜之屬,莫不營辦」（《陳書》本傳）——頗似無所不包的公營商業。

在營利方面,北朝官員絲毫不減於南方,《魏書·食貨志》曾云:「高宗時,牧守之官,頗爲貨利」,其實這種現象何止文成帝一朝,譬如咸陽王禧「昧求貨賄,奴婢千數,田業鹽鐵偏于遠近,臣吏僮隸相繼經營」,北海王詳「公私營販,侵剝遠近」,大將李崇,「性好財貨,

販肆聚斂，家資巨萬，營求不息；子世哲爲相州刺史……鄴洛市鄽，收擅其利」，司空劉騰，「舟車之利，水陸無遺，……交通互市，歲入利息以巨萬計（《魏書》本傳）；高歡父子嬖臣陳元康，「放責交易，徧于州郡」（《北齊書》本傳）；劉璠由梁入周，「左遷同和郡守，……前後郡守多經營，以致貲產，惟璠秋毫無所取」（《周書》本傳）。

　　這些官僚商業資本與公營事業，已使民營工商業缺乏生存空間，而一些特權階級還多方予以掠奪、限制：前者如孫皓愛妾，「使人至市，劫奪百姓財物」（《三國志》本傳）；後者如「遠方商人多至蜀土資貨，或有直數百萬者，（益州長史費）謙等限布、絲、綿各不得過五十斤；馬無善惡，限蜀錢二萬；府又立冶一，斷私民鼓鑄，而貴賣鐵器，商旅吁嗟」（《宋書·劉粹傳》）。

　　當時的商業雖尚差強人意，但商業中心多與政治中心相重疊，就北方言，兩漢舊都長安、洛陽，雖於本期開始之時，爲董卓破壞殆盡，但於此一期間亦曾重振雄風，譬如在五胡十六國時期，前趙、苻秦、後秦與夏，均曾以長安爲國都，尤以苻秦時頗有建設，商旅歸之，以致劉裕破後秦時，長安「城內夷晉六萬餘戶」（《晉書·王鎭惡傳》），意謂華夏數十萬人遭屠殺，然後是西魏、北周均定都於此。惟除董卓破壞外，長安於此一期間，至少受到四次大劫，即一毀於永嘉之亂，再毀於劉曜之覆滅，三毀於苻秦之敗亡，四毀於姚秦之破沒。直至西魏之復興，才可成爲隋唐之首都。

　　殘破之洛陽，雖爲曹魏、西晉之首都，卻於永嘉亂後，歷時183年，才又成爲京都（劉聰於西元311年陷洛陽，北魏孝文帝於494年遷都於此）。在北魏經營下，洛陽「東西二十里，南北十五里，戶十萬九千餘。廟社宮室府曹以外，方三百步爲一里，里開四門，合有二百五十里」（《洛陽伽藍記》）。並於城外四周築坊，此即孝文帝後，廣陽王「嘉表請於京四面，築坊三百二十（據〈世宗紀〉景明二年條，應爲「三百二十三坊」），

各周一千二百步」（《魏書》本傳）。「里」「坊」均爲基層行政區域，惟一在城內，一在城郊。無論是里或坊，均可成爲獨立的防禦單位，即個別有其柵門。但其商業中心是在西陽門外四里之處的洛陽大市──已見前述，因爲「周回八里」，諒亦爲城，故其行政區域亦稱里，且作區域規劃：市東二里，爲食品及日用品供應區；市南二里爲娛樂區；市西二里爲釀造業；市北二里爲殯葬業與車輛租賃業；另有市東北之阜財里，市西北之金肆里，則爲富人的住宅區。再據《洛陽伽藍記》，在洛陽外郭南門外，伊水與洛水之間，在御道兩側，設四夷館：金陵館居住來自南朝的吳人；燕然館居住北夷之人；扶桑館居東夷之人；崦嵫館居西夷之人──後者是指「自蔥嶺以西，至於大秦，百國千城」之人。各方「歸附之民，萬有餘家」，「天下難得之貨，咸悉在焉」。別立市於洛水南，號曰四通市，民間謂永橋市」。足見洛陽於當時已成國際都市，但其所遭劫難爲最多；首毀於董卓，次破於八王之亂（計有四次，自西元301年起，每年一次），三毀於永嘉之亂，四破於爾朱榮之亂，五毀於侯景[25]，以致《洛陽伽藍記》作者楊衒於東魏孝靜帝武定五（547）年重臨洛陽時，遍見「城郭崩毀，宮室傾覆，寺觀灰燼，廟塔邱墟，牆被蒿艾，巷羅荊棘」。

但是，北方卻崛起另外兩個政治中心，隨而亦必然地成爲商業中心。其中之一爲鄴（亦在河南省），在曹魏之初即爲新興都市，曹操所建之銅爵（或稱銅雀）、金鳳、水井三臺，皆建於此。銅爵臺高十丈，有屋一百二十間。後趙建都於此，石虎又於銅爵臺上建五層樓閣，去地卅七丈，周圍殿屋一百二十房，房中皆有女樂、女伎；並於臺下「穿二井，作鐵梁地道以通井，號曰命子窟，於井中多置財寶飲食，以悅蕃客，曰聖井」（俱見《鄴中記》）──由此可見，當時應有國際商旅來此。其後，

25 詳見馬持盈，《中國經濟史》（商務版，第三冊），頁342-344。

毀於冉閔之亂，惟前燕曾以此爲國都，後爲苻秦所破（西元370年），直至534年，東魏始都於此，並爲北齊國都。

另一中心爲北魏初期國都——平城（今山西省境），首建於道武帝天賜三(406)年，「規立外城，方二十里，分置市里，經塗洞達」，次年又增建築（《魏書》本紀），其構築是模仿漢魏京師及名城，即《魏書‧莫含傳》所云，「太祖欲廣宮室，規度平城，將模鄴、洛陽、長安之制，運材百萬根」。其後，明元帝自泰常元(416)年至八年，每年均有工程，尤其是七年，「築平城外郭，周圍三十二里」，八年，爲「廣西宮，起外苑牆，周圍二十里」（《魏書》本紀）。在平城亦建有坊里，「其城廓繞宮城南，悉築爲坊，坊開巷，大者容四五百家，小者六七十家，每閉坊搜查，以借奸巧」（《南齊書‧魏虜傳》）。由於北魏先後曾移民（包含百工伎巧）數十萬以實京師，足見平城於北魏孝文遷都前，一直亦爲北方商業中心[26]。

南方商業中心，則多崛起於此一期間，其首屈一指者厥爲當時的政治中心——建業，即今日之南京，又稱金陵。據《金陵歷代建置表》引《景定志》，周顯王卅六（西元前345)年，「楚子熊商敗越，盡取故吳地，以此地有王氣，因埋金以鎮之，號曰金陵」；又引《建康實錄》，「楚威王因山立號，置金陵邑，……或云地接華陽金壇之陵，故號金陵」——這兩則記載，是一回事，因爲楚威王名熊商（見《史記‧楚世家》），即位於周顯王卅年，不同者只是對「金陵」名稱來源的詮釋。該「表」云，漢初，武帝封江都易王子敢爲丹楊侯，纘爲秣陵侯——丹楊（陽）與秣陵皆爲南京古稱，意味武帝時，南京已爲侯國之都；後漢，胡孰侯治丹楊《三國志‧張紘傳》云，紘建議出都秣陵，（孫）權從之；而於黃龍元(229)

26　詳見逯耀東，《從平城到洛陽》（聯經公司，民國68年），第四章〈北魏平城對洛陽規建的影響〉。

年，遷都建業(即秣陵)(《吳主傳》)。孫吳在建業定都4世，凡60年；晉
室東渡，元帝於建武元(317)年都建業，東晉建都於此11世，凡103年；
劉宋8世，凡58年；南齊7世，凡23年；蕭梁4世，凡50年，陳計5世，凡
33年(《金陵歷代建置表》)。前後立都於此者，計6朝39世。在六朝金粉
薰染下，建業當然成爲商業中心，《六朝事跡編類‧六朝宮殿》條下，
曾略言其規模：吳孫權遷都建鄴，徙武昌宮室材瓦，繕治太初宮，都城
二十里一十九步，其中，臺城爲宮省所寓，東府係宰相所居，西州乃諸
王所宅，倉城蓋儲蓄所在；晉元帝改稱爲建鄴宮，成帝繕苑城，作新宮，
窮極伎巧；宋齊因之，稱建康宮。梁都之時，城中二十八萬餘戶，東至
倪塘，西至石頭城，南至石子岡，北過蔣山，四方各四十里(《金陵歷
代建置表》)，可見其幅員與規模。隋代改建業(或建康)爲丹陽，《隋書‧
地理志》曾予介紹：「丹陽、舊京所在，人物本盛，小人率多商販，君
子資於宮祿，市廛列肆，埒於二京」，足見其商業之盛。這是由於建康
有四市：建康大市，孫權所立；建康東市，同時立；建康北市，晉惠帝
永安元(304)年立；秣陵鬥場市，係晉安帝隆安中(397-401)，發樂營人
交易，因成市焉(《太平御覽》卷827引《丹陽記》)。建康之所以成爲南
方最大的新興商業中心，不僅是由於其爲長期政治中心，也且藉長江航
運之利。《晉書‧五行志》云，安帝「元興三(404)年二月庚寅夜，濤
水入石頭(城)，商旅方舟萬計，漂販流斷」，其中當不乏大舟，《顏氏
家訓》卷五云，「昔在江南，不信有千人氈帳；及來河北，不信有二萬
斛船」。惟建業既爲政治中心，故亦曾遭三劫，即東晉之初王敦之亂與
蘇峻之變，以及蕭梁末年侯景之叛。

　　建業附近京口(今鎮江)，亦爲一新興商業城市，《隋書‧地理志》
亦云，「京口、東通吳、會，南接江、湖，西連都邑，亦一都會也」。
京口之所以爲重地，是晉元帝渡江，於京口置僑徐、兗二州，以治二州
南徙之民，宋文帝改稱南徐州與南兗州，前者治京口，後者治廣陵。京

口因近首都，且臨長江，所以，成爲南徐州治所後，商業興盛，以致「前後居之者，皆致巨富」（《梁書·蕭洽傳》）。

除建業、京口外，南朝還另有兩個商業中心：一爲極西之成都；一爲極南之廣州。成都自劉備建都以來，即爲商業都市，晉代，即爲「市廛所會，萬商之淵，列隧百重，羅肆巨千，貨賄山積，纖麗星繁，……賈貿墆鬻，舛錯縱模，……布有橦華，麵有桄榔」（〈蜀都賦〉）；至南朝時，「遠方商人，多至蜀土，資貨或有值數百萬者」（《宋書·劉粹傳》）；《隋書·地理志》認爲此處「人多工巧，綾錦雕縷之妙，殆侔於上國，貧家不務儲蓄，富室專於趨利」，故成都不僅爲全國織錦業的中心，且是西南貿易中心。該〈地理志〉又云，「南海、交趾各一都會也，並所處近海，多犀象玳瑁珠璣，奇異珍瑋，故商賈至者多取富焉」，按南海即今之廣州，而且當時亦作如此稱呼（雖泛指州名，但多指南海郡或其郡治番禺，——後名南海），例如《晉書·吳隱之傳》，「廣州包帶山海，珍異所出，一篋之寶，可資數世，……故前後刺史皆多黷貨」，致有「廣州刺史但經城門一過，便得三千萬」（《南齊書·王琨傳》）之說法，足見其商業之盛，且爲對外貿易的樞紐。

另外還有兩個次級商業中心：一爲山陰；一爲壽春。山陰是兩浙的米絹交易中心，「商旅往來」「徵貨貿粒」，錢塘、浦陽兩江的牛埭稅（過堰稅），一年之中就可徵收五百餘萬[27]。壽春位於汝、穎、淮、泗交錯之區，爲南北交通孔道，北魏曾「於南垂立互市，以致南貨，羽毛齒革之屬，無遠不至」（《魏書·食貨志》），故壽春可視爲南北交易中心。

---

27 王仲犖云，「一年之中就可徵收到四百餘萬之多」（見氏著《魏晉南北朝史》，頁488）。但按《南齊書·顧憲成傳》，是「一年格外長四百許萬」，而原來之稅爲「日三千五百」，一年達一百二十餘萬，加上「格外長四百許萬」，故應爲五百餘萬。

第五節　國際貿易的曲折發展

中國戰亂，當然影響到外商來華，但略有喘息時，貿易仍然進行，所以，這一期間的對外貿易可說是不絕如縷，其情況已略述於第十章第六節，此處則作較詳補述。

前曾述及，三國之中，曹魏較不注意商業活動，但其「河南尹內掌帝都，外統京畿，……商賈胡貊，天下四方會」（《三國志・傅嘏傳》），足見其亦注意對外貿易，而且同時經由陸、海兩路進行。

建安廿五（220）年，曹丕繼位爲魏王，即下令曰，「關津所以通商旅，池苑所以禦災荒，設禁重稅，非所以便民，其除池籞之禁，輕關津之稅，復什一」，兩年後，鄯善、龜茲、于闐王各遣使奉獻，……是後，西域始通（《三國志》本紀及注）。倉慈爲敦煌太守時，「嘗曰，西域雜胡欲來貢獻（實爲互市），而諸豪族多逆斷絕，既與貿遷，欺詐侮易，多不得分明，胡常怨望。慈皆管之；欲詣洛者，爲封過所；欲從郡還者，官爲平取；輒以府見物與共交市，使吏民護送道路」（《三國志》本傳）。

曹魏的海上交通，主要對象爲日本，《三國志・東夷・倭人傳》記載，倭女主三次朝魏，首次在景初三（239）年，「獻男生口四人，女生口六人，班布二匹二丈」，第二次與第三次，分別是在正始四（243）年與八年，前者獻倭錦等物；後者獻異文雜錦等。從這三次所獻之物看，第一次只是簡單的班布，第二次則爲倭錦，第三次則有異文雜錦，這或可顯示，魏倭往來後，日本的絲織技術於數年內由無到有，而且發展甚爲迅速，可見當時魏倭之間，定有民間經貿往來。

孫吳濱海，且造船業發達，故對海上交通頗有貢獻，第十章所云，大秦賈人來朝孫權，是見於《梁書・諸夷傳・中天笠國》，黃初五（226）年，大秦賈人來交趾，再由交趾太守吳邈遣送詣權，這當然是經由海道

而來。交州刺史呂岱，則曾「遣從事南宣國化暨徼外，扶南、林邑、堂明諸主各遣使奉貢」（《三國志》本傳）。

蜀漢侷處西陲，但卻亦發展對外貿易，因據《三國志・東夷・烏桓鮮卑傳》注引《魏略・西戎傳》曰，「大秦道既從海北陸通，又循海而南，與交趾七郡外夷比，又有水道通益州永昌，故永昌出異物」，顯然可見，這是經由古代西南絲路至交趾，再經海道至羅馬。

晉愍帝建興元（313）年，涼州於「張軌（主政）時，西胡致金胡餅，皆拂菻（原注，力禁切）作，奇狀，並人高四枚」（《太平御覽》引《前涼錄》）；「拂菻」即拜占庭，亦即東羅馬帝國，但在南方的東晉，卻譯為「蒲林」，哀帝「興寧元（363）年閏月，蒲林之國新開通，前所奉表詣先帝，今遣到其國慰諭」（《太平御覽》引《晉起居注》）。其所謂「先帝」，是指晉穆帝（345-361），至西元366年，哀帝才派使者報聘，這是中國與東羅馬第一次互通使節，可能是經由在名義上接受東晉封號的前涼而建立外交關係。但海西公太和五（370）年，前秦攻滅前燕，次年前涼與吐谷渾被迫稱藩後（均見《國史年表》），東晉與西方的聯繫遂告中斷。陸路對外交通既絕，東晉乃致力於海上通道，法顯於其《佛國記》中敘述，曾在斯調（今錫蘭）無畏山玉佛前，看到商人以晉地白絹扇供養，二年後，即在安帝義熙十（411）年九月，乘該國商舶（可容二百多人）航向廣州，但途中為颱風所阻，曾經換船，途中幾經漂流，而於次年七月才登陸，方知是山東長廣武山南岸，由此可見海上貿易之艱辛。

南朝對外貿易，仍以海運為主，《宋書・夷蠻傳》曰，「若夫大秦（此時實應稱為拂菻或蒲林）、天笁，迥出西溟，二漢銜役，特艱斯路，而商貨所資，或出交部，汎海陵波，因風遠至」；南洋各國更多來通商，文帝元嘉七（430）年，訶羅陀國（在今印尼境內）還曾遣使要求，「市易往返，不為禁閉」（《宋書》本傳）。《南齊書》卷58談到南洋諸國時，曾云：「四方珍怪，莫此為先，藏山隱海，環寶溢目，商舶遠屆，委輸南

州」（〈扶南傳‧史臣曰〉）。此「南州」似指廣州，蕭梁時，吳平嗣侯
勵爲廣州刺史。廣州邊海，舊饒（疑爲「例」或「習」），外國舶至，多
爲刺史所侵，每年舶至不過三數。及勵至，纖毫不犯，歲十餘至」（《南
朝梁會要‧民政‧互市》），所以，《梁書‧海南諸國傳序》曰，「海南
諸國，……及宋齊至者有十餘國，……自梁革遷，……航海歲至，逾於
前代矣」。當時對外貿易中，輸入貨物中，有犀角、象牙、翠羽、明珠、
琉璃、吉貝（即木棉布）、火浣布（石綿布）、香料等，輸出貨物以綾、絹、
絲、錦爲主[28]。

北方亦在拓展其對外關係，在東邊，日本「自魏至於齊梁，代與中
國相通」（《隋書‧倭國傳》），北魏太武帝時與高麗「貢使相尋」（《北
史‧高麗傳》）。北魏與吐谷渾間經貿關係，亦於太武帝時建立，其後自
宣武帝至宋明帝正統年間，吐谷渾的「牝牛蜀馬及西南之珍，無歲不至」
（《北史》本傳）；太武帝曾派董琬等使西域，西域諸國遣使與琬俱來貢
獻者，十有六國。自後相繼而來，不間於歲，國使亦數十輩矣（《北史‧
西域傳序》），由此向西推展，故至宇文、宣武時，「自蔥嶺以西，至於
大秦，百國千城，莫不歡附，商胡販客，日奔京下」（《洛陽伽藍記》）。
這種情況可能到北周時仍在持續。而且輸入之物，還包含著民生日用
品，所以，韓褒爲西涼州刺史時，「每西域商貨至，又先盡貧者市之」
（《周書》本傳）。

大致說來，這一期間的對外貿易，南方是以海運爲先，北方則以陸
路爲主。在此期間，中西文化交流經由貿易往來，至少有兩件事，值得
一書，即蠶絲的西傳與埃及玻璃製法之引進。中原的蠶桑與絲織技術，
首先傳入西域的于闐國，據藏文《于闐國探記》，說有一位中國公主嫁
給于闐國王，而將養蠶繅絲法傳入該國，其時間據推斷是在西元220年

28 參閱韓國磐，《南北朝經濟史略》（廈門大學出版社，1990），頁137。

左右；由此，擴及西域其他國家，再向西方擴展，至少在五世紀時，波斯已擁有其自己的絲織業，而且拜占庭亦於六世紀取得蠶絲技術，所以，《北史》介紹大秦國，「其土宜五穀，人務蠶田」。中國也是世界上較早製造玻璃的國家，1975年於陝西寶雞茹家莊強伯墓中，出土了上千件西周早、中期的琉璃管、琉璃珠，可作明證，但中國傳統的玻璃是屬於鉛鋇系統，致與埃及玻璃的鈉鈣系統完全不同。埃及玻璃約於秦漢之際流入中國，但其製造方法，卻是於此一期間傳入中國；先是葛洪（西元290至370年）於《抱朴子·內篇》卷二，提到仿造埃及玻璃碗：「外國作水晶碗，實是合五種灰以作之，今交、廣多有得其法以作之者」，此法其後可能失傳，但顯然是從海道傳來。稍後，埃及玻璃製造技術，亦從陸路傳到中國北方，據《魏書·大月氏傳》，世祖（424-452）時，其國人商販至京師，自言能鑄石為五色琉璃。於是採礦山中，於京師鑄之。既成，光澤乃美於西方來者。」[29]

第六節　多元體制下財經得失

　　所謂「多元體制」，是指中國疆域上有一個以上的政治中心，易言之，這是一種分裂現象。天下合久必分的必須條件，雖是經濟面的人地比例過大情況下民不聊生，迫使他們揭竿而起，但是，這並非分裂的充分條件，譬如秦人失政後群雄逐鹿，楚漢相持僅五年，又告統一；王莽篡立，群雄並起，但王莽滅亡後十二年，漢光武亦翦滅群雄；即使本階段之初的三國鼎立，但仍不到一甲子時間而統一於晉；而本階段中之長期分裂，實有種族因素，亦就是在漢族以外，必有其他民族的崛起，足以和漢族抗衡，所以，本階段之中，先有五胡十六國，後有鮮卑族的北

29　參閱沈福偉，《中西文化交流史》（東華書局，民國78年），頁92-100。

魏，得與南方漢族政權對峙——其後，第二次多元體制時期中，亦有契丹、女真、蒙古等族的次第勃興。循此，可以說，中國歷史上較爲長期的分裂，常是由於遊牧民族與農業民族的對立。

此農業民族就是漢族，主要形成於漢代，誠如第九章第七節所云，從此埋下種族衝突的因子，蓋因漢家一族獨大，易於養成漢族沙文主義，鄙視少數民族，在後漢，就使內徙的少數民族人民，「或侄偬於豪右之手，或屈折於奴僕之勤」（《後漢書・西羌傳》）；西晉時，匈奴貴族抱怨，「晉爲無道，奴隸御我」（《晉書・劉元海載記》）。這種不平等情況，燃起民族間憤怒之火，終成燎原之勢，五胡十六國時期的大屠殺，多有宣洩民族間仇恨的腥風血雨，其結果是是北方十室九空，人口大減，並導致民族大遷徙。

由於這些少數民族具有野蠻本質，以致其早期君主多甚殘暴，五胡十六國之間的殺戮，已如前述。北魏初期君主亦多暴戾不仁，以太祖爲例，先是於擊破後燕大軍，將所俘燕軍近五萬人，悉予坑殺（《魏書・王建傳》），後因神巫曰，「當有暴禍，惟誅清河、殺萬民，乃可以免」，而滅清河一郡，常手自殺人，欲令其數滿萬，後爲其子清河王紹（與其愛妾萬人通）所弒（《宋書・索虜傳》）；其孫世祖亦甚暴虐，「果於殺戮」（《魏書》本紀），且殺二子（包含太子在內）。其末代執政者荒淫者有之，溺佛者有之。至於北齊皇室自文宣、至武成與後主，其荒淫更爲過人。無獨有偶地，南朝各代末帝亦多淫亂暴虐，如宋之廢帝，齊東昏侯與陳後主爲其著者，荒淫之君主，在比例上，就中國各個時期言，以此一期間最高，其所以如此，可能是戰亂頻繁，使人有無常之感，致生頹廢佞佛之念，其中野蠻民族取得富貴，乃大事揮霍（其後蒙古亦復如此）。

君主暴虐作風，上行下效，再加戰爭頻仍，終而赤地千里，人口大減；荒淫之結果，人民負擔大增，以致民不聊生。所以，君主暴虐與荒淫，導致勞力縮減，田地荒蕪，而財政負擔大增，誠爲此一時期財經缺

失之一。

第十章第五節中所述官員貪汙與官僚資本之橫行情形，主要發生於經濟隔離，彼此難以進行交易，致使有關官吏得以上下其手，經營走私活動；且因階級森嚴，上位者本就易於利用其職權，營私納賄，而北朝在魏孝文帝改制以前，官員本無俸祿，公然放縱官員掠奪，其後，高歡容許貪瀆，以交換部屬的擁戴，這是意味，在經濟與貿易不能自由化，以及政治專制與集權情況下，執政階層才易於混水摸魚與上下交征利，此乃本階段的財經缺失之二。

再因社會上有世族出現，他們不須納稅，且庇蔭投附的部曲也不負擔賦役，致使賦役負擔不均，而這些豪門大族本身卻有很大財富與很高收入，表現財富與所得分配的不均，這顯示「寡」、「不均」同時發生，成為本時期財經缺失之三。

在租稅制度方面，漢代是按田地產出數量收稅，曹魏則改為定額稅租，而像孟子所云，「莫不善於貢」的「貢」，即不論年成豐歉，土壤沃瘠，都課徵相同稅額，這無異是增加農民負擔。到了西晉，改為按丁確定課田數，而有田租向丁稅轉化的傾向，至東晉，廢田租改課人頭稅，丁租化傾向更為強烈，到了梁陳時期，正式確定「丁租」名稱。田稅或田賦，不以田地為鵠的，而以人身為課徵對象，正合上老子所云，「吾所以有大患，為我有身」，導使男丁「殘形剪髮，以要復除，生兒不復舉養，鰥寡不敢妻娶」（《晉書‧范甯傳》），其結果是人力資源更為缺乏。這是此一時期財經缺失之四。

本階段因戰爭多，以及統治階層荒淫，故須大量徭役，但因人口大減，以致每一丁口的徭役負擔特別重。這一期間，除吏戶執「吏役」，百工執「匠役」外，一般丁口則須負擔「正役」、「運役」、「徭役性兵役」與「雜役」。其所謂「正役」，是指國家法令規定每丁每年應服役的固定天數之勞役，雖說「每歲役不過二十日」（《隋書‧食貨志》），

實則爲一個月以上,其工作大都爲官府修建宮殿、城池、宮廟、住宅,
開鑿塘渠溝瀆等水利,營建苑囿園池和建造佛寺、道觀等土木工程。所
謂「運役」,主要方式有二:一爲因軍事重要輸送糧食與裝備;一爲輸
送田租、戶調到京城或州、郡、縣所在地,表面上,是「率十八人出一
運丁役之」(同上),實則遠逾之。所謂「徭役性兵役」,意義有二:一
爲以兵充役;一爲以民爲兵。所謂「雜役」或「雜徭」,是指上述徭役
之外的勞役,名目繁多,至少有村長、路都的「防城直縣」(《南齊書・
海陵王紀》),塘、橋、桁、埭丁之役,送故之役,給官吏祿力之役[30]。
在漢代,男丁始役年齡爲廿三歲,五十六歲或六十歲止役,但本階段之
初,始役年齡降低爲十五、六歲,後來竟有「半丁」或「次丁」之役,
始役年齡爲十三歲,止役年齡一般爲六十五歲以上。由此可見,徭役奇
重,是此一時期財經缺失之五。

　　佛道二教均於上一階段傳入與發軔,但卻於這一期間發達,以致統
治階層佞佛崇道者有之,士大夫中更是談玄說妙而蔚成清談風氣,一般
民眾亦追隨僧道而求神拜佛。士大夫既尚請談,對於世事缺乏積極態
度,民眾也爲出世思想感染,只圖「苟全性命」之倖存,多無求富之想
法。統治者既溺於宗教,對佛寺、道觀大量投資,導致僧道人數大增,
但就佛教言,中國第一位削髮爲僧者是朱士衡,是於甘露二(257)年棄
俗出家(《釋氏稽古略》),但於本階段末期,僧尼至少爲四百萬人以上,
單是北齊即達三百萬人。宗教使人民經濟活動趨於消極,人力等資源投
向非生產面,不能不說是此時期財經缺失之六。

　　上一階段中,漢武帝將自由放任的市場經濟,改爲政府干預的統制
經濟,但在交易本質上仍屬貨幣經濟,尤其是五銖錢盛行後,數百年來
均以金屬貨幣爲交易媒介。但在此一期間,金屬貨幣卻退居次要地位,

30　高敏主編,《魏晉南北朝經濟史》(上海人民出版社,1996),第十一、十二章。

而以穀、帛爲交易媒介，成爲實物貨幣，揆其緣由，可分供需二面分析之：

在供給方面，首爲銅材缺乏，否則董卓更鑄小錢之時亦不會熔化銅人以充幣材（《三國志》本傳）；其次爲銅錢外流，使其供給益爲耗竭，這主要是發生於東晉時，「廣州夷人寶貴銅鼓，而州境素不出銅」等，賈人乃將銅錢輸入廣州，貨與夷人，鑄錢作鼓」（《晉書·食貨志》）。

在需求方面，首爲塢堡經濟特色，厥爲自給自足，亦即《顏氏家訓·治家篇》所云：「生民之本，要當稼穡而食，桑麻以衣，蔬果之蓄，園場之所產，雞豚之善，塍園之所生，爰及棟宇器械，樵蘇脂燭，莫非種植之物」，而將交易行爲降爲最小，從而減少對金屬貨幣之需求；其次，自王莽紊亂幣制後，百姓皆不便之也，「貨幣（乃）雜用布、帛、金、粟」（《後漢書·光武紀》），其後，章帝以穀帛價騰，乃改以穀、帛爲交易媒介，和帝亦不再鑄錢（《晉書·食貨志》）。傳至本階段，人民已習慣於實物貨幣，而對金屬貨幣減少迫切的需求；再因私鑄剪鑿，「錢貨亂改，一千錢長不盈三寸，……謂之鵝眼錢，劣於此者謂之綖環錢，入水不沉，隨手破碎，市井不復料」（《宋書·顏竣傳》），使人民對金屬貨幣失去信心，以致減少其需求。在這種情況下，實物取代金錢爲貨幣，人民亦習以爲常，以致十六國時，石勒在強制下，「令公私行錢，而人情不樂」（《晉書》載記），甚至到本階段末期的陳代，雖然鑄錢甚多，但「其嶺南諸州，多以鹽米布交易，俱不用錢」（《隋書·食貨志》）。但「穀帛爲寶，本充衣食，今分以爲貨，則致損甚多，又勞毀於商販之手，耗棄於割截之用」（孔琳之語——見《宋書》本傳），足見實物貨幣是在損耗有用之財貨。何況「人間巧僞漸多，竟濕穀以要利，作薄絹以爲布」（《晉書·食貨志》），可見穀帛難以符合貨幣標準，結果遂「致商貨不通，貿遷頗隔」（《魏書·食貨志》）。是以可說，實物貨幣縮減了經濟活動，成爲本時期財經缺失之七。

此一期間的財經缺失雖多，但亦有不少收穫或優點。

最大的優點厥爲「窮則變，變則通」，亦就是「因時制宜」、「因地制宜」與「因事制宜」。當時是人口銳減，田地荒蕪，促使當時朝野對此威脅生存的挑戰，作出正面的回應，那些節省勞力的技術變動，是要解決勞力減少的難題，甚至於「丁租」之形成，亦是因此而起，蓋因當時地曠人稀，人丁成爲稀少資源，所以亦就自然地成爲賦役課徵對象——且因實物貨幣之故，不僅田賦徵實、連漢代的口錢亦改爲戶調形式而徵實物。在土地使用上，有大型農場出現(包括屯田)，即使是北魏推行小農制的均田，亦是旨在促進土地充分使用。江南水利建設的陂塘化(不同於昔日北方流行的渠灌法)，亦是因地制宜，蓋因南方雨量較多，故隨處作陂塘以保留雨水，既可防洪排水，又可灌溉農田，而且大小任意，甚爲方便。

第二大優點，則是南方的開發。由於民族大遷徙，很多人已由北方湧向南方，單是從西晉末年永嘉之亂到劉宋之初，那些居住於僑州、郡、縣之人，已不下九十萬，占當時總人口的六分之一，以居住於今日江蘇省內者爲最多[31]。這些南移人口亦就成爲開發南方的生力軍，使一向被視爲蠻夷地區的江南，出現了「藝文之術，斯爲之盛」(《通典·州郡典》)，這種「衣冠禮樂之所欲」(《中說·述史篇》)，是來自「衣食足」與「倉厚實」，亦即來自經濟的開發。無論是東晉還是南朝，其轄地主要是在荊、揚二州，故「荊、揚二州，戶口半天下」(《宋書·何尚之傳》)，再加朝野戮力開發，使「荊域跨南楚之富，揚部有全吳之沃，魚鹽杞梓之利，充牣八方，絲綿布帛之饒，覆衣天下」(《宋書·孔季恭傳》史臣曰)。

第三是拓展對外關係，這是由於南北對峙，各自爲政進而結交遠

---

31 譚其驤，〈晉永嘉喪亂後之民族遷徙〉，《燕京學報》，15期。

方，並從而發展對外貿易，南方喪失陸上絲路後（雖有西南絲路，究嫌過於輾轉），從而發掘海上絲路，開海運之紀元——參見上節，不再贅述。

第四是民族間的融和，除胡漢雜處，彼此通婚外，還有醫藥、器物之交流，以及植物之引進。《隋書・經籍志》中列有《西域名醫所集要方》四卷，《婆羅門藥方》五卷，當是通行於此一期間的外來醫藥書籍。在器物方面，漢靈帝用胡床（《後漢書・五行志》），胡餅見於三國（《三國志・閻溫傳》注引《魏略・勇俠傳》），蔡文姬歸來後再嫁董祀，祀以琴寫胡笳聲爲十八拍，其辭則爲文姬所作（《樂府詩集》），可謂胡漢音樂揉和之創舉。魏文帝曾作〈馬腦勒賦〉與〈車渠婉賦〉，稱此二者爲「玉屑也」，「出自西域」。在植物方面，至少有海棠花與金億錢花，前者如《格物叢話》云，「此花未知其所始，至南朝時代始以詩詠之，唐李贊皇謂花以海名者悉從海上來，如海棠是也」；後者是「梁大同二年進來中土」（《酉陽雜記》）。

第五是由於戰爭頻繁，各方多發展軍備，從而促使煉鋼技術得到空前的發展，而且很多軍事上科技亦運用於民間生產工具，例如建築業中所用的傳統起重機，就是基於弩之原理。惜因當時推崇的賢明君主禁止奇伎淫巧，致使很多機械之學失傳——尤其是宋武帝拒斥廣州所獻細布，以其精麗勞人，禁止嶺南再作此布，否則棉紡織業不會推遲約一千年後，才在明初於長江下游發展。

第六是市集貿易的發展。秦漢之時，不論大小城，均設有市，是作爲人民交易活動場的場所，市之四週圍有牆垣，四面設門，稱爲闤闠：「闤、市垣也；闠、市門也」（《古今注》）。自京都至縣城，均設市，長安有九市，市內分設各肆，肆亦有門，肆長即守於市門，以稽察一切；商人入市營業，必先登記，故市內商人皆有市籍，這是大一統時期定點交易之所，由於側重統制與管制，並非所有的人都可經營商業，更非任何地點均可成爲市場。但在多元體制下，統制經濟色彩較淡，人民爲求

生存，得以隨意爲商，如《南齊書·韓靈敏傳》云：

> 會稽人陳氏有三女，無男。……歲飢，三女相率於西湖採菱蕚，
> 更日至市貨賣，未嘗虧怠。

　　且因此一期間，以塢堡經濟爲主體，因自給自足，致交易活動縮減，乃將縣城內之市肆改爲定期交易，如「平都縣，爲巴郡之隸邑矣。……縣有市肆，四日一會」；魚腹縣，在「朝陽道口，有縣治，治下有市，十日一會」（《水經注·江水》）──這些定期交易地方，是稱爲市集。東晉南朝時，原先縣治以下無市集之處，亦因經濟日趨發展而有市集，在劉宋元嘉初年，「凡百戶之鄉，有市之邑，歌謠舞蹈，觸處成群，蓋宋世之極盛也」（《宋書·良吏傳序》）。當時士人沈懷遠於《南越志》中說，「越之市爲虛，多在村場，先期招集各商或歌舞以來之，荆南、嶺南皆然」，正是說明這些鄉邑的定期市集。這些市集在南方稱爲「虛市」（或「墟」市），是由於此市逢集時則人滿，不逢集時則虛。這種定期市集在長江流域的江北，則稱爲草市。此一名稱首見於東晉，胡三省注《通鑑》曰，東晉的建康「台城六門之外，各有亭市」；壽春，「肥水左瀆，又西逕石橋門北，亦曰草市門」（《水經注》）。可見這些草市多在城郊、水陸要道，可能起初爲買賣秣草與燃料之場所，故名之，後乃擴大爲定期市集。無論是虛市還是草市，雖然是定期交易，畢竟增加塢堡或鄉村之間的交易活動，而且使交易場所增加，不限於城市。

　　從這六個財經之「得」看，主要是落在生產面，這是由於戰亂之時，人類生存不易，故在求生存的力量驅使下，不得不對惡劣環境給予之挑戰，挺身而起，作出各種適應或回應之道，此即以窮則變，再因多元之故，政治控制力較弱，使人民有較大的自由，故可「變則通」。這和上一階段提升生活素質的做法（見第九章第七節），大相逕庭。大致說來，

一元體制下注重秩序，但在多元體制下，人民爲求生存適應，使生產多樣化，前述人力節約技術之應用，人地關係新結合，由陸上到海上絲路，以及市集之發展，均可作爲此說之注腳。

第七節　小結──由分裂趨向統一

在第三章中，曾經論及政治與經濟之間的互動關係，並曾討論人地比例的擴大與縮小，將會導致政治上的「亂」與「治」，甚至於「分」與「合」。這一期間亦可作爲例證。

在第一次一元體制中，有兩次人口膨脹的紀錄：一爲漢平帝元始二（西元2）年，人口達5949萬4978人（《漢書・地理志》）；一爲漢桓帝永壽二（156）年，人口爲5648萬6856人（《通典》）。在農業社會中，於技術不變情況下，人地比例擴大之結果，民不聊生，將鋌而走險，此所以前一人口統計後15年（即西元17年），就有綠林兵起，再五年有赤眉之亂，終而導致王莽滅亡，漢室中興；後一紀錄並非人口飽和數字，所以遲至廿八年後，而於靈帝中光元（184）年，發生黃巾之亂。黃巾之亂導致三國鼎立，由於戰禍連綿，人口大減，以致三國末年，人口僅約867萬9891[32]，隨而導致晉之統一，但卻由於政治問題，產生八王、五胡之亂，天下又陷於崩析。

32　按《後漢書・郡國志》注引《帝王世紀》，魏景元四（263）年與蜀通，計民戶94萬3423，口537萬2891人；按《文獻通考》，晉太康元（280）年吳亡時，戶53萬，吏3萬2000，兵23萬，男女口230萬，後宮五千餘人。將吏、兵、後宮人數合併計算，共爲867萬9891人，但未計算曹魏（後爲晉）17年來人口增加，以及其吏、兵、後宮人數，故平吳時，人口未超過900萬；惟據《晉書・地理志》，太康元（280）年平吳，大凡戶245萬9840，口1616萬3863。此二統計數字，相差甚遠，惟前者似較可靠，因爲平吳時所獲戶口之數目，各方紀錄相差有限，而平蜀後，魏蜀戶口總數，則大致爲《通典》所接受。

　　劉宋孝武帝大明八（464）年，戶90萬有奇，口468萬有奇（《宋書‧州郡志》）（北魏人口無考）。南朝疆域以劉宋最廣，其後，齊失沔北諸郡；梁於侯景亂後，江北之地悉陷北齊，漢川蜀沒於西魏，陳之土宇，又蹙於梁，西不得梁漢，北失淮泗，以長江爲界（取自《六朝事跡類編》）。是以，陳亡時，隋家所收，戶50萬，口200萬。北齊於西元577年爲北周所滅，至西元579-580年間（即周宣帝大象年間），北周（連同所平之北齊）有戶359萬，口900萬9604（《通典》），連同陳氏擁有之人口，計約1100餘萬[33]，此乃南北朝末年大約之人口數字。由上一期間（一元體制）末期的約5600萬人，到此一期間之末的1100餘萬人，足見人口在四百年內將近減少80%，這就是馬爾薩斯在《人口論》中所說的，人類採取痛苦的手段以解決人口問題。此時，人地比例大爲縮小，隨而有導向統一之趨勢。

　　第三章曾云，人地比例擴大，是中國由「治」而「亂」，由「合」而「分」的必需條件，而本節又云，種族間的戰爭與對峙是其充分條件，

33　《通典》在統計北齊人口時，有矛盾現象，既云北齊「爲周師所滅」時，「有戶三百三萬二千五百二十八，口二千萬六千八百八十」；又云，北周「武帝誅戮權臣，方覽庶政……五六年內平蕩燕齊，嗣子昏虐，亡不旋踵。按大象中有戶三百五十九萬，口九百萬九千六百四」。由於北齊是滅於西元577年，北周靜帝大象僅二年，即579與580年，所以，後一人口統計應包括前者（《通典》敘述文字中亦有此意），但後一數字（統一北方後之北周人口）卻不到前者（北齊）之半數，豈非咄咄怪事。二者比較，應以後者較爲可靠，因據前者，每戶平均約爲6人，遠高於南朝及北朝之平均數（每戶約爲4人）。又據《魏書‧地形志》，東魏孝靜帝武定年間（543-550），戶189萬800，有口779萬9561，平均每戶4.12人強，另有三州只計戶爲1萬6092戶，未云人數，以每戶平均數乘之，得6萬6337人，則東魏末年計有戶190萬6892，口786萬898。以致不到30年內，北齊人口不可能增加到兩千萬以上。再從《通典》所載之二統計看，戶數大致正確，從北周末年359萬中扣除平齊所獲303萬餘戶，則北周原有戶數僅約56萬，這可能是實情，因《北齊書‧後主、幼主紀》後引魏徵之論，指北齊全盛時，「六國之地，我獲其五；九州之境，彼分其四」，則北周土地約爲北朝土地六分之一，觀此戶數亦約略近之。但北周末年，每戶人數平均不到三人，這可能是齊、周連年征戰，以致戶數雖增，但每戶人數卻爲之減少。

從而，人地比例縮小，卻只是由「亂」而「治」，由「分」而「合」的必需條件，若無充分條件之配合，則難以達成目標，而這種充分條件恆在非經濟面，此所以黃巾之亂，三國之爭，雖使人地比例大爲縮小，但卻缺乏充分條件，以致晉之統一只是曇花一現。這一期間，經濟面實已早就浮顯統一的必需條件，但卻等待充分條件在政治面或非經濟面的出現。此一充分條件可以簡而言之，即是生活條件與戰鬥條件一致，秦國因用商鞅農戰政策，才可併吞六國，一統天下，締造第一次一元體制。這一期間，北周師《周禮》之法，創立府兵制度，使兵農合一，又使生活條件與戰鬥條件一致，「故能(以)寡剋眾」，以一隅之地，克服五倍之強的北齊，「隋受周禪，九年而滅陳，天下一統，皆府兵之力也」(《玉海》卷138引〈鄴侯家傳〉)。

關於北周之府兵，已經略述於本章第一節，但這只是軍事方面承襲《周禮》六軍之制，其實還在其他方面仿行，即宇文泰「欲行周官，命蘇綽專掌其事，未幾而綽卒，乃命(盧)辯成之，於是依周禮建六官，……其內外眾職，又兼用秦漢等官」(《周書‧盧辯傳》)——由此可見，北周之奉行《周禮》[34]，實以宇文泰、蘇綽、盧辯爲中心。上章第四節曾經言及蘇綽所爲之「六條詔書」，使曹操以來重才不重德的政風爲之一變。這種新政風配合著兵農合一的府兵制度，才構成由分裂趨向統一的充分條件。

這六條是「先治心」、「敦教化」、「盡地利」、「擢賢良」、「卹獄訟」與「均賦役」，可說是漢文化結晶的綜合(六條內容，詳見《周書‧蘇綽傳》)。其實，北方雖在胡人統治下[35]，但漢化卻一直在進行——至晚期進行尤速，先是北魏孝文帝之全盤漢化，後爲西魏、北周循《周禮》

34　詳見拙著《周禮研究》(聯經公司，民國76年)，第八章第二節，〈西魏的立制〉。
35　北齊高氏雖爲漢人，但鮮卑化極深，各家多已言之。

立制。再加五胡十六國中，劉淵曾習《毛詩》、《京氏易》、《馬氏尚書》，尤好《春秋左氏傳》、孫吳兵法，史漢諸子無不綜覽；劉聰究通經史，兼通百家之言；劉曜等屬文，工草隸，尤好兵書；石勒立太學，增置十餘小學於襄國四門，並命郡國立學官，本身雅好文學，雖在軍旅，常令儒生讀史書而聽之；石季龍頗慕經學，遣國子博士詣洛陽，寫石經；慕容廆大興文教，引儒者爲賓友及東庠祭酒；苻秦於諸經皆置博士，王猛死後，特詔崇儒，並禁老莊圖讖之學；姚興聘耆儒教學於長安（《晉書》載記）；北魏道武帝天興二(399)年，「初令五經群書各置博士，增國子太學生員三千人」（《魏書》本紀）；隨而埋下孝文帝之全盤漢化，以及宇文泰之仿照《周禮》之種子，終於摸索到《周禮》中兵農合一制度，成爲促進由「分」而「合」之充分條件。這一漢化過程雖以漢文化爲主體，但卻融合有關民族之文化，所以，民族大遷徙的結果，是民族大融合。簡言之，生活條件是經濟性，戰鬥條件是政治性，此二者合一，是政經制度平衡，所以得統一。

　　中國史學家中，慣視此一期間爲中國史上的黑暗時期，譬如陳登原於其《中國文化史》（世界版），將討論後漢文化的第六章，標題爲〈黑暗的先驅〉，討論魏晉文化的第七章，標題爲〈文化史上之大風雨〉；錢穆於《國史大綱》第十二章〈長期分裂之開始〉，述及「新政權之黑暗」與「思想界之無出路」，其第十七章雖云「北方政權之新生命」，終究是就其結果而言，所以，在第十六章中認定「南方王朝之消沉」，大致上是對這一期間評價甚低。但亦有一些史學家持不同評價，例如柳貽徵將其《中國文化史》第七章，即標題爲〈三國以降文物之進步〉，且云，「孰謂南朝尚空談，而無研究實學乎？」

　　其實，對這一期間持悲觀或否定態度者，主要是著眼於其政治乖離、社會疏離與經濟隔離現象，尤其是看到內則篡弒成風，外則戰亂頻仍，人民有「寧爲太平犬，不作亂世人」之嘆。這些現象固然是反映時

代悲劇，但卻充分顯示歷史的本質就是「流變」，這一期間所表現的確是中國空前變局，而且無論在三國還是在兩晉，或是於南朝抑係於北朝，當時的朝野都在竭盡主觀之能，以適應客觀之變。由於戰爭中之殺戮過甚，人口大為減少，以致勞力成為稀少財，而為各方爭取之對象，當時豪強隱匿人口，朝廷索求隱戶，就是特權階層與政權當局間相互爭取勞力；彼此武力俘掠與激勵來歸，是不同政權間對勞力之爭取。這是一種「零和」性競局，即此得則彼失，整個中國人口數目並未增加，勞動的效率亦依然如昔。但在另一方面，卻又在進行「非零和」性競局，這種競局並未涉及雙方爭取，而是自我的競爭，那就是既追求勞力節用性技術進步，又在嘗試有效的人地關係新整合。這種新組合，是因為戰爭而導致大片土地荒蕪，以及大量流民。屯田制度就是以流民來開墾荒地，此所以曹魏屯田多為民屯。

　　軍戶制度是新整合的一種，軍戶除負擔作戰任務外，還於平時務農，以致也類似兵農合一，但卻未能像府兵那樣成為由「分」而「合」的充分條件，其主要理由是因為軍戶由於兵之子恆為兵，先天地位低下，且淪為廝養之輩，致與奴隸同伍，而府兵在基本上為民戶，且於九等之戶中，自中下至上上凡六等之戶，且具材力者才可入選，其軍士身份亦及身而止，可見其地位高於一般民戶；其次，府兵是真正兵農合一（軍戶則不一定），而且一年之內，通常只服役一月，以致不廢農耕，再加不服他役，且免其身租調，故其農田收穫幾全歸己有，從而激勵其工作誘因，提高其家庭所得，亦促進經濟成長[36]。在人格獲得尊重下，故在疆場上能奮勇殺敵；於所得全歸己有下，才於隴畝間能戮力務農，如此，在後方是倉廩充盈，在前線是以寡剋眾，所以，天下就在這種生活

---

36 府兵與軍戶之間的差別，可以析分為六點以比較之，詳見拙作〈魏晉南北朝軍戶考〉，《漢學研究》，8卷2期。

條件與戰鬥條件一致的情況下統一了！

　　這些新整合過程的本身，就是一種改革，是在大幅降低交易成本，尤其是不明顯制度成本，使經濟制度與政治制度再度趨於均衡，而可達到第二章所言之「政治制度與經濟制度一致則安」的境界。所以，即使對統治階層向持否定態度的馬列主義信徒，也認爲此一期間至少出現四個改革時期：首爲五胡十七國（含成李）時期成李、後趙與苻秦之改革，主要爲減賦稅，重本業；次爲劉裕執政至元嘉時代的改革，主要爲懲治貪贓，抑制豪門，省刑罰，薄賦役，獎勵農耕，興修水利；三爲北魏孝文帝之改革，主要爲實施均田，建立三長與漢化；四爲西魏北周之改革，主要爲力行六條詔書，仿照周禮立制，並再藉均田以均賦役[37]。這些改革亦是顯現適應客觀流變的主觀努力。

　　此處亦發生一個有趣的問題，那就是均田既由北魏孝文帝開其端，而北齊與北周亦均踵其後，三者都發生於北朝，南朝卻似乎無動於衷，這是不是意味「禮失而求諸野」？其實不然，蓋因當時的戰爭主要發生於北方，人民被迫離鄉背井，爲增進土地利用，鼓勵人民耕種無主之田，所以採取均田政策，其動機可見於孝文帝之詔，尤其是李安世之議；至南北朝晚期，北朝人口約爲南朝之五倍（見本節開始時之論述），以致土地所有權成爲當時社會重要問題，而須政府予以平均之。至於南朝，一方面是人口漸減，另一方面是曠地尙多，有開發空間，故無均田之必要。

37　中國社會科學院歷史研究所編寫，《中國農民戰爭史——魏晉南北朝卷》（本卷爲朱大渭主編，北京人民出版社，1985），第六章第二節。

第五編

第二次一元體制

隋至盛唐──府兵制度

　　本編所籠罩的時間，是始自隋開皇十(590)年，前一年平陳，完成統一，終於唐玄宗天寶十四(755)年，該年安祿山起兵，次年即自稱大燕皇帝，從而進入第二次多元體制。這一期間先後只有166年，遠低於第一次一元體制的419年，可說是短暫的統一。但是，第二次一元體制與第一次一元體制，確有很多相似之處，易言之，隋唐之統一，頗與秦漢類似：均是大統一於大紛亂(或大分裂)之後，統一之初的朝代立祚均不久，隋與秦同一命運；但其後續之皇朝，則均享國甚久，漢唐是也，漢因王莽之亂而有光武中興，唐亦因安史之亂而有靈武中興，且均有女禍發生；漢承秦制，唐亦於大致上承襲隋制。

　　陳登原曾經列出，隋秦相同之處四點：(1)秦以戰國橫議而焚書，隋以六朝符瑞而焚緯；(2)秦隋均武功蓋世，惟秦懼於亡秦者胡，隋亦未能北滅突厥；(3)秦築長城，隋煬帝亦築之，秦修馳道，隋則亦開御道；(4)刑法之重，秦隋如出一轍[1]，秦政嚴苛，世皆知之，隋政之苛，更不下之，馴至盜一錢以上，或聞見不告官者處死(《隋書‧刑法志》)。其實，秦隋相同之處何止四點，譬如：(1)秦隋均以二世而終，秦始、隋文均刻薄猜忌，均廢太子而另立，其第二代君主均甚荒淫；(2)秦始皇「收天下兵，……銷以為鍾鐻金人十二」，隋文帝於開皇十五年「收天下兵器」；(3)秦始皇「上(尚)農除末」，「發諸嘗逋亡人，贅壻、賈人，略取陸梁地」，隋文帝於開皇十六年，「制工商不得進仕」；(4)秦皇大築宮室，「關中計宮三百，關外四百餘」，隋文於開皇十八年，「自京師至仁壽宮置行宮十有二所」；(5)秦始皇廿六年，「徙天下豪富於咸陽十二萬戶」，隋煬帝於大業元年，「徙天下富商大賈數萬家於東京」[2]。

1　陳登原，《中國文化史》(世界書局)，第二冊，頁370-373。
2　有關秦始皇之文字，引自《史記》本紀；關於隋文(煬)帝之記載，均見《隋書》
　　本紀。

其間亦有大不同之處，那就是秦始皇法後王，自我作制；隋文帝則法先王，旨在復古。《隋書・百官志上》云，「高祖踐極，百度伊始，復廢周官，還依漢魏」，其廢北周所實施之「周官」，主要是「改周之六官」（〈百官志中〉）──即廢天地春夏秋冬六官之名稱，但實師其意，此即王夫之於《讀通鑑論》卷十九中所言，隋文以「天子統二僕射，二僕射統六卿，六卿統庶司，仍周官分建之制」，何況其府兵制度仍上承北周及《周官》之規範。其實，即使「還依漢魏」及「其制多依前代之法」（〈百官志中〉），亦是意謂復古，而「唐之官制，其名號祿秩雖因時增損，而大體皆沿隋故」，當然亦是「還依漢魏」，所以，在隋唐的制度中，亦有秦漢的影子，但在尋求集權上，或有過之。

由於隋唐的再度統一，其統治者都充分意識到自己是漢代的繼承者，而想恢復漢代疆域，從而對北方、南部、西北、東北（主要為朝鮮）等處用兵，其中尤以各別的第二代統治者（即隋煬帝與唐太宗）最為熱心，隋代且因此滅亡[3]。

隋祚雖較秦祚略久，但亦亡於奢侈，唐代隋後，亦若前漢予民休息，導致社會富裕；「漢興七十餘年之間，國家無事，非遇水旱之災，民則人給家足，都鄙廩庾皆滿，而府庫餘貨財，京師之錢累巨萬，貫朽而不可校，……」（《史記・平準書》）；唐玄宗時，「顏魯公陳清河之富云，有布三百餘萬匹，帛八十餘萬匹，錢二十餘萬緡，糧三十餘萬斛，甲兵五十餘萬事。」王夫之因而論曰，「一郡之積，充牣如此，唐之富可知矣。唐之取民，田百畝而租二石，庸調絹六丈，綿四兩而止。宇文融、韋堅、王鉷、楊慎矜雖云聚斂，未嘗有額外之征也。取民之儉如此，國儲之富如彼……」（《讀通鑑論》卷22）。王夫之所云「田百畝而租二石」，

3　中國社會科學院歷史研究所譯，《劍橋中國隋唐史》（中國社會科學出版社，1990），頁7、32、144、249等。

係以每人均得以充分受田爲前提，實則不然，蓋因天下承平，人口滋盛，每人實受之田漸次縮減，「租二石」及絹綿從而成爲重賦，以致農戶因不堪負擔而逃亡，這種逃亡情況，至玄宗即位之時，已成不可收拾之勢[4]。

　　隋唐之統一，在區域上，是南北的混合；在文化上，是胡漢的混合。就後者言，唐太宗曾傲謂侍臣曰，「自古帝王雖平定中夏，不能服戎狄。朕才不逮古人，而成功過之，所以能及此者，自古皆貴中華賤夷狄，朕獨愛之如一，故其種落皆依朕如父母」（《通鑑》）。但卒因過分任用蕃將（《陔餘叢考‧唐初多用蕃將》），釀成安祿山之亂[5]，使李唐帝國趨於瓦解，再度中興，已非統一局面。

4　李劍農，《魏晉南北朝隋唐經濟史稿》（華世出版社），頁267-268。
5　據丘濬，《世史正綱》，天寶十四年，「安祿山請以蕃將代漢將」——新舊《唐書》本紀均未載，惟唐人姚汝能所纂《安祿山事跡》云，天寶「十四載五月，祿山遣副將何千年奏表陳事，以蕃將三十人以代漢將。……即日……便寫詰付千年」，而是年十一月九日，安祿山反。

第十三章

第二次一元體制下政經特色

　　本章在體例上，是與第七、十兩章類似，尤以第七章爲然，但第一次一元體制是指秦漢，此次則指「隋唐」，惟因隋祚短暫，本章內容當以唐代爲主體——以下兩章亦然。

　　由多元體制復歸一元體制，當然是一大盛事，所以，中國歷史上常以漢唐並列爲「盛世」。第七章曾經指出，秦漢的大一統，使政治趨於專制，經濟趨於統制，社會趨於管制；統一後的隋唐亦有這種趨勢，只是從總體看來，較秦漢爲溫和，亦即政治趨於開明專制，經濟趨於放寬統制，社會趨於鬆弛管制，本章前三節將分述之，第四節則縱論隋唐制度與後世之影響，再將其中有關的隋唐對外關係，另列一節殿後。

第一節　政治趨於開明專制

　　前云隋文帝「復廢周官，還依漢魏」，王夫之認爲「仍周官分建之制」。按王氏《讀通鑑論》有關全文是如下述：

　　　　乃相臣以一人而代天子，則權下擅而事亦冗而不給於治；多置
　　　　相而互相委則責不專，而同異競起以相撓於是。而隋文之立法

為得矣，左右僕射皆相也，使分判六部、以各治三官。夫然，
則天子統二僕射，二僕射統六卿，六卿統庶司，仍周官分建之
制，而以兩省分宰相之功，殆所謂有條而不紊者乎！由小而
大，由眾而之寡，由繁而之簡，揆之法象，亦太極生兩儀，兩
儀生四象、八卦，以盡天下之至賾，而適成乎矗矗者也！

　　王夫之以隋唐這種制度，附會到「太極生兩儀」而讚美，實在不明
白政治理論與實際。撇開現代政治理論不談，中國儒法兩家均以宰相制
度為其政治理想之寄寓！例如，荀子曰，「相者、論列百官之長，要百
事之聽，以飾朝廷臣下百吏之分，度其功勞，論其賞慶，歲終奉其成功，
以效於君，當則可，不當則廢」（〈王霸〉）；管子曰：「是故主畫之，
相守之；相畫之，官守之」（〈君臣上〉）；《呂氏春秋》曰「相也者，
百官之長也」。這些話，是混合著政治現實與理想，蓋因人君未必皆賢，
但宰相可選天下之大賢以充任之；人君可以繼業垂統而不變，但宰相則
因其賢否及成效而變動，這是家天下、私天下中所含的一點公天下的成
分[1]。從現代觀點看，宰相頗有責任內閣的意味，故就責任歸屬言，宰
相應為一人，仲長統於其所著《昌言·法誡篇》中亦曾申其義：「夫任
一人則政專，任數人則相倚。政專則和諧，相倚則違戾。和諧則太平之
所興也，違戾則荒亂之所起也」（《後漢書》本傳）。隋文帝置左右僕射，
是分相權也，其用意並非使其「相倚」，實欲集大權於天子一身。按左
右僕射是屬於尚書省，其上有尚書令；另有門下省納言二人，內史省監
令各一人，此七人共分相權[2]，遠逾王氏所云，「以兩省分宰相之功」。
而分享相權之人愈多，則天子本人直接控制之權力愈大，亦就愈形成專

1　參見徐復觀，《周秦漢政治社會結構之研究》（新亞研究所，民國61年），〈漢
　代一人專制政治下的官制演變〉。
2　李俊，《中國宰相制度》（商務印書館，民國55年台一版），頁98。

制政治，此所以，徐復觀氏慨然言之，「專制政治的發展，在官制上最重要的演變，便是宰相制度的破壞」[3]。

唐代改內史省爲中書省，改門下省納言爲侍中，並廢尚書令，仍以多人爲宰相。按尚書、中書與侍中，均爲宮內侍臣，亦即天子親近之人或私屬，現在將私屬充當政府首長，是私天下的具體表現，亦是向專制更趨進一步。

在第三編中，曾云兩漢地方政府長官有權任免其官吏，魏晉南北朝也如此，《隋書·百官志下》云，「舊周、齊州郡縣職，自州都、郡縣正以下，皆州郡將縣令至而調用」，但自隋代起，改爲中央集權，悉廢兩漢以來州郡辟署僚佐之制，改歸吏部銓授[4]，此即劉炫云：「往者州唯置綱紀，郡置守丞，縣唯令而已，其所具僚則長官自辟，受詔赴任，每州不過數十；今則不然，大小之官悉由吏部，纖介之跡皆屬考功」（《隋書》本傳）。尤有進者，以往，縣佐多以本郡人爲之，隋代則盡用他郡人[5]，可作中央集權另一明證。

關於隋代的專制與集權，若與秦漢比較，真有青出於藍之勢[6]，但在另一方面，卻又有放鬆專制與集權之勢，其中之一廠爲科舉制度之建立，按進士科始於隋煬帝大業二(606)年，盛於唐太宗、高宗及武后之

3　徐復觀，《周秦漢政治社會結構之研究》。

4　參見陳寅恪，《隋唐制度淵源略論稿》（台灣重印本），頁61、62。陳氏雖於此處指出，此法始於北齊，但究其實際，是因北齊「後主失政，多有佞倖，乃賜其賣官」（《通典·選舉典》），可見是短期之亂命，不足爲訓，所以，正式形成制度，當以隋代開始。

5　《通典》「縣佐」係杜佑註。

6　張玄素告唐太宗曰，「臣觀自古以來，未有如隋室喪亂之甚！豈非其君自專，其法日亂？向使君虛受於上，臣弼違於下，豈至於此？且萬乘之主，欲使自專庶務，日斷十事，而有五條不中者，何況萬務手？以日斷月，乃至累年，乖濫既多，不亡何待！」（《大唐新語》卷一）——另據《貞觀政要》卷一，這番話（大意）是出自唐太宗之口（《唐鑑》亦如此說）。

時，後人雖譏之爲麻醉人心與牢籠英雄 [7]，但究屬人民致身通顯之途
徑，一方面參預中央政治，稍減專制之弊；另一方面，這些人士係來自
各方的俊彥，亦稍分集權之虞，此所以陳寅恪氏認爲他們是統治集團中
之新興階級 [8]。其次是統治者較爲重視人民生命之尊嚴，隋文帝開皇十
六(596)年詔、「死罪三奏，然後行刑」，唐太宗貞觀五(631)年制、「自
今決死刑者皆覆奏，決日、徹樂減膳」。再次，則是人倫重於皇權，唐
太宗貞觀十一年，「南平公主適(王珪子)王敬直，始行婦禮(指王珪夫婦
「坐受公主執笲盥饋」)」；高宗顯慶二(657)年，「禁舅姑拜公主，父母
拜王妃」(以上均引自丘濬，《世史正綱》)。顯慶三年，詔曰：「古稱釐
降，唯屬王姬，比聞縣主適人，皆云『出降』；娶王女者，亦云『尚至』。
濫假名器，深乖禮經，其縣主出嫁，宜稱『適』，娶王女者稱『娶』」(《唐
會要》卷6)，此詔雖說爲「濫假名器」而改稱，但亦透露皇家爲了禮俗
要向民間看齊，而有「平等」之傾向。最後，則是人君能以百姓爲重，
《貞觀政要》首篇，即記：「貞觀初，太宗謂侍臣曰，爲君之道，必須
先存百姓，若損百姓，以奉其身，猶割股以啖腹，腹飽而身斃。」

　　大致說來，這種放鬆專制的行爲，主要是發生於唐代，而唐太宗的
一番話，正可表現隋唐統治者行爲之強烈對照！

　　　帝問房玄齡、蕭瑀曰，隋文帝何如主也？對曰，文帝勤於爲治，
　　臨朝或至日昃，五品以上，引坐論事，衛士傳餐而食，雖性非
　　仁厚，亦勵精之主也。帝曰，公得其一，未得其一(《貞觀政
　　要》卷一作「未知其二」)。文帝不明而喜察，不明則照有不通，
　　喜察則多疑於物，事皆自決，不任群臣。天下至廣，一日萬機，

7　參見陳登原，《中國文化史》(世界書局)，上冊，頁396、397。
8　陳寅恪，《唐代政治史述論稿》(台灣重印本)，頁14-17。

雖復勞神苦形，豈能一一中理？群臣既知主意，惟取決受成，
雖有衍違，莫敢諫爭，此所以二世而亡也。朕則不然，擇天下
賢才，寘之百官，使同天下之事關，由宰相審熟便安，然後奏
聞，有功則賞，有罪則刑，誰敢不竭心力以脩職業？何憂天下
之不治乎！因敕百司，自今詔敕行，下有不便者，皆應執奏，
毋得阿從，不盡己意(《唐鑑》卷三)。

　　《唐鑑》編者范祖禹對此事評論道：「書云、元首明哉！股肱良哉！
庶事康哉！又曰，元首叢脞哉！股肱惰哉！此舜、皋陶所以賡歌而相戒
也。夫君以知人為明，以任職為良，君知人則賢者得行其所學，臣任職
則不賢者不得苟容於朝，此庶事所以康也。若夫君行臣職，則叢脞矣，
臣不任君之事，則惰矣，此萬事所以墮也。當舜之時，禹平水土，稷種
百穀，土穀之事舜不親也；契敷五教，皋陶明五刑，教刑之事舜不治也；
伯夷典禮，夔典樂，禮樂之事舜不與也；益為虞，垂作共工，虞工之事，
舜不知也；禹為一相，總百官，自稷以下，分職以聽焉。君人者如天運
於上，而四時寒暑各司其序，則不勞而萬物生矣。君不可以不逸也，所
治者大，所司者要也；臣不可以不勞也，所治者寡，所職者詳也。不明
之君，不能知人，故務察而多疑，欲以一人之身代百官之所為，則雖聖
智，亦曰力不足矣，故其臣下，事無大小皆歸之君，政有得失，不任其
患，賢者不能行其志，而持祿之士得以保其位，此天下所以不治也。是
以，隋文勤而無功，太宗逸而有成，彼不得其道，而此得其道故也。」
　　范祖禹這番話的內容，是表達儒家的政治哲學，是要人君垂拱而
治，將「庶事」委諸賢人辦理，以致統治階級是一大群人，並非一人，
而且這些賢者經由科舉制度，從各地選出，當非世襲，故百官均由民間
產生，可以反映民間疾苦，致可視為尚具理想之政體。惟此政體繫於「元
首明哉」，所以，無法保證此一理想必然實現，再加唐代宰輔並非以「一

相總百官」，故其本質仍爲專制，但有上述鬆弛之作爲，或可稱之爲開明專制。

這種開明專制產生的原因之一，可能是由於這一期間主政者全神貫注於對外擴展，以致放鬆其對內的控制，譬如《劍橋中國隋唐史》（中國社會科學院歷史研究所譯，中國社會科學出版社，1990）第二章，就曾經說到隋煬帝，於西元609（大業五）年後，「他全力貫注於對外擴展；對高麗（朝鮮）的征服簡直發展到著迷的程度，對國內問題則相對地放鬆」。

其實，此一期間，對外擴展成爲統治者的迷思，這就是《劍橋中國隋唐史》第一章所云：「作爲重新統一的中華帝國的主人，隋唐兩代都充分意識到自己是漢代的繼承者。在六和七世紀，它們想收復漢朝領土的雄心，爲中國在越南北部的擴展，爲一再發動旨在恢復中國對以前漢朝在南滿和朝鮮領土的控制的征戰，和爲占領位於通往中亞和西方絲綢之路上的諸綠洲王國的行動提供了動力」。其中最著的，當以隋煬帝、唐太宗爲代表，二人均因親征高麗失敗，有損國力，隋代且因此覆滅，但下至唐玄宗，仍然具有此種野心，終而導致天寶之亂，此即《唐鑑》卷九所云，「及開元中，天子有吞四夷之志，爲邊將者十餘年不易，始久任矣。……（且）諸道節度使盡用胡人，精兵咸戍北邊，天下之勢偏重，率使（安）祿山傾覆天下」，導致此一時代的結束。

第二節　經濟趨於放寬統制

秦漢經濟之所以趨於統制，是因爲政府干預經濟事務。其干預行動是在兩方面：一爲政府強行干預人民對產業的選擇，主要是重農抑商；一爲政府直接經營若干產業，這就是鹽鐵酒的專賣。可是，這兩種類型的干預，在第二次一元體制下，幾不存在，或者可說並不顯著，因就前

者說，隋文帝開皇十六(596)年，「制工商不得進仕」(《隋書》本紀)，唐高祖則於武德七年規定，「工商雜類無預士伍」(《世史正綱》)，但太宗卻有捉錢令史之制(見下述)，使商人得以出頭。只不過隋唐的計口授田，並輕其田租，無異於在誘導人民業農。

　　就公營事業言，在南北朝的大分裂時代裡，鐵已不可能由政府專營，但鹽酒則常由政府掌握，但隋文帝在平陳以前，即已弛鹽酒之禁，此即《隋書‧食貨志》所云，「開皇三年，帝入新宮，……先是尚依周末之弊，官置酒坊收利，鹽池鹽井皆禁百姓採用，至是，罷酒坊，通鹽池鹽井，與百姓共之，遠近大悅」。唐代因之，在此一期間，並未榷酤，至於鹽鐵的專賣，至玄宗開元元(713)年十一月，左拾遺劉彤才上表論鹽鐵曰，「夫煮海為鹽，採山鑄錢；伐木為室，豐餘之輩也；寒而無衣，飢而無食，傭賃自資者，窮苦之流也。若能收山海厚利，奪豐餘之人，蠲調斂重徭，免窮苦之子，所謂損有餘而益不足，帝王之道，可不謂然乎！然臣願陛下詔鹽鐵木等官，各收其利，貿遷于人，則不及數年，府有餘儲矣，然後下寬大之令，蠲窮獨之徭，可以惠群生，可以柔荒服，雖戎狄降服，堯湯水旱，無足虞也」。玄宗乃令宰臣議其可否，咸以鹽鐵之利，甚益國用，遂令將作大匠姜師度、戶部侍郎強循，俱攝御史中丞，與諸道按察使，檢校海內鹽鐵之課。該年十二月，姜師度以安邑鹽池漸涸，開拓疏決水道，置為鹽屯，公私大收其利。但至開元十年，敕「諸州所造鹽鐵，每年合有官課，以令使人勾當，除此更無別求，在外不細委知，如聞稍有侵剋，宜令本州刺史上佐一人檢校，依令式收稅，如有落帳欺沒，仍委按察糾覺奏聞。其姜師度除蒲州鹽池以外，自餘處更不須巡檢。」(俱見《唐會要》卷88)

　　由此可見，即使到此一時代末期，鹽鐵主要是民營官賣，並不像漢武帝那樣完全由政府經營之，足見第二次一元體制在經濟統制上要較第一次放寬不少。而且隋文帝於開皇十四年六月，「始詔公卿以下皆給職

田，毋得治生與民爭利」（《玉海》卷177）；唐高祖於武德七(634)年，「制，食祿之家不得與民爭利」（《世史正綱》），旨在保障民營企業[9]；太宗於貞觀元(627)年敕、五品以上，不得入市（《唐會要》），是進一步地避免政治干擾經濟活動。

為著讓貨物自由流動，太宗且於武德九年八月（該月，唐高祖禪位於太宗）十七日下詔曰（《唐會要》）：

> 關梁之設，襟要斯在，義止懲奸，無取苛暴，近世拘刻，禁禦滋章，非所以綏安百姓，懷來萬邦者也。其潼關以東，緣何諸關，悉宜停廢，其金銀綾絹等雜物，依格不得出關者，不得須禁。

由此詔看來，不僅廢除對內流通的口岸稅，也且開放對外自由貿易。武后時，有司表請稅關市，為崔融諫阻。「高宗朝，司農欲以多藏餘菜賣之百姓，以墨敕示僕射，蘇良嗣判曰，昔公儀相魯，猶拔去園葵，況臨御萬邦，而販鬻蔬菜，事竟不行」（《全唐文紀事》卷11）（詳見第十五章第五節）。

不過，唐代對於市場及貿易，亦有頗多限制之處，例如中宗景龍元

---

9 《世史正綱》於此引，「胡寅曰，食祿之家無得與民爭利，此以廉恥待士大夫之美政也。然古之仕者世祿，故仕則不稼，後世用人不慎，升黜無常，則此制將有不可行者必也。仕者視其品而給之田，進而任用，則有祿以酬其勞，置而不用，則有田以資其生，必有大罪然後收其田里，如此則不特爭利之法可行，而廉恥之風益勸矣。」按唐代官員有職分田，但職務變動之時，須移交後任，胡氏構想則是希望「仕者世祿」，至少是一日為官，終生有田，雖非蓄意鑄成特權階級，但對文官制度之健全終究缺乏有效建議，以致其對「食祿之家不得與民爭利」規定之批判，變為無的放矢，何況武德元年，就曾規定，官員除職分田外，還有永業田，即使是八品或九品官，亦均有永業田二頃（《新唐書·食貨志》）。

(707)年十一月敕，「諸非州縣之所，不得置市。其市當以午時擊鼓二百下，而眾大會，日入前七刻，擊鉦三百下，散。……車駕行幸處，即於頓側立市，官差一一權檢校市肆」(《唐會要》)。此敕至少顯示三點：

一、一縣只立一市於縣城，他處禁止立市。
二、市場交易只限於中午至黃昏前的下午時間以內，表示沒有夜市。
三、市場似爲皇家服務，故皇帝到處，設有臨時市集，而洛州的北市，是置於高宗顯慶二(657)年，屬太府掌管，更顯示此義。

揆其實際，這等於是取消上一階段蓬勃發展的鄉邑之市。

玄宗於開元二年閏三月敕，「諸錦、綾、羅、穀、繡、織成紬絹絲，犛牛尾、真珠、金、鐵，並不得與諸蕃互市；及將入蕃金鐵之物，亦不得將度西北諸國」(《唐會要》)，這是將太宗遺留的自由貿易政策大打折扣。

但在另一方面，隋唐卻又極爲干預金融市場，而且是公然的壓榨，這就是公廨錢。據《隋書·食貨志》，「先是，京官及諸州，並給公廨錢，迴易取利，以給公用。至(開皇)十四年六月，工部尙書安平郡公蘇孝慈等，以爲所在官司因循往昔，以公廨錢物出舉興生，唯利是求，煩擾百姓，敗損風俗，莫斯之甚。於是奏，皆給地以營農，迴易取利，一皆禁止。十七年十一月，詔在京及在外諸司公廨，在市迴易及諸處興生，並聽之，唯禁出舉收利」。顯然各政府機關(即公廨)，均有公廨錢，對外放高利貸，貸給人民，將其利息收入「以給公用」；後經大臣諫阻，准予「給地以營農」——隋代可能未實施，但卻爲唐代公廨田的由來；但不久，仍准公廨錢存在，且只容許用來作買賣，不得放高利貸。

　　隋代公廨錢是用作辦公費，而唐代卻用作官員薪俸[10]的一部分，因據《唐會要》卷91，「武德已後，國家倉庫猶虛，應京官料錢，並給公廨本，令當司令史番官迴易給利，計官員多少分給」——《新唐書‧食貨志》亦云，「諸司置公廨本錢，以番官貿易取息，計員多少爲月料」，似謂貸給對外貿易者以取息，但後來卻放款於商場，這可從褚遂良之疏中看出。《唐會要》載，貞觀十二年二月，諫議大夫褚遂良上疏曰，「大唐制令，憲章古昔，商賈之人亦不居官位。陛下近許諸司令吏，捉公廨本錢，諸司取此色人，號爲捉錢令史，不簡性識，寧論書藝，但令身能佶販，家足貲財，錄牒吏都，使即依補，大率人捉五十貫已下，四十貫已上，任居市肆，恣其販易，每月納利四千，一年凡輸五萬，送利不違，年滿受職。然有國家者，嘗笑漢代賣官，今開此路，頗類於彼，在京七十餘司，大率司引九人，更一二載後，年別即有六百餘人輸利受職。……伏願敕朝臣、遣其詳議」。結果是太宗「納之，其月二十三日，敕並停，改置胥士七千人，以諸州上戶充，准防閤例輸課，二年一替，計官員多少分給之」[11]。

　　從褚疏得知，太宗可能於貞觀十一年，稍改公廨錢制度，即容許長安七十多所衙門，每所可選「身能佶販、家足資財」的商人九名，號稱「捉錢令史」，每人貸予公廨錢四萬錢以上，五萬錢以下，用於商業活動，每月納利息四千錢，一年四萬八千錢，即使以單利計算，年利率亦約爲百分之百，利率不能說不高，但卻另有報酬，即每月照章納息，納

10　《隋書‧食貨志》於「先是京官……」句前，曾載，「開皇八年五月，高熲奏諸州無課調處及課州管戶數少者，官人祿力乘前已來，恆由隨近之州，但判官本爲牧人，役力理出所部，請於所管戶內計戶徵稅。帝從之」。足見官員俸祿是來自「課調」或「徵稅」。

11　《新唐書‧食貨志》雖云，貞觀「十二年，罷諸司公廨本錢，以天下上戶七千人爲胥士……」，但將褚遂良諫疏置於貞觀十五年，並云「十五年復置公廨本錢」。惟從發展趨勢及邏輯看，《唐會要》有關記載，似較正確。

滿一年，即可爲官，長此以往，每年將有六百餘名商人入仕，所以，褚
遂良要諫阻之。唐太宗欣然接受，改置「胥士」七千人，均爲各州的上
戶，可能仍是強迫他們接受高利貸，或是繳納額外的賦稅，並給下級吏
佐（防閣）位置，但只做兩年就由別位上戶取代。

這種情況至貞觀廿一年（〈食貨志〉作廿二年）又有變化，該年「二
月七日，令在京諸司，依舊置公廨，給錢充本，置令史、府史、胥士等，
迴易取利，以充官人俸」，顯示又恢復舊觀。高宗即位後罷之，即於「永
徽元（650）年二月七日，廢京官諸司捉錢庶僕胥士，其官人俸料，以諸
州租腳價充」（俱見《唐會要》）。但據《新唐書·食貨志》，認爲是「以
天下租腳直爲京官俸。其後，又薄斂一歲稅，以高戶主之，月收息給俸。
尋顒以稅錢給之，歲總十五萬二千七百三十緡」；至於諸州官員俸祿，
則是於「天下置公廨本錢，以典史主之，收贏十之七，以供佐吏以下不
賦粟者常食，餘爲百官俸料」。在這種情況下，「州縣典史捉公廨本錢
者，收利十之七，富戶幸免徭役，貧者破產甚眾」。（玄宗時）秘書少監
崔沔[12]計戶均出，每丁加升尺，所增蓋少，流亡漸復，倉庫充實，然後
取於正賦，罷新加者。開元十（722）年，中書舍人張嘉貞又陳其不便，
遂罷公廨本錢，復稅戶以給百官，……十八年，復給京官職田，州縣籍
一歲稅錢爲本，以高戶捉之，月收贏以給外官；復置天下公廨本錢」。

關於崔沔的議論，《唐會要》卷93說是在開元六年七月提出，其內
容曾云，「養賢之祿，國用尤先，取之齊民，未爲剝下，何用立本息利，
法商求資？皇運之初，務革其弊，託本取利，以繩富家，固乃一切權宜，
諒非經通彝，……且五千之本，七分生利，一年所輸，四千二百，兼算
勞費，不啻五千，在於平民，已爲重賦，富戶既免其徭，貧戶則受其弊，

---

12 據《新唐書·食貨志》語意，此事似應發生在高宗或武后主政之時，但據「崔
　　沔傳」，煊於玄宗時才任職秘書監，故斷定崔沔之奏是發生於玄宗朝。

傷民刻下，俱在其中。……」

　　至於開元十年罷公廨錢，復稅戶以給百官一事，《唐會要》係云，「十年正月二十一日，令有司收天下公廨錢，其官人料，以高(原文作「萬」誤)戶稅錢充，每月準舊分利數給」；關於開元十八年，《唐會要》又云，「復置天公廨本錢，收贏十之六」。此一利率至開元末，似又降爲50％，這可見《唐六典》卷六比部，「凡京司有別食本」句下注曰，「皆五分收利」。

　　從以上資料看來，唐代的公廨錢，似有廣義與狹義之分。後者即史料所云「公廨本錢」，是政府從國庫撥款爲本金，再強迫放款於人民，年利率開始時接近百分之百，玄宗初年，年利率降爲70％，再降爲60％，甚至50％，每筆強迫貸款金額已由四萬五千錢左右降爲五千錢；強迫接受貸款者多爲富戶，其所獲權益，早期是爲官吏，後期則免徭役。至於廣義的公廨錢，則是政府以高戶應納的一年稅款爲本金，再強迫高戶接受貸款，按月納息。無論是那一種類型的公廨錢，均有統制與聚斂的意味；首先是統治者雅不欲使用其所收到的租庸調作爲官員薪俸，又不欲多加賦稅，以妨害其「輕賦」之釣名沽譽，而這些官俸的金額並不龐大，高宗時，一年才十五萬餘緡——玄宗時，楊國忠每年就可獲錢一萬二千緡[13]；其次是擾亂金融市場，蓋因這些捉錢令史(或典史)、胥士或高戶，很可能轉放款給一般平民，而將高利率之負擔轉嫁之，此所以崔沔說，「富戶既免其徭，貧戶則受其弊」，甚至於「貧戶破產甚眾」——這也可解釋爲這種公廨錢之高利率，必然帶動市場利率之上升，導致需要借款的貧戶也會身受其弊；第三是影響到工商發展，蓋因利率如此之高，焉能誘發工商業者投資？最後則是影響所得分配，公廨錢原意是要打擊富人，即崔沔所云，「託本取利，以繩富民」，但被迫接受貸款之

13　《新唐書・食貨志》云，「宰相楊國忠身兼數官，堂封外，月給錢百萬。」

富民，既可將負擔轉嫁，又可獲得優惠——至少爲免徭役，以致可能使富者愈富。

　　所堪注意者，史料屢言「高戶」，這是由於唐高祖於武德六年三月，令天下戶，量其資產，定爲三等，每歲一造帳，三年一造籍，州縣留五比，尚書省留三比；武德九年[14]三月下詔，以天下戶分爲三等，過於粗略，乃改爲九等（《冊府元龜》），所謂「高戶」，諒係上中下三等戶中的上戶，或九等戶中的前三等。這種按人民資產分等造冊，亦可以說是一種統制手段的應用。大致說來，唐代對經濟的統制，係較漢代放寬，但在市場統制上，也許是有過之而無不及，譬如，唐律規定，「諸市司評物價不平者，計所貴賤、坐贓論」，長孫無忌疏議曰，「謂公私市易，若官司遣評物價，或貴或賤，令價不平，計所加減之價，坐贓論」（《唐律疏議・雜律》），足見唐代市場交易，其價格是由有關官員決定之，其對市場機能之妨礙，可想而知。

第三節　社會趨於鬆弛管制

　　在社會管制方面，前曾言及隋文帝曾效秦始皇收天下兵器，其實，他在開皇三（583）年即「禁大刀長稍」，後來，煬帝於大業五（609）年，「制、民間鐵叉、搭鉤、秬刃之類，皆禁絕之」。這當然是管制民間武器；在另一方面，隋代對人民言論亦採取一些箝制措施，文帝於開皇十三年，「詔，人間有撰集國史，臧否人物者，皆令禁絕」（俱見《隋書》本紀）。不過，隋代對於法律，尤其是刑法方面有其貢獻，《世史正綱》於記載開皇元年「隋初行新律」後，予以評論曰：

14　《世史正綱》作貞觀九年。

後世以笞、杖、徒、流、死定罪，始此。死刑二，絞、斬；流刑三，自二千里至三千里；徒刑五，自一年至三年；杖刑五，自六十至百；笞刑五，自十至五十。又制議請減贖官當之科，以優士大夫。除訊囚酷法考掠，不得過二百，行杖者不得易人，枷杖大小咸有程式，民有枉屈，縣不為理者，所以次經郡州省，若仍不為理，聽詣闕伸訴。自是，法制始定，凡前代所謂梟轘鞭法盡去之矣。唐得天下，制律一本乎此，後世因之，遂為百世通行之法。

唐律較隋律更爲進步，《通典》卷165曾云，「太宗即位，制絞刑之屬五十條，免死，斷右趾。其後，蜀王府法曹參軍裴弘獻又駁（駁）律令不便者四十餘事，太宗遂令刪改之。除斷趾法，加役流三千里，居作二年，比古死刑，殆除其半。據有定律五百條，分爲十二卷，於隋代舊律，減大辟入流九十二條，減入徒者七十一條」。

刪除很多死刑及流、徒之罪名，當然是放寬社會管制的措施，而且大幅刪減後的唐律，在內容上，仍有不少尊重人權之處，這可從時人對唐律之評論中看出[15]：(1)主觀重於客觀——唐律所處罰之犯罪，不及於不可抗力之行爲，尤其故意犯與過失犯異其刑罰，故意犯刑重，而過失犯刑輕，相差懸殊；(2)輕刑多於重刑——綜觀唐律罪刑之規定，其關於加重刑罰之一般規定者少，關於減輕刑罰之規定者多(包括自首原其罪)；(3)預防過於應報——唐律很多條文在精神上皆設法避免過分趨於應報主義，且爲預防犯罪設定很多規定；(4)老幼豁免——唐律列舉少年年齡，使符合此項年齡之少年犯免於受罰，並列舉老年年齡，從輕

---

15 蔡墩銘，《唐律與近世刑事立法之比較研究》(中國學術著作獎助委員會，民國61年再版)，頁335-337、339-341；但只選擇其有關人權之論點。

認定老年犯應負之刑責；（5）告訴乃論——關於親屬間糾紛，唐律多採告訴乃論，以保護被害人之名譽。尤有進者，唐代刑罰均可以銅贖之，最低者爲笞刑，笞十可以銅一斤贖之，最重者爲死刑，可以銅120斤贖之（《唐律疏議・名例》）。由於一兩爲24銖，一斤爲384銖，若唐代五銖錢重如其文，則一斤銅約值77文，120斤銅則約值9240文，當非一般人民所能負擔。何況開元通寶僅重二銖四絫，故120斤銅約值1萬8500文錢，而且贖有一定規範。

社會管制的鬆弛，將可顯現社會漸趨平等，在這方面，隋唐均曾有所建樹，首先是隋文帝於開皇十年下詔解除軍戶，「凡是軍人，可悉屬州縣，墾田籍帳，一與民同」（《隋書》本紀），將數百年來低人一等的軍戶解放，提升其社會地位，可說是一大貢獻。在社會階級的泯除上，隋唐的科舉制度有其一定的作用，蓋因經由科舉，白衣可爲卿相，階級隔閡當然不若以往之僵固。

魏晉南北朝時代，出現很多士（世）族，自尙其姓，以致到了唐代以後，山東[16]士人，好自矜誇，以婚姻相尙，太宗惡之，以爲甚傷教義，乃詔禮部尙書高士廉等及四方士大夫諳練族姓者，普索天下譜諜，約諸史傳考其真僞，以爲氏族志，修成，竟以崔幹爲第一等。太宗不滿曰，「我與山東崔、盧家，豈有舊嫌也！爲其世代衰微，全無官宦人物。販鬻婚姻，是無禮也；依託富貴，是無禮也，我今定氏族者，欲崇我唐朝人物冠冕，垂之不朽，何因崔幹爲一等！」遂以崔幹爲第三等，合二百九十三姓，千六百五十一家，分爲九等（《唐會要》卷36）——《唐書・高士廉傳》，關於太宗的此項談話有類似記載，並載太宗之指示，「不須論數世以前，止取今日官爵高下作等級」，這就是分列九等的標準。高宗時，改氏族志爲姓氏錄，太子三司、僕射爲第一等，文武二品及知

16　此處所云「山東」，概指舊日北齊疆域。

政事者三品，爲第二等，仍列九等（《唐會要》），大致上是，「皇朝得
五品官者皆升士流，於是兵卒以軍功致五品者盡入書限」（《唐書·李義
府傳》）。雖然呂思勉認爲這一做法不太成功，未能扭轉民間習慣[17]，而
且以官品定姓氏級等，亦有些人爲化，但在用意上，畢竟是在否定血緣
階級，而有助於社會趨於平等。

　　社會上另一平等現象，乃是胡漢之融洽，這一方面是由於隋唐帝室
雖爲漢人[18]，但卻承繼北朝，故對胡漢一視同仁；另一方面則因唐代蕃
州數目幾爲漢州的2.5倍，人口則是一與一之比[19]。即使安史之亂，是由
於一部分蕃將叛離，但是消弭叛亂之陣營中，亦不乏蕃將。而且在初唐，
這些蕃將或酋長且曾侍衛天子，譬如《封氏聞見記》卷六載，「國朝因
山爲陵，太宗葬九䮄山，門前亦立石馬；陵後司馬門內，又有蕃酋曾侍
軒禁者一十四人石象，皆刻其官名」；而高宗與武后合葬之乾陵前的蕃
將石像，更高達六十四人，亦應是曾侍軒禁者[20]，足證太宗所云，「朕
獨愛之如一」之語不虛。

　　另一平等跡象，厥爲「人以才進，不論嫡庶」，褚遂良於「請千牛
不薦嫡庶表」中，述及「永嘉以來，嫡待庶如奴，妻遇妾若婢。降及隋
代，斯流逾遠，獨孤后禁庶子不得近侍。聖朝深革前弊，人以才進，不
論嫡庶」（《全唐文紀事》卷79引《野客叢書》）。

　　這些平等情況亦推及外僑，唐代國勢強盛，旅居中國的外國人數以

---

17 呂思勉，《隋唐五代史》（台灣重印本），第十六章第一節。

18 按李唐帝室，自稱為西涼武昭王李暠之後，劉盼遂於〈李唐為胡姓考〉（《女
　師大學術季刊》，1卷4期與2卷1期）一文，指出其是偽冒，實為胡人；陳寅恪
　則以為李唐之先，雖非李暠後裔，但確係漢人——見其《唐代政治史述論稿》，
　上篇。

19 馬馳，〈評台灣章氏唐代蕃將研究〉，見章群，《唐代蕃將研究（續編）》（聯
　經出版公司，民國79年），附錄九。

20 陳國燦，〈唐朝陵石人像及其銜名的研究〉，《文物集刊》1980年第2期。

萬計，據近人研究[21]，這些外僑可享有下列權利：(1)居住權，原則上不能與華人雜居，而須集中於蕃坊之內（似主要限於長安）；(2)受教育權，外國人可入最高學府國子監讀書，甚至可參加科舉考試；(3)參政權，外國人可以做官，甚至於可出任重要官職；(4)財產權，外僑在中國的土地房產及其他財產所有權，基本上是和中國人享有同等地位；(5)婚姻權，不僅外僑可以在中國結婚，也允許中外聯姻；(6)繼承權，基本上是與中國人的繼承法相同，但若外僑在中國死亡，其合法繼承人不在其身邊，可於三個月內出面要求繼承由中國官府保管之財產，逾期則收歸中國國有；(7)訴訟權，外國人的權利受到侵犯之時，不但享有一般程序的訴訟權，還享有越級上訴（甚至朝廷）的特權。從這些權利看，大致上可說是外國人享有「國民待遇」，即外僑在居住與繼承二權上略受限制外，但在訴訟權享有超國民待遇。由此可見，唐代（甚至可以上溯到隋代）的社會是開放的，真有「天下一家」泱泱大國之風。

亦可能由於長期受到胡化的影響，隋唐女權似較前代為高，譬如隋文帝的獨孤后參預朝政，宮中稱為二聖（《隋書》本傳），而且文帝誓無異生之子（《通鑑》）；唐高祖起義時，其三女平陽昭公主得眾七萬人，號娘子軍，高宗女太平公主與中宗女安樂公主，其地位在皇子之上（《新唐書》本傳）；至於武則天之稱帝，更不論矣。即使在一般社會上，女權亦受到一定的尊重，雖然魏晉南北朝時代後期業已注重寡婦守節[22]，但此一時期，觀念轉趨開放，再嫁為禮俗容許，貴如公主亦復如此，譬如唐高祖十九女，更嫁者四，太宗廿一女，更嫁者六，高宗三女，更嫁者一，中宗八女，更嫁者三，睿宗十一女，更嫁者二，玄宗廿九女，更嫁

---

21 高樹異，〈唐宋時期外國人在中國的法律地位〉，《吉林大學學報》，1978年5、6期。

22 陳東原，《中國婦女生活史》（台灣重印本），第四章第九節。

者九,而且離婚尚較後世爲易[23]。在法律上,亦對婦女給予較爲有利之地位,例如「諸爲婚,而女家妄冒者徒一年,男家妄冒者加一等」「諸有妻更娶妻者徒一年,女家減一等,若欺妄而娶者徒一年半,女家不坐,各離之」「諸以妻爲妾,以婢爲妻者,徒二年,……各還正之」「諸妻無七出及義絕(指毆、傷、殺親屬)之狀,而出之者徒一年半,雖犯七出,有三不去(持舅姑之喪,娶時賤後貴,有所受無所歸)而出之者杖一百,追還合」(《唐律疏議‧戶婚》)。此外,《唐律》還針對婦女生理特點與斟酌當時社會情況,作出對婦女較爲寬容的規定,如孕婦犯罪得以緩刑;婦女犯流罪的不獨流,「留住決杖居作」;婦女的封爵稱命可與男子同,並能獨受邑色,不以夫爲尊卑;惟在繼承方面,只有在戶絕無男子情形下才可繼承財產[24]。儘管婦女地位似較魏晉南北朝時代提高,但在授田方面,隋唐只以丁男爲對象(當戶婦女得授),而不像北魏與北齊那樣亦對婦女授田,這可能是由於隋唐承襲北周的府兵制度,所以在授田上是仿先秦,以「夫」爲單位。

第七章曾經言及,秦漢時代似不舉行鄉飲酒禮,並且規定「無故群飲,罰金四兩」。唐太宗於貞觀六年恢復鄉飲酒禮,玄宗於開元六年重申之(《唐會要》卷26),《唐律疏議》中亦未見群飲罰則,足見管制較爲鬆弛,而且,《太平廣記》卷253,「隋時,數人入酒肆」,當爲群飲。但對夜行仍予限制,即「諸犯夜者笞二十,有故者不罰」(《唐律疏議‧雜律》),——但增「有故者不罰」,顯見已作彈性處理。

這一期間,社會管制趨於鬆弛,但仍有賤民在,主要是來自犯罪,《唐六典》卷六云,「凡反逆相坐,沒其家爲官奴婢,一免爲番戶,再免爲雜戶,三免爲良人」,其注曰,「諸律令格式,有言官戶者,是番

---

23 呂思勉,《隋唐五代史》,第十五章第一節。
24 馮爾康等編著,《中國社會史研究概述》(谷風出版社,民國77年),頁180。

戶之總號，非謂別有一色」，意謂官戶即番戶。依此排列，當時社會地位，在良人（民）以下，有上等賤民，即雜戶、官戶與奴婢，據楊中一研究，此三等各有其範圍，即(1)雜戶、太常音樂人；(2)官戶、工、樂、部曲（屬於私人）、客女（部曲之女）[25]；(3)官私奴婢[25]。這些「沒」爲官奴婢的人，男年十四以下配司農，十五以上配嶺南爲城奴，成爲廉價勞動；官戶則每年爲官方作義務勞動三個月，雜戶是七十五天，惟此服務期間，由官方提供食糧（俱見《唐六典》卷6注）。

第四節　略論隋唐制度對後世的影響

此一時期（由隋至盛唐），在時間上雖然不長，但在中國歷史上卻居樞紐地位，蓋其制度具有承先啓後之重大關鍵。其所謂「承先」，誠如陳寅恪氏於其《隋唐制度淵源略論稿‧敘論》中說，「隋唐之制度雖極廣博紛複，然究析其因素，不出三源：一曰(北)魏(北)齊，二曰梁陳，三曰(西)魏周。所謂(北)魏(北)齊之源者，凡江左承襲漢魏西晉之禮樂政刑典章文物，自東晉至南齊其間所發展變遷，而爲北魏孝文帝及其子孫摹仿採用，傳至北齊成一大結集者也」。本文則注意其「啓後」之效果，而將略論其制度對後世的影響，以及這些制度如何影響到其後的經濟或其發展。

在上一階段裡，社會上出現世族，由於士庶隔離，以致形成森嚴的階級。這些世族不僅阻絕平民參政的機會，抑且進而控制朝政，尤其是主宰地方政治。隋唐二代（尤其是唐代），似將抑制世族爲其重點工作之一，其主要方式，厥爲以科舉取士與地方政制改革，而這兩種制度一直延續了一千多年，直至清末，是以，首先討論這兩個制度及其影響。

25　楊中一，〈唐代的賤民〉，《食貨半月刊》，1卷4期。

　　以科舉取士，是始於隋煬帝，唐初承之，高宗、武后時更盛，從而形成直接效忠王朝的官僚集團。這些新官僚集團不僅打斷貴族及世族對朝政的壟斷，也且可以直接籠絡平民，以鞏固王朝之統治，此所以武則天擴大科舉，以協助其奪權行動。陳寅恪曾云，「自武則天專政破格用後，外廷之顯貴多爲以文學特長拔擢之人，而玄宗御宇，開元爲極盛之世，其名臣大抵爲武后獎用者」[26]。言下頗有讚揚武后用人之意，但《朝野僉載》卷四云，「則天革命，舉人不試皆與官，起家至御史、評事、拾遺、補闕者，不可勝數。張鷟謂謠曰，補闕連車載，拾遺平斗量，把推侍御史，腕脫校書郎。時有沈全文者，……續四句曰，評事不讀律，博士不尋章，麵糊存撫使，眯目聖神皇。」

　　關於武后故意使用其科舉取士方式，以進行奪取政權和鞏固統治的看法，《劍橋中國隋唐史》持不同態度[27]：「在武后660年（高宗顯慶五年）完全控制了朝廷以後的年代裡，她本應該忙於通過科舉制度吸收新的統治精英，但她卻有十年根本沒舉辦科舉考試……660-683年通過進士考試的年平均數僅爲十八人。」此一態度實乃外國學者不察之過，因唐代入仕途徑有三，除經進士科考試外，還有不是常科的制舉，由天子親自主持，或由高官薦舉（《通考》）。

　　武后就是運用這些方式，以籠絡人心；首言薦舉，《劍橋中國隋唐史》第五章云，「在656年，不少於一千四百名胥吏有資格進入正途，而同一年只有二十二人通過進士考試」。這些胥吏可能是經由薦舉而得官，其後，武后長安二(702)年，「置員外郎二千(？)餘員，悉用勢家親戚，給俸祿，使釐務、至有與正官爭事相毆者，又有檢校判攝之官」（《新唐書·選舉志》）；次言制舉，《唐會要》卷76稱之爲「制科舉」，

---

26 陳寅恪，《唐代政治史述論稿》，頁15。
27 中國社會科學院歷史研究所譯，《劍橋中國隋唐史》（中國社會科學出版社，1990），第五章。

觀其記載，是始於高宗顯慶三年，其後至武后長安二年，共舉行十一次，均在武后爭權之時。最後說到進士科，此乃禮部試，中式者須再通過吏部試，才可入仕。吏部「擇人之法有四」，即「身、言、書、判」，判者即對案件之裁決，著重「文理優長」（《新唐書・選舉志》），故吏部試以「判」最關重要，是以，《通考》曰，「唐以試判入仕」。但武則天卻對「試判」故意放水，即「至武后時，天官侍郎魏言同⋯⋯請復古辟署之法，不報。初試選人時，皆糊名，令學士考判，武后以爲非委任之方，罷之。而其務收人心，士無賢不肖，多所進獎」；後來竟然取消試判，而於「長安二年，舉人授捨遺、補闕、御史、著作佐郎、大理評事衛佐，凡百餘人。明年，引進風俗使，舉人悉授試官（試用之官也），高者至鳳閣官人，給事中；次、員外郎、御史、補闕、拾遺、校書郎；試官之起自此始」（均見《新唐書・選舉志》）——這亦就是《朝野僉載》所云，「舉人不試皆舉官」。

從上述入仕三途徑看來，可見武后都在擴大或曲予使用，以「務收人心」。即使就進士言，上述「劍橋」學者所云，「年平均人數僅爲十八人」，但於此24年共取士412人，扣除未舉行考試的10年，則平均每年錄取約30人，約比顯慶三年多約三分之一。而且，武則天對於進士科頗爲重視，而於「載初元（689）年，一月，策問貢人於洛城殿，數日方了，殿前試人自此始」（《通典》）。

這種科舉制度一直爲其後各朝代所遵奉，一直到清末爲止，而且唐高宗時開始辦理的制舉，亦爲後代開啓另一種用人之道，清聖祖爲籠絡漢族士子所開的博學鴻儒科，可能即師此意。

在第一次多元體制期間，地方州郡由豪強把持，而如北齊文宣帝於天保七年詔曰，「魏自孝昌，⋯⋯豪家大族鳩率鄉部，記述勤王，規自署置；或外家公主，女禍內成，昧利納財，啓立州郡。離大合小，本逐時宜，剖竹分符，蓋不獲已，牧守令長，虛增其數，⋯⋯百戶之邑，便

立州名；三戶之民，空張郡目」（《北齊書》本紀）。由此詔看來，除州郡由豪強把持外，還說到州縣無限劃分，有名無實，譬如北周時，縣有不滿五百戶者（《北周書·盧辯傳》），所以，唐玄宗開元間定六千戶以上爲上縣，三千戶以上爲中縣，未滿三千戶爲下縣（唐初，二千戶以下，一千戶以上為下縣），而於天寶初，全國有1573縣[28]，這些縣數直至清末，大致保持，據光緒年間《清會典》，全國州縣共1445個，其中州及直隸州248，縣1207，其中並未包括「廳」。

從上述天保七年詔，已知州郡首長是由豪門把持，而且其僚佐亦由其首長辟署，此即《隋書·百官志下》所云，「舊周、齊州郡縣職，自州都、郡縣正以下，皆州郡將縣令至而調用，理時事。」但隋文帝於開皇二年，明令罷辟署，令吏部授品官爲州郡佐官，於是，中央政務日繁，地方事權日輕[29]，陳寅恪認爲「其事悉廢漢以來州郡辟署僚佐之制，改歸吏部銓授，乃中國政治之一大變革也」[30]——蓋因其後歷代均是如此。

地方政制是爲地方職官，而中央職官在隋唐亦有重大變革。第一節曾云，隋代有尚書、門下、內史三省，唐代改內史省爲中書省，此三省長官現在是正式的宰相，而非帝王之私屬。其職權分配，則中書省掌定旨出命，門下掌封駁，尚書則受而行之，古代的宰相權，現在是析而爲三，而且，只有前二省長官才是真宰相，至於尚書省，因太宗曾爲尚書令，其後廢而不置，其僕射，須加同中書門下平章事及參加機務等銜，才是真宰相[31]。這已將相權析而爲三，而一般行政系統則像范祖禹所批評的，「既有太尉、司徒、司空，而又有尚書省，是政出於二也；既有

---

28 引自錢穆，《國史大綱》，第廿三章。
29 同上。
30 陳寅恪，《隋唐制度淵源略論稿》，第三章。
31 參見《國史大綱》，廿三章。

尚書省，而又有九寺，是政出於三也」（《唐鑑》）。尤有進者，至本階段末期，官制更爲紊亂，尤其是在財政與金融方面，而且這些紊亂都是唐玄宗所爲，茲舉二例以說明之：一爲以他官判度支；一爲另設專使以分原來主管機關之權。按唐制，戶部尚書下轄度支及戶、金、倉三部，玄宗卻於開元廿二及廿三兩年，先後以太府寺卿蕭炅與李元祐，知度支事，這是以宮中執事干預府中收支，擾亂了宮中、府中之分際；復於天寶七年，任楊釗（國忠）爲給事中，兼御史中丞，權判度支（俱見《唐會要》卷59），這是以門下省官員，兼管尚書省事務，意味掌理封駁與審覈政務者，現在自己執行，等於是裁判兼球員，完全破壞政治上的制衡。玄宗如此做，仍嫌不足，另置鑄錢使，以分少府之權，並置出納使，以分太府等機關權力，此即開元廿五年，監察御史羅文信充諸道鑄錢使，天寶三年，楊慎矜除御史中丞，充鑄錢使，次年，度支郎中楊釗充諸道鑄錢使；開元廿六年，侍御史楊慎矜充太府出納使，天寶二年，殿中侍御史楊釗充司農出納穀物使，六年，楊慎矜改任戶部侍郎充兩京含嘉倉出納使，不久，由楊釗接充（同上）。

　　唐玄宗這兩項官制上的秕政，卻幾乎成爲下一階段（第二次多元體制）的定制。至於相權分散，由皇帝專權而控制之，則愈演愈烈，到了明太祖，乾脆取消宰相，由天子直接統御百官；其後，明之內閣，清之軍機處，均非真宰相，而且人數眾多。

　　以上所述三種制度，其對後世的影響，有好有壞，或善惡兼具。另有一種制度，其對後世的影響，完全是正面的，那就是「全帝國交通體系的創建」與「完成」[32]，這就是隋代文、煬二帝所開鑿的運河體系，奠立了後代的漕運制度與貫通南北的水路交通。

　　隋文帝於開皇四（584）年，命宇文愷率木工鑿渠，引渭水由長安新

32　中國社會科學院歷史研究所譯，《劍橋中國隋唐史》，第二章中的兩個小標題。

都(大興城)東至潼關，長三百餘里，名曰廣通渠(《隋書》本紀與本傳)，轉運通利，公私賴之。

隋煬帝於即位之初，而於「大業元(605)年，發河南諸郡男女百餘萬開通濟渠，自(洛陽)西苑引穀、洛水達於河，又引河通於淮海，自是天下利於轉輸」(《通典》)。通濟渠(汴河)主要是利用現有的水道，其南端達於淮河南岸的盱眙，再順淮河東北至楚州州治山陽，由此接山陽瀆(邗溝)，故煬帝於同一年度，「又發淮南民十餘萬開(實為疏濬)邗溝，自山陽至(揚州)揚子入江」；大業七年，「故穿江南河，自京口至餘杭」(《通鑑》)。這三條運河的長度，以今日里程計算，通濟渠長約530公里，山陽瀆140公里，江南河290公里[33]。

在江南河疏濬以前，煬帝於「大業四年，……詔役河北諸郡男女百餘萬開永濟渠，引沁水南達於河，北達涿郡(今北京附近)(《隋書》本紀)。這四條運河形成了連貫全國南北交通的大運河，改變了秦漢以來只有東西交通的難題。對後代漕運及交通，貢獻極大。這是由於這條大運河，是溝通了東西向的海河、黃河、淮河、長江與錢塘江五大水系。

隋煬帝開運河，由於動用民工太多，死傷枕籍，而且妨礙農時，影響生產，以致引發民怨甚至民變，使其身敗名裂，但其對後代卻有無限的貢獻。所以，皮日休於〈汴河銘〉云，「則墮之疏淇、沆，鑿太行，在隋之民，不勝其害也。在唐之民，不勝其利也」(《皮子文藪》卷6)。其實，「不勝其利」者，何止唐代！易言之，隋代開運河，是付出巨大的私人成本，但其溢出成本卻是負值，以致社會成本低於私人成本，形成時間上的外部經濟。

除上述四者(交通、科舉、地方與中央官制變革)外，隋唐另有影響深

---

33 楊遠，《西漢至北宋中國經濟文化之向南發展》(商務印書館，民國80年)，第四章二節。

遠的三種制度，其效果將是分別是善、惡與無記。

有良善效果的制度，厥爲隋代所建的行政城，以及唐代創立的行政法，前者是指隋文帝建築新的長安城，皇城位於中央，皇城南面隔著寬闊的斜坡，是一圍有城牆的區域，那是行政城，政府各官署就分布在其內的街道上；這是一項革新，因爲在以前的國都中，政府部門的建築物是分散在城內其他地區[34]。唐代因之，近年經由多次與多人考古研究，唐代長安城的平面圖已可繪出[35]，該圖註明城內110坊的坊名，政府各官署所組成的行政城是在皇宮南面。

如前所述，經由隋律修訂而成的唐律，直到十四世紀仍具權威性，而且爲越南、朝鮮、日本等國的第一部法典，提供了範本；事實上，唐律的基礎，是高祖於武德七(624)年制訂的新武德律，此外，高祖還留下一套行政法(即30卷的「令」)與行政細則(即15卷的「式」)[36]，而可「永垂憲則，貽範後昆」(《唐大詔令》卷82)。其後，唐玄宗君臣仿照《周禮》制訂《唐六典》，雖然陳寅恪認爲：「唐志內外官與周制迥然不同，而強名之典，可乎？」[37]但六典將官員職守定位，使政務井然有序，後代會典如《明會典》《清會典》皆仿此。

其效果被稱爲「無記」者，是無善、惡之分，或者可說其效果爲善抑惡，是見仁見智。此一制度並非隋唐政府所制，而是唐代官員無意中形成之。唐代文風甚盛，官員多工詩而好風雅所致，兩都郊外，有很多官員的別業或別莊，以及風景優美的林園，較著者有王維的輞川別莊，以及李白飲宴的桃李園。這些別莊原爲官員休假之去處，但爲生活所需及莊宅管理，乃於附近置有田園，招攬莊戶耕種及臨時負擔力役工作。

34　中國社會科學院歷史研究所譯，《劍橋中國隋唐史》，第二章。

35　該圖可參見栗斯，《唐代長安和政局》(木鐸出版社，民國74年)，頁8。

36　中國社會科學院歷史研究所譯，《劍橋中國隋唐史》，第三章。

37　陳寅恪，《隋唐制度淵源略論稿》，第三章

當然亦有將別莊之休閒性，轉化爲經濟性，如《唐書・良吏傳》「王方翼」條，記其「父仁表，貞觀中爲岐州刺史。仁表卒，妻李氏爲主所斥，（居）於鳳泉別業。時方翼尙幼，乃與傭保齊力勤作，苦心計功，不虛棄。數年，闢田數十頃，修飾館宇，列植竹木，遂爲富室」，其所謂「傭保」就是後來所稱的莊戶。還有一種，是來自朝廷賞賜，《唐書・于志寧傳》言「（高宗）顯慶元年，遷太子太傅。嘗與右僕射張行成，中書令高季輔俱蒙賜地。志寧奏曰，臣居關右，代襲箕裘，周魏以來，基址不墜，行成等新營莊宅，尙少田園；於臣有餘，乞申私讓。帝嘉其意，乃分賜行成及季輔」。此處，是將「莊宅」與「田園」分爲二者，但連成一詞即爲「莊園」，而爲近代若干史學家所使用。但實爲誤用，因莊園制度是封建社會的經濟型態，而唐代莊園不是一種大地主占有型態，更不存在甚麼莊園制度；而且這種莊園只是泛指土地、田園，並不是一個自給自足的經濟組織[38]。

基本上，「莊園」既是泛指莊宅田園的複合名詞，則「莊田」可能更爲適合，因爲田園之中，「田」的比重大於「園」，尤以經濟性的田園爲然，譬如張「嘉貞雖久歷清要，然不立田園，及在定州，所親有勸植田業者。嘉貞曰，吾忝歷官榮，曾任國相，未死之際，豈憂飢餒！若負譴責，雖富田莊，亦無用也」（《唐書》本傳），可見「田園」、「田業」和「田莊」三者是同義字，主要是指耕地，是以，將「田莊」說成「莊田」，涵義亦同。事實上，玄宗時已有「莊田」一詞出現，例如天寶十一年詔曰：「如聞王公百官及富豪之家，比置莊田，恣行呑併，莫懼章程。……致令百姓無處安置，乃別停客戶，使其佃食，……其王公百官勳蔭等家，應置莊田，不得踰於令式」（《冊府元龜・邦計部・田制》）。

---

38 參見郭士浩，〈唐代的莊園〉（《中國封建經濟關係的若干問題》，三聯書店，1958年）；鄧廣銘，〈唐宋莊園制度質疑〉（《歷史研究》，1963年6期）；吳泰，〈論唐宋文獻中的莊園〉（《歷史學》，1994年4期）。

從「使其佃食」一語看，可見「莊田」即是租田，是出租之田，由叫做客戶、莊客等的佃戶耕種，這些佃戶每年交納一定的租額，其後，「莊田」一詞，是代表不在地主的租田，直至民國年間尚如此。且因莊園或莊田聚居人眾，形成村莊，乃常以主人的姓，作為莊名，如魯家莊、李氏莊、孟家莊等[39]。

大致說來，「莊園」與「莊田」二詞，雖可交互使用，但若探究其本質，則莊園似偏重其休閒性，而莊田則著重其經濟意義，從而演變為後代的租佃制度，並發展為村落甚至市鎮。

至於具有惡劣效果的制度則至少有三：一為廷杖；一為千秋節；一為太監領軍。

中國古代，「刑不上大夫」，百官受杖始於後漢光武，順帝始停之，其後，曹操雖嘗行之，南朝官員坐杖皆有名無實，惟北朝則常杖責百官，隋代因之，盧思道奏請，朝臣犯笞罪，得以贖論，文帝從之；唐代卻仍執行杖罰，例如廣州都督裴仙芝抵罪，張嘉貞請杖之，以致後來有節度使杖殺刺史情事發生，而下級官員受杖則為常事，此所以杜甫贈高適詩云，「脫身簿尉中，始與捶楚辭」[40]。此一荒唐舉動，至明代竟然形成廷杖之制。

唐玄宗開元十七年秋八月，以帝生日為千秋節，賜百官宴，丘濬曰，「後世以人君始生之日為節而表賀之，自此始」（《世史正綱》），開後世諂諛、浪費之歪風。

中唐及晚唐，常派宦官監軍，明代亦如此，此事實以玄宗為始作俑者，且派太監直接領軍，開元十九年，南蠻大酋長染、浪州刺史楊盛顯為邊患，明皇遣內常侍高守信為南道招慰處置使以討之，拔其九城，當

39　參見加藤繁，《中國經濟史考證》（華世出版社，民國65年），〈唐代莊園的性質及其由來〉、〈唐宋時代的莊園組織及成為村落而發展的情況〉。

40　趙翼，《陔餘叢考》，卷17，〈唐時簿尉受杖〉。

時劍南節度副大使張敬中為之立「平南蠻碑」於成都（《全唐文紀事》卷
60引《容齋隨筆》）。

上述影響最為深遠的四種制度，就其政治意義言，都有加強中央集
權的意味，其中科舉與地方政制變革，除抑制豪強外，還有建立文人政
治的傾向，可惜相權分散，難以實現責任政治，而大運河之建立，亦有
利於帝國之控制。在經濟方面，文人從政、素質較高，應可依法維持秩
序，有利於經濟活動的運行；地方官員既由中央派任，則政令趨於統一，
再因全國交通體系之完成，經濟活動空間得以擴大，但因無真正宰相，
對天子缺乏制衡力量，只能寄望於天子真正聖明，而實際裡則經常是「事
與願違」，以致經濟上充滿不確定感，不僅影響到工商人士的投資及經
營決策，且因天子的揮霍，官員之貪汙，導致橫徵暴斂，民不聊生。尤
有進者，科舉制度成為名韁利鎖，吸引很多聰明才俊之士熱心參與，而
雅不欲從事工商行業（至明代起，才有明顯的棄儒從商情事）及科技研究，
尤其是很多人困頓科場，至死為休，亦浪費了很多有價值的人力資源；
中國經濟的長期停滯，科舉制度之弊，應是其中之一。

關於其效果善惡分明的制度，對於經濟亦具類似效果，亦就是說，
行政效率之提高，當然有助於經濟活動，而人君生日等浪費，當然不利
於經濟發展；廷杖與太監領軍，則顯示君主專制與宮廷政治，而無論是
反民主的專制，還是不透明的宮廷政治，對於經濟發展都是嚴重的危
害，因為這些使得制度成本大為提高。

第五節　長安：世界性首都

中國文化，由後漢至隋唐亙七百年間，乃一大變化時期，尤其是經
由第一次多元體制時期，多元間彼此激盪融合，至隋唐統一，亦就接近
成熟，形成後來具有活力的唐代社會。由於吸收外來各種文化，使唐人

之氣魄，改變前代之拘謹樸質，具有磅礴雄偉之氣象[41]，而自太宗起，還成爲天可汗，據《唐會要》卷100，貞觀「四年三月，諸蕃君長詣闕，請太宗爲天可汗，乃下制：今後璽書賜西域北荒之君長，皆稱皇帝、天可汗，諸蕃渠帥有死亡者，必下詔冊立其後嗣焉。統制四夷，自此始也」。所以，唐太宗於躊躇滿志之餘賦「正日臨朝」詩曰，「百蠻奉遐賮，萬國朝未央」（《全唐詩》卷1）。

其所謂「萬國」，當然是誇張之詞，因爲參加天可汗組織的國家，主要是《新唐書‧地理志》所云之西域十六國，以及所謂出自昭武九姓之九國與拔汗那與箇失蜜等國；而在此制之初，究以防止突厥之再起爲主因，故吐蕃與泥婆羅乃至印度等國，亦似曾參加[42]。但是，唐代與很多國家交往，且遠至歐洲，據《新唐書‧高仙芝傳》，天寶六年，仙芝擊潰吐蕃「班師。於是，拂菻、大食諸胡七十二國，皆震懾降附」——按拂菻即東羅馬帝國，大食爲今土耳其，張星烺於其《中西交通史料彙編》第一冊第四十六節（記此事）註曰，這「不過史家虛誇之辭，拂菻、大食等國當時或皆有祝賀戰勝吐蕃之表文，而史家遂謂爲降附也」，但李唐與當時世界主要國家來往情形，當可想見。

按唐之長安，實即隋文帝所建立之大興城，據岑仲勉於其《隋唐史》中稱讚「全城坊、市，棋布星羅，街衢寬直，制度弘偉，自古帝京，曾未之有」，據近人估計，其舊址面積約七十平方公里，大於現今之北京。其制，宮城居最北，皇城在其南，皇城東西五里餘，南北三里餘，城內南北七街，東西五街，並列衙署；不使雜人居止（故亦可稱之爲行政城）。宮城南門外之東西大街，廣三百步，南北大街廣百步。外郭城東西十八里餘，南北十五里餘，周六十七里，號稱世界第一。當皇城正南門之南

北大街，廣百步，東西皇城兩側，各分爲三縱列，每列皆十三坊，象一年有閏，共七十八坊，其中有二市，各佔一坊，每坊皆開四門，有十字街，四出向門；皇城之南，共分四縱列，以象四時，每列有九坊，法《周禮》王城九達之制，共有三十六餘坊，其坊僅開東西二門，中有橫街。所云之縱廣，在皇城以南者，縱各三百五十步，廣三百五十或四百五十步，在皇城左右者，廣各六百五十步，縱四百或五百五十步。

有此世界第一的都市，故能成爲當時的世界性首都，尤其是到了唐代，更能發揮其作用，故有「萬國朝未央」之語。

這些往來之中，當以貿易爲大宗，將於第十五章述之，此處只注意外國人或胡人遷居中國之情況，貞觀二（628）年，戶部奏，中國人自塞外歸來及西夷前後降附者，男女一百二十餘萬口；四年，破突厥頡利可汗，其降唐者十餘萬口，入居長安者數千家；十八年，突厥俟利苾可汗來降，有眾十萬，精兵四萬，自請處於勝州與夏州之間，許之；開元初，突厥九姓新降者，均散居於太原以北；開元十（722）年，徙河曲六州殘胡五萬餘口於許、汝、唐、鄧、仙、豫等州，吐蕃回鶻，則有分配於江淮者（《通鑑》）。其他胡人旅寓中國者，見諸詩、文、筆記、小說所稱者，有商胡、賈胡、胡奴、胡姬、胡雛、蕃客、蕃兒、崑崙奴等，幾乎南北各地均有之。外來之商胡，是以長安爲大集會點，長安人口近二百萬[43]，而寓居長安之胡人，又以波斯及阿拉伯人爲多，彼等除充使節及任軍旅等職務外，悉爲商人[44]，其中又以經營珠寶者甚眾，所以，葉德祿特撰〈唐代胡商與珠寶〉（《輔仁學誌》15卷1、2合期）一文，以闡明之。該文主要取材於《太平廣記》，找出這些胡商的國籍與在中國的行蹤。有明顯國籍或地區之胡商有17件，來自波斯者7件，大食國4件；有明確

43　E. H. Schafer, *The Golden Peaches of Samarkand: A Study of Tang Exotis*（Berkeley：University of California Press, 1963）, Ch.1.

44　劉伯驥，《中西文化交通小史》，第四章第二節。

所在地者28件，其中長安有9件，約佔三分之一。這些胡商出重資購買
珠寶，一擲千金，毫無吝色，譬如《太平廣記》卷402載，開元十年，
大安國寺出睿宗所賜之寶珠，由胡商納錢四千萬貫購去；同時，以僅長
數寸之寶骨一只，以一千萬貫售予另一胡商（卷403）。胡商到肆而市者，
亦可能以珠寶店較多，其中尤以波斯店（邸）最爲著名，所以，謝肇淛於
其《五雜俎》卷12中曰，「唐時，有波斯店，《太平廣記》往往稱之」。
按《太平廣記》記波斯店至少有三則：卷16「杜子春」條云，一老人與
子春約，「明日午時，候子於（長安）西市波斯邸」，「及時子春往，老
人果與錢三百萬」；卷17「盧李二生」條，記李生遇盧生，盧生「乃予
一杖曰，將此於波斯店取錢」，抵後果「依言付錢」；卷34「崔煒」條
說，崔煒「乃抵（廣州）波斯邸，潛鬻是珠」。此三則除後者發生於唐德
宗貞元年間，其餘二則應屬此一時期，或合隋代，而且在空間上，華北、
華中、華南均有波斯邸，而且從內容看，這些波斯邸應係珠寶店兼錢莊。

　　胡人聚居中國，亦對中國的娛樂性服務業有很大的影響，其中尤以
長安爲然。這些服務業可以酒家與歌舞爲代表，前引李白的「笑入胡姬
酒肆中」，即爲一例，而李白詩中頌及「胡姬」之處很多，譬如〈送裴
十八圖南歸嵩山〉曰，「胡姬招素手」；〈醉後贈朱歷陽〉，「雙歌二
胡姬」；〈樽酒行〉，「胡姬貌如花」；〈白鼻騧〉，「揮鞭直就胡姬
飲」（《李太白集》）。其他詩人亦有言及胡姬者，例如岑參曰，「胡姬
壚頭勸君酒」（《岑嘉州詩》卷2），張祜亦云，「爲底胡姬酒」（《全唐詩
錄》卷70）。從李白「雙歌二胡姬」之詩，足見胡姬亦獻藝，而且不僅
有歌，也且有舞，天寶末年，康國獻胡旋女，元稹曾詠，「天寶欲末胡
欲亂，胡人獻女能胡旋」（《元氏長慶集》卷24），岑參描寫更爲生動：
「美人舞如蓮花旋，世人有眼應未見，高臺滿地紅氍毹，試舞一曲天下
無；此曲胡人傳入漢，諸君見之驚且嘆。……」（《岑嘉州詩》卷2）。是
以，胡人聚居長安，亦使宮廷、官吏、文人及市民生活更爲多彩多姿，

使長安不僅成為世界性首都，亦變為人種的大熔爐。

亦就是由於人種複雜，使唐律兼有國際法的風味，《唐律疏議‧名例》中，律云，「諸化外人同類自相犯者，各依本俗法，異類相犯者，以法律論」；疏議曰，「化外人謂蕃夷之國，別立君長者，各有風俗，制法不同，其有同類自相犯者，須同本國之制，依其俗法斷之。異類相犯者，若高麗之與百濟相犯之意，皆以國家法律定刑名」。並對胡商遺產定有保管辦法，據《新唐書‧孔戣傳》：「舊制，海商死者，官管其貲，滿三月，無妻子詣府，則沒入。戣以海道歲一往復，苟有驗者，不為限，悉推與」，按孔戣之議是在天寶亂後，可見原來即有保管外僑遺產的辦法。

唐代既有這種恢宏的氣魄，故對宗教亦兼容並蓄，除後漢傳入的佛教與漢末出現的道教外，並創一「祆」字，以名南北朝時期由波斯傳入的拜火教，同時引進新的宗教：高祖時傳入回教；太宗時傳入景教（基督教）；高宗時傳入摩尼教[45]。另一方面，在文教的傳播上，唐代亦不遺餘力，其主要貢獻厥為有關國家派遣學生至中國，尤其是長安留學，例如唐中宗神龍元(705)年，敕吐蕃王及可汗子孫，欲習學經業，宜附國子學讀書（《唐會要》卷36）。各國留華學生中成效卓著者厥為日本，據日人木宮泰彥所著《中日交通史》（陳捷譯，三人行出版社）第八章統計，日本於唐代的留華學生有名姓可考者，有146人——實際人數當遠高於此，其中有若干人是數度來華，一般說來，日本留華學生約分兩種：一為學生；一為學問僧。他們留華時間，大多很久，甚至有二三十年者，且有數度來華之人，日本政府對這些學生多有厚賜，以作為留學費用，而李唐政府對於日本、新羅、渤海等國留華學生，亦皆有施與。

---

45 方豪於其《中西交通史》（現代國民基本知識叢書），第十八至廿一章中，有較詳考證。

　　一般說來，唐代的長安，已成爲中外文化交流最重要的都市，各國使臣、權貴、留學生、商人、僧侶、樂工、畫師和舞蹈家聚居長安，彼此交往，爲亞洲各國的文化交流大放異彩，所以，在西元八世紀下半巴格達興起以前，長安是亞洲最繁華的國際都市[46]。

　　長安之所以成爲世界性首都，應與天可汗制度有關，使唐代天子有成天下共主之氣概。貞觀二十年，薛延陀既平，鐵勒十三姓首帥謁太宗於浮陽頓，太宗曰，「我今爲天下主，無問中國百姓及四夷，皆養活之，不安者我必令安，不樂者我必令樂」（《冊府元龜》卷170）。但是，太宗這種做法，並未獲得大臣們一致支持，譬如魏徵、褚遂良請棄高昌，李大亮且上疏曰，「臣聞欲綏遠者，必先安近，中國天下根本，四夷之人猶如枝葉，擾其根本，以厚枝葉，而求久安，未之有也，自古明王，化中國以信，馭夷狄以權，故春秋云，戎狄豺狼，不可厭也，諸夏親昵，不可棄也。……近日突厥傾國入朝，既不能俘之江淮，以變其俗，乃置於內地，去京不遠，雖則寬仁之義，亦非久安之計也。每見一人初降，賜物五匹，袍一領，酋長悉授大官，祿厚位尊，理多靡費，以中國之租賦，供積惡之凶虜、其眾益多，非中國之利也」，結果是「太宗不納」（《貞觀政要・安邊》）。天寶之亂後，杜牧引史事爲訓曰，「是知今夷狄處在中土，未有不爲亂者」（《全唐文・賀平党項志》），是耶？非耶？

46　沈福偉，《中西文化交流史》（東華書局，民國78年），第四章第六節。

第十四章

第二次一元體制下的社會環境與政府角色

　　隋唐是一文化熔爐，不僅承襲魏晉南北朝民族融合的餘緒，使五胡與漢族已經合為一體，也且由於威震遠邇，增加與西域、中東、南洋及東北亞地區國家之交往與接觸，更接受不少外來文化，以致這一期間的社會，是靜中有動。其所以「靜」，是顯示大一統下社會的特色；其所以為「動」態，就是由於這種文化融合在不斷進行。且因隋唐的統一的大帝國，其所統轄的區域如此之廣，其所統治的人民如此之眾，因此，政府角色當然與多元體制下大有不同。

第一節　南方成為經濟重心

　　《群書考索》續集卷46引呂東萊〈唐博議〉之文曰：

> 漢都長安，唐亦都長安，漢漕運事不多見，至唐方以漕運為大
> 事，然唐初未甚見，元宗以後方說得張大耳，蓋關中是西秦沃
> 野之地，亦可支給，卒（猝）有水旱，則轉漕皆少，亦自足用，

故正觀、永徽之間，止歲二十萬，自後，承平日久，用度彌廣，
奢侈日甚，如專仰給漕運，天子數幸東都，就食敖倉粟。……
大率漕運多是江淮之粟。

其所謂「東都」，是指洛陽，洛陽於隋煬帝時建爲東都，唐高祖時廢
爲洛陽宮，至高宗顯慶二(657)年，由於事實需要，又建爲東都，他於「建
東都詔」(《全唐文》卷12)中說，「此都申茲宇宙，通賦貢於四方」。意味
洛陽交通方便，便於集中租賦，其所謂「四方」，實以江淮爲主。至於呂
氏所云天子數幸東都就食，據全漢昇考證，是自高宗開始，他自建立東都
時起，一共到過洛陽七次，而且每次都住得很久：第一次在顯慶二年正月，
留住一年；第二次在顯慶四年閏十月，住兩年半；第三次在麟德二(665)
年正月，住十個月；第四次在咸亨二(671)年正月，住一年十一個月；第五
次在上元元(674)年十一月，住一年四個月；第六次在儀鳳四(679)年正月，
住一年九個月，最後一次在永淳元(682)年四月，次年十二月死於洛陽。總
計在顯慶二年以後的二十六七年內，高宗在洛陽的時間幾乎佔去一半，而
且在這七次行幸中，有四次都在正月離開長安，顯然是因爲那時候關中青
黃不接，糧食供給不足的緣故，其餘三次也在正月前後出發，而沒有在秋
收時離開長安，可見高宗到洛陽，實以經濟原因爲主。武后更是長期居住
洛陽(改稱神都)，在她執政的二十餘年內，只在長安居住兩年，這固然有
其政治理由，但經濟因子亦是重要考慮。中宗與睿宗在位的八年中，都未
至洛陽，玄宗則到洛陽五次：第一次在開元五(717)年正月，住一年九個月；
第二次在十年正月，住一年兩個月；第三次在十二年十一月，住了將近三
年；第四次在十九年十月，住了一年；最後一次在廿二年正月，住兩年九
個月；前後在洛陽住了將近十年，其主要理由仍是經濟考慮[1]。

---

1 全漢昇，《唐宋帝國與運河》(中央研究院歷史語言研究所專刊)，第二章。

　　經濟重心南移的原因，已在第十一章第一節予以分析，但於第一次多元體制時期，南方只是嶄露頭角而已，到了這個期間，尤其是唐代，經濟重心是確定地落在南方。這種情況，在戶口分布上更可明顯看出，據《隋書・地理志》，全國有郡190，縣1255，戶890萬7546，口4601萬9956。若按古代九州劃分，則揚州雖只佔州數九分之一，但卻擁有44郡，312縣，93萬2033戶(各郡縣均無人口數字)，以致揚州一州在全國郡數上佔23.16%，在縣數上佔24.86%，在戶數上佔10.46%。揚州即是狹義的南方，由江淮直至嶺南，其在戶數比率上，雖未達到戶數平均分布之百分數(11.11%)，但在郡縣比率上卻大為提高，足見當時中央政府對南方之重視。

　　到了唐代，太宗登極之初，將天下分為關內、河南、河東、河北、山南、隴右、淮南、江南、劍南、嶺南十道，後四道或可視為廣義的南方，已佔整個行政疆域的五分之二，睿宗時，再將山南與江南分置東西道，再置黔中道[2]，可見新增的三道中有二道屬於廣義的南方。其中的江南東道與西道，以及淮南道，即江淮之地，亦就是最狹義的南方。根據開元廿八年的統計(《新唐書・地理志》)，江南東道有戶110萬1450，口661萬5977，分佔戶、口總數的比率為13.09%與13.74%；江南西道有戶57萬2079，口368萬2972，分佔戶、口總數的比率僅分別為7.19%與8.10%；淮南道有戶39萬583，口227萬5380，分佔戶、口總數的比率，更分別低達4.64%與4.73%。若十三道戶口平均分布，則每道戶、口比

2　《新唐書・地理志》云，「開元二十一年，又因十道分山南、江南為東西道，增置黔中道及京畿、都畿，置十五採訪使」，以致習稱十五道。其實，京畿與都畿純為西、東兩都而設置，而不宜視為一般性地方行政組織，所以，「京畿採訪使治京城內」，「關內採訪使以京官領」，二者在地區劃分上均屬關內道；「都畿採訪使治東都城內」，「河南採訪使治汴州」，二者在地區劃分上均屬河南道，所以，本章在統計上以十三道計算。

重應各爲7.69%[3]，以致按此標準，江南西道的戶數，淮南道的戶與口，在比率上都不及格，但是，必須注意的，此三道每戶人口平均數卻較其他十道爲高，因爲江南東道、江南西道與淮南道每戶平均人口依次爲6.01、6.44與5.83人，而其他十道（戶634萬8759，口3556萬8280）每戶平均人口爲5.60人。每戶人口較多，也許是顯示江淮地區較爲富庶的佐證，因若每戶受田畝數大致相同，則較富戶所能撫養人口也將較多。大致說來，唐代戶數中南方佔43.2%，高於隋代的22.8%很多；在縣數上，南方超過半數，而佔54.9%，高於隋代的40.8%[4]。

　　江淮於唐高宗時，已成主要糧倉，所以，高宗起就食東都，就是消費來自江淮之米粟。唐玄宗自開元廿五年起，未再駐蹕洛陽，是因爲裴耀卿整頓漕運，使江淮租米可以直輸長安：

　　（開元）二十年，京師穀價踴起，上召京兆尹裴耀卿，問以救人之術。耀卿奏曰，昔貞觀永徽之際，祿廩未廣，每歲轉運，不過二萬石（按應作「二十萬石」）便足，今國用漸廣，漕運數倍，猶不能支。從東都至陝，河路艱險，既用陸運，無由廣致，若能開漕運，變陸爲水，則有所盈餘，動渝（逾）萬計。且江南租船，候水始進，吳人不便漕輓，由是所在停留，日月既淹，遂生竊盜。臣望於河口置一倉，納河東租米，便放船歸，從河口即分入河洛，官自雇船載運，至三門之東置一倉；三門既屬水險，即於河岸開山，車運十數里，至三門之西又置一倉。每運置倉，即搬下貯納，水通即運，水細便止，自太原倉泝河入渭，更無停留，所省鉅萬。前漢都關中，年月稍久，及隋亦在京師，

3　若按十五道計算，則每道戶與口平均比率應各為6.67%。

4　胡道修，〈開皇天寶之間人口的分布與變遷〉，《中國史研究》，1985年4期。

> 緣河皆有舊倉，所以國用常贍。
>
> 上深然其言，至二十二年八月十四日，置河陰縣及河陰倉，河清縣置柏崖倉，三門東置集津倉，三門西置三門倉；開三門北山十八里，以避湍險；自江淮而沂鴻溝，悉納河陰倉，自河陰送納含嘉倉，又遞納太原倉；自太原倉浮渭，以實關中。其有侍中裴耀卿充江淮轉運使，……三年，凡運七百萬石，省腳錢三十萬貫。（《唐會要》卷八七）

由「江淮轉運使」名銜，足見漕運之主要目的，是將江淮租米運至長安，每年平均約運送兩百餘萬石，是貞觀、永徽年間的十倍以上，這一方面表示，玄宗朝官員數目及帝室費用大增，另一方面則顯示南方經濟地位日益重要。

此所謂「江淮」，是泛指長江三角洲，本地區因經濟日漸發達，導致人口大爲增加，貞觀十三(639)年，潤、常、蘇、湖、杭、越六州民戶爲12萬8998戶(《唐書‧地理志》)；而開元廿九(741)年，此六州民戶爲53萬5001戶(《通典》)，102年間，增加314.74％，平均年增率30.25‰，若是人口成長率保持同一速度，則此地區人口增加率是此一期間(貞觀─開元天寶年間)全國人口年增率10‰[5]的三倍多。

第二節　人民生活與由儉入奢

隋文帝曾經改變度量衡，其官尺即北周市尺(與北魏後尺相同)，合晉前尺一尺二寸八分一釐；以古斗三升爲一升，古秤三斤爲一斤。唐代

---

5 楊遠，《西漢至北宋中國經濟文化之向南發展》(商務印書館，民國80年)，第二章四、五節。

因之[6]。明瞭此種量器變革，就不會驚訝唐代農業土地單位面積產量與每人每日食糧的大為低落。據《新唐書·食貨志》，肅宗時討論錢幣的「議者」曰，「少壯相均，人食米二升」「田以高下肥瘠豐耗為率，一頃出米五十餘斛。」假定一頃出米五十五斛，則一畝僅五斗五升；一人日食二升，一月食米六斗。

據《漢書·食貨志》，晁錯云，百畝產米百石[7]；李悝云，一人一月食粟一石半。意即一畝產量為米一石，每人日食五升粟——按一石粟為六斗米，則每日食米應為三升。表面看，唐人食量與單位面積產量，均低於漢代，實則不然，因按一唐升為三古升計算，農地每畝可產米1.65古石，可見唐代農業產量較漢初高65%；每人每日食米六古升，食量竟較戰國及漢時人高一倍，似嫌過高，這也許包括副食費在內。

今若唐初，一家五口得授田百畝，全家可產米55石，平均每人一年食米七石二斗，五人計36石，再納租一石（粟2石，合米應僅一石二斗）二斗共支出37.2石，尚餘17.8石，以每石150文錢折價，可得2670文錢，一家五口應可溫飽——米價一石150文，雖係假定，但有其依據，因據《新唐書·食貨志》，貞觀四(630)年，「米斗四五錢」，另據《通鑑》，高宗永淳元(682)年，關中先水後旱蝗，「米斗四百」，可見米價極為懸殊；但據《通典》，玄宗開元十三(725)年封禪泰山，「米斗至十三文，青齊穀斗至五文。自後天下無貴物，兩京米斗不至二十文，麵三十二文，絹一匹二百一十文」，另據《新唐書·食貨志》，天寶三(744)年，「是時海內富貴，米斗之價錢十三，青齊間斗才三錢，絹一匹錢二百」。在這種情況下，即使該農夫之妻不事紡織，須購綾或絹或絁二丈，均以絹價計之，只須錢100文。其實，在當時，有三十多畝田即可溫飽，

---

6 林光澂、陳捷編，《中國度量衡》（商務印書館），第二章。
7 解見第八章第二節。

例如儲光羲〈田家雜興〉曰，「種桑百餘樹（約需二至三畝桑田），種黍三十畝，衣食既有餘，時時會親友」（《唐詩類苑》卷169）。

　　若無田地，純爲傭工，其工資收入又如何？關於唐代工資，《唐律疏議》提供了兩個線索，均在〈名例〉部分：一爲徒刑「一年贖銅二十斤」，疏議曰，「徒者、奴也，蓋奴辱之」；一爲「平功庸者，計一人一日爲絹三尺，牛馬駝騾驢車亦同」，疏議曰，「計功作庸，應得罪者，計一人一日爲絹三尺，牛馬駝騾驢車，計庸皆準此三尺，故云亦同」。前者近似現代刑法中，勞役易科罰金的做法；後者則謂官吏私自召集人民義務勞動（包括獸力與機械力），爲本身圖利，以贓罪論，故以工資計算這些勞動的贓值，此工資標準爲一日工作，得絹三尺，不但人力如此計值，牛、馬、駝、騾、驢、車，均按此標準計算。按唐代開元通寶每枚重二銖四絫，而廿四銖爲一兩，故一兩銅製錢十枚，一斤銅可產錢160文，是以，二十斤銅應產錢3200文，贖一年三百六十日之徒刑，折算一日爲錢8.89文；但開元通寶是要兌換隋文帝所鑄的五銖錢，而此五銖錢的官定標準，是錢一千重四斤二兩（《隋書‧食貨志》），而開元通寶一千錢重百兩，合六斤四兩，故其每文面值至少應爲五銖，而非實重（二銖四絫）。假若如此，則二十斤銅應值五銖錢6667文，以此贖一年徒刑，則合一日18.52文。但無論是一日8.89文還是18.52文，均屬懲罰意義，持此作一般工資標準，也許不盡妥當。至於「計功作庸」，則是按當時一般工資折算，意味一人一日工資是三尺絹，《新唐書‧百官志》工部郎中條亦云，「雇（工匠）者，日爲絹三尺」。從前引資料看，一匹絹作價200文，應甚適宜，準此，則一尺絹應值5文錢，以致一日工資應爲15文錢。若是長工依此水準得價，則一月可得450錢，一年可獲5400錢；假定一家五口，其他四口均爲依賴人口，則一年消費食米36石，以150文一石計算，恰爲5400錢——至於米與絹價格上之比例，常有起伏，且起伏甚大，則如貞觀年間，馬周於貞觀十一年上疏曰，「往者貞觀之初，

率土霜儉，一匹絹纔得一斗米，……自五六年來，頻歲豐稔，一匹絹得十餘石粟」（《貞觀政要》卷6），是以，若遇豐年，這些以傭工爲生的人民，以一月工資（九丈絹，合二四一丈）幾可供一家五口全年食米，但一般時候，其生活水準應低於獲有授田之自耕農。

但是，到了天寶年間，自耕農生活亦大不如前，有人推算，當時一個六口之家的自耕農，大約佔地六七十畝[8]，假定該六口之家受田六十五畝，每畝產米5.5斗，則只得米35.72石，而全家六口之家的「年食糧即須43.2石米，再加1.2石米的租，共須44.4石，高於總產量24.3％，以致全家難獲溫飽，甚至即使是五口之家，其糧食產量亦少於其支出。由此足見安史亂前，農村業已凋敝。

關於此一時代的文人報酬——稿酬，王勃是一特例，撰成〈滕王閣序〉，「帥贈百縑。勃屬文綺麗，請者甚多，金帛盈積，心織而衣，筆耕而食」（《全唐文紀事》卷55）。若縑價一匹二百錢，則王勃這篇膾炙人口的滕王閣序，得到二萬錢稿酬，幾爲傭工的四年所得，可謂文章有價矣！唐代文風甚盛，這也許即其誘因之一。

以上所說，主要是平民生活，於初期尚可溫飽，到後期則難免於凍餒。但就隋唐兩代的統治階層言，卻均由儉入奢。《隋書》作者魏徵於〈文帝紀〉末評論曰，「開皇仁壽之間，丈夫不衣綾綺，而無金玉之飾，常服率多布帛，裝帶不過以銅鐵骨角而已」；〈煬帝紀〉末評論則曰，「每之一所，輒數道置頓四海珍羞殊味，水陸必備焉。求市者無遠不至，郡縣官人競爲獻食，豐厚者進擢，疏儉者獲罪。姦吏侵漁，內外虛竭，頭會箕斂，人不聊生」，而且楊素「家僮數千，後庭妓妾曳綺羅者以千數，第宅華侈，制擬宮禁」（《隋書》本傳）。

---

8 汪籛，《隋唐史論稿》，〈唐代實際耕地面積〉，引自歷史研究編輯部，《中國封建地主階級研究》（中國社會科學出版社，1987），頁262。

　　在另一方面，唐初大臣住宅均甚簡陋，譬如「岑文本爲中書令，宅卑濕，無帷帳之飾」；「戶部尚書戴冑卒，太宗以其居宅弊陋，祭享無所，令有司特爲之造廟」；「溫彥博爲尚書右僕射，家貧無正寢」；「魏徵宅內先無正堂」。太宗本人對於宮室亦力求儉樸：貞觀二年，公卿奏曰，依禮，季夏之月，可以居臺榭，今夏暑未退，秋霖方始，宮中卑濕，請營一閣以居之。太宗曰，「朕有氣疾，豈宜下濕，若遂來請，糜費良多，昔漢文將起露臺，而惜十家之產，朕德不逮於漢帝，而所費過之，豈爲人父母之道也。」而且，在這前一年，太宗已對侍臣言及節儉的重要性，並云，「自王公以下，第宅車服，婚嫁喪葬，準品秩不合服用者，宜一切禁斷」，「由是二十年間，風俗簡樸，衣無錦繡，財帛富饒，無飢寒之弊」(均見《貞觀政要》卷6)。

　　但是，到了玄宗主政之時，大臣宅第之豪華，可以安祿山賜第與楊國忠兄妹之住宅爲例，安祿山在長安的賜第，「家極華麗，不限財物，⋯⋯高臺曲池，宛若天造，帷幕充幔其中，至於廚廄之內，亦以金銀飾其器」(《安祿山事蹟》卷上)；楊國忠「姊妹昆仲五家，甲第洞開，僭擬宮掖，⋯⋯每構一堂，費踰千萬計，見制度宏壯於己者，即仿而復造，土木之工，不捨晝夜」(《唐書・玄宗楊貴妃傳》)。玄宗本人亦甚侈靡，「于宮中置長湯屋數十間，環迴甃以文石，爲銀縷漆船及白香木船，置於其中，至於楫櫓，皆飾以珠玉；又於湯中，壘瑟瑟及沉香爲山，以狀瀛洲方丈」。其實，在武則天主政時，即已奢靡，「則天造明堂，於頂上鑄鐵爲鸑鷟，高二丈，以金飾之，軒軒若飛。⋯⋯更鑄銅爲大火球，飾以黃金，煌煌耀日。⋯⋯又造天樞於定鼎門，並番客胡商聚錢百萬億所成，其高九十尺，下以鐵山爲腳，鑄銅爲二麒麟，以鎮四方，上有銅盤，徑三丈，蛟龍人立，兩足捧大火球，望之如日初出」。其倖臣許敬宗(卒於高宗時)，「嘗造飛樓七十間，令妓女走馬於其上，以爲戲樂」；其面首張易之爲母「造七寶帳，金銀珠玉寶貝之類，罔不畢萃」

（均見《太平廣記》卷236）；其另一面首薛懷義，「造功德堂一千尺於明堂北，其中大像高九百尺，鼻如千斛船，中容數十人並坐，夾紵以漆之」（《朝野僉載》卷5）。

　　大致說來，一元體制下，由於昇平之故，社會上普遍是在追求生活水準之提高，譬如漢代紡織品之出神入化即是一例。是以，在這第二次一元體制下，亦不例外，這主要是反映於休閒方面，這至少可以飲茶、香藥兩件事為代表。此所謂「香藥」，是包括含香、沐香、焚香三者。此所指焚香，可能始自唐廷，據《通鑑》至德二年「香案」之胡三者註，「唐制，凡朝日，殿上設黼扆、躡席、熏爐、香案，皇帝升御座，宰執當香案前奏事；所謂沐香，是用香湯沐浴，這是它於《全唐詩・泳浴》之詩；所謂「含香」，是指口含沉香、麝香，「方其發談，香氣唾於席上」（《開元天寶遺事》）。

第三節　　財經官制[9]

　　在中央財政職官方面，魏晉南北朝時，司農已退而只管倉廩，財帛及國用，則委諸度支尚書，隋唐兩代，此勢益明。據《隋書・百官志》，文帝時，尚書省事無不總，置令、左右僕射各一人，總吏部、禮部、兵部、都官、度支、工部六曹。度支尚書統戶部侍郎二人，金部、倉部侍郎各一人，為國家主管財政大臣，其所屬各侍郎，分掌戶口土田賦役、貨幣金融、天下庫儲出納。煬帝將諸曹侍郎悉改為郎，並易戶部郎為人部郎。司農寺統太倉、典農、平準、京市、鉤盾、華林、上林、導官諸署，各置令，其中僅太倉因掌倉廩而與財政有關，太倉下有米廩、鹽倉督各二人，穀倉督四人。太府守下有左右藏，掌皇家財帛。

　　9　本節所云隋唐官制，除另註出處外，悉本《隋書》與《新唐書・百官志》。

　　唐代多循隋制，但更形完備，其尚書省置令、左右僕射各一人，其屬有吏、戶、禮、兵、刑、工六部尚書——成為以後各朝之定制。戶部尚書統侍郎二人，掌天下土地人民錢穀之政，貢賦之差，其屬有四，即戶部、度支、金部、倉部、各置郎中與員外郎。戶部掌戶口、土田、賦役、貢獻、蠲免、優復、婚繼嗣之事。度支掌天下租賦物產豐約之宜，水陸道塗之利，歲計所出而支調之，以近及遠——故事、度支部分，郎中判入，員外判出，侍郎總統押案而已，玄宗時改以他官判度支，例如開元廿二年，蕭炅除太府少卿，知度支事，廿三年，李元祐除太府少卿，知度支事，天寶七年，楊釗除給事中，兼御史中丞，權判度支（《唐會要》卷59）；前二者是以宮中執事干預府中收支，後者是由執掌審覈工作之人，兼管工作之執行。金部掌天庫藏出納，權衡度量之數，兩京市、互市、和市、宮市交易之事，百官軍鎮蕃客之賜，及給宮人王妃官奴婢衣服。倉部掌天下軍儲出納、租稅祿糧倉廩之事，以木契百合諸司出給之數，以義倉常平倉備凶年平穀價。

　　一般說來，財賦之事，「開元以前，事歸尚書省；開元以後，權移他官。由是，有轉運使、租庸使，鹽鐵使，度支鹽鐵轉運使，常平鑄錢鹽鐵使，視庸青苗使，水陸運鹽鐵租庸使，兩稅使，隨事立名，沿革不一。」（《唐書‧食貨志》）

　　在漢代主管府中、宮中財政之大農與少府，地位一落千丈：司農寺雖掌倉儲委積之事，但其屬官與倉廩有關者僅為太倉署；少府監與財政有關者，僅轄七或八個鑄錢監，主鑄錢。後者的財政工作，主要為太府寺卿，掌財貨廩藏貿易，總京都四市，左右藏，常平七署，凡四方貢賦，百官俸祿，謹其出納，賦物任土所出，定精麤之差，祭祀幣帛皆供焉。其左藏令三人，從七品下，掌錢帛雜綵、天下賦調；右藏署令二人，掌金玉珠寶銅鐵骨角齒毛綵畫。

　　隋唐統一，國勢強盛，經濟力量亦甚強大，所以，中央經濟職官亦

較上一時期爲多，其中尤以公營事業爲甚。

　　隋代公營事業以初級產業較多，譬如屬於太僕寺的典牧署與牛羊署（煬帝時罷後者），是畜牧業；同州總監下有食貨、農圃二監，後者及諸屯監（管屯田），是農業；太府寺下掌冶署及岐州諸冶監，是公營礦業——監池總監統東西南北四監，亦應屬之。至於司農寺導官署下的御細倉督與麴麵倉督，似掌農產加工業；其太倉署下米廩督、鹽倉督與穀倉督，是掌倉庫業。都水臺下河堤謁者領掌船局（煬帝改爲舟楫署），似爲水運業；而兵部尙書下的駕部侍郎，則主管陸運。至於公營次級產業，則有太府寺下的左尙方、內尙方、司染、甄官等署，以及將作大匠，均屬之。

　　唐代公營事業亦以初級產業爲最盛，其畜牧由太僕寺下典牧署與牧監分掌；前者主管畜政，掌諸牧雜畜給納及酥酪脯腊之事；後者從事孳養，有牧監四十八所，凡馬五千爲上監，三千爲中監，不及三千爲下監。牧監均在隴右，貞觀初（其元年爲西元627年），僅得牝牡三千，從赤岸澤徙之隴右，高宗麟德中（麟德僅二年，其元年爲664年），至蕃衍爲七十萬六千匹，置八使以董之，設四十八監以掌之，跨隴右、金城、平涼、天水四郡之地，幅員千里，猶爲隘狹，更析八監，布於河曲豐曠之野，乃能容之。是時，天下以一縑易一馬。其後馬匹銳減，開元初，僅得二十四萬匹，十九年，增爲四十四萬匹（《全唐文紀事》卷11）。玄宗爲平王時，曾任檢校隴右諸牧監使，足見此一工作之重要性（《唐會要》卷66）。

　　司農寺的諸屯監，掌營種屯田，上林署掌苑囿園池植果蔬，以供朝會祭祀及尙食諸司常料，司竹監掌植竹葦，供宮中百司簾筐之屬，歲以筍供尙食；工部尙書下的屯田郎中，掌天下屯田及兩京文武職田，且因「屯田」一詞，常與軍方有關，所以，各軍鎮多有屯田，由士兵耕種，譬如婁師德，「高宗假朝散大夫，使從軍，有功，遷殿中侍御史，兼河源軍司馬，兼知營田事，……天授初，爲左金吾將軍，檢校豐州都督，衣皮絝，率士屯田，積穀數百萬，兵以饒給，無轉饟和糴之費」（《新

唐書》本傳）。

由此可知，唐代屯田大致上分爲兩個系統：一爲司農寺；一爲尙書省。就後者言，屯田郎中、員外郎雖隸工部尙書，「掌天下屯田之政令」，但其職掌中亦云，「凡軍州邊防鎮守，轉運不給，則設屯田，以益軍儲」（《唐六典》卷7），而與軍鎮密切有關。隸屬司農寺之屯田，似爲民屯，計有監牧屯田、鹽池屯田、軍器監屯田及宮苑屯田，玄宗時計有49屯——而隸屬軍州者有992屯[10]，是尙書省系統。

前述婁師德「兼知營田事」，此「營田」並非專有名詞，而可能是指「營種屯田」（見司農寺諸屯條）。但於玄宗時則似眞正出現「營田」，那是開元十八(730)年，裴耀卿建議，將括出之逃戶，按村社在空地或未開發之地定居，十戶爲一坊，每丁給私田五十畝，每坊共公田一頃，「除役功三百計田外（每丁每月役功三日，以耕公田），更無租稅，既是營田戶，日免役徭，安樂有餘，爲不流散」（《唐會要》卷85）。此一建議於四年後才被付諸實施，那是張九齡於開元廿二年被派爲河南開稻田使，在淮河北部各支流流域，建立一批大規模的營田，專種水稻[11]。顯然可見，這些營田應屬民屯。

除上述兩個系統的屯田與營田外，還有其他機關——擁有田園以外的業務或工作，可視爲初級產業，譬如將作監下有百工監，掌採伐材木；都水監下河渠署，掌河渠陂池隄堰魚醢之事，饗宗廟，日供尙食及給中書、門下，歲供諸司及東宮之冬藏；少府監掌冶署，部分工作爲礦冶，凡「銅鐵，人得採而官收」；司農寺下有諸鹽池監，掌鹽池監；均可視爲公營初級產業。

10　參見李錦鏽，《唐代財政史稿》上卷（北京大學出版社，1995），第一編第一章　第四節。

11　中國社會科學院歷史研究所譯，《劍橋中國隋唐史》（中國社會科學出版社，1990），第七章。

　　公營次級產業，多屬少府監，蓋因該監「掌百工技巧之政，⋯⋯供天子器御后妃服飾，及郊廟圭玉百官儀物，凡武庫袍襦，皆識其輕重乃藏之」。其中尚署掌供郊祀圭璧及天子器玩后妃服飾文錯綵之制，凡金木齒革羽毛任土以時而供；左尚署掌供翟扇蓋繖五路五副七輦十二車，及皇太后皇太子公主王妃內外命婦王公之車路，凡畫素刻鏤與宮中冶爐雜作皆領之；右尚署掌供十二閒馬之轡，凡五品三部之帳刀劍斧鉞甲冑紙筆茵席履舄皆擬其用，並領皮毛之工；織染署掌供冠冕組綬及織紝色染；掌冶署掌范鎔金銀銅鐵及塗飾琉璃玉作；另轄在外的諸冶監（以所在地都督、刺史代管），掌鑄兵農之器，給軍士屯田居民（其中興農冶，專供隴右監牧）。此外有將作監與軍器監：前者為營造事業，其左校署掌梓匠之事，右校署掌版築塗泥丹堊匽廁之事，甄官署掌琢石陶土之事，百工監掌舟車及營造雜作；軍器監掌繕甲弩，以時輸武庫，其弩坊署掌出納矛矟弓矢排弩刃鏃雜作，甲坊署掌出納甲冑絞繩筋角雜作。

　　唐代三級產業中的公營事業亦不多，其倉庫屬司農寺，計有太原、永豐、龍門等倉；兵部尚書下的駕部，掌水陸傳驛。至於政府所放的高利貸，主要為公廨本錢與掌平倉二種，後者是由戶部尚書下倉部、全部及太尉寺另轄常平常署主管；前者則屬於刑部尚書下的比部。

　　對於民營各產業的主管，隋唐大致相似。先就初級產業言，隋代工部尚書下有屯田侍郎二人，虞部、水部侍郎各一人，分別主管天下農耕、山林、水利。唐代因之，工部尚書下有屯田、虞部、水部等郎中。隋之都水臺似側重水運，而唐之都水監則似注意水利與漁業，例如其河渠署掌河渠陂池隄堰魚醢，河隄謁者掌完隄堰、利溝瀆、漁捕之事。實際勸農工作，隋代屬司農寺下的典農署，唐代為司農寺下的諸屯監，且常遣監察御史巡行天下，以察農桑之不勤。對於民營次級產業之管理，隋唐均不明顯，假若有的話，則是工部尚書下的工部，因唐代工部郎中掌城池土木之工役程式——其實，這仍與官營有密切關係。

在民營三級產業的管理上，隋唐有突破性變化，其範圍較前代擴大很多。隋文帝時，都水臺下有都水尉二人，領諸津，管理交通事宜；司農寺下平準署，也許與穩定物價有關，京市署有肆長四十人，管理市場。煬帝時，都水臺下舟檝署，管水運，每津置尉一人，想必亦管理通過的民間船隻；並將平準、京市二署，由司農寺中分出，改隸太府寺，而其原來業務則改由少府監掌理，使太府寺只管京都市五署及平準左右藏等凡八署，京師東市曰都會，西市曰利人，東都東市曰豐都，南市曰大同，北市曰通遠；另於鴻臚寺增置互市監，主管對外貿易。

唐代太府寺亦轄兩京諸市署，掌財貨交易，度量器物，辨其真偽輕重，市肆皆建標築土為候，禁榷固及參市自殖者（其定義可見上章第四節有關解釋），凡市、日中擊鼓三百以會眾，日入前七刻，擊鉦三百而散；太府寺另轄常平署掌平糴倉儲出納。至於主持對外貿易的互市監，則屬於少府監。關於水運管理，則由都水監下諸津令，掌津濟舟梁灞橋。

隋唐地方財經職官甚為簡單，隋代地方政制，分州、郡、縣三級。州置刺史（雍州因京畿所在而置牧），其與財經有關的屬吏，有掌金融的金曹，戶籍賦役的戶曹，津梁舟車的士曹，以及倉督、市令；郡置太守，有金、戶、士等曹及市令；縣有令，其財經職官與郡同。唐代地方財經職官，在西、東、北三都中最為明顯，府尹下有掌租調公廨庖廚倉庫市肆之倉曹；掌戶籍計帳、道路過所蠲符雜傜逋負，良賤孥藁逆旅婚姻田訟、族別孝弟的戶曹；掌園宅口分永業及蔭田的田曹；掌津梁舟車舍宅工藝；此外，掌兵馬的兵曹亦掌傳驛。唐代一般地方政制，撇開大都護府或節度使，僅為州、縣二級；州刺史財經屬官有司戶、司倉、司田、司兵、司士及市令；縣令掌民田收授，其財經屬吏有司倉佐、司戶佐、司兵佐、司士佐——京兆河南諸縣，戶三千以上置市令一人，戶一萬以上，置義倉督三人。

第四節　府兵制度下的田制與稅制[12]

　　第十二章第一節述及西魏北周建立兵農合一的府兵制度，至隋代更為完備，置十二衛。唐代因之，高祖武德初，置十二軍，軍置將副各一人，「以督耕戰」，六年廢之，歲餘又復，軍置將軍一人，軍有坊，置主一人，「以檢察戶口，勸課農桑」。——這可能是指兩個系統：將軍當然屬於軍事系統，坊主則屬於民事。太宗貞觀十年，稱為折衝府——意謂「折衝樽俎之間，旋師袵席之上也」（〈鄴侯家傳〉），凡天下十道，置府六百三十四，皆以隸諸衛，凡府三等，兵千二百人為上府，千人為中府，八百人為下府。府置折衝都尉一人，左右果毅都尉各一人，士以三百人為團，團有校尉，五十人為隊，隊有正，十人為火（《唐會要》卷72稱「三十人為火」），火有長，「火備六馱馬，凡火具、烏布幕、鐵馬盂、布槽、鍤钁鑿碢筐斧鉗鋸皆一，甲床二、鐮二、隊具火鑽一，胄馬繩一，首羈足絆皆三人具，弓一、矢三十，胡祿橫刀、礪石、大觿、氈帽、氈裝、行縢皆一，麥飯九斗，米一斗，皆自備。並其介胄戎具藏於庫，有所征行，則視其入而出給之。其番上宿衛者，惟給弓矢橫刀而已。凡民年二十為兵，六十而免。「當給馬者，官予其直市之，每匹予錢二萬五千。刺史折衝果毅歲閱不任戰事者鬻之，以其錢更市，不足，則一府共足之」。

　　由此可見，除馬匹及重裝備外，輕便武器及軍需品等悉由府兵自備——大致上，隋代亦是如此[13]。征戰時，若為小規模戰役，可能僅用一個府的兵力，大多時候，是若干府兵力由大將率領以聯合作戰。戰事

---

12 本節所述府兵，除另註出處外，悉本《新唐書・兵志》；有關田制與稅制，除另述出處外，悉本《隋書》與《新唐書・食貨志》。

13 參見谷霽光，《府兵制度考釋》（弘文館，民國74年），第四章。

完畢,則是「將歸於朝,兵歸於府」。在平時,府兵除輪番外,均從事
農桑。據〈鄮侯家傳〉(《玉海》卷138),武則天主政時,諸衛將軍多以
外戚無能者及降虜充之,輪番宿衛者常被借予將軍姻戚之家,執僮僕
役,時人恥之,至有爇手足以避府兵者,以致輪番者多爲「貧羸受顧而
來」,由是、府兵始弱;玄宗開元中,張說爲相,乃請下詔募士,但取
材力,不問所從來,旬月之間,募者十三萬,玄宗大悅,賜名「彍騎」——
據《世史正綱》,開元十年,「始募兵充宿衛」,丘濬特予注曰,「府
兵之制於此始廢」。再卅三年,安祿山亂起,結束此一時代,但於此一
時代裡,府兵制度是一直存在,是以亦可視此一時代爲兵農合一時期,
而與先秦時期相輝映。

　　《新唐書・兵志》云,「古者、兵法起於井田,自周衰、王制壞而
不復,至於唐始一寓之於農,其居處教養,畜材待事,動作休息,皆有
節目,雖不能盡合古法,蓋得其大意焉」。此所謂「大意」,即「兵法
起於井田」,亦可說府兵制度是植基於授田,所以與隋唐田制有密切關
係。由於田制是計丁授田,所以,田制又與戶籍有關,這當然亦與兵制
有連帶關係。

　　關於隋代的戶制、田制與稅制,《隋書・食貨志》有簡明敘述:

> (文帝受禪)仍依周制,役丁爲十二番,匠則六番。及頒新令,
> 制、人五家爲保,保有長,保五爲閭,閭四爲族,皆有正;畿
> 外置里正、比閭正,黨長比族正,以相檢察焉。男女三歲已下
> 爲黃,十歲已下爲小,十七已下爲中,十八已上爲丁,丁從課
> 役,六十爲老乃免。自諸王已下至於都督,皆給永業田各有差,
> 多者至一百頃,少者至四十畝。其丁男中男永業露田,皆遵後
> 齊之制,並課樹以桑榆及棗;其園宅率三口給一畝,奴婢則五
> 口給一畝。丁男一牀租粟三石,桑土調以絹絁,麻土以布;絹

絁以疋加綿三兩，布以端加麻三斤；單丁及奴隸各半之，未受
地者皆不課，有品爵及孝子順孫義夫節婦，並免課役。京官又
給職分田，一品者給田五頃，每品以五十畝為差，……至九頃
為一頃；外官亦各有職分田，又給公廨田，以供公用。

開皇三年，……初令軍人以二十一成丁，減十二番，每歲為二
十日役，減調絹一疋為二丈。

其所謂「皆遵後齊之制」，可見丁男及中男各受永業田二十畝，露田二
十畝，合起來為百畝。其負擔已經是租庸調的雛形，即租粟三石；庸為
一年三十天役(工匠為六十天)；調似為絹或絁一疋、綿三兩，或是布一
端(五丈)，麻三斤——後來，絹由一疋(四丈)減為二丈，布也許亦作同
比例減少。這些負擔是就一般人民而言，若被選為府兵，則很可能像〈鄭
侯家傳〉所述西魏北周一樣，「免其身租庸調」，蓋因府兵亦是一年十
二番，而與力役時間相等，其租粟則作為宿衛時自食的軍糧，應納的絹
或布則作為戎裝及購買輕武器及其他必需軍用品。後來府兵改為廿一歲
才服役，而且每年只須服役二十天，以致在「庸」的方面，府兵較受優
待；租粟三石得米一石八斗，而壯男日食最多為三升米，二十天至多食
米六斗，故在「租」的方面，府兵亦佔不少便宜；在「調」的方面，較
難比較，但戎裝不致每年更新，以致府兵亦將有所剩餘。令人不禁想到
《商君書‧算地篇》所云，「畝五百，足待一役」——隋代亦如秦制，
以240步為畝，故百畝為5萬7600平方步，合西周田制下的576畝。

關於唐代的田制，《新唐書‧食貨志》曾作如下記載：

凡民始生為黃，四歲為小，十六為中，二十一為丁，六十為老。
授田之制，丁及男年十八以上者，人一頃，其八十畝為口分，
二十畝為永業；老及篤疾廢疾者人四十畝，寡妻妾三十畝，當

　　戶者增二十畝，皆以二十畝為永業，其餘為口分。永業之田，
　　樹以榆棗及所宜之木，皆有數。田多可以足其人者為寬鄉，少
　　者為狹鄉，狹鄉受田減寬鄉之半。其地有薄厚，歲一易者倍授
　　之，寬鄉三易者不倍授，工商者寬鄉減半，狹鄉不給。凡庶人
　　徙鄉及貧無以葬者，得賣世業田，自狹鄉徙寬鄉者，得并賣口
　　分田。已賣者不復授，死者收之，以授無田者。凡收授皆以歲
　　十月，授田先貧及有課役者。凡田、鄉有餘以給比鄉，縣有餘
　　以給比縣，州有餘以給近州。

此所謂「寬鄉」，是指地廣人稀之處；「狹鄉」則指地狹人稠所在，所
以，狹鄉人地比例大，每丁難獲應授之田，即使於初唐，關內道的京畿
（或稱京輔）地區，即是著名的狹鄉，譬如太宗於貞觀十八年三月己酉，
幸靈口，村落偪側，問其受田，丁（才）三十畝……詔雍州祿尤少田者，
並給付，移之於寬鄉」（《冊府元龜·惠民》），可見其每丁可授之田，
不僅遠低於百畝，也且低於狹鄉標準的五十畝，所以，太宗將雍州各縣
受田低於三十畝的民戶免除賦稅，移之於河南道與河北道旁寬鄉[14]，而
南方諸道更是地廣人稀，致能吸引很多狹鄉農民移往，甚至於到高宗之
時，南方戶口產量仍低於北方，當時全國分為十五道，北方七道戶口密
度，平均為每平方公里2.4戶，14.5口，南方八道則為2.2戶與11.4口[15]。
　　且因人口增加，很多寬鄉亦變成狹鄉，以《唐天寶六載（747）敦煌
郡敦煌縣龍勒鄉都鄉里戶籍殘卷》為例，程大忠、大慶二兄弟，各有永
業田20畝，園宅一畝，其口分田依次各則為61畝與47畝。若上溯四十六
年，即武后大足元（701）年，其時，大慶一歲，大忠五歲，其父程義為

14　翁俊雄，《唐代人口與區域經濟》（新文豐出版公司，民國84年），〈唐初中原
　　地區均田制實施情況初探〉。
15　胡道修，〈開皇天寶之間人口的分布與變遷〉。

戶主，由於該二戶無買田記載，足見程義有地150畝，雖逾占田限額，
卻符合「所占雖多，律不興罪」寬鄉占田的規定[16]。四十餘年間，即可
將寬鄉變爲狹鄉，足見人口增加對土地的壓力。

　　除對農民授田外，唐代亦對其他人等授田，其中包括官員的永業田
與職分田，以及官署的公廨田。這些方面，《唐六典》卷3有所說明：

> 凡道士給田三十畝，女冠二十畝，僧尼亦如是。凡官戶受田，
> 減百姓口分之半。凡天下百姓給園宅地者，良口三人已上給一
> 畝，三口加一畝，賤口五人加一畝，其口分、永業不與焉。……
> 凡官人受永業田，親王一百頃，職事官正一品六十頃，郡王及
> 職事官從一品五十頃……雲騎尉武騎尉各六十畝。……凡天下
> 諸州公廨田，大都督府四十頃，……下都督、上州各三十
> 頃，……宮總監、下州各十五頃；上縣十頃，中縣八頃，中下
> 縣六頃；上牧監、上鎮各五頃；下縣及中牧、下牧、司竹監、
> 中鎮、諸軍折衝府各四頃；諸冶監、諸倉監、下鎮、上（此字
> 原闕）關各三頃；互市監、諸屯監、上戍、中關及津各二頃；
> 下關一頃五十畝；中戍、下戍、嶽、瀆各一頃。
>
> 凡諸州及都護府官人職分田，二品一十二頃，三品四頃以二頃
> 為差，五品至八品以一頃為差，九品二頃五十畝，領戍關津嶽
> 瀆及在外監官五品五頃，六品三頃五十畝，七品三頃，八品二
> 頃，九品一頃五十畝。三衛中郎將、上府折衝都尉各六頃，中
> 府、下府以五十畝為差；郎將各五頃；上府果毅都尉四頃，中
> 府、下府以五十畝為差；上府長史、別將各三頃，中府、下府
> 各二頃五十畝。親王府典軍五頃五十畝，副典軍四頃，千牛備

---

16 翁俊雄，《唐代人口與區域經濟》，〈唐初中原地區均田制實施情況初探〉。

身、備身左右、太子千牛備身各三頃。諸軍上折衝府兵曹各二
頃，中府、下府各一頃五十畝；其外軍校尉一頃二十畝，旅帥
一頃，隊正副各八十畝。

李林甫於此處注曰，「凡給公廨田，若陸田限三月三十日，稻田限四月
三十日以前上者，並入後人，以後上者入前人；其麥田以九月三十日爲
限。若應給職田，無地可充者，畝給粟二斗」。意謂擁有稻田爲公廨田
的機關首長，遇有調職情事，若是繼任者於四月三十日以前接事上任
者，則將承受公廨田收穫的農產品——至少是處分權；逾期接事，則此
處分權屬於前任首長。職分田的交接，亦可能有類似劃分的期限，《封
氏聞見記》卷九云，「高利自濠州改爲楚州，時、江淮米貴，職田每得
粳米，直數千貫。准例，替人五月五日已前到者得職田，利欲以讓前人，
發濠州所在，故爲淹泊，候過限數日，然後到州，士子稱焉」。關於職
分田、永業田及公廨田，《新唐書・食貨志》有所補充，即對京官，亦
授職分田，一品十二頃，二品十頃，三品九頃，四品七頃，五品六頃，
六品四頃，七品三頃五十畝，八品二頃五十畝，九品二頃，皆給百里內
之地；在永業田方面，五品以上受田寬鄉，六品以下受於本鄉，解免者
追田，除名者受口分之田，**襲爵**者不別給，流內九品以上，口分田終其
身，六十以上停私乃收，凡給田而無地者畝給粟二斗；京師及州縣皆有
公廨田，供公私之費。

　　這一補充材料，說明京官亦有職分田：永業田亦可因無地可授而以
每畝折粟二斗給予；公廨田的收入，原本應以挹注公共支出爲主，但據
李注，足見業已視爲機關首長的私囊。

　　以正三品（尚書）京官爲例，其永業田爲廿五頃，職分田爲九頃，共
卅四頃。但是，唐代並未像西晉官員占田立限時，亦限定佃客戶數（隋
代職分田雖然較少，但亦無攸關佃客之規定），所以，產生一疑問：這些職

分田與永業田，究由誰人耕種？例如陳伯瀛就曾懷疑道：「吾人僅問此等職分田與永業田，何人為之耕種？將係佃之於民耶！如係佃之於民，則在『有田即有租，有戶即有調，有丁即有庸』之制度下，人各有田，誰能舍己之田，而耘人之田耶？然則武德時所頒之令，僅為制度，非事實所必有也！」[17]

　　陳氏這一懷疑，也許是由於未曾細讀《唐會要》卷91與卷92。所謂細讀，除掌握相關資料外，並將匡正其可能缺失。卷92〈內外官職田〉項載：開元「二十九年二月敕，外官職田委所司準例倉中受納，納畢一時分付，縣官亦準此」；「天寶元年六月敕，如聞河東河北官人職田，既納地租，仍收桑課，田樹兼稅，民何以堪？自今以後，官人及公廨職田有桑，一切不得更徵絲課」；「（天寶）十二載十月敕，兩京百官職田，承前佃民自送，道路或遠，勞費頗多。自今以後，其職田去城五十里內者，依舊令佃民自送入城，自餘限十月內便於所管州縣並腳價貯納。其腳價，五十里外每斗各徵二文，一百里外不過三文，並令百官差本司請受」。

　　從這三則記載看，可以確知這些官員的職分田甚至永業田，「係佃之於民」。很可能是人民仍納租庸調（但不納絲棉），只是撥作職田（或含永業田）的田畝，將其租（百畝粟二石）納給有關官員而非政府，但仍送至官倉繳付。關於此租額至少有二旁證：一為《新唐書‧食貨志》云，貞觀「十一年，以職田侵漁百姓，詔給逃還貧戶，視職田多少，每畝粟二升，謂之地子」；一為《唐會要》卷92載，「開元十年正月，令有司收內外官職田，以給逃還貧民戶，其職田以正倉粟畝二升給之」。此二則均謂官員雖未真正獲授職田，但按規定的職田數目淨得其租，每畝粟二升，百畝恰為兩石。由此看來，上述李林甫注，「若應給職田無地可充

---

17 陳伯瀛，《中國田制叢考》（台灣明文書局重印本），頁104。

者，率畝給粟二斗」，其中「二斗」應爲二升之誤——《新唐書‧食貨志》所云，「凡給田而無地者畝粟二斗」，很可能是承襲李注之筆誤[18]。

關於稅制，《唐六典》卷三有較詳說明：「凡賦役之制有四：一曰租，二曰調，三曰役(即庸)，四曰雜徭。課戶每丁租粟二石。其調隨鄉土所產，綾絹絁各二丈，布加五分之一；輸綾絹絁者綿三兩，輸布者麻三斤，背書印焉。凡丁歲役二旬，無事則收其庸每日三尺，有事而加役者，旬有五日，免其調，三旬則租調俱免[19]。這一段說明雖很詳細，但仍須予以解釋。首先是「調」，既云「隨鄉土所產」，則不可能同時納綾絹絁與布，而且在北周，「有室者歲不過絹一匹，綿八兩」，隋代後來每戶亦只納絹二丈(均見《隋書‧食貨志》)，所以，唐代一戶不可能同時納「綾、絹、絁各二丈」，而很可能是納綾或絹或絁二丈。其次是關於力役時間，若國家無事而不需力役，則人民以一日折代金三尺絹繳納，以致二十天役須償六丈絹；但若多服十五天役，按理應值四丈五尺

18　《唐會要》卷92云，開元「十九年四月敕，天下諸州縣，並府鎮戍官等職田頃畝籍帳，仍依允租價對定，無過六斗，地不毛者，畝給二升」(《新唐書‧食貨志》有類似記載)，其中「斗」字也係「升」字之誤。因當時產量每畝不過5.4斗米，合粟九斗強，今若租為六斗，約佔其產出的三分之二，則佃農一家將成餓莩，百畝之田只剩下30石粟，合米十八石，不夠三人食糧，遑論五口之家？但若畝租六升，則為租庸調下之「租」的三倍，佃民必將拒絕耕種職田。是以，其可能答案，是耕種職田者不再負擔庸與調，以一年力役二十天言，每天工資十五錢，則合三百錢；調為絹二丈(綿暫不計)，合一百錢；共四百文錢。以米一石值錢150文計算，則折米2.67石，合粟4.45石。今若為一般農民，受田百畝，其庸調折粟至少為4.45石，再加納租2石粟，共須負擔6.45石粟。現在要是耕種職田，則只須納粟六石，相較之下，負擔反而較輕。是以，每畝二升粟也許是職田租的下限。

19　《唐會要》卷83〈租稅〉，《唐書‧食貨志》有關租庸調記載，均與《唐六典》類似，但《新唐書‧食貨志》卻云，「凡授田者，丁歲輸粟二斛，稻三斛，謂之租；丁隨鄉所出，歲輸絹二匹，綾絁二丈，布加五分之一，綿三兩，麻三斤，非蠶鄉則輸銀十四兩，謂之調；用民之力，歲二十日，閏加二日，不役者日為絹三尺謂之庸，有事而加役二十五日免調，三十日者租調皆免，通正役不過三十日」。不知所本，且頗多不合理之處，故未採之。

絹，但只免絹二丈，這表示是政府在佔人民便宜。關於力役，李注曾有補充，即閏年力役加二日；縱然因事加役，一年力役時間連同正役，不得超過五十天。

對於其他地方的租稅亦有規定：「凡諸國蕃胡內附者，亦定為九等，四等以上為上戶，七等以上為次戶，八等以下為下戶。上戶丁稅銀、錢十文，次戶五文，下戶免之。附貫（指入籍）經二年以上者，上戶丁輸羊二口，次戶一口，下戶三戶共一口。凡嶺南諸州稅米者，上戶一石二斗，次戶八斗，下戶六斗。若夷獠之戶皆從半輸輕稅」。由此看來，唐代在賦役上，似對少數民族較為優待。惟李林甫注曰，「無羊之處准白羊估折納輕貨；若有征行，令自備鞍馬，過三十日以上者免當年輸羊。凡內附後所生子即同百姓，不得為蕃戶也」。

唐代亦常因災害而減免賦役：凡損4/10以上者免租；損6/10以上者免租調；損7/10以上者，課役俱免；若桑麻損盡者各免調。若已役已輸者，聽免其來年（俱見《唐會要》卷3）。

綜觀隋唐，人民賦役負擔是越來越輕，即隋低於北周，唐又低於隋。就租言，北周為粟五石，隋為三石，唐為二石；就庸言，北周豐年三旬，下年一旬，隋為三旬，唐為二旬；就調言，隋唐相同，低於北周。

其實，隋唐人民有額外負擔，那就是對義倉或社會的貢獻。按以倉儲方式以調節糧價，是始於漢宣帝五鳳四（西元前54）年，耿壽昌奏設常平倉，其動機是為籌邊，但於元帝時罷之（《漢書》本紀）；漢明帝擬建常平倉，為劉般奏阻（《後漢書》本傳）；晉武帝於泰始四（268）年立常平倉，以調節糧食供需，即「豐則糴，儉則糶，以利百姓」（《晉書‧食貨志》）；南齊武帝於永明六（488）年，以天下米穀布帛賤，令京師與各州各出庫錢二百萬至五千萬，收購當地出產之穀物布帛及蠟（《通典》）；北齊武成帝河清中（562-565），令諸州郡皆別置富民倉，於初立之日，將當年人民所繳義租（已婚者五斗，奴婢減半，牛納五升），按當地中下戶口

所需一年之糧，撥入該倉作爲基金，而於穀貴時低價賣出，穀賤時依原售價買入（《通志》）。

隋制多仿北齊，所以文帝於開皇五年，納長孫平之奏，「令諸州百姓及軍人，勸課當社共立義倉，收獲之日，隨其所得勸課出粟及麥，於當社造倉窖貯之，即委社司執帳檢校每年收積，勿使損敗。若時或不熟，當社有饑饉者，即以此穀賑給」。由於義倉是「當社造倉」，所以，又稱社倉。開皇十六年下詔規定，「社倉准上中下三等稅，上戶不過一石，中戶不過七斗，下戶不過四斗」（《隋書・食貨志》）。

唐太宗納戴胄建議，亦設義倉，畝畝稅二升粟（亦稱「地稅」）以支持之（《唐書・食貨志》），以致一戶百畝須繳粟二石（非農戶出五石至五斗爲差），是變相地將田租加倍，亦是隋代上戶負擔的一倍，且爲北齊義租的四倍，難怪農戶於貞觀中葉起，即有逃亡現象[20]。以隋唐義倉與漢晉南齊之常平倉比較，在意義上頗有不同，即漢晉南齊是從正常租稅中撥出基金，並非增加人民額外負擔。

除「地稅」外，還有戶稅，因據《通典》，「天寶中天下計帳戶，約有八百九十餘萬，其稅錢約得二百餘萬貫」，注曰：「其八等戶所稅四百五十二，九等戶二百二十，今通以二百五十爲率。」——以二百五十錢乘八百九十餘萬戶，故「約得二百餘萬貫」戶稅。

除租庸調及戶、地二稅外，唐代還有很多其他賦稅，這些稅大致可以區別爲兩大類：一爲附加稅；一爲雜稅[21]：

附加稅至少有四種：

(1)**稅草**　是地稅的附加稅，「貞觀中，初稅草以給諸閒，而驛馬

20　《貞觀政要》卷十載，貞觀十三年，魏徵曰，「貞觀之初，頻年霜旱，畿內戶口，並就關外，攜負老幼，來往數千，曾無一戶逃亡，一人怨苦」。足見當時農戶問題已漸嚴重。

21　李錦鏽，《唐代財政史稿》上卷，第二編第一章第四、五節。

有牧田」(《新唐書·食貨志》),以西州爲例,畝稅草3.5束,這是由於西州爲軍事重地。——依拙見,稅草可能是對京畿及軍事重地附近地區田畝所徵之附加稅,因據李錦銹統計,當時全國需草1萬7042.4束,若每畝稅草一束,則620萬頃田地共稅6萬2000萬束,而且運送草束之費用太高,不適於全國性征收。

(2)**腳錢**　就征納物性質言,計有租腳、庸調腳及地稅腳,主要是要求納稅人負擔運輸費用。就征納方式言,可分爲按課戶配腳、輸丁支腳及計斗配腳三類;前者是指江淮之租轉運至揚子,從揚州運至東都,運費甚多,其腳錢是按戶量配,《通典》卷6曾記江南地區折租造布爲「八等(戶)折租,每丁三端一丈,九等則二端二丈,今通以三端爲率」,按每戶租二石當折布二端,今收三端,可見其中一端爲腳錢,運輸費用高達50%,不可謂不高;後者只出現於天寶時京官職田上,前引《唐會要》卷92,天寶「十二載十月敕,兩京百官職田,……其腳價五十里外,每年各征二文,一百里外,不過三文」;至於輸丁支腳,主要是指陝洛間運輸(及倉儲)費用征納方式,開元廿一年,京兆尹裴「耀卿奏曰,今日天下輸丁約有四百萬人,每丁支出錢百文,充陝洛運腳,五十文充營窖等用,貯納司農及河南府、陝州,以充其費」(《通典》)。

(3)**倉窖、裏束稅**　這是兩種稅:倉窖稅是田租的附加稅;裏束稅是庸調的附加稅。前者是作爲倉儲之用,《唐六典》太倉署令職掌云,「輸米、粟二斗,課藁一圍;米三斛,橛一枚;米二十斛,簍篨一領;粟四十斛,苫一番;麥及雜種亦如之,以充倉窖之用」,這些藁、橛、簍篨、苫,即是田租的附加稅,但於較遠地區則可能要納錢,只引裴耀卿之奏中,「五十文充營窖等用」,可爲佐證。

(4)**加耗**　是正租及地稅的附加稅,以彌補耗損,大約是正租加耗1%,地稅爲2%,蓋因後者是爲義倉而徵納,而義倉儲粟較久,甚至於稅草部分亦有2%的加稅。

雜稅可分爲三大類：

(1)**籍帳錢**　即政府據主戶籍、帳冊等成本，由人民負擔，《唐六典》戶部郎中員外郎云，「每一歲一造計帳，三年一造戶籍。縣以籍成於州，州成於省。戶部總而得焉。諸造籍起正月，畢三月，所須紙筆、裝潢，軸帙皆出當戶內，口別一錢，計帳所須，戶則一錢」，意謂每口三年出一錢，以造戶籍；每戶每年出一錢，以造計帳。

(2)**商稅**　主要爲埭稅，除陌錢與外商稅，前二者僅限於江南地區，其中，埭稅是渡口通過稅；除陌錢是一種交易稅，每貫二十文，稅率爲2%。外商稅的當時名稱是船腳或舶腳，實即關稅，當時，貴重物品稅率爲10%，而一般商品的稅率更高達30%。

(3)**雜稅**　這可區分爲臨時特別差科、地方雜稅及各種雜料歛三種：前者又可分爲皇帝巡幸、軍事需要及其他三項臨時特別差科；地方雜稅則有被戶稅融納之趨勢，譬如戶稅供水井柴錢物，出錢代車牛役，按戶率占等，後者主要是指地方官擅加稅歛。

此外，唐代還征銀稅與錫稅，前者是高宗「總章二(669)年，(饒州德興縣)邑人鄧遠上列取銀之利，上元二(675)年因置場監，令百姓任使採取，官司什二稅之」(《太平寰宇記》卷107)；後者是開元十五年，「初稅伊陽五重山銀、錫」(《新唐書·食貨志》)。

其實，除上述其他賦稅外，唐代還有其他力役[22]。租庸調制度中，庸是力役，規定「凡丁、歲役二旬，若不役，則收其庸，每日絹三尺；有事而加役者，旬有五日，免其調，三旬，則租調俱免。通正役，並(歲)不過五十日」(《唐書·食貨志》)。其實，除正役外，還有其他力役，尤以京畿地區一帶爲然，所以，開元廿六年詔云，「京畿近輔，百役所出，……異於諸州」(《冊府元龜·赦宥》)。這些其他丁役，當時是以

22　張澤咸，《唐五代賦役史草》(中華書局，1986)，第二編第一、二、三章。

擔任土木營建和運輸等工作爲最多。而且還有地方性力役，例如修理河堤，疏浚水道，以及修造驛牆等。此外，還有雜徭和色役。

雜徭是名目繁雜的勞役，又被稱爲「雜徭役」「雜役」「夫役」「聽徭」或「小徭」等等，其勞役程度較正役爲輕，一般是以未成年的中男充當，若以正丁擔任時，則其役期加倍，《白氏六帖類集》卷22〈充夫式〉注引，「戶部式、諸正丁充夫四十日免（役），七十日免租，百日已上課役俱免。中男充夫滿四十日已上，免戶內地租，無他稅，折戶內一丁，無丁，聽旁抑親戶內丁」。至於這些雜徭的內容，可以1964年吐魯番州五號古墓出土武周聖曆元（698）年牒文爲例，該文件述及有79人爲公營葡萄園做抽技、覆蓋、踏漿、整技、埋柱等工作。

所謂色役，是指在政府機關輪值上案的執役之人，最常見者爲工匠、門夫、白直（白丁當直的奔走之役），執衣、烽丁、驛丁、守橋丁、水手、渡子、牽夫、防閤、庶僕、手力、隨身、士力、營墓夫、陵戶等，《通典》卷40列舉「諸色胥吏」時，曾將盛唐時候輪流上番的人，區分爲「內職掌」與「外職掌」，共達卅五萬人。

第五節　貨幣金融制度

隋文帝受禪，以天下錢貨輕重不等，乃更鑄新錢，背面肉好，皆有周郭，文曰五銖，而重如其文，每錢一千重四斤二兩。當時出現兩種當局所不樂見的現象：一爲百姓私自鎔鑄；一爲民間仍用舊錢。爲著對付前者，開皇三年詔四面諸關，各付百錢爲樣本，凡入關之錢均須勘察，其與樣本符合者放行，否則即壞以爲銅、入官。至於舊錢，主要是指北周的五行大布、永通萬國，以及北齊之常平等錢，開皇四年乃下禁令，凡發現流行舊錢之地區，縣令奪祿半年，但仍難禁絕。次年再嚴其制，幣制才獲統一，百姓便之。當時鑄錢，是於銅中和以錫鑞，錫鑞較廉，

民間乃多私鑄之錢，開皇五年乃禁私採錫鑞。後來，姦狡者磨鑢錢郭，取銅私鑄，又雜以錫錢，錢遂輕薄。政府乃下惡賤之禁，在京師及各州邸店之中，均立榜置樣本，不中樣者不准入市。文帝晚年，錢益濫惡，乃令官吏檢查天下邸肆，凡非官鑄之錢皆毀之，其銅入官，而京師以惡錢貿易爲吏所執，有死者。數年之間，私鑄頗息，但大業以後，王綱弛紊，巨姦大猾遂多私鑄，錢轉薄惡，開始時，一千錢還重二斤，後來逐漸輕到一斤以下，甚或剪鐵鑷，裁皮糊紙以爲錢，相雜用之，致使物價騰踴，以迄於亡（《隋書・食貨志》）。

　　唐高祖入主長安，民間使用線環錢，其製輕小，凡八九萬錢不滿半斛。武德四年鑄開元通寶錢，徑八分，重二銖四絫，積十錢重一兩，其文以八分、篆、隸三體，洛、幷、幽、益、桂等州皆置鑄錢監。盜鑄者論死，並沒其家屬。其後，盜鑄漸起，高宗顯慶五(660)年，以惡錢多，官爲市之，即以一好錢收購五惡錢，但民間仍藏惡錢，以待禁絕。乾封元(666)年，改鑄乾封泉寶錢，徑寸、重二銖六分(疑爲絫)，以一當舊錢(二銖四絫)十文，由於劣幣驅除良幣，不久，舊錢不見(諒被鎔爲銅)，以致商賈不通，米帛踴貴，所以次年不得不復行開元通寶錢，而天下皆鑄之；私錢乃乘機日蕃，有以舟筏於江中私鑄者。下詔納惡錢，姦亦不息，導致儀鳳(676-679)中瀕江民眾多以私鑄錢爲業，乃詔巡江官督輔，載銅錫鑞過百斤者沒官；四年，命東都糶米，一斗粟另納惡錢百文，由少府司農毀之；是時，鑄多錢賤，米粟踴貴，乃罷少府鑄錢，不久，又復舊；永淳元(682)年，私鑄者抵死，鄰保里坊村正皆從坐。武后時，錢非穿穴及鐵錫銅液皆得用之，熟銅排斗沙澀之錢均得通行，自是，盜鑄蜂起，江淮游民依大山陂海以鑄，吏莫能捕。

　　這種情況到玄宗即位之初更爲嚴重，開元初，宰相宋璟請禁惡錢，行二銖四絫錢，毀舊錢不可用者；其後，宋璟又請出米十萬斛收惡錢，少府毀之；二十年，規定千錢以重六斤四兩爲準，禁惡錢。當時且爲是

否准請民鑄，官員間曾有大爭辯，譬如張九齡主張民鑄，李林甫等反對，後一主張獲勝。廿六年，宣潤等州初置錢監，兩京用錢稍善，米粟價益下。其後，錢又漸惡，詔出銅所在，置監鑄開元通寶錢，京師庫藏皆滿，天下盜鑄益起，廣陽、丹陽、宣城尤甚，京師權豪每年皆以舟車南下取私錢入京使用。當時，江淮偏鑪錢數十種，雜以鐵錫，輕漫無復錢形；公鑄者號官鑪錢，一以當偏鑪錢七八，富商往往商之，以易江淮私鑄者——這又是劣幣驅除良幣。兩京錢有鵝眼、古文、綖環之別，每貫重不過三四斤，至剪鐵而緡之，宰相李林甫請出絹布三百萬匹，平估收錢，物價踴貴，訴者日萬人，乃復行舊錢。天寶十一年，又出錢三十萬緡易兩市惡錢，出左藏庫排斗錢，許民易之，楊國忠言錢非鐵錫銅沙穿穴古文皆得用之。是時，天下有鑪九十九，每鑪歲鑄錢三千三百緡，役丁匠三十，費銅二萬一千二百斤，鑞三千七百斤，錫五百斤，每千錢費錢七百五十，天下歲鑄卅二萬七千緡（以上均見《新唐書・食貨志》）。

從上述，知隋唐一直在對私鑄惡錢作戰。在這種情況下，社會大眾對於通行的錢幣缺乏信心，所以，仍像魏晉南北朝一樣，以實物（主要為絹）為交易媒介；在另一方面，由於善錢、惡錢併用，而且官定錢幣亦常有變化，以致連官方亦不得不借重絹為衡量單位，譬如唐初規定一日庸為絹三尺。職此之故，這段期間的貨幣實在是複本位制，即錢與絹並存，譬如隋煬帝大業元年，「翟雉尼一，直十縑，白鷺鮮半之」（《隋書・食貨志》）；唐初，富商鄒鳳熾「嘗謁見高宗，請市終南山中樹，估絹一匹，自云，山樹雖盡，臣絹未竭」（《太平廣記》卷495）；開元二十年且下敕令，「綾羅絹布雜貨等交易，皆合通用……自今後，與錢貨兼用，違者准法罪之」（《唐會要》卷88）。

在信用方面，唐代聲名狼籍的公廨錢，是政府在放高利貸，已見上章述析，但主要是指京官，至於外地的這種公廨本錢，則可見《新唐書・食貨志》所載：

天下置公廨本錢，以典史主之，收贏十之七，以供佐史以下不
賦粟者常食，餘為百官俸料。京兆，河南府錢三百八十萬，太
原及四大都督府二百七十五萬，中都督，上州二百四十二萬，
下都督（府）、中州一百五十四萬，下州八十八萬，京兆，河南
府京縣一百四十三萬，太原府京縣九十一萬三千，京兆、河南
府畿縣八十二萬五千，太原府畿縣，諸州上縣七十七萬，中縣
五十五萬，中下縣、下縣三十八萬五千，折衝上府二十萬，中
府城四分之一，下府十萬。

除作為官府費用的公廨錢外，京城諸司還有食本，《唐六典》比部
郎中員外郎各云，「凡京司有別借食本」，以其利息收入，作為官員常
食之用，按《冊府元龜》卷506載開元廿四年規定各官每月食料錢如下：
一品1800；二品1500；三品1100；四品700；五品600；六品400；七品
350；八品300；九品250文。

此外，還有有關單位為其經常業務而出貸本金，以其利息作為工作
經費，計有宴設本、病坊本、館驛本、祭祀本、供頓本、和雇本、人民
課役本，諸牧監本錢，陸運本錢，以及各財政單位自放貸款[23]。

唐代政府機關放高利貸如此普遍，此風亦傳至各倉廩，由大量出土
的敦煌吐魯番文件，可以看出，西北的正倉、軍倉及常平倉，多有貸出
倉糧事例，大致上是二月貸出實物，十月收回，利息為30%[24]。

由於上行下效，民間高利貸情況更為嚴重，譬如《太平廣記》卷134
曰：

23　李錦繡，《唐代財政史稿》上卷，第二編第五章第二節。
24　同上；亦見張弓，《唐朝倉廩制度初探》（中華書局，1985），第一、三、四、
　　五章。

> 隴右水門村有店人曰劉鑰匙者，不記其名，以舉債為家業，累
> 千金，能於規求，善聚難得之貨，取民間資財，如秉鑰匙開人
> 箱篋帑藏，盜其珍珠，不異也，故有鑰匙之號。鄰家有殷富者，
> 為鑰匙所餌，放債與之，積年不問；忽一日，執券而算之，即
> 倍數極廣，既償之未畢，即以年繫利，略無期限，遂至資財物
> 產俱歸鑰匙。

這則故事不僅說明民間有以經營貸款為業，也且述及利率之高及複利計算。針對後者，唐代曾三令五申予以禁止：武后長安元(701)年敕，「負債出舉，不得迴利作本，並法外生利」(《唐會要》卷88)；開元間規定，「諸公私以財物出舉者，任依私契，官不為理。每月收利，不得過一倍，……家資盡者，役身折酬，役通取戶內男口，又不得迴利為本」[25]——政府保障債權，以致債務人若無資產償債，則以戶內男口執役以償之。對於利率亦有限制，開元十六年詔，「比來公私舉放，取利頗深，有損貧下，事須釐革，自今已後，天下負舉，祇宜四分收利，官本五分取利」(《唐會要》卷88)。

這種貸款業的經營者，不限於俗人，寺院更是秉承南北朝餘緒，亦作貸款，譬如宜春郡齊覺寺，老僧上公，「夢見一老姥……云，只欠寺內錢八百」(《太平廣記》卷134)。

這些貸款，是信用貸款，統稱「舉」或「出舉」；至於不動產的抵押貸款，則稱為「質」或「貼賃」，例如開元廿五年令曰，「諸田不得貼賃及質，違者財沒不追，地還本主；若從遠役外任，無人守業，聽貼賣及質」(《通典》)。嚴格說來，「質」是指抵押貸款，而「貼賃」則類似近代的「活頂」或「活典」，即債務人以田地作抵押貸款，約定一

---

25 引自陶希聖、鞠清遠合著，《唐代經濟史》(商務印書館)，第五章第三節。

年(或三年)後還款還地，於此期間，此地由債權人耕種並取得其收益，債務人不另付息[26]。此外，以動產作抵押品的貸款，亦稱爲「質」，例如，《李娃傳》記「質衣於肆」，而類似今日典當，當時之當舖稱爲「質庫」，《唐書‧武承嗣攸暨妻太平公主傳》記載，太平公主被抄家時，有「馬牧羊牧田園質庫」。關於典當，開元間亦有規定：「收質者，非對物主不得輒賣；若計利過本不贖者，聽告市司對賣，有剩還之。如負債者逃，保人代償」[27]——後者則指一般負債而言。

　　在唐代以前，中國人對於閒置的資金，不是窖藏，就是寄存於親友之處，由於均未加以利用，不能視爲信用業務中的存款。但是到了唐代，對於資金的存放，漸漸形成制度，而這種接受存款的單位，卻是各種商店，其所以收受這種存款，多由交易關係引起[28]。例如《太平廣記》卷23「張李二公」條，記「唐開元中，有張李二公，同志相與，……天寶末……(張)謂李曰，君欲幾多錢，而遂其願？李云，得三百千當辦己事。張有故席帽，謂李曰，可持此帽詣藥鋪，問王老家，張三令持此取三百千貫錢。……遂持帽詣王家求錢。……李問張是何人？王云，是五十年前來茯苓主顧，今有二千餘貫錢在藥行中。李領錢而回」——上章第五節所引「盧李二生」，云盧予李一杖曰，「持此於波斯店取錢」，想必是同一形態。

　　無論是放款還是存款，均將產生債權與債務關係，唐代對於這些關係均有法律保障，譬如唐律中曾規定：「諸負債違契不償，一匹以上違二十日，笞二十，二十匹加一等，罪止杖六十，三十匹加二等，百匹又加三等，各令備償」；「諸負債不告官司，而強牽財物過本契者，坐贓

26　參見加藤繁，《中國經濟史考證》(華世出版社，民國65年)，〈唐代不動產的「質」〉。

27　陶希聖‧鞠清遠合著，《唐代經濟史》，第五章第三節。

28　參見彭信威，《中國貨幣史》(上海版，1962)，第四章第四節。

論」（均見《唐律疏議‧雜律》）。前一規定是保障債權，後一規定則是遏阻債權人的過度行為。

關於放款的供給者，從上述數例，已知有個人、寺院與貴族，陶希聖與鞠清遠予以綜合，認為唐代放款供給者計有五種：（1）政府——指公廨本錢；（2）貴族、官吏；（3）富商大賈；（4）蕃人；（5）寺院及僧人[29]。其中尤以官吏放高利貸最為普遍，所以，唐玄宗曾數度敕令禁止，先於開元十五年，「敕應天下諸州縣官，寄附部人興易，及部內放債等，並宜禁斷」（《唐會要》卷88）；後於天寶九年，「敕郡縣官寮，共為貨殖，竟交互放債侵人，互為徵收，割剝黎庶。自今以後，更有此色，並追人影認一匹以上，其放債官先解見任，物仍納官，有賸利者，准法處分」（《唐會要》卷69）。這一型態的放款，很可能是假借公廨本錢之名放款，俾可獲得較高利息，因據上章第二節，公廨錢年利率於唐初曾經接近百分之百。

這些貸放中，除現金外，還有實物——尤其是穀物，現代發現的「戊子年六月五日公廨麥粟出便與人抄錄如後」一件公文，列出19項穀物借貸中，說明當年秋天歸還，其中有一項利率高達百分之五百，一項利率為七分之一弱，其餘均為五分利[30]。所以，開元間曾規定，其放財物為粟麥者亦不得迴利為本及過一倍[31]。

---

29 陶希聖、鞠清遠合著，《唐代經濟史》，第五章第三節。
30 引自吳章銓，《唐代農民問題研究》（中國學術著作獎助委員會，民國52年），
　　第三章第一節。
31 陶希聖、鞠清遠合著，《唐代經濟史》，第五章第三節。

第十五章

第二次一元體制下的經濟暨產業發展

　　經濟發展是依賴兩方面投資的平衡：一為社會共同資本；一為直接投資。前者是指公共建設的推行；後者是謂各級產業的發展，此二者在這一期間均有相當表現。

　　本章第一節就在析述此一期間的公共建設，其中有硬體，亦有軟體，只不過硬體中的農田水利部分，將併入第二節。第二節是敘述初級產業，所以不僅討論農業，也且旁及礦業。第三節在討論工業發展之時，必然涉及科技發展，以及公私營工業。第四節則將展示商業發展，其中勢必涉及國內經濟中心的分布。第五節則專述對外貿易。第六節討論隋唐財經得失；最後一節則為小結，縱論天下由合而分之大勢所趨。

第一節　公共建設

　　隋統一南北，亟思結天下為一體，所以特別注意水陸交通建設；水路主要為鑿運河，其目的主要為漕運；陸路則似為軍事用途。煬帝登極之初的行動，可為後者說明：仁壽四年七月文帝崩，煬帝即位，十一月

幸洛陽，「發丁男數十萬掘塹，自龍門東接長平汲郡，抵臨清關，度河至浚儀、襄城，達於上洛，以置關防」，這是自今日山西經河南至陝西的一道防線，其間必然有交通線連結之。這些軍用道路，也許頗爲粗糙，但煬帝巡幸所用的馳道或御道，則頗寬敞；大業三年五月，發河北十餘郡丁男，鑿太行山，達於并州，以通馳道」（均見《隋書》本紀）；六月，煬「帝欲出塞耀兵，徑突厥中，指於涿郡，……於是發榆林北境，至其牙，東達於薊，長三千里，廣百步，舉國就役，開爲御道」；八月，煬「帝上太行，開直道九十里。……至濟源，幸（張）衡宅」（《通鑑》）。在陸路運輸上，除築路外，還在建橋，其中安濟橋（習稱趙州橋）是建於大業初年，現仍屹立於河北趙縣漢河上，全長近51米，寬約9.6米，主拱跨度37.4米，高7.2米，爲當時世界上跨度最大的單孔石柱橋，其設計建造者爲李春（《唐文粹》卷67）；李約瑟將李春比擬爲建築君士坦丁堡聖慧大教堂之Anthemius（《中國之科學與文明》第十冊）。

在運河方面，隋文帝於開皇四年，令宇文愷率水工鑿渠引渭水，自大興城東至潼關三百餘里，名曰廣通渠，轉運通利，關內賴之（《隋書‧食貨志》）[1]；開皇七年，於揚州開山陽瀆，以通運漕（《隋書》本紀）。但是，真正貫通南北的大運河，是由煬帝築成，其當時動機，據〈開河記〉，是有兩種：一爲煬帝欲幸廣陵；一爲鑿穿睢陽王氣，故於大業元年，「發河南諸郡男女百餘萬（〈開河記〉云，共五四三萬人）[2]，開通濟渠，自西苑引穀、洛水達於河，自板渚引河通於淮」；大業「四年春正月乙巳，詔發河北諸郡男女百餘萬開永濟渠，引沁水南達於河，北通涿郡」（《隋書》

---

1 此「廣通渠」或稱「富民渠」（唐時避諱稱富人渠），因據《北史‧郭衍傳》，「開皇中，徵衍爲開漕渠大監，部率水工鑿渠引渭水，經大興城北，東至潼關，漕運四百餘里，關中賴之，名曰富人渠」。

2 《行水金鑑》卷92引〈開河記〉曰，是「詔發天下丁夫」，通濟渠於大業五年八月完功，「點檢丁夫，約折二百五十萬人，其部役兵士舊五萬人，折二萬三千人。」

本紀）；大業六年，「敕開江南河自京口至餘杭郡八百餘里，水面闊十餘丈」（《大業雜記》）。《行水金鑑》卷92引《筆塵》曰：

> 隋煬帝開通濟渠，自東都西苑引穀、洛之水達於河；又自板渚引河水達於汴[3]；又自大梁東引汴水入泗達於淮；又自山陽至揚子達於江；於是江、淮、河、汴之水相屬而為一矣。煬帝又開永濟渠，因沁水南連於河，北通涿郡；又穿江南河自京國至杭州八百里，蓋今所用者，皆其舊跡也。夫會通河自濟、汶以下，江、河、淮、泗通流為一，則通濟之遺也；滹沱、豫章則永濟之遺也。煬帝此舉，為其國促數年之祚，而為後世開萬世之利，可謂不仁而有功者也。

這是大運河的簡述，更是持平之論。

唐初，並未利用大運河作漕運工作，而在西北及北方從事小型通漕工程，據《新唐書·地理志》，武德八年，水部郎中姜文本，在隴州汧源縣(今陝西境內)建五節堰，引隴川水通漕；高宗儀鳳三(678)年，在趙州昭慶縣(今河北省)開灃水渠，以溉田通漕。後來，這種通漕工程漸向東方與南方移動：武后光宅(684)中，在朗州武陵縣(今湖南省)開永泰渠，通漕且為火備；垂拱四(688)年，重開泗州漣水縣(今江蘇省)新漕渠，以通海、沂、密等州；載初元(689)年，在陳留郡開封縣開湛渠，引渠注白溝，以通曹、兗賦稅；大足元(701)年，在河南府河南縣，開洛漕、新漕，以置租船；睿宗太極元(712)年，在泗州盱眙縣開直河，引淮水至黃土岡，以通揚州。

真正對大運河大加利用，是始於唐玄宗，此即上章第一節所引《唐

3　〈開河記〉云，煬「帝以河水經於卞，乃賜卞字加水」，而成「汴」。

會要》卷87描繪的裴耀卿做法，裴氏的改革，是實行轉般（搬）法，即分段搬運，這是因爲自江淮載貨北運的船隻，因所經各河深淺不同，沿途多有停滯，且因陝州、洛陽間水道，有三門、底柱等險灘，致須改爲陸運，負擔昂貴運費。所以，裴氏請准在汴水與黃河的交叉點上置河陰縣（今河南河陰縣東）及河陰倉，在河濟縣（河南孟縣西南五十里）置柏崖倉，在黃河北岸三門之東置集津倉，三門之西置三門倉；且爲避行河中險灘，特於三門以北的山中開路十八里，用車載運；車運抵三門倉後，再用船運往太原倉，然後由河入渭，以實關中。三年內，計運七百萬石，省腳費卅萬緡[4]。開元廿六年，從潤州刺史之請，開二十里伊婁河，可於京口埭下直接渡江；廿八年，魏州刺史開通濟渠，自石灰窠引流至州城西，都注魏橋，夾州製樓百餘間，以貯江淮之貨；廿九年，陝郡太守鑿三門上路通流，便於漕運；天寶元年，陝郡太守易人，再引瀍、澀二水開廣運潭，以通黃河與渭水；次年，玄宗敕曰，「古之善政，貴於足食，欲求富國，必先利人。朕以關輔之間，尤資殷贍，比來轉輸，未免艱辛，故置此潭，以通漕運，萬世之利，一朝而成，其潭宜以廣運爲名」──其實，「廣運」二字正可道出玄宗一朝對運河之利用。亦就是在「廣運」目標下，玄宗朝初置轉運使：開元廿一年，侍中裴耀卿充江南淮南轉運使；廿二年，太府少卿蕭炅充江淮處置轉運使；天寶二年，陝郡太守韋堅加兼勾當緣河及江淮轉運使；四年，楊釗除殿中侍御史，充水陸轉運使（均見《唐會要》卷87）。

除漕運外，唐代對於一般水運亦頗措意，例如許大鼎於貞觀中爲滄州刺史，州界有無隸河，隋末填廢，奏開之，引魚鹽於海，百姓歌之：「新河得通舟楫利，直通滄海魚鹽至，昔日徒行今結駟」（《古今風謠》）。

唐代陸路也許仍沿隋之舊道，故罕有大規模開路之記載，但卻可傳

---

4 參閱全漢昇，《唐宋帝國與運河》（中央研究院史語所專刊），第三章。

驛天下，據《唐六典》卷5，兵部尙書下駕部郎中、員外郎，掌邦國之興輦車乘及天下之傳驛，驛凡三十里一所，天下計1639所。李林甫注曰，其中水驛爲260，陸驛1297，水陸相兼者86，每驛皆置驛長一人，量驛之閒要以定其馬數，都亭75匹，諸道之第一等減都亭之十五，第二、第三皆以十五爲差，第四減十二，第五減六，第六減四（即只有八匹馬）；凡水驛亦量事閒要以置船，事繁者每驛四隻，閒者三隻，更閒者二隻；凡馬三匹給丁一人，船一隻給丁三人。

　　關於水陸傳驛的日程，《唐六典》並未說明，但在漕運方面，其水陸日程均有規定：凡陸行之馬程，日七十里，步及驢五十里，車三十里；水行之程，舟之重者，溯黃河而上日三十里，江四十里，餘水四十五里；空舟溯河而上日四十里，江五十里，餘水六十里；順流之舟，輕重同制，河日一百五十里，江一百里，餘水七十里，其如底柱之類，不拘此限，若遇風水淺不得行者，即於就近官司牒檢印記，聽拆半（《唐會要》卷87）。

　　一般的水路交通，分別由工部尙書下水部郎中與都水監下河渠署令分掌；前者掌天下川瀆陂池之政令，巨大橋梁十一座，皆國工修之，其餘皆所管州縣隨時營葺，其大津無梁皆給船人，量其大小難易，以定其差等；後者於諸津皆置令，諸津令各掌其津濟渡舟梁之事（分見《唐六典》卷7與卷23）。

　　交通屬於硬體建設，但公共建設之中亦含有軟體部分，就隋唐言，其法律制度之健全，足以傲視前代（已述於第十三章第三節）。正可爲經濟發展提供推動力量。另一攸關經濟與產業發展的軟體建設，厥爲教育與訓練，如此才可以將人力資源變換爲人力資本。在學校方面，《唐會要》卷35載，武德元年詔皇族子孫及功臣子弟，於秘書外省別立小學；貞觀五年以後，太宗數幸國學、太學，遂增築學舍一千二百間，國學、太學、四門，亦增生員，其書算等各置博士，凡三千二百六十員，其屯營飛騎

亦給博士，授以經業，已而高麗、百濟、新羅、高昌、吐蕃諸國酋長，亦遣子弟請入國學，於是國學之內八千餘人，國學之盛，近古未有；開元廿一年，許百姓任立私學，其欲寄州縣受業者亦聽；廿六年敕天下州縣，每鄉之內，各里置一學，仍擇師資，令其教授，足見盛唐之世，教育甚爲普及。

關於國學，據《唐六典》卷21，計分六大部分，即國子、太學、四門、律學、書學、算學。前三者課程相同，均讀經，其不同者，在於學生們的身分；國子教文武官三品以上及國公子孫，一品以上曾孫之爲生員；太學教文武官五品以上及郡縣公子孫，從三品以上曾孫之爲生者；四門教文武官七品以上及侯伯子男之子爲生者，若爲庶人子，則必係地方選薦之俊士而爲生者。後三者則爲技術性或職業性教育，所教者均爲文武官八品以下及庶人之子，惟律學以律令爲專業，格式法例亦兼習之；書學以石經、說文、字林爲專業，餘字書亦習之；算學分爲兩組，一習九章、海島、孫子、五曹、張丘建、夏侯陽、周髀，一習綴術與緝古。這六大部分修業時間通常爲九年。

在訓練方面，可以「掌百工技巧之政」的少府監爲例，其訓練工匠的方式如下：「細鏤之工教以四年，車路樂器之工三年，平漫刀稍之工二年，矢鏃竹漆屈柳之工半焉，冠冕弁績之工九月。教作者傳家技，四季以令丞試之，歲終以監試之。皆物勒工名」（《新唐書·百官志》）。這段記載說明：(1)訓練期間，由四年至九月不等；(2)訓練對象，爲工匠子弟；(3)考試，每季由各署令丞分別測驗，年終則由少府監總考；(4)考核，工匠作品須刻上姓名，以示負責。

第二節　農礦業之發展

若干中外經濟史學家認爲中國在宋代發生農業革命，但日人天野元

之助強調，長江流域水稻集約生產技術體系是確立於唐代，所以，有人肯定中國中古時期的農業革命，應該是始於唐而成於宋[5]，由此可見，農業在唐代有重要發展。

　　唐代農業之發達，至少是得力於水利、複種與新的作物。在農田水利方面，工部尚書下水部郎中與員外郎，負責導達溝洫、堰決、河渠，凡舟楫灌溉之利，咸總而舉之；凡水有灌溉者，碾磑不得與爭其利，溉灌者，又不得浸人廬舍，壞人墳隴，仲春乃命通溝瀆，立隄防，孟冬乃畢，若秋夏霖潦泛溢衝壞者，則不待時而修葺。關於京畿水利，則由都水使者管理，凡京畿之內，渠堰陂池之壞決，則下於所由而後修之，每渠及斗門置長各一人；至溉田時，乃令節其水之多少，均其灌溉焉。每歲，府縣差官一人以督察之，歲終錄其功以為考課。各地方政府之官員，亦多致力於陂渠之開鑿與整修，譬如在高祖武德初，於籍縣（今四川仁壽縣）東五里建漢陽堰，引漢水溉田二百頃，二年，潤州金壇築南北塘，溉田千頃（《新唐書‧地理志》），七年，同州（今陝西）治中雲得臣開渠，引河水溉田六千餘頃（《唐會要》卷89）；太宗貞觀十年於陳留（開封）建觀省陂，溉田百頃，十八年，於江都闢勾城塘，溉田八百頃，廿三年，於龍門鑿石壚渠與馬鞍塢渠；高宗永徽元（650）年，於世沃建新絳渠，溉田百餘頃，二年，臨汾的夏柴堰與百金箔，均引潏水溉田，顯慶（656-661）中，修復符離之牌湖堤，溉田五百餘頃，麟德二（665）年，楊延嘉於潤州句容築絳岩湖，溉田萬頃；武后時，決（四川）唐昌沱江，鑿川派流，溉九隴、唐昌田，垂拱四（688）年，在巴西因故渠開廣濟陂，溉田百餘頃，長安（701-704）中，令寶琰於（山東）故營丘城東北穿渠，引白浪水曲折三十里以溉田，號寶公渠（均見《新唐書‧地理志》）；玄宗開元初，陝州刺史姜師度於朝邑、河西二縣界，就古通靈陂擇地引雒水及堰黃

5　李伯重，《唐代江南農業的發展》（北京：農業出版社，1990），第一章第一節。

河，灌之以種稻田，凡二千餘頃（《唐書》本傳）；開元二年，於（山西）文水開甘泉渠、蕩沙渠、靈長渠與千畝渠，俱引文谷水，溉田數千頃；四年，於（河北）三河，築渠河塘與孤山陂，溉田三千頃；開元中，在（四川）彭山，築通濟大堰一、小堰十，溉田一千六百頃；廿五年，在（河北）河間縣開長豐渠，溉田五百餘頃；廿七年，在（湖南）武陵增修北塔堰，接古專陂，由黃土堰注白馬湖，分入城隍及故永泰渠，溉田千餘頃；天寶二年，於（浙江）鄮縣開廣西湖，溉田五百頃（《新唐書‧地理志》）；十一年，江陵東北，漢有古郡不治，歲輒溢，曹王皋修塞之，得其下良田五千頃（《新唐書》本傳）。

近人冀朝鼎於其《中國歷史上經濟樞紐區域》（*Key Economic Areas in Chinese History*）一書第三章，列表顯示中國歷代的水利工程，由春秋迄至明清，於該表數字可見唐代對水利之注意，由兩漢至唐代資料看，唐代在陝西的水利工程有32件，而兩漢至隋（下稱「前代」）僅29件；在山西亦有32件，前代僅10件；在河北有24件，前代僅12件；甘肅有4件，前代僅2件；四川有15件，前代僅1件；江蘇有18件，前代有15件；安徽有12件，前代有9件；浙江有44件，前代僅13件；江西有20件，前代僅3件；福建有29件，前代僅6件；湖北有4件，前代僅1件；湖南有7件，前代僅2件。只有河南與雲南之水利件數，唐代遜於前代，前者唐代有11件，前代卻有37件；後者唐代有1件，前代有2件。而且從水利分布移動之軌跡看，亦可以看出農業生產重心由北方南移；在兩漢，水利之興作以陝西、河南為最多，次則山西、河北，皆屬黃河流域；長江流域惟今浙江境內之件數與山西相等，江蘇、安徽各一，福建無；三國時期，惟河南之件數盈十，江蘇、安徽各增至三，浙江僅二，江西、福建皆無——福建之水利事業，自隋代起（有4件）增多；入唐以後，除廣東一省無記載外，水利事業幾遍於15省，而這15省之中，除陝西、山西、河北還保持較高的件數外，其最高的件數竟出現在位於東南的浙江，江蘇亦由前

代的8件增至18件，江西則由前代的1件增至20件，福建由隋代之4件增至29件，湖北與湖南的水利件數亦在快速增加，可見唐代的東南，已成為農業生產重要區域[6]。

在農業生產經濟學中，討論到產品—產品間關係，計有三種，即競爭性、補助性與補充性：競爭性是指兩種以上農作物要同時使用同一資源，所以要從效率觀點決定是那一種農作物贏得競爭；補助性是指某一作物特性，可對其他作物產生效益，譬如豆科根瘤菌，對其他同時栽種於同處的農作物有益，或者彼此相輔相成，如蜜蜂與果樹；補充性是指作物間井水不犯河水，但彼此配合可提高農家收益，那就是兩種以上農作物在不同時間使用同一資源。複種制度即是後者，第十一章第一節曾引《晉書‧食貨志》所載，晉元帝詔曰，「徐、揚二州土宜三麥」，因為複種；在此以前，後漢張衡於〈南都賦〉中云，「冬稌夏穱，隨時代熟」，即有稻麥複種的影子，但無論如何，在唐玄宗開元以前，稻麥複種制度，已在長江流域普遍施行，其方式是水稻收割後，再於同一田地上種植麥類，而於次春收穫[7]，這無異於提高耕地單位面積的生產力，而有助於唐代農業的發展。

這一時期出現的新產業，主要為茶與甘蔗。此處之所以稱「新產業」非新產品，是因為茶與蔗早已出現於隋唐以前，但於此一期間普遍生產。拿茶來說，至少在三國時代，長江下游的上層社會裡已有飲茶習慣，《三國志‧韋曜傳》載，孫「皓每饗，無不竟日，坐席無能，率以七升為限，雖不悉入口，皆澆灌取盡，曜素飲酒不過二升，初見禮異時，常為裁減，或秘賜茶荈以當酒」。至唐代，飲茶成為普遍習慣，唐人封演所著《封氏聞見記》卷6〈飲茶〉條云：「茶，早採者為茶，晚採者為

6　參閱李劍農，《魏晉南北朝隋唐經濟史稿》（華世出版社重印本），第九章第一節。

7　李伯重，《唐代江南農業的發展》，第三章第三節。

茗，本草云，止渴，令人不眠。南人好飲之，北人初不多飲。開元中，泰山靈巖寺有降魔師大興禪教，學禪於不寐，又不夕食，皆恃其飲茶，人自懷挾，到處煮飲。從此轉使傚倣，遂成風俗，起自鄒齊滄棣，漸至京邑，城市多開店鋪，煎茶賣之，不問道俗，投錢取飲。其茶自江淮而來，舟車相繼，所在山積，色類甚多」。亦就是由於茶業之盛，以致後來德宗征收茶稅，以為常平本錢（《新唐書‧食貨志》）。

　　江南種蔗，始於南朝[8]，惟用於製糖，則始於唐代，《新唐書‧西域傳‧摩揭它》：「貞觀二十一年，始遣使自通於天子，獻波羅樹，樹類白楊。太宗遣使取熬糖法，即詔揚州上諸蔗，作藩如其劑，色味愈（逾）西域遠甚」。

　　從這一記載，可見婆羅樹與製糖技術，是由西域傳來，由於唐帝有天下共主之理想，所以在此一期間，亦從世界各地傳入不少新植物，單以波斯一地來說，於唐代傳人中國者計有阿月渾子（胡榛子）樹、胡蔥、冬蔥、番紅花與鬱金、指甲花、阿魏、䕔齊、無食子、藍靛、胡椒、金桃、蕓薹、蒔蘿（小茴香）、棗椰、菠菜、甜菜、萵苣、胡芹、蓖麻、杏、無花果、橄欖、山扁豆莢、水仙、吉烈香膠樹、槃砮穄、蘇合、沒藥、青木香、安西香（安息香）。於隋代由波斯傳入的，亦有胡豆（與豌豆）、嗎哪、附子、胡荽、耶香、阿薩郍香[9]。

　　上述由波斯傳入的植物，未見「金桃」，而加州大學教授F. H. Shater以為是來自撒馬爾罕，並以此為其書名，介紹唐代中國的外來事物，即 *The Golden Peach of Samarkamd--A Study of Tang Exotics*（中譯為《唐代的外來文明》，吳玉貴譯，中國社會科學出版社，1995）。據該書記載，除由

8　加藤繁，〈中國甘蔗和砂糖的起源〉，引自李伯重，《唐代江南農業的發展》，頁167。

9　杜正勝譯（Berthold Laufer著），《中國與伊朗》（台灣中華書局，民國64年），上篇甲、乙。

波斯傳入這些植物外，還有其他地方傳入唐土的植物，計有菩提樹、那伽花、佛土葉、蓮花、青睡蓮、馬乳葡萄、訶子、紫檀、桐木、檀香、烏木、沉香、紫藤香、橇香、樟腦、爪哇香、乳香、丁香、度藋香、甲香、荳蔻、肉荳蔻等。在家畜方面，唐代引進阿剌伯馬、駱駝、以及波斯犬、羅馬犬。在野生禽獸方面，有外國進貢的鷹、鶻、孔雀、鸚鵡、鴕鳥、頻伽鳥、獅、豹、貂、瞪羚等。

　　唐代公營農業主要是屯田，此即《新唐書‧食貨志》所云，「唐開軍府以扞要衝，因隙地置營田，天下屯總九百九十二，司農寺每屯三頃，州鎮諸軍每屯五十頃」。其實，唐代軍屯在管理上是重疊的，因據〈兵志〉，「軍有坊，置主一人，以檢察戶口，勸課農桑」，足見軍屯是由軍方管理；但據《唐六典》卷7，工部尚書下有屯田郎中員外郎，「掌天下屯田之政令，凡軍州邊防鎮守，轉運不給，則設屯田，以益軍儲」，其注曰，軍屯「大者五十頃，小者二十頃」。另一重要之公營事業，厥為畜牧業——主要為養馬，貞觀初在隴右置牧堅，僅得牝牡三千，四十年後，得七十萬六千四，以致「天下以一縑易一馬」（《全唐文紀事》卷11）。

　　一般而言，農業當以接受均田的農家為主體，而這些農家卻須負擔租庸調制度下之賦役，其他(不乏高戶)則無這種負擔，以天寶十三年為例，天下課戶為530萬1044，不課戶為388萬6504，後者竟佔前者73%[10]。再加以後，人口日多，農家授田不足，使農民負擔更重，以致即使沒有安史之亂，農村也將趨於破產。

　　農民在不堪負擔下，就會出走或逃亡，但在睿宗前，逃戶稅役由未逃民戶分擔，以致農民負擔尤重，更引發其逃亡動機——按睿宗於景雲

---

10 吳章銓，《唐代農民問題研究》（中國學術著作獎助委員會，民國52年），頁149
　　——似本《唐書‧玄宗紀》。

元(710)年下敕(《文苑英華》卷465〈誡勵風俗敕〉)云：「諸州百姓多有逃亡；或逃在他州，橫徵鄰、保」。這樣逃亡風氣至開元初尤烈，所以，開元九年，詔命宇文融主持檢括籍外逃戶與羨田工作，奏置勸農判官數人(《唐會要》卷85)，其基本方式，是「自占者給復五年」，即以免徵五年的優遇誘使這些逃戶與羨田之人自首。對於逃戶，「每丁稅錢千五百(《新唐書·食貨一》)；對於羨田「指籍外占田，當時是違法行為」，則「徵籍外田稅」(《唐會要》卷85)，以就地合法；同時，由於「出使之輩……務以刻剝為計，州縣懼罪，據牒即徵，逃亡之家，鄰保代出，鄰保不濟，又便更逃」(《全唐文》卷397，皇甫憬〈諫置勸農判官疏〉)。

由於逃戶自首，可以「給復五年」，而且「每丁(只)稅錢千五百」，以致更誘發逃亡，且因逃戶稅役由「鄰保代出」，導致更多的逃戶；再因只須納稅就可使籍外羨田合法，亦就引發土地兼併。此二者顯然是政府的扭曲性副效果，所以，其直接效果雖然是「括得客戶凡八十餘萬，田亦稱是」「歲終、得客戶錢百萬」，其得失很難評估——此種大規模逃亡風氣，直至天寶八年，下敕云「其承前所有虛掛丁戶，應賦租庸課稅，令近親鄰保代輸者，宜一切並停」(俱見《唐會要》卷75)，才告停止。

不過，這兩個扭曲性副效果卻又產生兩種積極作用。首先是擴大土地的利用，這是由於盛唐還存在著大量地廣人稀的寬鄉，開元十八年，據裴耀卿云，天下「寬鄉有剩田者，……(不)減三、四十州」(《唐會要》卷85)，而南方還存在著不少的人跡罕至的「山洞」，所謂「山洞」，實指群山環抱的山谷，其面積有廣至千百里者，例如《太平寰宇記》中「南劍州龍溪縣」，「山洞幽深，溪灘險峻，向有千里，多投此洞」，參與墾荒工作，所以，在宇文融括戶時，因逃戶所聚而置仙州與慶州懷安縣(《唐會要》卷70)，其後，復因逃戶聚居而置汀州與明州(各領三縣)，以及龍溪、古田、唐年、唐城、壁山等五縣(參閱新舊《唐書·地理志》及《元和郡縣圖志》有關州縣)。

　　土地兼併是因宇文融的「徵籍外田稅」而愈烈，例如盧從願因宇文融暗通消息，而「占良田數曾百頃」，被玄宗「目爲多田翁」(《新唐書》本傳)；身爲勸農判官的李憕，亦乘機廣占良田，而被稱爲「地癖」(《唐書》本傳)。這些大地主的田莊，亟須大批勞動人材，從而爲逃戶提供赴寬鄉墾荒以外的另一出路，成爲大田莊的莊客。這些大田莊亦因莊客之助，而擴大經營規模，提高其經營效率，所以，在此期間，糧食生產都出現高峰，元結指出，「開元、天寶之中，……人家糧儲皆及數歲，太倉委糧，陳腐不可較量」(《元次山集·問進士》)。

　　初級產業中還應包含礦業，從唐代礦產分布地區看，以江南、嶺南兩道最全，也最多；其次是劍南道。尤其是貴金屬，多產於此三道；以黃金言，全國產地約96處，而這三道竟有75處，占全國78.1%；銀，全國約有97處，嶺南、江南二道有79處，占81.4%；銅，全國有78處產地，江南道竟有39處，恰占半數——毋怪乎上章所述私鑄銅錢，多出現於長江下游；鐵，全國產地118處，江南、劍南二道有51處，占43.2%[11]。由此看來，亦可察覺到唐代經濟重心確已南移。

　　據Shater於其《唐代的外來文明》一書第十四章中，曾云，「中國盛產多種礦石，其中大多數都是唐朝工匠出於實用的目的而加工過的。的確，古代的中國人就已經令人驚奇地對礦物界進行了全國的調查。對於礦石及其屬性的研究，是古代中國人走在世界前列的一個領域。除了進行研究之外，他們還能夠爲畫師、革匠、玉石匠以及其他工匠提供必需的礦石原料」。因此，唐代輸出的礦產品中，往往爲技術密集產品，例如支那印度所產的「支那粉」與「支那鉛」，尤以前者(指鉛朱或鉛丹)爲然，蓋因「在唐代時，中國人已經開發出了鉛礦，而且掌握了製作鉛丹的秘密(他們將鉛丹看作是一種朱砂，而這種朱砂可以神秘地用鉛不是用水

11　楊遠，《唐代的礦產》(台灣學生書局，民國71年)，〈結語〉。

銀來生產），可能正是因爲如此，才會有「支那粉」、「支那鉛」之類的名稱的出現。總而言之，這些名稱表明了唐朝的工業用礦石在中世紀亞洲所享有的聲譽」。

該書還介紹了唐代若干非金屬礦產，即除鹽外，還有中國西部與西北部生產的白礬，西部乾旱地區（尤其是西藏湖濱）形成的硼砂。此外亦介紹了若干進口的礦產品，如來自中亞的硝石、朴硝與芒硝，來自印尼的硫磺等。

第三節　科技暨工業發展

在這一期間，由於國力雄厚，科技水準亦高，以隋代言，宇文愷即富有巧思，參與文獻皇后陵寢、東都、長城等營建工作，其後，煬「帝北巡，欲誇戎狄，令愷爲大帳，其下坐數千人，⋯⋯又造觀風行殿，上容侍衛者數百人，離合爲之，下施輪軸，推移倏忽，有若神功，戎狄見之，莫不驚駭」；何稠曾仿造波斯所獻金綿錦袍，「踰所獻者」，又以綠瓷爲玻璃，「與真不異」，且制行殿及六合城，征高麗時，「帝於遼左與賊相對，夜中施之，其城周圍八里，城女垣合高十仞，上布甲士，立仗建旗，四面置闕，面別一觀，觀下三門，遲明而畢，高麗望見，謂若神功」（《隋書》本傳）。這些大帳、行殿與一夜完工的組合之城，均表現大一統王朝的氣魄——後二者含有機械工程，在這方面，唐代更爲進步。

據唐人張鷟所著《朝野僉載》卷6，記載有關機械工程故事四則：(1)武后如意年間，海州進一匠，造十二辰車，迴轅正南，則午門開，馬頭人出，四方迴轉，不爽毫厘，又作木火通鐵蓋，盛火輾轉不翻；(2)洛州殷文亮，性巧、好酒，刻木爲人，衣以繪綵，酌酒行觴，皆有次第，又作妓女，唱歌吹笙皆能應節，飲不盡、木小兒不肯把盞，飲未竟、木妓女歌管連催；(3)將作大匠楊務廉甚有巧思,常於沁州市內刻木作僧,

手執一椀，自能行乞，椀中錢滿，關鍵忽發，自然作聲曰「布施」，市人競觀，欲其作聲，施者日盈數千；(4)彬州刺史王琚刻木爲獺，沉於水中取魚，引首而出，蓋獺口中安餌爲轉關，以石鎚之則沉，魚取其餌，關即發，口合則啣魚，石發則浮出矣。此外，天寶年間，曹王皋「教爲戰艦，挾二輪蹈之，鼓水疾進」(《新唐書》本傳)。描繪機巧最爲詳盡者，厥爲《古今圖書集成・考工典・工巧部》所引《山西通志》敘述的馬待封之技藝：唐開元初，修法駕，東海馬待封能窮技巧，於是，指南車、記里鼓、相風鳥等，待封皆改修之，巧踰於古；又爲皇后造粧具，中立鏡台，台下兩層，皆有門戶，后將櫛沐，啓鏡台後，台下開門，有木婦人手中櫛至，后取已、婦人即還，而脂粧粉眉黛髻花等，皆木人繼送，畢還則門戶復閉，凡供給皆木人，粧罷門盡闔乃持去，其台金銀彩畫，木人服飾窮奇精巧焉；居數年，敕但給其用，竟不拜官，待封恥之；又奏請造敧器酒山撲滿等物，許皆白銀造，其酒山撲滿中機關運動，或四面開定以納風氣，氣所轉動有陰陽向背，則使其外泉流吐，納以挹杯斝酒，使出入皆若自然，巧踰造化矣，既成，奏之，適宮中有事不召見，待封恨其數奇，始爲西河之隱；稱吳賜云，嘗與崔邑令李勁造酒山撲滿敧器，酒山立盤中，盤徑四尺五寸，下大龜承之，機運皆藏龜腹中，山高三尺，峰巒殊妙，盤以木爲，布漆其外，山中虛受酒三斗，繞山列酒池，池外復山圍之，龜及山皆漆布脫空彩畫，其外池中盡荷花葉，鍛鐵爲之，花開葉舒以代盤，盛脯醢果珍諸佐酒物，山南半腹有龍，藏半身於山，開口吐酒，龍下大荷葉中有杯受四合酒，酒喝八分而止，當飲者取飲之，飲遲、山頂重閣門即開，催酒人具衣冠執板出，歸杯於葉，龍復吐酒，使者乃還，門即閉，復遲、使如初，終宴無差失，山四面皆有龍，雖覆酒，池有穴，潛引納之山中，比終飲酒無遺，敧器二在山左右，龍注酒其中，虛則敧，中則平，滿則覆，即魯廟所謂侑坐器也。

　　在這種科技水準下，工業應有相當程度的發展，唐代公營工業中的

製造業主要屬於少府監，營造業則屬於將作監，據《唐六典》卷7注：
「少府監工匠近一萬九千八百五十人，將作監匠一萬五千人，散出諸
州，皆取材力強壯，技能工巧者，不得隱巧補拙，避重就輕；其驅役不
盡，及別有和雇者，徵資市輕貨，納於少府、將作監，其巧手供內者不
得納資，有闕〔缺〕，則先補工巧業作之子弟；一入工匠者，不得別入諸
色，其和顧鑄匠有名，解鑄者則補正工。凡計工程者，夏三月與秋七月
為長功，冬三月與春正月為短功，春之二月、三月，秋之八月、九月為
中功，其役則依戶部式」。《新唐書・百官志》注所記此二監工匠數目
略低，但分類較為精細：少府監所轄的，計有短番匠5029人，綾錦坊巧
兒365人，內作使綾匠83人，掖庭綾匠150人，內作巧兒42人，配京都諸
司諸使雜匠120人；將作監轄短番匠1萬2744人，明資匠260人，此外還
有數目無定之「長上匠，州率資錢以酬雇」。此所謂「短蕃匠」，即是
無償更番應役於官府的番匠；「長上匠」是應番後續為他人代番而賺取
報酬的工匠；「明資匠」則為官府出資雇用的工匠，大抵為具有特殊精
細技巧之人──「巧兒」多屬之[12]。公營製造業中的紡織業，分工甚細，
《唐六典》卷廿二云：「凡織紝之作有十(布、絹、絁、紗、綾、羅、錦、
綺、綢、褐)；組綬之作有五(組、綬、縧、繩、纓)；紬線之作有四(紬、
線、絃、網)；煉染之作有六(青、絳、黃、白、皀、紫)。

關於唐代的民營工業，鞠清遠雖曾區分為作坊工業、工廠手工業、
莊園及寺院工業、家庭工業及雇傭工匠五類[13]，其實不盡恰當，蓋因分
類所據標準不一，且甚模糊，譬如前二者不知是否係以規模大小分？若
是，則甚模稜，因若認為「工廠」規模大於「作坊」，則「手工業」卻
顯然低於「工業」；再若從莊園及寺院工業，以及家庭工業二類看，似

---

12 參閱李劍農，《魏晉南北朝隋唐經濟史稿》，第九章第五節。
13 鞠清遠，《唐宋官私工業》，食貨出版社重印本，第三章。

從企業主身分著眼，但與作坊及工廠之分類標準又大相逕庭；而且無論如何，雇傭工匠絕對不能視為民營工業之一。一般說來，唐代民營工業已有很大規模者，例如第十二章曾經提到何明遠「家有綾機五百張」——按宋代公營的綾錦院，也不過只「有錦綺機四百餘」（《續資治通鑑長編》卷41），《太平廣記》卷269亦云：「瓊山郡郡守韋公幹者，貪而且酷，掠良家子為臧獲，如驅犬豕，有女奴四百人，執業者太半，有織花縑文紗者，有伸角為器者，有鎔鍛金銀者，有攻珍木為什具者，其家如是日考月課，唯恐不程」——這是奴役技工，當然不足為訓，實際上，唐代工匠與各行業已有行會組織，其代表稱「行頭」[14]。

　　上節言及唐代礦產多處，其中有很多金屬礦，而隋唐之冶金術亦頗發達，《通鑑·唐紀》云，秦王世民圍洛陽宮城，城中守禦甚嚴，八弓弩（注，「八弓弩，八弓共一弮也」）箭如車輻，鏃如巨斧，射五百步；杜伏威貌魁雄，善用兩刃刀，其長丈，名曰拍刀，一揮殺數人，前無堅對（《新唐書》本傳）。箭「鏃如巨斧」，刀刃「長丈」，均須高超之冶金技術。

　　從上述紡織分工之細，已知唐代公營紡織業之發達，再從《唐六典》卷三，戶部所掌各地之貢賦，可見民營紡織業之盛：各地以絹為貢獻者計有鄭、汴、許、陳、亳、宋、曹、濮、鄆、徐、瀛、深、冀、德、棣、唐等州；以布為貢賦者有密、邢、郢、隨、庸、潞、真、鄧、利、果、鄆、舒、巴、安、盧、常、湖、歙、宣、虔、吉、郴、袁、岳、道、漢、邛、劍、嶲、連等州；以紬為貢賦者有陝、潁、徐、魏、定、璧、巴、蓬、通、忠、梁、簡、連等州，另有定州兩窠紬，沼、博、衛等州平紬；以綿為貢賦者有璧、巴、蓬、通、忠、渠等州；以葛為貢賦者有渝、峽、隨、由、光等州；以絲為貢賦者有邢、郢、隨、康、潞、真、鄧、利、

14　全漢昇，《中國行會制度史》（食貨出版社重印本），第三章第三節。

果等州;以絁為貢賦者有陝、穎、徐等州,另有汝州細紵;以紵為貢賦者有歸、安、房、黃等州,另有復、郢、開、鄆、舒、常、湖、歙、宣、虔、吉、郴、袁、岳、道等州,白紵,揚州細紵,和、郎二州紵練。貢賦中綾、布之種類甚多。前者計有仙、滑、二州方紋綾,豫州雞鵜綾、雙絲綾,兗州鏡花綾,青州仙文綾,幽州范陽綾,荊州絞綾,閬州重運綾,潤州方基水波綾,越州吳綾,漕州龜子綾;梓、遂二州樗蒲綾;後者除普通之布外,還有海州楚布,隰、石二州胡女布,歸州麻布,涪州連頭獠布,楚州孔雀布,滁、沔、黃三州貲布,壽州葛布,南、榮、雷、振、富等州斑布,漢州彌牟布,韶州竹子布。此外以紡織品為貢賦者計有恆州春羅、孔雀羅,益、蜀二州單絲羅,相州紗、荊州交梭縠、子方縠,襄州白縠,洋、盧、睦、越、彭等州交梭,滁、沔二州麻,建州蕉練,宣州綺,益州高杼衫段,襄州白綸布,常州紫綸巾、兔褐(毛織品),會州 褐、兆州毛毺、涼州毺布,蘇州紅綸巾,杭、越二州白編。

惟絲織品,南方技術尚略遜一籌,《洞天清錄集·古畫辨》曰,「河北絹經緯一等,故無背面……江南絹,則經粗而緯細,有背面。」《唐六典》卷20,太府卿職掌中,將各地所產之絹分為八等,布分九等,其注曰:「宋、亳之絹,復州之紵,宣、潤、沔之火麻,黃州之貲並第一等,……通、巴、蓬、金、均、開、合、興、泉、建、閩之絹,泉、閩、表(或作衰)之紵,登、萊、鄧之貲,並第八等;金、均、合之貲,並第九等」。

在唐代已有印花布出現,玄宗柳「婕妤妹適趙氏,性巧慧,因使工鏤板為雜花象之,而為夾結。因婕妤生日,獻王皇后一匹,上見而賞之,因敕宮中依樣製之。當時甚秘,後漸出,遍於天下,乃為至賤所服」(《唐語林》卷4)。當時,且有金銀絲織物。據《唐書·五行志》,中宗之女安樂公主下嫁時,「蜀川獻單絲碧羅籠裙,縷金為花鳥,細如絲髮,鳥子大如黍米,眼鼻嘴甲俱成,明目者方見之」。

　　隋唐造船工業發達，隋煬帝爲幸江都，而於大業元(605)年三月，派員「往江南採木造龍舟、鳳船、黃龍、赤艦、樓船數萬艘」，「八月，壬寅，帝御龍舟幸江都，……舳艦相接二百餘里」(《隋書》本紀)。當時，若無深厚基礎的造船工業，如何能於五個月內建造「數萬艘」各式船舶！煬帝復於大業三年，遣屯田主事常駿等出使赤土國(馬來亞南端)(《隋書·赤土國傳》)，可見其遠洋船隻航海之能力。

　　唐代的內河船中，大者長二十餘丈，可載六七百人，或受穀萬石(相當於五百噸)；海船則更爲高大，義大利人非勒斯於其所著《中世紀的中國與非洲》中云：「中國大約從公元600年開始，就建造具有五層甲板大噸位的帆船。中國帆船的體積大，抗風浪的能力很強。」[15]——由此或可證明清嘉慶年間手抄本《西山雜誌》記載，唐天寶中，泉州安海船，「舟之身長十八丈，面寬四丈二尺許，高四丈五尺餘，底寬二丈，作尖圓形。桅之高十丈有奇，銀鑲船舷十五格，可貯貨品二至四萬擔之多」[16]，有幾分可靠性。

　　上述「銀鑲艙舷十五格」，可能是「水密隔艙」，這是用艙板將船艙分隔成許多互不相通的艙間，俾使某一艙間漏水時，不致影響全船，並可移開其貨而進行修補，同時還具有增強船體結構之作用。因此，可說這是唐代造船技術的重大突破，此外，船板之間使用釘榫連接，亦是一種新技術[17]，而且，還在舷側頂部設置有縱向的「大欖」，相當於現代船舶加厚的舷側頂列板，從而提高船體結構強度[18]。

　　唐代造紙業亦頗有發展，公營屬於中尙、右尙署(《新唐書·百官志》)，至於各州貢紙，則可能來自民營造紙業，據《唐六典》卷20之

15　均見唐志拔，《中國艦船史》(海軍出版社，1989)，第六章第一節。

16　引自陳希育，《中國帆船與海外貿易》(廈門大學出版社，1991)，第一章第一節。

17　唐志拔，《中國艦船史》，第六章第一節。

18　同上，第六章第四節。

注，益州有大小黃白麻紙，杭、婺、衢、越等州有上細黃白狀紙，均州有大模紙，宣、衢等州有案紙、次紙，蒲州的細白紙。與造紙有關的印刷技術，是始於此一期間，此即雕板印刷，近年於南韓慶州佛國寺石塔中發現唐代經卷（刻印時間約在西元704-751年），可爲明證[19]，但岑仲勉於其《隋唐史》中《隋史》第十五節卻以「印刷術發明」爲題，文中引斯坦因第三次西域考古時，於吐峪溝得刊品一紙，刊「王官私，延昌卅四年夏……，家有惡狗，行人慎之」等字，經H. Maskro鑑定爲現存最古之印刷品，而高昌這一類文化，必從大唐輸入，而延昌卅四年爲隋開皇十四（594）年，可見雕板發明的時間可以追溯到西元六世紀末，亦即本階段之初。

且因飲茶風氣，促進瓷器發展，陸羽曾評瓷盌曰：「盌，越州（紹興）上，鼎州（湖南常德）次，婺州（金華）次，岳州（岳陽）次，壽州（壽縣）、洪州（南昌）次。或者以邢州（河北邢台）處越州上，殊爲不然：若邢瓷類銀，越瓷類玉，邢不如越，一也；若邢瓷類雪，則越瓷類冰，邢不如越，二也；邢瓷白而茶色丹，越瓷青而茶色綠，邢不如越，三也」（《茶經》卷中）。按陸羽評論是從茶器著眼，並不能視爲品質優劣之唯一標準，但卻可見當時瓷器製作地點甚多，標準卻不一。

惟當時漆器卻似乎統一標準，《唐國史補》卷中云，「襄州（襄陽）人善爲漆器，天下取法，謂之襄樣。」

以上是說攸關工藝的科技，以及其所支持的工業發展。其實，隋唐醫藥技術亦有長足的發展，隋煬帝敕撰《四海類聚單方》，唐代醫學名著甚多，著名者厥爲孫思邈的《備急千金要方》（含《千金方》、《千金髓方》與《千金翼方》）（《新唐書‧藝文志》）。由《唐六典》卷14與《新唐書‧百官志》知當時醫療業已分科，計分「體療」（內科）、「瘡膿」

---

19 李伯重，《唐代江南農業的發展》，序二。

（外科）、「少小」（小兒科）、「耳目口齒」（耳鼻喉科及牙科）五科，另有「角法」（針灸）。藥學方面，蘇約、孔志約等廿三人共撰《新修本草》（據陶弘景《神農本草經集注》修訂），分爲藥圖、藥經、本草三部分，所收藥物844種（孔志約〈新修本草序〉）。

第四節　商業發展與經濟中心

第一節曾云漕運有助於交通，因而亦促進商業的發展，韋堅於天寶初爲陝郡太守，水陸轉運使，預於東京汴宋取小斛底船三二百隻，置於（長安廣運）潭側，其船皆署牌表之：若廣陵郡船，即於枋背上堆積廣陵所出錦、鏡、銅器、海味；丹陽郡船，即京口綾衫段；晉陵船，即折造官端綾繡；會稽郡船，即銅器、羅、吳綾、絳紗；南海郡船，即玳瑁、真珠、象牙、沉香；豫章郡船，即名瓷、酒器、茶釜、茶鐺、茶碗；宣城郡船，即空青石、紙、筆、黃連；始安郡船，即蕉、葛、蚺蛇膽、翡翠；船中皆有米，吳郡即三破糯米、方丈綾」（《唐書》本傳）。這些物品雖然作爲各船的表徵，但卻代表南方各地的特產，這些特產當然會經由商賈而行銷各地，而且這種行銷，復因大一統而暢行全國。

當時水陸交通甚爲便利，在水運方面，「天下諸津，舟航所聚，旁通巴漢，前指閩越，七澤十藪，三江五湖，控引河路，兼包淮海，弘舸巨艦，千軸萬艘，交貿往還，昧旦永日」（《唐書·崔融傳》）。在陸路方面，以長安爲中心的驛道，是四通八達：其一由長安西至鳳翔，南下入蜀；其二由長安南下至荊襄；其三由長安東至洛陽，經汴州至山東；其四由長安東渡河至太原，再至范陽，或由洛東至鄭，北達范陽[20]。《通典》卷七曾記開元盛況曰：「東至宋汴，西至岐州，夾路列店肆待客，

---

20 李劍農，《魏晉南北朝隋唐經濟史稿》，第十章第二節。

酒饌豐溢；每店皆有驢賃客乘，倏忽數十里，謂之驛驢；南詣荊襄，北
至太原、范陽，西至蜀州、涼府，皆有店肆，以供商旅，遠適數千里，
不持寸刃」。

　　唐代對於商業之管理，主要是表示在對「市」之管理上，第十三章
第四節曾經言及唐代反壟斷及評定價格之行動，此外，尚有下列規定[21]：

一、確保度量衡標準——兩京市內斛斗秤度，送呈金部及太府寺平
　　校，各州縣的斛斗秤度則送由州縣平校，平校後加以印署，始
　　許使用，《唐律》並對違反者予以笞、杖（〈雜律〉）。

二、契約之保障——《唐六典》卷20規定，市令丞的職責之一，「凡
　　賣買奴婢牛馬，用本司本部公驗以立券」，《唐律・雜律》規
　　定，諸買奴婢馬牛馳驟驢，談妥價格後須立市券，若踰三日笞
　　三十，賣者減一等；立券之後，有舊病者，三日內聽悔，無病
　　欺者市如法，違者笞四十。

三、保障商品品質——《唐六典》卷20規定，「其造弓矢長刀，官
　　為立樣，仍題工人姓名，然後聽鬻之，諸器物亦如之，以偽濫
　　之物交易者沒官，短狹不中量者還主」；《唐律・雜律》更予
　　強調，「諸造器用之物及絹布之屬，有行濫短狹而賣者，各杖
　　六十」；中宗景龍元(707)年十一月初，「諸行以濫物充易者
　　沒官。」（《唐會要》）。

四、規定作息時間——《唐六典》卷20規定，「凡市、以日午擊鼓
　　三百聲，而眾以會；日入前七刻擊鉦三百聲，而眾以散」。顯
　　然可見，此「市」是指集市或墟市，將不包括邸店等商業。

---

21 參閱陶希聖，〈唐代管理「市」的法令〉，《食貨半月刊》，4卷8期，惟該文
　　並未言及市場作息時間及安寧。

五、維護市場安寧——《唐律・雜律》規定，諸在市及人眾中，故
　　相驚動令擾亂者，杖八十；以故殺傷人者，減故殺傷一等；因
　　失財物者、坐贓論；其誤驚殺傷人者，從過失法。

　　且爲鼓勵商業發展，唐代在有關土地的法令上亦予以優容，其田令中雖禁止出賣永業、口分田，但對於賣充住宅、邸店、碾磑，則不在此限，《通典》卷2曰，「東遷就寬鄉者，並聽賣口分」，注曰，「賣充住宅、邸店、碾磑者，雖非東遷，亦聽私賣」。此所謂邸店，已出現於上一時代，惟據《唐律疏議・名例》之定義，「居物之處爲邸，沽賣之所爲店」，則邸似貨倉，其實，邸亦兼賣商品，《太平廣記》卷16〈張老〉條，「乃往揚州，入北邸，而王老者方當肆陳藥」——此處之「邸」似爲經常營業之市區，而非前述集市之「市」。唐代的商業，就是以這些邸店爲重心，以長安爲例，東市「市內貨財二百二十行，四面立邸，四方珍奇皆所積集」，西市「市內店肆如東市之制」（《長安志》卷8）——《太平廣記》卷475，曾記長安（西京）「有富商鄒鳳熾，……其家巨富，金寶不可勝計，常與朝貴游，邸店園宅遍在滿海內，四方物盡爲所收」。

　　長安兩市之面積各約1.1平方公里，相當於兩坊之地，經考古工作者對西市之勘測，得知市內有四條寬達16米的大道，呈「井」字形排列，分市場爲九區，當中一區爲市署、平準署等衙門所在地，其餘皆爲臨街的店舖。據考古發掘，得知唐都長安外郭城平面呈長方形，東西長9721米，南北長8651米，總面積達83.8平方公里，幾爲今日西安城垣（明築）內面積的十倍[22]。另據《長安志》卷8，長安有城牆三重：其中心爲宮城，皇帝居所，東西4里，南北2里270步，周13里180步，高三丈五尺；其外圍爲皇城，隋文帝規定，惟列府寺，不使雜居，東西5里115步，南

---

22 閻崇年主編，《中國歷代都城宮苑》（紫禁城出版社，1987），頁47。

北3里140步；再外圍爲外郭城，東西18里115步，南北15里175步，周67里，高一丈八尺。

東京洛陽，南北15里280步，東西15里70步，周69里320步（《唐書·地理志》），有東、南、北三市，其北市北臨通濟渠，下有通濟橋，天下舟船集於橋東，常有船萬餘艘，填滿河路，商賈貿易之車馬填塞於市[23]。

兩京之外的經濟中心，首推揚州，武后長安年間，蘇壞爲揚州大都督府長史，「揚州地當衝要，多富商大賈，珠翠珍怪之產」（《唐書》本傳）。這是由於揚州居大運河要衝，爲貨物集散地，例如「豫章諸縣盡出良材，求利者採之，將至廣陵（揚州），利則數倍，天寶五載，有楊溥者，與數人入林求木」（《太平廣記》卷331）。當時，不僅中國商賈聚居揚州，胡商也是如此，以致後來肅宗時，田神功叛亂，「至揚州，大掠百姓商人資產，郡內比發掘略徧，商胡波斯被殺者數千人」（《唐書》本傳）。

另一爲外商聚集之處乃爲廣州，阿拉伯人阿布賽德哈散（Abu Said Hassan）記西元878年（唐僖宗乾符五年）黃巢破廣州時，外國居留民中，有回教徒、基督教徒、拜火教徒及猶太人，被殺者達十二萬以至廿萬人之眾[24]，雖屬後事，且或誇張，但卻可由此推溯盛唐之時，廣州外人之眾。另據日本《唐大和上（尚）東征傳》（日本《群書類叢》卷69），揚州僧鑑真（天寶末）赴日本宣法（《唐國史補》卷上），道經廣州，看到「江中有婆羅門、波斯、崑崙等船，不知其數，並載香藥、珍寶，積載如山，其舶深六七丈。獅子國、大石國、骨唐國、白蠻、赤蠻等，往來居住，種類極多。州城三重，都督執六纛，一纛一軍，威嚴不異天子」。

---

23 童書業，《中國手工業商業發展史》（木鐸出版社重印本），頁142。

24 張星烺，《中西交通史料彙編》（世界書局），第一冊，《中國與歐洲之交通》上，五十七節。亦見桑原騭藏著，楊鍊譯，《唐宋貿易港研究》（商務印書館），第三章。惟據新舊《唐書·僖宗紀》，黃巢陷廣州，是在乾符六年。

　　但在當時，揚州因交通之便，實爲一大經濟中心，並由此發展爲若干副經濟中心或次級商業中心，譬如由揚州北通河、洛、關、陝線上的都會，計有楚州與汴州：楚州即今日淮安，位於運河與淮水之交叉點，淮水於此東入於海，爲新羅船入唐之要津，日本遣唐使亦常於此雇新羅船歸航[25]；汴州，今開封，大運河開闢後，爲由河達淮之第一要埠(揚州爲由江達淮之第一要埠)，且爲由洛陽入齊魯驛道之所經，故謂「汴州水陸所湊，邑居龐雜」(《唐書‧李勉傳》)。由揚州西沿長江線上之都會，有昇州、洪州與鄂州；昇州、即今之南京，《隋書‧地理志》謂「其地爲舊京所在，人物本盛，小人率多商販，君子資於官祿，市廛列肆，埒於二京」；洪州，今南昌，從王勃之〈滕王閣序〉，可見其盛況，是由長江至嶺南之所經；鄂州，今武昌，由於當漢、沔入江之衝，商船輻湊，代宗廣德元(763)年，該處失火，燒船三千艘(《唐書‧五行志》)。由揚州東沿長江至東南沿海線上之都會，有潤州、明州與泉州；潤州，今鎮江，隋時稱「京口東通吳會，南接江湖，西連都邑，亦一都會」(《隋書‧地理志》)；明州，今寧波，日本孝謙女皇(約當玄宗後期)時，以此爲中日交通孔道[26]；泉州爲回教傳來中國處所之一，明人何喬遠之《閩書‧方域志》云，回教聖人「門徒，有大賢四人，唐武德中來朝，遂傳教中國，一賢傳教廣州，二賢傳教揚州，三賢、四賢傳教泉州，卒葬此山」[27]。

　　由於商業趨於繁榮，使商賈在社會上贏得的接待，有時勝於士子，例如太宗時，「馬周西行長安，至新豐宿於逆旅，主人唯供諸商販而不顧周」(《太平廣記》卷164)，足見工商地位已在上升。

25　此爲日本第四期遣唐使歸國航路，前二期取北路，在山東萊州登陸，由渤海歸
　　國；第三期取南路，渡東海達揚子江口附近，歸程發自蘇州。均見木宮泰彥著，
　　陳捷譯，《中日交通史》(三人行出版社，民國63年)，上卷，第六章第四節。
26　同上。
27　參閱李劍農，《魏晉南北朝隋唐經濟史稿》，第十章第三節。

第五節　隋唐對外貿易

　　隋唐是融合農業文化與游牧文化而統一，所以，在這種大一統下，自然地會加強對外關係，這與中原鼎沸之時不可同日而語，《北史·西域傳》云，「東西魏時，中國方擾，及於齊周，不聞有事西域，故二代書並不立紀錄，隋開皇、仁壽之間，尚未云經略。煬帝時乃遣侍御史韋節，司隸從事杜行滿，使於西潘各國；至罽賓得瑪瑙盃；王舍城得佛經；史國得十舞女，師子皮、火鼠毛而還。帝復令聞嘉公裴矩於武威、張掖間往來，以引致之，其有君長者四十四國，矩因其使者入朝啗以厚利，令其轉相諷諭。大業中，相率而來朝者四十餘國」。這種擴展，雖然是政治性，但亦富於經濟性，譬如裴矩通西域之事，《隋書·食貨志》就曾有不盡相同的記載：煬帝「以西域多諸寶物，令裴矩往張掖，監諸商胡互市，啗之以利，勸令入朝。自是，西域諸蕃往來相繼」，顯然是以經濟開展政治外交。

　　大業三年冬，煬帝至東都，「（裴）矩以蠻夷朝貢者多，諷帝令都下大戲，徵四方奇技異藝，陳於端門街，衣錦綺、珥金翠者以十數萬；又勒百官及民士女，列坐柵閣而縱觀焉，皆被服鮮麗，終月乃罷；又令三市店肆皆設帷帳，盛列酒食，遣掌蕃率蠻夷與民貿易，所至之處，悉令邀延就坐，醉飽而散，蠻夷嗟嘆，謂中國為神仙」（《隋書》本傳）。

　　煬帝並置四方館於京師，以待四方使者（後罷之）：東方曰東夷使者；南方曰南蠻使者；西方曰西戎使者；北方曰北狄使者；各一人，掌其方國及互市事，其下有互市監[28]，副、參軍各一人，監及副掌互市，參軍事出入交易（《隋書·百官志》）。到了唐代，互市監改隸少府，仍

28　《唐六典》卷廿二注，「隋諸緣邊州置交市監」，並不稱互市監；另據《新唐書·百官志》注，「貞觀六年，改交市曰互市」。

掌蕃國交易之事（《新唐書‧百官志》）——安祿山、史思明均曾爲番市牙郎，或許即是《唐六典》中所說的「傳人」。

安祿山且因番市牙郎之經歷，深知貿易之利，所以「潛於諸道商胡興販，每歲輸異方珍貨百萬數。每商至，則祿山胡服坐重牀，燒香列珍寶，令百胡侍左右，群胡羅拜於下，邀福於天。祿山盛陳牲牢，諸巫擊鼓歌舞，至暮而散。遂令群胡於諸道潛市羅帛及造緋紫袍、金銀魚袋、腰帶等百萬計，將爲逆叛之資已八九年矣」（《安祿山事蹟》卷上）——真想不到對外貿易亦成爲第二次一元體制瓦解的因子之一。

不過，安祿山所經營之貿易，主要應在北方或側重陸運，但貿易實以水運爲通道，「凡東南都邑無不通水，故天下貨利，舟楫居多……舟船之盛，盡於江西。編蒲爲帆，大者或數十餘幅」「江湖語曰，『水不載萬』，言大船不過八九千石，然則大歷、貞元間，有俞大娘航船最大，居者養生送死婚嫁，悉在其間，開巷爲圃，操駕之工數百，南至江西，北至淮南，歲一往來，其利甚博，此則不啻載萬也」（《唐國史補》卷下）。按大歷元年爲西元766年，只晚天寶十五年十載，由此記載或可想見安史之亂前水路交易之概況。而對外貿易之水路實爲海運，當時海運樞紐實爲廣州，其次爲明州與泉州，其外商來往情況，已述於上節，且因海上貿易蓬勃，唐代特置市舶司以管理之，《通鑑》卷253胡三省注曰，「唐置市舶司於廣州，以招來海中蕃船」，市舶司始於何時，尚不可考，惟玄宗開元二年「周慶立爲安南市舶使」（《唐書》本紀），而代宗廣德元(763)年，「廣州市舶使呂太一反，逐其節度使」（《新唐書》本紀），可見其勢力之大。

其實，當時外商聚集之處，不限於廣州與揚州，兩京亦是主要處所。先說東都，武后「造天樞於定鼎門，並番客胡商聚錢百萬億所成」（《太平廣記》卷236〈則天后〉）。能「聚錢百萬億」，足見當地「番客胡商」之多。至於長安情況，已述於第十三章第五節。

　　長安之所以為外商聚集之處，是由於隋唐威臨鄰近列國，這些國家
遣使朝獻，使中國明瞭各國特產，而隋唐天子則報以厚賜，亦使這些國
家知曉中國物產之富，尤有進者，中國既以「天朝」自居，所賜常厚於
列國所獻，前引《隋書‧食貨志》中，「自是，西域諸蕃往來相繼」下，
緊接著說，「所經州郡，疲於送迎，靡費以萬萬計」；〈裴矩傳〉所載
東都對外商之接待；在在顯示，隋代誘導外人入朝及外商貿易，是一種
「犧牲打」。唐代對於外國使者亦甚優遇，武后證聖元(695)年敕，「蕃
國使入朝，其糧料各分等第給；南天竺、北天竺、波斯、大食等國使，
宜給六箇月糧；尸利佛誓、真臘、訶陵等國使，給五箇月糧；林邑國使
給三箇月糧」(《唐會要》卷100)。

　　唐初，罽賓貢寶帶、玻璃、名馬；百濟獻明光鎧、鐵甲、雕斧；林
邑獻象、五色帶、朝霞布、火珠；吐蕃獻黃金鵝、金琲；天竺獻火珠、
鬱金、菩提木；高昌獻玄狐裘、玉盤；烏萇獻龍腦香；拂菻獻頗黎石、
綠金精；安國獻名馬；吐火羅獻馬、瑪瑙鎧樹；倭國獻虎魄大如斗，碼
碯大如五升器；大食獻鈿帶；支汗那獻碧頗黎；龜茲獻銀頗羅；南王甯
氏獻大珠、昆融，象簞布⋯⋯。玄宗時，康國獻鏁子鎧、碼瑙瓶、水精
杯；南天竺獻豹皮，五色鸚鵡；新羅獻朝霞紬，魚牙紬、海豹皮；波斯
獻瑪瑙床、火毛綉舞筵；火尋獻黑鹽。師子國獻火珠、鈿金、寶瓔、象
齒、白氎；安國獻波斯二，拂菻綉 毯一，鬱金香，石蜜等。唐帝答之
甚厚，譬如太宗時，百濟上鐵甲雕斧，帝賜帛段三千；玄宗時，新羅獻
朝霞紬等物時，帝賜以瑞文錦、五色羅、紫綉紋袍、金銀精器(《玉海》
卷154)。這些獻、賜之物，很可能是當時對外貿易中之重要商品。

　　貞觀廿一年，以遠夷各貢方物，其草木雜物有異於常者，詔所司詳錄
焉：葉護獻馬乳葡萄一房，長二尺、子亦稍大，其色紫；摩伽國獻菩提樹，
一名波羅，葉似白楊；康國獻黃桃，大如鵝卵，其色如金，亦呼金桃；伽
毘國獻鬱金香，葉似麥門冬，花若芙蓉，其色紫碧，香聞數十步，華而不

實，欲種取其根；罽賓國獻俱物頭花，其花丹白相間，而香遠聞；伽失畢國獻泥樓鉢羅花，葉類荷葉，圓缺，其花色碧而蕊黃，香芳數十步；健達國獻佛土葉，一莖五葉，花赤，中心正黃而蕊紫；泥婆羅國獻波稜菜，類紅藍花，實似蒺藜，火熟之，能益食味，又酢菜，闊而長，味如美鮮苦菜，狀如苢，其雖少苦，久食益人，又胡芹狀如芹而味香，又渾提蔥，狀如蔥而白，又辛嗅藥，狀如蘭，凌冬而青，收乾作末，味如桂椒，其根能愈氣疾；薛延陀獻拔蘭鹿，毛如牛，角大如鹿；突厥獻馬蹄羊，其蹄似馬；波斯國獻活褥蛇，其狀如鼠而色青，身長七八寸，能入穴取鼠。西域有葡萄酒，前世或有貢獻，及破高昌，收馬乳葡萄實，於苑中種之，並得其酒法，酒成，凡有八色，芳香酷烈，味兼醍醐，既頒賜群臣，京中始識其味（《唐會要》卷100）。這些動植物及農產加工方法（包括蔗糖——當時稱為石蜜），是經由政治管道傳入，但亦可視為另一種型態的貿易或交易，而且更為長安是世界性首都之說法，增一有力註腳。

　　武后長安三（703）年，有司表稅關市，崔融不以為然，上疏陳六不可：（1）「夫關市之稅者，謂市及國門、關門者也，唯斂出入之商賈，不稅來往之行人，今若不論商人，通取諸色，事不師古、法乃任情，悠悠末代，於何贍仰？濟濟盛朝，自取嗤笑，雖欲憲章姬典，乃是違背周官，臣知其不可一也」；（2）「（士農工商）四人（應作「民」）各業久矣，今復安得動而搖之？⋯⋯曹參相齊，齊國安集，大稱賢相。參去、屬其後相曰，以齊獄市為寄，慎勿擾也！後相曰，理無大於此者乎？參曰不然，夫獄市者所以並容也，今若擾之，姦人安所容乎？吾是以先之。夫獄市兼受善惡，若窮極、姦人無所容竄，久且為亂：⋯⋯老子曰，我無為而人自化，我好靜而人自正，參欲以道化其本，不欲擾其末，臣知其不可者二也」；（3）「富商大賈，豪宗惡少，輕死重義，結黨連群，喑嗚則彎弓，睚眥則挺劍，小有失意且猶如此，一旦變法定是相驚，乘茲困窮，或致騷動，⋯⋯又如邊徼之地，寇賊為鄰，興胡之旅，歲月相

繼，儻同科賦，致有猜疑，一從散亡，何以制禁？求利雖切，爲害方深，而有司上言不識大體，徒欲益帑藏，助軍國，殊不知軍國益擾，帑藏逾空，臣知其不可者三也」；(4)「今若江津河口置鋪納稅，納稅則檢覆，檢覆則運留，此津纔過，彼鋪復止，非唯國家稅錢，更遭主司僦略，船有大小，載有少多，量物而稅，觸途淹久，統論一日之中，未過十分之一，因此壅滯，必致吁嗟，一朝失利，則萬商廢業，萬商廢業，則人不聊生，……加之以重稅，臨之以威脅，一旦獸窮則搏，鳥窮則攫，執事者何以安之哉！臣知其不可者四也」；(5)關市之稅，史籍有文，秦政以雄圖武力，捨之而不用也，漢武以霸略英才，去之而勿取也，何則？關爲禦暴之所，市爲聚人之地，稅市則人散，稅關則暴興，暴興則起異圖，人散則懷不軌，……魏眇小，齊隋齷齪，亦所不行斯道者也，臣知其不可者五也」；(6)「帝王藏於天下，諸侯藏於百姓，農夫藏於庾，商賈藏於篋，……今若師興有費，國儲多窘，即詣倍算商客，加斂平人（應作「民」），如此則國保富強，人免憂懼，天下幸甚，臣知其不可者六也」（《唐書》本傳）。

　　崔融所說的六點理由，除第(1)點反對稅及往來行人外，均從商賈立場與總體觀點，反對徵商；第(2)點是從「小人喻於利」出發，使平民有生養之道，否則，將會鋌而走險，使社會不寧，增加軍事支出（第(3)點）；第(4)點是恐檢查徵稅費時，以致壅塞交通，妨礙商業活動；第(5)點是極富現代經濟理論之意義，因就軍國急需言，對特定的關市徵稅，不如普遍徵稅，以避免資源分派上之扭曲。亦就是由於這些道理，促使「武則天納之，乃寢其事」，使唐代貿易得以順利進行。第(6)點說明不與民爭利。

第六節　隋唐財經得失

　　亞當‧斯密認爲政府在經濟領域中的任務，只是提供安全、秩序與

法律。隋唐國勢強盛，國防安全當無問題；其法律體系亦遠邁前朝，而
且《唐律・雜律》中，對於契約、買賣等項，均有明文保障；且因隋唐
以科舉取士，故官員素質較高，此即陳寅恪所說的唐代統治集團中兩種
人之一，「爲受高深文化之漢族，且多爲武則天專政以後所提拔之新興
階級，所謂外廷之士大夫，大抵以文詞科舉進身者也」[29]，應可執法以
維持秩序。這些都在說明，隋唐的政治面有利於經濟發展的部分。

　　在社會面，胡漢一家，彼此貿易，促進經濟發展。在唐代，胡漢貿
易甚爲頻繁，特設番市牙郎以爲通譯，安祿山與史思明微時均曾爲之
（《唐書》本傳），並且亦有漢人因專做胡人生意而致富，《朝野簽聞》
卷4，「定州何名遠大富，主官中三驛，每於驛邊起店停商，專以襲胡
爲業，貲財巨萬，家有綾機五百張」──此處之「襲」當然不能作「武
力進攻」解，而應釋爲「接觸」或「貿易」（有綾機織衣以售予胡人）；而
胡人亦於漢人聚積地方經營商店，譬如，李白詩曰，「笑入胡姬酒肆中」，
《太平廣記》卷242云「唐天寶初，蕭穎士因游靈昌，遠至胙縣南二十
里，有胡店」──似爲旅舍。就男女趨於平等言，隋唐婦女亦可獨自支
撐一家生計，《晉書・列女傳》中僅曾言及陶侃母「湛氏每紡績資給之」
（按湛氏爲侃父之妾，故陶家不應爲赤貧），《北史・列女傳》提及孝婦覃
氏，「夫死時年十八，事後姑以孝聞，數年間，姑及伯叔皆相繼死，覃
氏家貧無以葬，躬自節儉，晝夜紡績，十年而葬八喪」[30]──這已是隋
代故事（亦見《隋書・列女傳》）。但《唐書・列女傳》卻兩載婦女獨撐家
計：一爲雍州李氏，楊三安妻，「事舅姑以孝聞，及舅姑沒，三安亦死，
二子孩童，家至貧窶，李晝則力田，夜紡絹，數年間，葬舅姑及夫之叔
姪兄弟者七喪」；一爲冀州女子王阿足，「夫亡時年尙少，人多聘之，

29　陳寅恪，《唐代政治史述論》（台灣重印本），頁15。
30　《南史》無列女傳，而將有關部分列入〈孝義傳〉，其中並未見婦女獨撐家計
　　事蹟。

為姊年老孤寡，不能捨去，乃誓不嫁，以養其姊，每晝營田業，夜便紡績」。在魏晉南北朝時，男耕女織，幾已成為家庭分工的定型，而這兩位節婦，是同時從事男性工作——耕田。除耕織外，婦女亦從事商業活動，除上述酒肆外，《太平廣記》卷196〈買人妻〉條云該女，於夫亡後，「旗亭之內，尚有舊業，朝肆暮家，日贏錢三百」；卷274「買粉兒」條載一少女「賣胡粉」。這些都表示，當時巾幗不讓鬚眉，甚至於在「史思明未平(時)，衛州有婦人侯四娘等三人，刺血謁於軍前，願入義營討賊」(《太平廣記》卷27)。

在這種男女漸趨平等下，女子亦得為戶長或家長，據《唐律疏議·戶婚》第一條之律曰，「諸脫戶者，家長徒三年，無課役者減二等，女戶又減三等」，疏議曰，「若戶內並無男夫，直以女人為戶」者，是為女戶，且在脫戶罪刑上減三等」，這些婦女當戶的人家，亦得受田，開元十二年田令曰，「黃小中丁男女及老男篤疾廢疾寡妻妾當戶者，各給永業田二十畝，口分田二十畝」(《通典》卷2)——其實遠在武德七年，開始均田時，就曾規定，「寡妻妾三十畝，若為戶者加二十畝」(《唐會要》卷83)，這些規定已在現代發現的文書中得到證實，譬如開元四年戶籍內，有「戶主大女曰小尚年十九歲，……壹段肆拾步居住田宅」，「戶主大女陰婆記年肆拾捌歲，……肆畝永業」[31]；天寶六年戶籍內，有「戶主令狐仙尚，載叄拾叄歲，中女……合應受田伍拾壹畝，捌畝已受，七畝永業，一畝居住園宅」[32]。除此以外，對於絕戶之財產處分，除去葬事供養費外，家產的殘額全部給與出嫁女[33]，顯示女子亦有繼承遺產之權利。在這種情況下，顯示女性人力資源，是較為充分地使用於生產面，再加胡漢一家，使商品流通更擴大空間，這些都是隋唐——尤

31 仁井田陞著，汪兼山譯，〈唐宋之家族同產及遺囑法〉，《食貨半月刊》1卷5期。
32 〈唐戶籍簿叢輯〉，《食貨半月刊》4卷5期。
33 仁井田陞著，汪兼山譯，〈唐宋之家族同產及遺囑法〉。

其是唐代社會情況對經濟發展的貢獻。

隋唐統一在經濟上的貢獻，是平均地權，薄賦輕徭，打擊壟斷與不
與民爭利。在平均地權上，隋唐之均田，眾所夙知，且據《唐六典》卷
3，道士女冠與僧尼，亦均受田。假定一丁男受田百畝，一畝至少產粟
一石，而僅納二石為租，是取五十分之一，遠低於漢代的三十分之一——
但須另輸綿絹或布；在徭役上，每年亦只有二十天。而且嚴格規定，多
取之官吏將受到嚴厲之處罰，《唐律疏議·戶婚》中，律云，「若非法
而擅賦斂，及以法賦斂，而擅加益，贓重入官者，計所擅，坐贓論，入
私者以枉法論」，疏議曰，「坐贓論，罪止徒三年，……枉法一尺杖一
百，一匹加一等，十五匹絞」；另於「擅興」類，律曰，「諸非法興造
及雜徭役，十庸以上坐贓論」。關於商稅，隋唐似乎未曾課徵，而且唐
代還廢除課徵過境稅的關，高祖於武德九年詔曰，「關梁之設，襟要斯
在，義止懲奸，無取苛暴，近世拘刻，禁禦滋章，非所以綏安百姓，懷
來萬邦者也。其潼關以東，緣河諸關，悉宜停廢，其金銀綾絹等雜物，
依格不得出關者，不得須禁」（《唐會要》卷86）。後來，武后擬稅關市，
為崔融諫止（《新唐書·崔融傳》）。

前云隋唐鬆弛鹽鐵酒之禁，並不許食祿之家與民爭利，唐太宗且於
貞觀元年敕，「五品以上，不得入市」（《唐會要》卷86），以防止官商
勾結。而且唐律規定：「諸賣買不和而較固取者，及更出開閉，共限一
價，若參市，而規自入者杖八十，已得贓重者，而規自入者杖八十，已
得贓重者，計利準盜論」，這是要打擊買者獨占與賣者獨占，前者主要
是如疏議所云，「賣物及買物人兩不和同，而較固取者，謂強執其市，
不許外人買，故注云，較、謂專略其利，固謂鄣固其市」；後者主要是
如疏議曰，「更出關閉，謂販鬻之徒，共為姦計，自賣物者以賤為貴，
買人物者以貴為賤，更出關閉之言，其物共限一價，望使前人迷謬，以
將入己」——顯然很像現代的聯合壟斷；至於「參市」，其原注曰，「謂

人有賣買，在傍高下其價，以相惑亂」，致有擾亂行情，有違公平交易
之嫌。

　　這些社會、經濟上的措施，實在與統一並無必然關聯，而是出自隋
唐政府的「不作爲」，由此更可反證本書第六章第四節所指出的：「專
制政治、統制經濟與管制社會所造成的經濟上之缺失，只能說是大一
統的或然效果，而不是其必然結果」。但是，溝通南北的運河，卻與隋
唐統一有關，這是因爲隋唐統一下大帝國所面臨的客觀情勢，是與第一
次大一統下的秦漢帝國有所不同。在第一次一元體制時期，全國的政
治、軍事與經濟重心全在北方，但在第二次一元體制之時，政治與軍事
重心雖然仍在北方，經濟重心已南遷，從而產生一個重要問題：如何把
業已南移的經濟重心和還留在北方的政治軍事重心連繫起來？能夠解
決這一問題，厥爲溝通南北的大運河[34]。此一運河不僅提供官方漕運之
方便，也且有助於民間工商業之促進，隋唐時期，揚州特別繁榮，當然
亦是拜運河之賜，譬如，「維揚萬貞者，大商也，多在於外，運易財貨
以爲商」──《太平廣記》卷345〈孟氏〉，可能就是利用運河而經商
致富；卷402〈李勉〉條云，開元初，李勉在睢陽，遇一波斯老胡，商
販於此，已逾二十年因惡歸揚州以晤其子，足見揚州亦爲胡商集中地。
此時，在陸路方面，「道路列肆，具酒食以待行人，店有驛驢，行千里
不持尺兵」（《新唐書·食貨志》），正顯示大一統下的太平景象。

　　亦就是在這些開放的情況下，使唐代經濟──尤其是民間經濟，有
實質的發展，以致《太平廣記》（宋初編纂，引書526種，分92大類）中〈治
生〉類（卷243），僅有的四條，均爲唐代民營企業故事，其中除〈竇乂〉
爲天寶之亂後故事外，均發生於第二次一元體制期間；這三個故事裡，
何明遠經營紡織，已見前述，裴明遠是收破爛而「家產巨萬」，羅會「以

34　參見全漢昇，《唐宋帝國與運河》，頁11、12。

剔糞」而「家財巨萬」。這種情況，彷彿像是司馬遷在〈貨殖列傳〉結尾處所描繪的漢初景象：「夫纖嗇筋力，治生之正道也，而富者必用奇勝：田農掘業，而秦陽以蓋一州；掘冢、姦事也，而田叔以起；博戲、惡業也，而桓發用之富；行賈、丈夫賤行也，而雍樂成以饒；販脂、辱處也，而雍伯千金；賣漿、小業也，而張氏千萬；酒削、薄技也，而郅氏鼎食；胃脯、簡微耳，濁氏連騎；馬醫淺方，張里擊鍾，此皆誠壹之所致。由是觀之，富無經業，則貨無常主，能者輻湊，不肖者瓦解，千金之家比一都之君，巨萬者乃與王者同業，豈所謂素封者邪？非也！」唐代也許缺乏像司馬遷那樣尊重市場經濟的史學家，否則，後世可能會在史籍上發現更多的「治生」事例。

　　所謂市場經濟，實在是指競爭市場上的價格機能，但在唐代，價格並非自由地由市場供需所決定，而由官府評定，除前引《唐律》言及評價不平者坐贓論外，《唐六典》卷20載：「京都諸市令掌百族交易之事，丞為之貳，凡建標立候，陳肆辨物，以二物（李林甫注：謂秤以格，斗以概）平市，以三賈（價）均市（注：精為上賈，次為中賈，麤為下賈），凡與官交易及懸平贓物，並用中賈」。官府評定的價格，均予公布，日人在吐魯番地區唐墓中掘出的所謂「大谷文書」，其中即有兩州地區殘存的市場價格表[35]。尤有進者，隋唐的公廨錢，規定利率標準，等於是在統制信用市場的價格；同時還在一縣一市規定下，實際取締鄉邑之市，等於是抑制人民正常的交易活動。本來，在隋唐的開明或開放政策下，可以建立媲美漢初的市場經濟，但因其官府干預市場價格，以致功敗垂成，這不能不說是隋唐經濟的一大缺失。隋唐之所以如此，可能是受到《周禮》的影響，即市令類似地官司市「以量度成賈（價）而徵價」；公廨錢的做法，亦有些像地官泉府職掌之一，「凡民之貸者，與有司辨而授之，

35　孔祥星，〈唐代絲綢之路上的紡織品貿易中心西州〉，《文物》，1982年第4期。

以國服爲之息。」

隋唐政府干預市場價格，可能與其政治結構有關，那就是以數臣分宰相之職，使政治平衡只發生於參加政事的宰臣之間，並無一人足以制衡君權，而使君權作無限擴展，人民只能希冀出現自我克制的「明君」。經濟上難以克制的統治者，就趨於揮霍。《貞觀政要》卷8曾載：

> 貞觀二年，太宗謂黃門侍郎王珪曰，隋開皇十四年大旱，人苦飢乏，是時倉庫盈溢，竟不許賑給，乃令百姓逐糧。隋文帝不憐百姓而惜倉庫，比至末年，計天下儲積，得供五六十年。煬帝恃此富饒，所以奢華無道，遂至滅亡。

且看煬帝如何到江都；大業元年，「上御小朱航，自漕渠出洛口，御龍舟。龍舟四重，高四十五尺，長二百丈，上重有正殿、內殿、東西朝堂；中二重有百二十房，皆飾以金玉；下重內侍處之。皇后乘翔螭舟，制度差小，而裝飾無異。別有浮景九艘，三重，皆水殿也。又有漾彩、朱鳥、蒼螭、白虎、玄武、飛羽、青鳧、陵波、五樓、道場、玄壇、板艚、黃篾等數千艘，後宮、諸王、公主、百官、僧、尼、道士、蕃客乘之，及載內外百司供奉之物。共用挽船士八萬餘人，其挽漾彩以上者九千餘人，謂之殿腳，皆以錦綵爲袍。又有平乘、青龍、艨艟、艒䑠、八櫂、艇舸等數千艘，並十二衛兵乘之，并載兵器帳幕，兵士自引，不給夫。」該年還大興土木，築西苑，周二百里，造千六院，「其內爲海，周十餘里，爲蓬萊、方丈、瀛洲諸山，高出水百餘尺，台觀殿閣，羅絡山上」。而且，廣築離宮，「自豫州至京師八百餘里，間置十四殿，別有宮有正殿」（俱見《通鑑》）；自「東都至江都二千餘里，……每兩驛置一宮，……離宮四十餘所」（《大業雜記》）。且爲滿足一人耳目之欲，「樂工至三萬餘人」（·《通鑑》）。

　　太宗批評隋文帝的那番話，竟然在其本身及其子孫身上重演。賢如太宗，竟然不用其租庸調支付官員薪俸（職分田時興時廢，不能視為常俸），反而使用剝削人民與紊亂金融的公廨錢，以致政府的租庸調收入，除支付軍國費用外，全由天子獨享，而且經由多年養息，天下戶口大增，所以，到了玄宗天寶三年，「天下歲入之物，租錢二百餘萬緡，粟千九百八十餘萬斛，庸調絹七百四十萬匹，綿百八十餘萬屯，布千三十五萬餘端。天子驕於侈樂而用不知節，大抵用物之數常過其所入，於是錢穀之臣始事朘刻。……王鉷為戶口色役使，歲進錢百億萬緡，非租庸正額者，積百寶大盈庫，以供天子燕私」（《新唐書·食貨志》）。

　　玄宗的揮霍，主要是用於賞賜，譬如他於天寶十三年三月，「御躍龍殿門，張樂宴群臣，賜右相絹一千五百疋，綵羅三百疋，綵綾五百疋；左相絹三百疋，綵羅綾各五十疋；餘三品八十疋，四品五品六十疋，六品七品四十疋（《唐書》本紀）。此時，右相似應為楊國忠，故其所獲賞賜，數倍於左相。而楊貴妃姊妹「韓虢秦三夫人，歲給錢千貫為脂粉之資。……姊妹昆仲五家，甲第洞開，僭擬宮掖，……每構一堂，費踰千萬計，見制度宏壯於己者，即徹而復造，土木之工，不捨晝夜。……宮中供貴妃院織錦刺繡之工，凡七百人，其雕刻鎔造又數百人。……玄宗每年十月幸華清宮，國忠姊妹五家扈從，每家為一隊，著一色衣，五家合隊，照映如百花之煥發，而遺鈿墜舄琴瑟珠翠璨瓓芳複於路」（《唐書·玄宗楊貴妃傳》）。此外，玄宗對於安祿山亦不時賞賜，且極豐盛，單說其在京師的賜第來說，「敕所司，窮極華麗，不限財物，堂隍院宇，重複窈窕，匼市詰曲，窗牖綺疏，高臺曲池，宛若天造，帷幕充牣其中，至於廚廄之內，亦以金銀飾其器」，天寶九年，祿山入此新宅，又賜很多器具衣物，其中有金銀廚具及餐具，包括「金平脫五斗飯甕二口，銀平脫五斗淘飯魁二，銀織成筭筐、銀織笊籬各一，金銀具食藏二」（《安祿山事蹟》卷上）。從這些濫賞，可見玄宗揮霍之一斑，以致即使沒有「漁

陽鼙鼓」，唐代美景亦將不再。

尤有進者，玄宗倡導個人崇拜，即位之初，即由群臣上尊號曰開元神武皇帝(《唐書》本紀)；開元十七年秋八月，以帝生日爲千秋節，賜百官宴(《世史正綱》)，丘濬曰，「後世以人君始生之日爲節而表賀之，始此」；「天寶中，玄宗冶金自爲象，州率置祠」(《新唐書‧藩鎮鎮翼傳》)。於是乎，導使後世在政治上凸顯強人，在經濟上增加浪費。

無論是政府干預市場，抑或君主的任意揮霍，其本身原來就是缺失，但令人驚奇的，乃是隋唐優良田制竟然亦產生缺失性的後遺症。先說隋代，其授田是「皆遵後齊之制」(《隋書‧食貨志》)，而北齊對奴婢亦授田，以致奴婢愈多者，其所受土地亦就愈多，何況隋代對大臣經常賜田，譬如楊素先後得到的賜田即爲130頃，還有其他財物可以用來兼併，從而導致土地集中。至於一般人民的永業田可能得以出售，即使是口分田亦可在一定條件下轉賣，以致加深土地兼併與集中趨勢；再加浚河、築城與轉輸等徭役大增，導致農民廢業與農田荒廢，終而促使楊隋王朝加速崩潰[36]。唐代均田，雖未以奴婢爲對象，但官員均授永業田，最高(親王)爲一百頃，最低(武騎尉)亦有六十畝(《唐六典》卷3)，而且對於大臣的賞賜亦頗爲慷慨，例如裴寂即得賜田千頃(《新唐書》本傳)；開元廿五年令，又明文規定，「諸庶人有身死家貧無以供葬者，聽賣永業田，即流移者亦如之，樂遷就寬鄉者，並聽賣口分」(《通典》)。這些情況是助長土地集中，再加天下承平，人口滋長，而土地無法作相應地增加，必然導致人多地寡，使授田成爲具文，此所以劉恕曰，「魏齊周隋，兵革不息，農民少而曠土多，故均田之制存；至唐，承平日久，丁口滋眾，官無閑田，不復給授，故田制爲空文」(《困學紀聞》卷16)。由此看來，均田制度在北朝，可以視爲良制，但到唐代卻成「陋規」，

---

36 李文治，〈大業民變之經濟的動力〉，《食貨半月刊》4卷4期。

這等於是空間上的橘逾淮則變枳。據《食貨半月刊》四卷五期所載〈唐戶籍簿叢輯〉中，列舉的天寶六年敦煌縣殘存的受田之十五戶中，並無一家獲得應授之田。敦煌處於邊陲，應爲寬鄉，其授田情況如此，其他地方當更惡劣。

　　由於唐代租庸調稅制，本質上是以戶爲對象，假定每戶至少有丁男丁女各一人，受田百畝。在此基礎上，可說是薄賦輕徭，今若租庸調等稅額不變，而受田不足，則薄賦就變爲重稅，再若橫征徭役，將使農民難以負荷，而將選擇流亡一途。這股農民逃亡潮，在貞觀中葉已見端緒，高宗、武后時就甚爲嚴重，玄宗即位時，已成不可收拾之勢，逃戶之去路大致有三：強悍者或流爲盜賊；狡黠者依附寺院；謹愿者則依豪富勢家爲客戶，或傭或佃[37]，以致即使沒有安史之亂，開元之治亦僅是盛唐的迴光返照。

　　這些逃戶主要是發生在「狹鄉」，即地狹人稠地區，主要是指關內道與劍南道，所以，高宗、武后時期所出現的「關輔流散」(李嶠語)與「蜀漢逃亡」(狄仁傑語)，分別發生於此二道，至於河北道所出現的「家道悉破，或全逃亡」(狄仁傑語)情事，則與地狹人稠無關，而是由於突厥與契丹擾亂邊界所致；事實上，蜀漢逃亡亦與邊防有關，因要防禦吐番，而於松、茂等州設同昌軍與通軌軍，二軍每年共需六十六萬夫運糧，這種額外徭役成爲蜀漢人民的沈重負擔[38]。

　　這三處大逃亡，是顯示區域間賦役不平等情形，事實上，戶口之間賦稅負擔更爲不平，以玄宗天寶十三年爲例(《唐書》本紀)，總戶數爲961萬9254，其中課戶爲530萬1040，不課戶388萬5504，後者佔總戶數的40.4％；總口數爲5288萬484，其中課口766萬2800，不課口4521萬

---

37 李劍農，《魏晉南北朝隋唐經濟史》(華世出版社)，第十一章第二節。

38 翁俊雄，《唐代人口與區域經濟》(新文豐出版公司，民國84年)，〈武則天時期狹鄉民戶徙就寬鄉問題〉。

8480，後者佔總口數的85.5%。易言之，以不到60%的戶數與不足15%的人口來承擔全部賦役，該是多麼不公平的事，更可見人民負擔之重。

不課口在比例上之所以遠多於不課戶，是由於民戶中逃亡多爲丁壯，其出路除奔往窮鄉僻壤墾荒或流爲盜賊外，則投奔大地主門下，爲其莊客，或投身蠻夷之地，藉以免役；至於富民，又紛紛度爲沙門，「度人無窮，免租庸者數十萬」「其所未度，唯貧窮與善人」[39]。這些增加不課戶口的方式，很多是不合法的，但在合法下，不課戶口更多，這是由於唐代封爵凡九等，均有食邑：王萬戶，嗣王郡主五千戶，國公三千戶，開國郡、縣公食邑依次爲二千戶與一千五百戶，開國縣侯、伯、子、男依次食千戶、七百戶、五百戶與三百戶（《新唐書·百官志》）。實封可能只有一成，如貞觀廿三年敕，「諸王並占食一千戶封」——是萬戶的10%，惟常有逾制者，例如中宗時，安國相王、太平公主各一萬戶，安樂公主四千戶，長寧公主三千五百戶（據《唐會要》卷6，公主三百戶，長公主加三百戶），衛王、溫王各二千五百戶；中宗復於景龍二年敕，諸色應食實封，一定以後，不得輒有移改」；三年敕，「應食封邑者，一百四十餘家，應出封戶凡五十四州」，以致「王賦少於侯租，入家倍於輸國」（宋務光疏中之語），而韋嗣立亦曰，「臣竊見食封之家，其數甚眾，昨聞戶部云，用六十餘萬丁，一丁兩疋，計一百二十萬疋以上，臣頃在太府，知每年庸調，絹數多不過百萬，少則七八十萬以來，比諸封家，所入全少」（均見《唐會要》卷90）。

就在稅基縮小之際，政府支出卻在迅速擴大之中：一爲「政府組織之無限止的擴大」[40]，以官員數目言，「太宗省內外官，定制爲七百三十員」（《新唐書·百官志》），後來增爲1萬8805員，其中很多是始於武

---

39 張澤咸，《唐五代賦役史章》（中華書局，1986），頁484、485。

40 此爲錢穆《國史大綱》第廿六章第二節標題，以下攸關此項之敘述，除另注出處外，悉本該節。

后，除上述試（用）官（見十三章四節）外，還有員外官，即定額之外任官，其祿秩減正官之半，員外郎曾多至二千餘員；一爲統治者之揮霍，本章第二節與本節所云武后與玄宗之奢侈情狀，可見一斑；一爲漕運未通時，統治者舉朝就食於洛陽，長安與洛陽間，往返費時，以開元五年之行而言，去程即用了廿四天，其後的二十年內，玄宗共在洛陽度過九年，朝廷的遷移不下十次，搬遷花了很大代價，並且嚴重擾亂政務，且因規模擴大，管理日趨複雜，這些遷移費用越來越高，必然耗費了國家的大量資源[41]。

就在課徵戶口減少與政府支出擴大（當然不一定始於玄宗）之下，人民負擔日益沉重。其實，唐代一開始，對於人民，即有橫徵暴斂的傾向，那就是上章第四節所說的，每戶（百畝）須納義倉稅二石，變相地使田租加倍，亦是隋代義倉負擔的一倍，北齊的四倍，何況，因「高宗以後（應為「以來」），稍假義倉以給他費」，應就是將義倉穀國稅化，而稱爲「地稅」或「地子」[42]，顯然是巧立名目，增加人民負擔。再加上節所云的附加稅、雜稅、雜徭，以及各式各樣的高利貸，足見當時有關人等負擔之重。

這些賦役之繁重，顯然是增加明顯的制度成本，而唐代的坊市制度，則是增加不明顯的制度成本，這是由於住宅區的「坊」與商業區的「市」，唐代都有嚴格規定，那就是早上五更三籌，擊鼓開諸坊門，晝漏盡擊鼓閉之（《唐律疏議》卷36）；午時擊鼓聚眾開市，日入前七刻擊鉦散市，而規定，「諸非州縣之所，不得置市」（《唐會要》卷86）；這是顯示，交易之場所──市的空間受到壓縮，而坊門之定時啓閉，亦在時間上限制了交易活動，從而限制了經濟成長。

---

41 中國社會科學院歷史研究所譯，《劍橋中國隋唐史》（中國社會科學出版社，1990），第七章。

42 張弓，《唐朝倉廩制度初探》（中華書局，1986），第六章第三節。

　　至於本節所云水陸交通便利，「行千里不持尺兵」，以及市場上反壟斷等各種法令，則在降低不明顯制度成本，蓋因這些將會降低轉換成本與交易成本，而將有利於經濟發展。此外，唐代對於物價穩定亦頗爲措意，其措施主要是出現在糧價的穩定上，例如「開元十六年十月二日敕，自今歲普熟，穀價至賤，必恐傷農，加錢收糴，以實倉廩，縱逢水旱，不慮阻飢，……。宜今所在以常本本錢及當處物，各於時價上量加三錢，百姓有糴易者，爲收糴。事須兩和，不得限數配糴」（《唐會要》卷88）；天寶十四年正月詔云，「嘉穀不登，……宜于太倉出糴一百萬石，分付京兆府與諸縣糴，每年減於時價十文，河南府畿縣出三十萬石，太原府三十萬石，滎陽、臨汝等郡各出粟二十萬石，河內郡出米十萬石，陝郡出米二萬石，並每年減時價十文，糴與當處百姓。」（《冊府元龜》卷105）

　　最後須予指出的，此一期間的發展路線，是與秦漢時期類似，是在提高生活素質，譬如前述很多科技，都是在取悅君主，並未落實於生產面，但飲茶文化的普及，卻促進了瓷器製造的發展。

第七節　小結：天下又由合而分

　　第二次一元體制所持續的期間只有165年，遠低於第一次的419年，其原因多來自政治面，因就經濟面言，雖有隱藏因子，但並未顯著得足以瓦解統一的王朝。

　　單從人地比例言，若是有關史料確實，則有隋一代不應在經濟面出現危機，因據《通典》，文帝開皇九年，墾田1940萬4267頃；煬帝大業中，墾田5585萬4040頃。其原注曰，「隋開皇中，戶總八百九十萬七千五百三十六，按定墾之數，每戶合墾田二頃餘也」；「按（大業）其時有戶八百九十萬七千五百三十六，則每戶合得墾田五頃餘，恐本史之非實」，但無論如何，至少可以說明，隋代人地比例尚未惡化。

　　煬帝大業五(609)年，戶890萬7546，口4601萬9956(《隋書·地理志》)，但經群雄混戰後，戶口大減，貞觀初，「戶不滿三百萬」，高宗永徽三年，「戶三百八十五萬」(《唐會要》卷84)，二十多年，增約三分之一；中宗神龍元(705)年，戶615萬6141(《唐書·蘇瓌傳》)，玄宗開元二十(732)年，戶786萬1236，口4543萬1265(《冊府元龜》)，27年間，戶數增加27.7％，平均每年增加1％強；開元廿八年，戶841萬2871，口4814萬3609(《新唐書·地理志》)，8年內，戶增7％，每年不到1％，但口增6％，其成長率更低於戶。天寶十四(755)年，戶891萬4709，其中應不課戶356萬5501，應課戶534萬9280；口5291萬9309，其中不課口4447萬988，課口820萬8321(《通典》)──不課的人口，竟然是課口的5倍多；戶數於15年內，增約5％，平均每年只增0.33％，人口增約9.9％，每年增約0.66％，恰為戶數成長率之一倍，足見若干戶中有逃役人口，或者是依賴性人口大增。

　　據《通典》，天寶中[43]，應受田一千四百三十萬三千八百六十二頃十三畝，注曰，「按十四年，有戶八百九十萬餘，計定墾之數，每戶合一頃六十餘畝」，但據估計，當時實際墾田，每戶平均為七十畝[44]──佐以《食貨半月刊》蒐集敦煌殘餘戶籍資料[45]，所列武后大足元(701)年，敦煌縣效穀鄉，知曉三戶已受田不到應受田半數；玄宗先天二(713)年，敦煌縣平康鄉二戶，開元年間一戶，天寶六年十五戶，受田情況均如此，可見受田之不足。但若每戶平均有田七十畝，距一夫百畝之標準，尚不太遠，再加工商發達，多餘人口尚可從事非農業工作，問題是在於

43　據《新唐書·地理志》，應為天寶十四年，惟此說亦可能受《通典》之注而推斷。

44　參見谷霽光，〈漢唐間「一丁百畝」的規定與封建占有制〉，《江西大學學報》第一輯(1963)。

45　〈唐戶籍簿叢輯〉，《食貨半月刊》4卷5期。

賦役不均，從上述可知，不課戶佔總戶數約40％，而不課口竟高達人口總數84％，以16％的人口，負擔全部賦役[46]，其沉重可知，再若受田不足，而賦役不變，益感稅負之重。

總括言之，隋唐均田制，可以實行於統一之初，人地比例甚低之時，若干年後，人口飽和，人地比例升高，每戶受田必然不足，以致開始時薄賦輕徭的租庸調變爲沉重負擔，再若賦役不均，更加火上加油。而這種稅負（指整個租庸調及其附加稅、雜稅及雜徭之負擔）之沉重與不公平的賦役制度，府兵制度與唐太宗均有其責任。

西魏推行之府兵制度，在精神上是恢復《周禮》中的兵農合一之兵制，而這種兵制原僅適用於先秦封建制度，西魏、北周侷處西陲，亦可應用，因征戰地方距府兵故鄉不遠。在本質上，府兵並不適用於大一統之王朝，因若轉戰四方，距離原屬之軍府遙遠，往返曠日廢時，增加府兵負擔，再若離鄉愈遠，鄉愁愈深，且將影響軍心與戰鬥力，此所以隋唐遠征高麗常遭敗績。尤有進者，府兵本身負擔固然增加，而在另一方面，卻因府兵數量增多，導使政府收入減少（因府兵不出租庸調），譬如煬帝「將事遼碣，增置軍府，掃地爲兵，自是租賦之入減矣」（《隋書·食貨志》）。亦就是由於府兵不適於大一統之缺失，越來越爲明顯，所以，玄宗於開元十年，始募兵充宿衛，《世史正綱》於此注曰，「府兵之制於此始廢」——府兵制度之廢與其後以蕃將代漢將，應有一定關係，而蕃將普被重用，終乃釀成天寶之亂，此所以王船山於《讀通鑑論》卷廿二曰，「其用邊將承之，畜私人，養番兵，自立軍府，以釀天寶之亂」。

唐太宗是一賢君，但在經濟措施上卻有兩大失策：一爲將義倉租提高到每戶二石粟，就農戶言，等於將田租增加一倍，且未真正用於人民，

---

46 「課口」是指受田農戶之丁，負擔租庸調；「課戶」是包括非農戶及農戶，其負擔主要爲地稅（即義倉租）與戶稅。

而成政府另一經常收入；一為強化隋代與唐初之公廨錢辦法，無論是採取「捉錢令史」「捉錢品子」還是「胥士」方式，均使「富戶幸免徭役，貧者破產甚多」（詳見第十三章第二節）。前者是增加人民稅負；後者則是增加賦役的不公平，而標榜愛民的唐太宗，竟吝於使用其收入的租調，充作官吏薪俸與救濟災荒中的人民——甚至還藉救濟之名，作聚斂之實，雖然這是後來變質[47]，但卻是太宗始作俑者。

公廨錢擾亂金融制度，政府規定價格更損及市場機能，這些措施雖然限制經濟發展，但卻不致導使經濟崩潰，而前述均田制度後遺症、人地比例及賦役不公平等問題，由於時間不久，以致尚未惡劣到表面化的程度，所以，唐代於安史之亂還能中興——縱然藩鎮割據，但仍奉唐正朔。因此，概括說來，隋唐大帝國的瓦解，主要來自於政治面。在基本上，這是由於隋文帝將宰相職權分散，使君權得以不受限制地擴張，以致隋唐各朝政治的良窳，主要繫諸君主本人的品格與性向。隋煬帝之勞民傷財作風，眾所周知，唐玄宗之奢侈，上節已予略述，其實，除對安祿山與楊氏兄妹賞賜逾恆外，天寶六年，且「以天下歲貢賜李林甫」；並為後世人君創造若干浪費性用途，譬如，開元二年，「置左右教坊，典倡優雜伎」，十七年，「以帝生日為千秋節，賜百官宴」（均見《世史正綱》）——丘濬特別分予注曰：「教坊之設始此」；「後世以人君始生之日為節而表賀之，始此」。

可是真正導致天下由合而分，主要是玄宗的不當政治措施：一為重用宦官；一為建立藩鎮。據《唐鑑》，初、太宗定制，內侍省不置三品官，黃衣廩食守門傳命而已；武后雖女主，宦官不用事，中宗時，嬖幸猥多，宦官七品以上至千餘人，然衣緋者尚寡；玄宗在藩邸，高力士傾心奉之，及為太子，奏為內給事，即位不久，以為右監門將軍，知內侍

47　參見陶希聖、鞠清遠，《唐代經濟史》（商務印書館），第六章第二節。

省事，是後，宦官增至三千餘人，除三品將軍者寖多，衣緋紫者千餘人，宦官之盛自此始。范祖禹評曰，「自古國家之敗，未有不由子孫更變祖宗之舊也。……唐室之禍基於開元」。開元十年，安南亂，遣宦者楊思勖討平之（《世史正綱》），丘濬注曰，「此後世內臣專兵之始，真德秀曰，唐世中人預國政，自玄宗任高力士始，中人預軍政，自玄宗用楊思勖始」。

關於「唐代宦官之禍」，趙翼論之甚詳，而曰，「東漢及前明，宦官之禍烈矣！然猶竊主權以肆虐天下，至唐、則宦官之權反在人主之上，立君、弒君、廢君，有同兒戲，實古來未有之變也。推原禍始，總由於使之掌禁兵、管樞密，所謂倒持太阿而授之以柄，及其勢已成，雖有英君察相，亦無如之何矣。……如高力士貴幸時，傲倖者願一見如天人，肅宗在東宮，亦以兄事之，諸王公主呼爲翁，戚里諸家尊曰爺，將相大臣皆由之以進，嘗建佛寺道觀各一所，鐘成，宴公卿，一扣者納禮錢十萬，有至二十扣者。……」。趙翼於此曾曰，「身在禁闥，社鼠城狐本易竊弄威福，此即不典兵、不承旨，而燕閒深密之地，單詞片語，偶能移動主意，軒輊事端，天下已靡然趨之」，何況這些宦官還承旨出使與監將典兵！所以，趙翼再論「中官出使及監軍之弊」曰，「中官出使及監軍，累朝皆有之，然其害亦莫有如唐之甚者，小則索賄賂，大則釀禍端，今就新舊唐書案之高力士傳，是時中人出使，或修功德市鳥獸，使還所獲，動巨萬計，京師甲第名園，良田美產，占者什六七，此猶不過藉禁近之勢以黷財也。安祿山將反，楊國忠等力言於帝前，帝使宦官輔璆琳觀之，得厚賂歸，言祿山不反，於是祿山益得征繕稱兵矣。……德宗晚年姑息藩鎮，每帥守物故，必先遣中使往觀軍情，其副貳有物望者，輒厚賂使之保奏，德宗因而授之，由是節度使之除授，亦出其口矣。……又有中使監軍之弊，自開元天寶間討吐蕃諸國，已有宦者監大將之軍，至魚朝恩爲軍容使，邙山之戰，李光弼欲據險而陣，朝恩令陣於平地，遂致大敗（〈光弼傳〉）。據裴度、韋皋、李德裕等所奏，大概

監軍者先取銳兵自衛，懦者出戰，戰勝則先報捷，偶衄則凌挫百端，侵撓軍政，將帥不得專主，每督戰輒建旗自表，小不勝則捲旗去，大軍往往隨之奔北，……」（均見《廿二史劄記》卷20）。

　　至於藩鎮之建立，是肇自玄宗「有吞四夷之志」，范祖禹於《唐鑑》中說，自唐興以來，邊帥皆用忠厚名臣，不久任、不遙領、不兼統，功名著者，往往入為宰相，其四夷之將，雖才略如阿史那社爾、契苾何力，猶不專大將之任，皆以大臣為使以制之。及開元中，天子有吞四夷之志，為邊將者十餘年不易，始久任矣；皇子則慶忠諸王，宰相則蕭嵩、牛仙客始遙領矣；蓋嘉運、王忠嗣專制數道，始兼統矣。李林甫欲杜邊帥入相之路，以胡人不知書，乃奏言文臣為將，法當矢石，不若用寒族胡人，胡人則勇決習戰，寒族則孤立無黨，陛下誠以恩洽其心，彼必能為朝廷盡死，帝悅其言，始用安祿山。至是，諸道節度使盡用胡人，精兵咸戍北邊，天下之勢偏重，卒使祿山傾覆天下。

　　天寶元年，置十節度使，除嶺南與劍南外，其餘八節度使皆在西北與北方邊陲，而天寶年間，安祿山卻身兼（平盧、范陽、河東）三道節度使，還兼河北道採訪處置使，導使其胸懷異志。其實，除政治影響外，還有經濟上的不良效果，《唐鑑》曰，天寶元年，「置十節度經略使以備邊，凡鎮兵四十九萬人，馬八萬餘匹。開元之前，每歲供邊兵衣糧費不過二百萬，天寶之後，邊將奏益兵浸多，每歲用衣千二十萬匹，糧百九十萬斛，公私勞費，民始困苦矣。」

　　尤有進者，節度使除擁有甲兵外，還兼理民政與財政，集軍政財大權於一身，儼然是一獨立王國的統治者，終於埋下天下由合而分之主要種子。在這方面，趙翼曾在〈唐節度使之禍〉中有精闢的解析：「唐之官制，莫不善於節度使，其始察刺史善惡者有都督，後以其權重，改置十道按察使，開元中，或加採訪、觀察、處置、黜陟等號，此文官之統州郡者也。其武臣掌兵，有事出征，則設大總管，無事時鎮守邊要者，

曰大都督,自高宗永徽以後,都督帶使持節者謂之節度使,然猶未以名官;(睿宗)景雲二年,以賀拔延嗣爲涼州都督、河西節度使,節度使之官由此始,然猶第統兵,而州郡自有按察使司其殿最。至開元中,朔方、隴右、河東、河西諸鎮,皆置節度使,每以數州爲一鎮,節度使即統此數州,州刺史盡爲其所屬,故節度使多有兼按察使、安撫使、支度使者,既有其土地,又有其人民,又有其財賦,於是方鎮之勢曰強,安祿山以節度使起兵,幾覆天下。及安史既平,武夫戰將以功起行陣,爲侯王者,皆除節度使,大者州十數,小者猶兼三四,所屬文武官悉自置署,未嘗請命於朝,力大勢盛,遂成尾大不掉之勢。或父死子握其兵而不肯代,或取舍由於士卒,往往自擇將吏,號爲留後,以邀命於朝,天子力不能制,則含羞忍恥,因而撫之。姑息愈甚,方鎮愈驕,其始爲朝廷患者祇河朔三鎮,其後淄、青、淮、蔡無不據地倔強,甚至同華逼近京邑,而周智光以之反;澤、潞亦連畿甸,而盧從史、劉稹等以之叛,迨至末年,天下盡分裂於方鎮,而朱全忠遂以梁兵移唐祚矣,推原禍始,皆由於節度使掌兵民之權故也。」(《廿二史劄記》卷20)

而此禍首實爲玄宗,同時置十節度使,兼領軍、民、財,還重用宦官,擅權於中朝,出使、監軍於外,病毒於內,蟲噬於外,王朝焉不瓦解?天下豈不由合而分!尤有進者,這些宦官固得賄而爲藩鎮隱惡,或除拜節度使;且或因不得逞而排擠、誣奏,激使藩鎮反叛,在在加深分裂之勢。

歸納說來,盛唐之時,人地比例大爲提高,業已構成天下由合而分的必需條件,再加玄宗「有吞四夷之志」,設立藩鎮,專任蕃將,促使安史等胡人作亂,有胡漢對立之勢,進而形成分裂之充分條件。迨至石敬塘之乞援於契丹,從而強化種族間戰爭與對峙局面。再由宋遼對峙到宋金交惡,使北宋變爲南宋,又形成南北朝局面。